# विज्ञान-शिक्षण

डॉ० डी० डो० पन्त, (डी०एस-सी०)
(पूर्व उपकुलपति कुमायूँ विश्वविद्यालय, नैनीताल एवं
पूर्व शिक्षा निदेशक, उत्तर प्रदेश, लखनऊ)
महान शिक्षक, भौतिकशास्त्री, शोध निर्देशक,
विचारक एवं प्रशासक
को
सादर समर्पित

# दो शब्द

विज्ञान-शिक्षण क्षेत्र में विगत कई वर्षों से बी०एड० प्रशिक्षणार्थियों हेतु उपयुक्त पाठ्यक्रम की आवश्यकता प्रतीत होती रही है। उक्त आवश्यकता एव सहकर्मी शिक्षक-वर्ग की राय एवं सहयोग का परिणाम प्रस्तुत पुस्तक है।

पुस्तक सरल और प्रवाहमय भाषा में प्रस्तुत करने का प्रयास किया गया है। आवश्यकतानुसार हिन्दी शब्दों के अंग्रेजी रूपान्तर यथोचित स्थानों पर दिए गए हैं। विभिन्न विश्वविद्यालयों के बी०एड० के नवीनतम पाठ्यक्रमानुसार विषय-सूची का निर्धारण किया गया है। छात्रों की सुविधा हेतु प्रत्येक अध्याय के अन्त में सारांश और सम्भावित परीक्षा-प्रश्नों का समावेश किया गया है।

हम उन समस्त शोधकर्ताओं, विज्ञान-शिक्षकों और शिक्षाविदों के आभारी हैं, जिनके लेखों, पुस्तकों या शोध-प्रबन्धों का उपयोग इस पुस्तक-लेखन में किया गया है। पुस्तक में किसी प्रकार के सम्भावित सुधार हेतु शिक्षकों एवं शिक्षाविदों से रचनात्मक आलोचना एवं सुधार आमंत्रित हैं।

पुस्तक-प्रकाशन में सहयोग हेतु डॉ० एस०के० शर्मा, यूनिवर्सिटी लाइब्रेरियन, गढ़वाल विश्वविद्यालय एवं श्री अरुण माहेश्वरी, वाणी प्रकाशन, नई दिल्ली के आभारी हैं।

—डॉ० शशिकिरण पाण्डे

श्रीनगर, गढ़वाल

एम०एस-सी० (वनस्पति विज्ञान), एम०ए०
(राजनीतिशास्त्र), एम०एड०, पी-एच०डी०
उपाचार्य—शिक्षा विभाग
गढ़वाल विश्वविद्यालय, श्रीनगर

# विषय-सूची

अध्याय


1. विज्ञान का अर्थ, प्रकृति व महत्व 13-21

(Meaning, Nature and Importance of Science)

विज्ञान का अर्थ, परिभाषा, प्रकृति, विद्यालय पाठ्यक्रम में विज्ञान, बौद्धिक मूल्य, व्यावहारिक मूल्य, सांस्कृतिक मूल्य, व्यावसायिक मूल्य, नैतिक मूल्य, सौन्दर्यात्मक मूल्य, मनोवैज्ञानिक मूल्य, वैज्ञानिक विधि का प्रशिक्षण, वैज्ञानिक दृष्टिकोण का विकास, सारांश, प्रश्न ।

2. विज्ञान-शिक्षण के उद्देश्य 22-48

(Objectives of Teaching of Science)

अर्थ, उद्देश्यों के निर्धारण के आधार, विज्ञान-शिक्षण के उद्देश्य, विभिन्न समितियों द्वारा निर्धारित विज्ञान-शिक्षण के उद्देश्य, मुदालियर कमीशन, विज्ञान-शिक्षण की अखिल भारतीय सेमीनार, कोठारी आयोग, राष्ट्रीय शैक्षिक अनुसंधान एवं प्रशिक्षण परिषद्, राष्ट्रीय शिक्षा नीति, सारांश, प्रश्न ।

3. विज्ञान-शिक्षण के सिद्धान्त एवं सूत्र 49-63

(Maxims and Principles of Science Teaching)

विज्ञान-शिक्षण के सामान्य सिद्धान्त, विज्ञान-शिक्षण के मनोवैज्ञानिक सिद्धान्त, विज्ञान-शिक्षण के सूत्र ।

4. विज्ञान की शिक्षण प्रविधियां 64-74

(Teaching Techniques of Science)

अर्थ, शिक्षण विधि व प्रविधि में अन्तर, विज्ञान-शिक्षण में प्रयुक्त होनेवाली प्रविधियाँ, प्रश्न प्रविधि, कथन प्रविधि, वर्णन प्रविधि, व्याख्या प्रविधि, स्पष्टीकरण प्रविधि, उदाहरण प्रविधि, निरीक्षण अध्ययन प्रविधि ।

5. विज्ञान-शिक्षण की विधियाँ 75-107
(Methods of Teaching Science)

अर्थ, शिक्षण विधि के कार्य, शिक्षण विधियों के प्रकार, अध्यापक-केन्द्रित विधियाँ, बाल-केन्द्रित विधियाँ, विज्ञान-शिक्षण की प्रमुख विधियाँ, व्याख्यान विधि, प्रदर्शन विधि, ऐतिहासिक विधि, पाठ्यपुस्तक विधि, ह्यूरिस्टिक विधि, योजना विधि, समस्या-समाधान विधि, प्रयोगशाला विधि, सारांश, प्रश्न ।

6. विज्ञान का पाठ्यक्रम 108-126
(Science Curriculum)

अर्थ, परिभाषा, विज्ञान पाठ्यक्रम के कार्य, पाठ्यक्रम तथा पाठ्य विवरण में अन्तर, पाठ्यक्रम निर्माण के आधार, विज्ञान के वर्तमान पाठ्यक्रम के दोष, पाठ्यक्रम निर्माण के सिद्धान्त, पाठ्यवस्तु का चयन, तथ्यों का संगठन, सामान्य विज्ञान का पाठ्यक्रम, विभिन्न स्तरों के लिए पाठ्यक्रम, कोठारी आयोग के सुझाव, सारांश, प्रश्न ।

7. विज्ञान की पाठ्यपुस्तक 127-137
(Science Text-book)

अर्थ, उपयोगिता, विज्ञान की अच्छी पाठ्यपुस्तक की विशेषताएँ, विज्ञान पुस्तकों की वर्तमान स्थिति, सारांश, प्रश्न ।

8. विज्ञान की प्रयोगशाला 138-154
(Science Laboratory)

अर्थ, परिभाषा, उद्देश्य, प्रयोगशाला का उपयोग, विज्ञान की अच्छी प्रयोगशाला की विशेषताएँ, विज्ञान प्रयोगशाला का नियोजन, विज्ञान की प्रयोगशालाओं के प्रकार, प्रयोगशाला कार्य का महत्व, प्रयोगशाला का प्रशासन, सारांश, प्रश्न ।

9. विज्ञान में पाठ्यसहगामी क्रियाएँ 155-170
(Co-curricular Activities in Science)

अर्थ, विज्ञान क्लब, वैज्ञानिक अभिरुचियाँ, विज्ञान मेले एवं प्रदर्शनी, पर्यटन ।

10. विज्ञान-शिक्षण में मूल्यांकन 171-195
(Evalualion in Science)

अर्थ, परिभाषा, कार्य, सोपान, मूल्यांकन की प्रविधियां, अच्छी परीक्षा की विशेषताएँ, अधिगम के मापन की परीक्षाएँ, वस्तुनिष्ठ परीक्षा का निर्माण, वस्तुनिष्ठ परीक्षा के प्रकार, वस्तुनिष्ठ परीक्षा के दोष, सारांश, प्रश्न ।

11. वैज्ञानिक दृष्टिकोण 196-207
(Scientific Attitude and Scientific Method)

वैज्ञानिक दृष्टिकोण का अर्थ, परिभाषा, विकास, वैज्ञानिक विधि का अर्थ, पद, सारांश, प्रश्न ।

12. विज्ञान में शिक्षण सहायक सामग्री 208-222
(Teaching Aids in Science)

परिभाषा, अर्थ, विशेषताएँ, महत्व, चयन के सिद्धान्त, प्रयोग के सिद्धान्त, प्रकार, श्रव्य सामग्री, दृश्य सामग्री, श्रव्य-दृश्य सामग्री, सारांश, प्रश्न ।

13. स्वयं निर्मित उपकरण 223-227
(Improvisation of Models)

अर्थ, विशेषताएँ, उपयोगिता, विकसित करने की विधि, उदाहरण, निर्माण व प्रयोग में कठिनाइयाँ, सारांश, प्रश्न ।

14. विज्ञान-शिक्षक 228-236
(Science Teacher)

अच्छे विज्ञान-शिक्षक की आवश्यकता, विज्ञान-शिक्षक की योग्यताएँ, व्यावसायिक योग्यताएँ, विज्ञान-शिक्षक का व्यावसायिक उन्नयन, विज्ञान-अध्यापक की डायरी, समय-सारणी, गृहकार्य, विज्ञान विभाग का निरीक्षण, सारांश, प्रश्न ।

15. विज्ञान संग्रहालय, एक्वेरियम, टेरेरियम, वाइवेरियम 227-244
(Science Museum, Aquarium, Terrarium, Vivarium)

विज्ञान संग्रहालय का महत्व, विज्ञान संग्रहालय में विभिन्न वस्तुओं, पदार्थों आदि का संग्रह, व्यवस्था, वस्तुओं का प्रदर्शन, देश के प्रमुख विज्ञान संग्रहालय, एक्वेरियम, वाइवेरियम, टेरेरियम, सारांश, प्रश्न ।

16. विशिष्ट बालकों की शिक्षा
(Education of Exceptional Children) 245-257

अर्थ, विशिष्ट बालकों के प्रकार, मानसिक रूप से विशिष्ट बालक, शारीरिक रूप से विशिष्ट बालक, सामाजिक रूप से विशिष्ट बालक, पहचान की विधियाँ, शिक्षा व्यवस्था।

17. विज्ञान का अन्य विषयों से सम्बन्ध 258-264
(Correlation of Science with other Subjects)

अर्थ, प्रकार, शीर्षात्मक सहसम्बन्ध एवं अनुप्रस्थीय सहसम्बन्ध, विज्ञान और भाषा, विज्ञान तथा इतिहास, विज्ञान तथा गणित, विज्ञान और भूगोल, विज्ञान तथा संगीत, विज्ञान तथा कला, विज्ञान तथा सामाजिक अध्ययन, व्यावहारिक जीवन से सहसम्बन्ध, सारांश, प्रश्न।

18. शिक्षण में नवाचार 265-286
(Innovations in Teaching)

अर्थ, परिभाषा, सूक्ष्म शिक्षण का स्वरूप, सोपान गुण व सीमाएँ, पारम्परिक व सूक्ष्म शिक्षण में अन्तर, अनुकरणीय शिक्षण, टोली शिक्षण, अभिक्रमित अनुदेशन।

19. विज्ञान में क्रियात्मक अनुसंधान 287-293
(Action Research in Science)

अर्थ, सोपान, क्रियात्मक अनुसंधान की प्रायोगिक योजना का प्रारूप, विज्ञान में प्रयोगात्मक परियोजना, सारांश, प्रश्न।

20. विज्ञान-शिक्षण में पाठ-योजना 294-341
(Lesson Planning in Science Teaching)

अर्थ, परिभाषा, लाभ, विधि, पाठ-योजना के उपागम, हरबार्ट पाठ-योजना, प्रारूप, सीमाएँ, मूल्यांकन उपागम की पाठ योजना का प्रारूप, राष्ट्रीय शैक्षिक अनुसंधान एवं प्रशिक्षण परिषद की पाठ योजना का प्रारूप, सारांश, प्रश्न।

परिशिष्ट : विश्वप्रसिद्ध वैज्ञानिक जीवन-परिचय 342-371

सन्दर्भ पुस्तकों की सूची 372-379

# विज्ञान का अर्थ, प्रकृति एवं महत्व
## (Meaning, Nature and Importance of Science)

वर्तमान युग विज्ञान का युग है। आज विज्ञान हमारे जीवन का एक आवश्यक अंग बन चुका है। वर्तमान में विज्ञानविहीन विश्व-समाज की कल्पना भी नहीं की जा सकती है। व्यक्ति के जीवन के प्रत्येक पक्ष को विज्ञान ने प्रभावित किया है। हम वैज्ञानिक संस्कृति के युग में रह रहे हैं। विज्ञान की शिक्षा का प्रचार एवं प्रसार मानव-दृष्टिकोण में क्रान्तिकारी परिवर्तन लाया है। इस परिवर्तन ने व्यक्ति की आर्थिक और सामाजिक स्थिति को भी प्रभावित किया है। वैज्ञानिक उपलब्धियों के परिणामस्वरूप जहाँ व्यक्ति के सामाजिक एवं आर्थिक स्तर में सुधार हुआ है, वहीं कुछ नवीन समस्याएँ भी उत्पन्न हुई हैं। इन समस्याओं के समाधान के लिए भी विज्ञान का अध्ययन आवश्यक है, जिससे कि व्यक्ति बदलते परिवेश में अपने को समायोजित कर सके। शिक्षा समायोजन की एक प्रक्रिया है। अतः छात्रों को सुसमायोजित एवं सुसंस्कृत नागरिक बनाने के लिए विज्ञान का अध्ययन आवश्यक है।

विज्ञान शब्द को शब्दिक अर्थ में ज्ञान के पर्यायवाची के रूप में प्रयोग किया जाता है। परन्तु यहाँ पर यह स्पष्ट कर देना उचित है कि प्रत्येक ज्ञान या जानकारी अनिवार्यतः विज्ञान नहीं होती है। यद्यपि सामान्य रूप में विज्ञान का अर्थ क्रमबद्ध ज्ञान के संग्रह से लिया जाता है, परन्तु यह पूरी तरह से ठीक नहीं है। इसका कारण यह है कि वैज्ञानिक ज्ञान सतत् शोध-प्रक्रिया के परिणाम का संचित रूप है और नये शोध परिणामों के फलस्वरूप लगातार बदलता रहता है। उदाहरण के लिए प्रारम्भ में यह माना जाता था कि परमाणु अविभाज्य है, परन्तु बाद में यह पाया गया कि परमाणु इलेक्ट्रान, प्रोटान व न्यूट्रान से मिलकर बना है और परमाणु के इन भागों को स्वतन्त्र रूप में प्राप्त किया जा सकता है। इस प्रकार विज्ञान को ज्ञान का संग्रह मात्र समझना ठीक नहीं है। ज्ञान, वैज्ञानिक प्रक्रिया का परिणाम है। अनेक वैज्ञानिकों ने इस प्रक्रिया को अपनाकर समय-समय पर नई उपलब्धियाँ प्राप्त कीं तथा वैज्ञानिक ज्ञान के भण्डार में वृद्धि की। कोलम्बिया शब्दकोष के अनुसार—"Science is an accumulated and systematized learning, in general usage restricted to natural phenomenon."

वुडबर्न तथा ओवोर्न के अनुसार, "विज्ञान वह मानवीय व्यवहार है जो हमारे प्राकृतिक वातावरण में स्थित परिस्थितियों या घटित घटनाओं की अधिकतम शुद्धता से व्याख्या करने का प्रयास करता है।"

डब्ल्यू० पॉली के अनुसार—"The aim of science teaching is not the acquisition of information and a few skills but to attain the understanding of the relationship which connects the answer to the problem."

इस प्रकार हम देखते हैं कि विज्ञान की कोई एक सर्वसम्मत परिभाषा नहीं है। विज्ञान अनुभवों पर आधारित निरीक्षणों की एक श्रृंखला है जिसके द्वारा प्रत्ययों (Concepts) तथा सिद्धान्तों (Principles) का निर्माण होता है। इन प्रत्ययों तथा सिद्धान्तों में पुनर्निरीक्षण (Reobservation) द्वारा परिवर्तन किया जा सकता है। इसलिए विज्ञान ज्ञान का संग्रह करने के साथ ज्ञान को प्राप्त करने वाली प्रक्रिया भी है। विज्ञान संचित (Accumulated) व क्रमबद्ध (Systematic) ज्ञान है जिसका सामान्यतया प्रयोग प्राकृतिक घटनाओं तक सीमित है। विज्ञान की प्रकृति केवल तथ्यों के ज्ञान तक ही सीमित नहीं है वरन् इसमें वैज्ञानिक विधि व वैज्ञानिक दृष्टिकोण का विकास भी सम्मिलित है। इस प्रकार विज्ञान के तीन मुख्य पक्ष हैं। 1. संचित एवं क्रमबद्ध ज्ञान; 2. खोज की वैज्ञानिक विधि तथा 3. वैज्ञानिक दृष्टिकोण। प्रथम पक्ष विज्ञान के परिणाम (Product) तथा दूसरा और तीसरा विज्ञान की प्रक्रिया (Process) की ओर संकेत करता है। दूसरे शब्दों में विज्ञान प्रक्रिया व परिणाम दोनों है।

परिणाम या उत्पादन (Product) के रूप में विज्ञान के अन्तर्गत निश्चित तथ्य, नियम, सिद्धान्त, मान्यताएँ तथा विचारधाराएँ आदि सम्मिलित हैं। प्रक्रिया रूप में विज्ञान के अन्तर्गत तथ्यों को निश्चित करने की विधि सम्मिलित है। वैज्ञानिक व्यवहार, वैज्ञानिक है परन्तु उच्च उद्देश्यों की प्राप्ति के लिए प्रक्रिया पक्ष को अधिक महत्व दिया जाता है। वास्तव में विज्ञान प्रयोगात्मक एवं प्रत्ययात्मक (Experimental and Conceptual) साधनों द्वारा निरीक्षण, अन्वेषण एवं संचय की अन्तहीन प्रक्रिया है। इस प्रक्रिया की विशेषता ज्ञान का संचय (Accumulation), सामान्यीकरण (Generalization) एवं सुधार (Improvement) की अभिवृद्धि है।

## विद्यालय पाठ्यक्रम में विज्ञान (Science in the School Curriculum)

"हम विज्ञान को विद्यालय पाठ्यक्रम का एक महत्वपूर्ण अंग बनाने पर बहुत अधिक जोर देते हैं। इसलिए विज्ञान तथा गणित के विषय विद्यालय के पहले दस वर्षों में सामान्य शिक्षा के भाग के तौर पर अनिवार्य रूप से पढ़ाए जाएँ। इसके अतिरिक्त माध्यमिक स्तर पर मेधावी छात्रों के लिए इन विषयों में विशेष विषय-

सामग्री रखी जानी चाहिए।" —कोठारी आयोग

"विज्ञान व तकनीकी किसी भी शिक्षा के ढांचे का महत्वपूर्ण भाग होना चाहिए। इन्हें बच्चों, प्रौढ़ों तथा युवकों के लिए निर्धारित शैक्षिक क्रियाओं में रखा जाना चाहिए जिससे सामाजिक तथा प्राकृतिक शक्तियों पर अधिकार प्राप्त करने में व्यक्ति की सहायता की जा सके और वह स्वय तथा अपनी क्रियाओं पर श्रेष्ठता प्राप्त कर सके तथा अन्त में वे व्यक्ति के मन को वैज्ञानिक सुझाव दे सकें जिससे वह विज्ञान का दास बने बिना इसका विकास कर सके।"

—यूनेस्को अन्तर्राष्ट्रीय शिक्षा आयोग

आधुनिक सभ्यता विज्ञान की सभ्यता है। हम चाहें या न चाहें लेकिन हम सबको इसमें रहना है। विज्ञान अब केवल कुछ लोगों तक ही सीमित नहीं है वरन् यह किसी-न-किसी रूप में प्रत्येक व्यक्ति के जीवन का अनिवार्य अंग बनता जा रहा है। इसलिए इसको विद्यालय पाठ्यक्रम में स्थान दिए जाने के विषय में कोई मतभेद नहीं है। अन्य विषयों के समान इसे भी पाठ्यक्रम में स्थान दिया गया है। परन्तु इसके द्वारा कुछ विशेष मूल्यों का विकास होता है जो कि अन्य विषयों द्वारा सम्भव नहीं है। इसके अतिरिक्त विज्ञान-शिक्षण छात्रों में आदर्श नागरिक के गुणों के विकास में सहायक है। इस प्रकार व्यक्ति एवं समाज के वहुआयामी गुणों का विकास एवं विज्ञान-शिक्षा का अटूट सम्बन्ध है जिसे दृष्टिगत करते हुए विद्यालयी पाठ्यक्रम में विज्ञान-शिक्षण को अनिवार्य विषय के रूप में रखा गया है। विज्ञान-शिक्षण द्वारा निम्न मूल्यों का विकास किया जाता है—

### 1. बौद्धिक मूल्य (Intellectual Value)

विज्ञान ज्ञान का संगठित रूप (Organised form) है। विज्ञान के क्षेत्र में नित्य नूतन ज्ञान, आविष्कार एवं विचारों द्वारा विकास हो रहा है। ज्ञान प्रदान करने के साथ ही विज्ञान प्रकृति के अज्ञात रहस्यों से भी परिचित कराता है। असीमित विकास की सम्भावना ही विज्ञान की मूलभूत विशेषता है। नए-नए आविष्कारों एवं शोधकार्यों के फलस्वरूप विज्ञान के ज्ञानकोष में निरन्तर वृद्धि हो रही है। वस्तुतः विज्ञान आधुनिक सभ्यता की नींव और ढाँचा दोनों ही है। इसने प्रकृति के विभिन्न ज्ञात और अज्ञात रहस्यों से परिचित करवाया है। विज्ञान व्यक्ति की बौद्धिक जिज्ञासा व बौद्धिक अभ्यास के लिए साधन व सामग्री की व्यवस्था करता है और मानसिक अनुशासन बनाने में सहायक है। विज्ञान व्यक्ति की बौद्धिक क्षमता, बौद्धिक ईमानदारी आलोचनात्मक निरीक्षण और तार्किक शक्ति के जनन, पोषण और विकास में सहायक होता है। विज्ञान बिना किसी भावनात्मक लगाव अथवा पूर्वाग्रह के निष्कर्ष निकालना सिखाता है।

मानसिक अनुशासन की धारणा के अनुसार विद्यालय में ऐसे विषय पढ़ाए जाने चाहिए जो छात्र की मानसिक शक्तियों को प्रशिक्षित कर सकें। विज्ञान

छात्र की रुचि को विकसित कर उसे कार्य करने के लिए अभिप्रेरित करता है। वैज्ञानिक प्रयोगों में निरीक्षण एवं एकाग्रता के साथ तथ्यों का उचित प्रस्तुतीकरण (Proper Presentation of Facts) किया जाता है। इसमें वस्तुनिष्ठ निरीक्षण (Objectve Observation) एवं पक्षपातरहित निर्णय (Unbiased Conclusions) सम्मिलित हैं, इसलिए प्रत्येक वैज्ञानिक क्रिया का सैद्धान्तिक एवं प्रायोगिक पक्ष बौद्धिक ईमानदारी के साथ मन की एकाग्रता तथा दृष्टिकोण की व्यापकता पर निर्भर रहता है। इसमें अन्धविश्वासों तथा परम्पराओं के आधार पर नहीं वरन् तथ्यों के आधार पर निष्कर्ष निकाले जाते हैं। इस प्रकार विज्ञान में सूक्ष्म निरीक्षण, वैज्ञानिक दृष्टिकोण, मन की एकाग्रता, मापन की शुद्धता (Accuracy of Measurement) तथा पूर्वाग्रह रहित निर्णयों की आवश्यकता होती है। छात्रों में इन मूल्यों के विकास से अपेक्षित सामाजिक व्यवहार और कुशलता का विकास सम्भव है।

## 2. व्यावहारिक मूल्य (Utilitarian Value)

आधुनिक युग विज्ञान व तकनीकी का युग है। प्रकृति एवं परिवेश की प्रत्येक घटना एवं वस्तु को समझने में वैज्ञानिक तथ्यों एवं सिद्धान्तों का ज्ञान आवश्यक है। आज विज्ञान का ज्ञान केवल कक्षा तक ही सीमित नहीं है वरन् प्रत्येक व्यक्ति के जीवन का अंग बन गया है। विज्ञान की उपलब्धियाँ समाज के प्रत्येक स्तर तक पहुँच गई हैं। विज्ञान ने जनजीवन को आरामदायक एवं सुख-सुविधापूर्ण बनाकर व्यक्ति के जीवन-स्तर को सुधारने में महत्वपूर्ण योगदान दिया है। इससे स्पष्ट है कि विज्ञान के तथ्यों एवं सिद्धान्तों का ज्ञान तथा उनके प्रयोग द्वारा जीवन-स्तर में सुधार लाया जा सकता है। विज्ञान के लाभदायक व हानिकारक दोनों पक्षों के आधार पर प्रत्येक व्यक्ति के लिए यह जानना आवश्यक है जीवन को सुविधापूर्ण बनाने व जीवन-स्तर को ऊँचा उठाने के लिए विज्ञान का अधिक-से-अधिक उपयोग किस प्रकार किया जा सकता है। अतः यह कहा जा सकता है कि आधुनिक जीवन के प्रत्येक क्षेत्र में जैसे चिकित्सा, कृषि, यातायात, विभिन्न उद्योग, संप्रेषण (Communication) इत्यादि में विज्ञान एवं तकनीकी ज्ञान का उपयोग विज्ञान के व्यावहारिक मूल्य के अन्तर्गत आता है।

## 3. सांस्कृतिक मूल्य (Cultural Value)

विज्ञान समाज के सांस्कृतिक पक्ष को भी प्रभावित करता है। व्यक्ति के चिन्तन, अनुभव और क्रियाओं पर विज्ञान का प्रभाव पड़ता है। विज्ञान व्यक्ति की आदत और दृष्टिकोण को भी प्रभावित करता है। विज्ञान के अध्ययन द्वारा छात्र के व्यवहार में परिवर्तन होता है जिसका प्रभाव उसके चरित्र एवं व्यक्तित्व के विकास पर भी पड़ता है। संस्कृति का तात्पर्य केवल ज्ञान ही नहीं है वरन्

व्यक्ति के समस्त क्रियाकलाप, विचार, भावनाएँ एवं रहन-सहन के तौर-तरीके संस्कृति के परिचायक होते हैं। विज्ञान का अध्ययन छात्रों में स्वस्थ एवं लाभदायक गुणों का विकास करता है एवं समाज के सांस्कृतिक जीवन में गुणात्मक समृद्धि एवं चेतना प्रदान करता है। विज्ञान के साहित्य के अन्तर्गत वैज्ञानिक पत्रिकाएँ, उपन्यास तथा विज्ञान के आविष्कार एवं उनके विकास का इतिहास हमारी संस्कृति को समृद्ध बनाते हैं। योजना निर्माण (Construction of Project) तथा प्रयोगशाला कार्य (Laboratory Work) विज्ञान-शिक्षण की प्रमुख विधियाँ हैं। ये शिक्षण विधियाँ छात्रों में मिलजुलकर कार्य करने की आदत, आपसी सहयोग और समझ के साथ अन्य उच्चतर मानवीय गुणों का समावेश करके सांस्कृतिक मूल्यों के विकास में सहायक हैं।

### 4. व्यावसायिक मूल्य (Vocational Value)

विज्ञान का अध्ययन विभिन्न व्यावसायिक पाठ्यक्रमों का आधार है। यह छात्रों को उनकी रुचि एवं अभिवृत्ति के अनुसार चिकित्सा, इंजीनियरिंग, कृषि आदि प्रमुख व्यवसायों के अध्ययन का अवसर प्रदान करता है। विज्ञान-शिक्षण द्वारा वैज्ञानिक अभिरुचियों को विकसित किया जाता है। इन अभिरुचियों (Hobbies) द्वारा छात्र अपने अवकाश का उपयोग रचनात्मक व उपयोगी कार्यों में कर सकता है।

### 5. नैतिक मूल्य (Moral Value)

विज्ञान सत्य का खोजी है। सत्य तक पहुँचने की प्रक्रिया के प्रत्येक पद पर बौद्धिक ईमानदारी की आवश्यकता होती है। प्रत्येक प्रयोग या अनुसंधान के लिए सही आँकड़े, विश्वसनीय सूचनाओं का संग्रह और निरीक्षण का वस्तुनिष्ठ स्पष्टीकरण (Objective Interpretation of Observation) आवश्यक है। शोध या प्रयोग के किसी पद पर की गई थोड़ी-सी ढील या लापरवाही गलत निष्कर्ष पर पहुँचा देती है। प्रयोग एवं शोधकार्य को सम्पन्न करने के लिए बौद्धिक ईमानदारी, सत्य के लिए प्रेम और उद्देश्य के प्रति निष्ठा होना अनिवार्य है। इस प्रकार विज्ञान व्यक्ति में सत्य, बौद्धिक ईमानदारी, कार्य के प्रति निष्ठा इत्यादि उन्नत नैतिक मूल्यों का समावेश करने में सहायक होता है।

### 6. सौन्दर्यात्मक मूल्य (Aesthetic Value)

सामान्य व्यक्ति के लिए विज्ञान का मूल्य इसकी व्यावहारिक उपयोगिता तक ही सीमित है। उसे विज्ञान में अन्तर्निहित सूक्ष्म सौन्दर्य का बोध नहीं है किन्तु वैज्ञानिक अपने शोधकार्य एवं प्रयोगों में विज्ञान में निहित इस आनन्दप्रद सौन्दर्य का अनुभव करता है। विज्ञान प्रकृति के रहस्यों की खोज करता है और यह प्रकृति

अथाह सौन्दर्य से युक्त है। वैज्ञानिक सत्य का खोजी होता है और सत्य ही सुन्दरता है। प्रकृति एवं प्रकृति की प्रत्येक वस्तु में सुन्दरता निहित है। इस प्रकृति की प्रत्येक वस्तु की आन्तरिक और बाह्य जानकारी प्राप्त करना विज्ञान का कार्य-क्षेत्र है। इस कार्य को सम्पन्न करने में वैज्ञानिक असीमित आन्तरिक आनन्द का अनुभव करता है। कभी-कभी वैज्ञानिक द्वारा अनुभूत इस आनन्द की अभिव्यक्ति उसके द्वारा सृजित कहानी/कथा, कविता एवं अन्य साहित्यिक कार्यों में प्रति-बिम्बित होती है। वैज्ञानिक को मानव-ज्ञान-भण्डार में वृद्धि करने का सन्तोष मिलता है तथा उपर्युक्त परिकल्पनाओं की खोज उसे सूक्ष्म आनन्द से परिप्लावित कर देती है। उचित उद्देश्य का चयन उसे पूर्ण आन्तरिक सन्तोष का पारितोषिक प्रदान करता है। आम आदमी के निरीक्षण में निहित कमियों को न दोहराना उसे आनन्ददायक कुशलता का बोध कराता है। नये परिणाम उसे प्रकृति में निहित महान आश्चर्यों से अवगत कराते हैं। वैज्ञानिक सूक्ष्मदर्शी और दूरदर्शी यन्त्रों द्वारा अदृश्य संसार के आश्चर्य और सुन्दरता से परिचित कराता है। इस स्तर पर विज्ञान और कला का एकीकरण हो जाता है। इस प्रकार उच्च स्तर पर कला और विज्ञान में कोई भिन्नता नहीं रह जाती है। कोई भी सुन्दर कलाकृति बिना विज्ञान एवं तकनीकी सहयोग के निर्मित नहीं हो सकती।

### 7. मनोवैज्ञानिक मूल्य (Psychological Value)

विज्ञान का शिक्षण मनोवैज्ञानिक सिद्धान्तों पर आधारित है। करके सीखना, क्रिया द्वारा सीखना एवं स्थूल वस्तुओं द्वारा शिक्षण मुख्य मनोवैज्ञानिक सिद्धान्त है। क्रिया द्वारा सीखना विज्ञान-शिक्षण का आधार है। यह छात्रों में जिज्ञासा, सृजनात्मकता, आत्माभिव्यक्ति की मूल प्रवृत्तियों को सन्तुष्ट करता है।

### 8. वैज्ञानिक विधि का प्रशिक्षण (Training in Scientific Method)

विज्ञान में समस्या समाधान या कार्य करने की एक निश्चित विधि होती है जिसे वैज्ञानिक विधि कहा जाता है। वैज्ञानिक विधि के प्रशिक्षण का उपयोग अन्य परिस्थितियों में व्यक्तिगत व सामाजिक समस्याओं के समाधान के लिए भी किया जा सकता है। वैज्ञानिक विधि में मुख्य निम्न पद होते हैं :—

1. समस्या का अध्ययन, चयन।
2. समस्या से सम्बन्धित आँकड़ों का संग्रह।
3. समस्या समाधान की विधि का चयन।
4. आँकड़ों के आधार पर निष्कर्ष निकालना।

मनुष्य ने अपनी समस्याओं के निदान और निराकरण में इसी वैज्ञानिक विधि के प्रशिक्षण के उपयोग से विभिन्न क्षेत्रों में आश्चर्यजनक उपलब्धियाँ प्राप्त की हैं।

**9. वैज्ञानिक दृष्टिकोण का विकास** (Development of Scientific Attitude)

विज्ञान द्वारा वैज्ञानिक दृष्टिकोण का विकास होता है, इसे अन्य स्थितियों में भी प्रयोग किया जा सकता है। वैज्ञानिक का दृष्टिकोण आलोचनात्मक, अन्धविश्वास एवं पूर्वाग्रह से रहित होता है। छात्रों में इस दृष्टिकोण का विकास उसके भावी जीवन के लिए उपयोगी सिद्ध होता है।

इस प्रकार विज्ञान मनुष्य की बुद्धि द्वारा प्रकृति को जानने का प्रयास और परिणाम है। विज्ञान के अध्ययन की सफलता प्रकृति के रहस्यों और इन रहस्यों के कारणों को जानने की प्रक्रिया पर आधारित है।

उपर्युक्त विवरण से स्पष्ट है कि विज्ञान का अध्ययन व्यक्ति में विभिन्न मूल्यों के जनन एवं विकास का आधार है। अतः विज्ञान विषय को विद्यालय पाठ्यक्रम में उचित स्थान दिया जाना व्यक्ति एवं समाज के समग्र विकास के लिए आवश्यक है।

## सारांश (Summary)

**विज्ञान की परिभाषा—विज्ञान का अर्थ**—विज्ञान अनुभवों पर आधारित निरीक्षणों की एक शृंखला है जिसके द्वारा प्रत्ययों तथा सिद्धान्तों का निर्माण होता है।

**विद्यालय पाठ्यक्रम में विज्ञान**

**बौद्धिक मूल्य**—विज्ञान व्यक्ति की बौद्धिक जिज्ञासा व बौद्धिक अभ्यास के लिए साधन व सामग्री की व्यवस्था करता है।

**व्यावहारिक मूल्य**—विज्ञान के तथ्यों एवं सिद्धान्तों के ज्ञान तथा उनके प्रयोग द्वारा जीवन-स्तर में सुधार लाया जा सकता है।

**सांस्कृतिक मूल्य**—विज्ञान-शिक्षण छात्रों में मिलजुलकर कार्य करने की आदत, आपसी सहयोग और समझ के साथ अन्य उच्चतर मानवीय गुणों का समावेश करके सांस्कृतिक मूल्यों के विकास में सहायक है।

**व्यावसायिक मूल्य**—विज्ञान का अध्ययन छात्रों को विभिन्न व्यवसायों के अध्ययन का अवसर प्रदान करता है।

**नैतिक मूल्य**—विज्ञान के अध्ययन द्वारा व्यक्ति में सत्य, बौद्धिक ईमानदारी, कार्य के प्रति निष्ठा आदि उन्नत नैतिक मूल्यों का समावेश होता है।

**सौन्दर्यात्मक मूल्य**—प्रत्येक वैज्ञानिक क्रिया में कलात्मक एवं सौन्दर्यात्मक तत्व समाहित रहता है।

**मनोवैज्ञानिक मूल्य**—विज्ञान का शिक्षण मनोवैज्ञानिक सिद्धान्तों पर आधारित है तथा छात्रों की आवश्यकताओं को सन्तुष्ट करता है।

वैज्ञानिक विधि का प्रशिक्षण—वैज्ञानिक विधि के प्रयोग द्वारा व्यक्तिगत व सामाजिक समस्याओं का समाधान किया जाता है।

वैज्ञानिक दृष्टिकोण का विकास—वैज्ञानिक दृष्टिकोण का विकास छात्र के भावी जीवन के लिए उपयोगी होता है।

## प्रश्न (Study Questions)

1. विद्यालय के पाठ्यक्रम में विज्ञान को क्यों स्थान दिया जाना चाहिए। स्पष्ट कीजिए। (मेरठ वि० वि० 1986)

2. विज्ञान का अर्थ व परिभाषा बताते हुए इसके क्षेत्र को स्पष्ट कीजिए। (गढ़वाल वि० वि० 1988)

3. आधुनिक मानव जीवन में विज्ञान विषय के महत्व पर प्रकाश डालिए।

4. विज्ञान-शिक्षण से सांस्कृतिक तथा सामाजिक परिवर्तन पर क्या प्रभाव पड़ता है? स्पष्ट कीजिए।

5. विद्यालय में छात्रों के लिए विज्ञान-शिक्षण की आवश्यकता तथा महत्व को स्पष्ट कीजिए। (रुहेलखण्ड वि० वि० 1987)

6. विद्यालय पाठ्क्रम में विज्ञान को एक पृथक विषय के रूप में सम्मिलित करने के कारणों का विवेचन कीजिए।

7. विज्ञान-शिक्षण द्वारा छात्रों में व्यावहारिक मूल्यों का विकास किस प्रकार किया जा सकता है? उदाहरण देकर स्पष्ट कीजिए। (लखनऊ वि० वि० 1987)

8. जूनियर स्तर पर पाठ्यक्रम में विज्ञान को एक अनिवार्य विषय के रूप में रखने के लिए कारण दीजिए। छात्र अपने जीवन में इस सीमित ज्ञान से क्या लाभ उठा सकेंगे?

9. विज्ञान को हाई स्कूल पाठ्यक्रम में पृथक विषय के रूप में रखने के क्या कारण हैं? विज्ञान का अध्ययन छात्रों में किन मूल्यों का विकास करता है? (मेरठ वि० वि० 1984, गढ़वाल वि० वि० 1988, 91, लखनऊ वि०वि० 1988)

10. टिप्पणी लिखिए—विज्ञान की प्रकृति और प्रत्यय। (गढ़वाल वि० वि० 1990,91)

11. हमारे जीवन में विज्ञान का महत्व विवादरहित है।—टिप्पणी कीजिए। (कुमायूं वि० वि० 1988)

12. माध्यमिक स्तर पर विज्ञान-शिक्षण के महत्व और क्षेत्र की विवेचना कीजिए। (कुमायूं वि० वि० 1989)

13. 10+2+3 शिक्षा पद्धति के अनुसार कक्षा 1 से 10 तक विज्ञान को अनिवार्य कर दिया गया है, इसका क्या कारण है? (रुहेलखण्ड वि० वि० 1990, 1986, लखनऊ 1990)

## वस्तुनिष्ठ प्रश्न (Objective-type Questions)

1. निम्न कथनों में जो सत्य हों उनके समक्ष 'हाँ' और असत्य के समक्ष 'नहीं' लिखिए।

(1) विज्ञान क्रमबद्ध ज्ञान का संग्रह है।
(2) वैज्ञानिक ज्ञान में कोई परिवर्तन नहीं होता है।
(3) विज्ञान ज्ञान का संग्रह करने वाली प्रक्रिया है।
(4) विज्ञान केवल तथ्यों के ज्ञान तक सीमित है।
(5) विज्ञान निरीक्षण द्वारा प्राप्त ज्ञान है।

2. रिक्त स्थानों की पूर्ति कीजिए।

(1) विज्ञान छात्रों में·········गुणों का विकास करता है।
(2) विज्ञान-शिक्षण द्वारा·········का विकास किया जाता है।
(3) विज्ञान में तथ्यों का············किया जाता है।
(4) विज्ञान व्यक्ति के·········में सुधार करता है।
(5) विज्ञान व्यक्ति में मानवीय मूल्यों का विकास कर उसका········· करता है।
(6) विज्ञान द्वारा विभिन्न···········का विकास किया जाता है।

# विज्ञान-शिक्षण के उद्देश्य
## (Objectives of Teaching of Science)

उद्देश्य शैक्षिक प्रक्रिया का वह अंतिम बिन्दु है जिसकी प्राप्ति शिक्षण द्वारा नियोजित क्रियाओं से की जाती है। किसी भी उद्देश्य में तीन बातें आवश्यक हैं—

1. अपेक्षित परिवर्तन की दिशा।
2. परिवर्तन का अंतिम बिन्दु।
3. परिवर्तन के लिए नियोजित क्रियाएँ।

मनोवैज्ञानिक एवं दार्शनिक दृष्टिकोणों से उद्देश्यों का निर्धारण किया जाता है। विद्यालय में विभिन्न विषयों के शिक्षण द्वारा इन उद्देश्यों की पूर्ति की जाती है। विषय के आधार पर शिक्षण-उद्देश्य, पाठ्यक्रम व विधि का चुनाव किया जाता है।

कक्षा-शिक्षण में उद्देश्यों का बहुत महत्व है। किसी भी विषय के शिक्षण द्वारा शिक्षा के उद्देश्यों की प्राप्ति की जाती है। शिक्षा के उद्देश्य जीवन दर्शन और देश तथा समाज की आवश्यकताओं के अनुसार परिवर्तित होते रहते हैं। इसलिए शिक्षा के उद्देश्यों को विभिन्न प्रकार से परिभाषित किया गया है। परिभाषाओं में विभिन्नता होते हुए भी इस तथ्य से सभी सहमत हैं कि शिक्षा द्वारा बालक की क्षमताओं का पूर्ण विकास कर उसे समाज का एक अच्छा नागरिक बनाया जाय। शिक्षा के इस उद्देश्य की प्राप्ति विद्यालय के अन्तर्गत विभिन्न विषयों के शिक्षण द्वारा की जाती है। डब्ल्यू० पौली (W. Pauli) के अनुसार—"The aim of science teaching is not the acquiition of information and a few skills but to attain understanding of the relationship which connects the answer to the,problem."

विज्ञान-शिक्षण का उद्देश्य छात्र का सर्वांगीण विकास कर उसे सामाजिक रूप से कुशल व उपयोगी नागरिक बनाना है। यह विज्ञान-शिक्षण का व्यापक उद्देश्य है जो कक्षा-शिक्षण के लिए दिशा प्रदान करता है। कक्षा-शिक्षण द्वारा छात्र के व्यवहार में वांछित परिवर्तन लाया जाता है। अतः विज्ञान-शिक्षश का

उद्देश्य भी छात्र के व्यवहार में परिवर्तन लाना है। विज्ञान-शिक्षण के उद्देश्यों में पिछले कुछ दशकों में विशद परिवर्तन हुआ है। विज्ञान विषय को पाठ्यक्रम में स्वतन्त्र विषय के रूप में मान्यता कुछ वर्षों पूर्व ही मिली है। विज्ञान और तकनीकी के विकास और प्रसार ने शिक्षा के उद्देश्यों को प्रभावित किया है। प्रारम्भ में विज्ञान-शिक्षण में तथ्यों के ज्ञान पर जोर दिया जाता था। धीरे-धीरे नियोजन (Planning) व सामान्यीकरण (Generalization) की ओर ध्यान दिया जाने लगा। उन्नीसवीं सदी के तीसरे और चौथे दशक के बीच विज्ञान-शिक्षण के उद्देश्यों के निर्धारण के लिए नियुक्त विज्ञान समिति की रिपोर्ट में विज्ञान के प्रयोगात्मक अथवा व्यावहारिक पक्ष को महत्व दिया गया। द्वितीय विश्वयुद्ध के बाद विज्ञान-शिक्षण के उद्देश्यों में क्रान्तिकारी परिवर्तन आया। वैज्ञानिक तथ्यों एवं सिद्धान्तों के ज्ञान के अतिरिक्त वैज्ञानिक अभिरुचि, वैज्ञानिक अभिवृत्ति, प्रयोगिक कार्य तथा समस्या समाधान को महत्व दिया जाने लगा।

## लक्ष्य एवं उद्देश्यों में अन्तर (Difference between Aims and Objectives)

प्राय: लक्ष्य (aims) और प्राप्य उद्देश्य (objectives) का एक ही अर्थ लगाया जाता है परन्तु दोनों में अन्तर है। शैक्षिक लक्ष्य (Educational aims) सामान्य कथन होते हैं। इनकी प्रवृत्ति दार्शनिक होती है। अत: इनका स्वरूप अधिक व्यापक होता है। यह शिक्षण को दिशा प्रदान नहीं करते हैं। कार्टर बी० गुड ने इसको निम्न प्रकार परिभाषित किया है—

"लक्ष्य पूर्वनिर्धारित साक्ष्य होता है जो किसी कार्य या क्रिया का मार्गदर्शन करता है।"

जब हम किसी लक्ष्य को प्राप्त करने के लिए कार्य करते हैं तो उसके लिए हमें जिन छोटी-छोटी बातों को ध्यान में रखना पड़ता है उन्हें उस लक्ष्य के प्राप्य उद्देश्य कहते हैं। प्राप्य उद्देश्य वह मानदंड या या उद्देश्य है जिसको छात्र द्वारा विद्यालयी क्रिया को पूर्ण करके प्राप्त किया जाता है। प्राप्य उद्देश्य छात्र के व्यवहार में वह इच्छित परिवर्तन है जो विद्यालय द्वारा पथ-प्रदर्शित अनुभव का परिणाम होता है।

इस प्रकार प्राप्य उद्देश्य या उद्देश्य में लक्ष्य की अपेक्षा व्यावहारिकता अधिक होती है। उद्देश्य की प्रकृति मनोवैज्ञानिक होती है। शिक्षण की युक्तियों तथा व्यूह-रचना के लिए इनका अधिक महत्व होता है।

लक्ष्य एवं प्राप्य उद्देश्य के अन्तर को निम्न तालिका द्वारा स्पष्ट किया जा रहा है—

| लक्ष्य (Aims) | प्राप्य उद्देश्य (Objectives) |
|---|---|
| 1. लक्ष्य एक सामान्य कथन है। | 1. यह एक निश्चित कथन है। |

| | |
|---|---|
| 2. यह अनिश्चित होता है। | 2. यह विशिष्ट होता है। |
| 3. इसका क्षेत्र व्यापक होता है। | 3 इसका क्षेत्र सीमित होता है। |
| 4. इसकी प्राप्ति लम्बी अवधि में होती है। | 4. इसकी प्राप्ति शिक्षण के एक कालांश में की जाती है। |
| 5. इसकी प्राप्ति के लिए सम्पूर्ण विद्यालय कार्यक्रम, समाज तथा राष्ट्र उत्तरदायी होता है। | 5. इसकी प्राप्ति का दायित्व शिक्षण तथा विषयवस्तु पर होता है। |
| 6. इसमें शिक्षण उद्देश्य निहित होते हैं। | 6. इनकी सहायता से शैक्षिक उद्देश्यों की प्राप्ति की जाती है। |
| 7. यह छात्रों को स्पष्ट एवं निश्चित निर्देश नहीं देता है। | 7. यह छात्रों को स्पष्ट एवं निश्चित निर्देश देता है। |
| 8. इसके उदाहरण व्यक्तित्व का विकास, राष्ट्रीय एकता आदि हैं। | 8. इसके उदाहरण ज्ञान, कौशल, अभिरुचि आदि हैं। |
| 9. इसमें आदर्शवादिता अधिक होती है, अतः इन्हें पूर्ण रूप से प्राप्त करना सम्भव नहीं होता है। | 9. यह व्यावहारिक होने के कारण विद्यालय में ही प्राप्त किए जा सकते हैं। |

अतः शिक्षण उद्देश्य वे उद्देश्य हैं जिनका प्रयोग कक्षा-शिक्षण के विभिन्न विषयों में किया जाता है। शिक्षण उद्देश्यों की सहायता से ही शैक्षिक उद्देश्यों या लक्ष्यों की प्राप्ति की जाती है। शैक्षिक उद्देश्यों की प्राप्ति छात्र के शैक्षिक जीवन अर्थात् प्राथमिक स्तर से विश्वविद्यालय स्तर की व्यवस्था द्वारा की जाती है।

## उद्देश्यों के निर्धारण के आधार (Basis of Formulation of Objectives)

"विज्ञान की शिक्षा के उद्देश्य विस्तृत हैं। इन उद्देश्यों की प्राप्ति हेतु उन्नत अनुभवों से पूर्ण कार्यक्रम की आवश्यकता होती है। ऐसे कार्यक्रम जो युवा व्यक्तियों को बौद्धिक, मनोवैज्ञानिक और सामाजिक विकास की ओर प्रेरित करते हों।"

—थर्वर और कौलेटे

विज्ञान-शिक्षण के उद्देश्य दार्शनिक, मनोवैज्ञानिक, सामाजिक एवं वैज्ञानिक आधारों पर निर्धारित किए जाने चाहिए। ये आधार निम्न हैं—

1. **मनोवैज्ञानिक आधार (Psychological Basis)**—मनोवैज्ञानिक आधार पर उद्देश्यों का निर्धारण छात्र की आयु, स्तर, योग्यता, रुचि, आवश्यकताओं व क्षमताओं के आधार पर किया जाता है।

2. **सामाजिक आधार (Social Basis)**—समाज की आवश्यकताएँ विज्ञान-शिक्षण के उद्देश्यों के निर्धारण का प्रमुख स्रोत हैं। विज्ञान-शिक्षण द्वारा छात्र

में सामाजिक कुशलताओं का विकास किया जाता है। इन सामाजिक कुशलताओं से छात्र समाज में अपने को आसानी से सुसमायोजित कर सकता है।

3. वैज्ञानिक आधार (Scientific Basis)—इसके अन्तर्गत विज्ञान की विषय-वस्तु की प्रकृति व अन्य वैज्ञानिक ज्ञान सम्मिलित है जिसे छात्र शिक्षण द्वारा प्राप्त करता है।

4. दार्शनिक आधार (Philosophical Basis)—शिक्षा प्रणाली की प्रकृति भी उद्देश्यों के निर्धारण के लिए आधार का कार्य करती है। शिक्षा के उद्देश्यों का आधार दर्शन है। विज्ञान-शिक्षण द्वारा हम व्यापक रूप में शिक्षा के उद्देश्यों की प्राप्ति का प्रयास करते हैं।

5. संसाधन (Resources)—उपलब्ध संसाधन, उद्देश्यों के निर्धारण में महत्वपूर्ण हैं। इनकी सुव्यवस्था व उचित प्रयोग द्वारा उद्देश्यों की प्राप्ति का प्रयास किया जाता है।

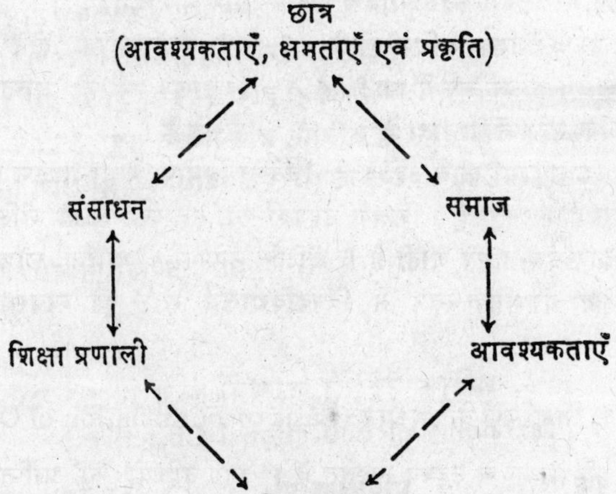


उद्देश्य निर्धारण के स्रोत (Sources of Determination of Objectives)

उपर्युक्त तत्वों के आधार पर उद्देश्यों का निर्धारण किया जाता है। उसके बाद उद्देश्यों का चुनाव व वर्गीकरण किया जाता है। एक अच्छे उद्देश्य के निर्धारण के आधार निम्न हैं—

1. विशिष्टता; 2. अस्पष्टता का अभाव; 3. उपयोगिता; 4. शिक्षा के सामान्य उद्देश्यों से अनुरूपता; 5. व्यावहारिकता एवं सुगमता।

उपर्युक्त विवरण से स्पष्ट है कि उद्देश्यों का निर्धारण करते समय

सुनिश्चित किया जाय कि उद्देश्य व्यावहारिक हों, प्राप्त किए जाने योग्य हों तथा विशिष्ट रूप में परिभाषित किए जा सकें। वे उद्देश्य जिन्हें अध्यापक कक्षा-शिक्षण द्वारा नियमित रूप से प्राप्त करने का प्रयास करता है, विशिष्ट उद्देश्य कहलाते हैं। ये उद्देश्य प्रकरण पर आधारित होते हैं। इनका मूल्यांकन कक्षा में ही किया जा सकता है। इनका सम्बन्ध ज्ञान, बोध एवं कौशल के प्रयोग से है। इनकी प्राप्ति कक्षा-शिक्षण द्वारा की जाती है। उद्देश्यों के सम्बन्ध में मत-विभिन्नता है। कुछ अध्यापक ज्ञान प्राप्ति को महत्व देते हैं जबकि कुछ तथ्यों के बोध पर। ब्लूम के शैक्षिक उद्देश्यों के वर्गीकरण द्वारा अध्यापक विज्ञान-शिक्षण के उद्देश्यों को व्यावहारिक रूप में निर्धारित कर सकता है।

### ब्लूम के अनुसार शैक्षिक उद्देश्यों का वर्गीकरण (Bloom's Taxonomy of Educational Objectives)

ब्लूम ने शैक्षिक उद्देश्यों को ज्ञानात्मक, भावात्मक तथा क्रियात्मक तीन उद्देश्यों में वर्गीकृत किया है। ज्ञानात्मक उद्देश्यों का सम्बन्ध सूचनाओं, ज्ञान तथा तथ्यों की जानकारी से है। अधिकांश शैक्षिक क्रियाओं द्वारा इसी उद्देश्य की प्राप्ति की जाती है। भावात्मक उद्देश्यों का सम्बन्ध रुचियों, अभिवृत्तियों तथा मूल्यों के विकास से है। क्रियात्मक उद्देश्यों का सम्बन्ध शारीरिक क्रियाओं के प्रशिक्षण तथा कौशल के विकास से है।

ब्लूम द्वारा प्रस्तावित शैक्षिक उद्देश्यों के वर्गीकरण को निम्नांकित तालिका में प्रस्तुत किया गया है।

#### शैक्षिक उद्देश्यों का वर्गीकरण
#### (Taxonomy of Educational Objectives)

| ज्ञानात्मक पक्ष (Cognitive) वर्ग | भावात्मक पक्ष (Affective) वर्ग | क्रियात्मक पक्ष (Psychomotor) वर्ग |
|---|---|---|
| 1. ज्ञान (Knowledge) | 1. आहरण (Receiving) | 1. उद्दीपन (Impulsion) |
| 2. बोध (Comprehension) | 2. अनुक्रिया (Response) | 2. कार्य करना (Manipulation) |
| 3. प्रयोग (Application) | 3. अनुमूलन (Valuing) | 3. नियन्त्रण (Control) |
| 4. विश्लेषण (Analysis) | 4. प्रत्ययीकरण (Conceptualization) | 4. समायोजन (Coordination) |

| | | |
|---|---|---|
| 5. संश्लेषण (Synthesis) | 5. व्यवस्थापन (Organization) | 5. स्वभावीकरण (Naturalization) |
| 6. मूल्यांकन (Evaluation) | 6. चरित्र-निर्माण (Characterization) | 6. आदत निर्माण तथा कौशल (Habit-formation and Skill) |

## ज्ञानात्मक शैक्षिक उद्देश्यों का वर्गीकरण (Taxonomy of Cognitive Educational Objectives)

छात्राध्यापक अपने शिक्षण के नियोजन में ज्ञानात्मक पक्ष के उद्देश्यों का ही अधिक प्रयोग करते हैं। ब्लूम ने ज्ञानात्मक पक्ष को व्यापक रूप में छः वर्गों में विभाजित किया है। प्रत्येक वर्ग की सीखने की क्रियाओं को पहचानने का भी प्रयास किया गया है जिनका व्यावहारिक रूप में अवलोकन तथा मूल्यांकन सम्भव है। इस पक्ष के सभी वर्गों की विशिष्ट सीखने की उपलब्धियों तथा पाठ्यवस्तु की प्रकृति को निम्नलिखित चार्ट में प्रस्तुत किया गया है।

| वर्ग (Category) | सीखने की उपलब्धि (Learning Outcome) |
|---|---|
| 1. ज्ञान (Knowledge) | 1. विशिष्ट वस्तुओं का ज्ञान प्राप्त करना; 2. साधनों का ज्ञान प्राप्त करना; 3. सार्वभौम वस्तुओं का ज्ञान प्राप्त करना। |
| 2. बोध (Understanding) | 1. अनुवाद करना; 2. व्याख्या देना; 3. उल्लेख या गणना करना। |
| 3. प्रयोग (Application) | 1. सामान्यीकरण करना; 2. निदान करना; 3. प्रयोग करना। |
| 4. विश्लेषण (Analysis) | 1. तत्व का विश्लेषण करना; 2. सम्बन्ध स्थापित करना; 3. सिद्धान्त का विश्लेषण करना। |
| 5. संश्लेषण (Synthesis) | 1. अनोखा सम्प्रेषण करना; 2. योजना का निर्माण करना; 3. सम्बन्ध स्थापित करना। |
| 6. मूल्यांकन (Evaluation) | बाह्य एवं आन्तरिक निर्णय लेना। |

## उद्देश्यों को व्यावहारिक रूप में लिखना (Writing Objectives in Behavioural Terms)

अधिगम के अनुभवों को सुगम बनाने एवं मूल्यांकन को सुनिश्चित करने के लिए शिक्षण के उद्देश्यों को उनके व्यावहारिक रूप में लिखना अत्यन्त आवश्यक है। उद्देश्य का व्यावहारिक रूप शिक्षण की प्रक्रिया को क्रमबद्ध एवं सुसंगठित बनाता है। यह शिक्षक को शिक्षण-युक्तियों व्यूह-रचना तथा दृश्य-श्रव्य सामग्री के चयन में सहायता पहुँचाता है।

उद्देश्यों को व्यावहारिक रूप में लिखने की प्रमुख विधियाँ निम्न हैं—

### 1. ब्लूम विधि (Bloom Method)

ब्लूम और उसके सहयोगियों ने शैक्षिक लक्ष्यों के निर्धारण की दिशा में महत्वपूर्ण कार्य किया है। ब्लूम ने मूल्यांकन की दृष्टि से निष्पत्ति परीक्षाओं के निर्माण में विषयवस्तु के स्थान पर उद्देश्यों को विशेष महत्व दिया है। निष्पत्ति परीक्षा को विषयवस्तु-केन्द्रित (Subject-centred) के बजाय उद्देश्य-केन्द्रित (Objective-centred) बनाने पर बल दिया जिससे प्रत्येक प्रश्न पर विशिष्ट उद्देश्य का मूल्यांकन कर सके। इसके लिए उन्होंने शिक्षण उद्देश्यों को व्यावहारिक रूप में लिखने का प्रयास किया।

### 2. रॉबर्ट मेगर विधि (Method of Robert Mager)

राबर्ट मेगर ने 1962 में अभिक्रमित अनुदेशन के क्षेत्र में उद्देश्यों को व्यावहारिक रूप में लिखाने पर विशेष महत्व दिया। उन्होंने ज्ञानात्मक तथा भावात्मक पक्ष के उद्देश्यों को व्यावहारिक रूप में लिखने के लिए कार्यसूचक क्रियाओं (Action Verbs) की सूची तैयार की। पाठ्यवस्तु एवं उससे सम्बन्धित कार्यसूचक क्रियाओं की सहायता से शैक्षिक उद्देश्यों को व्यावहारिक रूप प्रदान किया गया। राबर्ट मेगर ने शैक्षिक उद्देश्यों को व्यावहारिक रूप में लिखने के लिए निम्न विधि का विकास किया—

1. अंतिम व्यवहार अथवा परिवर्तित व्यवहार की पहचान करना तथा उन्हें निर्धारित करना।
2. उन परिस्थितियों का वर्णन जिनके अन्तर्गत छात्र अपेक्षित व्यवहार कर सकें।
3. निष्पत्ति परीक्षा के लिए मानदण्ड का निर्धारण करना।

मेगर के अनुसार किसी भी शैक्षिक उद्देश्य को व्यावहारिक रूप में लिखने के लिए उपरोक्त तीनों बातों का होना आवश्यक है। मेगर ने उद्देश्यों को व्यावहारिक रूप में लिखने के लिए ब्लूम की टैक्सोनोमी (Taxonomy) को

आधार माना है। प्रत्येक उद्देश्य को कार्यसूचक क्रियाओं (Action Verbs) द्वारा व्यावहारिक रूप में लिखा जाता है। कार्यसूचक क्रियाओं की सूची की सहायता से उद्देश्यों को व्यवहारिक रूप में लिखा जाता है। ज्ञानात्मक उद्देश्यों के लिए कार्यसूचक क्रियाओं की सूची निम्न है—

**ज्ञानात्मक उद्देश्यों के लिए कार्यसूचक क्रियाओं की सूची**
**(A List of Action Verbs of Cognitive Objectives)**

| उद्देश्य | कार्यसूचक क्रियाएं | |
|---|---|---|
| 1. ज्ञान (Knowledge) | परिभाषा देना (Define) | चयन करना (Select) |
| | कथन देना (State) | मापन करना (Measure) |
| | प्रत्यास्मरण करना (Recall) | सूची देना (List) |
| | पहचानना (Recognize) | लिखना (Write) |
| 2. बोध (Comprehension) | व्याख्या करना (Explain) | उदाहरण देना (Illustrate) |
| | संकेत करना (Indicate) | प्रस्तुत करना (Present) |
| | प्रतिपादन करना (Formulate) | वर्गीकरण करना (Classify) |
| | निर्णय लेना (Judge) | चयन करना (Select) |
| | अर्थापन करना (Interpret) | अनुवाद करना (Translate) |
| 3. प्रयोग (Application) | पूर्व कथन (Predit) | जाँच करना (Assess) |
| | गणना करना (Compute) | बनाना (Construct) |
| | प्रयोग करना (Use) | पाना (Find) |
| | प्रदर्शन करना (Demonstrate) | उल्लेख करना (Explain) |

| | | |
|---|---|---|
| 4. विश्लेषण (Analysis) | विश्लेषण करना (Analyse) | विभाजन करना (Divide) |
| | निष्कर्ष निकालना (Conclute) | तुलना करना (Compare) |
| | भेद करना (Differentiate) | आलोचना करना (Criticize) |
| | अलग करना (Separate) | पुष्टि करना (Justify) |
| 5. संश्लेषण (Synthesis) | तर्क करना (Argue) | चयन करना (Select) |
| | वाद-विवाद करना (Discuss) | निष्कर्ष करना (Conclude) |
| | व्यवस्थित करना (Organize) | पूर्वकथन देना (Predict) |
| | सामान्यीकरण करना (Generalize) | संक्षिप्त करना (Summarize) |
| 6. मूल्यांकन (Evaluation) | निर्णय लेना (Judge) | पहचानना (Identify) |
| | मूल्यांकन करना (Evaluate) | दूर करना (Avoid) |
| | आलोचना करना (Criticize) | बचाव करना (Defend) |

उपर्युक्त तालिका की सहायता से उद्देश्यों को व्यावहारिक रूप में लिखा जाता है। उद्देश्य के लिए दी गई क्रियाओं का चयन करके पाठ्यवस्तु के तत्व के साथ प्रयुक्त करने से उद्देश्य का व्यावहारिक रूप तैयार हो जाता है।

विज्ञान में घनत्व के शिक्षण उद्देश्यों को निम्न प्रकार से व्यावहारिक रूप में लिखा जा सकता है—

ज्ञान उद्देश्य के लिए—

छात्र घनत्व की परिभाषा दे सकते हैं।

बोध उद्देश्य के लिए—

छात्र घनत्व की व्याख्या कर सकते हैं।

छात्र घनत्व की गणना कर सकते हैं।

राबर्ट मेगर ने भावात्मक उद्देश्यों के लिए कार्यसूचक क्रियाओं की सूची प्रस्तुत की है। विज्ञान के विषयों द्वारा इनको प्राप्त नहीं किया जा सकता है। भावात्मक उद्देश्यों की प्राप्ति मुख्य रूप से भाषा तथा सामाजिक विषयों के

शिक्षण से की जाती है।

मेगर द्वारा प्रस्तुत उपर्युक्त विधि की कुछ सीमाएँ है जो निम्न हैं—

1. मेगर के व्यवहारवादी होने के कारण उद्दीपन तथा अनुक्रिया द्वारा अधिगम को व्यक्त किया गया है। परन्तु सम्पूर्ण अधिगम प्रक्रिया को उद्दीपन अनुक्रिया से व्यक्त नहीं किया जा सकता है।

2. इस विधि में मानसिक प्रक्रियाओं को कोई स्थान नहीं दिया गया है।

3. मेगर ने केवल ज्ञानात्मक और भावात्मक उद्देश्यों को व्यावहारिक रूप में लिखने के लिए कार्यसूचक क्रियाओं की सूची दी है। कई क्रियाएँ दोनों उद्देश्यों में सम्मिलित हैं जिससे उद्देश्यों को व्यावहारिक रूप में लिखने से अन्तर स्पष्ट नहीं हो सकता, जबकि उद्देश्यों का व्यावहारिक रूप अधिक विशिष्ट तथा सुनिश्चित होना आवश्यक है।

4. इस विधि का प्रयोग मनोगत्यात्मक उद्देश्यों को व्यावहारिक रूप में लिखने के लिए नहीं किया जा सकता है।

### 3. राबर्ट मिलर विधि (Robert Miller Method, 1962)

उद्देश्यों को व्यावहारिक रूप में लिखने की यह विधि मेगर विधि की तुलना में कठिन है क्योंकि इसका विकास सैन्य अनुदेशक के लिए उद्देश्यों को व्यावहारिक रूप में लिखने से हुआ तथा सामान्य विद्यालय के लिए इसका उपयोग नहीं हुआ। इन्होंने केवल क्रियात्मक पक्ष (Psychomotor Domain) के उद्देश्यों को व्यावहारिक रूप में लिखने की विधि विकसित की। मिलर के अनुसार किसी भी उद्देश्य को व्यावहारिक रूप में लिखने के लिए तीन तत्वों का होना अनिवार्य है—

1. संकेत (Indication) या अनुमान (Cue) जो कि अनुक्रिया को पैदा करता है। मनोविज्ञान में इसी को उत्प्रेरक (Stimulus) या उत्प्रेरक परिस्थिति (Stimulus Condition) के नाम से जाना जाता है।

2. एक्टिवेशन (Activation) या अनुक्रिया (Response)।

3. पृष्ठपोषण (Feedback)।

उदाहरण—सिगनल के हरे होते ही ड्राइवर ने सीटी दी और रेलगाड़ी अपनी निश्चित दिशा में आगे की ओर चल दी।

उपर्युक्त उदाहरण में 'सिगनल के हरे होते ही' मिलर की आवश्यकता के अनुसार संकेत (Indication) है। ये ही उत्प्रेरक या उत्प्रेरक परिस्थिति (Stimulus Condition) भी है। 'ड्राइवर ने सीटी दी' यह Activation या सिगनल के हरे होने के उत्प्रेरक की अनुक्रिया है तथा 'रेलगाड़ी का निश्चित दिशा में आगे चल देना, पृष्ठपोषण है।

मेगर एवं मिलर के उद्देश्यों को व्यावहारिक रूप में लिखने की विधि में

मात्र शब्दों का अन्तर है जो निम्न है।

| मेगर विधि | मिलर विधि |
|---|---|
| महत्वपूर्ण परिस्थितियाँ (Important Conditions) | संकेत (Indication) |
| अन्तिम व्यवहार (Terminal Behaviour) | एक्टिवेशन (Activation) |
| स्वीकार्य निष्पत्ति (Standard of Performance) | पृष्ठपोषण (Feedback) |

**4. क्षेत्रीय शिक्षा महाविद्यालय मैसूर की विधि** (The R.C.E.M. System)

क्षेत्रीय महाविद्यालय मैसूर में उद्देश्यों को व्यावहारिक रूप में लिखने की विधि का विकास किया गया है। इस विधि को आर०सी०ई०एम० प्रणाली के नाम से जाना जाता है। उद्देश्यों को व्यावहारिक रूप में लिखने की यह विधि प्रक्रिया (Process) को अधिक महत्व देती है। यह नवीन विधि मेगर की विधि के समान अधिगम में केवल उद्दीपन अनुक्रिया को महत्व नहीं देती है वरन् इसमें मानसिक योग्यताओं (Mental abilities) को महत्व दिया जाता है। उद्देश्यों को लिखने में मानसिक क्रियाओं का प्रयोग किया जाता है। इस नवीन विधि का आधार ब्लूम ने छः उद्देश्यों में विभाजित किया है परन्तु इस विधि में छः उद्देश्यों को चार उद्देश्यों में परिवर्तित कर लिया गया है। विश्लेषण, संश्लेषण और मूल्यांकन के तीन उद्देश्यों को इस विधि में सृजनात्मकता का नाम दिया गया है। इन चारों उद्देश्यों का मानसिक क्रियाओं के रूप में 17 भागों में वर्गीकरण किया गया है, जिन्हें मानसिक योग्यताएँ कहा जाता है। इन्हीं 17 मानसिक योग्यताओं को ज्ञानात्मक, भावात्मक तथा क्रियात्मक उद्देश्यों को व्यावहारिक रूप में लिखने में प्रयुक्त किया जाता है। ब्लूम के वर्गों तथा इस विधि के उद्देश्यों और उनकी मानसिक योग्यताओं का विवरण निम्न तालिका में दिया गया है—

**क्षेत्रीय शिक्षा महाविद्यालय मैसूर के अनुसार उद्देश्यों का वर्गीकरण**

(Classification of Objectives according to the R.C.E.M System)

| उद्देश्य (Objectives) ब्लूम के अनुसार | उद्देश्य (Objectives) आर०सी०एम० प्रणाली के अनुसार | मानसिक योग्यताएँ (Mental Abilities) |
|---|---|---|
| 1. ज्ञान (Knowledge) | 1. ज्ञान (Knowledge) | 1 : 1. प्रत्यास्मरण करना (Recall) |

| | | |
|---|---|---|
| | | 1 : 1. अभिज्ञान करना (Recognition) |
| 2. बोध (Compiehen-sion) | 2. बोध (Understanding) | 2 : 2. सम्बन्ध देखना (See Relationship)<br>2 : 1. उदाहरण देना (Cite Example)<br>2 : 3. भेद करना (Discriminate)<br>2 : 4. वर्गीकरण करना (Classify)<br>2 : 5. व्याख्या करना (Interpret)<br>2 : 6. पुष्टि करना (Verify)<br>2 : 7. सामान्यीकरण (Generalize) |
| 3. प्रयोग (Application) | 3. प्रयोग (Application) | 3 : 1. तर्क करना (Reason)<br>3 : 2. परिकल्पना का प्रतिपादन करना (Formulate Hypo-thesis)<br>3 : 3. परिकल्पना की स्थापना करना (Establish Hypo-thesis)<br>3 : 4. निष्कर्ष निकालना (Infer)<br>3 : 5. पूर्वकथन करना (Predict) |
| 4. विश्लेषण (Analysis) | 4. स्रजनात्मकता (Creativity) | 4 : 1. विश्लेषण करना (Anaiyse)<br>4 : 2. संश्लेषण करना (Synthesize) |

5. संश्लेषण
(Synthesis)

6. मूल्यांकन
(Evaluation)

4 : 3. मूल्यांकन करना
(Evaluate)

इस विधि में उद्देश्यों को व्यावहारिक रूप में लिखने के लिए पहले उद्देश्यों को निर्धारित कर लेते हैं। उसके बाद मानसिक क्रियाओं को पाठ्य-वस्तु के तत्वों के साथ प्रयोग करके व्यावहारिक रूप में लिखा जाता है।

## विज्ञान शिक्षण के प्राप्य उद्देश्य (Objectives of Science Teaching)

प्रायः लक्ष्य और प्राप्य उद्देश्य दोनों का एक ही अर्थ लगाया जाता है परन्तु इनमें पर्याप्त अन्तर है।

**लक्ष्य का अर्थ** (Meaning of Aim)—इसके अर्थ को स्पष्ट करते हुए कार्टर वी० गुड ने लिखा है, "लक्ष्य पूर्वनिर्धारित साध्य होता है जो किसी कार्य या क्रिया का मार्गदर्शन करता है।" लक्ष्य में दूरदर्शिता तथा आदर्शवादिता होती है।

**प्राप्य उद्देश्य** (Objectives)—शिक्षण क्रिया में निर्धारित उद्देश्यों के आधार पर निश्चित पाठ्यक्रम के माध्यम से शिक्षण विधि का उपयोग करते हुए बालक के व्यवहार में परिवर्तन लाने का प्रयास किया जाता है। ये व्यवहारगत परिवर्तन प्राप्य उद्देश्य कहलाते हैं, जिनको हम शिक्षण द्वारा छात्रों में लाना चाहते हैं।

कार्टर वी० गुड के अनुसार—"प्राप्य उद्देश्य छात्र के व्यवहार में वह इच्छित परिवर्तन है, जो विद्यालय द्वारा पथ-प्रदर्शित अनुभव का परिणाम होता है।" ये व्यवहारगत परिवर्तन व्यक्तित्व के तीनों पक्षों ज्ञानात्मक, भावात्मक और क्रियात्मक पक्ष से सम्बन्धित होते हैं। वस्तुतः प्राप्य उद्देश्य वे दिशा-बिन्दु हैं, जिनकी ओर शिक्षण की सम्पूर्ण क्रिया प्रवाहित होती है। शिक्षण द्वारा छात्र के व्यवहार परिवर्तन को जानने के लिये व्यवहार परिवर्तन का मापन आवश्यक है। यह तभी संभव है जब हम उद्देश्यों को व्यवहार परिवर्तन के रूप में परिभाषित करें। इस प्रकार विज्ञान शिक्षण के उद्देश्यों को व्यावहारिक रूप में लिखा जाता है, जिससे यह पता चलता है कि शिक्षण के पश्चात् छात्र के व्यवहार में क्या परिवर्तन हुआ है। अतः जब हम किसी लक्ष्य की प्राप्ति के लिए कार्य करते हैं तो उसके लिए हमें जिन छोटी-छोटी बातों को ध्यान में रखना पड़ता है उन्हें उस लक्ष्य के प्राप्य उद्देश्य कहते हैं। प्राप्य उद्देश्यों में लक्ष्य की अपेक्षा व्यावहारिकता अधिक होती है तथा इसको प्राप्त कराने का दायित्व शिक्षक का होता है।

## लक्ष्य एवं प्राप्य उद्देश्य में उत्तर
## (Difference between Aim and Objective)

| लक्ष्य | प्राप्य उद्देश्य |
|---|---|
| 1. लक्ष्य एक सामान्य कथन होता है। | 1. यह विशिष्ट कथन के रूप होता है। |
| 2. यह अनिश्चित होता है। | 2. यह निश्चित होता है। |
| 3. लक्ष्य की प्राप्ति के लिए सम्पूर्ण विद्यालय कार्यक्रम, समाज तथा राष्ट्र उत्तरदायी होता है। | 3. प्राप्य उद्देश्य की प्राप्ति का दायित्व शिक्षक तथा पाठ-विशेष की विषय-वंस्तु पर होता है। |
| 4. यह कक्षा की शिक्षण नीतियों के निर्धारण में सहायक नहीं होता। | 4. यह शिक्षण-नीतियों के निर्धारण में सहायक होता है। |
| 5. इसका रूप व्यापक होता है तथा इसकी प्राप्ति लम्बे समय में की जाती है। | 5. इसका रूप समुचित होता है तथा इसकी प्राप्ति शिक्षण के कालांश में की जाती है। |
| 6. यह सीखनेवालों को स्पष्ट एवं निश्चित निर्देश नहीं देता। | 6. इसके अन्तर्गत छात्रों को स्पष्ट एवं निश्चित निर्देश दिए जाते हैं। |

विज्ञान शिक्षण के उद्देश्यों को व्यावहारिक उद्देश्यों के रूप में निम्न प्रकार लिखा जा सकता है :—

### 1. ज्ञान उद्देश्य (Knowledge)

1:1. छात्र वैज्ञानिक शब्दावली, तथ्य, प्रत्यय, नमूने सिद्धान्तों और प्रक्रियाओं का प्रत्यास्मरण कर सकेगा।

1:2. विभिन्न शब्दों, संकेतों, तथ्यों, प्रत्ययों और उपकरणों को पहचान सकेगा।

### 2. बोध (Understanding)

छात्र विज्ञान के विभिन्न शब्दों, तथ्यों, सिद्धान्तों, प्रत्ययों और प्रक्रियाओं आदि को समझ सकेगा।

2:1. छात्र विज्ञान के तथ्यों, सिद्धान्तों, प्रत्ययों और प्रक्रियाओं में सम्बन्ध स्थापित कर सकेगा।

2:2. विभिन्न उदाहरण दे सकेगा।

2:3. विभिन्न सम्बन्धित प्रत्ययों, सिद्धान्तों, प्रक्रियाओं में विभेदन कर

सकेगा।

2:4. विज्ञान के तथ्यों, सिद्धान्तों, प्रत्ययों और प्रक्रियाओं का वर्गीकरण कर सकेगा।

2:5. विभिन्न प्रत्ययों, सिद्धान्तों और प्रक्रियाओं की व्याख्या कर सकेगा।

2:6. सिद्धान्तों की पुष्टि कर सकेगा।

2:7. विज्ञान के तथ्यों का सामान्यीकरण कर सकेगा।

### 3. प्रयोग (Application)

छात्र विज्ञान के ज्ञान का नवीन परिस्थितियों में प्रयोग कर सकेगा।

3:1. छात्र विज्ञान के तथ्यों, सिद्धान्तों, प्रत्ययों, प्रदत्तों की पर्याप्तता के सम्बन्ध में तार्किक विवेचन कर सकेगा।

3:2. उद्देश्यों के आधार पर परिकल्पना का निर्माण कर सकेगा।

3:3. कार्य-कारण सम्बन्धों की स्थापना कर सकेगा।

3:4. प्रदत्तों के आधार पर निष्कर्ष निकाल सकेगा।

3:5. प्रदत्तों के आधार पर सिद्धान्तों एवं घटनाओं का पूर्वानुमान लगा सकेगा।

### 4. सृजनात्मकता (Creativity)

छात्र विभिन्न वैज्ञानिक कौशलों का विकास कर सकेगा।

4:1. वैज्ञानिक तथ्यों, सिद्धान्तों एवं प्रक्रियाओं का विश्लेषण कर सकेगा।

4:2. विभिन्न तत्वों का संश्लेषण कर सकेगा।

4:3. विश्लेषण एवं संश्लेषण के आधार पर मूल्यांकन कर सकेगा।

### 5. कौशल उद्देश्य (Skill Objective)

5:1. छात्र उचित प्रकार से उपकरणों का प्रयोग एवं निरीक्षण कर सकेगा।

5:2. उपकरणों को विधिवत् व्यवस्थित कर सकेगा।

5:3. स्वयं उपकरणों की रचना कर सकेगा।

5:4. अपेक्षित शीघ्रता से उपकरणों को ठीक कर सकेगा।

5:5. उपकरणों के प्रयोग तथा निरीक्षण को सही रूप में लिख सकेगा।

5:6. उपकरणों का चित्र तथा प्रदतों को चार्ट, ग्राफ या तालिका द्वारा प्रदर्शित कर सकेगा।

5:7. आवश्यक गति तथा शुद्धता से प्रयोग कर सही निष्कर्ष पर पहुंच सकेगा।

5:8. चित्र, रेखाचित्र तथा ग्राफ खींचने के कौशल का विकास करेगा।

5:9. चित्रों को स्वच्छता, क्रमबद्धता एवं निश्चितता के साथ नामांकित कर

सकेगा।

### 6. रुचि उद्देश्य (Interest Objective)

6:1 छात्र वैज्ञानिक साहित्य तथा वैज्ञानिकों की जीवनी के अध्ययन में रुचि ले सकेगा।

6:2. अवकाश के समय विज्ञान सम्बन्धी कार्यों को करके विज्ञान के प्रति रुचि का विकास करेगा।

6:3. वैज्ञानिक गोष्ठियों, पर्यटनों तथा विज्ञान-क्लब की क्रियाओं में भाग लेगा।

6:4. विज्ञान सम्बन्धी चार्टों, मॉडलों का निर्माण करेगा।

### 7. अभिवृत्ति उद्देश्य (Attitude Objective)

7:1. विज्ञान की विभिन्न घटनाओं के प्रति जिज्ञासा प्रदर्शित करेगा।

7:2. प्रमाणित तथ्यों के आधार पर निष्कर्ष निकालेगा।

7:3. कार्य का प्रस्तुतीकरण स्पष्ट व व्यवस्थित रूप में करेगा।

7:4. विज्ञान के नवीन आविष्कारों का ज्ञान प्राप्त करने का प्रयास करेगा।

7:5. वैज्ञानिक घटनाओं के विषय में स्वतन्त्र रूप से चिन्तन करेगा।

### 8. प्रशंसात्मक उद्देश्य (Appreciation Objective)

8:1. मानव जाति के प्रति विज्ञान के योगदान की प्रशंसा कर सकेगा।

8:2. वैज्ञानिक खोजों के प्रति जिज्ञासा तथा वैज्ञानिकों की प्रशंसा कर सकेगा।

8:3. विज्ञान के नवीनतम आविष्कारों से परिचित होने में आनन्द का अनुभव करेगा।

विज्ञान-शिक्षण में विभिन्न उद्देश्यों को व्यावहारिक रूप में लिखने के उदाहरण निम्न हैं—

1. ज्ञान उद्देश्य—उदाहरण—छात्र मेंढक के मुँह के अंगों के नाम बता सकेंगे। पत्तियों को हरा करनेवाले पिगमेन्ट का नाम बता सकेंगे। विभवान्तर नापनेवाले उपकरण का नाम बता सकेंगे। परमाणु संरचना चित्र द्वारा बता सकेंगे।

2. बोध उद्देश्य—नील ब्होर के परमाणु प्रतिदर्श की व्याख्या कर सकेंगे। चित्र की सहायता से मेंढक की पाचन क्रिया की व्याख्या कर सकेंगे।

3. प्रयोग उद्देश्य—न्यूटन के तीसरे नियम के आधार पर ऊँची कूद की व्याख्या करेंगे। नियम का उपयोग कर परिपथ का परिणामी प्रतिरोध निकालेंगे।

4. विश्लेषण उद्देश्य—चालक का प्रतिरोध किन घटकों पर निर्भर करता है,

उसका विश्लेषण कर सकेंगे। प्रकाश संश्लेषण में प्रत्येक घटक को पहचान कर उसके कार्य को स्पष्ट कर सकेंगे।

5. संश्लेषण—परमाणु प्रतिदर्शों की तुलनात्मक व्याख्या प्रस्तुत कर सकेंगे। परमाणु भार निकालने की विधियों की तुलना कर सकेंगे।

6. मूल्यांकन—न्यूटन और आइन्सटीन की वैज्ञानिक के रूप में तुलना कर सकेंगे। अयस्कों से ताँबा बनाने की विभिन्न विधियों का मूल्यांकन कर सकेंगे।

शिक्षण के उद्देश्यों के निर्धारण में इन्हीं ज्ञानात्मक पक्ष के वर्गों की सहायता ली जाती है। ब्लूम के उद्देश्यों के वर्गीकरण के आधार पर विज्ञान-शिक्षण के उद्देश्य निम्न हैं—

### 1. विज्ञान की विषयवस्तु का ज्ञान (Knowledge of the Content)

विज्ञान-शिक्षण में इस उद्देश्य का महत्व बहुत अधिक है। छात्रों को विज्ञान विषय के अन्तर्गत निम्न बातों का ज्ञान देना चाहिए—

1. वैज्ञानिक शब्द, प्रत्यय, सूत्र व प्रक्रियाएँ।
2. वैज्ञानिक साहित्य को समझने के लिए आवश्यक तथ्यों का ज्ञान।
3. विज्ञान की विभिन्न शाखाओं का आपस में सम्बन्ध एवं एक-दूसरे पर निर्भरता का ज्ञान।
4. पेड़ पोधों व जानवरों का ज्ञान एवं पारस्परिक निर्भरता।
5. प्राकृतिक घटनाओं का ज्ञान।
6. पौधों, जन्तुओं की उत्पत्ति तथा पृथ्वी, चन्द्रमा, ग्रहों एवं उपग्रहों का ज्ञान।
7. मानव शरीर की संरचना तथा स्वास्थ्य के सामान्य नियमों का ज्ञान।

उपर्युक्त तथ्यों के प्रत्यास्मरण (Recall) और पहचान पर विशेष ध्यान देते हुए छात्र को उपर्युक्त ज्ञान का प्रयोग दैनिक जीवन में करने के योग्य बनाना विज्ञान-शिक्षण का उद्देश्य होना चाहिए।

### 2. वैज्ञानिक बोध अथवा सूझ (Scientific Understanding)

विषय के उचित शिक्षण के फलस्वरूप ज्ञान की प्राप्ति होती है। ज्ञान प्राप्ति के पश्चात् बोध क्षमता या समझने की शक्ति (Comprehension or Understanding) का विकास होता है इसका विकास तभी सम्भव है जब छात्र—

1. तथ्यों, प्रत्ययों, सिद्धान्तों एवं प्रक्रियाओं को समझ सके।
2. मिलते-जुलते तथ्यों, सिद्धान्तों एवं प्रक्रियाओं में अन्तर कर सके।
3. सारणी, संकेतों एवं सूत्रों का स्पष्टीकरण एवं व्याख्या कर सके।
4. चार्ट, ग्राफ प्रत्ययों एवं आँकड़ों का स्पष्टीकरण कर सके।
5. वैज्ञानिक पदों, तथ्यों और प्रत्ययों की व्याख्या कर सके।

6. विभिन्न तथ्यों, प्रत्ययों व प्रक्रियाओं में सम्बन्ध स्थापित कर सके।

### 3. प्रयोग (Application)

विज्ञान-शिक्षण का एक प्रमुख उद्देश्य छात्र में विज्ञान के ज्ञान की व्यावहारिक जीवन में प्रयोग करने की क्षमता का विकास करना है। आधुनिक विज्ञान-शिक्षण का प्रमुख दोष यह है कि छात्र प्राप्त ज्ञान का दैनिक जीवन में प्रयोग नहीं कर पाते हैं। वैज्ञानिक ज्ञान का दैनिक जीवन में प्रयोग करने के लिए यह आवश्यक है कि छात्र—

1. वैज्ञानिक प्रक्रियाओं, घटनाओं का कारण बता सके।
2. निरीक्षण, विश्लेषण और तथ्यों के आधार पर निष्कर्ष निकाल सके।
3. विभिन्न तथ्यों, घटनाओं और प्रक्रियाओं में सम्बन्ध स्थापित कर सके तथा पूर्वानुमान लगा सके।

विज्ञान-शिक्षण द्वारा छात्रों में उपर्युक्त क्षमताओं का विकास किया जा सकता है। छात्रों में इन क्षमताओं का विकास होने पर वे विज्ञान के ज्ञान का व्यावहारिक उपयोग कर सकते हैं।

### 4. कौशल (Skill)

विज्ञान-शिक्षण का उद्देश्य छात्रों में विज्ञान सम्बन्धी विभिन्न कौशलों का विकास करना होना चाहिए। मुख्य वैज्ञानिक कौशल निम्न हैं—

1. प्रयोगात्मक कौशल (Experimental Skill)—इसके अन्तर्गत उपकरणों का उचित प्रयोग, व्यवस्था एवं विभिन्न पदार्थों का संरक्षण सम्मिलित है।

2. रचनात्मक कौशल (Constructive Skill)—इसके अन्तर्गत चार्ट, मॉडल व अन्य उपकरणों व विज्ञान से सम्बन्धित सहायक सामग्री का निर्माण तथा उपकरणों में सुधार आते हैं।

3. चित्रकला कौशल (Drawing Skill)—इसमें चार्ट, उपकरणों आदि के चित्र बनाने की योग्यता सम्मिलित है।

4. निरीक्षण कौशल (Observation Skill)—या इसके अन्तर्गत किसी प्रक्रिया या प्रयोग का निरीक्षण कर उसका रिकार्ड रखना तथा निष्कर्ष निकालने की योग्यता का विकास सम्मिलित है।

### 5. रुचियों का विकास (Development of Scientific Hobbies)

विज्ञान-शिक्षण का एक उद्देश्य विद्यार्थियों में वैज्ञानिक वस्तुओं तथा वैज्ञानिक सिद्धान्तों के प्रति रुचि उत्पन्न करना है। वैज्ञानिक अभिरुचि विकसित करने के मुख्य साधन निम्न हैं—

1. वैज्ञानिक साहित्य एवं वैज्ञानिक सूचनाओं का अध्ययन।

2. विज्ञान-क्लब और विज्ञान-मेलों का आयोजन।
3. विज्ञान योजना पर कार्य।
4. विज्ञान में पर्यटन का आयोजन, प्रदर्शनी एवं विज्ञान पुस्तकालय।

इसके अतिरिक्त विज्ञान में रुचि जाग्रत करने के लिए अध्यापक को कुछ मनोवैज्ञानिक सिद्धान्तों का प्रयोग करना चाहिए। अभिप्रेरणा (Motivation) की उचित विधियाँ जैसे पुरस्कार, दंड, प्रशंसा आदि एवं सीखने के सिद्धान्त का प्रयोग आवश्यकतानुसार किया जाना चाहिए। छात्रों की विज्ञान में रुचि उत्पन्न करने से अधिगम सरल व शिक्षण प्रभावपूर्ण हो जाता है।

6. वैज्ञानिक दृष्टिकोण का विकास (Development of Scientific Attitude)

विज्ञान-शिक्षण का यह एक महत्वपूर्ण उद्देश्य है। इसके लिए विज्ञान को क्रमबद्ध व विकासात्मक रूप में पढ़ाया जाना आवश्यक है। वैज्ञानिक अभिवृत्ति के विकास के फलस्वरूप व्यक्ति के व्यवहार में परिवर्तन आ जाता है जिससे—

1. वह प्रमाणित तथ्यों के आधार पर ही निर्णय लेता है।
2. उसका दृष्टिकोण व्यापक व उदार होता है।
3. वह संकीर्णता से मुक्त रहकर नये विचारों को तथ्यों के आधार पर स्वीकार करता है।
4. उसमें जिज्ञासा की प्रवृति का विकास होता है।
5. वह अन्धविश्वासों व संकीर्णताओं से मुक्त रहता है।
6. वह किसी भी कार्य को निर्धारित प्रक्रिया के आधार पर करता है।

7. वैज्ञानिक योग्यताओं का विकास (Development of Scientific Abilities)

विज्ञान-शिक्षण द्वारा छात्रों में निम्न वैज्ञानिक योग्यताओं का विकास किया जाता है—

1. समस्या को अनुभव करने या चयन करने की योग्यता।
2. विश्लेषण, संश्लेषण, स्पष्टीकरण एवं सामान्यीकरण की योग्यता।
3. विज्ञान मेले, प्रदर्शनियाँ आदि का आयोजन करने की योग्यता।
4. उचित स्रोतों से उपयोगी ज्ञान प्राप्त करने की योग्यता।
5. वैज्ञानिक शब्दावली का प्रयोग करते हुए वाद-विवाद, स्पष्टीकरण व तर्क करने की योग्यता।
6. उपकरणों का निर्माण एवं सुधार करने की योग्यता।

8. प्रशंसात्मक क्षमताओं का विकास (Development of Scientific Appreciation)

विज्ञान के विद्यार्थी को सभ्यता के विकास में वैज्ञानिकों की खोजों और वैज्ञानिक

विधि के प्रतिपादन में विज्ञान के योगदान की प्रशंसा करनी चाहिए। यह भावना विज्ञान-शिक्षण द्वारा विकसित की जानी चाहिए। अध्यापक का यह कार्य है कि वह मानवता की प्रगति के लिए विज्ञान के योगदान को छात्रों को बतलाए। वैज्ञानिक वस्तुओं व सिद्धान्तों का उचित उपयोग किया जाना तभी सम्भव है जबकि छात्र में इनके प्रति श्रद्धा व सराहना का भाव हो। इस प्रकार का भाव प्रत्येक विद्यार्थी में होने से विज्ञान-संस्कृति का विकास सम्भव है।

9. अवकाश की क्रियाओं की व्यवस्था (Providing Work for Leisure)

विज्ञान-शिक्षण द्वारा छात्र को अवकाश के समय का उपयोग करना सिखाया जाना आवश्यक है। विज्ञान से सम्बन्धित विभिन्न रुचियों को विकसित कर उनका उपयोग रचनात्मक कार्यों में किया जाना विज्ञान-शिक्षण का उद्देश्य है। विज्ञान से सम्बन्धित मॉडल, चार्ट का निर्माण तथा विज्ञान के उपयोग से सम्बन्धित कार्यों को करके छात्र अपने अवकाश का उचित उपयोग कर सकते हैं। छात्रों को विभिन्न उत्पादक कार्यों में प्रशिक्षित किया जा सकता है। इन कार्यों के अन्तर्गत दैनिक जीवन की उपयोगी वस्तुएँ जैसे साबुन, स्याही, पॉलिश आदि बनाने की क्रिया छात्रों को बताई जा सकती है। इसके अतिरिक्त बागवानी एवं विभिन्न वस्तुओं के संग्रह का प्रशिक्षण दिया जा सकता है। उचित प्रशिक्षण द्वारा छात्र नये उपकरणों का निर्माण भी कर सकते हैं तथा इस प्रकार अपने अवकाश के समय का उचित उपयोग कर सकते हैं।

10. जीवन-स्तर में सुधार (Providing Training for Better Living)

विज्ञान-शिक्षण द्वारा छात्र को स्वास्थ्य के नियम तथा स्वास्थ्य विज्ञान के सिद्धान्तों की जानकारी दी जानी चाहिए जिससे वह अपने रहन-सहन के स्तर को अच्छा बना सके। अपने शरीर की उचित देखभाल के साथ-ही-साथ उसे अपने आसपास के वातावरण में भी सुधार करने के लिए प्रशिक्षित किया जाय जिससे व्यक्ति एवं समाज के जीवन-स्तर में सुधार लाया जा सके।

11. व्यवसाय के लिए प्रशिक्षण (Training for Vocation)

सामान्य शिक्षा का एक आवश्यक अंग होने के कारण विज्ञान के शिक्षण द्वारा माध्यमिक स्तर पर छात्र को किसी-न-किसी व्यवसाय के लिए तैयार किया जाना आवश्यक है। इसलिए उन छात्रों को जो किसी व्यवसाय में जाना चाहें या उच्च शिक्षा प्राप्त करने के इच्छुक हों, विभिन्न प्रकार का प्रशिक्षण दिया जाना चाहिए। यह उसके लिए भविष्य में विज्ञान के क्षेत्र में कार्य करने के लिए उपयोगी होगा।

उपर्युक्त उद्देश्यों के अतिरिक्त विज्ञान के पक्षों विषयवस्तु एवं प्रक्रिया

(Product and Process) के आधार पर विज्ञान-शिक्षकों द्वारा दो प्रकार से उद्देश्यों का निर्धारण किया गया है—

1. प्रक्रिया सम्बन्धी उद्देश्य (Process Objectives)
2. विषयवस्तु सम्बन्धी उद्देश्य (Product Objectives)

1. प्रक्रिया सम्बन्धी उद्देश्य (Process Objectives)—American Association for the advancement of science (AAAS) ने प्रक्रिया सम्बन्धी उद्देश्यों के अन्तर्गत छात्र के लिए निम्न प्रक्रियाओं का ज्ञान होना आवश्यक बताया—

1. निरीक्षण; 2. आंकिक सम्बन्धों को पहचानना व प्रयोग करना; 3. मापन; 4. काल-समय सम्बन्ध की पहचान व प्रयोग; 5. वर्गीकरण; 6. संप्रेषण; 7. निष्कर्ष निकालना; 8. अनुमान लगाना; 9. प्रयोगात्मक रूप से परिभाषित करना; 10. परिकल्पना का प्रतिपादन करना; 11. आँकड़ों का विश्लेषण; 12. चरों का नियन्त्रण; 13. प्रयोग।

उपर्युक्त प्रक्रियाओं का ज्ञान विभिन्न अधिगम क्रियाओं द्वारा होता है। इसके लिए निम्न सामग्री व विधियों का प्रयोग किया जा सकता है।

(1) प्रयोग; (2) प्रदर्शन; (3) व्याख्यान; (4) स्पष्टीकरण; (5) सहायक सामग्री; (6) वाद-विवाद; (7) पाठ्य-पुस्तक; (8) सन्दर्भ पुस्तकें (एनसाइक्लोपीडिया), शब्दकोष; (9) सेमीनार आदि।

प्रक्रिया सम्बन्धी उद्देश्यों को महत्व दिए जाने का कारण यह है कि इसके द्वारा छात्रों को कार्य करने का अवसर मिलता है। कार्य करने में विभिन्न अधिगम क्रियाओं का प्रयोग किया जाता है। अधिगम क्रियाओं के लिए छात्र को विभिन्न अनुभव प्रदान किए जाते हैं जिसमें मूर्त, अमूर्त व अन्य साधनों का प्रयोग किया जाता है।

2. विषयवस्तु सम्बन्धी उद्देश्य (Product Objectives)—कुछ शिक्षक अधिगम उपलब्धि के लिए विषयवस्तु सम्बन्धी उद्देश्यों (Product Objectives) को अधिक महत्व देते हैं। व्यवहारवादी मनोवैज्ञानिक भी अंतिम लक्ष्यों को अधिक महत्व देते हैं। छात्र द्वारा सीखे गये तथ्य, प्रत्यय व सिद्धान्तों का मापन किया जा सकता है। विषय-वस्तु का चुनाव उसकी उपयोगिता के आधार पर किया जा सकता है। इस उद्देश्य के आधार पर विषयवस्तु का अर्थपूर्ण होना आवश्यक है जिससे छात्रों की रुचि विषयवस्तु में बनी रहे। इसके अतिरिक्त उद्देश्यों के निर्धारण में व्यक्तिगत विभिन्नताओं को भी स्थान दिया जाना चाहिए। इससे स्पष्ट है कि प्रक्रिया सम्बन्धी उद्देश्यों का प्रयोग किसी भी विज्ञान की इकाई या पाठ के शिक्षण में किया जा सकता है। उद्देश्यों से सम्बन्धित प्रक्रियाएं अधिक उपयोगी हैं। विषयवस्तु सम्बन्धी उद्देश्यों के उचित संश्लेषण द्वारा सार्थक प्रक्रियाओं का प्रयोग कर सार्थक उपलब्धि प्राप्त की जा सकती है।

## विभिन्न समितियों के अनुसार विज्ञान-शिक्षण के उद्देश्य (Objectives of Teaching Science as suggested in Various Reports)

### 1. मुद्रालियर कमीशन (Secondary Education Commission)

भारत में विज्ञान-शिक्षण के इतिहास में पहली बार मुदालियर कमीशन (1953) द्वारा विज्ञान को दसवीं कक्षा तक एक अनिवार्य विषय के रूप में स्वीकार किया गया। कमीशन ने विज्ञान के नागरिक जीवन पर बढ़ते हुए प्रभाव को देखते हुए उसके अनुरूप शिक्षा में विज्ञान विषय को उचित स्थान देने का सुझाव दिया। माध्यमिक स्तर की शिक्षा को कमीशन ने दो उद्देश्यों की पूर्ति का साधन बताया। पहला उन विद्यार्थियों के लिए जो माध्यमिक स्तर की शिक्षा के बाद जीवन में पदार्पण करेंगे। उस छात्र वर्ग को विज्ञान की उन सब उपलब्धियों से परिचित कराना जो आज सामान्य जीवन का अंग बन गई हैं, विज्ञान का प्रमुख उद्देश्य माना गया। दूसरा उन विद्यार्थियों के लिए जिन्हें उच्च शिक्षा प्राप्त करनी है। उनके लिए विज्ञान-शिक्षण का उद्देश्य विश्वविद्यालय शिक्षा की तैयारी के रूप स्वीकार किया गया।

मुद्रलियर शिक्षा कमीशन ने विज्ञान-शिक्षण के प्रति जो जागृति उत्पन्न की, उसके फलस्वरूप 1956 में विज्ञान की अखिल भारतीय सेमीनार (All India Seminar of the Teaching of Science) का आयोजन किया गया जिसमें विज्ञान-शिक्षण के उद्देश्यों पर विस्तार से विचार किया गया।

### 2. विज्ञान-शिक्षण की अखिल भारतीय सेमीनार : तारादेवी रिपोर्ट, 1956 (Taradevi Report)

माध्यमिक विद्यालयों में विभिन्न स्तरों पर विज्ञान-शिक्षण के निम्न उद्देश्य प्रस्तावित किये गए—

(1) प्राथमिक स्तर (Primary Level)—इस स्तर पर विज्ञान-शिक्षण के निम्न उद्देश्य होने चाहिए—

1. प्रकृति तथा भौतिक और सामाजिक वातावरण में रुचि जाग्रत करना।
2. निरीक्षण, खोज, वर्गीकरण और क्रमबद्ध चिन्तन की क्षमता का विकास।
3. बालक की प्रयोगात्मक, सृजनात्मक शक्तियों का विकास।
4. स्वच्छ एवं संयम आदतों का विकास।
5. स्वस्थ जीवन-यापन की आदतों का विकास।

(2) मिडिल स्कूल स्तर (Middle School Level)—इस स्तर पर उपर्युक्त उद्देश्यों के अतिरिक्त निम्न उद्देश्यों को भी सम्मिलित किया जाय—

1. साधारण विज्ञान के पाठ्यक्रम से सम्बन्धित प्रकृति तथा विज्ञान सम्बन्धी सूचनाएं।

2. समस्या समाधान तथा सामान्यीकरण की क्षमता का विकास।

3. दैनिक जीवन में विज्ञान के प्रभाव का ज्ञान।

4. वैज्ञानिक अभिरुचियों में रुचि जाग्रत करना।

5. वैज्ञानिकों तथा उनके आविष्कारों की कहानी से छात्रों को प्रेरणा प्रदान करना।

(3) **उच्च और उच्च माध्यमिक स्तर** (High and Higher Secondary Level) इस स्तर पर सामान्य विज्ञान-शिक्षण के निम्न उद्देश्य होने चाहिए—

1. छात्र को उसके वातावरण से परिचित कराते हुए, समाज पर विज्ञान के प्रभाव का ज्ञान देकर वातावरण में समायोजन करने के योग्य बनाना।

2. वैज्ञानिक दृष्टिकोण का विकास तथा वैज्ञानिक विधि का प्रशिक्षण।

3. वैज्ञानिक विकास का ऐतिहासिक ज्ञान।

### 3. कोठारी आयोग, 1964-66 (Kothari Commission)

भारतीय शिक्षा आयोग ने माध्यमिक स्तर पर विज्ञान-शिक्षण के निम्न उद्देश्य बताये—

1. माध्यमिक स्तर पर विज्ञान को मानसिक अनुशासन के रूप में तथा उच्च शिक्षा की तैयारी के लिए पढ़ाना चाहिए।

2. निम्न माध्यमिक कक्षाओं में भौतिक विज्ञान, रसायन विज्ञान, जीव विज्ञान तथा प्राकृतिक विज्ञान को अनिवार्य विषयों के रूप में पढ़ाया जाना चाहिए।

3. उच्च माध्यमिक स्तर पर पाठ्यक्रम की विविधता के साथ विशेष अध्ययन की व्यवस्था की जानी चाहिए।

### 4. राष्ट्रीय शैक्षिक अनुसंधान एवं प्रशिक्षण परिषद (NCERT)

छह से चौदह वर्ष की आयु के छात्रों के लिए सामान्य विज्ञान-शिक्षण में निम्न उद्देश्यों का सुझाव दिया—

1. जैविक, भौतिक एवं पदार्थ सम्बन्धी वातावरण का ज्ञान प्राप्त करना।

2. समस्या समाधान का कौशल विकसित कर उसका दैनिक जीवन में प्रयोग, समस्या की खोज तथा उसका समाधान निकालने की विधियाँ, उचित आँकड़ों का संग्रह, व्यवस्था निरीक्षण तथा परिणाम का स्पष्टीकरण व व्याख्या।

3. वैज्ञानिक अभिवृत्ति के विकास के साथ उचित व्यक्तिगत और सामाजिक आदतों जैसे पक्षपात रहित दृष्टिकोण, सत्य के प्रति प्रेम, अन्वेषण की आदतें, स्पष्टता आदि।

4. प्रशंसा एवं रुचि का विकास जैसे वैज्ञानिक क्रियाओं, साहित्य में रुचि तथा जीवन और समाज में विज्ञान के प्रभाव की समझ तथा वैज्ञानिकों का योगदान।

### 5. राष्ट्रीय शिक्षा नीति, 1986 (National Education Policy)

राष्ट्रीय शिक्षा नीति के अन्तर्गत विज्ञान के विकास पर विशेष जोर दिया गया है। विज्ञान की शिक्षा द्वारा छात्रों में निम्न क्षमताओं का विकास किया जाना चाहिए—

1. अन्वेषण की प्रवृत्ति।
2. सृजनात्मकता।
3. वस्तुनिष्ठता।
4. प्रश्न पूछने का साहस।
5. सौन्दर्यात्मक मूल्य।
6. समस्या समाधान तथा निर्णय लेने का कौशल।
7. विज्ञान का स्वास्थ्य, कृषि, व्यवसाय व दैनिक जीवन के अन्य पक्षों से सम्बन्ध।

## सारांश (Summary)

विज्ञान एवं तकनीकी विकास के फलस्वरूप विज्ञान-शिक्षण के उद्देश्यों में व्यापक परिवर्तन हुआ है। अब विज्ञान-शिक्षण द्वारा ज्ञान प्राप्ति के साथ प्रत्ययों, योग्यताओं, अभिवृत्तियों एवं कौशलों के विकास को महत्व दिया जाता है।

उद्देश्यों के निर्धारण के आधार—(1) मनोवैज्ञानिक आधार; (2) सामाजिक आधार; (3) वैज्ञानिक आधार; (4) दार्शनिक आधार; (5) संसाधन।

ब्लूम का शैक्षिक उद्देश्यों का वर्गीकरण—

ज्ञानात्मक पक्ष—ज्ञान, बोध, प्रयोग, विश्लेषण, संश्लेषण, मूल्यांकन।

विज्ञान-शिक्षण के उद्देश्य—ब्लूम के वर्गीकरण के आधार पर विज्ञान-शिक्षण के निम्न उद्देश्य हैं—

1. विज्ञान की विषयवस्तु का ज्ञान;
2. वैज्ञानिक सूझ का विकास;
3. प्रयोग;
4. कौशल;
5. रुचियों का विकास;
6. वैज्ञानिक योग्यताओं का विकास;
7. वैज्ञानिक दृष्टिकोण का विज्ञास;
8. प्रशंसात्मक क्षमताओं का विकास;
9. अवकाश की क्रियाओं की व्यवस्था;
10. जीवन-स्तर में सुधार;
11. व्यवसाय के लिए प्रशिक्षण।

विभिन्न समितियों द्वारा निर्धारित विज्ञान-शिक्षण के उद्देश्य—

1. तारादेवी रिपोर्ट—(1) प्राथमिक स्तर; (2) जूनियर स्तर; (3) उच्च

और उच्च माध्यमिक स्तर।

2. कोठारी आयोग; 3. राष्ट्रीय शैक्षिक अनुसंधान एवं प्रशिक्षण परिषद 4. राष्ट्रीय शिक्षा गीति।

## प्रश्न (Study Questions)

1. माध्यमिक स्तर पर विज्ञान-शिक्षण के क्या उद्देश्य हैं ?

(कुमायूँ वि०वि० 1989)

2. ब्लूम के वर्गीकरण के आधार पर विज्ञान-शिक्षण के उद्देश्यों का वर्णन कीलिए।

3. विज्ञान-शिक्षण के उद्देश्यों से आप क्या समझते हैं ? उद्देश्यों के निर्धारण के आधार बताते हुए विभिन्न समितियों की रिपोर्ट के अनुसार माध्यमिक स्तर पर विज्ञान-शिक्षण के उद्देश्य बताइए।

4. 'विज्ञान-शिक्षण के प्राप्य उद्देश्य' पर टिप्पणी लिखिए।

(गढ़वाल वि०वि० 1987)

5. विज्ञान-शिक्षण के क्या उद्देश्य हैं ? विशिष्ट व्यवहार प्राप्य उद्देश्यों से आप क्या समझते हैं ? विज्ञान के किसी प्रकरण पर प्राप्य उद्देश्य बनाइए।

(गढ़वाल वि०वि० 1991)

6. विज्ञान-शिक्षण कौन-कौन-से उद्देश्य तथा प्राप्य उद्देश्य हैं ? अलग-अलग लिखिए।

(कुमायूँ वि०वि० 1991)

7. हाई स्कूल स्तर पर भौतिक विज्ञान के उद्देश्यों की व्याख्या कीजिए। आधुनिक भौतिक विज्ञान के पाठ्यक्रम से इनकी पूर्ति कहाँ तक सम्भव है ?

(रुहेलखंड वि०वि० 1987)

8. जूनियर स्तर पर विज्ञान-शिक्षण के कौन-कौन से उद्देश्य हैं ? छात्रों के किस प्रकार के व्यवहार से आप अपने शिक्षण उद्देश्यों की सम्प्राप्ति का अनुमान लगाएँगे ?

(रुहेलखंड वि०वि 1989)

9. हाई स्कूल कक्षाओं हेतु भौतिक तथा रसायन विज्ञान-शिक्षण के उद्देश्यों की व्याख्या कीजिए। इनकी पूर्ति आजकल किस सीमा तक सम्भव है ?

(रुहेलखंड वि०वि० 1986)

10. अधिगम अनुभवों के चयन के समय किन नियमों को ध्यान में रखना चाहिए ? विज्ञान के क्षेत्र से उदाहरण लेकर इनमें से प्रत्येक की व्याख्या कीजिए।

(मेरठ वि०वि० 1982)

11. शिक्षण उद्देश्य एवं अधिगम अनुभव के अर्थ स्पष्ट कीजिए। एक शिक्षण उद्देश्य का कथन लिखकर उसको प्राप्त करने के लिए आवश्यक अधिगम अनुभवों की सूची बनाइए।

(मेरठ वि०वि० 1983)

12. विज्ञान-शिक्षण के उद्देश्य निर्धारित करने की क्या आवश्यकता है ?

भौतिक विज्ञान-शिक्षण से सम्बन्धित छः उद्देश्यों को लिखिए और बताइए कि इनमें से प्रत्येक को प्राप्त करने के लिए किस प्रकार की गतिविधियों की आवश्यकता होगी। (मेरठ वि०वि० 1985, 1990)

13. जीव विज्ञान-शिक्षण के उद्देश्यों और प्राप्य उद्देश्यों में क्या अन्तर है ? किस प्रकार व्यवहार आधारित प्राप्य उद्देश्य अधिगम अनुभवों तथा मूल्यांकन को प्रभावित करते हैं, पुष्टि कीजिए। (मेरठ वि०वि० 1986)

14. भौतिक विज्ञान-शिक्षण के विभिन्न प्राप्य उद्देश्यों का वर्णन उनके व्यवहार परिवर्तन सहित कीजिए। विज्ञान की विभिन्न शाखाओं से उपयुक्त उदाहरण देते हुए अपने उत्तर की पुष्टि कीजिए। (मेरठ वि०वि० 1986)

15. माध्यमिक विद्यालयों में विज्ञान-शिक्षण के क्या उद्देश्य हैं ? उद्देश्यों को व्यवहार परिवर्तन के रूप में क्यों लिखा जाता है ? विज्ञान-शिक्षण के किन्हीं दो उद्देश्यों का चयन कीजिए तथा इनकी अधिकतम प्राप्ति को सुनिश्चित करने वाली अधिगम परिस्थितियों का वर्णन कीजिए। (मेरठ वि०वि० 1991)

16. विज्ञान-शिक्षण के क्या उद्देश्य तथा मूल्य हैं ? विस्तारपूर्वक वर्णन कीजिए। (लखनऊ वि०वि० 1987)

17. उद्देश्य तथा प्राप्य उद्देश्य में अन्तर बताइए। जूनियर हाई स्कूल स्तर पर सामान्य विज्ञान-शिक्षण के विभिन्न उद्देश्यों की विवेचना कीजिए। (लखनऊ वि०वि० 1988)

18. जू० हाई स्कूल स्तर पर विज्ञान-शिक्षण के मुख्य चार उद्देश्यों की आलोचनात्मक व्याख्या कीजिए। (मेरठ वि०वि० 1987)

## वस्तुनिष्ठ प्रश्न (Objective-type Questions)

निर्देश—प्रत्येक प्रश्न के साथ विभिन्न सम्भावित उत्तर दिए हुए हैं, उनमें से ठीक उत्तर पर (✓) निशान लगाइए।

1. विज्ञान शिक्षण का उद्देश्य है—
   (1) नेतृत्व का प्रशिक्षण देना;
   (2) वैज्ञानिक दृष्टिकोण का विकास;
   (3) लोकतन्त्रीय नागरिकता का विकास;
   (4) आर्थिक कुशलता का विकास।

2. शैक्षिक उद्देश्यों के निर्धारण का आधार है—
   (1) शासन प्रणाली का स्वरूप;
   (2) समाज की राजनैतिक परिस्थिति;
   (3) बालक की आवश्यकताएँ, क्षमताएँ;
   (4) विद्यालय की आवश्यकताएँ।

निर्देश—नीचे स्तम्भ 'अ' में उद्देश्यों के नाम और स्तम्भ 'ब' में विभिन्न उद्देश्य दिए हुए हैं। स्तम्भ 'अ' के बाईं ओर बने कोष्ठकों में उन उद्देश्यों का क्रमांक लिखिए जो उस श्रेणी में आते हैं।

| स्तम्भ 'अ' | स्तम्भ 'ब' |
|---|---|
| ( ) ज्ञानात्मक उद्देश्य | (1) व्यावसायिक प्रशिक्षण प्रदान करना। |
| ( ) प्रयोगात्मक उद्देश्य | (2) चित्र, चार्ट, एवं उपकरणों का निर्माण करना। |
| ( ) रुचियों का उद्देश्य | (3) वैज्ञानिक शब्द, प्रत्यय, सिद्धान्तों का ज्ञान प्रदान करना। |
| ( ) कौशल उद्देश्य | (4) विज्ञान-क्लब, विज्ञान-मेलों का आयोजन। |
| ( ) व्यावसायिक उद्देश्य | (5) विज्ञान के ज्ञान का व्यावहारिक जीवन में प्रयोग। |

# विज्ञान-शिक्षण के सिद्धान्त एवं सूत्र
## (Principles and Maxims of Science Teaching)

"It has been well said that teaching means 'causing to learn'. Nothing has been given until it has been taken, nothing has been taught until it has been learnt. Teaching is more than the efficient delivery of thoroughly prepared lectures."

—Huges and Huges

शिक्षण की सफलता के लिए शिक्षक को शिक्षण के सामान्य सिद्धान्तों एवं शिक्षण सूत्रों का ज्ञान होना आवश्यक है। शिक्षण का उद्देश्य छात्र के व्यवहार में परिवर्तन लाना है। व्यवहार को परिवर्तित एवं नियन्त्रित करने के लिए शिक्षण के विभिन्न सिद्धान्तों की जानकारी आवश्यक है। शिक्षक के व्यवहार को नियन्त्रित करने के लिए दो प्रकार के शिक्षण सिद्धान्तों का प्रयोग किया जाता है—

1. शिक्षण के सामान्य सिद्धान्त (General Principles of Teaching)
2. शिक्षण के मनोवैज्ञानिक सिद्धान्त (Psychological Principles of Teaching)

1. विज्ञान-शिक्षण के सामान्य सिद्धान्त (General Principles of Science Teaching)

विज्ञान-शिक्षण के सामान्य सिद्धान्त निम्न हैं—

1. प्रेरणा का सिद्धान्त (Principle of Motivation)
2. रुचि का सिद्धान्त (Principle of Interest)
3. जीबन से सम्बन्ध स्यापित करने का सिद्धान्त (Principle of linking with Life)
4. निश्चित उद्देश्य का सिद्धान्त (Principle of Definite Aim)
5. चयन का निद्धान्त (Principle of Selection)
6. नियोजन का सिद्धान्त (Principle of Planning)
7. विभाजन का सिद्धान्त (Principle of Division)
8. आवृत्ति का सिद्धान्त (Principle of Revision)
9. व्यक्तिगत विभिन्नता का सिद्धान्त (Principle of Individual Differences)

10. निर्माण तथा मनोरंजन का सिद्धान्त (Principle of creation and Recreation)
11. क्रियाशीलता का सिद्धान्त (Principle of Creativity)

### 1. प्रेरणा का सिद्धान्त (Principle of Motivation)

प्रेरण वह विधि है जिसके द्वारा छात्र की विषय में रुचि उत्पन्न हो जाय। प्रेरणा के सिद्धान्त का अर्थ छात्र में ज्ञान प्राप्त करने के लिए रुचि उत्पन्न करना है। यह एक मनोवैज्ञानिक तथ्य है कि छात्र को प्रेरणा प्रदान करने से अधिगम स्थाई होता है। उचित प्रेरणा के अभाव में शिक्षण छात्र के लिए रुचिकर नहीं रहता। अतः यह आवश्यक है कि शिक्षण के समय छात्र के स्तर व क्षमताओं के आधार पर अभिप्रेरणा प्रदान की जानी चाहिए। विज्ञान-शिक्षण में छात्रों को प्रश्न, उदाहरण, मॉडल, चित्र तथा अन्य सहायक सामग्री के द्वारा सीखने के लिए प्रेरित किया जा सकता है। दृश्य-श्रव्य सामग्री के प्रयोग से छात्र कार्य में तत्पर हो जाते हैं तथा रुचि लेने लगते हैं। अभिप्रेरणा छात्र के व्यवहार परिवर्तन में सहायता करती है।

### 2. रुचि का सिद्धान्त (Principle of Interest)

शिक्षण को सफल व प्रभावशाली बनाने के लिए यह आवश्यक है कि छात्र की पाठ्य विषय में रुचि उत्पन्न की जाय। रुचि लेने पर वह ज्ञान को सरलतापूर्वक ग्रहण कर लेता है। विज्ञान का शिक्षक विषयवस्तु में छात्रों की रुचि उत्पन्न करने के लिए विभिन्न साधनों का प्रयोग कर सकता है। विज्ञान की विषयवस्तु को उसके वास्तविक जीवन से सम्बन्ध स्थापित करके तथा उसकी व्यावहारिक उपयोगिता से परिचित कराकर छात्र की रुचि जागृत की जा सकती है। इसके अतिरिक्त विभिन्न प्रयोगों के प्रदर्शन द्वारा भी विषय को रुचिकर बनाया जा सकता है। विभिन्न क्रियाओं द्वारा छात्र को सक्रिय रखा जा सकता है तथा छात्र की क्रियाओं और उद्देश्यों में सम्बन्ध स्थापित किया जा सकता है।

### 3. जीवन से सम्बन्ध स्थापित करने का सिद्धान्त (Principle of linking with Life)

पाठ्यवस्तु को छात्र के वास्तविक जीवन से सम्बन्धित करते हुए पढ़ाया जाय। इस दृष्टि से छात्र उस विषयवस्तु को सीखने में अधिक रुचि लेते हैं जो उसके लिए व्यावहारिक दृष्टि से उपयोगी हो, जिसका वे उपयोग कर सकें। छात्र उस पाठ्य विषय को सरलता से सीख लेता है जिसका सम्बन्ध उसके जीवन से स्थापित हो जाता है। अतः शिक्षण के समय यह आवश्यक है कि छात्र के लिए नये अनुभवों को उसके पूर्व अनुभवों से सम्बन्धित करते हुए प्रस्तुत किया जाय,

इससे नवीन ज्ञान को वह सरलता से ग्रहण कर लेता है। इसके लिए विज्ञान-शिक्षण में विषयवस्तु को जीवन से सम्बन्ध स्थापित करते हुए पढ़ाया जाना चाहिए।

### 4. निश्चित उद्देश्य का सिद्धान्त (Principle of Definite Aim)

खिलिन के अनुसार—"शिक्षा अभिप्रयायुक्त एवं नैतिक क्रिया है। अतः यह कल्पना ही नहीं की जा सकती है कि यह उद्देश्यहीन है," ("Education is a purposeful and ethical activity. Hence it is unthinkable without aims.)"

शिक्षा एक सोद्देश्यपूर्ण प्रक्रिया है। प्रत्येक पाठ का कोई-न-कोई लक्ष्य होना आवश्यक है। पाठ को रोचक बनाने के लिए उद्देश्यों का निर्धारण किया जाता है। उद्देश्य के अभाव में शिक्षण क्रियाएँ अव्यस्थित व अनिश्चित हो जाती हैं। मूल्यांकन द्वारा उद्देश्य प्राप्ति के सम्बन्ध में निर्णय लिया जाता है तथा शिक्षण प्रक्रिया में सुधार लाया जा सकता है। उद्देश्य के आधार पर ही शिक्षण विधि व शिक्षण सामग्री का प्रयोग किया जाता है। इस दृष्टि से शिक्षण से पूर्व प्रत्येक पाठ का स्पष्ट व निश्चित उद्देश्य निर्धारित किया जाना आवश्यक है। रायबर्न का विचार है कि यह सिद्धान्त शिक्षण को स्पष्ट व निश्चित बनाकर रोचक एवं प्रभावशाली बनाता है। छात्रों को भी उद्देश्य का ज्ञान होने से विषयवस्तु में उनकी रुचि बनी रहती है।

### 5. चयन का सिद्धान्त (Principle of Selection)

यह एक महत्वपूर्ण सिद्धान्त है। पाठ्यवस्तु का चयन शिक्षण उद्देश्यों के आधार पर किया जाता है। शिक्षक को यह ध्यान रखना आवश्यक है कि अनावश्यक बातों को पाठ से हटाकर, केवल उन्हीं बातों एवं तथ्यों का चयन किया जाय जो निश्चित उद्देश्यों की प्राप्ति में सहायक हों। पाठ्यवस्तु का शिक्षण प्रारम्भ से पूर्व किया जाता है। विज्ञान-शिक्षण में इस सिद्धान्त के प्रयोग से शिक्षक छात्र को विशिष्ट ज्ञान प्रदान करता है तथा उसके अनुसार शिक्षण क्रियाएँ नियोजित करता है।

### 6. नियोजन का सिद्धान्त (Principle of Planning)

शिक्षण से पूर्व पाठ की योजना बनाई जानी आवश्यक है। पाठ-योजना बनाकर शिक्षण करने से विषयवस्तु निश्चित एवं व्यवस्थित क्रम में कक्षा के सम्मुख प्रस्तुत की जाती है। नियोजन द्वारा शिक्षण की समस्या का समाधान करने में सहायता मिलती है तथा शिक्षक आवश्यकतानुसार विधियों, प्रविधियों एवं दृश्य-श्रव्य सामग्री का प्रयोग कर शिक्षण को रोचक व प्रभावशाली बना सकता है।

विशेष परिस्थिति या समस्या उत्पन्न होने पर शिक्षक अपनी पाठ-योजना में परिवर्तन भी कर सकता है। पाठ-योजना शिक्षक के लिए पथप्रदर्शक का कार्य करती है। इससे शिक्षण क्रमबद्ध व व्यवस्थित होता है।

### 7. विभाजन का सिद्धान्त (Principle of Division)

इस सिद्धान्त का अभिप्राय यह है कि पाठ्य सामग्री को निश्चित क्रम से प्रस्तुत करने के लिए उसे कुछ पदों में बाँट लेना चाहिए। विभिन्न पदों का प्रस्तुतीकरण इस प्रकार किया जाए कि प्रत्येक पद अपने में पूर्ण हो तथा एक-दूसरे से सम्बन्धित भी हो। इस प्रकार के प्रस्तुतीकरण से छात्र सरलतापूर्वक ज्ञान ग्रहण कर लेते हैं। विज्ञान-शिक्षण में पाठ्यवस्तु को विभिन्न सोपानों में बाँटकर प्रस्तुत किया जा सकता है। यदि किसी उपकरण की कार्य-विधि समझनी है तो उपकरण की संरचना, सिद्धान्त, कार्यविधि व उपयोगिता के आधार पर पदों में विभाजित किया जा सकता है। अतः सफल शिक्षण के लिए पाठ को क्रमिक सोपानों में विभाजित करना आवश्यक है।

### 8. आवृत्ति का सिद्धान्त (Principle of Revision)

इस सिद्धान्त का अभिप्राय यह है कि छात्रों को जो भी पाठ्यसामग्री पढ़ाई जाय, उसे छात्रों से दोहराया जाय। मनोवैज्ञानिक प्रयोगों एवं अनुसंधानों से यह सिद्ध हो चुका है कि अधिगम को स्थायी बनाने में आवृत्ति आवश्यक है। प्रयोग अथवा अभ्यास न होने पर विस्मरण की क्रिया तुरन्त होने लगती है। अतः पाठ की आवृत्ति पाठ्य विषय की प्रकृति पर निर्भर करती है। विज्ञान-शिक्षण में प्रत्ययों, सिद्धान्तों एवं नियमों को आवश्यतानुसार छात्रों से दुहराया जाना चाहिए।

### 9. व्यक्तिगत विभिन्नता का सिद्धान्त (Principle of Individual Differences)

प्रत्येक छात्र अपनी रुचि, क्षमता, बुद्धि एवं योग्यता में दूसरे छात्र से भिन्न होता है। कक्षा में सभी प्रकार के विद्यार्थी होते हैं तथा शिक्षक कक्षा के औसत छात्र को ध्यान में रखकर शिक्षण करता है। वे छात्र जो सामान्य छात्रों से भिन्न होते हैं, विशिष्ट बालक कहलाते हैं। यद्यपि इनकी संख्या कक्षा में बहुत कम होती है, फिर भी यह आवश्यक है कि शिक्षक इनको पहचान कर इनकी आवश्यकताओं को ध्यान में रखते हुए शिक्षण करे। शिक्षक को प्रतिभाशाली छात्र को आगे बढ़ने के अवसर देने चाहिए तथा मन्दबुद्धि एवं पिछड़े छात्रों को कक्षा के सामान्य स्तर पर लाने के लिए प्रयास करना चाहिए। विज्ञान-शिक्षण में प्रतिभाशाली छात्रों को विभिन्न कार्यों में व्यस्त रखकर उनकी प्रतिभा का उपयोग किया जा

सकता है, दूसरी ओर पिछड़े बालकों के लिए शिक्षण में मूर्त वस्तुओं व सहायक सामग्री का प्रयोग किया जा सकता है। शिक्षक को व्यक्तिगत विभिन्नता का ध्यान रखते हुए शिक्षण करना चाहिए।

### 10. निर्माण तथा मनोरंजन का सिद्धान्त (Principle of Creation and Recreation)

रोचक व मनोरंजक क्रियाओं द्वारा छात्रों की विषयवस्तु में रुचि जाग्रत करने के साथ उनकी सृजनात्मक क्षमताओं का भी उचित उपयोग किया जा सकता है। विज्ञान-शिक्षण में छात्रों को विभिन्न उपकरणों, माडलों, चार्टों का निर्माण करने के लिए अभिप्रेरित किया जाना चाहिए। इसके अतिरिक्त विज्ञान की विभिन्न पाठ्य सहगामी क्रियाओं के आयोजन द्वारा जैसे विज्ञान क्लब का संगठन, विज्ञान संग्रहालय की व्यवस्था व वैज्ञानिक अभिरुचियों के विकास द्वारा छात्रों को निर्माण व मनोरंजन सम्बन्धी क्रियाओं का प्रशिक्षण प्रदान किया जा सकता है।

### 11. क्रियाशीलता का सिद्धान्त (Principle of Activity)

छात्र को शारीरिक एवं मानसिक रूप से क्रियाशील रखना शिक्षण का एक प्रमुख सिद्धान्त है। मनोवैज्ञानिक दृष्टि से प्रत्येक बालक क्रियाशील होता है। उसकी इस प्रवृत्ति का शिक्षण में उपयोग किया जाना चाहिए। क्रियाशीलता के सिद्धान्त पर विभिन्न शिक्षण विधियाँ (Teaching Methods) विकसित हो गई हैं। विज्ञान-शिक्षण की योजना विधि ह्यूरिस्टिक विधि इसी सिद्धान्त पर आधारित है। प्रसिद्ध शिक्षाशास्त्री फ्रोबेल ने इस बात को ध्यान में रखते हुए करके सीखने के सिद्धान्त (Learning by doing) का प्रतिपादन किया। यह सिद्धान्त विद्यालय के प्रत्येक विषय के शिक्षण में उपयोगी है परन्तु विज्ञान-शिक्षण में इसकी विशेष उपयोगिता है।

## 2. विज्ञान शिक्षण के मनोवैज्ञानिक सिद्धान्त (Psychological Principles in Science Teaching)

शिक्षण के मनोवैज्ञानिक सिद्धान्त अधिगम के मनोवैज्ञानिक सिद्धान्तों पर आधारित होते हैं। शिक्षण उद्देश्यों की प्राप्ति के लिए इन सिद्धान्तों का प्रयोग करना आवश्यक है। वास्तव में शिक्षण विधि, प्रविधि एवं युक्तियाँ शिक्षण सिद्धान्तों पर आधारित होती हैं। विज्ञान-शिक्षण में निम्न मनोवैज्ञानिक सिद्धान्तों का प्रयोग किया जा सकता है—

1. अभिप्रेरणा (Motivation)

अभिप्रेरणा प्रदान करने पर छात्र शीघ्रता से सीखता है। इसके लिए छात्र की निष्पत्ति आवश्यकताएँ महत्वपूर्ण हैं। छात्र बाह्य अभिप्रेरणा की अपेक्षा आंतरिक अभिप्रेरणा से अधिक सीखता है। असफलता की अपेक्षा सफलता तथा दंड की अपेक्षा प्रशंसा से अधिक सीखता है। इसलिए विज्ञान-शिक्षण में अभिप्रेरणा की उचित विधियों का प्रयोग किया जाना चाहिए।

2. पृष्ठपोषण एवं पुनर्बलन (Feedback and Reinforcement)

शिक्षण अधिगम प्रक्रिया में पृष्ठपोषण एवं पुनर्बलन का विशेष महत्व है। इनके द्वारा अपेक्षित व्यवहार में सुधार लाया जाता है तथा अपेक्षित व्यवहार को बढ़ाया जा सकता है। कक्षा में छात्र द्वारा सही उत्तर देने पर यदि उसे पुरस्कार या प्रशंसा दी ज़ाय तो सही व्यवहार की सम्भावना बढ़ जाती है। विज्ञान-शिक्षण में आवश्यकतानुसार पृष्ठपोषण एवं पुनर्बलन की विधियों का प्रयोग कर छात्रों में अपेक्षित व्यवहार का विकास किया जा सकता है।

3. आकांक्षा-स्तर (Level of Aspiration)

विज्ञान शिक्षक को छात्र के आकांक्षा-स्तर को ऊँचा उठाना चाहिए। वास्तविक लक्ष्यों को छात्र के सम्मुख प्रस्तुत किया जाय। लक्ष्य की प्राप्ति सफलता व उपलब्धि से सम्बन्धित होती है। अतः लक्ष्य का स्तर न तो बहुत ऊँचा हो और न बहुत निम्न।

4. छात्र की अभिवृत्ति (Attitude of Learner)

छात्र की विषय के प्रति अभिवृत्ति सीखने को प्रभावित करती है। छात्र की तत्परता अधिगम में सहायक होती है।

5. बुद्धि (Intelligence)

अधिगम में छात्र की बौद्धिक क्षमताएँ महत्वपूर्ण कार्य करती हैं। प्रखर बुद्धि वाले छात्र अपेक्षाकृत कम बुद्धिवालों से अधिक सीखते हैं। छोटे बालकों की अपेक्षा बड़े बालक अधिक तत्परता से सीखते हैं। अधिक आयु होने पर सीखने की क्षमता कम होने लगती है। शिक्षण में छात्रों की क्षमताओं को ध्यान में रखना चाहिए।

6. अधिगम-परिस्थितियाँ (Learning Conditions)

सार्थक पाठ्यवस्तु तथा कार्यों को छात्र निरर्थक पाठ्यवस्तु तथा कार्यों की अपेक्षा अधिक तत्परता से सीखते हैं। समझने पर पाठ्यवस्तु अधिक तत्परता से सीखी

जाती है। सीखने पर अभ्यास का सबसे अधिक प्रभाव होता है। अभ्यास द्वारा छात्र सम्बन्धित तथ्यों को सरलता से सीख लेता है। सीखने के स्थानान्तरण से अधिगम में सुविधा होती है। अधिगम की धारणा के लिए यह भी आवश्यक है कि पाठ्यवस्तु के प्रत्यास्मरण के लिए अवसर दिए जाएँ।

### 7. समूह-व्यवहार (Group Behaviour)

छात्रों को अधिगम परिस्थितियों द्वारा ऐसे अवसर प्रदान करने चाहिए जिससे उन्हें समूह में रहकर कार्य करना पड़े, सहयोग की भावना का विकास हो। समूह-व्यवहार व्यक्तित्व के विकास के लिए महत्वपूर्ण है।

### 8. निर्देशन (Guidance)

छात्र को सहानुभूतिपूर्ण निर्देशन दिया जाना चाहिए। यह निर्देशन उसे अपनी समस्याओं के सम्बन्ध में जानकारी प्राप्त करने में सहायता पहुँचायेगा निर्देशन में स्वतन्त्रता होनी चाहिए।

### 9. ज्ञानेन्द्रियों का प्रशिक्षण (Imparting Training to Senses)

प्रभावशाली अधिगम को प्रोत्साहित करने के लिए सभी ज्ञानेन्द्रियों का उचित विकास आवश्यक है। अधिगम के सभी पक्षों जैसे निरीक्षण (Obserating), पहचान (Identification), सामान्यीकरण (Generalisaty) व प्रयोगों (Experiments) आदि के लिए विभिन्न प्रकार की क्षमताओं की आवश्यकता होती है जो ज्ञानेन्द्रियों द्वारा ही प्राप्त हो सकती है।

### 10. सुधारात्मक शिक्षण (Remedial Teaching)

उद्देश्यों की प्राप्ति में सफलता न मिलने पर शिक्षक को शिक्षण की कमियों का पता लगाकर उनका सुधार करना चाहिए। शिक्षण प्रक्रिया की कमियों के साथ अपनी तथा छात्रों की कमियों का भी पता लगाना चाहिए तथा उनका उपचार करना चाहिए।

## विज्ञान-शिक्षण के सूत्र (Maxims of Science Teaching)

शिक्षण-सूत्र शिक्षण प्रक्रिया में शिक्षक को सहायता पहुँचाते हैं। मनोवैज्ञानिक खोजों के आधार पर शिक्षाशास्त्रियों ने कुछ शिक्षण-सूत्रों का प्रतिपादन किया है। जिन शिक्षाशास्त्रियों ने इन सूत्रों को खोजने तथा निर्माण करने में सहयोग प्रदान किया है उनमें हरबर्ट स्पेन्सर तथा कमेनियस के नाम विशेष रूप से उल्लेखनीय हैं। विज्ञान-शिक्षण में इन सूत्रों के प्रयोग से पाठ को प्रभावशाली बनाया जा सकता है। ये शिक्षण-सूत्र निम्न हैं—

1. ज्ञात से अज्ञात की ओर (From Known to Unknown)
2. सरल से जटिल की ओर (From Simple to Complex)
3. स्थूल से सूक्ष्म की ओर (From Concrete to Abstract)
4. प्रत्यक्ष से अप्रत्यक्ष की ओर (From Direct or Seen to Indirect or Unseen)
5. पूर्ण से अंश की ओर (From Whole to Part)
6. अनिश्चित से निश्चित की ओर (From Indefinite to Definite)
7. विश्लेषण से संश्लेषण की ओर (From Analysis to Synthesis)
8. विशिष्ट से सामान्य की ओर (From Particular to General)
9. अनुभूत से युक्तियुक्त की ओर (From Empirical to Rational)
10. मनोवैज्ञानिक से तार्किक क्रम की ओर (From Psychological to Logical)
11. प्रकृति का अनुसरण (Follow Nature)

### 1. ज्ञात से अज्ञात की ओर (From Known to Unknown)

इस सूत्र के अनुसार नवीन ज्ञान को छात्र के पूर्व ज्ञान से सम्बन्धित करते हुए पढ़ाया जाना चाहिए। पूर्व अनुभवों का शिक्षण में विशेष महत्व है। यह एक मनोवैज्ञानिक तथ्य है कि जब छात्र के सामने एकदम नवीन ज्ञान प्रस्तुत किया जाता है तो उसे समझने में उसे कठिनाई होती है। नवीन ज्ञान का सम्बन्ध पूर्व ज्ञान से करने से छात्र उसे सीखने में रुचि लेने लगता है तथा उसे सरलता से सीख लेता है। छात्र विषय से सम्बन्धित जिन छोटी-छोटी बातों से परिचित हों, उन्हें आधार मानकर नया ज्ञान दिया जाना चाहिए। विज्ञान में पुष्टकम बताने से पूर्व विभिन्न प्रकार के फूलों तथा फूलों की शाखाओं के विषय में बताना होगा। पाचन तन्त्र की कार्यप्रणाली बताने से पूर्व पाचन तन्त्र के विभिन्न अंगों के विषय में बताना आवश्यक है। परमाणु संरचना का ज्ञान देने के लिए पदार्थ एवं पदार्थ के छोटे कणों के विषय में बतलाना होगा। इस शिक्षण-सूत्र का प्रयोग पाठ-योजना के प्रस्तावनावाले पद में किया जाता है।

### 2. सरल से जटिल की ओर (From Simple to Complex)

इस सूत्र के अनुसार पाठ्यविषय के प्रस्तुतीकरण में छात्रों को पहले सरल बातें व बाद में कठिन बातें बताई जाएँ। सरल तथ्यों की जानकारी देकर कठिन तथ्यों तक ले जाया जाए। इसके लिए पाठ्यवस्तु विश्लेषण करते समय पाठ्यवस्तु के तत्वों की व्यवस्था सरल से कठिन के क्रम में की जानी चाहिए। इस सूत्र के प्रयोग करते समय शिक्षक को छात्र के विकास की विभिन्न अवस्थाओं, वैयक्तिक विभिन्नताओं तथा आवश्यकताओं का ध्यान रखकर पाठ्यवस्तु का विभाजन

करना चाहिए। इससे छात्र की पाठ में रुचि बनी रहेगी तथा शिक्षक को भी शिक्षण कार्य में सफलता मिलेगी। इस सम्बन्ध में हरबर्ट स्पेन्सर का कथन है, "यदि ज्ञान प्रदान करने में इस क्रम को ग्रहण नहीं किया गया तो छात्र शब्दों के अलावा कुछ नहीं सीख पाएगा और शीघ्र ही उसे विषय से घृणा व अरुचि हो जाएगी।" परन्तु इस बात का ध्यान रखा जाना आवश्यक है कि विषयवस्तु छात्र के दृष्टिकोण से सरल हो न कि शिक्षक के। उदाहरणार्थ विज्ञान-शिक्षण में किसी भी उपकरण की क्रियाविधि बताने से पूर्व उसकी संरचना बताई जाए।

### 3. स्थूल से सूक्ष्म की ओर (From Concrete to Abstract)

यह एक मनोवैज्ञानिक तथ्य है कि स्थूल वस्तुएँ छात्र के मानसिक विकास में सहायक होती हैं। स्थूल वस्तुओं के आधार पर छात्रों को सूक्ष्म से परिचित कराना चाहिए। विज्ञान-शिक्षण में सिद्धान्तों, तथ्यों का ज्ञान कराने के लिए उनसे सम्बन्धित स्थूल वस्तुओं को प्रस्तुत करना आवश्यक है। विभिन्न उदाहरणों का प्रयोग कर नियम निकलवाए जा सकते हैं। विज्ञान-शिक्षक के लिए यह आवश्यक है कि पहले अमूर्त एवं सूक्ष्म विचारों की ओर बढ़े। इसके लिए वास्तविक पदार्थ, प्रतिमान एवं चित्रों का प्रयोग किया जा सकता है।

### 4. प्रत्यक्ष से अप्रत्यक्ष की ओर (From Direct to Indirect)

इस सूत्र का अभिप्राय यह है कि छात्रों को पहले उन वस्तुओं का ज्ञान कराया जाए जो उनके सामने प्रत्यक्ष रूप से हैं। मनोवैज्ञानिक दृष्टि से छः वर्ष से चौदह वर्ष तक की आयु का बालक प्रत्यक्ष ज्ञान के स्तर पर ही कार्य करता है। अतः अप्रत्यक्ष ज्ञान को प्रत्यक्ष ज्ञान से सम्बन्धित करके दिया जाना चाहिए। इसके लिए जो उदाहरण प्रस्तुत किए जाएँ, वे छात्र के प्रत्यक्ष ज्ञान से सम्बन्धित हों।

### 5. पूर्ण से अंश की ओर (From Wohole to Part)

यह शिक्षण-सूत्र मनोविज्ञान के प्रमुख सम्प्रदाय गैस्टाल्टवाद पर आधारित है। इसके अनुसार हमारे प्रत्यक्षीकरण की क्रिया पूर्ण से अंश की ओर होती है। हम जब किसी वस्तु को देखते हैं तो पहले उसको पूर्ण रूप में देखते हैं, फिर उसके विभिन्न अंगों पर हमारी दृष्टि जाती है। उदाहरण के लिए जब हम किसी वृक्ष को देखते हैं तो हमारा ध्यान पहले सम्पूर्ण वृक्ष पर जाता है, उसके बाद उसके विभिन्न भागों जैसे पुष्प, पत्ती, शाखा आदि पर। गैस्टाल्टवाद के अनुसार किसी वस्तु का ज्ञान प्राप्त करने के लिए उस वस्तु के वातावरण तथा भूमिका का पूर्ण अध्ययन करना आवश्यक है। अतः शिक्षक को छात्रों के सम्मुख शिक्षण सामग्री पूर्ण तथा संगठित रूप में प्रस्तुत करनी चाहिए तथा बाद में उसके विभिन्न अंगों या भागों के विषय में बतलाना चाहिए। इस प्रकार इस सूत्र के अनुसार छात्रों

को पूर्ण वस्तु से आरम्भ करके वस्तु के प्रत्येक भाग का ज्ञान कराया जाता है। इस सिद्धान्त के आधार पर ही इकाई योजना का जन्म हुआ। अधिगम में प्रत्यक्षीकरण का महत्वपूर्ण स्थान है, इसलिए शिक्षण में प्रत्यक्षीकरण के अवसर प्रदान करने के लिए छात्रों को सर्वप्रथम पूर्ण से परिचित कराकर अंश की ओर ले जाना चाहिए। विज्ञान-शिक्षण में इस सूत्र के प्रयोग से विषयवस्तु को सरल व ग्राह्य बनाया जा सकता है।

### 6. अनिश्चित से निश्चित की ओर (From Indefinte to Definite)

प्रारम्भ में बालक का ज्ञान अनिश्चित एवं अस्पष्ट होता है। शिक्षक को इस अनिश्चित ज्ञान के आधार पर स्पष्टीकरण करना चाहिए। विज्ञान-शिक्षण में यह शिक्षण-सूत्र अधिक उपयोगी है। छात्र का बौद्धिक विकास अनिश्चित से निश्चित की ओर होता है। शोध में अन्वेषक अनिश्चित तथ्यों व सूचना के आधार पर निश्चित निष्कर्ष पर पहुँचता है। विज्ञान में छात्रों को तथ्यों, नियमों एवं सिद्धान्तों का ज्ञान प्रदान करने के लिए अनिश्चित से निश्चित की ओर बढ़ा जाता है। विषय के स्पष्टीकरण के लिए यह सूत्र उपयोगी है परन्तु छात्रों को अधिक समय तक अनिश्चितता की स्थिति में नहीं रखना चाहिए। इसके अतिरिक्त शिक्षक का कर्तव्य है कि वह स्थूल वस्तुओं, चित्रों, उदाहरणों द्वारा छात्र के अनिश्चित ज्ञान को निश्चयात्मकता प्रदान करे।

### 7. विश्लेषण से संश्लेषण की ओर (From Analysis to Synthesis)

छात्र को किसी विषय का पूर्ण एवं निश्चित ज्ञान प्रदान करने के लिए शिक्षक द्वारा विषयवस्तु का विश्लेषण एवं संश्लेषण किया जाना अनिवार्य है। विश्लेषण द्वारा छात्र विषयवस्तु को सरलता से समझ लेता है तथा संश्लेषण द्वारा द्वारा विषय-वस्तु को निश्चित स्वरूप प्रदान किया जाता है। विश्लेषण का अर्थ किसी विषय-वस्तु या समस्या का छोटे-छोटे सार्थक भागों में विभाजित कर अध्ययन करना है। केवल विश्लेषण द्वारा ही स्पष्ट एवं निश्चित ज्ञान प्राप्त नहीं हो सकता इसलिए विश्लेषण के बाद संश्लेषण की क्रिया आवश्यक है। विश्लेषण तथा संश्लेषण दोनों विधियाँ एक-दूसरे की पूरक है। अत: आदर्श शिक्षण में दोनों विधियों का प्रयोग किया जाना आवश्यक है। छात्रों को विभिन्न विषयों एवं समस्याओं का स्पष्ट, निश्चित व सुव्यवस्थित ज्ञान देने के लिए इस सूत्र का प्रयोग करना चाहिए। कठिन विषय को विश्लेषण द्वारा स्पष्ट किया जा सकता है। विज्ञान में किसी उपकरण की संरचना बताने के लिए उसके विभिन्न अंगों की संरचना अलग-अलग बताकर उसकी सम्पूर्ण कार्यविधि समझाई जा सकती है। विज्ञान के आंकिक प्रश्नों को हल करने में भी इस शिक्षण-सूत्र का प्रयोग किया जाता है।

### 8. विशिष्ट से सामान्य की ओर (From Particular to General)

यह शिक्षण-सूत्र आगमन विधि पर आधारित है। विशिष्ट उदाहरणों के आधार पर सामान्यीकरण किया जाता है। विज्ञान के शिक्षण में इस सूत्र का प्रयोग कर छात्रों से नियम निकलवाए जा सकते हैं। यह सूत्र मनोविज्ञान के इस सिद्धान्त पर आधारित है कि मस्तिष्क की क्रिया सर्वप्रथम विशिष्ट की ओर होती है।

विज्ञान में छात्र के सम्मुख उदाहरण एवं प्रयोग प्रस्तुत किए जाते हैं। छात्र उनका परीक्षण कर उनके सम्बन्धित नियम निकालने हैं। उदाहरण के लिए यदि शिक्षक छात्रों को यह बताना चाहता है कि ठोस वस्तुओं को द्रव में डुबाने पर उनका भार कम हो जाता है तो उसे उनके सामने दो प्रयोग करने चाहिए। पहले ठोस वस्तुओं का भार हवा में तोलना चाहिए। इसके पश्चात् उन्हीं वस्तुओं का भार द्रव में लेना चाहिए। इससे छात्रों को स्वयं निरीक्षण एवं परीक्षण का अवसर मिलता है, जिससे विषयवस्तु में उनकी रुचि बनी रहती है। स्वयं कार्य करके सीखने से प्राप्त ज्ञान स्थायी होता है। विज्ञान-शिक्षण में यह शिक्षण-सूत्र अधिकतर प्रयोग में लाया जाता है।

### 9. अनुभूत से युक्तियुक्त की ओर (From Empirical to Rational)

इस सूत्र का अर्थ यह है कि छात्र अनुभव द्वारा जो ज्ञान प्राप्त करता है उसे तर्कयुक्त अथवा युक्तिसंगत बनाया जाए जिससे वह स्पष्ट व निश्चित हो जाए। अनुभूत ज्ञान वह ज्ञान है जिसे छात्र अपने अनुभव तथा निरीक्षण द्वारा प्राप्त करता है। यह शिक्षक का कार्य है कि वह छात्रों के इस प्रकार प्राप्त ज्ञान को युक्ति-संगत बनाए। छात्र पानी को बर्फ व भाप दोनों के रूप में देखता है। शिक्षक को इसका वैज्ञानिक कारण बताना आवश्यक है। विज्ञान से सम्बन्धित विभिन्न दैनिक अनुभवों के कारणों को स्पष्ट एवं तर्कयुक्त रूप में छात्रों के सम्मुख प्रस्तुत किया जाना चाहिए।

### 10. मनोवैज्ञानिक से तार्किक की ओर (From Psychological to Logical)

शिक्षण में मनोवैज्ञानिक एवं तार्किक क्रम दोनों का समन्वय किया जाना आवश्यक है। मनोवैज्ञानिक क्रम के अन्तर्गत विषय का प्रस्तुतीकरण छात्र की आयु, जिज्ञासा, रुचि, आवश्यकता के अनुसार किया जाता है। तार्किक क्रम का अर्थ है विषय को तर्कपूर्ण ढंग से विभिन्न खण्डों में विभाजित कर इन खण्डों को व्यवस्थित रूप में छात्रों के सम्मुख प्रस्तुत करना। इसमें छात्र की रुचि एवं आवश्यकता का ध्यान नहीं रखा जाता है अतः यह स्पष्ट है कि तार्किक दृष्टि से विषयवस्तु के प्रस्तुतीकरण की तुलना में मनोवैज्ञानिक क्रम अधिक प्रभावशाली है। शिक्षण को प्रभावशाली बनाने के लिए तार्किक तथा मनोवैज्ञानिक दोनों क्रमों में समन्वय करना आवश्यक है। परम्परागत शिक्षण में तार्किक क्रम को महत्व

दिया जाता था परन्तु आधुनिक शिक्षण में बाल-केन्द्रित शिक्षा को महत्व दिए जाने के कारण मनोवैज्ञानिक क्रम को अच्छा समझा जाता है। छोटी कक्षाओं में शिक्षण में मनोवैज्ञानिक क्रम से शिक्षण करना उचित है परन्तु मानसिक विकास के साथ-साथ उच्च कक्षाओं में मनोवैज्ञानिक क्रम से तार्किक क्रम की ओर बढ़ा जाना उपयोगी है। विज्ञान-शिक्षण में विभिन्न प्रकार के पाठों के शिक्षण में इस सूत्र का प्रयोग उचित प्रकार से किया जाना चाहिए।

### 11. प्रकृति का अनुसरण (Follow Nature)

शिक्षण का यह सूत्र रूसो की प्रकृतिवादी विचारधारा पर आधारित है। रूसो के अनुसार शिक्षा बालक की प्रकृति के अनुसार दी जानी चाहिए। शिक्षा के सभी साधन छात्र के शारीरिक व मानसिक विकास के नियमों पर आधारित होने चाहिए। छात्र से कोई ऐसा कार्य न करवाया जाए जो उसकी शारीरिक और मानसिक शक्ति के अनुकूल न हो। अतः शिक्षण में छात्र की शारीरिक व मानसिक क्षमताओं की अवहेलना न की जाए। ऐसा किया जाना अप्राकृतिक एवं अमनोवैज्ञानिक है इससे उसका व्यक्तित्व कुंठित हो जाता है शिक्षण का यह सूत्र प्रत्येक विषय के साथ विज्ञान की शिक्षा का आधारभूत तथ्य है। संक्षेप में यह कहा जा सकता है कि शिक्षा को छात्र की प्रकृति का अनुसरण करना चाहिए।

उपर्युक्त सभी सूत्र शिक्षक को छात्रों की रुचियों, रुझानों, योग्यताओं तथा क्षमताओं एवं विकास के विभिन्न स्तरों को दृष्टि में रखते हुए पाठ की योजना बनाने तथा उसका विकास करने में सहायक तथा पथ-प्रदर्शक का कार्य करते हैं। इसलिए छात्राध्यापकों के लिए शिक्षण कार्य में सफलता प्राप्त करने के लिए ये बहुत उपयोगी हैं। इनका पूर्ण ज्ञान होना आवश्यक है।

## सारांश (Summary)

विज्ञान-शिक्षण के सामान्य सिद्धान्त—(1) प्रेरणा का सिद्धान्त—छात्र के स्तर व क्षमताओं के आधार पर प्रेरणा प्रदान की जानी चाहिए। इसके लिए दृश्य-श्रव्य सामग्री का प्रयोग किया जा सकता है।

(2) रुचि का सिद्धान्त—विषयवस्तु की व्यावहारिक उपयोगिता बताकर तथा उसका वास्तविक जीवन से सम्बन्ध स्थापित कर विषय में रुचि उत्पन्न की जा सकती है।

(3) जीवन से सम्बन्ध स्थापित करने का सिद्धान्त—विषयवस्तु का प्रस्तुतीकरण पूर्व अनुभवों के आधार पर किया जाना चाहिए।

(4) निश्चित उद्देश्य का सिद्धान्त—शिक्षण से पूर्व प्रत्येक पाठ का स्पष्ट व निश्चित उद्देश्य निर्धारित किया जाना आवश्यक है।

(5) चयन का सिद्धान्त—उद्देश्यों के आधार पर विषयवस्तु का चयन किया

जाए।

(6) नियोजन का सिद्धान्त—पाठ की योजना बनाकर शिक्षण किया जाए।

(7) विभाजन का सिद्धान्त—पाठ्यवस्तु को विभिन्न सोपानों में बाँटकर प्रस्तुत किया जाए।

(8) आवृत्ति का सिद्धान्त—पाठ्यविषय की प्रकृति के आधार पर प्रयोग एवं अभ्यास करवाया जाए।

(9) व्यक्तिगत विभिन्नता का सिद्धान्त—व्यक्तिगत विभिन्नता का ध्यान रखते हुए शिक्षण किया जाए।

(10) निर्माण तथा मनोरंजन का सिद्धान्त—छात्रों की सृजनात्मक क्षमताओं का विकास किया जाए तथा विभिन्न पाठ्यसहगामी क्रियाओं का आयोजन कर निर्माण व मनोरंजन सम्बन्धी क्रियाओं का प्रशिक्षण प्रदान किया जाए।

(11) क्रियाशीलता का सिद्धान्त—छात्रों को मानसिक एवं शारीरिक रूप से सक्रिय रखने के लिए योजना विधि ह्यूरिस्टिक विधि का प्रयोग किया जाए।

मनोवैज्ञानिक सिद्धान्त—अधिगम के सिद्धान्तों पर आधारित है।

(1) अभिप्रेरणा—आन्तरिक अभिप्रेरणा सीखने में अधिक उपयोगी हैं।

(2) पृष्ठपोषण एवं पुनर्बलन—इनके प्रयोग द्वारा छात्रों में अपेक्षित व्यवहार का विकास किया जा सकता है।

(3) आकांक्षा स्तर—वास्तविक लक्ष्यों को छात्र के सम्मुख प्रस्तुत किया जाए। लक्ष्य की प्राप्ति सफलता व उपलब्धि से सम्मानित होती है।

(4) छात्र की अभिवृत्ति—छात्र की विषय के प्रति अभिवृत्ति सीखने को प्रभावित करती है।

(5) बुद्धि—अधिगम में बौद्धिक क्षमताएँ महत्वपूर्ण कार्य करती हैं।

(6) अधिगम परिस्थितियाँ—सार्थक पाठ्यवस्तु अभ्यास तथा सीखने के स्थानान्तरण को महत्व दिया जाना चाहिए।

(7) समूह व्यवहार—समूह व्यवहार व्यक्तित्व के विकास में महत्वपूर्ण है।

(8) निर्देशन—सहानुभूति पूर्ण निर्देशन दिया जाए।

(9) ज्ञानेन्द्रियों का प्रशिक्षण—प्रभावशाली अधिगम के लिए विभिन्न क्षमताओं की आवश्यकता होती है जो ज्ञानेन्द्रियों द्वारा प्राप्त होती है।

शिक्षण सूत्र—(1) ज्ञात से अज्ञात की ओर—नवीन ज्ञान को पूर्व ज्ञान से सम्बन्धित करके पढ़ाया जाए।

(2) सरल से जटिल की ओर—सरल तथ्यों की जानकारी प्रदान कर कठिन तथ्यों तक ले जाया जाए।

(3) स्थूल से सूक्ष्म की ओर—उदाहरणों एवं सहायक सामग्री का प्रयोग कर नियामों व सिद्धान्तों का ज्ञान दिया जाए।

(4) प्रत्यक्ष से अप्रत्यक्ष की ओर—प्रत्यक्षीकरण को आधार मानकर शिक्षण किया जाए।

(5) पूर्ण से अंश की ओर—पूर्ण वस्तु से आरम्भ कर विभिन्न भागों, अंगों का ज्ञान कराया जाए।

(6) अनिश्चित से निश्चित की ओर—अनिश्चित तथ्यों व सूचनाओं के आधार पर निश्चित निष्कर्ष निकाले जाएँ।

(7) विश्लेषण, से संश्लेषण की ओर—किसी विषयवस्तु का पूर्ण एवं निश्चित ज्ञान प्रदान करने के लिए विषयवस्तु का विश्लेषण एवं संश्लेषण किया जाना आवश्यक है। स्पष्ट, निश्चित एवं सुव्यवस्थित ज्ञान देने के लिए इसका प्रयोग किया जाना चाहिए।

(8) विशिष्ट से सामान्य की ओर—विशिष्ट उदाहरणों के आधार पर सामान्य नियम निकलवाए जाएँ।

(9) अनुभूत से युक्तियुक्त की ओर—अनुभव द्वारा प्राप्त ज्ञान को युक्तिसंगत बनाया जाए।

(10) मनोवैज्ञानिक से तार्किक की ओर—शिक्षण में मनोवैज्ञानिक से तार्किक क्रम का समन्वय किया जाए।

(11) प्रकृति का अनुसरण—छात्र की प्रकृति के अनुसार शिक्षा दी जाए।

## प्रश्न (Study Questions)

1. विज्ञान-शिक्षण के सामान्य सिद्धान्तों की विवेचना कीजिए।

2. शिक्षण के सामान्य सिद्धान्त शिक्षक के कार्य में किस प्रकार सहायक होते हैं ? अपने उत्तर की पुष्टि में उपयुक्त उदाहरण दीजिए।

3. उच्चतर माध्यमिक विद्यालयों में विज्ञान के शिक्षण को सफल एवं रोचक बनाने के लिए कक्षा-शिक्षण में किन सिद्धान्तों का प्रयोग किया जाना चाहिए ?

4. विज्ञान-शिक्षण के मनोवैज्ञानिक सिद्धान्तों से आप क्या समझते हैं ? प्रभावशाली शिक्षण अधिगम में उपयोगी विभिन्न सिद्धान्तों का संक्षेप में वर्णन करें।

5. विज्ञान-शिक्षण सिद्धान्तों से आप क्या समझते हैं ? विज्ञान-शिक्षण के सामान्य तथा मनोवैज्ञानिक सिद्धान्तों का वर्णन कीजिए।

6. शिक्षण-सूत्र क्या हैं ? विज्ञान-शिक्षण के मुख्य सूत्र कौन से हैं ? किन्हीं दो का विस्तारपूर्वक वर्णन कीजिए।

7. विज्ञान के कक्षा-शिक्षण में ज्ञात से अज्ञात की ओर शिक्षण-सूत्र के महत्व की विवेचना उपयुक्त उदाहरणों सहित कीजिए।

8. विज्ञान-शिक्षण में शिक्षण-सूत्रों की क्या उपयोगिता है ? किन्हीं पाँच शिक्षण-सूत्रों का वर्णन करें।

9. विज्ञान-शिक्षण के प्रमुख सूत्रों को बताकर उनकी शिक्षण परिस्थितियों में उपयोगिता का उल्लेख कीजिए।

10. 'विज्ञान शिक्षण के सामान्य सूत्र' पर टिप्पणी लिखिए।

## वस्तुनिष्ठ प्रश्न (Objective-type Questions)

निर्देश—निम्न कथनों में से जो सही हैं, उनके समक्ष हां और गलत के समक्ष नहीं लिखिए।

1. विज्ञान का शिक्षण करते समय छात्र को मानसिक तथा शारीरिक रूप से सक्रिय बनाया जाए।
2. विश्लेषण में किसी वस्तु को संश्लेषित रूप में प्रस्तुत किया जाता है।
3. विज्ञान-शिक्षण में पहले सामान्य नियम बताए जाते हैं, उसके बाद विश्लेषण किया जाता है।
4. विज्ञान के शिक्षण से ज्ञात से अज्ञात की ओर बढ़ना चाहिए।

# विज्ञान की शिक्षण-प्रविधियाँ
## (Teaching Techniques of Science Teaching)

शिक्षण प्रविधियाँ शिक्षण को सजीव एवं प्रभावोत्पादक बनाती हैं। इनका प्रयोग शिक्षण के समय छात्रों की विषयवस्तु में रुचि बनाये रखने, तथा पाठ्यसामग्री को स्पष्ट करने के लिए किया जाता है। शिक्षण प्रविधियों के प्रयोग से प्रस्तुतीकरण को सफल व सजीव बनाया जा सकता है। प्रविधियाँ ज्ञानार्जन में बहुत उपयोगी सिद्ध होती हैं। विभिन्न प्रविधियाँ विभिन्न उद्देश्यों के लिए प्रयोग की जाती हैं। वस्तुत: इन सबका अभिप्राय ज्ञानार्जन को प्रभावशाली, ग्राह्य, बोधगम्य एवं रोचक बनाना होता है। इनका प्रयोग स्वतन्त्र रूप से न करके प्रायः किसी-न-किसी विधि के साथ किया जाता है।

एम०पी० मोफेत (M.P. Moffatt) के अनुसार—"All techniques should be in line with the democratic process and relate to the goals desired in the study of a topic. Techniques are employed for getting the learning underway with guidance from the teacher. They should be selected as a means of serving the best purpose of a particular time with the resultant of growth for the individual."

### शिक्षण विधि व प्रविधि में अन्तर (Difference Between Method and Technique)

"विधि-प्रक्रियाओं का वह सुपरिभाषित ढाँचा है जिसमें परिस्थितियों की माँगों के अनुसार विभिन्न प्रविधियाँ तथा युक्तियाँ निहित होती हैं।"—थट एवं गर्वेरिच। इस दृष्टि से प्रयोगशाला विधि, ह्यूरिस्टिक विधि, योजना विधि आदि शिक्षण विधियों के अन्तर्गत आती हैं। शिक्षण विधि कार्य की वह सामान्य योजना है जिसका निर्धारण किसी विशेष शैक्षिक परिणाम या उद्देश्य की प्राप्ति के लिए किया जाता है। अत: शिक्षण विधियाँ शैक्षिक उद्देश्यों से सम्बन्धित होती हैं। शिक्षण विधि का अपना स्वतन्त्र अस्तित्व होता है। शिक्षण प्रविधि का शिक्षण उद्देश्य से प्रत्यक्ष सम्बन्ध नहीं होता है। शिक्षण प्रविधियों में

मनोवैज्ञानिक एवं तार्किक पक्षों पर विशेष ध्यान दिया जाता है। मनोवैज्ञानिक पक्ष के अनुसार शिक्षण प्रविधि के चुनाव में छात्र की रुचि, मनोवृत्ति एवं बौद्धिक परिपक्वता का ध्यान रखा जाता है। तार्किक पक्ष के अनुसार शिक्षण प्रविधि को क्रमबद्ध एवं तर्कपूर्ण ढंग से शिक्षण की प्रक्रिया से जोड़ा जाता है।

अतः हम यह कह सकते हैं कि किसी भी मुख्य शिक्षण विधि के साथ सहायक के रूप में जो भी युक्तियाँ शिक्षण में प्रयुक्त की जाती हैं उन्हें रीति या प्रविधि कहते हैं।

## विज्ञान-शिक्षण में प्रयुक्त होने वाली प्रविधियाँ (Techniques used in Science Teaching)

**1. प्रश्न प्रविधि** (Questioning Technique)—विज्ञान-शिक्षण में प्रश्न प्रविधि का बहुत महत्वपूर्ण स्थान है। इसके द्वारा पाठ्य सामग्री को सरल तथा स्पष्ट करने के साथ सीखने की प्रक्रिया को प्रभावशाली बनाया जाता है। शिक्षण की सफलता बहुत कुछ प्रश्न पूछने की कुशलता पर निर्भर करती है।

प्रश्नों को बनाना तथा पूछना भी एक कला है। प्रश्न पूछने में निपुणता प्राप्त करने के लिए अध्यापक को प्रश्न पूछने के उद्देश्य, प्रकार व अच्छे प्रश्नों की विशेषताओं का ज्ञान होना आवश्यक है।

प्रश्न पूछने के मुख्य उद्देश्य निम्न हैं—

1. छात्रों को अभिप्रेरणा प्रदान करना।
2. विषय के प्रति रुचि एवं जिज्ञासा उत्पन्न करना।
3. पूर्वज्ञान का परीक्षण करना।
4. शिक्षण बिन्दुओं का प्रस्तुतीकरण करना।
5. छात्रों को शिक्षण प्रक्रिया में सक्रिय रूप से भाग लेने के लिए प्रोत्साहित करना।
6. छात्रों की कठिनाइयों का पता लगाना।
7. छात्रों की निष्पत्तियों को निश्चित दिशा प्रदान करना।
8. छात्रों का मूल्यांकन करना।
9. छात्रों को अभिव्यक्ति के अवसर प्रदान करना।
10. पाठ्यवस्तु की पुनरावृत्ति व व्याख्या करना।

### विज्ञान-शिक्षण में प्रयुक्त होने वाले प्रश्न (Questions used in Science Teaching)

**1. प्रस्तावना प्रश्न** (Introductory Questions)—इस प्रकार के प्रश्न पाठ के प्रारम्भ में पूछे जाते हैं। इनका उद्देश्य छात्रों के पूर्वज्ञान को नवीन

ज्ञान से जोड़ना है। इससे छात्रों के पूर्वज्ञान का पता लगाया जाता हैं। प्रस्तावना प्रश्न निश्चित, स्पष्ट, छोटे-से-छोटे तथा अधिक-से-अधिक 4 या 5 पूछे जा सकते हैं। यह आवश्यक है कि प्रश्नों का प्रस्तुतीकरण क्रमबद्ध हो तथा अन्तिम प्रश्न छात्रों के पूर्वज्ञान का नवीन ज्ञान से सम्बन्ध स्थापित करने वाला हो।

उदाहरण—छात्रों को पौधों में कायिक जनन पढ़ाने में निम्न प्रश्न प्रस्तावना में पूछे जा सकते हैं—

1. बीज द्वारा जनन का क्या अर्थ है ?
2. बीजों द्वारा उत्पन्न पौधों के उदाहरण दीजिए।
3. बीज पौधे के किस भाग से बनते हैं ?
4. बिना बीजों के किन-किन पौधों को उगाया जा सकता है ?
5. ऐसे पौधे जिनमें जनन बिना बीज द्वारा पौधे के किसी दूसरे अंग से होता है, इस विधि को क्या कहते हैं ?

**2. विकासात्मक प्रश्न** (Developing Questions)—इस प्रकार के प्रश्नों का प्रयोग विषय के प्रस्तुतीकरण में किया जाता है। इन प्रश्नों की सहायता से छात्र के सम्मुख नवीन ज्ञान प्रस्तुत किया जाता है।

विकासात्मक प्रश्न छात्रों की मानसिक क्रिया को उत्तेजित करते हैं जिससे वे अपनी बुद्धि, तर्क, निरीक्षण तथा स्मरण-शक्ति का प्रयोग करते हैं। शिक्षक इन प्रश्नों की सहायता से छात्रों को एक शिक्षण-बिन्दु से दूसरे शिक्षण-बिन्दु की ओर ले जाता है तथा विषयवस्तु का स्पष्टीकरण करता है। इस प्रकार पाठ के प्रस्तुतीकरण में विकासात्मक प्रश्नों की अपनी उपयोगिता है।

उदाहरण—मेंढक की बाह्य संरचना पढ़ाते समय अध्यापक निम्न विकासात्मक प्रश्न पूछ सकता है—

1. मेंढक कहाँ रहता है ?
2. पानी वाले स्थानों के अतिरिक्त मेंढक और कहाँ पाया जाता है ?
3. पानी व स्थल में यह सामान्य रूप से कहाँ रहता है ?

**3. विचारात्मक प्रश्न** (Thought Provoking Questions)—ये प्रश्न छात्रों के मस्तिष्क को जाग्रत, विचारशील एवं क्रियाशील बनाने की दृष्टि से पूछे जाते हैं। इन प्रश्नों को पूछने से छात्र को अपनी कल्पना, निर्णय तथा तर्क शक्तियों का प्रयोग करने का अवसर मिलता है। विचारात्मक प्रश्न प्रायः क्यों और कैसे से प्रारम्भ होकर छात्रों को मानसिक रूप से सक्रिय रखते हैं। विचारात्मक प्रश्नों का प्रयोग छात्रों की आयु, अनुभव, स्तर एवं पूर्वज्ञान को ध्यान में रखकर किया जाना चाहिए।

ऊर्जा पढ़ाते समय निम्न विचारात्मक प्रश्न पूछे जा सकते हैं—

(1) यदि कमान खींचे बिना तीर छोड़ें तो क्या सोता है ?

(2) ऐसा क्यों होता है ?

(3) कील ठोकने के लिए हथोड़ी को ऊपर क्यों उठाते हैं ?

(4) यदि हथोड़ी को ऊपर उठाकर न मारें तो क्या होगा ?

4. समस्यात्मक प्रश्न (Problematic Questions)—समस्यात्मक प्रश्नों का प्रयोग पाठ के प्रारम्भ, मध्य या अन्त में आवश्यकतानुसार किया जा सकता है। इन प्रश्नों द्वारा अध्यापक छात्रों के सम्मुख कोई समस्या प्रस्तुत करता है। पाठ के प्रारम्भ में इस प्रकार के प्रश्नों का प्रयोग छात्र को समस्या से परिचित कराने के लिए तथा अंत में छात्र के ज्ञान के परीक्षण के लिए किया जाता है। प्रकरण के प्रस्तुतीकरण के लिए उद्देश्य कथन से पूर्व भी इन प्रश्नों का अयोग किया जाता है।

पत्तियों का रूपान्तरण पढ़ाते समय शिक्षक निम्न प्रश्न समस्यात्मक प्रश्न के रूप में पूछ सकता है—

(1) पत्तियों का क्या कार्य है ?

(2) पत्तियों का रूपान्तरण क्यों होता है ?

5. तुलनात्मक प्रश्न (Comparison Questions)—इन प्रश्नों का प्रयोग तथ्यों अथवा घटनाओं की तुलना करने के लिए किया जाता है। सामान्यतया इस प्रकार के प्रश्नों का प्रयोग पाठ के प्रस्तुतीकरण में किया जाता है।

6. बोध प्रश्न (Comprehensive Questions)—बोध प्रश्नों की सहायता से शिक्षक पढ़ाये गए ज्ञान का मूल्यांकन करता है। बोध प्रश्न पाठ के अन्त में अथवा प्रत्येक शिक्षण बिन्दु के प्रस्तुतीकरण के बाद पूछे जाते हैं। बोध प्रश्नों द्वारा शिक्षक को यह पता चलता है कि छात्रों को विषयवस्तु स्पष्ट हुई है या नहीं। उचित उत्तर न मिलने की स्थिति में अध्यापक को पुनः पाठ को पढ़ाना चाहिए।

सरल और संयुक्त पत्ती पढ़ाते समय निम्न प्रश्न बोध प्रश्नों के अन्तर्गत पूछे जा सकते है—

(1) एक पक्षवत् संयुक्त पत्ती में पर्णक किस क्रम में लगे रहते हैं ?

(2) सम पक्षवत् पत्ती किसे कहते हैं ?

(3) विषम पक्षवत् पत्ती किसे कहते हैं ?

(4) द्विपक्षवत् संयुक्त पत्नी में पर्णफलक का विभाजन कितनी बार होता है ?

7. पुनरावृत्ति प्रश्न (Recapitulatory Questions)—इन प्रश्नों द्वारा पाठ के मुख्य तथ्यों को दोहराया जाता है। इन प्रश्नों का प्रयोग पाठ के अन्त में किया जाता है। ये प्रश्न शृंखलाबद्ध तथा शीघ्रता से पूछे जाने चाहिए।

'मेंढक के मुखगुहा' में निम्न प्रश्न पूछे जा सकते हैं—

1. मुखगुहा किसे कहते हैं ?
2. मेंढक की जीभ की बनावट किस प्रकार की होती है ?
3. मेंढक की गर्दन न होने से क्या लाभ है ?

**प्रश्न प्रविधि के प्रयोग में ध्यान देने योग्य बातें—**

1. प्रश्न की भाषा स्पष्ट सरल एवं निश्चित होनी चाहिए।
2. प्रश्नों की शब्दावली निश्चित एवं सरल होनी चाहिए।
3. प्रश्न क्रमबद्ध व प्रकरण से सम्बन्धित होने चाहिए।
4. प्रश्न उद्देश्य से सम्बन्धित हों।
5. प्रश्नों की रचना छात्रों की योग्यता व मानसिक स्तर को ध्यान में रखकर की जाय।
6. प्रश्न छात्रों को चिन्तन करने के लिए प्रोत्साहित करें।
7. प्रश्न यान्त्रिक रूप में न पूछ जाएँ।
8. प्रश्नों में पाठ्य-पुस्तकों की शब्दावली का कम-से-कम प्रयोग किया जाए।
9. प्रश्नों का उत्तर निश्चित होना चाहिए।
10. प्रश्न पूरे पाठ में से पूछे जाएँ।
11. अपूर्ण प्रश्न न पूछे जाएँ।
12. प्रश्न आत्मविश्वासपूर्वक पूछे जाएँ तथा उन्हें दोहराया न जाए।
13. प्रश्न पूछने के बाद उत्तर सोचने के लिए छात्रों को समय दिया जाना चाहिए।
14. प्रतिध्वनि प्रश्न न पूछे जाएँ। ये वे प्रश्न हैं जो तथ्य बताने के तुरन्त बाद उसी से सम्बन्धित पूछ जाते हैं।
15. एक प्रश्न में एक ही विचार या तथ्य पूछना चाहिए।
16. शिक्षक को छात्र द्वारा दिए गए उत्तरों को दोहराना नहीं चाहिए।
17. प्रश्न पूरी कक्षा को सम्बोधित करते हुए पूछने चाहिए।
18. प्रश्नों का वितरण पूरी कक्षा पर समान रूप से किया जाना चाहिए।
19. ऐसे प्रश्न जिनके उत्तर हाँ अथवा नहीं में आएँ, नहीं पूछने चाहिए।
20. अपने कथन की स्वीकृति करवाने के लिए प्रश्न नहीं पूछने चाहिए।
21. प्रश्न पूछने में अलंकारिक भाषा का प्रयोग नहीं किया जाना चाहिए।
22. अनिश्चित, संदिग्ध तथा अप्रासंगिक प्रश्न नहीं पूछने चाहिए।

### 2. कथन या विवरण प्रविधि (Narration Technique)

विवरण को कथन भी कहते हैं। शिक्षण प्रक्रिया में कभी-कभी ऐसे अवसर आते हैं कि शिक्षक को कथन प्रविधि का प्रयोग करना पड़ता है। इसका अर्थ किसी प्रसंग, वस्तु अथवा घटना को छात्रों के सामने मौखिक रूप से प्रस्तुत करने से है।

प्रस्तुतीकरण ऐसा हो कि छात्र उसे सरलता से समझ सकें। विज्ञान-शिक्षण में इस प्रविधि का प्रयोग सफलतापूर्वक किया जा सकता है। प्रयोग तथा उससे सम्बन्धित उपकरणों का विवरण छात्र के सम्मुख प्रस्तुत किया जा सकता है। इसके द्वारा मुख्य बिन्दुओं का स्पष्टीकरण किया जाता है। विवरण द्वारा छात्र का उचित मार्गदर्शन किया जा सकता है तथा विषय की पूर्णरूप से समीक्षा की जा सकती है। पुस्तक पढ़ने की अपेक्षा छात्र सुनने में अधिक रुचि लेते हैं। इस प्रविधि की सफलता के लिए निम्न बातों पर ध्यान दिया जाना आवश्यक है—

1. शिक्षक को उस विषयवस्तु का पूरा ज्ञान होना आवश्यक है जिसका उसे विवरण देना है तथा उसकी भाषा एवं उच्चारण शुद्ध होना चाहिए। विवरण क्रमबद्ध व छात्रों के मानसिक स्तर के अनुकूल हो।
2. विवरण प्रासंगिक व उपयुक्त हो।
3. इसका प्रयोग पाठ के प्रारम्भ में न किया जाए।
4. इस प्रविधि का प्रयोग सहायक सामग्री प्रदर्शित करते हुए किया जा सकता है।
5. विवरण प्रविधि द्वारा विषयवस्तु का रोचक व प्रभावशाली रूप में प्रस्तुतीकरण किया जाए।
6. इसकी पूर्वयोजना बनानी आवश्यक है।
7. उचित उदाहरणों का प्रयोग किया जाए।
8. विवरण की शैली स्पष्ट, रोचक तथा विविधतापूर्ण होनी चाहिए।

### 3. वर्णन प्रविधि (Description Tecchnique)

गार्लिक ने वर्णन के अर्थ को स्पष्ट करते हुए लिखा है—"वर्णन का अर्थ है शब्दों या संकेतों या दोनों के द्वारा किसी वस्तु का चित्र प्रस्तुत करने का कार्य। यह शब्दिक चित्र बनाने की प्रक्रिया है। यह किसी वस्तु का ब्यौरा देने का प्रयास करता है, जिससे कि बालक उसके बारे में उचित धारणा बना सके।"

"By description is meant the act of representing a thing by word or sings or by both. It is the process of forming a word picture. It tries to give an account of a thing, so that the children may form a just conception of it."—A. H. Garlick

इस प्रविधि का प्रयोग किसी घटना, दृश्य एवं नियम का विस्तार में वर्णन प्रस्तुत करने के लिए किया जाता है। यह विवरण का व्यापक रूप है। इसका मुख्य उद्देश्य विषय का पूर्ण विवेचन एवं प्रस्तुतीकरण करना है। विज्ञान-शिक्षण में प्रयोग प्रदर्शन के समय इस प्रविधि का प्रयोग किया जा सकता है। इस प्रविधि के सफल प्रयोग के लिए निम्न बातों को ध्यान में रखना आवश्यक है—

1. शिक्षक द्वारा प्रस्तुत किया गया वर्णन छात्रों के मानसिक स्तर, रुचि, एवं परिवेश से सम्बन्धित हो।

2. वर्णन प्रस्तुत करते समय उससे सम्बन्धित मुख्य बातें श्यामपट्ट पर लिखनी चाहिए।

3. मॉडल, चित्र, नमूने व अन्य सहायक सामग्री के प्रयोग के द्वारा वर्णन को रोचक व प्रभावशाली बनाया जा सकता है। इसमें छात्रों के मस्तिष्क में उपर्युक्त स्मृति चित्र बन जाएँगे।

4. वर्णन प्रविधि में अध्यापक का विषयवस्तु पर पूर्ण अधिकार होना चाहिए जिससे वह उसे क्रमबद्ध एवं व्यवस्थित रूप में प्रस्तुत कर सके।

### 4. व्याख्या प्रविधि (Explanation)

गार्लिक के अनुसार—"व्याख्या का अभिप्राय उस प्रक्रिया से है जिसके द्वारा किसी शब्द, शब्द-समूह या कथन के अर्थ की समस्त जटिलता दूर हो जाती है।"

"By explanation is meant the process by which is cleared away from a word, phrase or statement all obscurity of meaning."

—A. H. Garlick

इस प्रविधि का प्रयोग विषयवस्तु का स्पष्टीकरण करने के लिए तथ्य, प्रत्यय, नियम व सिद्धान्त के स्पष्टीकरण में किया जाता है। इसके द्वारा विषय-वस्तु का विश्लेषण कर उसे सरल बनाने का प्रयास किया जाता है।

इसका प्रयोग छात्रों के कठिनाई-स्तर के आधार पर किया जाता है। इसमें विश्लेषण को महत्व दिया जाता है। इस प्रविधि के प्रयोग में निम्न बातों का ध्यान देखा जाना आवश्यक है—

1. व्याख्या करते समय उदाहरणों, चित्रों आदि का प्रयोग करना चाहिए।
2. व्याख्या अधिक लम्बी नहीं होनी चाहिए।
3. व्याख्या प्रासंगिक तथा छात्रों के स्तरानुकूल होनी चाहिए।
4. व्याख्या उपदेश के रूप में नहीं होनी चाहिए।
5. असंगत बातों का प्रयोग न किया जाए।
6. व्याख्या की शैली स्पष्ट व रोचक हो।
7. आवश्यकता पड़ने पर ही इसका प्रयोग किया जाना चाहिए।
8. व्याख्या उसी पाठ्यवस्तु की करनी चाहिए जिसे छात्र स्वयं न समझ सकें।

### 5. स्पष्टीकरण प्रविधि (Exposition Technique)

इस प्रविधि में विषयवस्तु का प्रस्तुतीकरण क्रमबद्ध व विस्तृत रूप में किया जाता है। विषय को बोधगम्य बनाने के लिए इसका प्रयोग किया जाता है। स्पष्टी-

करण विस्तृत कथन के रूप में किया जाता है। विज्ञान-शिक्षण में पाठ्यवस्तु के विशेष पक्ष के स्पष्टीकरण में इसका प्रयोग किया जाता है। इसका उद्देश्य छात्रों के सम्मुख तथ्यों को स्पष्ट एवं सरलतम ढंग से प्रस्तुत करना है। इसको प्रभावशाली बनाने के लिए निम्न बातों पर ध्यान दिया जाना आश्वयक है—

1. विषय का सही स्पष्टीकरण करने के लिए शिक्षक को उसकी पूर्ण व विस्तृत जानकारी का होना आवश्यक है।

2. स्पष्टीकरण किया जानेवाला प्रकरण छात्रों की रुचि व मानसिक स्तर के अनुकूल हो।

3. भाषा सरल, स्पष्ट व मनोरंजक होने के साथ उसमें किसी प्रकार की अशुद्धि व जटिलता नहीं होनी चाहिए।

4. स्पष्टीकरण पाठ के कठिन अंशों, तथ्यों का किया जाना चाहिए। इसके लिए अध्यापक को विषय के ज्ञान के साथ उसमें अन्तर्दृष्टि होना भी आवश्यक है जिससे वह विशेष पक्षों (Specefic aspecis) का सही विश्लेषण कर सके।

5. इसके लिए अध्यापक को पूर्व तैयारी करनी आवश्यक है, तभी वह तथ्यों को तार्किक क्रम में प्रस्तुत कर पाएगा।

6. स्पष्टीकरण का प्रयोग पाठ को छोटी-छोटी इकाइयों में बांटकर शिक्षण उद्देश्यों के अनुरूप किया जाना चाहिए।

7. उदाहरणों, चित्रों एवं अन्य शैक्षिक उपकरणों का यथास्थान प्रयोग करना चाहिए।

8. स्पष्टीकरण सुव्यवस्थित होना चाहिए।

## 6. उदाहरण प्रविधि (Illustration Technique)

पाठ्यविषय के प्रस्तुतीकरण में उदाहरणों का विशेष महत्व है। इसकी सहायता से छात्र विषय को सरलता से समझ लेते हैं। इसके अतिरिक्त उदाहरणों द्वारा बालक की चिन्तन एवं कल्पना-शक्ति का विकास होता है। विज्ञान-शिक्षण में उदाहरणों का विशेष महत्व है। विज्ञान के सिद्धान्तों व नियमों को उदाहरणों के प्रयोग से स्पष्ट किया जा सकता है। विभिन्न उदाहरणों के प्रस्तुतीकरण के आधार पर सामान्यीकरण करवाया जा सकता है। इसके अतिरिक्त उदाहरण छात्र को विज्ञान के व्यावहारिक पक्ष से भी परिचित करवाते हैं। इनके उचित प्रयोग से तथ्यों प्रत्ययों को रोचक बनाकर छात्र के समक्ष प्रस्तुत किया जा सकता है। पिनसेन्ट के अनुसार—"अच्छे उदाहरण दुरुह कथन को सजीव एवं सरल बना देते हैं।"

उदाहरण बालक के प्रत्यक्ष अनुभवों से सम्बन्धित होने के कारण विषय की क्लिष्टता को कम करते हैं। उदाहरणों का उचित प्रयोग करने के लिए विज्ञान-शिक्षक को निम्न बातों का ध्यान रखना आवश्यक है—

1. उदाहरण उचित स्थान तथा समय पर प्रस्तुत किए जाएँ।

2. उदाहरण छात्र के पूर्व अनुभव से सम्बन्धित हों तथा उनमें विविधता हो जिससे छात्र की रुचि बनी रहे।

3. अमूर्त विचारों या तथ्यों के स्पष्टीकरण के लिए उदाहरणों का प्रयोग आवश्यकतानुसार किया जाए।

4. उदाहरणों में सरल से जटिल की ओर, ज्ञात से अज्ञात की ओर तथा स्थूल से सूक्ष्म की ओर आदि शिक्षण-सूत्रों का प्रयोग करना चाहिए।

5. आवश्यकता से अधिक उदाहरणों का प्रयोग न किया जाए।

6. उदाहरण सरल, स्पष्ट तथा शुद्ध भाषा में प्रस्तुत किए जाएँ।

7. शब्दिक एवं प्रदर्शनात्मक उदाहरणों का आवश्यकतानुसार प्रयोग किया जाए।

## 7. निरीक्षित अध्ययन प्रविधि (Supervised Study Technique)

यह विधि वैयक्तिक विभिन्नता एवं क्रियाशीतता के सिद्धान्तों पर आधारित है। प्रत्येक छात्र को उसकी योग्यता के आधार पर कार्य एवं अध्ययन करने के अवसर प्रदान किए जाते हैं। शिक्षक का कार्य मित्र, सहायक एवं पथ-प्रदर्शक का होता है। वह छात्रों की क्रियाओं का निरीक्षण कर उनकी समस्याओं का समाधान करता है। विद्वानों के अनुसार छात्र की समस्त क्रियाओं का निरीक्षण किया जाना सम्भव नहीं है। विज्ञान-शिक्षण में इस प्रविधि का प्रयोग सफलतापूर्वक किया जा सकता है। छात्रों को निश्चित कार्य देकर उसका निरीक्षण किया जा सकता है। इस प्रविधि के प्रयोग से छात्रों में वैज्ञानिक दृष्टिकोण का विकास किया जा सकता है। छात्रों को स्वतन्त्र रूप में कार्य करने के अवसर देने से उनमें आत्मविश्वास के साथ-साथ उनकी प्रतिभाओं को विकसित होने का अवसर मिलता है। इसके अतिरिक्त इस प्रविधि द्वारा पिछड़े बालकों की ओर विशेष ध्यान दिया जा सकता है। इस प्रविधि को प्रभावशाली बनाने के लिए निम्न बातों का ध्यान रखा जाना चाहिए—

1. दिया जानेवाला कार्य छात्र की मानसिक क्षमता एवं रुचि के अनुकूल हो।

2. अध्ययन सामग्री छात्र में वैज्ञानिक दृष्टिकोण एवं वैज्ञानिक चिन्तन का विकास करें।

3. छात्रों को स्वतन्त्र रूप से कार्य करने के अवसर प्रदान किए जाएँ।

4. इस प्रविधि के प्रयोग के लिए अध्यापक में अन्तर्दृष्टि एवं साधन सम्पन्नता का होना आवश्यक है।

## सारांश (Summary)

शिक्षण प्रविधियाँ शिक्षण को सजीव एवं प्रभावोत्पादक बनाती हैं। इनका प्रयोग किसी-न-किसी विधि के साथ किया जाता है।

शिक्षण विधि व शिक्षण प्रविधि में अन्तर—शिक्षण विधियाँ, शैक्षिक उद्देश्यों से सम्बन्धित होती है। शिक्षण प्रविधि का सम्बन्ध शिक्षण की मुख्य विधि अथवा पद्धति से होता है।

विज्ञान-शिक्षण में प्रयुक्त होनेवाली प्रविधियाँ—

1. प्रश्न विधि—शिक्षण की सफलता प्रश्न पूछने की कुशलता पर निर्भर करती है।

विज्ञान-शिक्षण में प्रयुक्त होनेवाले प्रश्न—प्रस्तावना प्रश्न, विकासात्मक प्रश्न, विचारात्मक प्रश्न, समस्यात्मक प्रश्न, तुलनात्मक प्रश्न बोध, प्रश्न, पुनरावृत्ति प्रश्न।

2. कथन या विवरण प्रविधि—इसके द्वारा किसी प्रसंग अथवा घटना को छात्रों के समक्ष मौखिक रूप से प्रस्तुत किया जाता है।

3. वर्णन प्रविधि—इसका प्रयोग किसी घटना, दृश्य एवं नियम को विस्तार से प्रस्तुत करने में किया जाता है।

4. व्याख्या प्रविधि—इसका प्रयोग विषयवस्तु के स्पष्टीकरण के लिए किया जाता है।

5. स्पष्टीकरण प्रविधि—विषयवस्तु को बोधगम्य बनाने के लिए इसका प्रयोग क्रमबद्ध व विस्तृत रूप में किया जाता है।

6. उदाहरण प्रविधि—पाठ्यविषय का प्रस्तुतीकरण उदाहरणों द्वारा किया जाता है।

7. निरीक्षित अध्ययन प्रविधि—इसमें छात्र को उसकी योग्यता के आधार पर कार्य एवं अध्ययन करने के अवसर प्रदान किए जाते हैं।

## प्रश्न (Study Questions)

1. विज्ञान-शिक्षण में किन प्रविधियों का प्रयोग किया जाता है? स्पष्ट कीजिए।

2. शिक्षण की सामान्य प्रविधि का अर्थ स्पष्ट करते हुए यह बताइए कि विज्ञान-शिक्षक के लिए शिक्षण-प्रविधियों की क्या उपयोगिता है।

3. विज्ञान-शिक्षण की प्रमुख प्रविधियाँ कौन-सी हैं? विवरण प्रविधि तथा वर्णन प्रविधि में अन्तर स्पष्ट कीजिए।

4. विज्ञान-शिक्षण में कितने प्रकार के प्रश्नों का प्रयोग किया जाता है? प्रश्न पूछने में किन बातों का ध्यान रखा जाना चाहिए स्पष्ट कीजिए?

5. प्रश्न पूछने की कला पर संक्षिप्त टिप्पणी लिखिए।

6. विज्ञान-शिक्षण में उदाहरणों की क्या उपयोगिता है ? उदाहरणों का प्रयोग करते समय किन बातों का ध्यान रखा जाना आवश्यक है ?

7. विज्ञान-शिक्षण के लिए प्रयुक्त की जानेवाली विभिन्न युक्तियों का वर्णन कीजिए। आपकी राय में कक्षा सात को विज्ञान पढ़ाने के लिए कौन-सी युक्ति सबसे अधिक उपयुक्त है ?

8. निरीक्षित अध्ययन के महत्व एवं आयोजन को स्पष्ट कीजिए।

## वस्तुनिष्ठ प्रश्न (Objective-type Questions)

1. निर्देश—निम्नलिखित कथनों में रिक्त स्थानों की पूर्ति उपयुक्त शब्दों द्वारा कीजिए—

1. प्रश्न अर्थपूर्ण एवं········होने चाहिए।
2. प्रश्नों की भाषा········के मानसिक स्तर के अनुकूल होनी चाहिए।
3. प्रश्नों की शब्दावली ········एवं सरल होनी चाहिए।
4. प्रश्न ········को सम्बोधित करते हुए पूछे जाने चाहिए।
5. प्रश्नों के उत्तरों को शिक्षक को ········नहीं चाहिए।
6. छात्रों के उत्तर पूर्ण········में स्वीकार किए जाने चाहिए।
7. विवरण को········भी कहते है।
8. वर्णन········चित्र बनाने की प्रक्रिया है।
9. व्याख्या का प्रयोग········के स्पष्टीकरण में किया जाता है।
10. स्पष्टीकरण में विषयवस्तु का प्रस्तुतीकरण········किया जाता है।
11. उदाहरण द्वारा छात्र की········का विकास होता है।
12. निरीक्षित अध्ययन प्रविधि········सिद्धान्त पर आधारित है।

2. निर्देश—निम्नलिखित कथनों में जो सही हों, उनके समक्ष सत्य तथा गलत के समक्ष असत्य शब्द लिखिए।

1. कक्षा में शिक्षण करते समय प्रतिध्वनि प्रश्न पूछना आवश्यक है।
2. प्रश्नों की भाषा शिक्षक के मानसिक स्तर के अनुकूल होनी चाहिए।
3. प्रस्तावना प्रश्न पूर्वज्ञान पर आधारित होते हैं।
4. बोध प्रश्न पाठ के प्रारम्भ में पूछे जाते हैं।
5. विज्ञान-शिक्षण में विचारात्मक प्रश्न नहीं पूछने चाहिए।
6. तुलनात्मक प्रश्नों का प्रयोग पाठ के प्रस्तुतीकरण में किया जाता है।
7. बोध प्रश्नों की सहायता से शिक्षक मूल्यांकन करता है।
8. सामान्यीकरण उदाहरणों द्वारा करवाया जाना चाहिए।
9. स्पष्टीकरण कथन के रूप में किया जाता है।
10. व्याख्या प्रविधि क्रियाशीलता के सिद्धान्तों पर आधारित है।

# विज्ञान-शिक्षण की विधियाँ
## (Methods of Teaching Science)

शिक्षण एक सामाजिक प्रक्रिया है। आधुनिक शिक्षण-प्रक्रिया में विषयवस्तु की अपेक्षा बालक को केन्द्र माना जाता है। शिक्षण का मुख्य लक्ष्य व्यवहार परिवर्तन करना है जिसका परिणाम अधिगम उपलब्धि (Learning Outcome) है। अधिगम उपलब्धि को बढ़ाने के लिए यह आवश्यक है कि शिक्षण के प्रक्रिया पक्ष में अथवा विषयवस्तु के प्रस्तुतीकरण में ऐसी विधियों या तकनीकी का प्रयोग किया जाय जिससे अभीष्ट शिक्षण उद्देश्यों की प्राप्ति हो। इस उद्देश्य की प्राप्ति के लिए शिक्षण प्रक्रिया में विषयवस्तु के प्रस्तुतीकरण में विभिन्न शिक्षण विधियों का प्रयोग किया जाता है। प्रत्येक आयु के बालक में शारीरिक व मनोवैज्ञानिक दृष्टि से कुछ विशेषताएँ होती हैं। यदि इनका उचित प्रयोग करते हुए शिक्षण किया जाए तो अपेक्षित व्यवहार परिवर्तन तथा उद्देश्यों की प्राप्ति सम्भव है। इस प्रकार हम कह सकते हैं कि विषयवस्तु एवं उद्देश्य का सम्बन्ध शिक्षण विधि से होना आवश्यक है।

शिक्षण द्वारा अपेक्षित परिवर्तन लाया जाना तभी सम्भव है जबकि शिक्षण प्रभावशाली हो एवं शिक्षण-सिद्धान्तों पर आधारित हो। छात्र के सीखने की उपलब्धि अध्यापक की शिक्षण विधि पर निर्भर रहती है। अध्यापक का कार्य बाहर के विस्तृत संसार के ज्ञान से बालक को परिचित कराना है। वह प्रक्रिया जिसके द्वारा एक अध्यापक विज्ञान के ज्ञान व कौशल को अपने छात्रों को प्रदान करता है, जिसका प्रयोग वे विज्ञान का अध्ययन करने में करते हैं, विधि कहलाती है। विधि शब्द की उत्पत्ति लैटिन के एक शब्द से हुई है जिसका अर्थ है तरीका (Mode) या रास्ता (Way)।

शिक्षा के क्षेत्र में शिक्षण तकनीकी के प्रयोग एवं प्रवेश से पूर्व शिक्षण को एक कला समझा जाता था परन्तु आज शिक्षण प्रक्रिया के वैज्ञानिक विश्लेषण से यह स्पष्ट हो गया है कि शिक्षण एक विज्ञान है जिसका विश्लेषण, निरीक्षण एवं मापन किया जा सकता। शिक्षण की क्रियाओं के वस्तुनिष्ठ निरीक्षण व मूल्यांकन द्वारा शिक्षण की प्रक्रिया को प्रभावशाली बनाया जा सकता है। इस प्रकार शिक्षण विधि के प्रयोग से शिक्षण क्रियाएँ अधिक स्पष्ट, निश्चित व प्रभावशाली

हो जाती हैं। इस प्रकार शिक्षण विधि, शिक्षण उद्देश्यों की प्राप्ति का एक साधन है। अध्यापक को विभिन्न शिक्षण विधियों का ज्ञान होना आवश्यक है। इससे वह अपनी योग्यता, रुचि एवं अनुभवों के आधार पर उपयुक्त विधि का प्रयोग कक्षागत शिक्षण में कर सकेगा। विधि के चुनाव और प्रयोग में अध्यापक की व्यक्तिगत विशेषताओं, कक्षा वातावरण व परिस्थिति का विशेष प्रभाव पड़ता है।

## शिक्षण विधि के कार्य (Function of Teaching Methods)

1. उचित शिक्षण विधि द्वारा बालक की रुचि विषय में बनी रहती है।
2. बोध, तुलना एवं सामान्यीकरण की योग्यता का विकास होता है।
3. विज्ञान-शिक्षण के उद्देश्यों की प्राप्ति होती है।
4. कक्षा व प्रयोगशाला में अच्छे वातावरण (Creative Atmosphere) का विकास होता है—

## शिक्षण विधियों के प्रकार (Types of Teaching Methods)

मनोवैज्ञानिक दृष्टिकोण से शिक्षण विधियों को मुख्यतः दो भागों में बाँटा जा सकता है—

1. अध्यापक केन्द्रित विधियाँ; 2. बाल-केन्द्रित विधियाँ।

### 1. अध्यापक-केन्द्रित विधियाँ (Teacher-centred Methods)

अध्यापक-केन्द्रित विधियाँ एकतन्त्र शासन में शिक्षण के अर्थ पर आधारित हैं। शिक्षक का स्थान प्रधान होता है तथा वह छात्र को दिशानिर्देशित करता है। शिक्षण में अध्यापक अधिक सक्रिय रहता है। इन विधियों में शिक्षक का शिक्षण क्रिया पर पूरा नियन्त्रण रहता है। छात्र की सक्रियता केवल अध्यापक द्वारा पूछे प्रश्न और उत्तरों तक ही सीमित रहती है। छात्रों की क्षमताओं, अभिरुचियों एवं योग्यताओं को महत्व नहीं दिया जाता है। शिक्षण व्यवस्था स्मृति स्तर पर आधारित होती है।

### 2. बाल-केन्द्रित विधियाँ (Pupil-centred Methods)

यह शिक्षण विधि छात्र की आवश्यकताओं, क्षमताओं और रुचियों पर आधारित होती है। इसका उद्देश्य छात्र में योग्यताओं, कौशलों और समस्या समाधान की क्षमता का विकास करना है। अध्यापक का कार्य समस्यात्मक परिस्थिति उत्पन्न करके उसके समाधान के लिए आवश्यक साधनों की व्यवस्था करना है जिससे छात्र उपकल्पना का निर्माण एवं परीक्षण कर निष्कर्ष निकाल सके।

विज्ञान-शिक्षण की प्रमुख विधियाँ निम्न हैं—

## 1. व्याख्यान विधि (Lecture Method)

यह शिक्षण की सबसे प्राचीन विधि है। यह आदर्शवादी विचारधारा की देन है। विद्यालयों में आज भी शिक्षण की इस विधि का महत्व कम नहीं है। यद्यपि यह विधि शिक्षण सिद्धान्तों तथा विज्ञान-शिक्षण के उद्देश्यों पर आधारित नहीं है, फिर भी इसका प्रयोग किया जाता है। इस शिक्षण प्रक्रिया में अध्यापक सक्रिय तथा छात्र निष्क्रिय श्रोता के रूप में कार्य करता है। शिक्षक का कक्षा में प्रमुख स्थान होता है। यह विधि विज्ञान-शिक्षण के सिद्धान्तों के अनुकूल नहीं है। अतः आधुनिक समय में इस विधि की आलोचना की जाती है। यद्यपि यह विधि छोटी कक्षाओं के शिक्षण में उपयोगी नहीं है परन्तु हाई स्कूल तथा हायर सेकेण्ड्री स्तर पर इसका प्रयोग नये पाठ को प्रारम्भ करने में, सारांश प्रस्तुत करने में एवं पुनरावृत्ति में सफलतापूर्वक किया जा सकता है तथा इसके द्वारा वैज्ञानिक विकास की जानकारी तथा विज्ञान और तकनीकी के इतिहास का ज्ञान दिया जा सकता है।

### स्वरूप (Context or Nature)

इसमें पाठ्यवस्तु के प्रस्तुतीकरण पर अधिक बल दिया जाता है। शिक्षक को अधिक क्रियाशील रहना पड़ता है। छात्रों के ध्यान को केन्द्रित करने के लिए शिक्षक प्रश्न प्रविधि (Questioning Technique) की भी सहायता लेता है। शिक्षक को अधिक तैयारी करनी पड़ती है। छात्र केवल श्रोता का कार्य करते हैं।

### शिक्षण सिद्धान्त (Teaching Principles)

1. पाठ्यवस्तु को पूर्णरूप से प्रस्तुत किया जाता है।
2. पाठ्यवस्तु के प्रस्तुतीकरण को अधिक महत्व दिया जाता है।
3. छात्र सुनकर अधिक सरलता से सीखते हैं।
4. अन्य विषयों के साथ सहसम्बन्ध स्थापित किया जाता है।

### उपयोग (Uses)

प्रस्तुतीकरण अधिक प्रभावशाली बनाया जा सकता है। स्पष्टीकरण के लिए सहायक सामग्री का प्रयोग किया जा सकता है। विकासात्मक प्रश्नों की सहायता से व्याख्यान में सजीवता लाई जा सकती है।

### गुण (Merits)

1. यह शिक्षण की सबसे सरल व सुविधाजनक विधि है। अध्यापक इस विधि के प्रयोग द्वारा अपनी शिक्षण शैली (Style of Teaching) का विकास कर सकता है।

2. विषयवस्तु को क्रमबद्ध व तार्किक क्रम में प्रस्तुत किया जाए तो यह शिक्षण की अच्छी विधि हो सकती है।

3. अन्य विधियों की तुलना में इस विधि द्वारा छात्रों को कम समय में अधिक ज्ञान दिया सकता है।

4. इसके द्वारा समय की बचत होती है। इसमें प्रयोगशाला-उपकरण तथा सहायक सामग्री की आवश्यकता नहीं होती है। अध्यापक एक समय में अधिक छात्रों को पढ़ा सकता है जो किसी अन्य विधि द्वारा सम्भव नहीं है। पाठ्यक्रम निश्चित समय में पूरा हो जाता है।

5. यह विधि अध्यापक के कार्य को सरल बनाती है। उसको अपना पाठ तैयार करने में कम परिश्रम करना पड़ता है।

6. वैज्ञानिक सूचना प्रदान करने के साथ विज्ञान की ऐतिहासिक घटनाओं की जानकारी, वैज्ञानिकों की जीवनी तथा उनके अविष्कारों का ज्ञान छात्रों को देने से व्याख्यान रुचिकर हो जाता है।

7. नवीन विषय की पृष्ठभूमि प्रस्तुत करने की उपयुक्त विधि है।

8. बालकों को ध्यान केन्द्रित करने की आदत पड़ जाती है।

दोष (Demerits)

1. प्रस्तुतीकरण पर अधिक जोर दिया जाता है। छात्र की क्रियाशीलता तथा अधिगम की प्रक्रिया का ध्यान नहीं रखा जाता।

2. प्राथमिक कक्षाओं में इसका कोई महत्व नहीं है।

3. शिक्षक का एकाधिकार बना रहता है। छात्र-क्रियाओं को कोई स्थान नहीं दिया जाता है।

4. अमनोवैज्ञानिक है। व्यक्तिगत विभिन्नता को कोई स्थान नहीं दिया जाता। बालकों की अभिरुचियों एवं अभिवृत्तियों पर ध्यान नहीं दिया जाता।

5. इसके द्वारा विज्ञान-शिक्षण के उद्देश्यों की प्राप्ति सम्भव नहीं है।

6. प्रस्तुतीकरण में शिक्षण बिन्दुओं की क्रमबद्धता का अभाव रहता है।

7. क्रिया द्वारा सीखने के सिद्धान्त के विरुद्ध है। प्रयोगात्मक कार्य को कोई स्थान नहीं दिया जाता। इससे छात्र अपनी बुद्धि और क्षमता का प्रयोग किसी वस्तु के अन्वेषण में नहीं कर सकते हैं।

8. छात्रों की निरीक्षण तथा तार्किक क्षमता का विकास नहीं होता है।

9. अध्यापक छात्रों की कठिनाई का निदान भी नहीं कर सकता है। उसे यह भी पता नहीं चलता है कि सभी छात्र उसे समझ पा रहे हैं या नहीं, या छात्रों का पाठ में ध्यान लग रहा है या नहीं।

10. इस विधि में अध्यापक द्वारा सूचनाएँ शीघ्रता से दी जाती हैं जिससे छात्र विषयवस्तु में वर्णित ज्ञान के साथ विचारों का समवाय (Correlation)

स्थापित नहीं कर पाते हैं।

11. व्याख्यान विधि के प्रयोग के लिए उचित तैयारी तथा पाठ्यपुस्तकों के साथ सन्दर्भ पुस्तकों व अन्य पुस्तकों का अध्ययन करने की आवश्यकता होती है।

12. अध्यापक और छात्र के मध्य कोई संप्रेषण नहीं होता है क्योंकि छात्रों की शिक्षण प्रक्रिया में कोई भागेदारी नहीं होती है।

**प्रयोग एवं सुझाव (Applications and Suggestions)**

यह विधि बहुत छोटे बच्चों के शिक्षण में उपयोगी नहीं है। इसका प्रयोग उच्च कक्षाओं में निम्न स्थितियों में किया जा सकता है—

1. नये व कठिन प्रकरण को प्रारम्भ करने में।
2. कुछ कठिन व सैद्धान्तिक बिन्दुओं को स्पष्ट करने में जहाँ प्रदर्शन सम्भव न हो।
3. प्रदर्शन के बाद उसके स्पष्टीकरण में।
4. पाठ के अन्त में, सारांश, पुनरावृत्ति, सामान्यीकरण तथा वैज्ञानिक सिद्धान्तों के प्रस्तुतीकरण में।
5. किसी प्रकरण से सम्बन्धित पूर्वज्ञान प्रदान करने में।

व्याख्यान विधि के प्रयोग में हायर सैकेन्ड्री स्तर पर छात्रों को मुख्य बिन्दुओं को लिखने का अभ्यास कराया जाना चाहिए। व्याख्यान के अन्त में छात्रों को प्रकरण से सम्बन्धित मुख्य बिन्दुओं पर प्रश्न पूछने के लिए प्रोत्साहित किया जाना चाहिए। व्याख्यान को धीरे-धीरे, स्पष्ट एवं प्रभावपूर्ण वाणी में छात्र के सम्मुख प्रस्तुत करना चाहिए जिससे छात्र की रुचि उसमें बनी रहे। शिक्षा-शास्त्रियों द्वारा इस विधि की काफी आलोचना की गई है। उसके फलस्वरूप इसमें कुछ सुधार प्रस्तावित किए गए हैं। जैसे दोहराने की व्यवस्था तथा व्याख्यान विधि के आधार पर प्रश्नोत्तर रूप में विज्ञान की पाठ्यपुस्तक का लेखन। अन्त में यह कहा जा सकता है कि व्याख्यान विधि को श्रव्य-दृश्य सामग्री के उपयोग से रुचिकर बनाया जा सकता है।

## 2. प्रदर्शन विधि (Demonstration Method)

विज्ञान में प्रदर्शन का अर्थ है दिखाना या प्रदर्शित करना। यह विज्ञान-शिक्षण की एक उपयोगी व प्रभावशाली विधि है। इसके द्वारा विज्ञान-शिक्षण के विभिन्न उद्देश्यों की प्राप्ति की जाती है। किसी पाठ को कक्षा में प्रस्तुत करते समय प्रयोग का प्रदर्शन छात्र की रुचि व जिज्ञासा को बढ़ाता है तथा उसे अभिप्रेरणा (Motivation) भी प्रदान करता है। कक्षा में सिद्धान्तों व उनका प्रयोग, प्रदर्शन द्वारा दिखाया जा सकता है। इसका प्रयोग समस्या समाधान के लिए

किया जाता है। इसके अतिरिक्त समस्या प्रस्तुतीकरण में भी इसका प्रयोग किया जा सकता है। इस विधि में अध्यापक को वस्तुओं, उपकरणों आदि को प्रदर्शित करने का अवसर मिलता है। प्रयोगशाला कार्य की पुनः पुष्टि भी प्रदर्शन द्वारा की जा सकती है।

## स्वरूप (Context)

इस विधि में अध्यापक कक्षा में छात्रों के सम्मुख प्रयोग का प्रदर्शन करता है। छात्रों का सक्रिय सहयोग लिया जाता है। इसलिए यह व्याख्यान विधि की तरह एकांगी नहीं है। छात्र वास्तविक प्रयोग व क्रियाएँ देखते हैं तथा अध्यापक को प्रयोग करने में सहायता करते हैं। इससे उनकी सीखने में रुचि बनी रहती है। जिन वस्तुओं के विषय में छात्र कल्पना करते हैं, उनके विषय में बतलाना कठिन होता है। छात्रों के लिए स्थूल पदार्थों को समझना व याद करना हमेशा सरल होता है। इस प्रकार यह विधि शिक्षण-सूत्र 'स्थूल से सूक्ष्म' पर आधारित है। छात्र आलोचनात्मक दृष्टिकोण से प्रदर्शन का निरीक्षण करके निष्कर्ष निकालने का प्रयास करते हैं। इस प्रकार उनकी निरीक्षण व तर्क करने की क्षमता का भी विकास होता है।

प्रारम्भ में प्रदर्शन विधि को विज्ञान पाठ्यक्रम में रखने का उद्देश्य छात्र की रुचि और जिज्ञासा को संतुष्ट करना था तथा साथ-ही-साथ अध्यापक के कथन की पुष्टि भी इसमें सम्मिलित थी। बाद में कुछ वैज्ञानिकों ने व्यक्तिगत प्रदर्शन को अधिक उपयोगी माना। एक विधि से दूसरी विधि को उत्तम मानने की स्पर्धा में कई खोजें की गईं। प्रयोगों से यह परिणाम निकले कि प्रदर्शन-विधि द्वारा पढ़ाये गए छात्रों की तुरन्त परीक्षा लेने पर उनके अंक व्यक्तिगत प्रयोगशाला विधि द्वारा पढ़ाए गए छात्रों की अपेक्षा अधिक थे परन्तु अंकों में अन्तर बहुत कम रहा। इन प्रयोगों से किसी भी विधि को एक-दूसरे की तुलना में उत्तम नहीं माना गया।

## एक अच्छे प्रदर्शन की विशेषताएँ (Characteristics of a good Demonstration)

1. अध्यापक द्वारा प्रयोग का पूर्व अभ्यास किया जाय जिससे अध्यापक का आत्मविश्वास बना रहता है तथा उसे प्रयोग के समय आनेवाली कठिनाइयों का पता चल जाता है।

2. प्रदर्शन का उद्देश्य स्पष्ट होना चाहिए। अध्यापक को प्रयोग का लक्ष्य, प्रयोग के आधार पर सामान्यीकरण तथा प्रदर्शन द्वारा अपेक्षित अभिवृत्तियों के विकास का स्पष्ट ज्ञान होना चाहिए।

3. अध्यापक एवं छात्र दोनों सक्रिय हों। छात्र को प्रश्न द्वारा सक्रिय रखा

जाय । प्रदर्शन से सम्बन्धित मुख्य एवं कठिन बातें श्यामपट्ट पर लिखी जाएँ ।

4. प्रयोग से सम्बन्धित उपकरण क्रमबद्ध रखे जाएँ ।

5. बैठने की व्यवस्था इस प्रकार हो कि प्रत्येक छात्र अपने स्थान से सुविधापूर्वक प्रयोग देख सके ।

6. प्रयोग सरल व जल्दी पूरा होनेवाला हो ।

7. छात्रों के पूर्वज्ञान से सम्बन्धित हो ।

8. समय और मौसम के अनुकूल हो ।

9. अन्य सहायक सामग्री के प्रयोग द्वारा प्रदर्शन को रोचक व वास्तविक बनाया जाय ।

10. छात्रों में समस्या समाधान की क्षमता का विकास करे ।

11. छात्रों को प्रदर्शन का विवरण लिखने को प्रोत्साहित किया जाय ।

**अच्छे प्रदर्शन के लिए आवश्यक सामग्री (Requisites for a good Demonstration)**

1. व्याख्यानयुक्त प्रदर्शन कक्ष होना आवश्यक है जिसमें छात्रों की बेंचें सीढ़ीनुमा क्रम (arranged in tiers) में लगी हों ।

2. प्रयोग सम्बन्धी उपकरण आकार में बड़ा, स्पष्ट व सही हो ।

3. कुछ अतिरिक्त उपकरण व सामग्री की व्यवस्था हो ।

4. प्रदर्शन मेज के पीछे बड़ा श्यामपट्ट लगा हो ।

5. अध्यापक उपकरणों का प्रयोग करने में कुशल हो तथा उसे दोषपूर्ण उपकरणों को ठीक करना व उनसे काम लेना आता हो ।

6. आँकड़े एकत्रित करने के लिए समय दिया जाय ।

7. चिन्तन क्षमता का विकास करनेवाले प्रश्न पूछे जाएँ ।

8. प्रयोग से सम्बन्धित मुख्य बातें श्यामपट्ट पर लिखी जाएँ ।

9. छात्रों को निष्कर्ष एवं सामान्यीकरण निकालने के लिए प्रोत्साहित किया जाय ।

10. प्रदर्शन के बाद वाद-विवाद किया जाय ।

**गुण (Merits)**

1. यह विधि आर्थिक दृष्टि से उपयोगी है क्योंकि इसमें कम खर्च व कम समय में अधिक प्रयोग कक्षा में प्रदर्शित किए जा सकते हैं ।

2. यह विधि मनोवैज्ञानिक है । स्थूल वस्तुओं के प्रदर्शन से छात्रों की रुचि और जिज्ञासा बनी रहती है । कक्षा अनुशासन बनाए रखने में भी सहायता मिलती है ।

3. यह विधि अधिक उपयोगी है जब—

(1) उपकरण महँगा हो व उसके टूटने का डर हो।

(2) प्रयोग कठिन व जटिल हो।

(3) कभी-कभी निष्कर्ष पर पहुँचने के लिए कई प्रयोग एक ही साथ दिखाए जाने की आवश्यकता हो।

(4) किसी सिद्धान्त या योजना को दोहराने की आवश्यकता हो।

दोष (Demerits)

1. इसमें मनोविज्ञान के प्रमुख सिद्धान्त 'क्रिया द्वारा सीखना' को कोई स्थान नहीं दिया जाता है।

2. प्रत्यक्ष व व्यक्तिगत अनुभवों का कोई स्थान नहीं है।

3. विद्यार्थी सक्रिय नहीं रहते। प्रयोग करने का अंतिम उत्तरदायित्व अध्यापक का ही होता है।

4. विद्यार्थी में प्रयोगशाला सम्बन्धी उचित कौशल का विकास नहीं होता है।

प्रयोग एवं सुझाव (Applications and Suggestions)

प्रयोग प्रदर्शन को व्याख्यान विधि के पूरक के रूप में प्रयोग करना चाहिए। छात्रों को प्रयोग प्रदर्शन के साथ-साथ विषय से सम्बन्धित तथ्यों, सिद्धान्तों एवं प्रत्ययों का स्पष्ट व सही-ज्ञान देना चाहिए। समय-समय पर छात्रों को अकेले या समूह में प्रयोग के प्रदर्शन का अवसर दिया जाना चाहिए। प्रदर्शन के अन्त में छात्रों को प्रदर्शन से सम्बन्धित विषय के अग्रिम विस्तृत अध्ययन के लिए प्रेरित करना चाहिए।

### 3. ऐतिहासिक विधि (Historical Method)

इस विधि में पाठ्यवस्तु को विज्ञान के विकास के ऐतिहासिक क्रम में पढ़ाया जाता है। इसमें व्यक्तिगत योगदान को पर्याप्त महत्व दिया जाता है। विज्ञान का अपना इतिहास है तथा इसकी प्रत्येक खोज या आविष्कार का अपना ऐतिहासिक महत्व है। इस विधि के अन्तर्गत विज्ञान की प्रत्येक शाखा जैसे भौतिक विज्ञान, रसायन विज्ञान आदि के विकास का अध्ययन ऐतिहासिक दृष्टि से किया जाना चाहिए। महान आविष्कारकों की कहानियों को रोचक ढंग से प्रस्तुत करके वैज्ञानिक अभिवृत्ति का विकास किया जा सकता है। विभिन्न पाठ्यवस्तु के साथ उससे सम्बन्धित ऐतिहासिक घटनाओं के प्रस्तुतीकरण से छात्र की रुचि बनी रहती है। इससे उन्हें विज्ञान के अध्ययन तथा शोध के लिए प्रेरणा मिलती है।

## गुण (Merits)

1. छात्र विज्ञान के विकास की कहानियों में रुचि लेते हैं।

2. प्रत्येक तथ्य एवं विचार को ऐतिहासिक दृष्टिकोण से प्रस्तुत करने के फलस्वरूप छात्रों को वैज्ञानिक तथ्यों का स्पष्ट एवं गहन ज्ञान को जाता है।

3. ऐतिहासिक विधि का प्रयोग विज्ञान के नवीन ज्ञान को पूर्वज्ञान से जोड़ने में सहायक है।

4. छात्र वैज्ञानिकों के साधन (Means) व विधियों के साथ-साथ उनके व्यक्तिगत गुण, उचित प्रकार रखे गए अभिलेखों (Records), उपकरणों में हुए सुधार की जानकारी प्राप्त करते हैं। इसके अतिरिक्त आर्थिक, सामाजिक तकनीकी एवं मनोवैज्ञानिक तत्वों का विज्ञान के विकास से सम्बन्ध की जानकारी मिलती है।

5. वैज्ञानिकों की जीवनियों से कार्य करने की प्रेरणा मिलती है।

## दोष (Demerits)

1. विद्यालय पाठ्यक्रम के अन्तर्गत वैज्ञानिकों तथा आविष्कारों का इतिहास क्रमबद्ध रूप में प्रस्तुत करना कठिन कार्य है।

2. वैज्ञानिक तथ्यों का इतिहास बताने से पाठ्यक्रम अधिक विस्तृत व बोझिल हो जाएगा।

3. प्रत्येक स्तर के लिए ऐतिहासिक जीवनियाँ उपलब्ध नहीं हो सकतीं।

4. विज्ञान-शिक्षक के लिए यह बहुत कठिन है कि वह विज्ञान के प्रत्येक विचार को उसके इतिहास से सम्बन्धित करके पढ़ाए।

5. शिक्षण बहुत धीमी गति से होता है।

6. विज्ञान-शिक्षक को विज्ञान के प्रत्येक पाठ को उसके इतिहास से सम्बन्धित करके पढ़ाना बहुत कठिन है, जबकि स्वयं उसने उसका अध्ययन नहीं किया है।

## प्रयोग और सुझाव (Applications and Suggestions)

1. इसका प्रयोग प्राथमिक कक्षाओं अथवा छोटे बच्चों के लिए उचित है क्योंकि उस स्तर पर छात्र कहानी सुनने में रुचि लेते हैं। इसे शिक्षण की एक आवश्यक विधि के रूप में न अपनाकर सुविधा एवं स्थति अनुसार इसका प्रयोग किया जाना चाहिए।

2. इसके प्रयोग की एक विधि यह भी है कि पाठ्यवस्तु सम्बन्धित वैज्ञानिक के जीवन की किसी रोचक घटना या कहानी से प्रारम्भ की जाय तथा उसके द्वारा आविष्कृत तथ्यों की जानकारी की जाय। इससे छात्रों को वैज्ञानिक के गुणों से परिचित होने का अवसर मिलेगा तथा उसके द्वारा आविष्कृत तथ्य के

घटनाक्रम एवं अविष्कार से सम्बन्धित महत्वपूर्ण सैद्धान्तिक प्रत्ययों का ज्ञान प्राप्त होगा।

3. इस विधि का महत्वपूर्ण उपयोग वैज्ञानिक आविष्कारों के मानवीय पक्ष का ज्ञान प्रदान करता है। इस विधि के प्रयोग से अध्यापक विज्ञान को एक सामाजिक साहसिक कार्य के रूप में प्रस्तुत कर सकता है। वैज्ञानिक आविष्कारों के फलस्वरूप हुए सामाजिक बदलाव (Transformation) को वह इसके साक्ष्य के रूप में प्रस्तुत कर सकता है। छात्र भी यह समझ सकते हैं कि वैज्ञानिक का व्यक्तित्व व समाज की समस्या के समाधान में (तुरन्त उपयोगिता की समस्याएँ) क्या योगदान होता है।

## 4. पाठ्यपुस्तक विधि (Text-book Method)

शिक्षा का परम्परागत अर्थ तथ्यों का ज्ञान तथा विषयवस्तु की जानकारी प्रदान करना था। इस दृष्टि से पाठ्यपुस्तक विधि शिक्षण की एक विधि के रूप में प्रारम्भ से ही प्रयुक्त की जाती थी। अध्यापक को कक्षा के पाठ्यक्रम की लिखित जानकारी पाठ्यपुस्तक में उपलब्ध हो जाती थी। इसके अतिरिक्त छात्रों को गृहकार्य देने तथा पाठ की पुनरावृत्ति के लिए भी इसका प्रयोग किया जाता था। बाद में हाल क्वेस्ट (Hall Quest) तथा अन्य विद्वानों ने शोध व प्रयोगों के आधार पर सुझाव दिया कि पाठ्यपुस्तक को शिक्षण की एक विधि के रूप में प्रयोग न करके, इसका प्रयोग शिक्षण की सहायक सामग्री के रूप में किया जाना चाहिए। पाठ्यपुस्तक का प्रयोग इस प्रकार किया जाय जिससे छात्र पाठ्यपुस्तक से प्राप्त ज्ञान को व्यावहारिक जीवन की समस्याओं को हल करने के लिए प्रयोग कर सकें। वर्तमान समय में पाठ्यपुस्तकों का प्रयोग इसी उद्देश्य को ध्यान में रखकर किया जाता है।

### गुण (Merits)

1. प्रदर्शन तथा प्रयोग द्वारा सीखे गए ज्ञान की प्राप्ति में सहायक होती है।

2. पाठ्यपुस्तकों से प्रयोग व प्रदर्शन के सम्बन्ध में छात्र को पूर्व जानकारी प्राप्त होती है।

3. कक्षा में पढ़े पाठ को घर में दोहराने में सहायता मिलती है।
4. गृहकार्य देने में उहयोगी है।
5. विषय का ज्ञान संगठित रूप में प्राप्त होता है।
6. पूरे पाठ्यक्रम की जानकारी प्राप्त होती है।
7. पाठ्यपुस्तक के अध्ययन से विषय में रुचि जाग्रत होती है।

दोष (Demerits)

1. छात्र पाठ्यविषय को रट लेते हैं जिससे तर्कशक्ति का विकास नहीं हो पाता है।

2. छात्र कक्षा शिक्षण में रुचि नहीं लेते हैं।

**प्रयोग और सुझाव** (Applications and Suggestions)

उपर्युक्त गुण-दोषों के आधार पर यह कहा जा सकता है कि पाठ्यपुस्तक का प्रयोग एक विधि के रूप में न करके शिक्षण की एक सहायक सामग्री के रूप में किया जाय। अध्यापक का यह कार्य है कि वह छात्र को विभिन्न पाठ्यपुस्तकों को पढ़ने के लिए प्रोत्साहित करे। पाठ्यपुस्तकों द्वारा प्राप्त ज्ञान के परीक्षण के लिए समय-समय पर वाद-विवाद करवाया जाए। यह भी आवश्यक है कि पाठ्य-पुस्तकों का चयन अध्यापक की स्वीकृति से किया जाए।

**5. ह्यूरिस्टिक विधि या अन्वेषण विधि** (Heuristic Method)

यह विज्ञान की सबसे अधिक प्रभावशाली और मनोवैज्ञानिक विधि है। इस विधि के प्रमुख प्रवर्तक लन्दन इम्पीरियल कॉलेज के रसायनशास्त्र के प्रो० आर्मस्ट्रांग हैं। इस विधि में अध्यापक छात्रों को तथ्यों की सूचना प्रदान नहीं करता है, वरन् छात्र को स्वतन्त्र रूप से कार्य करने के अवसर प्रदान करने के लिए उपयुक्त शिक्षण परिस्थितियों की व्यवस्था करता है। इस विधि का आधार हर्बर्ट स्पेन्सर का यह कथन है, "बालकों को जितना कम सम्भव हो बताया जाए और उनको जितना अधिक सम्भव हो खोजने को प्रोत्साहित किया जाए।"

आर्मस्ट्रांग ने इस विधि की परिभाषा इस प्रकार से दी है—"Heuristic methods of teaching are methods which involve placing out students as for as possible in the attitude of the discoverer, methods which involve their finding instead ofmerely told about things."

वेस्टवे (Westway) के अनुसार—"The heuristic methods is intended to provide a training in method, knowledgeis a secondary consideration alltogether."

अंग्रेजी के शब्द Heuristic की उत्पत्ति ग्रीक शब्द Heuristco से हुई है जिसका अर्थ है 'मैं खोजता हूँ'। इस प्रकार वह विधि जिसमें छात्र को स्वयं कार्य करने तथा खोज करने का अवसर दिया जाता है, ह्यूरिस्टिक विधि कहलाती है। दूसरे शब्दों में यह कहा जा सकता है कि वह विधि जो शिक्षण की परम्परागत विधियों से भिन्न है, जिसमें छात्र की निरीक्षण व तर्कक्षमता का विकास होता है, छात्र स्वयं कार्य व चिन्तन करते हैं, जिसमें स्वक्रिया व स्वनिर्भरता (Self-dependence) को प्रोत्साहित किया जाता है, उसे ह्यूरिस्टिक विधि कहते हैं।

## उद्देश्य (Objectives)

1. छात्रों में समस्या समाधान की क्षमता का विकास करना।
2. तर्क तथा कल्पनाशक्ति का विकास करना।
3. वैज्ञानिक दृष्टिकोण का विकास करना।
4. स्वयं कार्य करने तथा स्वतन्त्र चिन्तन के अवसर प्रदान करना।

ह्यूरिस्टिक विधि का उद्देश्य उपर्युक्त क्षमताओं का विकास कर छात्र को एक अन्वेषक बनाना है।

## स्वरूप (Context or Nature)

अध्यापक द्वारा कक्षा के सामने कोई समस्या प्रस्तुत की जाती है। समस्या से सम्बन्धित आवश्यक निर्देश छात्रों को दिए जाते हैं। सभी छात्र समस्या के समाधान का प्रयास करते हैं। प्रत्येक छात्र को व्यक्तिगत रूप में सोचने एवं कार्य करने की स्वतन्त्रता दी जाती है। छात्र समस्या के समाधान के लिए अनेक युक्तियों का प्रयोग करते हैं। वे समस्या का विश्लेषण करते हैं तथा निर्देशों के अनुरूप निरीक्षण करते हैं अथवा प्रयोग करते हैं। छात्र एक अन्वेषक के रूप में कार्य करते हैं। आवश्यकता पड़ने पर वाद-विवाद, प्रश्नों तथा पुस्तकों का भी प्रयोग किया जाता है। अध्यापक छात्र को निष्कर्ष या समस्या का समाधान निकालने के लिए प्रोत्साहित करता है। शिक्षक छात्रों के प्रश्नों का उत्तर देता है तथा उन्हें आवश्यक स्रोतों एवं साधनों से परिचित कराता है। इससे छात्र में अन्वेषण की प्रवृति का विकास होता है।

## अध्यापक का स्थान (Place of Teacher)

1. अध्यापक को विषय का पर्याप्त ज्ञान होना आवश्यक है तभी वह छात्रों को आवश्यक संदर्भ-पुस्तकों को उपलब्ध करा सकता है :

2. उसमें जिज्ञासा, रुचि और वैज्ञानिक खोज करने की भावना होनी चाहिए।

3. स्वयं प्रश्न पूछने की कला में निपुण हो तथा छात्रों को भी प्रश्न पूछने को प्रोत्साहित करे।

4. उसे एक मित्र, निर्देशक और पथ-प्रदर्शक के रूप में कार्य करना चाहिए।

5. उसे छात्रों में आत्मविश्वास एवं आत्मभिव्यक्ति के अवसर प्रदान करने के लिए उपयुक्त स्वतन्त्र वातावरण की व्यवस्था करनी चाहिए।

6. छात्रों की आयु, रुचि और योग्यता के अनुसार समस्या का चयन करना चाहिए।

गुण (Merits)

1. छात्रों में वैज्ञानिक और आलोचनात्मक प्रवृत्ति का विकास कर उन्हें तर्कसंगत निर्णय लेने में सक्षम बनाती है।

2. क्रिया द्वारा सीखने से छात्रों में आत्मनिर्भरता तथा आत्मविश्वास की भावना का विकास होता है।

3. अध्यापक द्वारा व्यक्तिगत ध्यान दिए जाने के कारण अध्यापक-छात्र सम्बन्ध अच्छे होते हैं। छात्र अधिक सक्रिय रहता है। अतः यह आधुनिक व्यवस्था सिद्धान्त (Modern Theory of Organisation) पर आधारित है।

4. परिश्रम की आदत का विकास होता है।

5. छात्र के स्वयं प्रयासों द्वारा प्राप्त तथ्य अधिक समय तक याद रहते हैं। छात्र प्रत्यक्ष अनुभवों से सीखते हैं।

6. वैज्ञानिक विधि का प्रशिक्षण देकर छात्रों को स्वस्थ जीवन-शैली के लिए तैयार किया जाता है। समस्याओं की पहचान और निदान तर्कसंगत एवं वैज्ञानिक ढंग से करने में सक्षम बनाती है।

7. बाल-मनोविज्ञान तथा अधिगम के सिद्धान्त पर आधारित है।

8. छात्र की तर्क एवं कल्पना-शक्ति का विकास होता है।

9. छात्र द्वारा कार्य कक्षा में ही पूर्ण कर लेने से गृह-कार्य की समस्या नहीं उठती।

10. अध्यापक आवश्यकतानुसार शिक्षण-सूत्रों का प्रयोग करता है जिससे विषय सरल व बोधगम्य बन जाता है।

दोष (Demerits)

1. छात्रों की आयु एवं अनुभव के स्तर को देखते हुए उससे स्वयं ही सब कुछ जान लेने की अपेक्षा करना उचित नहीं है।

2. यह धीमी प्रक्रिया है तथा इस विधि द्वारा पाठ्यक्रम पूर्ण नहीं किया जा सकता। तथ्यों को खोजने के लिए पर्याप्त समय की आवश्यकता होती है।

3. इस विधि के आधार पर लिखी पाठ्यपुस्तकें उपलब्ध न होने के कारण अध्यापक को अतिरिक्त परिश्रम करना पड़ता है। अतिरिक्त कार्य के लिए अध्यापकों में पर्याप्त उत्साह नहीं होता।

4. इस विधि के प्रयोग के लिए मेधावी व प्रशिक्षित अध्यापकों की आवश्यकता होती है।

5. इस विधि द्वारा प्राप्त ज्ञान पर्याप्त नहीं होता क्योंकि तथ्यों की खोज में ही बहुत अधिक समय लग जाता है।

6. जिन कक्षाओं में छात्रों की संख्या अधिक हो, वहाँ पर इसका प्रयोग नहीं किया जा सकता।

7. छोटी कक्षाओं के लिए उपयुक्त नहीं है।

8. आर्थिक दृष्टि से उपयोगी नहीं है। इसके लिए सुसज्जित प्रयोगशाला तथा विशेष रूप से प्रशिक्षित अध्यापकों की आवश्यकता पड़ती है।

9. समस्या का मूल्यांकन आसानी से नहीं किया जा सकता। इसके लिए विशेष कौशल की आवश्यकता होती है।

### प्रयोग और सुझाव (Applications and Suggestions)

इस विधि का प्रयोग प्राथमिक कक्षाओं में नहीं किया जा सकता है। माध्यमिक और उच्च कक्षाओं में इसका प्रयोग आवश्यकतानुसार छात्रों की संख्या के आधार पर किया जा सकता है। इस विधि द्वारा छात्रों में अन्वेषण की प्रवृत्ति विकसित करने का प्रयास किया जाना चाहिए। छात्रों को स्वयं सोचने व कार्य करने का अवसर दिया जाना चाहिए। चिन्तन एवं अन्वेषण की प्रवृत्ति के विकास से छात्र एक अच्छा एवं सामाजिक रूप से कुशल नागरिक बन सकता है। इस विधि का प्रयोग बेसिक शिक्षा के साथ अधिक उपयोगी हो सकता है, क्योंकि दोनों के आधारभूत सिद्धान्त एकसमान हैं। अध्यापक के कुशल निर्देशन में इस विधि के प्रयोग से छात्र जीवन व वातावरण सम्बन्धी मुख्य तथ्यों की जानकारी प्राप्त कर सकते हैं।

### 6. योजना विधि (Project Method)

इस विधि का विकास शिक्षा में सामाजिक प्रवृत्ति (Social Tendency) के फलस्वरूप हुआ है। इसके प्रवर्तक W.H. Kilpatrick हैं। यह विधि बालक के समाजीकरण पर विशेष बल देती है। यह प्रयोजनवाद (Pragmatism) के सिद्धान्तों पर आधारित है। इसका प्रयोग विद्यालय के सभी विषयों के शिक्षण में किया जाता है। परन्तु विज्ञान-शिक्षण में इस विधि को महत्वपूर्ण स्थान दिया गया है। योजना शब्द को विभिन्न प्रकार से परिभाषित किया गया है। किलपैट्रिक महोदय का कहना है कि योजना वह सहृदय उद्देश्यपूर्ण कार्य है जिसे लगन के साथ सामाजिक वातावरण में किया जाता है। इसके अन्तर्गत विभिन्न प्रकार की क्रियाएँ सम्मिलित हैं जिनका परिणाम योजना की पूर्ति पर प्राप्त होता है। प्रगतिशील देशों में अध्यापक पाठ्यक्रम को पूरा करने में इस विधि का प्रयोग करते हैं। इसका विकास परम्परागत विधियों के विरोध के फलस्वरूप हुआ जिनमें कि छात्र की मौलिक प्रवृत्तियों के विकास को कोई स्थान नहीं दिया जाता था। योजना विधि विज्ञान-शिक्षण में उपलब्धि को बढ़ाती है क्योंकि यह एक क्रिया-केन्द्रित विधि है, जिसमें छात्र की मौलिक प्रवृत्तियों का शैक्षिक उद्देश्यों के लिए प्रयोग किया जाता है।

विभिन्न शिक्षाशास्त्रियों ने योजना शब्द को विभिन्न रूपों में परिभाषित

किया है। यह विधि शिक्षण में व्यावहारिक पक्ष को महत्व देती है।

किलपैट्रिक के अनुसार, "यह सामाजिक पर्यावरण में सम्पन्न की जानेवाली ऐसी क्रिया है जिसका एक निश्चित प्रयोजन है।"

पारकर के अनुसार "प्रोजेक्ट क्रिया की एक ऐसी इकाई है जिसके नियोजन और क्रियान्वयन के लिए छात्र स्वयं ही उत्तरदायी हो।"

स्टीवेन्सन के अनुसार, "A project is a problematic act carried to completion in its natural setting." —Stevenson

बैलार्ड के अनुसार "A project is a bit of real life that has been imported in the School." —Ballard

उपर्युक्त परिभाषाओं से यह स्पष्ट है कि प्रत्येक योजना का कुछ उद्देश्य होता है तथा इस उद्देश्य की प्राप्ति विद्यालय में सामाजिक वास्तविक और प्राकृतिक परिस्थितियों को उत्पन्न करके की जाती है। योजना के अन्तर्गत अनेक समस्याएँ होती हैं। इनके समाधान के द्वारा ही योजना की पूर्ति होती है। योजना ही व्यक्ति के चिन्तन को संगठित करती है। इस विधि में समस्या के रूप में कोई ऐसा उपयोगी कार्य होता है जिसे छात्र पारस्परिक सहयोग से कर सकें। योजना की दूसरी महत्वपूर्ण बात इसका स्वाभाविक परिस्थिति में सम्पन्न किया जाना है जो समस्या की प्रकृति के अनुसार सामाजिक पर्यावरण भी हो सकता है और प्राकृतिक पर्यावरण भी।

योजना पद्धति के विकास द्वारा विद्यार्थी सक्रिय होकर विषय का वास्तविक ज्ञान प्राप्त करते हैं। उन्हें चिन्तन एवं तर्क करने का अवसर प्रदान किया जाता है। उनका पाठ्यक्रम उनकी रुचियों, अभिरुचियों तथा आवश्यकताओं पर आधारित होता है। उन्हें सामाजिक दृटिकोण के आधार पर शिक्षा दी जाती है।

**पद (Steps)**

1. **समस्या-परिस्थिति की व्यवस्था (Providing a situation)**—अध्यापक कक्षा में छात्र के सम्मुख ऐसी परिस्थिति उत्पन्न करें, जिससे छात्र किसी योजना को प्रस्तावित कर सकें। छात्रों को योजना को प्रस्तुत करने के लिए प्रेरित किया जाना चाहिए।

2. **समस्या का चयन व उद्देश्य (Selection of the problem)**—आवश्यक वाद-विवाद द्वारा योजना का चयन किया जाय। यह आवश्यक है कि योजना छात्र के लिए उपयोगी, रोचक एवं पाठ्यक्रम से सम्बन्धित हो। छात्रों को समस्या का उद्देश्य स्पष्ट किया जाना चाहिए। छात्रों को योजना के चुनाव के कारणों को लिखने के लिए प्रेरित किया जाना चाहिए।

3. नियोजन (Planning)—अध्यापक के निर्देशन में छात्रों द्वारा समस्या से सम्बन्धित योजना बनाई जाय। योजना बनाने के पश्चात छात्रों को उसके अनुसार कार्य बाँट दिया जाना चाहिए। प्रत्येक छात्र को कार्य करने का अवसर दिया जाना चाहिए।

4. क्रियान्वयन (Executing)—छात्रों के बीच कार्य का वितरण किया जाना चाहिए। अध्यापक को छात्रों की रुचियों व क्षमताओं के आधार पर कार्य-विभाजन करना चाहिए। अध्यापक को छात्रों को कार्य करने के लिए प्रोत्साहित एवं निर्देशित करना चाहिए तथा उनकी प्रगति को देखते हुए आवश्यकतानुसार उचित निर्देश दिए जाने चाहिए।

5. मूल्यांकन (Evaluation)—अध्यापक व छात्र के लिए यह आवश्यक है कि वे उद्देश्यों के आधार पर योजना का मूल्यांकन करें। स्व-आलोचना (Self-criticism) का प्रशिक्षण दिया जाना चाहिए। अध्यापक के लिए यह देखना भी आवश्यक है कि योजना के उद्देश्य की प्राप्ति कर ली गई है या नहीं।

6. लेखा (Recording)—छात्र योजना की रूपरेखा बनाने से लेकर पूरा करने तक की क्रियाओं का लेखा रखें। इसके साथ ही भविष्य में उसकी दशा में कार्य करने के सम्बन्ध में भी कुछ मुख्य बातों का उल्लेख किया जाना चाहिए जिससे अन्य छात्रों को प्रेरणा व निर्देश मिल सकें।

## सिद्धान्त (Principles)

योजना पद्धति में निम्न सिद्धान्तों का प्रयोग किया जाता है—

(1) प्रयोजनशीलता—योजना का उद्देश्यपूर्ण होना आवश्यक है।
(2) क्रियाशीयता—योजना द्वारा छात्र क्रियाशील रहते हैं।
(3) रोचकता—योजना का चयन छात्र की रुचि के आधार पर किया जाता है।
(4) सामाजिकता—सामाजिक गुणों का विकास होता है।
(5) यथार्थता—योजना वास्तविक जीवन से सम्बन्धित होती है।
(6) स्वतन्त्रता—छात्र स्वतन्त्र रूप से कार्य करते हैं।
(7) उपयोगिता—योजना के चयन में यह ध्यान रखा जाता है कि वह छात्रों के लिए उपयोगी हो।
(8) सम्बन्ध का सिद्धान्त—योजना की विभिन्न क्रियाएँ आपस में सम्बन्धित हों।

## अध्यापक का स्थान (Place of Teacher)

1. अध्यापक का स्थान मित्र, सहयोगी व पथप्रदर्शक का होता है।

2. सामग्री के अभाव में छात्र अन्य विकल्प प्रस्तुत कर सकता है।

3. छात्रों को योजना से सम्बन्धित कार्यों को करने के लिए प्रोत्साहित करता है।

4. योजना की पूर्ति के लिए समय व कार्य का विभाजन करता है।

5. उसे योजना से सम्बन्धित सभी पक्षों की विस्तृत जानकारी होनी आवश्यक है क्योंकि उसका कार्य छात्रों को समझाना, सलाह देना, संगठित रखना, सहयोग लेना तथा योजना के उद्देश्य की प्राप्ति करवाना है।

6. कक्षा में लोकतांत्रिक वातावरण की व्यवस्था द्वारा छात्र को आत्माभिव्यक्ति के लिए प्रोत्साहित करना।

7. छात्रों में कार्य-विभाजन करने के लिए उसे प्रत्येक छात्र के विषय में पूरी जानकारी होना आलश्यक है।

8. अध्यापक में सीखने का उत्साह व आवश्यक योग्यता के साथ-साथ उसका अनुभवी होना भी आवश्क है।

9. छात्रों के चरित्र और व्यक्तित्व-निर्माण में सहायता देना तथा उन्हें अपनी जिम्मेदारियों को पूरा करने के योग्य बनाना।

10. अध्यापक का यह कार्य है कि वह छात्रों को वैज्ञानिक अभिरुचि के विकास के साथ वैज्ञानिक विधि का प्रशिक्षण प्रदान करे।

## गुण (Merits)

1. यह विधि छात्रों में विज्ञान विषय के प्रति रुचि उत्पन्न करती है।
2. समस्या समाधान की क्षमता का विकास किया जाता है।
3. व्यक्तिगत गुणों के विकास में सहायक है।
4. जिज्ञासा को संतुष्ट कर वैज्ञानिक रुचियों का विकास होता है।
5. छात्र के सम्मुख चुनौतीपूर्ण परिस्थिति उत्पन्न की जाती है। इससे उनमें अमूर्त चिन्तन तथा वैज्ञानिक कौशल का विकास होता है।
6. वैज्ञानिक अभिरुचियों के विकास में सहायक है। इन अभिरुचियों का प्रयोग अवकाश के समय किया जा सकता है।
7. यह विधि सीखने के सिद्धान्तों—तत्परता का नियम (Law of readiness), प्रभाव का नियम (Law of effect) व अभ्यास के नियम (Law of exercise) पर आधारित है।
8. सामूहिक क्रिया व अन्तःक्रिया को प्रोत्साहित किया जाता है।
9. विभिन्न पाठ्य विषयों में सहसम्बन्ध स्थापित किया जा सकता। सूक्ष्म निरीक्षण तथा ज्ञान को संगठित करने की क्षमता का विकास होता है।
10. छात्र के मानसिक क्षितिज (Mental horizon) का विकास होता है।
11. अधिकाधिक शैक्षिक मूल्यों का विकास किया जाता है।
12. रचनात्मक तथा सृजनात्मक चिन्तन का विकास होता है।

13. सीखने की प्रजातांत्रिक विधि के साथ श्रम की महत्ता को शिक्षण में स्थान दिया जाता है।

14. मनोवैज्ञानिक सिद्धान्तों पर आधारित है तथा बालक को केन्द्र मानकर चलती है।

### दोष (Demeirts)

1. योजना पूर्ण होने में अधिक समय लगता है।

2. अध्यापक को बहुत परिश्रम करना पड़ता है।

3. विद्यालय में योजना विधि के प्रयोग के लिए अतिरिक्त स्थान व सुविधाओं की आवश्यकता होती है।

4. योजना के संचालन में सूचनाओं का अभाव बना रहता है।

5. योजना पद्धति के आधार पर लिखी पाठ्यपुस्तक उपलब्ध नहीं हैं।

6. आवश्यक कौशलों के विकास के अभ्यास को कोई स्थान नहीं दिया जाता।

7. शिक्षण अव्यवस्थित, अनियमित तथा निरन्तर न होने से विद्यालय का पूरा कार्यक्रम प्रभावित होता है।

### प्रयोग और सुझाव (Applications and Suggestions)

उपर्युक्त दोषों के होते हुए भी इस पद्धति के महत्व को कम नहीं किया जा सकता है। यह छोटी कक्षाओं तथा जूनियर हाईस्कूल कक्षाओं के लिए उपयोगी है परन्तु हाईस्कूल व हायर सेकेन्ड्री कक्षाओं के लिए उपर्युक्त दोषों के कारण उपयोगी नहीं है। इस विधि में निम्न प्रकार परिवर्तन कर इसे उच्च कक्षाओं के लिए भी उपयोगी बनाया जा सकता है—

1. इस विधि का मुख्य सिद्धान्त उद्देश्यपूर्ण जाँच व खोज है। इस क्रिया से प्राप्त अनुभवों का प्रयोग छात्र अपने व्यावहारिक जीवन में कर सकते हैं, क्योंकि इन अनुभवोंकी प्राप्ति छात्र द्वारा चयनित वास्तविक परिस्थिति में कीजाती है अतः इस विधि का उपयोग केवल प्रतिरूपों के निर्माण (Model making) तक ही सीमित नहीं रह जाता है।

2. वास्तविक योजना (Real project) का निर्माण प्राकृतिक स्थितियों (Natural settings) में कर तथा योजना पूर्ति में उपलब्ध स्थानीय सामग्री और साधनों का प्रयोग करने से पाठ्यपुस्तक और सामग्री की कमी दूर की जा सकती है।

3. आर्थिक रूप से उपयोगी योजनाओं का चयन कर धन सम्बन्धी समस्या का समाधान किया जा सकता है। उदाहरण के लिए सब्जियों का उत्पादन व नाटक-प्रदर्शन योजना से धनार्जन कर इन योजनाओं में होनेवाले व्यय को पूरा

किया जा सकता है।

4. अव्यवस्थित एवं अनियमित अध्ययन सम्बन्धी दोषों का विद्यालय को समय-सारणी में आवश्यक परिवर्तन कर निराकरण किया जा सकता है। समय-सारणी के अन्तर्गत मध्यावकाश से पूर्व का समय सामान्य विषयों के शिक्षण के लिए नियत किया जाए तथा मध्याह्न पश्चात् योजना पर कार्य हो। इस तरह गणित, शब्द-विन्यास और विज्ञान के आधारभूत तथ्यों एवं सिद्धातों का ज्ञान भी दिया जा सकता है।

इससे स्पष्ट है कि इस विधि का प्रयोग सामान्य शिक्षण के साथ किया जाए। ऐसा करने से इस विधि में विद्यमान कमियों का निराकरण किया जा सकता है।

### योजना के रूप (Forms of Project)

किलपैट्रिक ने योजनाओं को निम्न वर्गों में विभाजित किया है—

1. रचनात्मक—ये वे योजनाएँ हैं जिन पर कार्य करने से छात्र की सृजनात्मक क्षमताओं का विकास होता है।

2. कलात्मक—ये वे योजनाएँ हैं जिनसे सौन्दर्यानुभूति की क्षमता का विकास होता है।

3. समस्या केन्द्रित—इस वर्ग में समस्या समाधान से सम्बन्धित योजनाएँ आती हैं।

4. सामूहिक अभ्यास—छात्रों को योजना के रूप में ऐसा कार्य दिया जाता है जिसे वे सामूहिक रूप में अभ्यास करके पूरा करते हैं।

### योजनाओं के उदाहरण (Examples of Projects)

1. पौधों में कायिक जनन; 2. पानी का अध्ययन; 3. परजीवी पौधे; 4. एक्वेरियम का निर्माण; 5. संग्रालय का निर्माण; 6. विद्युतधारा का प्रभाव; 7. फल-संरक्षण की विधि; 8. कीट मछली व्यवस्था; 11. स्थानीय उद्योगों का सर्वेक्षण; 12. स्थानीय पक्षियों का अध्ययन।

## 7. समस्या समाधान विधि (Problem-solving Method)

वह विधि जिसमें उन कठिनाइयों, या समस्याओं का समाधान प्राप्त किया जाता है जो आवश्यकताओं की सन्तुष्टि में अवरोध पैदा करती हैं, समस्या समाधान कहलाती है। विधि समस्या की कठिनाई तथा छात्र की योग्यता के सम्बन्ध पर निर्भर करती है। समस्या समाधान विधि एवं वैज्ञानिक विधि एक ही विधि है। यह वह विधि है जिसका प्रयोग वैज्ञानिक विज्ञान की खोज के लिए करते हैं। कक्षा में इस विधि के उचित प्रयोग से छात्रों को वैज्ञानिक विधि का प्रशिक्षण दिया जा सकता है।

यह विधि विज्ञान-शिक्षण में सबसे अधिक लोकप्रिय है। यह विधि आर्मस्ट्रांग की ह्यूरिस्टिक विधि पर आधारित है। इस विधि का आधार हर्बर्ट स्पेन्सर का यह कथन है, "बालकों को जितना कम-से-कम सम्भव हो बताया जाए और उनको जितना अधिक-से-अधिक सम्भव हो, खोजने को प्रोत्साहित किया जाए।" इस विधि में किसी समस्या पर नियोजित रूप से कार्य कार्य कर उसका समाधान निकालना सम्मिलित है। इस विधि के अनुसार कक्षा में वाद-विवाद द्वारा समस्या का प्रस्तुतीकरण छात्र के सम्मुख किया जाता है। समस्या का हल जानने का छात्र प्रयास करते हैं तथा समस्या समाधान से उन्हें सन्तुष्टि मिलती है।

रिस्क ने इस विधि को इस प्रकार परिभाषित किया है—"Problem solving may be defined as a process of raising a problem in the minds of students in such a way as to stimulate purposeful, reflective thinking in arriving at a rational solution."

आसुबेल के अनुसार, "Problem solving iniolves concept formation and discovery learning"

—Ausubel

इस विधि में कोई निश्चित एवं निर्धारित पद नहीं है। प्रत्येक व्यक्ति समस्या समाधान के लिए अलग-अलग पदों का प्रयोग करता है। समस्या-समाधान में सामान्यतया निम्न पदों का अनुकरण किया जाता है—

1. समस्या सर्वेक्षण (Problem survery)—समस्यागत परिस्थिति का सर्वेक्षण करना।

2. समस्या विवरण (Problem descr ption)—अध्ययन की जाने वाली समस्या का स्पष्ट कथन।

3. समम्या वाद-विवाद (Problem discussion)—वाद-विवाद द्वारा छात्र समस्या की वास्तविक जानकारी प्राप्त करना।

4. समस्या का सीमांकन (Problem limitation)—समस्या के उन अंगों को अलग करना जिनका अध्ययन लाभदायक हो।

5. कार्य-योजना (Work-plan)—उपयुक्त उप-कल्पनाओं का निर्माण।

6. विश्लेषण एवं मूल्यांकन (Analysis and Evaluation)—उपकल्पनाओं के परीक्षण द्वारा समस्या समाधान ज्ञात करना।

उपर्युक्त कार्यक्रम के अनुसार सर्वप्रथम छात्रों से उन समस्याओं को लिखने के लिए कहा जा सकता है जो उनके मस्तिष्क में हों। विज्ञान अध्यापक भी व्यक्ति, समूह तथा कक्षा के लिए विभिन्न समस्याओं का चयन कर सकता है। समस्या के चयन में निम्न बातों का ध्यान रखा जाना आवश्यक है—

1. समस्या विद्यार्थियों के स्तर की हो तथा उनकी आवश्यकताओं की पूर्ति करे।

2. विद्यार्थियों के अनुभवों पर आधारित हो।

3. समस्या कठिनाई के क्रम में हो।

4. समस्या प्रस्तुत करने से पूर्व समस्या का संश्लेषण तथा विश्लेषण अध्यापक द्वारा किया जाए।

5. समस्या वाद-विवाद पर आधारित हो।

6. प्रमुख समस्या के अन्तर्गत आने वाली विभिन्न समस्याएँ एक-दूसरे से सम्बन्धित हों।

गुण (Merits)

1. समस्या-समाधान विधि द्वारा छात्रों में विभिन्न कौशलों जैसे समस्या की पहचान, उपकल्पना का निर्माण, निष्कर्ष ज्ञात करना आदि का विकास किया जा सकता है।

2. शिक्षा मनोविज्ञान के सिद्धान्त क्रिया द्वारा सीखने पर आधारित है।

3. वैज्ञानिक विधि का प्रशिक्षण मिलता है।

4. छात्र स्वयं सीखते हैं।

5. छात्रों में आत्म-विश्वास एवं आत्म-निर्भरता के गुणों का विकास होता है।

6. अध्यापक द्वारा छात्रों पर व्यक्तिगत ध्यान दिया जाता है।

7. स्वयं कार्य करने से प्राप्त ज्ञान स्थायी होता है।

दोष (Demerits)

1. लम्बी व धीमी प्रक्रिया होने के कारण पाठ्यक्रम समय से पूर्ण नहीं होता है।

2. प्रयोगों को अधिक महत्व देने से विज्ञान-शिक्षण के अन्य पक्षों की अवहेलना होती है।

3. सभी छात्रों में सृजनात्मक क्षमता नहीं होती, इसलिए सभी छात्र समस्या-समाधान नहीं कर सकते।

4. इस विधि के प्रयोग के लिए प्रतिभाशाली एवं सृजनात्मक अध्यापकों की आवश्यकता होती है जो कि प्रत्येक विद्यालय में उपलब्ध नहीं हो सकते।

5. इस विधि पर आधारित पाठ्य पुस्तकें उपलब्ध न होने के कारण अध्यापक को अधिक परिश्रम करना पड़ता है।

6. इसके लिए सुसज्जित प्रयोगशाला, कार्यशाला (well equipped laboratary, workshop) तथा पुस्तकालय (library) के साथ योग्य एवं प्रशिक्षित अध्यापकों की आवश्यकता होती है।

प्रयोग और सुझाव (Applications and Suggestions)

सैद्धान्तिक रूप से यह एक अच्छी विधि है परन्तु उपर्युक्त दोषों के आधार पर

अध्यापक के लिए विद्यालय में इसका प्रयोग करना असुविधापूर्ण है। फिर भी औपचारिक शिक्षा की समाप्ति पर स्वतः शिक्षा और स्वतः अधिगम (Self-learning) के रूप में यह बहुत उपयोगी है। समस्या समाधान में अध्यापक का क्या कार्य हो, इसके लिए प्रशिक्षण किस आयु में प्रारम्भ किया जाए, पाठ्यक्रम व्यवस्था किस प्रकार हो, इस सम्बन्ध में काफी मतभेद हैं। यदि इन कठिनाइयों को दूर करने का प्रयास किया जाए तो इस विधि द्वारा विद्यालय के अन्तर्गत शिक्षा प्रणाली, परीक्षा और मूल्यांकन सभी में परिवर्तन लाए जा सकते हैं।

### 8. प्रयोगशाला विधि (Laboratary Method)

विज्ञान की वास्तविक शिक्षा प्रयोगशाला में ही दी जा सकती है। इसलिए आधुनिक शिक्षा प्रणाली में प्रत्येक विद्यालय में विज्ञान विषय के शिक्षण के लिए प्रयोगशाला की व्यवस्था की जाती है। इस विधि में छात्र स्वयं प्रयोग करते हैं, इसलिए वे क्रियाशील रहते हैं। यह प्रदर्शन विधि से भिन्न है जिसमें कि छात्र, केवल निरीक्षण करते हैं। जबकि इस विधि में छात्र स्वयं करके सीखते हैं। छात्र द्वारा स्वयं उपकरणों के प्रयोग से प्राप्त अनुभव देखने और सुनने से मिलनेवाले अनुभवों से अधिक स्थायी होते हैं। छात्र स्वयं कार्य करने में रुचि लेते हैं, इसलिए मनोवैज्ञानिक दृष्टि से यह विधि उपयुक्त है क्योंकि इसके द्वारा छात्र की कार्य करने की इच्छा की सन्तुष्टि होती है। छात्रों में घटनाओं के कारणों को जानने की उतसुकता होती है।

प्रयोगशाला में उन्हें वास्तविक रूप में देखने और अनुभव करने का अवसर मिलता है। विज्ञान एक प्रयोगात्मक विषय है, इसलिए भी इसमें प्रयोगिक कार्य की उपयोगिता बढ़ जाती है। इसके अतिरिक्त विज्ञान-शिक्षण का उद्देश्य भी छात्रों को वैज्ञानिक विधि का प्रशिक्षण देना है, इसलिए यह आवश्यक है कि प्रत्येक छात्र को कुछ-न-कुछ प्रयोगिक कार्य अवश्य करवाया जाय। अतः प्रयोगशाला विधि को विज्ञान कार्यक्रम का एक आवश्यक अंग माना जाना चाहिए।

#### उद्देश्य (Objectives)

1. छात्र की रुचि का विकास होता है। वे पुस्तकों में दिए गए ज्ञान को वास्तविक परिस्थिति में प्राप्त करते हैं।
2. वैज्ञानिक उपकरण व सामग्री का ज्ञान प्राप्त होता है।
3. एक दूसरे के सहयोग से कार्य करने का प्रशिक्षण मिलता है।
4. छात्रों को यह स्पष्ट हो जाता है कि वैज्ञानिक सिद्धान्तों का परीक्षण किया जा सकता है।
5. पुस्तकों में लिखे तथ्यों के अतिरिक्त अन्य तथ्यों का भी परीक्षण हो जाता है।

6. वैज्ञानिक कौशल तथा वैज्ञानिक अनुशासन का विकास होता है।

7. जिज्ञासा की प्रवृत्ति की संतुष्टि होती है।

### गुण (Merits)

1. इस विधि में छात्र को स्वयं कार्य करके सीखने का अवसर मिलता है। प्राप्त ज्ञान रुचिपूर्ण व अधिगम स्थायी होता है।

2. उपकरणों के प्रयोग करने से उनमें प्रयोगात्मक कौशल का विकास होता है।

3. बालक अपनी क्षमता के अनुसार कार्य करता है। सामान्य प्रतिभाशाली एवं पिछड़े छात्रों को अपनी योग्यता एवं क्षमता के अनुसार सीखने का अवसर मिलता है।

4. छात्र प्रयोगों के आधार पर निष्कर्ष निकालना सीखते हैं।

5. इसके प्रयोग से छात्रों को वैज्ञागिक विधि का प्रशिक्षण मिलता है।

6. छात्र को तथ्यों एवं सिद्धान्तों की जांच करने का अवसर मिलता है।

### दोष (Demerits)

1. आर्थिक दृष्टि से यह विधि उपयोगी नहीं है।

2. उपकरण की कार्यविधि समझने एवं उनका उपयोग करने में समय अधिक लगता है।

3. यह विधि छोटी कक्षाओं के लिए उपयुक्त नहीं है क्योंकि यह देखा गया है कि इस स्तर पर छात्र प्रदर्शन से शीघ्रता से सीखते हैं।

### प्रयोग एवं सुझाव (Applications and Suggestions)

प्रयोगशाला विधि की सफलता अध्यापक के कुशल मार्गदर्शन पर निर्भर करती है। छात्रों के कार्यों का निरीक्षण करने से इस विधि से अच्छे परिणाम प्राप्त हो सकते हैं। अध्यापक के लिए यह भी आवश्यक हैं कि वह कक्षा-कार्य तथा प्रयोगशाला-कार्य में सम्बन्ध स्थापित करते हुए छात्रों से प्रायोगिक कार्य करवाए। प्रयोग के समय छात्रों को उचित मार्ग-दर्शन दिया जाना चाहिए। इसके अतिरिक्त यह भी आवश्यक है कि प्रयोग बहुत कठिन न हों तथा प्रयोग करने से पहले उसका उद्देश्य छात्रों के सम्मुख स्पष्ट कर देना चाहिए। अध्यापक का यह भी कार्य है कि वह छात्रों को उचित विधि के द्वारा प्रयोग करने को निर्देशित करे। छात्रों को परिणामों की शुद्धता के विषय में बताया जाना चाहिए। छात्रों को सरल व स्पष्ट भाषा में परिणाम सहित प्रयोग को लिखकर अध्यापक के सामने परीक्षण व मूल्यांकन के लिए प्रस्तुत करना चाहिए। अनेक अनुसंधानों से यह निष्कर्ष निकलता है कि प्रयोगशाला विधि से पहले प्रदर्शन विधि का प्रयोग

किया जाना चाहिए। जहां प्रयोग-प्रदर्शन से काम चल सकता है वहां व्यक्तिगत रूप से प्रयोगशाला में कार्य करवाना उचित नहीं है। छोटी कक्षाओं में प्रयोग-प्रदर्शन विधि का प्रयोग तथा बड़ी कक्षाओं में प्रयोगशाला विधि का प्रयोग किया जाना उचित है। प्रयोग प्रदर्शन विधि से विद्यार्थी सीखनेवाली वस्तुओं तथा पदार्थों से परिचित होता है तथा प्रयोगशाला विधि से उसके सिद्धान्तों को समझने तथा सामान्यीकरण की योग्यता का विकास होता है।

## 9. दत्तकार्य-प्रणाली (Assignment Method)

विज्ञान-शिक्षण में सैद्धान्तिक ज्ञान एवं व्यावहारिक कार्य दोनों महत्वपूर्ण हैं। विज्ञान-शिक्षण का एक प्रमुख उद्देश्य विद्यालय में प्राप्त ज्ञान का व्यावहारिक उपयोग करने की क्षमता का विकास है। इसके लिए यह आवश्यक है कि शिक्षण द्वारा सैद्धान्तिक ज्ञान प्रदान करने के साथ प्रदर्शन तथा प्रायोगिक कार्य भी किए जाएँ। दत्त कार्य विधि की यह विशेषता है कि इसमें आदर्श शिक्षण के लिए आवश्यक तीनों कार्यों का समावेश है—(1) सैद्धान्तिक; (2) प्रदर्शन; (3) प्रायोगिक।

दत्तकार्य शब्द का प्रयोग उन निर्देशात्मक क्रियाओं (Instructional activities) के लिए किया जाता है जिनके द्वारा छात्र की स्वक्रिया को प्रोत्साहित कर पूर्वनिर्धारित उद्देश्यों की प्राप्ति की जा सके। ये क्रियाएँ पाठ्यवस्तु की प्रकृति को समझने और उसके उपयोग के अवसर प्रदान करने के साथ छात्र की चिन्तन एवं कल्पनाशक्ति का विकास करती हैं। दत्तकार्य किसी भी विषय के प्रारम्भ में, मध्य में या अन्त में दिए जा सकते हैं। शिक्षक द्वारा प्रदर्शन करना इस विधि का अभिन्न अंग है क्योंकि प्रारम्भिक स्तर पर छात्रों से यह अपेक्षा नहीं की जा सकती कि वे स्वतन्त्रतापूर्वक प्रयोग कर सकेंगे। वे बौद्धिक रूप से इतने परिपक्व भी नहीं होते तथा उन्हें उपकरणों के प्रयोग का अनुभव भी नहीं होता।

कार्य-प्रणाली (Procedure)—इस प्रणाली के अनुसार पाठ्यवस्तु को एक-दूसरे से सम्बन्धित छोटे-छोटे भागों में बाँट दिया जाता है जिसे दत्तकार्य (Assignment) कहते हैं। प्रत्येक दत्तकार्य को निर्धारित समय में पूरा करना होता है यह कार्य एक सप्ताह या दो सप्ताह के लिए भी हो सकता है।

दत्तकार्य को दो भागों में बाँटा जाता है—

1. तैयारी (Preparation Part)
2. प्रयोगशाला-कार्य (Laboratory Part)

1. तैयारी (Preparation)—दत्तकार्य की तैयारी के लिए अच्छी पाठ्य-पुस्तकों तथा सन्दर्भ पुस्तकों की आवश्यकता होती है। छात्रों को अध्ययन सम्बन्धी आवश्यक निर्देश दिए जाते हैं जिसके आधार पर छात्र विषय से सम्बन्धित विभिन्न

पाठ्यपुस्तकों का अध्ययन करते हैं। उन्हें अध्ययन योग्य विभिन्न पुस्तकों के नाम बताए जाते हैं। इसके पश्चात् शिक्षक छात्रों से प्रश्न पूछता है जिससे पता चलता है कि छात्र ने विषय को समझ लिया है। जब शिक्षक छात्रों की तैयारी से सन्तुष्ट हो जाता है तब वह कक्षा में प्रदर्शन करता है।

2. प्रयोगशाला-कार्य (Laboratory Work)—प्रयोगशाला कार्य के अन्तर्गत छात्रों को प्रयोग के सम्बन्ध में विस्तृत जानकारी दी जाती है, उपकरणों एवं प्रयोग सम्बन्धी निर्देश दिए जाते हैं। छात्रों को प्रयोग की आवश्यक सावधानियों के विषय में बताया जाता है, उन्हें चित्र बनाने के लिए प्रेरित किया जाता है। पाठ्यपुस्तकों के अध्ययन के बाद शिक्षक ने जो प्रश्न पूछे, उनका उत्तर छात्र लिखित रूप में देते हैं। शिक्षक जाँच कर छात्रों की गलतियों को बताकर उन्हें अपने सामने ही ठीक करवाते हैं। इस विधि की सफलता दत्तकार्यों के उचित विभाजन पर निर्भर करती है। शिक्षक को वर्षभर के कार्य को उचित इकाइयों में बाँटना होता हैं। इसके अतिरिक्त उपलब्ध समय का विभाजन करना होता है। अध्यापक को प्रारम्भ में ही कार्य की निश्चित योजना बना लेनी चाहिए। विषयवस्तु की प्रकृति के अनुसार प्रयोग व प्रदर्शन के लिए समय निश्चित करना चाहिए। यह भी स्पष्ट कर देना चाहिए कि प्रदर्शन के समय कौन-सा कार्य अध्यापक करेगा व कौन-सा कार्य छात्र करेगा। प्रदर्शन करनेवाले प्रयोगों तथा छात्रों द्वारा किए जानेवाले प्रयोगों कीअलग-अलग सूची तैयार कर लेनी चाहिए। अध्यापक को स्वयं कठिन प्रयोगों का प्रदर्शन कर उसमें निहित सिद्धान्तों तथा नियमों की व्याख्या करनी चाहिए।

समस्त निर्देश दिए जाने और तैयारी पूरी होने के बाद जब छात्र दत्तकार्य में व्यस्त हो जाते हैं तो शिक्षक द्वारा निरीक्षण किया जाता है। वह छात्रों की कठिनाइयों का निराकरण भी करता है तथा उनकी सहायता भी करता है। एक इकाई या दत्तकार्य समाप्त होने के उपरान्त उसे दूसरी इकाई पर कार्य करने का अवसर दिया जाता है छात्र द्वारा किए गए समस्त कार्य का अभिलेख शिक्षक द्वारा रखा जाता है जिससे छात्रों द्वारा किए कार्य की तुरन्त जानकारी हो जाती है। इससे शिक्षक को यह पता लग जाता है कि कौन छात्र तीव्र बुद्धि का है तथा कौन औसत बुद्धि का। इसके अतिरिक्त इससे छात्रों के कार्य करने की गति का भी पता चल जाता है। इससे शिक्षक कमजोर छात्रों को अपनी कार्यगति बढ़ाने में सहायता कर सकता है तथा तीव्र बुद्धि के या प्रतिभाशाली छात्रों के लिए अतिरिक्त अध्ययन तथा अतिरिक्त कार्य की व्यवस्था की जा सकती है।

दत्तकार्य योजना (Planning an Assignment)—1. पाठ्यक्रम तथा समय के अनुसार दत्तकार्यों की संख्या निर्धारित करनी चाहिए।

2. उचित पाठ्यपुस्तकों तथा सन्दर्भ-पुस्तकों की व्याख्या की जानी चाहिए।

3. दत्तकार्य से सम्बन्धित विषयवस्तु को पढ़ने के लिए स्पष्ट निर्देश दिए जाने चाहिए। अतिरिक्त अध्ययन के लिए पुस्तकें एवं पत्रिकाओं के विषय में बताना चाहिए जो विद्यालय में उपलब्ध हों तथा जिन्हें शिक्षक ने स्वयं पढ़ा हो।

4. प्रश्न छात्र द्वारा पढ़ी विषयवस्तु से सम्बन्धित पूछने चाहिए। प्रश्न स्पष्ट तथा इस प्रकार पूछे जाएँ जिससे छात्र के विषय ज्ञान का पता लग सके। ऐसे प्रश्न पूछे जाएँ जिनके उत्तर के लिए प्रयोगशाला कार्य के लिए आवश्यक पदार्थों और उपकरणों का ज्ञान आवश्यक हो।

5. दत्तकार्य में प्रयोग से सम्बन्धित स्पष्ट व व्यापक निर्देश छात्रों को दिए जाएँ।

6. इसके अतिरिक्त निरीक्षण एवं परिणामों को लिखने की विधियों का भी स्पष्ट उल्लेख होना चाहिए।

7. उपकरणों के साथ चित्र के विभिन्न भागों का भी उल्लेख होना चाहिए।

**उदाहरण—दत्त कार्य—मेंढ़क का हृदय।**

**तैयारी**—आवश्यक निर्देश देने, पुस्तक का अध्ययन करने के बाद निम्न प्रश्न दिए जाते हैं—

1. मेंढक का हृदय कहाँ पर स्थित होता है?
2. मेंढक के हृदय का आकार कैसा होता है?
3. हृदय का क्या कार्य है?
4. हृदय के किस भाग में शुद्ध रक्त रहता है?
5. हृदय के किस भाग में अशुद्ध रक्त रहता है?
6. हृदय की सुरक्षा किस प्रकार होती है?
7. धमनियाँ हृदय के किस भाग से निकलती है?
8. धमनियों में कैसा रक्त बहता है?
9. शिराएँ हृदय के किस भाग से निकलती है?
10. शिराओं में कैसा रक्त बहता हैं?
11. धमनी तंत्र का चित्र बनाइए।

उक्त प्रश्नों के उत्तर के आधार पर शिक्षक प्रयोग के सम्बन्ध में निर्णय लेगा।

**प्रदर्शन**—शिक्षक कक्षा में छात्रों को मेंढक का विच्छेदन करके दिखाएगा। काटने के समय आवश्यक सावधानियों की जानकारी दी जाएगी। इसके उपरान्त हृदय को दिखाकर उससे निकलनेवाली धमनियाँ एवं शिराओं के विषय में बताएगा।

**प्रयोगशाला-कार्य**—छात्रों की तैयारी पूर्ण होने पर तथा शिक्षक को यह ज्ञात होने पर कि छात्र स्वतन्त्रतापूर्वक प्रयोग कर सकते हैं, छात्रों को निम्न निर्देश दिए जाएँगे—

1. निर्देश पढ़िए तथा उसके अनुसार कार्य प्रारम्भ कीजिए।

2. एक बेहोश मेंढक, ट्रे, बड़ी सुइयाँ तथा जल की व्यवस्था कीजिए।

3. विच्छेदन के लिए आवश्यक समस्त उपकरण अपने साथ लाइए।

4. बेहोश मेंढक को पीठ के सहारे ट्रे में लिटाकर सुई से टाँगें एवं बाजू स्थिर कीजिए।

5. उदर के भाग की त्वचा चिमटी से पकड़कर बाजू की तरफ कीजिए।

6. मेंढक को बीच की अग्र उदर शिरा के इधर-उधर काटा जाना चाहिए।

7. त्वचा उठाकर आगे तक काटिए।

8. हृदय तथा उससे निकलनेवाली धमनियों को स्पष्ट कीजिए।

9. पृष्ठ महाधमनी दिखाइए।

10. चित्र बनाकर नामांकन कीजिए।

दत्तकार्य—सल्फर डाइऑक्साइड।

तैयारी—निम्न प्रश्नों के उत्तर दीजिए—

1. प्रयोगशाला में सल्फर डाइऑक्साइड गैस बनाने की क्या विधि है?

2. गैस बन रही है, इसका पता कैसे लगाएँगे?

3. सल्फर डाइऑक्साइड गैस के गुण बताइए।

4. प्रयोगशाला में इस गैस को बनाने के लिए किन उपकरणों की आवश्यकता पड़ेगी?

5. गैस परीक्षण में किन उपकरणों की आवश्यकता होगी?

6. सल्फ्यूरस एसिड क्या है?

प्रयोगशाला-कार्य—सल्फर डाइऑक्साइड गैस बनाने के लिए उपकरण लगाओ। निम्नलिखित बातों का ध्यान रखो—

1. उपकरण वायुरहित (Air Tight) हो। थिसिल फलन का एक सिरा फ्लास्क के तल तक पहुँचना चाहिए।

2. फ्लास्क में ताँबे के कुछ टुकड़े डालकर थिसिल फनल द्वारा उसमें सान्द्र सल्फ्यूरिक अम्ल इतना डालो कि तांबे के टुकड़े उसमें ढक जाएँ।

3. गैस को इकट्ठा करने के लिए एक जार रखो।

4. गैस के निम्न गुणों का परीक्षण करो—

(i) रंग (Colour)

(ii) गंध (Smell)

(iii) विलेयता (Solubility)

(iv) जलाने में सहायक है या नहीं।

(v) लिटमस पर प्रभाव।

(vi) पोटैशियम परमेंगनेट के अम्लीकृत घोल पर प्रभाव।

(vii) कुछ गीले फूलों को गैस जार में डालने पर उनमें परिवर्तन।

(viii) पोटेशियम डाइक्रोमेट के अम्लीकृत विलयन में फिल्टर पेपर को डुबोकर उस पर गैस का प्रभाव।

5. प्रयोग का पूरा विवरण, उपकरण का चित्र तथा प्रयोग के परिणाम अपनी कापी पर लिखो।

## गुण (Merits)

1. प्रत्येक छात्र अपनी क्षमता के अनुसार कार्य करता है। तीव्रबुद्धि एवं मन्द-बुद्धि छात्रों का एक-दूसरे पर प्रभाव नहीं पड़ता।

2. शिक्षक मार्गदर्शक के रूप में कार्य करता है।

3. प्रयोगात्मक कार्य पर जोर दिया जाता है।

4. प्रगति-पत्र से प्रत्येक छात्र की प्रगति का पता चलता है। शिक्षक को यह पता चल जाता है कि किन छात्रों को सहायता की आवश्यकता है।

5. छात्र निर्देशन के अनुसार स्वतः कार्य करते हैं, अतः उनमें उत्तरदायित्व की भावना का विकास होता है।

6. छात्रों को अध्ययन के लिए प्रोत्साहन मिलता है।

7. इस विधि द्वारा छात्र की योग्यता का उचित मूल्यांकन किया जा सकता है।

8. इसके द्वारा वैज्ञानिक दृष्टिकोण का विकास तथा वैज्ञानिक विधि का प्रशिक्षण प्राप्त होता है।

## दोष (Demerits)

1. इसके लिए पूर्ण रूप से सन्तोषजनक व उपयोगी पाठ्यपुस्तक का मिलना कठिन है।

2. दत्तकार्य की व्यवस्था तथा निर्देशन पर इस विधि की सफलता निर्भर करती है। व्यस्त शिक्षक को कार्य निर्दिष्ट करने में कठिनाई होती है।

3. समय अधिक लगता है, अतः पाठ्यक्रम समाप्त करना कठिन होता है।

4. इस विधि का प्रयोग कई वर्षों तक करने की आवश्यकता है।

5. इसके लिए अच्छे पुस्तकालय तथा प्रयोगशाला की आवश्यकता होती है, जो अधिकांश विद्यालयों में उपलब्ध नहीं है।

6. अध्यापक को बहुत परिश्रम करना पड़ता है।

7. इसकी भी सम्भावना रहती है कि मन्दबुद्धि विद्यार्थी नकल करें।

सामान्य रूप से यदि पूर्ण सावधानियाँ रखी जाएँ तथा दत्तकार्य उचित निर्देशन में क्रम से किया जाय तो विज्ञान-शिक्षण के लिए यह विधि बहुत उपयुक्त है।

**विधि का चुनाव (Choice of the Method)**

विज्ञान-शिक्षण को प्रभावशाली बनाने के लिए समय-समय पर विभिन्न विधियों का प्रयोग किया गया है। विधियों के अध्ययन से स्पष्ट है कि प्रत्येक विधि के प्रयोग का सुझाव नहीं दिया जा सकता। समान परिस्थिति होने पर भी एक अध्यापक के लिए उपयोगी विधि दूसरे अध्यापक के लिए अनुपयोगी हो सकती है। शिक्षण विधि का चयन शिक्षक की योग्यता, रुचि, बुद्धि, छात्रों की रुचि, संसाधन एवं शिक्षण की सुविधाओं पर आधारित होता है। फिर भी अध्यापक के लिए यह आवश्यक है कि वह शिक्षण विधि का चयन करते समय निम्न बातों का ध्यान रखें—

1. प्रयुक्त विधि विज्ञान-शिक्षण के उद्देश्यों की प्राप्ति करने में सहायक हो। इसके साथ ही छात्रों में वैज्ञानिक अभिवृत्ति एवं वैज्ञानिक कौशलों का विकास भी करे।

2. छात्र को उसके परिवेश एवं समाज में समायोजन के लिए प्रशिक्षित करे।

3. छात्रों को स्वयं कार्य करके सीखने का अवसर प्रदान करे। छात्र सक्रिय प्रतिभागी के रूप में कार्य करे, उन्हें स्वयं प्रयोग के अवसर दिए जाएँ।

4. प्रयुक्त विधि छात्रों में सामाजिक अन्त:क्रिया को प्रोत्साहित करने के लिए छात्रों को विज्ञान की विभिन्न योजनाओं में कार्य करने के अवसर प्रदान करे। इससे उनमें सहनशीलता, त्याग व सहयोग की भावना का विकास होगा।

5. छात्रों की अधिगम में रुचि व उत्साह बना रहे।

6. विषयवस्तु का प्रस्तुतीकरण सहसम्बन्धित व एकीकृत रूप हो।

7. श्रव्य-दृश्य सामग्री का प्रयोग किया जाए।

8. विज्ञान क्लब, संग्रहालय व एम्बेरियम की स्थापना को प्रोत्साहित करे।

9. शिक्षण विधि गतिशील हो।

10. विभिन्न शिक्षण युक्तियों जैसे प्रश्न पूछना, वाद-विवाद, व्याख्या आदि का शिक्षण में अनिवार्य रूप से प्रयोग किया जाए।

उपर्युक्त विवरण से स्पष्ट है कि कोई भी विधि स्वयं में पूर्ण नहीं है। प्रत्येक विधि में कुछ-न-कुछ विशेषता अवश्य है जिससे वह दूसरी विधि की तुलना में अच्छी है। इसलिए अध्यापक के लिए यह आवश्यक है कि वह आवश्यकता व सुविधा के अनुसार उपयुक्त विधि का प्रयोग करे। उदाहरण के लिए व्याख्यान विधि का प्रयोग नए पाठ को प्रारम्भ करने में तथा उच्च मानसिक स्तर के छात्रों के लिए या कठिन प्रकरण को स्पष्ट करने में किया जा सकता है। ऐतिहासिक विधि का प्रयोग प्रकरण से सम्बन्धित विकासक्रम को बताने में आवश्यकतानुसार किया जाए। ह्यूरिस्टिक विधि द्वारा छात्र में अन्वेषण की प्रवृत्ति का विकास कर

उसे क्रिया द्वारा सीखने के अवसर दिये जाएँ। योजना विधि का प्रयोग छोटी कक्षाओं में सफलतापूर्वक किया जा सकता है। प्रयोग-प्रदर्शन विधि हाईस्कूल तक की कक्षाओं के लिए उपयोगी है। इस प्रकार यह स्पष्ट है कि विज्ञान-शिक्षण में प्रकरण, छात्र व परिस्थितियों के अनुसार अध्यापक द्वारा अलग-अलग विधियों का प्रयोग उचित है।

## सारांश (Summary)

शिक्षण की सफलता अध्यापक द्वारा प्रयोग की गई विधि पर निर्भर है। अध्यापक को विभिन्न शिक्षण विधियों का ज्ञान होना आवश्यक है जिससे वह अपनी योग्यता, रुचि एवं अनुभवों के आधार पर उपयुक्त विधि का प्रयोग कक्षागत शिक्षण में कर सके। विज्ञान-शिक्षण की कुछ प्रमुख विधियाँ निम्न हैं—

1. व्याख्यान विधि—यह शिक्षण की सबसे प्राचीन विधि है। यद्यपि यह विधि आर्थिक दृष्टि से उपयोगी है परन्तु इसके द्वारा विज्ञान-शिक्षण के उद्देश्यों की प्राप्ति नहीं हो पाती।

2. प्रदर्शन विधि—यह विज्ञान-शिक्षण की उपयोगी एवं प्रभावशाली विधि है जिसके द्वारा विज्ञान-शिक्षण के उद्देश्यों की प्राप्ति की जाती है। प्रयोग-प्रदर्शन में छात्रों का सहयोग लिया जाता है। यह विधि शिक्षण-सूत्र, 'स्थूल से सूक्ष्म की ओर' पर आधारित है।

3. ऐतिहासिक विधि—इस विधि में पाठ्यवस्तु को विज्ञान के विकास के ऐतिहासिक क्रम में पढ़ाया जाता है। महान आविष्कारकों की कहानियों को रोचक ढंग से प्रस्तुत करके वैज्ञानिक अभिवृत्ति का विकास किया जा सकता है। यह विधि प्राथमिक कक्षाओं के लिए उपयोगी है।

4. पाठ्यपुस्तक विधि—इस विधि का प्रयोग विद्यालयी शिक्षा के प्रत्येक स्तर पर किया जाता है। इसमें छात्र पुस्तकों में संकलित विचारों का अध्ययन करके तथा अध्यापक द्वारा मौखिक रूप से किए गए प्रस्तुतीकरण द्वारा ज्ञान प्राप्त करता है। इस विधि की सफलता पाठ्यपुस्तकों के उचित प्रयोग पर निर्भर है।

5. ह्यूरिस्टिक विधि—यह विज्ञान की अत्यन्त प्रभावशाली व मनोवैज्ञानिक विधि है। इस विधि में तथ्यों की सूचना के साथ छात्र को स्वतन्त्र रूप से कार्य करने का अवसर प्रदान किया जाता है। छात्रों में अन्वेषण की प्रवृत्ति का विकास कर उन्हें विज्ञान के सिद्धान्तों का परीक्षण व खोज करने के लिए प्रेरित किया जाता है। आर्थिक संसाधनों, प्रयोगशाला उपकरण तथा कुशल अध्यापकों की कमी के कारण इसका प्रयोग व्यावहारिक नहीं है परन्तु इस विधि द्वारा छात्रों में अन्वेषण की प्रवृत्ति का विकास किया जा सकता है।

6. योजना विधि—यह एक क्रियाकेन्द्रित विधि है जिसमें छात्र की मौखिक प्रवृत्तियों का शैक्षिक उद्देश्यों की प्राप्ति के लिए प्रयोग किया जाता है। यह

सीखने के मनोवैज्ञानिक सिद्धान्तों पर आधारित है। उच्च कक्षाओं के लिए उपयोगी नहीं है परन्तु प्राथमिक स्तर पर इसका प्रयोग प्रकृति एवं पर्यावरण के अध्ययन के लिए किया जा सकता है।

7. **समस्या-समाधान विधि**—यह विधि छात्रों को नियोजित रूप से कार्य करने के अवसर प्रदान कर उन्हें समस्या-समाधान के लिए प्रेरित करती है। इस विधि के प्रयोग से छात्रों को वैज्ञानिक विधि का प्रशिक्षण दिया जा सकता है। छात्रों में आत्मविश्वास तथा आत्मनिर्भरता के गुणों का विकास होता है। इस विधि का प्रयोग स्वतः शिक्षा और स्वतः अधिगम के रूप में अधिक उपयोगी है।

8. **प्रयोगशाला विधि**—यह विधि मनोवैज्ञानिक सिद्धान्तों पर आधारित है। छात्र स्वयं प्रयोग करके सीखते हैं। छात्रों को तथ्यों एवं सिद्धान्तों के परीक्षण का अवसर प्रदान किया जाता है। इस विधि की सफलता अध्यापक के कुशल मार्गदर्शन पर निर्भर करती है।

9. **दत्तकार्य विधि**—इसमें आदर्श शिक्षण के लिए आवश्यक तीनों कार्य-सैद्धान्तिक, प्रदर्शन व प्रायोगिक कार्य का समावेश है।

## प्रश्न (Study Questions)

1. विज्ञान-शिक्षण की विभिन्न विधियाँ क्या हैं? सर्वोत्तम विधि के साथ उसके गुण एवं सीमाओं का उल्लेख करें।
(लखनऊ 1988 गढ़वाल वि० वि० 1989, 1990, मेरठ 1990)

2. विज्ञान पढ़ाने की विभिन्न विधियाँ कौन-सी हैं? आप किस विधि को को सर्वोत्तम समझते हैं? उसके गुण एवं दोष बताइए।
(गढ़वाल वि० वि० 1988, मेरठ वि० वि० 1987)

3. विज्ञान-शिक्षण की विभिन्न विधियाँ कौन-सी हैं? योजना विधि का उपयोग विज्ञान-शिक्षण में कैसे किया जाता है? उदाहरण द्वारा अपने उत्तर को स्पष्ट कीजिए। (गढ़वाल वि० वि० 1991)

4. अपनी कक्षा में प्रयोग-प्रदर्शन विधि को सफल बनाने के लिए आप किन बातों को ध्यान में रखेंगे? इस विधि के गुण-दोष एवं सीमाओं की विवेचना कीजिए। (गढ़वाल वि० वि० 1985, 1991, रुहेलखण्ड वि० वि० 1989, 1991, मेरठ वि० वि० 1983)

5. विज्ञान-शिक्षण में व्याख्यान विधि का क्या स्थान है, उसके गुण तथा दोषों पर प्रकाश डालिए।

6. विज्ञान-शिक्षण में प्रयोगशाला बिधि तथा प्रयोग-प्रदर्शन विधि में आप किसे उत्तम समझते हैं और क्यों? इन दोनों का उपयोग किस प्रकार किया जाना चाहिए? (कुमायूँ वि० वि० 1991, मेरठ वि० वि० 1986, 1989)

7. ह्यूरिस्टिक विधि से क्या तात्पर्य है ? इसके गुण-दोष का विवेचन करें। विज्ञान-शिक्षण में इस विधि का प्रयोग किस प्रकार किया जा सकता ?

(मेरठ वि० वि० 1982, 1983 गढ़वाल वि० वि० 1984, 1987, 1991, कुमायूं वि० वि० 1988, लखनऊ वि० वि० 1987)

8. समस्या-समाधान विधि में निहित पदों को उदाहरण देते हुए स्पष्ट कीजिए।

9. शिक्षण विधि से आप क्या समझते हैं ? हाईस्कूल कक्षाओं में एक उपयुक्त विधि का वर्णन कीजिए जिसका आपने विज्ञान-शिक्षण में प्रयोग किया हो।

10. आपके मतानुसार जूनियर हाई स्कूल कक्षाओं के लिए विज्ञान-शिक्षण की सबसे उपयुक्त विधि कौन-सी है ? अपने उत्तर के पक्ष में तर्क दीजिए तथा विधि का वर्णन कीजिए।

11. ऐतिहासिक विधि का उसके गुण-दोषों के आधार पर वर्णन कीजिए।

12. विज्ञान-शिक्षण में पाठ्यपुस्तक विधि के महत्व को स्पष्ट कीजिए। इसके गुण-दोषों की भी विवेचना कीजिए।

13. 'हाईस्कूल कक्षाओं के लिए विज्ञान-शिक्षण की उपयुक्त विधि' पर टिप्पणी लिखिए।

14. विज्ञान-शिक्षण की विधियां कौन-सी हैं ? किन्हीं दो विधियों का संक्षेप में वर्णन कीजिए।

(लखनऊ वि० वि० 1991)

15. विज्ञान-शिक्षण में व्याख्यान विधि, प्रदर्शन विधि तथा ह्यूरिस्टिक पद्धति की विशेषताओं का उल्लेख कीजिए।

(रुहेलखण्ड वि० वि० 1986, 1988, 1990)

16. ह्यूरिस्टिक विधि क्या है ? यह प्रदर्शन विधि से किस प्रकार भिन्न है ? उदाहरण देकर अपने उत्तर को स्पष्ट कीजिए।

(रुहेलखण्ड वि० वि० 1987)

17. जीवविज्ञान को हाईस्कूल कक्षाओं में पढ़ाने हेतु आधुनिक तथा प्रभावशाली पद्धति का वर्णन कीजिए। अपने उत्तर में उपयुक्त उदाहरण दीजिए।

(मेरठ वि० वि० 1981)

18. जीवविज्ञान-शिक्षण की किस विधि को आप सबसे उपयुक्त समझते हैं और क्यों ? (मेरठ वि०वि० 1983)

19. जीवविज्ञान-शिक्षण में प्रदर्शन विधि की उपयुक्तता का उल्लेख कीजिए। इसके गुण-दोष पर प्रकाश डालते हुए प्रदर्शन मेज पर होनेवाली त्रुटियों को कम करने के लिए कुछ सुझाव दीजिए।

(मेरठ वि० वि० 1986, 1987)

20. भौतिक विज्ञान-शिक्षण में प्रदर्शन विधि से क्या तात्पर्य है, इस विधि के दोषों की विवेचना करते हुए प्रभावशाली प्रदर्शन हेतु अपने सुझाव दीजिए।
(मेरठ वि० वि० 1986)

21. माध्यमिक विद्यालयों में विज्ञान-शिक्षण की ह्यूरिस्टिक विधि और योजना विधि के गुण और दोषों की तुलनात्मक विवेचना कीजिए।
(लखनऊ वि० वि० 1990)

## वस्तुनिष्ठ-प्रश्न (Objective-type Questions)

1. निर्देश—रिक्त स्थानों की पूर्ति कोष्ठकों में लिखे शब्दों में से उपयुक्त शब्द छाँटकर कीजिए—

1. योजना विधि··· ·······के सिद्धान्तों पर आधारित है।
(आदर्शवाद, यथार्थवाद, प्रयोजनवाद, प्रकृतिवाद)

2. समस्या विधि में········निष्कर्ष निकलवाए जाते हैं।
(सामाजिक, नैतिक, मानसिक, आर्थिक)

3. योजना विधि में·········एवं·········क्रियाएँ निहित हैं।
(मानसिक, शारीरिक, नैतिक, आर्थिक)

4. योजना विधि का प्रतिपादन···········ने किया।
(जॉन डी० वी०, विलियम जेम्स, चार्ल्स पीयर्स, किलपैट्रिक)

5. व्याख्यान विधि में···········निहित है।
(भाषण, विचार विमर्श, सामाजिक अभिव्यक्ति)

6. ह्यूरिस्टिक विधि·············के सिद्धान्तों पर आधारित है।
(बाल मनोविज्ञान, गेस्टाल्ट, सामाजिक मनोविज्ञान)

2. निर्देश—निम्नलिखित में सर्वोत्तम विकल्प छाँटिए—

1. व्याख्यान विधि उपयुक्त है—(अ) वयस्कों के लिए (ब) किशोरों के लिए (स) छोटे बच्चों के लिए।

2. योजना पद्धति में बालक सीखता है—(अ) आर्थिक क्रिया द्वारा (ब) शारीरिक व मानसिक क्रिया द्वारा (स) प्रयोग द्वारा (द) अनुसन्धान द्वारा।

3. प्रयोगशाला विधि उपयुक्त है—(अ) प्राथमिक कक्षाओं के लिए (ब) माध्यमिक कक्षाओं के लिए (स) उच्च स्तर माध्यमिक कक्षाओं के लिए।

3. निर्देश—निम्न कथन में जो सत्य हों उनके समक्ष 'हाँ' तथा असत्य के समक्ष 'नहीं' लिखिए—

1. व्याख्यान विधि सृजनात्मक क्षमताओं का विकास करती है।
2. पाठ्यपुस्तक विधि में अध्यापक अधिक सक्रिय रहता है।
3. ऐतिहासिक विधि उच्च कक्षाओं के लिए उपयुक्त है।
4. योजना विधि में छात्र को कार्य करने का अवसर मिलता है।
5. ह्यूरिस्टिक विधि रटने की प्रवृत्ति को प्रोत्साहित करती है।
6. समस्या-समाधान विधि अन्वेषण विधि पर आधारित है।

# विज्ञान का पाठ्यक्रम
## (Science Curriculum)

The curriculum is an educational instrument, planned, and used by the school to effect its purposes. —Weslsy

पाठ्यक्रम शब्द का सामान्य अर्थ अध्ययन किए जानेवाले ज्ञान से लिया जाता है। इसकी उत्पत्ति लेटिन भाषा के शब्द currere से हुई है जिसका अर्थ है Race-course (दौड़ का मैदान)। इस प्रकार पाठ्यक्रम वह दौड़ का मैदान है जिस पर बालक लक्ष्य को प्राप्त करने के लिए दौड़ता है। हारबर्ड वि०वि० के प्रो० यूलिच ने पाठ्यक्रम के इसी अर्थ को मान्यता दी है। कनिंघम के अनुसार—
"It (curriculum) is a tool in the hands of the artist (teacher) to mould his material (pupil) according to his ideal (objective) in his studio (school)" —cunningham

**माध्यमिक शिक्षा आयोग के अनुसार**

"पाठ्यक्रम का अर्थ केवल उन सैद्धान्तिक विषयों से नहीं है जो विद्यालय में परम्परागत ढंग से पढ़ाए जाते हैं, वरन् इसमें अनुभवों की वह सम्पूर्णता निहित है जिनको छात्र विद्यालय, कक्षा-कक्ष पुस्तकालय, वर्कशॉप, प्रयोगशाला और खेल के मैदान तथा शिक्षकों एवं शिष्यों के अगणित अनौपचारिक सम्बन्धों से प्राप्त करता है। इस प्रकार विद्यालय का सम्पूर्ण जीवन पाठ्यक्रम हो जाता है जो छात्रों के जीवन के सभी पक्षों को प्रभावित कर सकता है। और उनके सन्तुलित व्यक्तित्व के विकास में सहातता देता है।"

**शिक्षा आयोग के अनुसार**

"विद्यालय की देखभाल में उसके अन्दर तथा बाहर अनेक प्रकार के कार्यकलापों से छात्रों को विभिन्न अध्ययन-अनुभव प्राप्त होते हैं। हम विद्यालय पाठ्यक्रम को इन अध्ययन-अनुभवों की समष्टि (Totality of learning experiences) मानते हैं।"

उपर्युक्त परिभाषाओं से यह स्पष्ट होता है कि पाठ्यक्रम लक्ष्य को प्राप्त

करने का एक साधन है। इसमें अनुभवों की सम्पूर्णता निहित है। पाठ्यक्रम में निहित अनुभवों का प्रयोग शिक्षा के उद्देश्यों की प्राप्ति के लिए किया जाता है।

पाठ्यक्रम के अर्थ के सम्बन्ध में दो विचारधाराएँ प्रचलित हैं—परम्परागत और आधुनिक। प्रारम्भ में शिक्षा का उद्देश्य छात्रों को ज्ञान प्रदान करना था, इसलिए पाठ्यक्रम को भी विभिन्न प्रकार के ज्ञान एवं कुशलताओं के संग्रह के रूप में देखा गया। आधुनिक धारणा के अनुसार शिक्षा के अर्थों में व्यापक परिवर्तन हुआ है। इस कारण इसके उद्देश्य बहुत व्यापक हो गए हैं। वैज्ञानिक परिवर्तनों के प्रभाव के फलस्वरूप शिक्षा को एक गतिशील सामाजिक प्रक्रिया के रूप में जाना जाने लगा। इसलिए स्वाभाविक ही इससे पाठ्क्रम के अर्थ में भी परिवर्तन हुआ है। आधुनिक धारणा के अनुसार पाठ्यक्रम अनुभवों, क्रियाओं एवं जीवन की वास्तविक परिस्थितियों का संचय है। इस प्रकार परम्परागत अर्थ में पाठ्यक्रम पाठ्यपुस्तकों के अध्ययन तक ही सीमित है, जबकि आधुनिक अर्थ में पाठ्यक्रम में छात्र के वे सभी अनुभव सम्मिलित हैं जिन्हें वह विद्यालय में प्राप्त करता है। शिक्षा शब्दकोष में भी पाठ्यक्रम का अर्थ विद्यालय के अन्दर प्राप्त छात्र के अनुभवों से लिया गया है जो छात्र को प्रशिक्षित कर उसे समाज का एक योग्य सदस्य बनाने में सहायक होने हैं। वास्तव में वर्तमान पाठ्यक्रम का अर्थ अनुभवों की पूर्णता से है जिन्हें छात्र कक्षा और कक्षा के बाहर आयोजित क्रियाओं द्वारा प्राप्त करता है। इसलिए पाठ्यक्रम निर्माण में उचित अनुभवों को स्थान दिया जाना आवश्यक है जिससे शिक्षा के उद्देश्यों की प्राप्ति हो सके। अतः पाठ्यक्रम व्यापक अर्थ में छात्रों द्वारा प्राप्त विभिन्न अनुभवों का संगठन है। यदि इनका उचित प्रयोग किया जाए तो ये अनुभव छात्र के व्यक्तित्व के विकास में सहायक हो सकते हैं जो कि शिक्षा का एक महत्वपूर्ण उद्देश्य है।

पाठ्यक्रम एक विकासमान प्रत्यय (Developing Concept) है जिसका विकास जीवन के अनुभवों से होता है। इसलिए यह आवश्यक है कि पाठ्यक्रम-नियोजन भी जीवन-केन्द्रित हो। पाठ्यक्रम को समाज व राष्ट्र की आवश्यकताओं की पूर्ति करने के साथ लचीला व गतिशील होना भी आवश्यक है। आधुनिक समाज परिवर्तनशील है। अतः पाठ्यक्रम का भी समय-समय पर पुनर्निरीक्षण एवं नवीनीकरण किया जाना आवश्यक है। इस प्रकार पाठ्यक्रम में छात्र की तात्कालिक आवश्यकताओं को स्थान दिया जाना चाहिए। बालक का मनोवैज्ञानिक विकास एक निरन्तर चलनेवाली प्रक्रिया है, इसलिए किसी भी स्तर पर पाठ्यक्रम-निर्माण को अगले स्तर से सम्बन्धित करना चाहिए। पाठ्यक्रम की विभिन्न परिभाषाओं के आधार पर पाठ्यक्रम में निम्न तत्वों का समावेश होना चाहिए—

1. छात्र की प्रकृति तथा आवश्यकताएँ।
2. शिक्षण की प्रक्रिया।

3. समाज की आवश्यकताएँ व आकांक्षाएँ।
4. सीखने के अनुभव।
5. पाठ्यक्रम की प्रकृति।
6. पाठ्यवस्तु की क्रमबद्ध व्यवस्था।
7. उपयुक्त का मूल्यांकन।

विज्ञान पाठ्यक्रम में उपर्युक्त तत्वों के अतिरिक्त जीवन में उपादेयता (Practicalutility) को भी सम्मिलित करना चाहिए। यह विषय के सैद्धान्तिक व प्रायोगिक ज्ञान के समन्वय से सम्भव है।

## पाठ्यक्रम तथा पाठ्यविवरण में अन्तर (Difference between Curriculum and Syllabus)

पाठ्यक्रम का पम्परागत या प्राचीन अर्थ तथ्यों के ज्ञान तक सीमित था। बौद्धिक विषय के रूप में पाठ्यक्रम शब्द काफी समय तक प्रचलित था किन्तु ये विषय पाठ्यक्रम के केवल अंग हैं, सम्पूर्ण पाठ्यक्रम नहीं। इन विषयों की सामग्री को अन्तर्वस्तु (Content) कहा जाता है। कक्षा में शिक्षण की दृष्टि से शिक्षक की सुविधा के लिए जब इस विषयवस्तु को व्यवस्थित कर लिया जाता है तो उसे पाठ्यविवरण (Syllabus) कहते हैं। अतः पाठ्यविवरण (Syllabus) पाठ्यक्रम का अंश है, न कि सम्पूर्ण पाठ्यक्रम। पाठ्यक्रम की आधुनिक धारणा विस्तृत व व्यापक है। इसके अन्तर्गत कक्षा के अन्दर प्राप्त अनुभवों के अतिरिक्त कक्षा के बाहर के अनुभव भी सम्मिलित हैं। रॉबर्ट डॉटर्न (Robert Dottern) ने पाठ्यक्रम तथा पाठ्यविवरण का अन्तर इस प्रकार स्पष्ट किया है, "पाठ्यविवरण शिक्षालय वर्ष के दौरान विभिन्न विषयों में शिक्षक द्वारा दिए जानेवाले ज्ञान की मात्रा के विषय में निश्चित जानकारी प्रस्तुत करता है, जबकि पाठ्यक्रम यह प्रदर्शित करता है कि शिक्षण किस प्रकार शैक्षिक क्रियाओं के द्वारा पाठ्यविवरण की आवश्यकताओं की पूर्ति करेगा।" इससे स्पष्ट है कि पाठ्यविवरण शिक्षण की विषयवस्तु का निर्धारण करता है और पाठ्यक्रम उसे देने के लिए उपयुक्त विधि का।

## पाठ्यक्रम-निर्माण के आधार (Bases of Curriculum Construction)

### 1. दार्शनिक आधार (Philosophical Bases)

रस्क (Rusk) के अनुसार—"दर्शनपर पाठ्यक्रम का संगठन जितना आधारित है, उतना शिक्षा का कोई अन्य पक्षनहीं।" प्रत्येक दार्शनिक विचारधारा का पाठ्यक्रम पर आवश्यक प्रभाव पड़ता है। दर्शन के अभाव में पाठ्यक्रम निष्प्राण है। मुख्य दार्शनिक विचारधाराएँ निम्न हैं—

**आदर्शवाद और पाठ्यक्रम (Idealism and Curriculum)**—आदर्शवादी

विचारधारा शाश्वत मूल्यों मे विश्वास करती है। इसलिए आदर्शवादी पाठ्यक्रम में उच्च जीवन-मूल्यों तथा जीवन-यापन की आवश्यकताओं के बीच उचित सन्तुलन बनाए रखने का प्रयास किया जाता है। इस पाठ्यक्रम में इतिहास, साहित्य के साथ धर्मशास्त्र, नीतिशास्त्र को महत्वपूर्ण स्थान दिया जाता है।

**प्रकृतिवाद और पाठ्यक्रम** (Naturalism and Curriculum)—यह विचारधारा बालक को पूर्ण स्वतन्त्रता प्रदान करते हुए उसके स्वाभाविक विकास को प्रमुख उद्देश्य मानती है। इस उद्देश्य की पूर्ति के लिए प्रकृतिवादी पाठ्यक्रम में खेलकूद, व्यायाम, पर्यटन, प्रकृति के निरीक्षण आदि को प्रमुख स्थान दिया जाता है।

**प्रयोजनवाद और पाठ्यक्रम** (Pragmatism and Curriculum)—इस विचारधारा के अनुसार सत्य परिवर्तनशील है। मनुष्य तथा उसकी परिस्थितियाँ सत्य का निर्माण करते हैं। यह पाठ्यक्रम छात्रों की रुचियों पर आधारित होता है। इसमें पाठ्य सामग्री के लिए कोई स्थान नहीं है। यह पाठ्यक्रम हस्तकला तथा उद्योग धन्धों पर विशेष बल देता है।

**यथार्थवाद और पाठ्यक्रम** (Realism and Curriculum)—यह विचारधारा प्रत्यक्ष संसार को वास्तविक मानती है। अतः शिक्षा का लक्ष्य बालक को भौतिक व्यवस्था को समझाने तथा उसमें समायोजन करने में सहायता प्रदान करना है। पाठ्यक्रम में उन विषयों को सम्मिलित किया जाता है जो भौतिक जगत को स्पष्ट कर सकें। इसमें गणित, भौतिक विज्ञानों तथा सामाजिक विज्ञानों को विशेष स्थान दिया गया है।

## 2. मनोवैज्ञानिक आधार (Psychological Basis)

पाठ्यक्रम के मनोवैज्ञानिक आधार मनोविज्ञान के वे पक्ष हैं जो अधिगम प्रक्रिया को प्रमाणित करते हैं। पाठ्यक्रम को बालक की आवश्यकताओं, अभिरुचियों, क्षमताओं, अनुभवोंआदि पर आधारित करने का प्रयास मनोवैज्ञानिक आधार का ही प्ररिणाम है। क्रिया-प्रधान, अनुभव-आधारित पाठ्यक्रम भी मनोविज्ञान पर ही आधारित है।

## 3. ऐतिहासिक आधार (Historical Basis)

इतिहास अतीतकालीन प्रवृत्तियों का एक व्यवस्थित अभिलेख है। इसलिए यह पाठ्यक्रम निर्माता को ऐसी सामग्री उपलब्ध कराता है जिसकी सहायता से वह भविष्य के लिए अच्छे और स्पष्ट उदाहरण प्राप्त करता है। साथ ही वह पूर्व में की गई भूलों से बच जाता है। इसके अतिरिक्त यह समय, साधन और शक्ति का भी अपव्यय नहीं होने देता है।

### 4. सांस्कृतिक आधार (Cultural Basis)

पाठ्यक्रम में संस्कृति कीअनेक बातों का समावेश होता है। संस्कृति किसी समाज की सम्पूर्ण जीवन-पद्धति से सम्बन्धित होती है। अतः पाठ्यक्रम में उन कौशलों, विचारों एवं मूल्यों का समावेशकिया जाता है जो समाज के लिए बहुमूल्य एवं महत्वपूणं होते हैं।

### 5. सामाजिक आधार (Social Basis)

मनुष्य के जीवन के प्रत्येक पक्ष पर समाज का प्रभाव पड़ता है। पाठ्यक्रम निर्माण में समाज की आस्थाएँ, मूल्य, नैतिक सिद्धान्त, परम्पराएँ, सामाजिक, आर्थिक धार्मिक तथा राजनीतिक परिस्थितियां, छात्रों की पारिवारिक पृष्ठभूमि एवं सांस्कृतिक परिवर्तन का मनोविज्ञान और समाज शास्त्र को महत्वपूर्ण स्थान दिया जाता है।

### 6. वैज्ञानिक आधार (Scientific Basis)

इसके अनुसार पाठ्यक्रम में उस पाठ्यसामग्री को स्थान दिया जाता है जो छात्रों में वैज्ञानिक, दृष्टिकोण का विकास कर सके। इसमें प्रत्यक्ष तथा स्थूल सामग्री के प्रयोग को महत्व दिया जाता है।

## विज्ञान के वर्तमान पाठ्यक्रम के दोष (Defects of the Present Curriculum of Sceince)

विज्ञान के वर्तमान पाठ्यक्रम का अध्ययन करने पर उसमें निम्न दोष दिखाई पड़ते हैं—

1. वर्तमान पाठ्क्रम विषय-केन्द्रित है। इसमें सैद्धान्तिक ज्ञान एवं सामान्यीकरण पर अधिक ध्यान दिया जाता है। छात्रों की रुचि व अनुभवों को कोई स्थान नहीं दिया गया है। पुस्तकीय ज्ञान पर अधिक ध्यान देने से ज्ञान के व्यावहारिक प्रयोग की जानकारी नहीं हो पाती है।
2. विज्ञान-शिक्षण के लक्ष्यों एवं उद्देश्यों की प्राप्ति नहीं करता है।
3. पाठ्यक्रम परीक्षा-प्रधान है। परीक्षा के आधार पर ही पाठ्यक्रम का शिक्षण किया जाता है। स्मृति के विकास पर अधिक ध्यान देते हुए अन्य मानसिक क्रियाओं का विकास करने में असमर्थ है।
4. वास्तविक जीवन से सम्बन्धित न होने के कारण समाज व छात्र की आवश्यकताओं की पूर्ति करने में असमर्थ है। यह छात्रों को जीवन के संघर्षों का सामना करने के योग्य नहीं बनाता तथा उन्हें सामाजिक एवं नागरिक जीवन में उचित प्रकार से व्यवस्थित होने के लिए तैयार नहीं करता।

5. पाठ्यक्रम में विविधता व लचीलेपन का अभाव है। छात्र और छात्राओं के लिए अलग पाठ्यक्रम नहीं है।

6. पाठ्यक्रम में प्रकरणों (Topics) का संगठन अमनोवैज्ञानिक है।

7. विभिन्न आयु-वर्ग के छात्रों की क्षमताओं और आवश्यकताओं की पूर्ति नहीं करता।

8. अवकाश के उपयोग की कोई व्यवस्था नहीं है।

9. दैनिक जीवन के अनुभवों से सम्बन्धित नहीं है।

10. वैज्ञानिक क्रियाओं तथा वैज्ञानिक अभिरुचियों के विकास के लिए कोई व्यवस्था नहीं है।

11. पाठ्य पुस्तकों का अधिक वर्चस्व बना रहता है।

12. प्रयोग और शोधों की अपेक्षा विचारों एवं सूचनाओं पर आधारित है।

13. पाठ्क्रम का आधार सम्पूर्ण विद्यालय वातावरण नहीं है। यह छात्रों में उदार एवं व्यापक दृष्टिकोण विकसित करने में असमर्थ रहता है।

14. आवृत्ति एवं स्मृति को अधिक महत्व दिया जाता है। मौलिक एवं सृजनात्मक क्षमताओं के विकास का अवसर नहीं दिया जाता है।

15. शिक्षा के अनौपचारिक साधनों का प्रयोग नहीं किया जाता।

माध्यमिक शिक्षा आयोग ने वर्तमान पाठ्यक्रम में निम्न दोष बताए हैं—

1. पाठ्यक्रम संकीर्ण है।

2. किताबी व सैद्धान्तिक है।

3. महत्वपूर्ण सामग्री का अभाव है एवं बोझिल है।

4. प्रयोगात्मक कार्यों की अपर्याप्त व्यवस्था एवं तकनीकी व व्यावसायिक विषयों का अभाव है।

5. किशोरों की आवश्यकताओं की सन्तुष्टि नहीं करता है।

6. परीक्षा-प्रधान है।

7. जीवन से सम्बन्धित नहीं है।

उपर्युक्त दोषों के आधार पर कहा जा सकता है, कि पाठ्यक्रम अमनोवैज्ञानिक है जिससे बालक के सर्वांगीण विकास की कल्पना नहीं की जा सकती है।

13 वर्ष बाद नियुक्त कोठारी आयोग ने निम्न कारणों से विज्ञान के पाठ्यक्रम से असन्तोष व्यक्त किया—

1. ज्ञान के क्षेत्र में व्यापक प्रसार हुआ है, इसके बावजूद विज्ञान पाठ्यक्रम में अपेक्षित परिवर्तन नहीं हुआ है।

2. विद्यालय और विश्वविद्यालयों के पाठ्यक्रम में अन्तर बढ़ता जा रहा है।

3. अधिकाधिक प्रकरणों को लगातार जोड़ते जाने के कारण पाठ्यक्रम

बोझिल हो गया है क्योंकि पुराने एवं अनावश्यक प्रकरणों को पाठ्यक्रम से हटाया नहीं गया है।

**पाठ्यक्रम निर्माण के सिद्धान्त (Principles of Curriculum Construction)**

पाठ्यक्रम निर्माण के प्रमुख सिद्धान्त निम्न हैं—

1. **बाल-केन्द्रित पाठ्यक्रम का सिद्धान्त** (Principles of Child centredness)—पाठ्यक्रम छात्रों की रुचियों, स्तर व आवश्यकता पर आधारित हो। इसके अतिरिक्त छात्र की विशेष योग्यता को सन्तुष्ट कर उसे उस विशेष कौशल में निपुण बनाएं।

2. **समुदाय केन्द्रित पाठ्यक्रम का सिद्धान्त** (Priniciple of Community centredness)—छात्र को विद्यालय के बाद समाज में रहना है। अतः यह आवश्यक है कि पाठ्यक्रम सामाजिक वातावरण से सम्बन्धित हो और समाज के उद्देश्यों की पूर्ति करे। छात्र को सामाजिक वातावरण में समायोजन के लिए तैयार करे। पाठ्यक्रम में उत्पादक कार्यों को महत्वपूर्ण स्थान दिया जाना चाहिए।

3. **एकीकरण का सिद्धान्त** (Principle of Integration)—छात्र की आवश्यकताओं एवं अनुभवों के आधार पर विभिन्न विषयों एवं उनसे सम्बन्धित क्रियाओं के एकीकरण से छात्र की उपलब्धि पर अच्छा प्रभाव पड़ता है।

4. **संरक्षण का सिद्धान्त** (Principle of Conservation)—पाठ्यक्रम द्वारा संस्कृति और सभ्यता से सम्बन्धित ज्ञान का प्रचार एवं प्रसार किया जाना आवश्यक है। पाठ्यक्रम ऐसा हो जो संस्कृति के संरक्षण के साथ समाज के सांस्कृतिक स्तर तथा सामाजिक वातावरण को समृद्ध बनाए।

5. **सृजनात्मकता का सिद्धान्त** (Principle of Creativity)—प्रत्येक बालक में किसी न किसी रचनात्मक क्षेत्र में सृजनात्मक कार्य करने की योग्यता अवश्य होती है। अतः पाठ्यक्रम द्वारा सृजनात्मक क्षमताओं के विकास के अवसर दिए जाने चाहिए, साथ ही छात्र में अन्वेषण एवं समस्या समाधान की क्षमता का विकास किया जाना चाहिए।

6. **क्रिया का सिद्धान्त** (Principle of Activity)—पाठ्यक्रम केवल सैद्धान्तिक ज्ञान का संग्रह न होकर क्रिया-केन्द्रित हो या क्रिया द्वारा सीखने को अवसर प्रदान करे। व्यक्तिगत रूप से प्रायोगिक कार्य करने के लिए प्रोत्साहित किया जाए।

7. **विविधता तथा लचीलेपन का सिद्धान्त** (Principle of Variety and Flexibility)—पाठ्यक्रम को छात्रों की रुचियों, विभिन्नताओं, दृष्टिकोणों, मनोवृत्तियों और आवश्यकताओं के अनुकूल होना चाहिए। छात्रों पर अनुपयुक्त विषयों को लादने का प्रयास नहीं करना चाहिए। इससे उनके सामान्य विकास में बाधाएँ पहुँचती हैं। इसके विपरीत ज्ञान, कुशलता और मूल्यांकन के कुछ ऐसे

विस्तृत क्षेत्र हैं जिनके सम्पर्क में बालकों को लाया जाना चाहिए। इस बात का ध्यान रखा जाना आवश्यक है कि वे छात्रों की शक्तियों और क्षमताओं से परे न हो जाएँ।

माध्यमिक शिक्षा आयोग का विचार है—"पाठ्यक्रम में काफी विविधता व लचीलापन होना चाहिए जिससे कि वैयक्तिक विभिन्नताओं और वैयक्तिक आवश्यकताओं एवं रुचियों का अनुकूलन किया जा सके।"

8. **अनुभवों की पूर्णता का सिद्धान्त** (Principle of Totality of Experincee)—पाठ्यक्रम का अर्थ केवल सैद्धान्तिक विषयों से नहीं है जिन्हें परम्परागत ढंग से पढ़ाया जाता है, वरन् इसमें उन सभी अनुभवों को स्थान दिया जाता है जिनको बालक विभिन्न क्रियाओं द्वारा प्राप्त करता है। ये क्रियाएँ विद्यालय, कक्षा, पुस्तकालय, प्रयोगशाला, वर्कशाप, खेल के मैदान तथा शिक्षकों और छात्रों के अगणित अनौपचारिक सम्पर्कों में चालू रहती है। इस प्रकार विद्यालय का सम्पूर्ण जीवन ही पाठ्यक्रम है।

माध्यमिक शिक्षा आयोग के अनुसार—"यह स्पष्ट रूप से समझ लेना चाहिए कि सबसे आधुनिक शैक्षिक विचारधारा के अनुसार पाठ्यक्रम का अर्थ केवल सैद्धान्तिक विषयों से नहीं लिया जाता है, वरन् इसमें अनुभवों की सम्पूर्णता निहित होती है।"

9. **उपयोगिता का सिद्धात** (Principle of Utility)—पाठ्यक्रम में जिन विषयों को स्थान दिया जाए वे बालक के भावी जीवन के लिए उपयोगी हों। इसके अतिरिक्त पाठ्यक्रम व्यक्ति को व्यवसाय के लिए प्रशिक्षित करे।

10. **जीवन से सम्बन्धित होने का सिद्धान्त** (Principle of Relationship with Life)—पाठ्यक्रम के विषयों का वास्तविक जीवन से सम्बन्ध होना आवश्यक है तभी बालक जीवन में प्रवेश करने के बाद सफलता प्राप्त कर सकेंगे।

11. **खेल और कार्य की क्रियाओं के अन्तर्सम्बन्ध का सिद्धान्त** (Principle of Interrelation of Play and Work Activities)—पाठ्यक्रम के निर्माण में खेल और कार्य की क्रियाओं के अन्तर्सम्बन्ध के सिद्धान्त को स्थान दिया जाना आवश्यक है। सब क्रियाओं का कुछ-न-कुछ प्रयोजन होता है। सामान्यतः खेल की क्रियाओं का प्रयोजन आनन्द समझा जाता है। कार्य की क्रियाओं के विषय में यह सत्य नहीं है। अतः यह आवश्यक है कि ज्ञान प्राप्त करने की क्रियाओं को इतना रुचिकर बनाया जाए जिससे प्रभावशाली ज्ञान प्राप्त किया जा सके। साथ ही उसे उत्साह और आनन्द से ज्ञान प्राप्त करने की क्रिया में लगने के लिए भी सहायता दी जानी चाहिए।

12. **जीवन सम्बन्धी सब क्रियाओं के समावेश का सिद्धान्त** (Principle of Inclusion of All Life Activties)—पाठ्यक्रम में वे सब क्रियाएँ सम्मिलित हों जो प्रत्येक बालक के स्वास्थ्य, विचार, ज्ञान, कुशलता, मूल्यांकन

अभिव्यक्ति, चरित्र और सामाजिक तथा आर्थिक सम्बन्धों को उन्नत बनाएँ। साथ ही छात्रों में लोकतन्त्रीय दृष्टिकोण और धारणा का विकास करें।

13. अवकाश के लिए प्रशिक्षण का सिद्धान्त (Principle of Training for Leisure)—माध्यमिक शिक्षा आयोग के अनुसार, "पाठ्यक्रम इस प्रकार नियोजित किया जाना चाहिए कि वह छात्रों को न केवल कार्य के लिए वरन् अवकाश के लिए भी प्रशिक्षित करे।"

पाठ्यक्रम इस प्रकार बनाया जाए कि वह छात्रों को कार्य व अवकाश दोनों के लिए प्रशिक्षित करे। इसलिए अध्ययन के विषयों के साथ पाठ्यक्रम में अन्य क्रियाओं को भी स्थान दिया जाए, जैसे खेलकूद, सामाजिक व सौन्दर्यात्मक क्रियाएँ आदि। ये क्रियाएँ छात्र को उसके अवकाश का सदुपयोग करने के लिए प्रशिक्षित करेगी।

उपर्युक्त सिद्धान्तों से स्पष्ट है कि पाठ्क्रम का निर्माण छात्र की आवश्यकताओं, रुचियों, योग्यताओं, विशिष्टताओं और विभिन्नताओं को ध्यान में रखकर किया जाना चाहिए। पाठ्यक्रम छात्रों के व्यक्तित्व के विकास के साथ उन्हें भावी जीवन के लिए तैयार करे। अतः यह आवश्यक है कि विद्यालय का सम्पूर्ण जीवन पाठ्यक्रम हो। जैसा माध्यमिक शिक्षा आयोग ने कहा है, "विद्यालय का सम्पूर्ण जीवन पाठ्यक्रम बन जाता है जो छात्रों के जीवन के सब पहलुओं से सम्बन्ध रख सकता है और सन्तुलित व्यक्तित्व के विकास में सहायता दे सकता है।"

पाठ्यक्रम निर्माण के उपर्युक्त सिद्धान्तों के आधार पर विज्ञान के पाठ्यक्रम में परिवर्तन किया जाना आवश्यक है। पाठ्यक्रम में परिवर्तन निम्न प्रकार किया जा सकता है—

1. विषयवस्तु का चुनाव विज्ञान-शिक्षण के उद्देश्यों के आधार पर हो।

2. विभिन्न आयु के छात्रों की रुचि तथा समाज की आवश्यकताओं से सम्बन्धित विषयवस्तु का समावेश हो।

3. पाठ्यक्रम द्वारा केवल विषयवस्तु के स्वामित्व को महत्व न देकर चिन्तन प्रक्रिया को विकसित करने का प्रयास किया जाए।

4. विभिन्न शारीरिक व मानसिक क्रियाओं की व्यवस्था कर ज्ञान, कौशल रुचि तथा अभिवृत्ति का विकास कर समायोजन की क्षमता का विकास करे।

5. पाठ्यक्रम में विषयवस्तु रोचक व ज्ञानवर्धक हो।

6. छात्रों को वैज्ञानिक विधि के प्रयोग के अवसर दिए जाएँ।

7. पाठ्यक्रम लचीला हो तथा समाज व छात्र की आवश्यकताओं की पूर्ति करे।

8. विभिन्न वैज्ञानिकों के कार्यों की जानकारी दी जाए।

9. पाठ्यक्रम को इकाई (यूनिट) प्रकरण व उपकरणों में विभाजित कर

पढ़ाया जाए। प्रकरण एक-दूसरे से सम्बन्धित करके पढ़ाए जाएँ।

10. प्रायोगिक कार्य तथा क्षेत्र-भ्रमण द्वारा तात्कालिक अनुभव प्रदान किए जाएँ।

11. पाठ्यक्रम में सुव्यवस्थित, क्रमबद्ध तथा प्रायोगिक रूप से प्राप्त विषय-वस्तु का समावेश हो।

## अधिगम अनुभवों के चयन के मानदण्ड (Criteria of Selection of Learning Experiences)

**1. बर्टन का मानदण्ड (Burton's Criteria)**—पाठ्यक्रम निर्माताओं की सहायता के लिए अधिगम अनुभवों के चयन का निम्न मानदण्ड (Criteria) प्रस्तुत किया है—

1. छात्रों की दृष्टि में अधिगम-अनुभव उद्देश्य प्राप्ति के लिए प्रयुक्त किए जाने योग्य हो।

2. शिक्षकों की दृष्टि में वांछनीय सामाजिक उद्देश्यों की ओर ले जाने वाला हो।

3. उसमें छात्र के सन्तुलित विकास के लिए विभिन्न प्रकार की वैयक्तिक प्रवृत्तियों का समावेश हो।

4. परिपक्वता स्तर के लिए उपयुक्त हो।

5. उसका आयोजन विद्यालय तथा समाज को उपलब्ध साधन सुविधाओं के द्वारा किया जाना सम्भव हो।

6. उसमें वैयक्तिक भेदों की दृष्टि से इतनी विविधता हो कि वर्ग के सभी सदस्यों को उपयुक्त प्रवृत्तियां प्राप्त हो सकें।

**2. ह्वीलर का मानदण्ड (Whealer's Criteria)**

यह अधिक वैज्ञानिक तथा व्यापक है। इसके अनुसार—

1. किसी भी शैक्षिक कार्यक्रम का उद्देश्य बालकों के व्यवहार में अपेक्षित परिवर्तन लाना होता है। अतः उन सीखने के अनुभवों का चयन किया जाए जो उद्देश्यों की पूर्ति में सहायता कर सकें।

2. पाठ्यक्रम के लिए उन अधिगम-अनुभवों का चयन किया जाए जो निर्धारित प्रत्येक उद्देश्य के लिए उपयुक्त अनुभव प्रदान कर व्यवहार में अपेक्षित परिवर्तन ला सकें।

3. वैयक्तिक भिन्नता के आधार पर अधिगम-अनुभवों की विविधता पर ध्यान दिया जाए। अनुभवों में विविधता बालकों को अपेक्षित दिशा में प्रगति करने योग्य बनाएगी।

4. छात्रों के लिए प्रस्तुत किए जानेवाले अनुभव उपयुक्त हों।

5. शिक्षा के उद्देश्यों के समान ही किसी विद्यालय द्वारा प्रस्तुत अधिगमानुभवों में भी पारस्परिक सम्बन्ध तथा तारतम्य बना रहना आवश्यक है।

6. शैक्षिक अनुभवों का वास्तविक जीवन के साथ अधिकतम और समीपतम सम्बन्ध हो, यह सम्बन्ध वर्तमान तथा भावी दोनों प्रकार के जीवन से होना चाहिए।

7. अधिगम अनुभवों के आयोजन में छात्रों को भी सहयोगी बनाया जाना चाहिए।

**पाठ्यवस्तु का चयन (Selection of Content)**—पाठ्यक्रम के लिए विषय सामग्री के चयन में उपयोगिता तथा सार्थकता को आधार बनाने का प्रयास किया जाता है। विषयवस्तु का निर्धारण आदिकाल से शैक्षिक उद्देश्यों के अनुसार किया जाता रहा है। परन्तु वर्तमान समय में विषयवस्तु के चयन के प्रति सजगता एवं जागरूकता बढ़ी है। डी० के० ह्वीलर के मानदण्ड के अनुसार विषयवस्तु का चयन निम्न प्रकार से किया जाना चाहिए—

1. उद्देश्यों के निर्धारण करने के बाद ही उनकी पूर्ति के लिए उपयुक्त विषयवस्तु का चयन किया जाए।

2. विषयवस्तु प्रामाणिक हो।

3. पाठ्यबस्तु के महत्व का निर्धारण उसकी मूलभूत संकल्पनाओं एवं धारणाओं पर आधारित हो।

4. पाठ्यवस्तु का चयन छात्रों की आवश्यकताओं तथा अभिरुचियों को आधार बनाकर किया जाना चाहिए।

5 उसी विषयवस्तु का चयन किया जाना चाहिए जो छात्रों की वर्तमान तथा भावी समस्याओं का समाधान करने में सहायक हो।

6. विषयवस्तु का चयन करते समय छात्रों की सीखने की योग्यता तथा काठिन्य स्तर को आधार बनाया जाना चाहिए।

**तथ्यों का संगठन (Organization of Facts)**—पाठ्यवस्तु के चयन के पश्चात् उसको इस प्रकार से संगठित किया जाए जिससे छात्रों को उसे आत्मसात् करने में किसी प्रकार की कठिनाई का सामना न करना पड़े। सह-सम्बन्ध या समन्वय के सिद्धान्त (Principle of Correlation) के अनुसार चयन की हुई पाठ्यवस्तु को इस प्रकार संगठित किया जाए जिससे उस सामग्री का विज्ञान की अन्य शाखाओं से सम्बन्ध स्थापित किया जा सके। यह सम्बन्ध दोनों प्रकार से स्थापित होना चाहिए। एक कक्षा में पढ़ी विषयवस्तु दूसरी कक्षा की विषयवस्तु के अध्ययन में सहायता प्रदान करे। इस प्रकार का सम्बन्ध शीर्षात्मक समन्वय कहलाता है। जब एक विषय की पाठ्यवस्तु एवं दूसरे विषय की पाठ्यवस्तु में पारस्परिक सम्बन्ध होता है तब उसे अनुप्रस्थीय सम्बन्ध कहते हैं। विज्ञान की पाठ्यवस्तु को इस प्रकार संगठित किया जाए जिससे छात्र दोनों प्रकार के सम्बन्धों

का लाभ उठा सकें तथा पाठ्यवस्तु को सरलता एव सुगमता से ग्रहण कर सके।

इसके अतिरिक्त तथ्यों के संगठन में उन परिस्थितियों को आधार बनाना चाहिए जिनके सम्पर्क में छात्र रहता है। पाठ्यवस्तु का संगठन इस प्रकार हो कि वह बालकों की वैयक्तिक विशेषताओं, रुचियों, प्रवृत्तियों, योग्यताओं तथा कुशलताओं की पूर्ति तथा विकास के लिए अवसर प्रस्तुत करें। पाठ्यसामग्री के संगठन में शिक्षा के स्थानान्तरण के सिद्धान्तों का भी ध्यान रखा जाना आवश्यक है जिससे छात्र विषयवस्तु का प्रयोग दूसरे विषय के ज्ञानार्जन में कर सकें।

**सामान्य विज्ञान का पाठ्यक्रम** (General Science Course)—इस पाठ्यक्रम का प्रमुख उद्देश्य छात्रों को विज्ञान के तथ्यों, सिद्धान्तों तथा सूचनाओं के आधार पर उनके वातावरण से परिचित कराना है। इसके लिए यह आवश्यक है कि छात्र को विज्ञान के विभिन्न विषयों की सामान्य जानकारी हो। अतः सामान्य विज्ञान के पाठ्यक्रम में विज्ञान के विभिन्न विषयों से विषयवस्तु का चयन किया जाए। ये विषय हैं—जन्तु विज्ञान, वनस्पति विज्ञान (Botany), भू-विज्ञान (Geology), नक्षत्र विज्ञान (Astronomy), भौतिक विज्ञान (Physics), रसायन विज्ञान (Chemistry), भूगोल (Geography), स्वास्थ्य एवं शरीर रचना (Hygiene and Psysiology) तथा गृह विज्ञान (Home Science) लड़कियों के लिए।

विषयवस्तु का चुनाव निम्न सिद्धान्तों के आधार पर किया जाना चाहिए—

1. विषय का चुनाव विज्ञान की व्यापक विचारधारा पर आधारित हो।
2. स्थानीय आवश्यकताओं तथा छात्रों के वातावरण से सम्बन्धित हो।
3. छात्र की आयु, स्तर एवं आवश्यकताओं के अनुकूल हो।
4. विषयवस्तु छात्रों के बौद्धिक विकास के अनुरूप हो।

विषयवस्तु के चयन के बाद विषयवस्तु की क्रमबद्ध व्यवस्था की जाती है इस पर अधिगम की उपलब्धि निर्भर करती है। सामान्य विज्ञान के पाठ्यक्रम को छात्रों की रुचि के प्रकरणों पर आधारित होना चाहिए। प्रकरण छात्रों के वातावरण व अनुभवों से सम्बन्धित हों। प्रकरणों के आधार पर विषयवस्तु का प्रस्तुतीकरण इस प्रकार किया जाए जिससे विज्ञान की विभिन्न शाखाओं में सम्बन्ध स्थापित हो सकें। इसके अतिरिक्त विषयवस्तु की व्यवस्था आविष्कार के विकास के क्रम में तार्किक क्रम (Logical Order) में अथवा विज्ञान के किसी सिद्धान्त या विचार को केन्द्र मानकर भी की जा सकती है। सामान्य विज्ञान के पाठ्यक्रम में ऐसे बहुत से प्रकरण हैं जिन्हें उपयुक्त आधार पर व्यवस्थित किया जा सकता है। उदाहरण के लिए गुरुत्वाकर्षण, जल विद्युत परियोजना के आधार पर विभिन्न पाठों की व्यवस्था की जा सकती है। रसायन विज्ञान में तत्व के प्रकरण के बाद यौगिक पढ़ाया जाना तार्किक क्रम (Logical Order) का उदाहरण है। किसी भी प्रकरण को उसके परिवर्तन एवं विकास की विभिन्न अवस्थाओं के

आधार पर विकसित किया जा सकता है—

प्राथमिक शिक्षा में सामान्य विज्ञान के पाठ्यक्रम के अन्तर्गत मुख्य रूप से निम्न इकाइयों का समावेश किया जा सकता है—

1. सजीव पदार्थ (Living things), 2. भूमि और विश्व (Earth and Universe), 3. पदार्थ और ऊर्जा (Matter and Energy)

इसके व्यापक पाठ्यक्रम में निम्न इकाइयाँ सम्मिलित की जा सकती हैं—

1. हमारा वातावरण (Our Envrionment), 2. वस्तुओं की प्रकृति (Nature of Things), 3. ऊर्जा और काम (Energy and Work), 4. जीवन (Life), 5. मानव यन्त्र (Human Machine)।

विज्ञान की विभिन्न शाखाओं में सम्बन्ध स्थापित करने के लिए विज्ञान-शिक्षण सम्बन्धी अखिल भारतीय सम्मेलन में पाठ्यविषय की इकाइयाँ (Units) निश्चित करने के लिए निम्नलिखित आधार बनाए—

1. वातावरण-केन्द्रित विषय, 2. जीवन-केन्द्रित विषय, 3. वातावरण एवं जीवन-केन्द्रित विषय।

राष्ट्रीय शैक्षिक अनुसंधान एवं प्रशिक्षण परिषद द्वारा 1963 में एक से आठ तक की कक्षाओं के लिए सामान्य विज्ञान के पाठ्यक्रम में निम्न विषयवस्तु को सम्मिलित किया गया है—

1. वायु, पानी और मौसम 2. चट्टानें, मिट्टी और खनिज 3. मानव शरीर स्वास्थ्य एवं स्वास्थ्य-विज्ञान 4. सुरक्षा और प्राथमिक चिकित्सा 5. मकान और वस्त्र 6. ऊर्जा और कार्य 7. पदार्थ एवं वस्तुएँ 8. सजीव वस्तुएँ 9. पोधे का जीवन 10. जन्तुओं का जीवन 11. वैज्ञानिक 12. मापन।

इस विषयवस्तु के आधार पर प्रत्ययों को दैनिक जीवन की घटनाओं और तथ्यों से सम्बन्धित कर पढ़ाया जाता है तथा उसके आधार पर आवश्यक प्रायोगिक कार्य व अन्य क्रियाओं की व्यवस्था की जाती है।

## विभिन्न स्तरों के लिए पाठ्यक्रम (Curriculum for Different Stages)

### 1. प्राथमिक स्तर (Primary Stage)

प्राथमिक स्तर पर विज्ञान की विषयवस्तु के चुनाव का निम्न आधार है—

(1) विज्ञान के प्रत्ययों तथा सिद्धान्तों के आधार पर।

(2) बालकों की रुचि व योग्यताओं के आधार पर।

(3) बालकों की आयु तथा कठिनाई स्तर के आधार पर।

उपरोक्त प्रकार से चयनित विषयवस्तु को स्थानीय वातावरण से सम्बन्धित होना चाहिए। इसका उद्देश्य छात्र को उसके परिवेश से परिचित कराना होना चाहिए। भौतिक विज्ञान एवं रसायन विज्ञान जैसे विशिष्ट विषयों के शिक्षण की

व्यवस्था न करके सामान्य विज्ञान के पाठ्यक्रम का अध्ययन कराया जाना चाहिए। विषयवस्तु निम्न तीन अनुभवों क्षेत्रों पर आधारित हो—

1. सजीव पदार्थ (Living Things), 2. ब्रह्माण्ड (Universe), 3. पदार्थ और ऊर्जा (Matter and Energy)।

2. माध्यमिक स्तर (Middle Stage)

इस स्तर पर छात्र की योग्यताओं व कौशल का तेजी से विकासहोता है। अभिवृद्धि व विकास में तेजी आने से रुचियाँ व्यापक होने लगती हैं। उनमें खोज व अन्वेषण की प्रवृत्ति विकसित होती है। वे साहसिक कार्यों में रुचि लेने लगते हैं। इस स्तर पर पाठ्यक्रम में विषयका चुनाव करते समय इन विशेषताओं को ध्यान में रखा जाना आवश्यक है। विपयवस्तु का चुनाव निम्न आधार पर होना चाहिए—

1. विषयवस्तु व्यावहारिक जीवन से सम्बन्धित हो।
2. अपेक्षित अभिवृत्ति व उपलब्धियों की प्राप्ति हो सके।
3. योग्यतास्तर के अनुरूप हो।
4. रुचि एवं आवश्यकताओं पर आधारित हो।
5. अपेक्षित सामाजिक व्यवहार का विकास करे।
6. विषयवस्तु वातावरण से सम्बन्धित हो।
7. प्राथमिक विज्ञान के पाठ्यक्रम से सम्बन्धित हो।

इस स्तर पर भौतिक विज्ञान व रसायन विज्ञान जैसे विषयों को आरम्भ किया जा सकता है। इसमें विज्ञान की निम्न शाखाओं से महत्वपूर्ण, उचित एवं परस्पर सम्बन्धित प्रकरणों का समावेश होना चाहिए—

1. जीव विज्ञान (Biology) 2. स्वास्थ्य विज्ञान तथा शारीरिक क्रिया विज्ञान (Hygiene and Physiology), 3. गृह विज्ञान (Home Science) 4. भौतिक विज्ञान (Physics) 5. रसायन विज्ञान (Chemistry)।

उपर्युक्त विज्ञान की शाखाओं से जीवन उपयोगी प्रकरणों को पाठ्यक्रम में सम्मिलित किया जाना चाहिए, इससे वे छात्र लाभान्वित होंगे जो इस स्तर के पश्चात् स्कूल छोड़ देतें हैं। इसलिए यह आवश्यक है कि पढ़ाई जानेवाली विषयवस्तु अपने-आप में पूर्ण हो। कक्षा शिक्षण के साथ व्यक्तिगत प्रयोग कार्य, क्रियाओं, योजनाओं तथा सामूहिक क्रियाओं की व्यवस्था होनी चाहिए। इस स्तर पर विज्ञान पाठ्यक्रम के अध्ययन पर बहुत जोर नहीं दिया जाए। वरन् इसके द्वारा छात्रों में विज्ञान विषय के प्रति अन्तर्दृष्टि अथवा सूझ का विकास किया जाना चाहिए।

कोठारी आयोग के सुझाव—(1) माध्यमिक स्तर पर ज्ञान प्राप्ति को प्रमुख स्थान दिया जाना चाहिए। इसके साथ तर्कपूर्ण चिन्तन द्वारा उचित परिणाम

तथा निष्कर्ष पर पहुँचने की योग्यता का भी विकास होना चाहिए। इस स्तर पर विज्ञान की शिक्षा भौतिक विज्ञान, रसायन विज्ञान, जीव विज्ञान, भू-विज्ञान, नक्षत्र विज्ञान आदि विषयों द्वारा दी जानी चाहिए।

(2) इस स्तर पर विज्ञान का अध्ययन मानसिक शक्तियों को विकसित करने की दृष्टि से किया जाना चाहिए।

3. उच्च माध्यमिक स्तर (High and Higher Secondary Stage)

छात्रों के मनोवैज्ञानिक विकास के आधार पर पाठ्यक्रम में विषयवस्तु का चुनाव किया जाना चाहिए। इस स्तर पर छात्र अधिक स्वतन्त्रता चाहते हैं तथा उनकी विशेष योग्यताएँ तथा रुचियाँ विकसित होने लगती हैं। पाठ्यक्रम को इन रुचियों व योग्यताओं के आधार पर नियोजित करना चाहिए। इस स्तर पर दो प्रकार के विज्ञान पाठ्यक्रम निर्धारित किए गए हैं—

1. सबके लिए अनिवार्य सामान्य विज्ञान पाठ्यक्रम।
2. वैकल्पिक विषयों से सम्बन्धित विशिष्ट विज्ञान पाठ्यक्रम।

सामान्य विज्ञान पाठ्यक्रम में विज्ञान की सभी शाखाओं से प्रकरण का चुनाव कर उन्हें एक सम्मिलित पाठ्यविषय के रूप में नियोजित किया जाता है, जैसे जीवन विज्ञान, स्वास्थ्य विज्ञान तथा शारीरिक क्रिया विज्ञान, गृह विज्ञान, भौतिक विज्ञान, रसायन विज्ञान, भू-विज्ञान, नक्षत्र विज्ञान एवं भूगोल।

विशेष विज्ञान पाठ्यक्रम के अन्तर्गत भौतिक विज्ञान, रसायन विज्ञान, जीव विज्ञान, भू-गर्भ विज्ञान, शरीर क्रिया विज्ञान तथा स्वास्थ्य विज्ञान विषय आते हैं।

इस स्तर का पाठ्यक्रम माध्यमिक स्तर के पाठ्यक्रम से सम्बन्धित होना चाहिए परन्तु इसका शिक्षण विस्तृत प्रायोगिक कार्यों के साथ कराया जाय। सामान्य विज्ञान के पाठ्यक्रम का अभिप्राय छात्र को विज्ञान की विभिन्न शाखाओं की सामान्य जानकारी देना है जिनके प्रकरण छात्र के वातावरण व अनुभव से सम्बन्धित होते हैं। विज्ञान सम्बन्धी सामग्री से छात्र को उसके अनुभवों के आधार पर परिचित कराया जाता है।

माध्यमिक शिक्षा आयोग के सुझाव—माध्यमिक शिक्षा आयोग ने पहले गणित तथा साधारण विज्ञान को एक Core Subject के रूप में सम्मिलित किया परन्तु बाद में यह अनुभव किया गया कि ये दोनों विषय समान रूप से महत्वपूर्ण हैं। अतः इन्हें दो पृथक विषयों (Core-Subjects) के रूप में पढ़ाया जाय।

कोठारी आयोग के सुझाव—निम्न सैकेण्डरी स्तर (कक्षा IX, X) पर विज्ञान की शिक्षा मानसिक अनुशासन के दृष्टिकोण से होनी चाहिए। आयोग ने सुझाव दिया कि इस स्तर पर भौतिक विज्ञान, रसायन विज्ञान तथा जीव विज्ञान

के नवीन विचारों का ज्ञान देते हुए प्रायोगिक कार्यों को महत्वपूर्ण स्थान दिया जाना चाहिए ।

2. प्रतिभाशाली छात्रों के लिए उच्च अध्ययन क्रम की व्यवस्था होनी चाहिए।

3. ग्रामीण क्षेत्रों में विज्ञान-शिक्षण को कृषि के साथ तथा शहरी क्षेत्रों में तकनीकी ज्ञान के साथ सम्बन्धित करना चाहिए ।

4. विज्ञान के विशेष पाठ्यक्रम में निम्नलिखित विषयों में से एक या अधिक का विशिष्ट अध्ययन होना चाहिए—

(1) भौतिक विज्ञान; (2) रसायन विज्ञान; (3) जीव-विज्ञान ।

इनका पाठ्यक्रम मुख्य रूप से छात्रों की व्यावसायिक आवश्यकताओं के अनुसार होना चाहिए तथा इसे निश्चित करते समय विद्यार्थियों की आवश्यकताओं को ध्यान में रखना चाहिए। विषय का प्रस्तुतीकरण एक संश्लिष्ट इकाई (Synthetic whole) के रूप में किया जाना चाहिए । दैनिक जीवन तथा स्थानीय वातावरण से सम्बन्धित उदाहरणों द्वारा इसे अधिक वास्तविक बनाया जाना चाहिए ।

राष्ट्रीय शैक्षिक अनुसन्धान एवं प्रशिक्षण परिषद ने कक्षा 6 से 8 तक की कक्षाओं के लिए एकीकृत विज्ञान पाठ्यक्रम का सुझाव दिया जिसके उद्देश्य निम्न हैं—

(1) विज्ञान की दैनिक जीवन में महत्ता का ज्ञान ।

(2) वैज्ञानिक अभिवृत्ति का विकास ।

(3) विज्ञान के सिद्धान्तों तथा अभ्यासों का प्रयोग करने हेतु उचित वातावरण की व्यवस्था ।

(4) छात्रों को विभिन्न प्राकृतिक घटनाओं का ज्ञान देना ।

(5) विज्ञान की विभिन्न शिक्षण विधियों की एकता ।

उपर्युक्त उद्देश्यों के आधार पर राष्ट्रीय शैक्षिक अनुसन्धान एवं प्रशिक्षण परिषद द्वारा प्राथमिक तथा माध्यमिक स्तर के लिए विज्ञान की पुस्तकें तैयार की गई हैं।

## सारांश (Summary)

**पाठ्यक्रम**—पाठ्यक्रम का अर्थ अनुभवों की पूर्णता से है जिसे छात्र कक्षा और कक्षा के बाहर आयोजित क्रियाओं द्वारा प्राप्त करता है । आधुनिक धारणा के अनुसार पाठ्यक्रम अनुभवों, क्रियाओं एवं जीवन की वास्तविक परिस्थितियों का संचय है ।

**पाठ्यक्रम तथा पाठ्यविवरण में अन्तर**—पाठ्यविवरण पाठ्यक्रम का अंश है न कि सम्पूर्ण पाठ्यक्रम ।

**विज्ञान के वर्तमान पाठ्यक्रम के दोष**—पाठ्यक्रम विषय-केन्द्रित परीक्षा प्रधान तथा विज्ञान-शिक्षण के उद्देश्यों के अनुरूप नहीं है। छात्र एवं समाज की आवश्यकताओं की पूर्ति करने में असमर्थ एवं जीवन से सम्बन्धित नहीं है। इसका पाठ्यक्रम निर्माण के सिद्धान्तों के आधार पर पुनर्निरीक्षण किया जाना आवश्यक है।

**पाठ्यवस्तु का चयन**—डी०के० ह्वीलर के मानदंड के अनुसार विषयवस्तु का चयन किया जाना चाहिए।

**लक्ष्यों का संगठन**—तथ्यों का संगठन सह-सम्बन्ध के सिद्धान्त तथा सीखने के स्थानान्तरण के सिद्धान्तों के आधार पर किया जाय।

**सामान्य विज्ञान पाठ्यक्रम**—इसमें विज्ञान की सभी शाखाओं से लिये गए महत्वपूर्ण तथा परस्पर सम्बन्धित उपयोगी प्रकरणों का समावेश होता है।

**विभिन्न स्तरों के लिए पाठ्यक्रम**—प्राथमिक स्तर पर विज्ञान की शिक्षा प्रकृति तथा सामान्य वस्तुओं और क्रियाओं तक सीमित रहती है।

माध्यमिक स्तर से विज्ञान विभिन्न विषयों जैसे भौतिक विज्ञान, रसायन विज्ञान आदि का अध्ययन प्रारम्भ होता है।

उच्च माध्यमिक स्तर पर विज्ञान के पाठ्यक्रम में अनिवार्य एवं वैकल्पिक विषयों के शिक्षण की व्यवस्था की जाती है।

## प्रश्न (Study Questions)

1. पाठ्यक्रम निर्माण के क्या सिद्धान्त है ? उत्तर प्रदेश में हाईस्कूल कक्षा के विज्ञान के पाठ्यक्रम की आलोचनात्मक विवेचना करें तथा अपने सुझाव भी दें ? (गढ़वाल वि०वि० 1987, 1989, 1990)

2. समाज की बदलती हुई आवश्यकताओं तथा स्थितियों के अनुसार पाठ्यक्रम का निर्माण किया जाना चाहिए। इस कथन के आधार पर अपने प्रदेश के हाईस्कूल स्तर के विज्ञान पाठ्यक्रम की व्याख्या करें। आप उसके पुनर्गठन के लिए क्या सुझाव देंगे ?

3. पाठ्यक्रम तथा पाठ्यविवरण में क्या अन्तर है, उच्चतर माध्यमिक कक्षाओं के लिए विज्ञान का पाठ्यक्रम बनाते समय किन सिद्धान्तों को ध्यान में रखेंगे ?

4. विज्ञान के वर्तमान पाठ्यक्रम में क्या दोष हैं ? पाठ्यक्रम निर्माण के सिद्धान्तों के आधार पर आप इनको किस प्रकार दूर करेंगे ? (गढ़वाल वि०वि० 1985)

5. पाठ्यक्रम निर्माण के प्रमुख सिद्धान्तों का वर्णन कीजिए।

6. विज्ञान की विषय सामग्री को संगठित और व्यवस्थित करते समय आप किन सिद्धान्तों का ध्यान रखेंगे ?

7. जूनियर हाईस्कूल कक्षाओं के लिए विज्ञान की विषयवस्तु का चयन करते समय किन सिद्धान्तों को ध्यान में रखना चाहिए ? इन सिद्धान्तों के अनुसार इन कक्षाओं के पाठ्यविषयों की रूपरेखा प्रस्तुत कीजिए ।

(कुमायूं वि०वि० 1989)

8. पाठ्यक्रम के नियामक सिद्धान्तों पर एक टिप्पणी लिखिए ।

9. जूनियर हाईस्कूल कक्षाओं के लिए विज्ञान का पाठ्यक्रम किन सिद्धान्तों के आधार पर तैयार किया जाना चाहिए ? इन सिद्धान्तों के सन्दर्भ में इस स्तर की कक्षाओं के वर्तमान पाठ्यक्रम की भी विवेचना कीजिए ।

(कुमायूं वि०वि० 1989)

10. विभिन्न स्तरों पर विज्ञान का पाठ्यक्रम किस प्रकार निर्धारित किया जाना चाहिए ? अपने कथन की पुष्टि विभिन्न समितियों, आयोगों द्वारा दिये सुझावों से कीजिए ।

11. जीव विज्ञान में पाठ्यक्रम निर्माण के क्या सिद्धान्त हैं ? हाईस्कूल कक्षाओं के लिए वर्तमान जीव विज्ञान के पाठ्यक्रम के दोषों का आलोचनात्मक विवेचन कीजिए । (रुहेलखंड वि०वि० 1989)

12. माध्यमिक स्तर के विद्यार्थियों के लिए विज्ञान के पाठ्यक्रम निर्माण में किन सिद्धान्तों को ध्यान में रखना चाहिए ? इन सिद्धान्तों के अनुसार विज्ञान के पाठ्यक्रम की रूपरेखा बनाइये । (लखनऊ वि०वि० 1987)

13. विज्ञान में पाठ्यक्रम निर्माण के सिद्धान्तों की व्याख्या कीजिए । वर्तमान पाठ्यक्रम में सुधार हेतु अपने सुझाव प्रस्तुत कीजिए ।

(लखनऊ वि०वि० 1991)

14. पाठ्यचर्या की परिभाषा दीजिए । आधुनिक एवं प्रारम्परिक पाठ्यचर्या में अन्तर स्पष्ट कीजिए । आधुनिक पाठ्यचर्या की विशेपताओं के सन्दर्भ में भौतिक विज्ञान की पाठ्यचर्या का विवेचनात्मक अध्ययन प्रस्तुत कीजिए ।

(मेरठ वि०वि० 1981)

15. पाठ्यक्रम से आप क्या समझते हैं ? छात्रों के लिए अधिगम अनुभवों के चयन में आप किन सिद्धान्तों का उपयोग करेंगे, आवश्यक उदाहरण देकर समझाइए । (मेरठ वि०वि० 1984)

16. पाठ्यक्रम क्या है ? विद्यालय के विभिन्न स्तरों के लिए विज्ञान पाठ्यक्रम तैयार करते समय किन सिद्धान्तों का अनुसरण करना चाहिए ?

(मेरठ वि०वि० 1991)

17. कक्षा 9 और 10 के लिए जीव विज्ञान के पाठ्यक्रम का निर्माण करते समय किन सिद्धान्तों को ध्यान में रखना चाहिए ? (मेरठ वि०वि० 1991)

## वस्तुनिष्ठ प्रश्न (Objective-type Questions)

निर्देश—निम्नलिखित में रिक्त स्थानों की उपयुक्त शब्दों द्वारा पूर्ति कीजिए—

1. जूनियर स्तर का पाठ्यक्रम·········होना चाहिए।
(विषय प्रधान, क्रिया प्रधान, अनुभव प्रधान)

2. प्रारम्भिक स्तर के पाठ्यक्रम में············की रुचि एवं योग्यता के अनुकूल विषय सामग्री रखी जानी चाहिए। (छात्रों, समाज, शासकों)

3. विज्ञान के पाठ्यक्रम को·········बनाया जाना चाहिए।
(विषय-केन्द्रित, बाल-केन्द्रित, सूचना-प्रधान)

4. विज्ञान की पाठ्यवस्तु में शीर्षात्मक तथा···········दोनों प्रकार से सह-सम्बन्ध स्थापित किया जाना चाहिए। (अनुप्रस्थीय, समस्यात्मक)

निर्देश—निम्न कथनों में से जो सत्य हों उनके समक्ष (√) तथा असत्य के समक्ष (×) का निशान लगाएँ—

1. पाठ्यक्रम में विद्यालय तथा विद्यालय के बाहर के समस्त अनुभव सम्मिलित हैं।

2. विज्ञान की विषयवस्तु का चयन उपयोगिता के सिद्धान्त के आधार पर किया जाना चाहिए।

3. विज्ञान का वर्तमान पाठ्यक्रम बाल केन्द्रित एवं व्यावहारिक है।

4. विज्ञान का वर्तमान पाठ्यक्रम वैयक्तिक विभिन्नताओं पर आधारित है।

## लघु उत्तरात्मक प्रश्न

निम्नलिखित के उत्तर दीजिए—

1. पाठ्यक्रम की कोई सर्वमान्य परिभाषा बताएँ।
2. माध्यमिक शिक्षा आयोग ने वर्तमान पाठ्यक्रम के क्या दोष बताए।
3. उपयोगिता के सिद्धान्त में उपयोगिता का निर्धारण किसके आधार पर किया जाता है ?
4. लचीलेपन के सिद्धान्त का प्रयोग क्यों आवश्यक है ?

# विज्ञान की पाठ्यपुस्तक
## (Science Text-book)

"As is the text-book, so is the teaching and learning."

वस्तुतः पाठ्यपुस्तक एक अधिगम साधन (Means of learning) है जिसका प्रयोग विद्यालयों तथा कालेजों में शिक्षण कार्यक्रम को पूरा करने के लिये किया जाता है।

पाठ्यपुस्तक अध्यापक के हाथ में एक महत्वपूर्ण उपकरण है जो प्रभावशाली शिक्षण के लिए आवश्यक है। यह शिक्षण अधिगम प्रक्रिया (Teaching-learning Process) की एक मुख्य सहायक सामग्री है जिसका विद्यालयी शिक्षण में प्रमुख स्थान है। ज्ञान प्राप्त करने की मुख्य रूप से दो विधियाँ हैं—1. प्रत्यक्ष अनुभवों द्वारा; 2. दूसरे अनुभवों द्वारा। पुस्तक दूसरे प्रकार के अधिगम स्रोत का कार्य करती है। पुस्तक में निश्चित उद्देश्य के आधार पर विषयवस्तु का चयन किया जाता है। हम जानते हैं कि संप्रेषण (Communication) शिक्षण क्रिया का एक आवश्यक घटक है। अध्यापक के मौखिकसम्प्रेषण के बाद पुस्तक ही सबसे अधिक प्रयुक्त शिक्षण उपकरण है। अतः शिक्षण एवं अधिगम की सफलता बहुत कुछ पुस्तकों पर अधारित है। विज्ञान-शिक्षण के लिए पाठ्यपुस्तकों की विशेष उपयोगिता है। विषयवस्तु के क्रमवद्ध प्रस्तुतीकरण में पाठ्यपुस्तक से सहायता मिलती है। अनुदेशन (Instruction) के प्रत्येक स्तर पर इसका प्रयोग किया जाता है। शिक्षण अधिगम व्यवस्था (Managing Teaching Learning) के अन्तर्गत नियोजन एवं व्यवस्था (Planning and Organization) के सोपान (Step) में पाठ्पुस्तक की विशेष आवश्यकता पड़ती है।

रेमण्ट (Raymont) के अनुसार—"The text-book must be regarded as strictly subordinate and supplementary to teacher's lesson." बेकन के अनुसार—-पाठ्यपुस्तक कक्षा प्रयोग के लिए विशेषज्ञों द्वारा सावधानी के साथ तैयार की जाती है। यह शिक्षण युक्तियों से भी सुसज्जित होती है।" लैंग के अनुसार—"यह अध्ययन क्षेत्र की किसी शाखा की एक प्रमाणित पुस्तक होती है।"

विज्ञान-शिक्षण में पाठ्यपुस्तक अध्यापक को विज्ञान की विषयवस्तु से परिचित कराती है। इसके आधार पर वह शिक्षण विधियों का चुनाव करता है। विज्ञान शिक्षक के लिए यह आवश्यक है कि वह विज्ञान पाठ्यपुस्तक के प्रयोग से पूर्व यह देखे कि पुस्तक में विज्ञान से सम्बन्धित नयी जानकारी उपलब्ध है या नहीं। विज्ञान के क्षेत्र में नित नये-नये खोजों एवं आविष्कारों के कारण पाठ्यपुस्तक में भी इस नवीनतम ज्ञान का समावेश किया जाना आवश्यक है। इसके अतिरिक्त विज्ञान शिक्षक को पूरी तरह पुस्तकों पर ही निर्भर नहीं रहना चाहिए। विज्ञान की विषयवस्तु का ज्ञान प्रदान करने के लिए विज्ञान की सन्दर्भ पुस्तकों, पत्रिकाओं एवं शब्दकोषों का भी यथासम्भव प्रयोग करना आवश्यक है। विज्ञान-शिक्षण पाठ्यपुस्तक की शिक्षण की एक युक्ति (Device of Teaching) के रूप में प्रयोग करना चाहिए। इसका प्रयोग शिक्षण के उद्देश्यों की प्राप्ति के लिए किया जाना चाहिए। पाठ्यपुस्तकों, नोटबुकों, सन्दर्भ पुस्तकों, प्रयोगशाला के अनुभव व अन्य शिक्षण सामग्री का विज्ञान-शिक्षण में महत्वपूर्ण योगदान है। इनका उचित उपयोग किया जाना चाहिए।

अध्यापक और छात्रों को पाठ्यक्रम की जानकारी एक व्यवस्थित रूप में पाठ्यपुस्तक से उपलब्ध होती है। अतः यह आवश्यक है कि पाठ्यपुस्तक विज्ञान-शिक्षण के उद्देश्यों की पूर्ति करे। परन्तु अधिकांश विज्ञान की पुस्तकें निर्धारित उद्देश्यों के आधार पर नहीं लिखी गयी हैं। वरन् उनमें पाठ्यक्रम को पूरा करने को ही अधिक महत्व दिया जाता है। इसके कारण पुस्तकों में छात्र की आवश्ययकता तथा रुचियों को कोई महत्व नहीं दिया जाता है। विज्ञान को पाठ्यपुस्तक में निरन्तर परिवर्तन और सुधार की आवश्यकता होती है जिससे वे अध्यापक और छात्र को विज्ञान के नवीनतम ज्ञान से अवगत करा सकें। इसलिए इसके लगातार पुर्ननिरीक्षण एवं नवीनीकरण की आवश्यकता होती है पाठ्यपुस्तकें औसत छात्र को ध्यान में रखकर लिखी जाती हैं जिससे वे विशिष्ट छात्रों की आवश्यकताओं की पूर्ति नहीं कर सकती है। पाठ्यपुस्तक का उद्देश्य छात्र की विभिन्न आवश्यकताओं और रुचियों के अनुसार क्षमताओं और योग्यताओं का विकास कर उसके व्यक्तित्व का विकास करना है न कि केवल ज्ञान प्रदान करना।

### विज्ञान विषय में पाठ्यपुस्तक की उपयोगिता (Importance of Text-book in Science)

1. पाठ्यपुस्तक द्वारा अध्यापक व छात्र दोनों के समय की बचत होती है। पाठ्यपुस्तक पूर्वानुभावों को प्रदान कर दैनिक जीवन के प्रयासों में व्यर्थ की आवृत्ति को रोकती है।

2. वैज्ञानिक तथ्यों, सूचनाओं, सिद्धान्तों एवं विषयवस्तु का क्रमबद्ध व

व्यवस्थित ज्ञान प्राप्त होता है।

3. पाठ्यपुस्तक द्वारा कम समय व कम मूल्य पर अधिक सूचनाएँ प्राप्त होती हैं।

4. अध्यापक को विषय प्रस्तुतीकरण में सहायता मिलती है। वह पाठ-योजना का निर्माण पाठ्यपुस्तक की सहायता करता है।

5. छात्रों को स्वाध्याय के लिए प्रेरित करती है।

6. गृह कार्य के लिए उपयोगी है।

7. पाठ्यपुस्तक द्वारा छात्र और अध्यापक दोनों को पाठ्यक्रम की रूपरेखा मिल जाती है और अध्ययन का क्षेत्र निर्धारित हो जाता है।

8. सन्दर्भ ग्रन्थों की सहायता से शिक्षक विषयवस्तु को अधिक स्पष्ट कर सकता है।

9. परीक्षा के समय छात्रों को पाठ्यपुस्तक से अध्ययन करने में अधिक सुविधा होती है।

10. परम्परागत शिक्षण विधियों में पाठ्यपुस्तक विधि का उपयोग किया जाता है। उसमें शिक्षक पाठ्यपुस्तक से पढ़ाता है और छात्र पुस्तक देखते जाते हैं, जो बात समझ में नहीं आती उसके सम्बन्ध में प्रश्न पूछे जाते हैं, कक्षा के प्रत्येक छात्र के पास एक पुस्तक होती है, कठिन स्थानों पर चिह्न लगा दिए जाते हैं।

11. पाठ्यपुस्तक द्वारा छात्रों में विषय के प्रति रुचि उत्पन्न होती है।

उपरोक्त विवरण से स्पष्ट है कि विज्ञान में पाठ्यपुस्तक आधारभूत ज्ञान की प्राप्ति का साधन है। वैज्ञानिक चिन्तन के लिए पाठ्यपुस्तक एक मार्गदर्शक का कार्य करती है। इसके प्रयोग से छात्र व शिक्षक दोनों को नवीन अनुभवों तथा सूचनाओं के संकलन में सुविधा रहती है।

अनेक शिक्षाशास्त्रियों का विचार है कि पाठ्यपुस्तक का उपयोग कम दिया जाना चाहिए और छात्रों को सन्दर्भ पुस्तकें पढ़ने के लिए अधिक प्रेरित करना चाहिये जिससे उनका दृष्टिकोण व्यापक हो। प्राथमिक स्तर पर प्रकृति निरीक्षण द्वारा विज्ञान का शिक्षण किया जा सकता है, इस स्तर पर यदि पुस्तकों का उपयोग कम किया जाय तो बालक स्वाभाविक रूप से ज्ञान प्राप्त कर सकेंगे। उच्च कक्षाओं में ज्ञान विस्तृत तथा पाठ्यक्रम भी अधिक हो जाता है। अतः छात्र को अध्ययन के सम्बन्ध में निश्चित रूपरेखा प्रदान करना आवश्यक है। छात्रों के स्वाध्याय तथा गृहकार्य में एकरूपता लाने के लिए पाठ्यपुस्तक आवश्यक है जिससे वे क्रमबद्ध रूप से अध्ययन कर सकें, छात्रों को विषय सम्बन्धी अन्य पुस्तकों को पढ़ने के लिए भी प्रोत्साहित किया जा सकता है। कक्षा में प्रयोग, प्रदर्शन तथा निरीक्षण द्वारा प्राप्त ज्ञान को स्थायी बनाने के लिए भी पाठ्यपुस्तक का अध्ययन आवश्यक है।

**सन्दर्भ पुस्तकें** (Reference Books)—पाठ्यपुस्तक के साथ सन्दर्भ पुस्तकों का प्रयोग छात्र एवं अध्यापक दोनों के दृष्टिकोणों को व्यापक बनाने की दृष्टि से उपयोगी है।

## विज्ञान की अच्छी पाठ्यपुस्तक की विशेषताएँ (Characteristics of a Good Science Text-bcok)

विज्ञान-पाठ्यपुस्तक का चुनाव करते समय निम्न बातों पर ध्यान देना चाहिए। एक अच्छी पाठ्यपुस्तक में निम्न विशेषताएँ होनी आवश्यक हैं—

**1. पुस्तक का लेखक** (Writer of the Book)

लेखक को विज्ञान-शिक्षण का पर्याप्त अनुभव हो जिससे वह कक्षागत परिस्थिति में छात्र की कठिनाइयों को समझ सके। उसे विज्ञान के क्षेत्र में नये परिवर्तन और शैक्षिक तकनीकी का ज्ञान हो। शिक्षण प्रक्रिया के विभिन्न स्तरों व पक्षों की जानकारी हो तथा वह न्यूनतम निर्धारित शैक्षिक योग्यता रखता हो।

**2. पुस्तक की अन्य विशेषताएँ** (Other Characterstics of Book)

1. पुस्तक का कागज एवं प्रिन्ट अच्छे स्तर का हो। जिल्द आकर्षक हो। अक्षरों का आकार छात्रों की आयु और स्तर के आधार पर हो।

2. पुस्तक में चित्र, रेखाचित्र उचित स्थान पर बने हों, तथा स्पष्ट, आकर्षक व उपयोगी हों।

3. पुस्तक का आकार न तो बहुत अधिक बड़ा हो और न बहुत छोटा हो।

4. पुस्तक का कवर-पेज आकर्षक हो।

**3. विषयवस्तु, इसकी प्रकृति एवं व्यवस्था** (Content, Its Nature and Organisation)

1. विषयवस्तु छात्रों की आयु तथा कक्षा के निर्धारित पाठ्यक्रम के आधार पर हो। छात्रों के जीवन अनुभवों से सम्बन्धित हो। तथ्य एवं सिद्धान्तों का प्रस्तुतीकरण स्पष्ट हो।

2. विषयवस्तु के प्रस्तुतीकरण में ज्ञात तथ्यों के साथ अज्ञात तथ्यों को जानने की भी व्यवस्था हो।

3. छात्रों को दिया जानेवाला ज्ञान अधिकांश छात्रों के लिए कठिन न हो।

4. प्रकरणों के साथ आवश्यक चित्र एवं रेखाचित्र का प्रयोग किया जाय तथा स्थानीय उदाहरणों का अधिक प्रयोग हो।

5. पाठ्यवस्तु की व्यवस्था मनोवैज्ञानिक क्रम में हो जिससे छात्र विषय-स्वतु को आसानी से समझ सके। इसमें छात्र की रुचि और मानसिक योग्यता का

ध्यान रखा जाए।

6. पाठ्यवस्तु केवल व्याख्यात्मक न हो बल्कि छात्र में वैज्ञानिक अभिवृति अनुशासनात्मक एक सांस्कृतिक मूल्यों का विकास कर विज्ञान-शिक्षण के उद्देश्यों की प्राप्ति में सहायक हो।

7. तथ्यों एवं सिद्धान्तों के स्पष्टीकरण के लिए आवश्यक उदाहरणों व क्रियाओं की व्यवस्था हो।

8. प्रत्येक पाठ का प्रारम्भ प्रस्तावना से व अन्त सारांश से हो।

9. प्रत्येक पाठ के अन्त में गृह कार्य की व्यवस्था हो जिसमें प्रश्न तथा योजनाओं तथा प्रायोगिक कार्य के लिए सुझाव हों। आंकिक प्रश्नों का उपयोग भी आवश्यकतानुसार किया जाय।

10. शीर्षक और उपशीर्षक मोटे अक्षरों में हों। विषयवस्तु के प्रस्तुतीकरण में विविधता हो।

11. प्रत्येक पुस्तक में विषय सूची तथा अनुक्रमणिका हो।

12. पाठ्यपुस्तकों में विज्ञान-सम्मत उत्तम शिक्षण विधियों का उल्लेख करें।

13. वैज्ञानिक उपकरणों के निर्माण व सुधार सम्बन्धी उपयोगी व व्यावहारिक सुझावों का उल्लेख हो।

14. पाठ्यपुस्तक द्वारा विज्ञान को अन्य विषयों से सह-सम्बन्धित करते हुए पढ़ाने पर जोर दिया जाए।

15. पुस्तक का कोई भी प्रकरण केवल समस्या समाधान तक ही सीमित न हो। प्रत्येक प्रकरण छात्र को प्रयोग, निरीक्षण आदि का अवसर देकर आगे अध्ययन के लिए प्रेरित करे।

16. विषयवस्तु के संगठन में व्यक्तिगत विभिन्नताओं का भी ध्यान रखा जाये। मेधावी छात्रों के लिए कठिन समस्याओं व योजनाओं की व्यवस्था हो।

17. प्रत्येक पाठ्पुस्तक के साथ एक प्रयोगशाला निर्देशिका भी होनी चाहिए।

## 4. भाषा (Language)

1. पुस्तक की भाषा सरल, प्रवाहपूर्ण व वैज्ञानिक हो ताकि सम्बन्धित छात्र उसे सरलतापूर्वक समझ सकें। वाक्य संक्षिप्त, सरल तथा स्पष्ट हों। मान्य वैज्ञानिक शब्दावली का प्रयोग किया जाए।

2. भाषा शब्दावली तथा सूचना सम्बन्धी किसी प्रकार की अस्पष्टता न हो।

## 5. मूल्य (Cost)

पुस्तक का सुरुचिपूर्ण बाह्य आवरण, सुन्दर ढंग से कटे हुए पृष्ठ तथा पुस्तक

का कागज, पुस्तक को आकर्षक बनाते हैं। इन सबके अतिरिक्त यह भी आवश्यक है कि पुस्तक का मूल्य अधिक न हो जिससे प्रत्येक छात्र उसे खरीद सके। मूल्य निर्धारण में यह ध्यान दिया जाना चाहिए कि वास्तविक व्यय तथा उसके ऊपर लाभ लगाकर भी वह सामान्य विद्यार्थी द्वारा क्रय करने योग्य होनी चाहिए।

एक अच्छी पाठ्यपुस्तक में उपरोक्त विशेषताएँ होनी आवश्यक हैं। यद्यपि पाठ्यपुस्तक शिक्षक का स्थान नहीं ले सकती है, परन्तु शिक्षण के आधार का कार्य करती है। यह अध्यापक के ऊपर निर्भर है कि वह पुस्तक का उचित प्रयोग करें। अतः विज्ञान के प्रभावशाली शिक्षण अधिगम (Teaching-learning Process) में अच्छी पाठ्यपुस्तकों का महत्वपूर्ण स्थान है।

### विज्ञान की पाठ्यपुस्तक का मूल्यांकन

शिक्षा के अध्ययन सम्बन्धी अमेरिकी राष्ट्रीय परिषद की तीसवीं वार्षिकी में कुछ ऐसे बिन्दुओं का उल्लेख किया गया है जिनका विचार पुस्तक के चयन में किया जा सकता है। इसमें प्रकाशक तथा मूल्य को अधिक महत्व नहीं दिया गया है। पुस्तक के चयन को वस्तुनिष्ठ बनाने के लिये मूल्यांकन प्रपत्र का निर्माण किया गया है। इसमें निम्नलिखित बिन्दुओं को प्रमुखता दी गई है—

(1) मनोवैज्ञानिक सत्यता;
(2) विषयवस्तु;
(3) अधिगमात्मक अभ्यास;
(4) शैली;
(5) विन्यास (यांत्रिक रचना) एवं मूल्य;
(6) लेखक का शैक्षिक स्तर।

उपर्युक्त आधारों पर भी पुस्तक का चयन किया जा सकता है परन्तु ये भी पूर्ण रूप से विश्वसनीय नहीं हैं।

## विज्ञान पुस्तकों की वर्तमान स्थिति (Present Position of Science Text-books)

हमारे देश में विज्ञान पाठ्यपुस्तकों की स्थिति बड़ी शोचनीय है। पाठ्यपुस्तकों का मुख्य दोष यह है कि ये शिक्षण विधि के आधार पर नहीं लिखी जाती हैं। जिस शिक्षण विधि को अध्यापक प्रयोग करें उसी के अनुसार पुस्तक में पाठ्यवस्तु का चयन कर उसकी प्रस्तुति की जाए तथा पाठ्यवस्तु की व्यवस्था अध्यायों तथा पाठों में उसी विधि के अनुसार होनी चाहिए। पाठ्यवस्तु का प्रस्तुतीकरण भी शिक्षण विधि के अनुसार होना चाहिए।

पाठ्यपुस्तक की तैयारी में पाठ्यवस्तु का चयन तथा व्यवस्था आदि भी एक समस्या है। पाठ्यवस्तु का चयन तथा व्यवस्था छात्रों के मानसिक स्तर, आयु,

रुचि तथा योग्यता के अनुसार होनी चाहिए। विज्ञान की पाठ्यपुस्तकों में इनका अभाव पाया जाता है। इस कमी को दूर करने के लिए लेखक को पाठ्यवस्तु के चयन तथा संगठन के सिद्धान्तों को जानना अनिवार्य है। इसके साथ ही पाठ्य-पुस्तक के लेखक को योग्य तथा अनुभवी होने के अतिरिक्त बाल मनोविज्ञान, बाल विकास के सिद्धान्तों, शिक्षण विधियों तथा अनुसंधान कार्य का भी ज्ञान होना चाहिए।

पाठ्यपुस्तक के लिखने में भाषा तथा शैली का प्रमुख स्थान है। विज्ञान पाठ्यपुस्तकों में भाषा तथा शैली का प्रयोग छात्रों के मानसिक स्तर तथा उनके शाब्दिक ज्ञान के अनुसार होना चाहिए। पाठ्यपुस्तक में सरल तथा सीधे वाक्यों का प्रयोग हो। छोटी कक्षाओं की पाठ्यपुस्तकों में—

1. जटिल वाक्य नहीं हों।
2. सरल, छोटे तथा सुव्यवस्थित परिच्छेदों का प्रयोग हो।
3. कठिन शब्दों का प्रयोग न किया जाए।

पाठ्यपुस्तकों के निर्माण में उदाहरणों का समुचित रूप से प्रयोग किया जाए। परन्तु वर्तमान विज्ञान पाठ्यपुस्तकों में इनका उचित प्रयोग देखने को नहीं मिलता है। इनका प्रयोग छात्रों की रुचि, अवस्था तथा योग्यता के अनुसार करते हुए निम्न बातों का ध्यान रखा जाए जिससे अपेक्षित लाभ हो सकें—

1. दिए गए उदाहरण सरल हों।
2. प्रदर्शनात्मक उदाहरण उपयोगी तथा प्रभावशाली रंगों में प्रस्तुत किए जाएँ और उनकी संख्या भी पर्याप्त हो। रंगों का उपयोग छात्रों की अवस्था, रुचि तथा मानसिक स्तर के अनुसार होना चाहिए।
3. उनके द्वारा तथ्य स्वयं प्रस्तुत किए जाएँ अर्थात् आत्मप्रदर्शित (Self-demonstrative) होने चाहिए। इनमें शिक्षक को बताने की कोई आवश्यकता न पड़े।
4. छात्रों के लिए उपयोगी हों।
5. छात्रों को उदाहरण द्वारा वाद-विवाद के लिए प्रोत्साहित किया जाय जिससे उनका शाब्दिक ज्ञान तथा अभिव्यक्ति क्षमता विकसित हो।
6. उदाहरणों में कलात्मक सौन्दर्य हो जिससे छात्रों में सौन्दर्यानुभूति क्षमता का विकास हो।
7. विषयवस्तु छात्र के स्तर, अनुभव तथा आयु के अनुसार होनी चाहिए।
8. विषयवस्तु सम्बन्धी कथन सही हों तथा सैद्धान्तिक वर्णन के साथ ही तत्सम्बन्धी प्रयोगों का भी उल्लेख होना चाहिए।
9. चार्ट, ग्राफ, चित्र स्पष्ट, नामांकित तथा सुन्दर होने चाहिए।

शब्द भंडार के सम्बन्ध में कर्टिस (Curtis) ने अपने अन्वेषण के उपरान्त निम्न तथ्य प्रस्तुत किए हैं—

1. विज्ञान की पाठ्यपुस्तक में बालकों के समक्ष अनेक ऐसे पारिभाषिक शब्द आते हैं जिनका अर्थ वे नहीं समझते।

2. अनेक कठिन तथा अपारिभाषिक शब्दों का उपयोग किया जाता है किन्तु उनकी पुनरावृत्ति अधिक नहीं होती।

3. अनेक वैज्ञानिक शब्दों का अर्थ असम्बद्ध रूप से दिया होता है।

4. विज्ञान की शब्दावली का प्रयोग पारिभाषा देने से पूर्व भी दिया जाता है।

विज्ञान पाठ्यपुस्तकों का एक दोष यह भी है कि उनकी आकृति तथा शैक्षिक साधन उचित प्रकार के नहीं हैं। पुस्तक की बाह्य आकृति भी छात्र की रुचि, योग्यता तथा अवस्था के अनुसार होनी चाहिए। शैक्षिक साधन अर्थात् अभ्यास के लिए प्रश्न, उपयोगी सहायक पुस्तकें, अनुक्रमणिका आदि भी छात्रों की अवस्था एवं योग्यता के अनुसार होने चाहिए।

माध्यमिक शिक्षा आयोग ने विज्ञान की पाठ्यपुस्तकों के सम्बन्ध में यह विचार व्यक्त किया है, "आधुनिक विज्ञान की पाठ्यपुस्तकों में विषय का प्रतिपादन रोचक ढंग से नहीं किया गया है। इसके अतिरिक्त पुस्तकों में वैज्ञानिक तथ्यों का प्रस्तुतीकरण सरल और स्पष्ट ढंग से नहीं किया गया है। पुस्तकें छात्र की अभिरुचि, मनोवृत्ति तथा आवश्यकताओं को ध्यान में रखकर नहीं लिखी गयी हैं। प्रस्तुतीकरण की विधि अमनोवैज्ञानिक है।"

इससे स्पष्ट है कि पुस्तकों का स्तर उपयुक्त नहीं है। विज्ञान पाठ्यपुस्तकों के स्तर में सुधार में राष्ट्रीय शैक्षिक अनुसंधान एवं प्रशिक्षण परिषद (N.C.E.R.T.) का प्रशंसनीय योगदान है। इसके द्वारा अच्छी एवं स्तरीय पुस्तकों का निर्माण तथा प्रकाशन करने के लिए विभिन्न समितियों का समय-समय पर गठन किया गया। इसके द्वारा विज्ञान की अधिकांश पुस्तकें हिन्दी तथा अंग्रेजी दोनों भाषाओं में प्रकाशित की गयी हैं। ये पुस्तकें सस्ती तथा अपटुडेट (Uptodate) हैं। भाषा छात्रों के लिए उपयुक्त है। इसके द्वारा पुस्तकों का विश्लेषण और मूल्यांकन करने के लिए ईश्वर भाई पटेल समिति नियुक्त की गयी।

1986 में गठित राष्ट्रीय शिक्षा नीति (N.E.P.) द्वारा भी पुस्तकों के स्तर को सुधारने के लिए विभिन्न सुझाव दिए गए। पुस्तक की गुणवत्ता (Quality) में सुधार के साथ-साथ पुस्तक का मूल्य भी कम रखा जाय। पुस्तकें छात्र में स्वाध्याय की आदत का विकास करें। इसके अतिरिक्त विज्ञान विषय पर विदेशों में लिखी अच्छी पुस्तकों का हिन्दी भाषा में अनुवाद किया जाय। छात्रों के लिए विज्ञान पुस्तकों के स्तर में सुधार के लिए विशेष ध्यान देने की आवश्यकता है।

एक अच्छी पाठ्यपुस्तक अध्यापक को पाठ तैयार करने में भी सहायता

करती है। इसलिए यह कहा जाता है कि केवल अध्यापक या पुस्तक दोनों में से कोई भी अकेले प्रभावशाली अनुदेशन (Instruction) का साधन नहीं है। परन्तु एक अच्छी पुस्तक तथा एक अनुभवी अध्यापक ही मिलकर शिक्षण अधिगम प्रक्रिया को प्रभावशाली बना सकते हैं।

## सारांश (Summary)

विज्ञान की पाठ्यपुस्तक अध्यापक के लिए महत्वपूर्ण शैक्षिक उपकरण है। यह तथ्यों एवं सिद्धान्तों के स्पष्टीकरण के साथ छात्रों में निश्चित कौशलों व अभिवृत्तियों के विकास में सहायक है।

पाठ्यपुस्तक का चुनाव—विज्ञान की पाठ्यपुस्तक का चुनाव—विज्ञान की पाठ्यपुस्तक का चुनाव निम्न आधार पर किया जाता है—

1. पुस्तक का लेखक—उसकी योग्यता व अनुभव।
2. पुस्तक की अन्य विशेषताएँ।
3. विषयवस्तु, इसकी प्रकृति एवं व्यवस्था।
4. भाषा।
5. मूल्य।

विज्ञान पुस्तकों की वर्तमान स्थिति—शिक्षण विधि के आधार पर नहीं लिखी गई हैं। पाठ्यवस्तु का चयन एवं व्यवस्था दोषपूर्ण है। भाषा में स्पष्टता का अभाव है। समुचित उदाहरणों का प्रयोग नहीं किया गया है।

## प्रश्न (Study Questions)

1. विज्ञान-शिक्षण में पाठ्यपुस्तक का क्या महत्व है ? स्पष्ट कीजिए।

(गढ़वाल वि०वि० 1984)

2. जूनियर हाईस्कूल कक्षाओं के लिए विज्ञान की पाठ्यपुस्तक का चयन करते समय किन बातों को ध्यान में रखना चाहिए ? इन कक्षाओं में से किसी भी कक्षा के लिए प्रस्तावित पाठ्यपुस्तक का मूल्यांकन कीजिए।

3. एक अच्छी पाठ्यपुस्तक में क्या विशेषताएँ होती हैं ? क्या विज्ञान की वर्तमान पुस्तकें सन्तोषजनक हैं ? स्पष्ट कीजिए।

(गढ़वाल वि०वि० 1988, 91, कुमायूं वि०वि० 1990, 91)

4. विज्ञान की पाठ्यपुस्तक का चुनाव करते समय किन बातों को ध्यान में रखोगे ?

(गढ़वाल वि०वि० 1984)

5. विज्ञान की पाठ्यपुस्तक के विषय में आपके क्या विचार हैं ? प्रभावशाली शिक्षण के लिए आप इसमें क्या सुझाव देंगे ?

6. पाठ्यपुस्तक के निर्माण में निम्नलिखित की उपयोगिता पर प्रकाश

डालिए—(1) अन्तर्वस्तु का संगठन (2) पुस्तक का मूल्यांकन (3) चार्ट, ग्राफ एवं चित्र।

7. शिक्षा के विभिन्न स्तरों पर आप विज्ञान की पाठ्यपुस्तक में किन गुणों की अपेक्षा करते हैं ?

8. हाईस्कूल कक्षाओं के लिए निर्धारित विज्ञान की किसी एक पाठ्यपुस्तक की समीक्षा कीजिए। (मेरठ वि०वि० 1991)

9. विज्ञान की पाठ्यपुस्तकों के चयन के सिद्धान्त पर संक्षिप्त नोट लिखिए।

10. विज्ञान में पाठ्यपुस्तकों का चयन किस आधार पर होना चाहिए ? अपने सुझाव कारण सहित दीजिए।

11. "पाठ्यपुस्तकें शिक्षक का स्थान नहीं ले सकती हैं"—विज्ञान की पाठ्यपुस्तकों को ध्यान में रखकर विवेचना कीजिए।

(गढ़वाल वि० वि० 1989)

12. रसायन विज्ञान अथवा भौतिक विज्ञान की किसी पाठ्यपुस्तक का मूल्यांकन करते समय किन-किन सिद्धान्तों को ध्यान में रखेंगे ?

(कुमायूं वि०वि० 1988)

13. विज्ञान की एक अच्छी पुस्तक की क्या विशेषताएँ होनी चाहिए ? अपने उत्तर को उदाहरण सहित समझाइए।

(मेरठ वि०वि० 1990, रुहेलखंड वि०वि० 1987, लखनऊ वि०वि० 1990)

14. विज्ञान में पाठ्यपुस्तक की क्यों आवश्यकता है ? विज्ञान की एक अच्छी पाठ्यपुस्तक के गुणों की व्याख्या कीजिए।

(रुहेलखंड वि०वि० 1989, 1991)

15. विज्ञान की पाठ्यपुस्तक के मूल्यांकन पर टिप्पणी लिखिए।

(मेरठ वि०वि० 1981)

16. हाईस्कूल कक्षाओं के लिए जीव विज्ञान की पुस्तक लिखते समय आप किन बातों का ध्यान रखेंगे ? वर्तमान पाठ्यपुस्तकों में सुधार के लिए सुझाव दीजिए। (मेरठ वि०वि० 1988, 1983)

17. 'श्रेष्ठ विज्ञान पुस्तकों का मानदंड' पर टिप्पणी लिखिए।

(मेरठ वि०वि० 1984)

## वस्तुनिष्ठ प्रश्न (Objective-type Questions)

निर्देश—सही उत्तर पर निशान (√) लगाइए।

1. विज्ञान की पाठ्यपुस्तक में अभ्यासार्थ प्रश्न होने चाहिए—
   (1) छात्रों के दृष्टिकोण से।
   (2) सरकार के दृष्टिकोण से।
   (3) शिक्षक के दृष्टिकोण से।

2. विज्ञान की पाठ्यपुस्तक में विषय का प्रस्तुतीकरण होना चाहिए—
   (1) लेखक के अनुकूल।
   (2) छात्रों के मानसिक स्तर तथा शिक्षण विधि के अनुकूल।
   (3) शिक्षक के अनुकूल।
   (4) विशेषज्ञ के अनुकूल।
3. विज्ञान की पाठ्यपुस्तक की जिल्द—
   (1) सुन्दर हो।
   (2) चित्रमय हो।
   (3) सुन्दर एवं सुदृढ़ हो।
   (4) सुदृढ़ हो।

# विज्ञान की प्रयोगशाला
## (Science Laboratory)

"To learn science is to do science. There is no other way of learning science."

—D.S Kothari

विज्ञान-शिक्षण का प्रयोगशाला कार्य से घनिष्ठ सम्बन्ध है। प्रयोगशाला के बिना विज्ञान-शिक्षण की सफलता की आशा नहीं की जा सकती। प्रयोगशाला सार्थक विज्ञान का एक अभिन्न अंग है। आधुनिकतम शोधकार्यों से भी इस धारणा को बल मिलता है कि स्वयं प्रयोग, निरीक्षण और निष्कर्ष निकालना छात्रों को अधिक स्थायी और उपयोगी अधिगम प्रदान करता है। प्रयोगशाला कार्य का एक परिणाम धारणा (Retention) एवं सीखने के साथ-ही-साथ अन्य कुशलताएँ ग्रहण करना भी है जो कि आज के वैज्ञानिक युग में बहुत महत्वपूर्ण है।

विज्ञान के प्रभावशाली व कुशल शिक्षण के लिए एक अच्छी प्रयोगशाला आवश्यक है। वर्तमान समय में विज्ञान-शिक्षण के उद्देश्यों में बहुत परिवर्तन हुआ है। विज्ञान के शिक्षण द्वारा छात्रों में प्रयोगात्मक तथा अन्य कौशलों का विकास किया जाना आवश्यक है। विज्ञान-शिक्षण में काफी समय प्रयोगात्मक कार्य के लिए दिया जाता है, चाहे वह कक्षा में प्रदर्शन के रूप में हो या प्रयोगशाला में किए गए व्यक्तिगत और सामूहिक कार्य के रूप में हो। इसलिए विज्ञान शिक्षण के लिए उपयुक्त कक्षा और प्रयोगशाला की व्यवस्था की जानी आवश्यक है। आधुनिक शिक्षण में अनुभवों तथा क्रियाओं का विशेष स्थान है। प्रयोगशाला में प्राप्त अनुभव विज्ञान की सभी क्रियाओं के लिए उपयोगी है। इस प्रकार वैज्ञानिक प्रयोगों की सार्थकता बढ़ जाती है। प्रयोग करने से विद्यार्थी स्वयं अपने अनुभवों के आधार पर ज्ञान प्राप्त करता है। उसे वैज्ञानिक प्रत्ययों, सिद्धान्तों तथा तथ्यों का वातावरण से सम्बन्ध स्थापित करने में सहायता मिलती है। प्रयोगशाला विज्ञान अनुदेशन का एक आवश्यक साधन है। इसके द्वारा छात्रों में आलोचनात्मक चिन्तन की क्षमता का विकास होता है। प्रयोगात्मक कार्य से विविधता व उत्साह की प्राप्ति होती है। प्रयोगशाला छात्रों की उपलब्धि को बढ़ाकर विज्ञान-शिक्षण के उद्देश्यों की प्राप्ति में सहायता देती है। प्रयोगशाला

से अभिप्राय उस कमरे से है जिसमें छात्रों को प्रयोगात्मक कार्य करने के लिए आवश्यक सुविधाओं की व्यवस्था हो। प्रयोगशाला शब्द का साधारण अर्थ है एक ऐसा खुला कमरा जिसमें विद्यार्थियों का समूह प्रयोग करता हो।

अतः यह स्पष्ट है कि विज्ञान-शिक्षण में प्रयोगशाला की आवश्यकता से इन्कार नहीं किया जा सकता। विभिन्न देशों में प्रयोगशालाओं की स्थिति भिन्न-भिन्न है। विकसित देशों में साधनसम्पन्न प्रयोगशालाएँ हैं। विकाशसील देशों में हमारे देश की ही तरह अच्छी प्रयोगशालाएँ कुछ स्कूलों तक ही सीमित हैं। इंग्लैंड में प्रारम्भिक स्तर से ही विज्ञान का ज्ञान प्रत्यक्ष अनुभवों द्वारा दिया जाता है। यूरोप में भी विज्ञान-शिक्षण में स्थूल वस्तुओं का प्रयोग किया जाता रहा है। अमेरिका में भी प्रयोगशाला कार्य को महत्व दिया जाने लगा है। परन्तु हमारे देश में विज्ञान का शिक्षण अभी भी परम्परागत तरीके से ही किया जाता है। पहले से ही निश्चित व निर्धारित प्रयोग सभी छात्रों से करवाये जाते हैं जिससे वे पूर्वज्ञान की ही पुष्टि करते हैं। सैद्धान्तिक पाठ तथा व्यावहारिक कार्य में कोई सम्बन्ध नहीं होता।

प्रयोगशाला में प्रयोग करने के अलावा प्रदर्शन के लिए उपकरणों, नमूनों का संग्रह और चार्ट, मॉडलों के संग्रह, प्रयोग करना और अवलोकन के आधार पर परिणाम निकालना महत्वपूर्ण है लेकिन यह प्रक्रिया किस प्रकार की जाती है, वह इससे भी महत्वपूर्ण है।

## प्रयोगशाला कार्य के उद्देश्य (Aims of Laboratory Work)

प्रयोगशाला कार्य के उद्देश्य प्रयोगशाला कार्य की तरह ही विविध हैं, फिर भी इसमें कोई सन्देह नहीं है कि विज्ञान-शिक्षण के उद्देश्यों की प्राप्ति के लिए प्रयोगशाला कार्य न केवल महत्वपूर्ण है वरन् आवश्यक भी है। इसलिए प्रत्येक विद्यालय में विज्ञान-शिक्षण के लिए प्रयोगशाला होना अनिवार्य है।

प्रयोग तथा सैद्धान्तिक ज्ञान एक ही सिक्के के दो पहलू हैं। विज्ञान-शिक्षा में इन दोनों पक्षों का उचित समन्वय व एकीकरण किया जाना आवश्यक है। प्रयोगशाला को यूनेस्को मिशन ने Study Rooms का नाम दिया है जिनके द्वारा विज्ञान-शिक्षण के निम्न प्रक्रिया सम्बन्धी उद्देश्यों की पूर्ति की जा सकती है—

1. अमूर्त वैज्ञानिक ज्ञान की व्याख्या।
2. वैज्ञानिक सिद्धान्तों एवं प्रत्ययों का विकास।
3. वैज्ञानिक कौशल, अभिवृत्ति, रुचि व प्रशंसा का विकास।
4. वैज्ञानिक विधियों का प्रशिक्षण।
5. वातावरण के प्रति जागरूकता व जिज्ञासा।

अतः यह कहा जा सकता है कि विज्ञान का वास्तविक ज्ञान प्राप्त करने के

लिए प्रयोगशाला का होना आवश्यक है। इससे छात्रों की विभिन्न मानसिक शक्तियों जैसे सोचने-विचारने, निरीक्षण करने तथा निर्णय करने की योग्यता का विकास होता है। स्वयं कार्य करने से बालक में आत्मविश्वास व आत्मानुशासन की भावना विकसित होती है। प्रयोगशाला में सबके साथ मिलकर कार्य करने से सामाजिक गुणों का विकास होता है जो कि व्यक्तित्व के विकास का एक पक्ष है। प्रयोगशाला में विज्ञान के अध्ययन के लिए वातावरण बने रहने से छात्र विज्ञान विषय में रुचि लेते हैं। प्रयोगशाला में कार्य करने से समय की भी बचत होती है।

**प्रयोगशाला का उपयोग** (Use of Laboratory)

प्रयोगशाला का उपयोग छात्रों द्वारा स्वयं प्रयोग करने के लिए होता है। इसके साधारण रूप में अतिरिक्त इसका उपयोग प्रदर्शन के लिए आवश्यक सामग्री, चार्ट, माडल, उपकरण आदि के संग्रह करने के लिए किया जाता है। साधारणतया छात्र प्रयोग अकेले या 2-3 छात्रों के समूह में करते हैं। प्रयोग के उद्देश्य, प्रयोग करने की विधिऔर परिणाम के आधार पर प्रयोग का स्तर निर्धारित किया जा सकता है। जिस प्रयोग में उद्देश्य, विधि और परिणाम तीनों ही पूर्वनिर्धारित न होकर छात्रों द्वारा निर्धारित किए जाते हैं वह सबसे उच्च स्तर का प्रयोग समझा जाता है क्योंकि उसमें अविष्कार का तत्व सर्वाधिक रहता है। इससे निम्न स्तर का प्रयोग वह है जिसमें प्रयोग का उद्देश्य पूर्वनिर्धारित होता है और प्रयोग विधि छात्र स्वयं निर्धारित करते हैं। सबसे निम्न स्तर के वे प्रयोग होते हैं जिनमें उद्देश्य और विधि पक्ष पूर्वनिर्धारित होता है। प्रयोगशाला कार्य को उपयोगी बनाने के लिए व्यवस्थित ढंग से कार्य करने से छात्रों को अधिकतम लाभ मिल सकता है और प्रयोगशाला कार्य सम्पूर्ण शिक्षण का सबसे रुचिकर और प्रेरणा देनेवाला कार्य बन सकता है। यह देखा गया है कि व्यवस्थित प्रयोगशाला कार्य छात्र पसन्द करते हैं।

प्रयोगशाला की विज्ञान-शिक्षण में उपयोगिता देखते हुए यह आवश्यक है कि प्रत्येक विद्यालय में विज्ञान की एक सुसज्जित प्रयोगशाला हो। संसाधनों की कमी के कारण विद्यालय में प्रयोगशालाओं की स्थिति संतोषजनक नहीं कही जा सकती। एक अच्छी प्रयोगशाला के निर्माण के लिए विज्ञान के अनुभवी अध्यापकों तथा विशेषज्ञों के सुझाव अवश्य लेने चाहिए। परन्तु वास्तविकता में ऐसा नहीं किया जाता। हमें यह जानना आवश्यक है कि एक अच्छी प्रयोगशाला में क्या विशेषताएँ होनी चाहिए।

**विज्ञान की अच्छी प्रयोगशाला की विशेषताएँ** (Characteristics of a Good Laboratory of Science)

1. प्रयोगशाला में पर्याप्त स्थान हो जिससे छात्र सुविधानुसार इधर-उधर जा सके।

2. प्रयोगशाला की व्यवस्था इस प्रकार की हो कि अध्यापक द्वारा प्रदर्शन, व्यक्तिगत प्रदर्शन तथा सामूहिक कार्य स्वतन्त्रतापूर्वक किए जा सकें। विज्ञान प्रयोगशाला, विज्ञान कक्ष को कार्य करने के आदर्श स्थान के रूप में बनाया जाना चाहिए।

3. स्थूल वस्तुओं के प्रयोग व प्रदर्शन की पर्याप्त सुविधा हो।

4. अध्यापक छात्रों के कार्य का आसानी से निरीक्षण कर सकें।

5. सामग्री सुरक्षित रखने के लिए पर्याप्त स्थान हो।

6. पानी, गैस, बिजली की उचित व्यवस्था हो।

7. आकस्मिक विकास की व्यवस्था हो।

## विज्ञान प्रयोगशाला का नियोजन (Planning a Science Laboratory)

Report on Science Education in Sec. Schools, Committee on Plan Projects, Government of India, 1964 के अनुसार प्रयोगशाला के निर्माण से पूर्व नियोजन स्तर पर ही निम्न बातों का ध्यान रखा जाना चाहिए—

1. प्रयोगशाला में एक समय में कार्य करनेवाले छात्रों की संख्या।

2. आरामदायक रूप से काम करने के लिए कम-से-कम स्थान जो आवश्यक हो।

3. माध्यमिक विद्यालयों में विज्ञान शिक्षकों की अधिक-से-अधिक संख्या।

4. स्टोररूम के लिए अतिरिक्त कमरों की व्यवस्था।

5. विज्ञान कक्ष और प्रयोगशाला का इस तरह से निर्माण जिससे कि यह माध्यमिक तथा उच्च कक्षाओं के लिए प्रयोग किया जा सके।

6. आवश्यक खर्च का पूर्वानुमान।

## विज्ञान की प्रयोगशालाओं के प्रकार (Types of Science Laboratories)

उपर्युक्त बातों को ध्यान में रखते हुए विज्ञान की प्रयोगशाला के निर्माण के लिए विभिन्न प्रकार के नमूनों का सुझाव दिया गया है। ये वैज्ञानिकों तथा शिक्षा-शास्त्रियों द्वारा विकसित किए गए हैं। इनमें से कुछ जो हमारे देश की स्थितियों के लिए उपयुक्त हैं, निम्न हैं—

1. व्याख्यान सहित प्रयोगशाला कक्ष योजना (Lecture-room-cum-Laboratory Plan) —डॉ० आर०एच० व्हाइट हाउस

2. बहुउद्देशीय प्रयोगशाला (All Purpose Laboratory)

3. व्याख्यान सहित प्रयोगशाला योजना (Lecture-cum Laboratory Plan as suggested by Panel for Science Education in Sec.

Schools, 1964)

हमारे देश में प्रत्येक माध्यमिक विद्यालय में अधिकतर विज्ञान के दो शिक्षक होते हैं। एक भौतिक विज्ञान व रसायन विज्ञान पढ़ाने के लिए व दूसरा जीव विज्ञान व वनस्पति विज्ञान पढ़ाने के लिए। ऐसी स्थिति में विज्ञान के प्रत्येक विषय की अलग-अलग प्रयोगशाला बनाने की कोई विशेष उपयोगिता नहीं है। विद्यालयों की परिस्थितियों के आधार पर भी यही कहा जा सकता है कि प्रत्येक विद्यालय में विभिन्न विषयों की अलग-अलग प्रयोगशाला बनाया जाना कठिन है। ऐसी स्थिति में एक ऐसी प्रयोगशाला बनाई जाय जो विज्ञान के सभी विषयों के लिए पर्याप्त हो तथा जिसका प्रयोग कक्षा के रूप में भी किया जा सके। हाईस्कूल कक्षाओं के लिए उपर्युक्त तीनों प्रकार की योजनाएँ प्रचलित हैं।

### 1. व्याख्यान सहित प्रयोगशाला योजना (Lecture-room-cum-Laboratory Plan)

यह योजना जिसमें व्याख्यान कक्ष व प्रयोगशाला दोनों सम्मिलित हैं, सबसे पहले Central Training College Lahore के Principal Dr. R.H. Whitehouse ने बनाई थी। हमारे देश के कई राज़्यों में हाईस्कूल के लिए इस योजना को स्वीकार किया है। इसका विस्तृत विवरण निम्न है—

इस योजना में प्रयोगशाला की लं०चौ० 45 × 25 रखने का सुझाव दिया है जिससे व्याख्यान कक्ष में 40 विद्यार्थी तथा प्रयोगशाला कक्ष में 20 विद्यार्थी एक साथ कार्य कर सकते हैं। कक्ष की दीवारें 1 फुट 8 इंच मोटी हों तथा सम्भव हो तो दीवारों पर पेंट करवाया जाय।

व्याख्यान कक्ष की दीवार पर 10 × 4 फुट का एक श्यामपट तथा उससे 3 फुट की दूरी पर अध्यापक की मेज होनी चाहिए जो कि अध्यापक के लिखने व प्रदर्शन कार्य के लिए हो। कक्षा में बैठने के लिए 20 मेजों और 40 कुर्सियों की आवश्यकता होती है। एक मेज पर 2 छात्र बैठ सकते हैं।

प्रयोगशाला कक्ष की दीवार पर भी एक बड़ा श्यामपट्ट होना चाहिए तथा 6 प्रयोग मेजों की भी व्यवस्था होनी चाहिए। श्यामपट्ट और मेजों के बीच में पर्याप्त स्थान होना चाहिए। प्रत्येक मेज पर 4 विद्यार्थी काम कर सकते हों। मेज का आकार 6 × 3—6 इंच होना चाहिए। श्यामपट्ट के सामने भी एक छोटी मेज होनी चाहिए।

पुस्तकें आदि रखने के लिए मेजों में शैल्फ की व्यवस्था भी की जा सकती है। प्रयोगशाला की मेजों के साथ सिंक की व्यवस्था नहीं होनी चाहिए। सिंक न होने से मेजों पर भौतिक विज्ञान, रसायन विज्ञान व जीव विज्ञान के प्रयोग करने के लिए पर्याप्त स्थान बच जाता है। आवश्यकता पड़ने पर इसका अन्य कार्यों के लिए भी प्रयोग किया जा सकता है। सिंक के न होने से मेज भी

साफ रहती हैं। इसके अतिरिक्त सिंक लगाने में धन भी अधिक व्यय होता है। केवल 3 सिंक लगाए जाते हैं। एक सिंक अध्यापक के लिए उसकी मेज के पास लगाया जाता है। दो अन्य सिंक विद्यार्थियों के लिए होते हैं। प्रत्येक सिंक के साथ एक ड्रेनिंग बोर्ड भी अवश्य होना चाहिए।

तुलाएँ रखने के लिए लकड़ी या ईंटों के बने शैल्फों की अपेक्षा दीवारों के रिक्त स्थानों का प्रयोग करना अच्छा है। ये रिक्त स्थान 1" चौड़े तथा 3"—3 ऊँचे होने चाहिए।

इस योजना में 7" ऊँची और 5" चौड़ी आठ अलमारियों की व्यवस्था है। इसमें 1"—6" गहरे शैल्फ रखे जाते हैं। इसमें पुस्तकें तथा उपकरण रखने के लिए पर्याप्त स्थान मिल जाता है। रसायन की बोतलें रखने के शैल्फ तुलाओं के बने रिक्त स्थानों के दोनों ओर आसानी से बनाए जा सकते हैं।

व्याख्यान सहित प्रयोगकक्ष की योजना निम्न कारणों से उपयोगी है—

1. इसमें धन कम-से-कम व्यय होता है।
2. बैठने की स्वाभाविक व आरामदायक व्यवस्था होती है।
3. इसकी व्यवस्था आसानी से तथा कम व्यय में की जा नकती है।
4. विज्ञान का उचित वातावरण बना रहता है तथा एक ही प्रयोगशाला में कार्य करने से विज्ञान की विभिन्न शाखाओं में एकता की भावना बनी रहती है।

### 2. सर्व कार्य सम्पन्न विज्ञान कक्ष (All Purpose Science Room)

प्रयोगशाला की यह योजना प्रयोगात्मक और सैद्धान्तिक दोनों कार्यों के लिए उपयुक्त है परन्तु इसमें विशिष्ट विषयों का प्रभावशाली शिक्षण नहीं हो सकता।

प्रयोगशाला का आकार छात्रों की संख्या के ऊपर निर्भर करता है। 40 विद्यार्थियों के लिए 45 × 55" आकार का कमरा उपयुक्त है। प्रयोगशाला के साथ एक छोटा कमरा सामान रखने तथा तैयारी के लिए होना आवश्यक है जिससे काम करके साथ-ही-साथ सामान भी सुरक्षित रखा जा सके।

रसायन की बोतलों के लिए दीवार में कपबोर्डों और शैल्फों की व्यवस्था इस प्रकार हो कि उनके प्रकाश का अवरोध न हो और न वे बुरे लगें। सभी खिड़कियों पर अच्छे पर्दे लगाए जाएँ जिससे आवश्यकता पड़ने पर कमरे में अँधेरा किया जा सके।

प्रयोगशाला में सामान रखने तथा बैठने की ऐसी व्यवस्था होनी चाहिए जिससे सभी प्रकार की क्रियाएँ, प्रदर्शन कार्य तथा प्रयोग अच्छी प्रकार किए जा सकें। केन्द्र में आसानी से उठाई जानेवाली बैंचें तथा दीवार के दो तरफ स्थायी बेंचों की व्यवस्था होनी चाहिए। केन्द्र में बनी बैंचें इस प्रकार की हों कि वे लिखने के अलावा अन्य कार्यों के लिए भी प्रयोग में लाई जा सकें। ये एक ही आका

की तथा समतल होनी चाहिए जिससे आवश्यकता पड़ने पर इन्हें एक-दूसरे के ऊपर भी रखा जा सके। प्रयोगशाला में दोनों तरफ $10' \times 4'$ के दो श्यामपट्ट होने चाहिए।

3. व्याख्यान सहित प्रयोगशाला (Lecture-cum Laboratory As suggested by Panel for Science Education in Secondary Schools, 1964)

अपने देश के सीमित संसाधनों को ध्यान में रखते हुए माध्यमिक विद्यालयों के लिए नियुक्त विज्ञान-शिक्षण के पैनल (1964) द्वारा हाईस्कूल कक्षाओं के लिए संयुक्त व्याख्यान सहित प्रयोगशाला कक्ष की निम्न योजना का सुझाव दिया गया—

इस योजना के अनुसार प्रयोगशालाएँ विद्यालय भवन की निचली मंजिल में एक किनारे पर बनाई जानी चाहिए जिससे आवश्यकता पड़ने पर इसका पुनः विस्तार किया जा सके। 42 छात्रों के एक समय पर कार्य करने के लिए कक्ष का क्षेत्रफल 825 वर्ग फीट होना चाहिए। पैनल द्वारा यह भी सुझाव दिया गया है कि यदि छात्रों की संख्या अधिक हो तो इसी के साथ 490 वर्ग फीट क्षेत्रफल की दूसरी प्रयोगशाला का निर्माण किया जाना चाहिए। दोनों प्रयोगशालाओं के बीच में 160 वर्ग फीट का स्टोर सहित तैयारी कक्ष होना चाहिए जो दोनों प्रयोगशालाओं द्वारा प्रयोग किया जाए। प्रथम प्रयोगशाला रसायन विज्ञान के लिए व दूसरी प्रयोगशाला का प्रयोग भौतिक विज्ञान तथा जीव विज्ञान के लिए किया जाए।

प्रत्येक प्रयोगशाला में प्रयोग करने के लिए मेजों की व्यवस्था हो जिनके अन्दर पुस्तकें रखने के लिए शैल्फ बनी हो। अध्यापक की मेज में सिंक, गैस व बिजली की उचित व्यवस्था हो। अध्यापक की मेज के पास दीवार में $8' \times 3'$ नाप का श्यामपट्ट लगा हो। इसके अतिरिक्त चित्र, चार्ट व सहायक सामग्री के प्रदर्शन की उचित व्यवस्था हो। पानी, बिजली और जल निकास (Dranrage) की उचित व्यवस्था हो। दरवाजे, रोशनदान व खिड़कियाँ ऐसे स्थान पर हों जिससे दिन में अधिक प्रकाश प्रयोगशाला में आ सके।

## प्रयोगशाला कार्य का महत्व (Importance of Laboratory Work)

क्रिया द्वारा सीखना विज्ञान-शिक्षण का एक महत्वपूर्ण सिद्धान्त है। प्रयोगशाला करके सीखने का अवसर प्रदान करती है। विज्ञान-शिक्षण में प्रयोगों का विशेष महत्व है। वैज्ञानिक प्रयोगों द्वारा ही सत्यता का पता लगाते हैं इसलिए विज्ञान का पाठ्यक्रम बिना प्रयोगात्मक कार्य के पूरा नहीं हो सकता। स्कूल स्तर पर भी विज्ञान-शिक्षण में प्रयोगात्मक कार्य अनिवार्य है। विज्ञान की उपलब्धि प्रयोगों का ही परिणाम है। प्रयोगात्मक कार्य के निम्न लाभ हैं—

1. उद्देश्यपूर्ण क्रियाओं द्वारा सीखा ज्ञान छात्रों के मस्तिष्क में अधिक समय तक स्थाई रहता है। बिना प्रयोग के प्राप्त ज्ञान सतही व अपूर्ण होता है।

2. बालकों में उपकरणों के प्रयोग की जिज्ञासा होती है। इसके अलावा प्रयोगात्मक क्रियाएँ छात्र को संवेगात्मक सन्तुष्टि प्रदान करती हैं।

3. वैज्ञानिक ज्ञान तथा वैज्ञानिक दृष्टिकोण का विकास प्रयोगशाला में करवाएँ गए प्रायोगिक कार्य द्वारा प्राप्त किया जा सकता है, छात्र को निष्क्रिय निरीक्षण कर्ता न होकर सक्रिय कार्यकर्ता, उत्साही प्रयोगकर्ता व अन्वेषक होना चाहिए।

4. वैज्ञानिक विधियों के प्रशिक्षण का अवसर मिलता है। प्रयोगशाला में छात्र विभिन्न समस्याओं पर कार्य करते हुए उसका वैज्ञानिक विधि से समाधान करने का प्रशिक्षण प्राप्त करते हैं।

5. प्रयोगात्मक कार्य द्वारा बहुत से सामाजिक गुणों जैसे सहयोग, आत्म-विश्वास, साधन सम्पन्नता (Resourcefulness), आत्म-उद्योगी (Initiative), आत्म-निर्भरता (Self-reliance) आदि का विकास होता है।

6. यह छात्रों को चित्र बनाने, पैमाने पढ़ने तथा विभिन्न वैज्ञानिक उपकरणों का प्रयोग करने के अवसर प्रदान करता है।

## 1. प्रयोगशाला का प्रशासन (Administration of the Laboratory)

**प्रयोगशाला कार्य की व्यवस्था व संचालन** (Organisation and Conduction of Laboratory Work)—प्रयोगात्मक कार्य को प्रभावशाली बनाने के लिए अध्यापक को निम्न बातों का ध्यान रखना आवश्यक है—

1. प्रायोगिक व सैद्धान्तिक कार्यों में समन्वय होना चाहिए। यदि कक्षा में कुछ पढ़ाया जाए व प्रयोग दूसरे प्रकरण से सम्बन्धित कराए जाएँ तो छात्र उसमें कोई रुचि नहीं लेंगे। प्रायोगिक व सैद्धान्तिक कार्य साथ-ही-साथ कराए जाने से छात्रों के लिए वे उपयोगी होंगे।

2. प्रयोग का प्रदर्शन करते समय अध्यापक को यह ध्यान रखना आवश्यक है कि छात्र की रुचि व जिज्ञासा उसमें बनी रहे।

3. छात्रों द्वारा कराए जानेवाले प्रयोग न तो बहुत सरल हों, और न बहुत कठिन हों। कमजोर छात्रों को सरल व बुद्धिमान छात्रों को कठिन प्रयोग करवाए जाएँ।

4. यदि किसी छात्र में विशेष योग्यता है तथा वह किसी समस्या के विषय में अलग ढंग से सोचता है या कार्य करना चाहता है तो अध्यापक को उसे प्रोत्साहित कर उसकी विशिष्ट योग्यता और कौशल के विकास के लिए आवश्यक सामग्री की व्यवस्था करनी चाहिए। अध्यापक को उसकी विशेष योग्यता को प्रोत्साहित करने के लिए अतिरिक्त समय देना चाहिए।

5. प्रत्येक छात्र से प्रयोग पूरा करवाया जाए व उसके द्वारा किए प्रयोगों का पूर्ण विवरण अध्यापक द्वारा रखा जाना चाहिए। छात्र से प्रयोग का पूरा कार्य,

चित्र आदि प्रयोगशाला में ही पूरे करवाए जाएँ।

6. अध्यापक को ऐसे स्थान पर बैठना चाहिए जहाँ से वह सभी छात्रों पर दृष्टि रख सके तथा किसी भी छात्र को सहायता की आवश्यकता होने पर तुरन्त उसके पास जाकर समस्या सुने। यदि शिक्षक को यह लगे कि एक छात्र ने दूसरे छात्र के परिणाम लिए हैं तो प्रश्न पूछकर एवं समझकर छात्र को प्रयोग करने को प्रोत्साहित करना चाहिए।

7. छात्रों द्वारा लिखे पूरे कार्य का पूर्ण व विस्तृत निरीक्षण किया जाना चाहिए।

8. यदि अधिन्यास विधि का प्रयोग किया जा रहा हो तो छात्रों की कापी प्रयोगात्मक कार्य से एक दिन पहले ही देख लेनी चाहिए। यदि किसी छात्र ने उस प्रयोग से सम्बन्धित कार्य नहीं किया है तो तब तक उसे प्रयोग करने की अनुमति नहीं देनी चाहिए जब तक कि वह अपने काम को पूर्ण न कर ले। प्रयोग प्रारम्भ करने से पूर्व उचित निर्देश दिए जाने चाहिए।

2. अनुशासन (Discipline)—प्रयोगात्मक कार्य को उद्देश्यपूर्ण बनाने के लिए यह आवश्यक है कि प्रयोगशाला में वास्तव में सीखने का वातावरण हो, शोरगुल न हो तथा प्रत्येक छात्र बिना दूसरे को किसी प्रकार का व्यवधान कर अपने कार्य में लगा रहे। अनुशासन स्थापना का सबसे अच्छा सिद्धान्त यह है कि छात्रों को व्यस्त रखा जाए। अच्छे अनुशासन की यह पहचान है कि अध्यापक जिस समय भी निर्देश दे, छात्र उसे सुने। इसके लिए यह भी आवश्यक है कि नल, उपकरण तथा अन्य सामग्री उचित स्थान पर हो जिससे छात्रों को इधर-उधर अधिक भाग-दौड़ न करनी पड़े।

प्रयोगशाला में कार्य करने के नियमों की एक सूची बाहर व एक अन्दर लगी होनी चाहिए। सावधानियों की सूची भी यथास्थान लगी हो।

3. छात्रों को निर्देश (Directions to the Students)—प्रयोग प्रारम्भ करने से पूर्व छात्रों को उचित निर्देश व सावधानियाँ बरतनी आवश्यक हैं। उचित निर्देशन के लिए निम्न का प्रयोग किया जा सकता है—

(1) प्रयोगशाला पुस्तिकाएँ (Laboratory Manuals)—प्रत्येक पाठ्य-पुस्तक के साथ एक प्रयोगशाला पुस्तिका होनी चाहिए जिसमें विधि सम्बन्धी उचित निर्देश, सावधानियाँ एवं निरीक्षण करने की विधियाँ लिखी हों। एक अच्छी प्रयोगशाला पुस्तिका में निम्नलिखित बातों का समावेश होना आवश्यक है—

1. उसमें प्रक्रिया तथा सावधानियों के सम्बन्ध में पूरी जानकारी हो।
2. निरीक्षण रिकार्ड करने तथा तालिका बनाने की विधि का उल्लेख हो।
3. प्रेक्टिकल नोट बुक में प्रयोग विवरण लिखने के सम्बन्ध में भी पूर्ण मार्ग-दर्शन होना चाहिए।

4. उचित स्थानों पर पाठ्यपुस्तक के सन्दर्भ भी दिए हों।

(4) आदेश पत्र—कुछ विद्यालयों को प्रयोग कार्य में मार्ग-दर्शन करने के लिए आदेश पत्रों का प्रयोग किया जाता है। 6 × 4″ आकार के कार्ड बनाकर प्रत्येक प्रयोग के पास रख दिए जाते हैं।

अध्यापक को प्रयोगशाला में उपलब्ध विशेष प्रकार के उपकरणों के अनुसार आदेश पत्रों के कई सेट तैयार करने चाहिए। आदेश पत्र में इन बातों का उल्लेख होना चाहिए—(1) क्रमानुसार प्रयोगों की संख्या (2) प्रयोग का उद्देश्य (3) प्रक्रिया (4) महत्वपूर्ण सावधानियाँ (5) निरीक्षण तथा परिणाम लिखने की तालिका तथा विधि।

आदेश पत्र लिखा विवरण प्रयोग के अनुसार तथा छात्र की आयु एवं स्तर के अनुकूल होना चाहिए।

छपी हुई कापियाँ प्रयोग में नहीं लानी चाहिए क्योंकि उनमें निरीक्षण तथा परिणाम लिखने की विधि कभी-कभी अध्यापक द्वारा बताई विधि से भिन्न होती है जिससे विद्यार्थियों को कठिनाइयों का सामना करना पड़ता है। यह आवश्यक है कि कागज अच्छे स्तर का हो और जिल्द मजबूत हो। प्रयोग कापी का सामान्य आकार 11 × 8″ होता है। इसमें अध्यापक छात्र को प्रयोग का विवरण लिखने की सर्वोत्तम विधि बतला सकता है।

प्रयोग का विवरण—प्रयोग का विवरण दिए गए कार्य के क्रम में लिखा जाना चाहिए। इसकी प्रचलित विधि यह है कि दाईं ओर के पृष्ठ पर विवरण लिखा जाता है और बाईं ओर के पृष्ठ पर निरीक्षणों का रिकार्ड रखा जाता है।

प्रयोगशाला में सुरक्षा व्यवस्था (Safety Measures in Laboratory)—प्रयोगशाला में सुरक्षा की व्यवस्था होना अत्यन्त आवश्यक हैं। प्रयोगशाला कार्य करते समय आवश्यक सावधानी रखी जानी आवश्यक है जिससे कोई दुर्घटना न हो। प्रत्येक प्रयोगशाला में प्राथमिक उपचार सामग्री (Firstaid box) होना चाहिए जिससे दुर्घटना होने पर तुरन्त सहायता दी जा सके। सुरक्षा की दृष्टि से प्रयोगशाला में दो दरवाजे होना उपयोगी है, किसी कारण एक दरवाजा बन्द होने की अवस्था में दूसरे दरवाजे से बाहर निकला जा सके। प्रयोगशाला में अग्निशामक यन्त्र अवश्य उपलब्ध होना चाहिए। अग्निशामक यन्त्र के उपयोग की जानकारी भी होनी चाहिए।

प्रयोगशाला के निर्देश (Laboratory Instructions)—सुरक्षा व्यवस्था के साथ छात्रों को यह जानना भी आवश्यक है कि प्रयोगशाला में उन्हें किस प्रकार कार्य करना चाहिए जिससे दुर्घटनाएँ न हों। प्रयोगशाला कार्य से सम्बन्धित आवश्यक निर्देशों की सूची तैयार करके प्रयोगशाला में लगाई जानी चाहिए। कुछ प्रमुख निर्देश इस प्रकार हैं—

1. शिक्षक की पूर्व स्वीकृति प्राप्त किए बिना कोई छात्र किसी उपकरण पर कार्य नहीं करेगा।

2. प्रत्येक छात्र जो वस्तु जहाँ से प्राप्त करे, उसी स्थान पर रखेगा, बोतलों का ढक्कन अवश्य लगा हो।

3. प्रयोगशाला की कोई भी वस्तु चखाना वर्जित है। चीजों को सूंघने व छूने में भी सावधानी रखनी चाहिए।

4. सिंक में कोई कांच की टूटी-फूटी चीजें, कांच आदि न डालें।

5. रासायनिक पदार्थों, गैस, बिजली आदि का उपयोग आवश्यकतानुसार करें।

6. खुले हुए फ्लास्क, परखनली का मुँह गरम करते और रसायन मिलाते समय अपने से दूर रखें।

7. बिजली के तारों को न छुएँ और उपयोग के बाद स्विच ऑफ कर दें।

8. किसी भी टूट-फूट की सूचना तुरन्त प्रयोगशाला सहायक अथवा शिक्षक को दें।

9. अम्ल गिर जाने, बर्नर से जल जाने अथवा बिजली आदि से कोई दुर्घटना हो जाने पर तुरन्त शिक्षक को सूचित करें।

10. आग पकड़नेवाली वस्तुओं को आग से दूर रखें।

11. बिना अनुमति के कोई नया प्रयोग प्रारम्भ न करें।

12. लम्बे बाल वाले छात्र-छात्राएँ अपने बाल बाँधकर रखें।

### प्रयोगशाला में होने वाली दुर्घटना एवं उपचार

प्रयोगशाला में कभी-कभी दुर्घनटनाएँ हो जाती हैं। विज्ञान अध्यापक को उनके उपचार से परिचित होना आवश्यक है। कुछ प्रमुख दुर्घटनाएँ जो प्रायः प्रयोगशाला में हो जाती हैं निम्न हैं—

1. आग लगने की घटना—(i) यदि किसी के कपड़े आग पकड़ लें तो उसे अच्छी तरह कम्बल से लपेट देना चाहिए।

(ii) यदि कोई ज्वलनशील द्रव अथवा पदार्थ जल उठे जो ऐस्वेस्टस शीट से ढककर अथवा रेत की सहायता से बुझाना चाहिए।

(iii) यदि गैस अथवा बिजली के कारण आग लग जाए तो इनका स्विच बन्द कर इनका प्रवाह रोक देना चाहिए।

2. जलना अथवा झुलसना—(i) कभी-कभी शरीर का कोई अंग आग अथवा गर्म वस्तुओं के स्पर्श से जल जाता है। उस स्थान पर एक्राफलेविन का घोल अथवा नारियल या अलसी का तेल लगा देना चाहिए। घाव पर सोडियम-बाई-कार्बोनेट का विलयन भिगोकर रुई रख देनी चाहिए।

(ii) अम्ल से जलने पर पहले रुई अथवा साफ कपड़े से पोंछकर खूब पानी

से धोना चाहिए। फिर उसे 8-10 प्रतिशत सोडियम-बाई-कार्बोनेट के घोल से धोकर उस पर वैसलीन, ग्लिसरीन या साधारण मलहम लगाकर पट्टी बाँध देनी चाहिए।

(iii) क्षार से जलने पर जले हुए स्थान को खूब पानी से धोकर फिर उसे ऐसीटिक एसिड के हल्के घोल या नींबू के रस से धो देना चाहिए। आँख में गिरने पर पानी से धोकर फिर एक प्रतिशत बोरिक एसिड के विलयन से धोना चाहिए।

3. विषाक्त होना—(i) विषैली गैस का प्रभाव—विषैली गैस को सूंघने से मुंह और गले की श्लेष्यिक झिल्ली में खराश पैदा हो जाती है। ऐसे रोगी को तुरन्त खुली हवा में ले जाना चाहिए तथा उसको तब तक वहाँ पर रखना चाहिए जब तक उस पर से विषैली गैस का प्रभाव दूर न हो जाए। यदि क्लोरीन गैस का प्रभाव हो तो मैथिलेटेड स्पिरिट या अमोनिया सुंघानी चाहिए तथा सोडियम-बाई-कार्बोनेट के घोल से कुल्ला कराना चाहिए।

(ii) विषैले पदार्थों का प्रभाव—सबसे पहले यह जानना चाहिए कि व्यक्ति ने कौन-सा विषैला पदार्थ चख लिया है और उसे सोने नहीं देना चाहिए। यदि उसने गन्धक का अम्ल, अमोनिया या कास्टिक सोडा खाया है तो उसे वमन नहीं कराना चाहिए। यदि कोई क्षार जैसे अमोनिया, कास्टिक सोडा खाया गया हो तो सिरका या बराबर के पानी में नींबू का रस मिलाकर देना चाहिए। यदि अम्ल खाया हो तो एक गिलास पानी में एक चम्मच खाने का सोडा मिलाकर देना चाहिए। असंक्षारक पदार्थ खाने की स्थिति में एक गिलास पानी में दो चम्मच नमक मिलाकर पिलाकर वमन करा देना चाहिए। उसके बाद कोई पेय दिया जाना चाहिए। दोनों ही स्थितियों में विष प्रतिकारक औषधि देने के बाद दूध देना चाहिए।

अधिक क्लोरीन सूंघ लेने पर रूमाल को तनु अमोनियम हाइड्राक्साइड में भिगोकर धीरे-धीरे सुँघाना चाहिए तथा खुली हवा में लिटाना चाहिए।

4. कटना—काँच की नली अथवा तेज धार से कट जाने पर घाव से काँच निकालकर उसे 2 प्रतिशत आयोडिन के घोल में धोना चाहिए। इसके बाद मरक्यूरोक्रोम विलयन में रुई भिगोकर पट्टी बाँध देनी चाहिए।

यदि कटने से घाव बना हो व उससे रक्त निकल रहा हो तो सबसे पहले रक्त बहना बन्द करना चाहिए। घाव को ठण्डे पानी में डुबाना चाहिए। यदि रक्त बहना बन्द न हो तो घाव के पास हृदय की ओर वाले भाग में कसकर पट्टी बाँध देनी चाहिए।

5. आंख में कुछ पड़ जाना—आंख में किसी चीज का कण पड़ जाए तो गीले कपड़े के कोने से उसे निकाला जा सकता है। यदि आँख में अम्ल पड़ जाए तो आँख को बार-बार पानी में खोलना और बन्द करना चाहिए। फिर सोडियम बाई-कार्बोनेट के हल्के घोल से आँखें धोना चाहिए। तुरन्त डाक्टर की सलाह लेनी चाहिए। क्षार पड़ने की स्थिति में बोरिक एसिड के घोल से आँख धोनी

चाहिए।

### विज्ञान प्रयोगशाला की वर्तमान दशा एवं सुझाव

वर्तमान समय में विज्ञान विषय का अध्ययन करनेवाले छात्रों की संख्या बढ़ती जा रही है परन्तु छात्रों की संख्या के अनुपात में प्रयोगशाला एवं उपकरणों में कोई वृद्धि नहीं हुई है। अधिकांश विद्यालयों में प्रयोगशाला के लिए भवनों का अभाव है। उपकरण उपयुक्त नहीं हैं तथा प्रयोग हेतु पर्याप्त सामग्री उपलब्ध नहीं है जिससे सभी छात्रों को प्रयोग करने का अवसर नहीं मिल पाता। एक उपकरण पर कई छात्रों को प्रयोग करना पड़ता है जिससे अधिकांश छात्र प्रायोगिक कार्य से वंचित रह जाते हैं। कुछ विद्यालयों में प्रशिक्षित विज्ञान अध्यापकों का भी अभाव है। ऐसी स्थिति में यह आवश्यक है कि उपलब्ध सामग्री का रखरखाव तथा उपयोग उचित प्रकार से किया जाय जिससे उपलब्ध संसाधनों का उचित प्रयोग किया जा सके।

सुझाव—प्रयोगशाला में उपकरणों की मात्रा छात्रों की व्यक्तिगत आवश्यकता प्रदर्शन सामग्री, उपलब्ध धनराशि एवं पाठ्यक्रम की आवश्यकता पर निर्भर है, अतः प्रत्येक विद्यालय में पूर्ण रूप से सुसज्जित भौतिकी, रसायन तथा जीव विज्ञान की प्रयोगशालाएँ होनी चाहिए। विज्ञान-शिक्षक का यह उत्तरदायित्व है कि वह अपनी आवश्यकताओं, सीमाओं और विषय को आधुनिकतम शिक्षण विधि के अनुसार प्रयोगशाला का उचित प्रयोग करे। प्रयोगशाला के विभिन्न उपकरणों की सुरक्षा व्यवस्था का कार्य भी अध्यापक का है। उसे यह भी जानना चाहिए कि प्रयोगशाला के लिए विज्ञान सम्बन्धी विभिन्न उपकरण रासायनिक पदार्थ, जीव विज्ञान से सम्बन्धित सामग्री कहाँ से प्राप्त की जा सकती है, सामग्री का उत्पादन-निर्माण, संरक्षण और व्यवस्था किस प्रकार की जाय जिससे उसका प्रभावशाली और सफल उपयोग हो सके।

यूनेस्को कमीशन ने भारतीय विद्यालयों में प्रयोगशाला के विषय में निम्न सुझाव दिए हैं—

1. कमीशन ने कक्षा की सामान्य संख्या 36 छात्रों के लिए 63 वर्ग मीटर स्थान के अध्ययन कक्ष स्थापित करने का सुझाव दिया। इस कक्ष का निर्माण इस प्रकार किया जाय जिससे कि इसमें विविध प्रकार की शैक्षिक गतिविधियों का आयोजन किया जा सके।

2. शिक्षक के काम करने के लिए अलग स्थान होना चाहिए जिसमें प्रदर्शन के लिए एक 250 × 70 × 86 से०मी० आकार की मेज होनी चाहिए। साथ ही एक 40 × 40 × 280 मि० मी० आकार का श्यामपट्ट जिसके साथ चाक रखने का स्थान और मानचित्र, रेखाचित्र आदि टाँकने के लिए हुक भी लगा हो, आवश्यक है। श्यामपट्ट के साथ ही दूसरी शैक्षिक सुविधाएँ, शैल्फ,

डी०सी० और ए०सी० बिजली के साकेट, पानी और गैस की व्यवस्था भी होनी चाहिए। मेज की ऊपरी सतह लिनोलियम की तथा श्यामपट्ट के स्थान पर किसी भी हाईबोर्ड का, गहरे हरे रंग या भूरे रंग का प्रयोग बच्चों के लिए अधिक उपयोगी व रुचिकर होगा।

3. भौतिकी, रसायन और जीव विज्ञान के लिए अध्ययन कक्षों की भिन्न और विशेष आवश्यकताएँ हैं जैसे भौतिकी अध्ययन कक्ष में स्विचबोर्ड, जीव विज्ञान अध्ययन कक्ष में प्रकाश और अन्धकारवाले कोष्ठों का एक कैबिनेट, रसायन विज्ञान अध्ययन कक्ष में नित्यप्रति काम आनेवाले रासायनिक पदार्थों से पूर्व कवर्ड और सिंक इनके साथ ही जीव विज्ञान कक्ष से जुड़ा हुआ एक चिड़ियाघर भी विद्यालय में होना चाहिए।

4. कमीशन ने परम्परागत पुरानी और भारी मेजों के स्थान पर छोटी-छोटी। 125 × 85 वर्ग से०मी० आकार की मेजों का सुझाव दिया। इन मेजों पर 2-2 छात्र एक साथ लिखने, अध्ययन करने, प्रयोग करने, आदि का कार्य कर सकते हैं। इन मेजों के साथ बिजली, पानी की टोंटी, गैस और सिंक लगाने का भी सुझाव दिया।

5. रिपोर्ट में प्रयोगशाला सहायक के लिए भी एक 48 वर्ग मीटर क्षेत्रफल के कमरे का सुझाव दिया। इस कमरे में शिक्षक और प्रयोगशाला सहायक दोनों उपकरण समायोजित कर सकते हैं। उनका परीक्षण कर सकते हैं। छात्रों के सामान्य प्रयोग के लिए प्रदर्शन सामग्री और उपयुक्त साहित्य का संग्रह कर सकते हैं।

6. अध्ययन कक्ष—काम करने के लिए एक उत्तम व सुखद स्थान होना चाहिए, इसलिए कमरे की उचित साज-सज्जा पर ध्यान देना चाहिए। इसके लिए जीव विज्ञान की प्रयोगशाला की दीवारों के लिए गहरा हरा, भौतिक विज्ञान और रसायन विज्ञान की प्रयोगशाला के लिए हल्का ब्राउन और छतों के लिए सफेद रंग का सुझाव दिया गया है। इसके अतिरिक्त इसी के अनुरूप फर्नीचर का रंग भी निश्चित करने का सुझाव दिया।

विज्ञान किट (Science Kits)—राष्ट्रीय शैक्षिक अनुसन्धान एवं प्रशिक्षण परिषद की केन्द्रीय विज्ञान कार्यशाला द्वारा विज्ञान किट बनाए जाते हैं जो लघु प्रयोगशाला (Mini Laboratories) की तरह प्रयोग किए जाते हैं तथा आसानी से इधर-उधर ले जा सकते हैं।

विज्ञान सचल प्रयोगशाला (Mobile Science Laboratory)—ग्रामीण क्षेत्रों में विज्ञान के प्रसार के लिए राष्ट्रीय शैक्षिक अनुसन्धान एवं प्रशिक्षण परिषद द्वारा पहियों पर प्रयोगशाला (Laboratory on wheels) का विचार दिया गया। यह मुख्य रूप से गाँवों में विज्ञान अध्यापकों के प्रशिक्षण में उपयोगी है।

## सारांश (Summary)

विज्ञान-शिक्षण एवं प्रयोगशाला कार्य का घनिष्ठ सम्बन्ध हैं। बिना प्रयोगशाला के विज्ञान-शिक्षण की सफलता की आशा नहीं की जा सकती है। विज्ञान-शिक्षण द्वारा छात्रों में प्रयोगात्मक कौशल का विकास किया जाता है। प्रयोगशाला छात्रों की उपलब्धि बढ़ाकर विज्ञान-शिक्षण के उद्देश्यों की प्राप्ति में सहायता देती है।

**प्रयोगशाला कार्य के उद्देश्य**—विज्ञान-शिक्षण के उद्देश्यों की प्राप्ति के लिए प्रयोगशाला कार्य न केवल महत्वपूर्ण है वरन् आवश्यक भी है। इसके द्वारा विज्ञान-शिक्षण के प्रक्रिया सम्बन्धी उद्देश्यों की प्राप्ति की जाती है।

**प्रयोगशाला का उपयोग**—प्रयोगशाला कार्य को उपयोगी बनाने के लिए व्यवस्थित ढंग से कार्य करने से छात्रों को अधिकतम लाभ मिल सकता है और प्रयोगशाला कार्य सम्पूर्ण शिक्षण का सबसे रुचिकर और प्रेरणा देनेवाला कार्य बन सकता है।

**विज्ञान की अच्छी प्रयोगशाला की विशेषताएँ**

**प्रयोगशाला का नियोजन**—विज्ञान की प्रयोगशालाओं के प्रकार—1. व्याख्यान सहित प्रयोगशाला कक्ष योजना; 2. बहुउद्देशीय प्रयोगशाला या सर्वकार्य सम्पन्न विज्ञान कक्ष; 3. व्याख्यान सहित प्रयोगशाला योजना।

**व्याख्यान सहित प्रयोगशाला कक्ष योजना**—हमारे देश के अधिकांश राज्यों में हाईस्कूलों के लिए इस योजना को स्वीकार किया गया है।

**प्रयोगशाला काय का महत्व**—क्रिया द्वारा सीखना विज्ञान-शिक्षण का एक महत्वपूर्ण सिद्धान्त है। प्रयोगशाला करके सीखने का अवसर प्रदान करती है। अतः विज्ञान-शिक्षण में प्रयोगों का विशेष महत्व है।

**प्रयोगशाला का प्रशासन**—1. प्रयोगशाला कार्य की व्यवस्था व संचालन; 2. अनुशासन; 3. छात्रों को निर्देश।

**प्रयोगशाला में सुरक्षा व्यवस्था**—प्रयोगशाला कार्य करते समय आवश्यक सावधानी रखी जानी आवश्यक है जिससे कोई दुर्घटना न हो।

**प्रयोगशाला निर्देश**—प्रयोगशाला कार्य से सम्बन्धित आवश्यक निर्देशों की सूची तैयार करके प्रयोगशाला में लगाई जानी चाहिए।

**प्रयोगशाला में होनेवाली दुर्घटनाएँ एवं उनका उपचार**—विज्ञान अध्यापक को प्रयोगशाला में होनेवाली दुर्घटनाओं के प्रारम्भिक उपचार की जानकारी होनी आवश्यक है।

विज्ञान प्रयोगशाला की वर्तमान दशा एवं सुधार के सुझाव विज्ञान किट, विज्ञान सचल प्रयोगशाला।

## प्रश्न (Study Questions)

1. प्रयोगशाला की विज्ञान—शिक्षण में महत्वपूर्ण भूमिका होती है—इस कथन को ध्यान में रखते हुए विज्ञान शिक्षक के रूप में हाईस्कूल स्तर की विज्ञान प्रयोगशाला का प्लान तैयार कीजिए। प्रयोगात्मक कार्य के उचित संचालन के लिए आप अपने सुझाव दीजिए। (गढ़वाल वि०वि० 1987)

2. विज्ञान-शिक्षण में प्रयोगशाला का एक महत्वपूर्ण स्थान है। विज्ञान शिक्षक होने के नाते हाईस्कूल कक्षा के लिए सामान्य विज्ञान प्रयोगशाला की योजना बनाते समय आप किन बिन्दुओं को ध्यान में रखेंगे ? प्रयोगशाला में कार्य करते समय आप क्या सावधानियाँ बरतेंगे ? (गढ़वालवि० वि० 1990)

3. विज्ञान की प्रयोगशाला को आप कैसे सज्जित करेंगे ? इसके प्रबन्ध और उपयोगिता के बारे में विचार लिखिए। (लखनऊ वि०वि० 1988)

4. प्रयोगशाला कार्य विज्ञान शिक्षण में क्यों महत्वपूर्ण है। स्पष्ट कीजिए।

5. भौतिक विज्ञान-शिक्षण में प्रयोगशाला की क्या भूमिका है ? एक अच्छी प्रयोगशाला के गुण बताइए। प्रयोगशाला में प्रवेश से पहले आप विद्यार्थियों को क्या निर्देश देना चाहेंगे ? (मेरठ वि०वि० 1985)

6. विज्ञान की प्रयोगशाला को आप कैसे सज्जित करेंगे ? इसके प्रबन्ध और उपयोगिता के विषय में विचार लिखिए। (कुमायूँ वि०वि० 1990)

7. विद्यालय में जीव-विज्ञान प्रयोगशाला की क्या आवश्यकता है ? इसकी आवश्यकताओं तथा अनुरक्षण का विवेचन कीजिए।

(रुहेलखंड वि०वि० 1983)

8. विज्ञान-शिक्षण में प्रयोगशाला का क्या महत्व है ? हाईस्कूल स्तर पर विज्ञान की प्रयोगशाला में भिन्न-भिन्न आवश्यक सामग्री रखने हेतु आप क्या कदम उठाएँगे ? (रुहेलखंड वि०वि० 1985)

9. विज्ञान की प्रयोगशाला एवं नियोजन पर प्रकाश डालिए।

(रुहेलखंड वि०वि० 1987)

10. विज्ञान प्रयोगशाला पर संक्षिप्त टिप्पणी लिखिए।

(गढ़वाल वि०वि० 1989)

11. एक आदर्श विज्ञान प्रयोगशाला तैयार करने की योजना प्रस्तुत कीजिए। (लखनऊ वि०वि० 1987)

12. एक सामान्य स्तर के विद्यालय में सामान्य विज्ञान पढ़ाने के लिए सुविधाजनक प्रयोगशाला की योजना बनाइये। प्रयोगशाला के लिए आवश्यक उपकरणों एवं सज्जाओं की एक सूची भी दीजिए। (लखनऊ वि०वि० 1990)

13. माध्यमिक विद्यालयों में जीव विज्ञान, रसायन विज्ञान एवं भौतिक विज्ञान की प्रयोगशाला की विशेषताओं की विवेचना कीजिए।

(लखनऊ वि०वि० 1991)

14. विज्ञान-शिक्षण में प्रायोगिक कार्य का क्या महत्व है ? विज्ञान छात्रों के प्रायोगिक कार्य का मूल्यांकन किस प्रकार किया जाना चाहिए ?

(लखनऊ वि०वि० 1991)

## वस्तुनिष्ठ प्रश्न (Objective type Questions)

निर्देश—निम्नलिखित में सर्वोत्तम विकल्प छाँटिए—

1. प्रयोगशाला कार्य में सम्मिलित है—

(1) प्रदर्शन; (2) परिभ्रमण; (3) विज्ञान प्रदर्शनी; (4) व्यक्तिगत अथवा सामूहिक प्रयोग।

2. प्रयोगशाला में छात्र सीखता है—

(1) स्वयं कार्य करके; (2) व्याख्यान; (3) निरीक्षण द्वारा।

निर्देश—निम्नलिखित कथनों में जो सत्य हों उनके समक्ष हाँ तथा असत्य के समक्ष नहीं लिखें—

1. प्रयोगशाला विज्ञान-शिक्षण का एक आवश्यक साधन है।
2. विज्ञान-शिक्षण में छात्र वाद-विवाद द्वारा ज्ञान प्राप्त करता है।
3. प्रयोगशाला कार्य से छात्र के समय का अपव्यय होता है।
4. प्रयोगशाला द्वारा छात्र को वैज्ञानिक विधि का प्रशिक्षण दिया जाता है।

# विज्ञान में पाठ्यसहगामी क्रियाएँ
## (Co-curricular Activities in Science)

"The participation in Co-curricular activities was more likely to produce wholesome and attractive personalities than routine class-work."

—J.R. Shannon

कुछ समय पूर्व खेलकूद, वाद-विवाद नाटक, संगीत, आदि क्रियाओं को पाठ्यक्रम से बाहर की क्रियाएँ माना जाता था और इन्हें अतिरिक्त पाठ्यक्रम क्रियाओं के नाम से पुकारा जाता था। इन क्रियाओं में शिक्षकों द्वारा कोई रुचि नहीं ली जाती थी तथा इन्हें शक्ति एवं समय का अपव्यय माना जाता था। इन क्रियाओं के स्थान के विषय में विवाद रहता था परन्तु इनके शैक्षिक, सामाजिक तथा अधिगम प्रक्रिया में योगदान के कारण इनकी उपयोगिता की ओर ध्यान आकर्षित हुआ है।

एच० सी० मैकोन ने अतिरिक्त पाठ्यक्रम क्रियाओं के विकास के तीन स्तर बताए हैं। प्रथम वह स्तर है जिस समय शिक्षकों तथा प्रशासकों द्वारा इनकी अवहेलना की जाती थी। द्वितीय स्तर वह है जिसमें इनका खुलेआम विरोध किया जाता था तथा तृतीय स्तर आधुनिक युग का है जिसमें शैक्षिक उद्देश्यों की प्राप्ति के लिए इनका उपयोग आवश्यक समझा जाता है।

आधुनिक समय में शिक्षाशास्त्री इस विषय में एकमत हैं कि यदि इन क्रियाओं को समुचित रूप से पथ-प्रदर्शित किया जाए तो ये बड़े ही शैक्षिक महत्व की सिद्ध होगी। आज इनको पाठ्यसहगामी क्रियाओं के रूप में देखा जाता है तथा इनको पाठ्यक्रम का एक अभिन्न अंग माना जाने लगा है। जो भी अनुभव या क्रिया शैक्षिक महत्व रखती है वह पाठ्यक्रम का एक अंग है अतः ये क्रियाएँ वास्तव में पाठ्यक्रमसहगामी क्रियाएँ हैं।

विज्ञान-शिक्षण में पाठ्यक्रमसहगामी क्रियाएँ विज्ञान-शिक्षण के उद्देश्यों की प्राप्ति में सहायक होती हैं। अतः इन्हें विज्ञान पाठ्यक्रम में महत्वपूर्ण स्थान प्रदान किया जाना चाहिए। पाठ्यक्रम द्वारा छात्रों के ज्ञानात्मक पक्ष का विकास होता है परन्तु पाठ्यसहगामी क्रियाओं द्वारा शारीरिक, सामाजिक तथा

भावा-त्मक पक्षों का विकास किया जा सकता है।

## पाठ्यसहगामी क्रियाओं का महत्व (Importance of Co-curricular Activities)

विद्यालय में पाठ्यसहगामी क्रियाएँ विद्यालय की जीवन-शक्ति हैं जिनका बालकों के जीवन में बहुत महत्व है। बालक के व्यक्तित्व के विकास में इनका महत्व-पूर्ण योगदान होता है क्योंकि इनके द्वारा बालक का शारीरिक, मानसिक, नैतिक एवं सामाजिक विकास होता है। माध्यमिक शिक्षा आयोग के अनुसार ये क्रियाएँ बालकों को अपने वैयक्तिक गुणों, क्षमताओं तथा आत्मविश्वास को विकसित करने के लिए अवसर प्रदान करती हैं। इसके अतिरिक्त ये अनुशासन एवं नेतृत्व के सहयोगी गुणों का बालकों को प्रशिक्षण देती हैं। विज्ञान-शिक्षण में इन क्रियाओं का महत्व अथवा उपयोगिता निम्न हैं—

### 1. वैज्ञानिक अभिरुचि एवं वैज्ञानिक अभिवृत्ति का विकास

विज्ञान की विभिन्न पाठ्यसहगामी क्रियाओं के आयोजन द्वारा छात्रों में वैज्ञानिक अभिरुचि व वैज्ञानिक अभिवृत्ति का विकास किया जा सकता है। विज्ञान-क्लब, विज्ञान प्रदर्शनियाँ छात्रों की वैज्ञानिक, साहित्यिक अभिरुचियों का विकास कर उन्हें सृजनात्मक कार्य करने के अवसर प्रदान करती हैं। विभिन्न रुचियाँ एवं कौशल छात्रों के भावी जीवन को समृद्ध बनाने में सहायक सिद्ध होते हैं। वैज्ञानिक रोचक क्रियाओं के प्रशिक्षण से छात्र अपने अवकाश के समय का सदुपयोग कर सकते हैं।

### 2. वैयक्तिक आवश्यकताओं की पूर्ति में सहायक

प्रत्येक व्यक्ति की समाज से कुछ अपेक्षाएँ होती हैं। वह अपनी एक विशिष्ट पहचान बनाना चाहता है। यह पहचान वह अपने कार्यों द्वारा बनाता है। पाठ्य-सहगामी क्रियाएँ छात्रों को उसकी क्षमताओं के अनुसार कार्य करने का अवसर प्रदान करती हैं जिससे उसकी रुचियों का विस्तार होता है। उसे स्वयं को अभिव्यक्ति करने का अवसर मिलता है तथा वह नवीन परिस्थितियों में व्यवस्थापन करना सीखता है।

### 3. सामाजिक आवश्यकताओं की पूर्ति

सामाजिक आवश्यकताएँ वैयक्तिक आवश्यकताओं से घनिष्ठ रूप से सम्बन्धित है। प्रत्येक व्यक्ति दूसरे के साथ कार्य करने तथा अच्छे सम्बन्ध बनाए रखने की आवश्यकता अनुभव करता है। पाठ्यसहगामी क्रियाएँ छात्रों में विभिन्न सामाजिक गुणों, सामाजिक नियमों एवं आचरण के स्वीकृत ढंगों को विकसित

करने के सहायक होती हैं। विद्यालय में इन क्रियाओं का आयोजन छात्र में सहयोग, अनुशासन एवं नेतृत्व के गुणों का विकास करता है। छात्र को स्वतः अनुशासन के लिए प्रेरित किया जाता है जिससे कक्षा एवं विद्यालय की प्रशासन सम्बन्धी समस्याओं का भी समाधान किया जा सकता है। छात्रों को उत्तम सामाजिक विकास के अवसर प्राप्द होते हैं जिससे वे अच्छे नागरिक बनते हैं।

### 4. किशोरावस्था की आवश्यकताओं की पूर्ति

पाठ्यक्रमसहगामी क्रियाओं के आयोजन द्वारा छात्र की अतिरिक्त शक्ति का उपयोगी कार्यों में प्रयोग किया जा सकता है। छात्रों को विभिन्न कार्यों को स्वतन्त्रतापूर्वक करने का उत्तरदायित्व देकर उनकी नैसर्गिक क्षमताओं का अधिक-से-अधिक उपयोग किया जाता है। विज्ञान-क्लब मेले, प्रदर्शनी, पर्यटन किशोरावस्था की बौद्धिक एवं संवेगात्मक आवश्यकताओं की पूर्ति करते हैं जिससे छात्र का उचित सामाजिक व नैतिक विकास होता है। विभिन्न क्रियाओं के आयोजन द्वारा छात्रों की विशेष प्रतिभा का उपयोग किया जाता है।

### 5. अनुशासन स्थापित करने में सहायक

पाठ्यसहगामी क्रियाएँ अनुशासन स्थापित करने में सहायता देती हैं। छात्रों की वैयक्तिक विभिन्नताओं व गुणों की स्वीकृति तथा उनकी कार्य-संलग्नता अनुशासन की समस्या का महत्वपूर्ण समाधान है।

### 6. नैतिक गुणों का विकास

इन क्रियाओं में भाग लेने से छात्रों में सत्यता, ईमानदारी आत्मविश्वास, न्यायप्रियता, धैर्य, दृढ़ता विनय आज्ञापालन आदि गुणों का विकास होता है जो अच्छे चरित्र का निर्माण करते हैं।

### 7. मानसिक शक्तियों का विकास

ये क्रियाएँ छात्र को चिन्तन करने, तर्क करने एवं स्वतन्त्र निर्णय के अवसर प्रदान करती हैं। इनमें भाग लेने से उनकी मानसिक शक्तियों के विकास के साथ उनका दृष्टिकोण व्यापक व उदार बनता है, साथ ही वे सत्य और असत्य तथा अच्छे और बुरे में अन्तर करना सीख जाते हैं।

पाठ्यसहगामी क्रियाओं के संगठन एवं संचालन में निम्न बातों का ध्यान रखकर इनकी उपयोगिता को बढ़ाया जा सकता है—

1. पाठ्यसहगामी क्रियाओं के अन्तर्गत जिस क्रिया का चुनाव किया जाय वह विज्ञान-शिक्षण के उद्देश्यों की प्राप्ति में सहायक हो।
2. छात्र और शिक्षकों के सहयोग से योजना बनाई जानी चाहिए। इसमें

विद्यालय में उपलब्ध साधनों को पर ध्यान देना आवश्यक है।

3. इन क्रियाओं द्वारा छात्रों को रचनात्मक कार्य करने के अवसर प्रदान किये जायें जिससे उनकी मनोवैज्ञानिक आवश्यकताओं की भी पूर्ति हो सके।

4. सहगामी क्रियाओं के कार्यक्रम में प्रत्येक छात्र को भाग लेने का अवसर दिया जाना चाहिए।

5. इन क्रियाओं का संगठन व संचालन लोकतन्त्रीय आधार पर किया जाना चाहिये जिससे प्रत्येक छात्र को इसमें भाग लेने का अवसर प्राप्त हो सके।

6. इन क्रियाओं के सफल संचालन के लिए इन्हें विद्यालय की समय-सारणी में उचित स्थान दिया जाना चाहिए।

7. छात्रों को उचित निर्देशन दिया जाना चाहिये।

8. प्रत्येक क्रिया के संचालन से पूर्व उसकी योजना बना लेनी चाहिये तथा प्रधानाध्यापक से स्वीकृति प्राप्त कर लेनी चाहिये।

9. इनके संगठन एवं संचालन में छात्रों को अधिक-से-अधिक दायित्व प्रदान किये जाने चाहिए। शिक्षक को पथप्रदर्शन के लिए तैयार रहना चाहिये परन्तु उनके कार्यों में अनावश्यक हस्तक्षेप नहीं करना चाहिये।

10. क्रिया के सफल संचालन के लिये उसका निरीक्षण किया जाना आवश्यक है।

11. इनके संगठन व संचालन में समाज का सहयोग प्राप्त किया जाना चाहिए।

ये क्रियाएँ विज्ञान-शिक्षण के उद्देश्यों की प्राप्ति में सहयोग प्रदान करती हैं, विज्ञान-शिक्षण के उद्देश्यों की प्राप्ति के लिये इनको विद्यालय पाठ्क्रम में महत्वपूर्ण स्थान किया जाना आवश्यक है। विज्ञान-शिक्षण की मुख्य पाठ्यसहगामी क्रियाएँ निम्न हैं—

(1) विज्ञान क्लब (Science-club); (2) वैज्ञानिक अभिरुचियाँ (Scientific Hobbies); (3) विज्ञान मेले एवं प्रदर्शनी (Science Fairs and Exhibitions); (4) पर्यटन (Excursion)।

### 1. विज्ञान-क्लब (Science-club)

शिक्षण के दो प्रमुख सिद्धान्त हैं, क्रिया द्वारा सीखना तथा अनुभव द्वारा सीखना। यह सिद्धान्त विज्ञान-शिक्षण के लिये भी उतने ही आवश्यक हैं जितना कि किसी अन्य विषय के शिक्षण के लिये। प्रत्येक बालक में वस्तुओं का निर्माण करने व तोड़-फोड़ की स्वाभाविक प्रवृत्ति होती है। परन्तु वर्तमान पाठ्यक्रम बालक की रचनात्मक क्रियाओं को अभिव्यक्त करने के उचित अवसर प्रदान नहीं करता है। इसलिए स्वाभाविक ही है कि एक ऐसे संगठन की स्थापना की जाय जिसके

माध्यम से छात्र अपनी सृजनात्मक क्षमताओं का उपयोग कर सकें। इससे छात्र की मूल प्रवृत्ति तथा इच्छाओं की सन्तुष्टि के साथ-ही-साथ सन्तुलित व्यक्तित्व का विकास भी सम्भव है। ऐसा संगठन जिसके द्वारा वैज्ञानिक अभिवृत्ति का विकास हो, विज्ञान सम्बन्धी क्रियाओं में रुचि उत्पन्न हो तथा पाठ्यक्रम का व्यावहारिक ज्ञान प्राप्त किया जाय, विज्ञान-क्लब कहलाता है। यह छात्र को विज्ञान के क्षेत्र में उसकी सृजनात्मक क्षमताओं के विकास के अवसर प्रदान कर नवीन ज्ञान के विकास में सहायता देता है। प्रत्येक बालक दूसरे से रुचि, क्षमताओं व कौशल में भिन्न होता है। विज्ञान-शिक्षण के दैनिक कार्यक्रम द्वारा प्रत्येक बालक की आवश्यकताओं की पूर्ति करना सम्भव नहीं है। विज्ञान-क्लब एक ऐसा स्थान है जहाँ पर बालक अपनी रुचि के आधार पर क्रियाएँ करने के लिये स्वतन्त्र है। विज्ञान-क्लब और कक्षा की क्रियाओं में यही अन्तर है कि जहाँ कक्षा का वातावरण औपचारिक होता है तथा छात्रों को अध्यापक द्वारा दिये कार्य करने होते हैं, विज्ञान-क्लब में छात्र अपने कार्यों को करने में स्वतन्त्र होते हैं। उसमें वे अध्यापक को प्रसन्न करने के लिये नहीं वरन् अपने लिये कार्य करते हैं।

विज्ञान-क्लब द्वारा विज्ञान का अध्ययन रुचिकर हो जाता है। प्रत्येक बालक में कुछ-न-कुछ कार्य करने की क्षमता होती है और विज्ञान-क्लब में कार्य करते हुए वे अपने कौशल का विकास कर सकते हैं। वैज्ञानिक तथ्यों, प्रत्ययों व सिद्धान्तों का ज्ञान प्राप्त करते हैं। वे छात्र जो विज्ञान के किसी क्षेत्र में विशेष ज्ञान प्राप्त करना चाहते हैं, विज्ञान-क्लब के क्रियाकलापों द्वारा प्राप्त कर सकते हैं। विज्ञान-क्लब के कार्यों का कक्षागत परिस्थिति में भी स्थानान्तरण होता है। वे छात्र जो विज्ञान-क्लब की गतिविधियों में रुचि लेने लगते हैं, कक्षा के क्रिया-कलापों में भी रुचि लेने लगते हैं। विज्ञान-क्लब के कार्यों के कारण सामान्य कक्षा के वातावरण में भी सजीवता बनी रहती है। वैज्ञानिकों का विचयर है कि उच्च माध्यमिक स्तर तक विज्ञान-क्लब का संगठन इस प्रकार किया जाय कि वे विभिन्न क्रियाओं द्वारा छात्रों की रुचियों को जाग्रत करें जिससे वे उचित विधियों और क्रियाओं द्वारा अवकाश के समय का उपयोग कर सकें।

अमेरिका, रूस आदि पश्चिमी देशों में विज्ञान-क्लब, ,विज्ञान कार्यक्रमों के आयोजन होते रहते हैं। हमारे देश में कुछ वर्षों पूर्व ही इस दिशा में कार्य आरम्भ हुआ तथा राष्ट्रीय शैक्षिक अनुसंधान एवं प्रशिक्षण परिषद द्वारा विज्ञान-क्लब की स्थापना के लिए वित्तीय सहायता प्रदान करने की व्यवस्था की गई है। इसके बाद भी विज्ञान-क्लब की स्थापना के क्षेत्र में संतोषजक कार्य नहीं हुआ। इसका क्षेत्र माडल, चार्ट और वैज्ञानिक सामग्री के निर्माण तक ही सीमित रहा। सरकार द्वारा विज्ञान-क्लब की स्थापना में रुचि लेने के फलस्वरूप 1962 में सरकार द्वारा सहायता प्राप्त विज्ञान-क्लबों की संख्या 500 थी जो 1965-

66 तक 900 हो गई। तब से इनकी संख्या में लगातार वृद्धि हो रही है। विज्ञान-क्लब को सफल व प्रभावशाली बनाने के लिए राष्ट्रीय शैक्षिक अनुसंधान एवं प्रशिक्षण परिषद द्वारा Science-club Sponsors Workshop आयोजित की गई जिनमें उन क्रियाओं का प्रशिक्षण दिया गया जो विज्ञान-क्लब द्वारा आयोजित की जा सकती है। विद्यालय में संसाधनों, धन, अभिप्रेरणा तथा प्रधानाचार्य का दृष्टिकोण आदि कारकों के कारण इन कार्यों में अपेक्षित सफलता नहीं मिल पाई।

विज्ञान-क्लब के उद्देश्य (Objectives of Science-club)—विज्ञान-क्लब समान स्तर, समान रुचियों और समान उद्देश्यों के लिए कार्य करनेवाले छात्रों का संगठन है। इसमें छात्र अनौपचारिक वातावरण में विज्ञान से सम्बन्धित समस्याओं का अन्वेषण करते हैं तथा अपनी-अपनी अभिरुचियों का अनुशीलन करते हैं। संसाधनों, क्षमता एवं इच्छा के अनुरूप विभिन्न स्तर के छात्रों के लिए विभिन्न प्रकार के कार्यक्रम विकसित किये जा सकते हैं। इस प्रकार यह विज्ञान-शिक्षण के केन्द्र-बिन्दु के रूप में विज्ञान को कक्षा व प्रयोगशाला से समुदाय तक जोड़नेवाली कड़ी के रूप में कार्य करता है। भारत जैसे विकासशील देश में विज्ञान-क्लब के निम्न उद्देश्य हैं—

(1) छात्रों में विज्ञान के प्रति सामान्य जागरूकता तथा सामाजिक कार्यों में योगदान की प्रवृत्ति का विकास।

(2) वैज्ञानिक विधि का उपयोग तथा अभ्यास का प्रशिक्षण।

(3) वैज्ञानिक दृष्टिकोण व वैज्ञानिक कौशलों का विकास।

(4) छात्रों को स्वतन्त्र रूप से कार्य करने के अवसर देना।

(5) विज्ञान की विभिन्न शाखाओं में छात्रों में रुचि का विकास।

(6) विज्ञान मेले व प्रदर्शनियों में सक्रिय भागेदारी।

(7) विज्ञान की सहायक सामग्री जैसे चार्ट, माडल का निर्माण तथा विज्ञान संग्रहालय का निर्माण।

(8) विज्ञान की पत्रिकाओं तथा अतिरिक्त पुस्तकें पढ़ने की आदत का विकास।

विज्ञान-क्लब एक विकासशील संगठन है। समय और आवश्यकता के अनुसार अन्य उद्देश्यों को सम्मिलित किया जा सकता है।

विज्ञान-क्लब की क्रियाएँ (Activities of Science-club)—विज्ञान-क्लब की क्रियाओं की कोई निश्चित सूची नहीं है। छात्रों की रुचि व अभिवृत्ति के आधार पर क्रियाओं की व्यवस्था की जा सकती है। छात्रों द्वारा निम्न क्रियाएँ आयोजित की जाती हैं—

(1) व्याख्यान, सेमीनार का आयोजन।

(2) वैज्ञानिक रुचियों के विषय पर पेपर रीडिंग प्रतियोगिता।

(3) क्षेत्र-भ्रमण, सामुदायिक संसाधनों के सर्वेक्षण से सम्बन्धित क्रियाएँ।

(4) विज्ञान प्रदर्शनियों तथा मेलों का आयोजन।

(5) विज्ञान संग्रहालय के लिये विभिन्न वस्तुओं, सामग्री का संग्रह व व्यवस्था।

(6) स्वयं निर्मित उपकरणों का निर्माणं।

(7) दैनिक जीवन के उपयोग की वस्तुएँ जैसे साबुन, इंक, बूट-पालिश, क्रीम आदि का निर्माण।

(8) चित्र, चार्ट व माडल का निर्माण।

(9) वैज्ञानिकों के जन्मदिन व आविष्कारों का ज्ञान।

(10) विज्ञान-क्षेत्र से सम्बन्धित व्यक्ति के व्याख्यान का आयोजन करवाना।

(11) प्राथमिक चिकित्सा के सम्बन्ध में चिकित्सक से जानकारी।

(12) वैज्ञानिक विषयों पर नाटक का प्रदर्शन।

विज्ञान-क्लब का संगठन (Organisation of Science-club)—विज्ञान-क्लब के संगठन में निम्न बातों का ध्यान रखा जाना आवश्यक है—

1. विज्ञान-क्लब के लिए स्थान, सामग्री आदि की व्यवस्था।
2. विज्ञान-क्लब का आकार, सदस्यों की संख्या।
3. सदस्यों व कार्यकारिणी का चुनाव।
4. क्लब की मीटिंग के लिए दिन व स्थान का चुनाव।

इसके अतिरिक्त विज्ञान-क्लब का एक संविधान होना आवश्यक है। सामान्यता शिक्षण संस्था का प्रधान इसका संरक्षक (Pation) तथा विज्ञान अध्यापक इसका प्रवर्तक (Sponsor) होगा। विज्ञान के छात्रों के अलावा अन्य छात्र जो विज्ञान में रुचि लेते हो, उन्हें भी सदस्य बनने का अवसर दिया जाए। प्रारम्भ में विद्यालय को क्लब के लिए आर्थिक संसाधनों की व्यवस्था करनी चाहिए। क्लब की एक निर्वाचित कार्यकारिणी होनी चाहिए जिसका चुनाव छात्रों में से ही हो। कार्यकारिणी में निम्न सदस्य होने चाहिए—

1. सभापति (Chairman), 2. सचिव (Secretary), 3. सहायक सचिव (Assistant Secretary), 4. कोषाध्यक्ष (Treaserer), 5. पुस्तकालयाध्यक्ष (Librarion), 6. स्टोरकीपर (Store-keeper), 7. प्रचार अधिकारी (Publicity Officer), 8. कक्षा प्रतिनिधि (Class-representative)।

क्लब के सदस्य प्राप्त साधनों तथा स्थितियों के अनुसार क्रियाओं का चुनाव कर सकते हैं। विज्ञान-क्लब की सफलता विज्ञान-अध्यापक पर निर्भर करती है इसीलिए विद्यालय प्रशासन का कर्त्तव्य है कि वह विज्ञान-शिक्षक को क्लब के संचालन के लिए अधिक-से-अधिक सुविधाएँ प्रदान करे।

एक योग्य व अनुभवी अध्यापक कठिनाइयों के होते हुए भी विज्ञान-क्लब का

संचालन सफलतापूर्वक कर सकता है। फिर भी विद्यालय का यह दायित्व है कि वह आवश्यक संसाधनों की व्यवस्था में सहयोग दें। तभी विज्ञान-शिक्षण के उद्देश्य की प्राप्ति हो सकती है।

**विज्ञान-क्लब और कक्षा-शिक्षण** (Science-club and Class-room Teaching)—विज्ञान-क्लब विज्ञान-शिक्षण का एक महत्वपूर्ण साधन है। क्लब के सदस्यों द्वारा बनाई सामग्री को शिक्षण सहायक सामग्री के रूप में प्रयोग किया जा सकता है। क्लब के कार्यों को कक्षा के सम्मुख प्रस्तुत करके छात्रों की विज्ञान विषय में रुचि विकसित की जा सकती है। विज्ञान-क्लब की क्रियाओं को कक्षा शिक्षण से सम्बन्धित कर अधिगम उपलब्धि को बढ़ाया जा सकता है।

## 2. वैज्ञानिक रोचक कार्य (Scientific Hobbies)

शिक्षा का एक उद्देश्य बालक को अवकाश के समय के सदुपयोग के लिए प्रशिक्षित करना है जिससे कि वह इसका उपयोग अपनी रुचियों, क्षमताओं तथा आवश्यकताओं के आधार कर सके। प्रत्येक बालक दूसरे से रुचि, क्षमता तथा योग्यताओं में भिन्न होता है। इन व्यक्तिगत भिन्नताओं का उपयोग अवकाश के समय की क्रियाओं के रूप में किया जा सकता है जिसे हम वैज्ञानिक रोचक कार्य कहते हैं। आधुनिक शिक्षाशास्त्रियों का मत है कि बालकों की रुचियों को सन्तुष्ट किया जाना आवश्यक है जिससे वे अधिकतम आनन्द व सन्तोष का अनुभव कर सकें। इसके लिए यह आवश्यक है कि शिक्षण समय के अतिरिक्त घर और विद्यालय में बालक के लिए अधिक-से-अधिक क्रियाओं की व्यवस्था की जाय। अवकाश सम्बन्धी क्रियाएँ बालक की खेल, जिज्ञासा, सामूहिकता, अनुकरण, संग्रह, निर्माण आदि प्रवृत्तियों को सन्तुष्ट करके बालक के सन्तुलित व्यक्तित्व के निर्माण में योग देती हैं। इन कार्यों से छात्र को रचनात्मक कार्यों में व्यस्त रहने का प्रशिक्षण मिलता है। वैज्ञानिक रोचक कार्य-शिक्षण और वास्तविक जीवन में सम्बन्ध स्थापित करते हैं, इसलिए भी महत्वपूर्ण हैं।

### आवश्यकता तथा उपयोगिता (Need and Importance)

1. **अवकाश के समय का सदुपयोग**—विज्ञान सम्बन्धी कार्यों के द्वारा छात्र अपने अवकाश के समय का उपयोग करना सीखते हैं। विज्ञान-क्लब की क्रियाओं को भी अवकाश की क्रियाओं के रूप में प्रयोग किया जा सकता है जिसमें मुख्य रूप से निर्माण, संग्रह व रचनात्मक कार्यों को सम्मिलित किया जा सकता है।

2. **किशोरावस्था की समस्या के समाधान में सहायक**—किशोरावस्था बालक के विकास की महत्वपूर्ण अवस्था है। इस अवस्था में छात्रों में बहुत अधिक शक्ति व ऊर्जा होती है। उसका उपयोग रचनात्मक कार्यों में करके उनको उचित दिशा में निर्देश दिया जा सकता है। इससे सन्तुलित व्यक्तित्व के विकास में सहायता मिलती है।

3. बाह्य वातावरण से सम्बन्ध—वैज्ञानिक अभिरुचियाँ विज्ञान व तकनीकी के व्यावहारिक ज्ञान से सम्बन्धित होने के कारण छात्र को नए आविष्कारों व वैज्ञानिकों के ज्ञान से परिचित कराने में सहायक होती हैं।

4. उत्पादक क्रिया—एक कुशल, अनुभवी अध्यापक वैज्ञानिक अभिरुचियों के अन्तर्गत छात्रों को किसी उपयोगी व उत्पादक कार्य का प्रशिक्षण देकर उसे अवकाश के समय का उचित उपयोग करना सिखाता है। उदाहरण के लिए दैनिक उपयोगिता की वस्तुएँ जैसे इंक, पालिश आदि का निर्माण।

वैज्ञानिक रोचक कार्यों की संख्या काफी अधिक है। उदाहरण के लिए वस्तुओं, पौधों, जानवरों का संग्रह, चित्र अलबम, चार्ट, उपकरण का निर्माण। बालकों को यह सब कार्य चुनौतीपूर्ण लगते हैं। इन्हें करने से उन्हें सन्तुष्टि मिलती है। कहावत है खाली मस्तिष्क शैतान का घर होता है। यदि छात्र को अवकाश के समय में कुछ कार्य करने को नहीं होगा तो वह समय का दुरुपयोग करेगा। इसलिए यह आवश्यक है कि छात्र को विभिन्न रोचक कार्यों की जानकारी देकर उसे उनमें से अपनी रुचि के कार्य को स्वतन्त्र रूप से चयन करने का अवसर दिया जाय जिससे वह सृजनात्मक क्षमताओं का विकास कर अवकाश का उचित उपयोग कर सके। इन कार्यों के अन्तर्गत प्रारम्भ में उपयोगी, सरल तथा कम खर्चीले कार्यों को ही लिया जाना चाहिए। कुछ कार्यों की सूची निम्न है—

1. साबुन, स्याही क्रीम, बूटपालिश, मंजन, मोमबत्ती, चाक आदि तैयार करना।
2. माडल, चित्र, चार्ट बनाना।
3. विज्ञान प्रदर्शनी तथा मेलों का आयोजन करना।
4. फोटोग्राफी, रेडियो सम्बन्धी कार्य।
5. बागवानी।
6. पौधे, जानवर, खनिजों, बीजों, मिट्टी, चट्टानों का संग्रह।
7. वैज्ञानिक साहित्य का अध्ययन।
8. विज्ञान सम्बन्धी व्याख्यान, नाटक व निबन्ध प्रतियोगिता।
9. विज्ञान संग्रहालय, कृत्रिम जलाशय आदि की व्यवस्था।
10. प्राथमिक उपचार करना, समाजसेवा तथा स्वच्छता की जानकारी देना।

### 3. विज्ञान मेले (Science Fairs)

विज्ञान मेले प्रभावशाली विज्ञान अनुदेशन के लिए उपयोगी हैं। विज्ञान-क्लब द्वारा किए गए कार्यों के प्रदर्शन का यह एक महत्वपूर्ण साधन है। यह छात्रों को विज्ञान के क्षेत्र में कार्य करने के लिए प्रोत्साहन देता है। विज्ञान मेले विज्ञान-शिक्षण के उद्देश्यों की पूर्ति करने में भी सहायक होते हैं। छात्र प्रदर्शन द्वारा तथा अन्य छात्रों के सम्पर्क में आकर विज्ञान के विषय में अधिक सीखते हैं।

इसलिए यह आवश्यक है कि प्रत्येक विद्यालय में वर्ष में एक बार विज्ञान मेले का आयोजन अवश्य किया जाना चाहिए। इसकी सफलता के लिए अध्यापक व छात्र दोनों को मिलकर कार्य करना चाहिए। छात्रों द्वारा निर्मित वस्तुओं व उपकरणों का प्रदर्शन किया जाए। प्रयास यह होना चाहिए कि प्रदर्शित वस्तुएँ व्यावहारिक व उपयोगी हों जिससे वे विज्ञान की वास्तविक उपयोगिता व विज्ञान विषय की प्रकृति से परिचित करा सकें। विज्ञान मेले में माता-पिता तथा समुदाय के सदस्यों को आमन्त्रित किया जाए जिससे वे विद्यालय के विज्ञान सम्बन्धी क्रिया-कलापों से परिचित हो सकें। इससे उसमें विज्ञान विषय के शिक्षण के प्रति जागरूकता का विकास होगा। विज्ञान मेलों के आयोजन में जो छात्र भाग लें उन्हें अध्यापकों, साथियों तथा विज्ञान के विशेषज्ञों से सहायता व निर्देशन लेना चाहिए।

राष्ट्रीय शैक्षिक अनुसंधान एवं प्रशिक्षण परिषद, प्रतिवर्ष पूरे देश में जिले, मण्डल एवं राज्य स्तर पर विज्ञान मेलों की व्यवस्था करती है। इनके लिए आवश्यक आर्थिक सहायता भी दी जाती है। दिल्ली में प्रतिवर्ष राष्ट्रीय विज्ञान प्रदर्शनी का आयोजन किया जाता है। राष्ट्रीय शैक्षिक अनुसंधान एवं प्रशिक्षण परिषद के अनुसार विज्ञान मेलों के निम्न उद्देश्य हैं—

1. छात्रों को अपने विचारों तथा विज्ञान के कक्षा में प्राप्त ज्ञान को रचनात्तमक दिशा में प्रयोग करने के अवसर देना।

2. अपने साथियों की उपलब्धि को देखने के अवसर प्रदान करना जिससे उन्हें भी स्वयं योजना बनाकर कार्य करने की प्रेरणा मिले।

3. छात्रों की विज्ञान सम्बन्धी गतिविधियों को लोकप्रिय बनाना।

4. प्रतिभाशाली छात्रों को विशेष प्रोत्साहन देना।

5. विज्ञान के उपयोगी पक्ष से जन-सामान्य को परिचित कराना।

6. समुदाय के व्यक्तियों को अध्यापक व छात्रों के सम्पर्क में लाना।

विज्ञान मेलों का महत्व (Importance of Science Fairs)—विज्ञान मेलों की सामाजिक, मनोवैज्ञानिक तथा शैक्षिक उपयोगिता है। छात्र समूह में कार्य करके बहुत-सी क्रियाओं को सीखते हैं जिन्हें वे सामान्य कक्षा-शिक्षण द्वारा नहीं सीख सकते। उनका केवल बौद्धिक ही नहीं वरन् शैक्षिक व मनोवैज्ञानिक विकास भी होता है। निर्माण, संग्रह व जिज्ञासा की प्रवृति की सन्तुष्टि होती है। विज्ञान के क्षेत्र में प्रतिभाशाली छात्रों की पहचान होती है तथा उन्हें उनकी प्रतिभा का प्रदर्शन करने का अवसर दिया जा सकता है तथा उसका उचित उपयोग अन्य कार्यों में किया जा सकता है। छात्रों को जिला, राज्य व राष्ट्रीय स्तर पर आयोजित मेलों में भाग लेने के लिए प्रोत्साहित किया जाना चाहिए जिससे वे अपनी प्रतिभा का प्रदर्शन वैज्ञानिक कार्यों के द्वारा कर सके। शिक्षक के लिए भी मेलों की उपयोगिता है। उन्हें अपने कार्य में नयेपन का अनुभव होता है तथा

प्रायोगिक कौशल विकसित करने का अवसर मिलता है।

**विज्ञान मेले की व्यवस्था (Organisation of Science Fair)**

विज्ञान मेले की व्यवस्था अध्यापक व छात्र द्वारा संयुक्त रूप से की जाती है। इसके अन्तर्गत निम्न कार्य होते हैं—

1. नियोजन (Planning)—नियोजन में निम्न बातों का ध्यान रखा जाना आवश्यक है—

(1) मेले के उद्देश्य व लक्ष्य।

(2) स्थान—विद्यालय या उसके बाहर।

(3) विधि।

(4) आर्थिक साधन।

(5) स्थान, समय अवधि आदि।

(6) अन्य बातें व सुविधाएँ।

2. कार्य विभाजन (Division of Work)—योजना बनाने के पश्चात् प्रत्येक व्यक्ति को कार्य सौंप दिया जाता है। विभिन्न समितियों का निर्माण अध्यापक के निर्देशन में किया जाता है। कार्य विभाजन में छात्र की रुचि तथा क्षमताओं का ध्यान रखा जाना आवश्यक है।

3. क्रियान्वयन (Implementation)—विभिन्न समितियों के सहयोग से योजना का क्रियान्वयन किया जाता है। मेले में प्रदर्शित वस्तु स्पष्ट, नामांकित, शीर्षकसहित हो। मेले का उद्घाटन किसी प्रसिद्ध व्यक्ति से करवाया जाय तथा अन्य। विद्यालयों के अध्यापकों व समाज के नागरिकों को भी उसमें आमन्त्रित किया जाए।

4. मूल्यांकन (Evaluation)—मेले में प्रदर्शित वस्तुओं के मूल्यांकन के लिए निर्णायकों की नियुक्ति की जाए। निर्णायक ऐसे व्यक्ति को बनाया जाए जिसे विज्ञान की जानकारी हो, जैसे विज्ञान अध्यापक, कालेज के प्रोफेसर, वैज्ञानिक आदि।

मेला पूर्ण होने पर अध्यापक और छात्र यह जानने का प्रयास करें कि इसके द्वारा निर्धारित उद्देश्यों की पूर्ति हुई है या नहीं तथा इसमें क्या कमियाँ रहीं।

**विज्ञान मेले के कार्यक्रम (Programmes of Science Fair)**—विज्ञान मेले में वस्तुओं, चार्टों, चित्रों, स्वनिर्मित उपकरणों के प्रदर्शन के साथ-ही-साथ अन्य क्रियाओं की भी व्यवस्था की जानी चाहिए। कुछ कार्यक्रम निम्न हैं—

(1) किसी वैज्ञानिक प्रकरण पर वाद-विवाद का आयोजन करना।

(2) वैज्ञानिक प्रकरणों पर निबन्ध प्रतियोगिता का आयोजन करना।

(3) पत्र पाठन।

(4) वैज्ञानिक पहेलियों का आयोजन।

(5) प्रसिद्ध विज्ञान अध्यापकों के भाषण।

(6) सामूहिक विचार गोष्ठी का आयोजन।
(7) विज्ञान की पुस्तकों का प्रदर्शन।
(8) वैज्ञानिक प्रकरणों से सम्बन्धित चलचित्र-प्रदर्शन।

### 4. विज्ञान में पर्यटन

विज्ञान में भ्रमण अथवा पर्यटन कक्षा के बाहर वह गतिविधि है जिसके द्वारा छात्रों को विषयवस्तु सम्बन्धी ज्ञान प्रत्यक्ष रूप से प्राप्त होता है। शिक्षा के क्षेत्र में पर्यटन का विशेष महत्व हैं। प्रतिवर्ष अनेक विद्यालयों के छात्र विभिन्न स्थानों का भ्रमण करते हैं तथा ज्ञान प्राप्त करते हैं परन्तु विज्ञान-शिक्षण में पर्यटन एक विधि के या सहायक साधन के रूप में आवश्यक अंग है। इस प्रकार प्राप्त शैक्षणिक अनुभवों का प्रयोगों एवं प्रदर्शनों की अपेक्षा अधिक महत्व है। विज्ञान-शिक्षण के अन्तर्गत ऐसे बहुत से प्रकर हैं जिनका ज्ञान छात्र को वास्तविक परिस्थिति में ले जाकर दिया जा सकता है। विभिन्न कारखानों, मुर्गीफार्म, डेरी फार्म, बिजली-घर, तारघर आदि विज्ञान सम्बन्धी विभिन्न स्थानों पर छात्रों को ले जाकर वास्तविक अनुभव प्रदान किए जाए जा सकते हैं। पुष्प, पत्ती, पौधों एवं विभिन्न जानवरों के सम्बन्ध में वास्तविक ज्ञान प्राप्त करने के लिए छात्रों को उद्यानों, जंगलों तथा चिड़ियाघरों में ले जाया जा सकता है। बालक प्रकृति के सम्पर्क में आता है और विभिन्न जीव-जन्तुओं का अध्ययन प्राकृतिक पर्यावरण में करता है। वह प्रकृति के रहस्यों और रचनाओं का अवलोकन करता है। इससे उसमें विज्ञान के प्रति रुचि का विकास होता है सैद्धान्तिक ज्ञान का व्यावहारिक रूप देखने से वास्तविक व स्थायी ज्ञान की प्राप्ति होती है।

वाल्टर के अनुसार—"कोई भी स्थान जहाँ कि कोई पौधा या जानवर पाया जाता है उतना ही महत्व रखता है जितना कि जानवर और पौधे रखते हैं।"

**शैक्षिक भ्रमण का आयोजन**—शैक्षिक यात्रा का नियोजन पाठ्यक्रम की आवश्यकता के अनुसार किया जाना चाहिए। यह आवश्यक नहीं है कि शैक्षिक भ्रमण के लिए छात्रों को दूर ही ले जाया जाए, आवश्यकतानुसार पास के स्थलों पर भी ले जाया जा सकता है जैसे कोई बाग, खेल, दुग्धशाला, अस्पताल, वाटर-वर्क्स, सीवर स्टेशन, संग्रहालय, पशुवाटिका आदि। यदि शिक्षक ने वह स्थान न देखा हो तो उसे स्थान का निर्णय करने से पूर्व उसे देख लेना चाहिए। स्थान का निर्णय हो जाने पर छात्रों को शैक्षिक भ्रमण के उद्देश्यों की स्पष्ट जानकारी दी जानी चाहिए। पर्यटन या भ्रमण के उद्देश्यों पर कक्षा में चर्चा की जा सकती है। उद्देश्य और स्थान का निर्णय होने पर कार्य विभाजन किया जाना चाहिए।

पर्यटन के लिए स्थान का चयन छात्रों के स्तर, रुचि एवं पढ़ाए गए विषय को ध्यान में रखकर करना चाहिए। यदि छात्रों को कक्षा में प्राकृतिक अध्ययन के विषय में पढ़ाया गया है तो उन्हें किसी ऐसे स्थान या पास के गाँव में ले जाना

चाहिए जहाँ पर वे तालाब, नदी, खेत व बगीचे, बनस्पतियाँ आदि देख सकें। पौधों और जानवरों के निरीक्षण के लिए जीव वाटिकाएँ तथा वनस्पति वाटिकाओं में ले जाया जा सकता है। इसके अतिरिक्त छात्रों को भ्रमण के लिए रेडियो स्टेशन, वर्कशाप, टेलीफोन के कार्यालय में ले जाया जा सकता है। विद्यालय के आसपास कोई फैक्ट्री, कारखाना, मिल हो तो वहाँ पर छात्रों को ले जाना चाहिए। पुल या विभिन्न जलविद्युत परियोजनाओं का निर्माण कार्य छात्रों को ले जाकर दिखाया जा सकता है पर्यटन के लिए स्थान का चयन इस पर भी निर्भर करता है कि विद्यालय ग्रामीण क्षेत्र में है या शहरी क्षेत्र में। इसके अतिरिक्त उच्च कक्षाओं के छात्रों को राज्य एवं राष्ट्रीय स्तर की विभिन्न प्रयोगशालाओं, अनुसंधान केन्द्रों में ले जाया जा सकता है। जहाँ पर वे व्यावहारिक ज्ञान प्राप्त करने के साथ अपने राष्ट्र की वैज्ञानिक प्रगति से भी परिचित हो सकेंगे। विज्ञान के शिक्षण को केवल कक्षा शिक्षण तक सीमित नहीं किया जा सकता है। शिक्षण को प्रभावशाली व उपयोगी बनाने के लिए इसे जीवन से सम्बन्धित करना आवश्यक है। वैज्ञानिक रुचियों तथा विज्ञान से सम्बन्धित स्थानों पर जाकर छात्र को प्रत्यक्ष अनुभव प्राप्त होते हैं जिससे अधिगम, रोचक, स्थायी व अर्थपूर्ण होता है। अतः यह आवश्यक है कि पर्यटन को पाठ्यक्रम का नियमित अंग बनाया जाए। विज्ञान में पर्यटन की निम्न उपयोगिता है—

(1) कक्षा में पढ़ी गई वस्तुओं व सिद्धान्तों का प्रत्यक्ष ज्ञान प्राप्त होता है। उदाहरण के लिए छात्रों को ध्वनि व उसकी गति के विषय में पढ़ाया है तो उसके लिए रेडियो स्टेशन तथा टेलीफोन एक्सचेंज ले जाना उपयोगी होगा।

(2) छात्र विद्यालयी जीवन को वाह्य संसार तथा समुदाय के साथ समन्वय करके देखता है। इसके लिए छात्र को फार्म, बगीचे, फैक्ट्री में ले जाया जा सकता है।

(3) पर्यटन द्वारा छात्रों में वैज्ञानिक खोज की भावना का विकास होता है, साथ ही वे पढ़े गए ज्ञान का प्रयोग व परीक्षण कर सकते हैं।

(4) विज्ञान सम्बन्धी योजनाओं के विषय में जानकारी व सामग्री प्राप्त कर सकते हैं।

(5) छात्रों में व्यवस्था, नियोजन, सहयोग आदि का विकास होता है तथा वे अपनी जिम्मेदारियों को अच्छी प्रकार पूरा करना सीखते हैं।

(6) विज्ञान सम्बन्धी सामग्री का संग्रह कर सकते हैं।

(7) विज्ञान विषय के प्रति रुचि का विकास होता है।

(8) प्रकृति तथा विज्ञान सम्बन्धी वस्तुओं को स्वाभाविक रूप से देखने से उनका सही ज्ञान हो पाता है।

(9) विज्ञान की वास्तविक महत्ता से परिचित होता है जो केवल कक्षा शिक्षण द्वारा सम्भव नहीं है।

पर्यटन की योजना बनाना (Planning an Excursion)

1. नियोजन (Planning)—अध्यापक और छात्रों के सहयोग से उद्देश्य के आधार पर इसकी योजना बनानी चाहिए। इसमें इस बात का विशेष ध्यान रखा जाए कि विद्यालय समय तालिका अथवा दैनिक विद्यालय कार्य में कम-से-कम परिवर्तन करना पड़े। योजना बनाते समय निम्न बातों क ्यान रखा जाना आवश्यक है—

(1) पर्यटन के स्थान का निर्णय करना।

(2) शिक्षक को सम्बन्धित अधिकारियों से अनुमति प्राप्त करनी चाहिए।

(3) परिवहन सम्बन्धी सुविधाओं का पता लगाना चाहिए।

(4) यह निश्चित करना चाहिए कि पर्यटन पर पूरी कक्षा जाएगी या कक्षा का एक दल।

(5) छात्रों के अभिभावकों की अनुमति प्राप्त करना।

(6) प्रति छात्र के व्यय का पता लगाना और आवश्यक धनराशि को जमा करना।

(7) भोजन तथा आवास की उपयुक्त व्यवस्था करना।

(8) प्राथमिक चिकित्सा की औषधि पेटिका की व्यवस्था करना।

2. तैयारी (Preparation)—पर्यटन के लिए छात्रों को स्पष्ट रूप से तैयार किया जाना चाहिए। उनको पर्यटन के प्रयोजन, उससे क्या सीखना है, क्या जानकारी प्राप्त करनी है, टिप्पणी लिखने, रेखाचित्र बनाने, फोटो खींचने आदि के सम्बन्ध में उचित निर्देश दिए जाएँ।

3. क्रियान्वयन (Implementation)—पर्यटन के समय अध्यापक पर्यवेक्षक का कार्य करता है। उसे समय-समय पर छात्रों को आवश्यक निर्देश देने चाहिए। इस बात का भी ध्यान रखा जाना आवश्यक है कि छात्र निर्देशों का पालन करें।

4. अनुवर्ती कार्य (Follow-up)—पर्यटन से छात्रों ने क्या सीखा है, इसको ज्ञात करने के लिए पर्यटन के बाद अनुवर्ती कार्य किया जाना चाहिए। वाद-विवाद या विचार-विमर्श करने, साथियों को पत्र लिखने, रिपोर्ट लिखने आदि कार्यों के लिए उनको अवसर प्रदान किए जाने चाहिए। पर्यटन में जो कमियाँ रह गई हों उन्हें अगले पर्यटन में दूर करने का प्रयास किया जाना चाहिए।

अतः यह कहा जा सकता है कि वैज्ञानिक भ्रमण ज्ञानवर्धन का अच्छा साधन है। इसके द्वारा छात्रों में सही धारणाएं बनती हैं। इनके आयोजन द्वारा छात्र को जो शैक्षिक उपलब्धि प्राप्त होती है वह कक्षा शिक्षण द्वारा सम्भव नहीं है।

## सारांश (Summary)

विज्ञान के शिक्षण में जिन क्रियाओं का उपयोग कक्षा-शिक्षण की सीमा से परे किया जा सकता है उन क्रियाओं को ही पाठ्यसहगामी क्रियाएँ कहते हैं।

विज्ञान क्लब—यह एक ऐसा संगठन है जिसके माध्यम से छात्र अपनी सृजनात्मक क्षमताओं का उपयोग कर सकते हैं। इसमें बालक अपनी रुचि के आधार पर स्वयं क्रियाएँ करने के लिए स्वतन्त्र होता है।

विज्ञान क्लब के उद्देश्य, क्रियाएँ, संगठन, विज्ञान-क्लब और कक्षा शिक्षण।

वैज्ञानिक रोचक कार्य—वैज्ञानिक रोचक कार्य के अन्तर्गत वे कार्य सम्मिलित हैं जिनका प्रयोग छात्र अपनी रुचियों क्षमताओं एवं आवश्यकताओं के अनुसार अवकाश के समय में करता है।

आवश्यकता तथा उपयोगिता, वैज्ञानिक रोचक कार्यों की सूची।

विज्ञान मेले—विज्ञान-क्लब द्वारा किए कार्यों के प्रदर्शन का यह एक महत्वपूर्ण साधन है।

विज्ञान मेले के उद्देश्य, व्यवस्था, कार्यक्रम।

विज्ञान में पर्यटन—वैज्ञानिक रुचियों तथा विज्ञान से सम्बन्धित स्थानों पर छात्रों को ले जाकर प्रत्येक अनुभव प्रदान करने का एक महत्वपूर्ण साधन है।

पर्यटन की उपयोगिता, पर्यटन की योजना बनाना।

## प्रश्न (Study Questions)

1. विज्ञान-शिक्षण में पाठ्यसहगामी क्रियाओं से क्या अभिप्राय है ? विज्ञान में प्रमुख पाठ्यसहगामी क्रियाओं का उल्लेख करते हुए उनका महत्व बताइएँ।

2. विज्ञान-क्लब की क्या उपयोगिता है ? आप अपने विद्यालय में विज्ञान-क्लब का संगठन किस प्रकार करेंगे ? (मेरठ वि० वि० 1989, 1991)

3. हाईस्कूल स्तर पर विज्ञान-शिक्षण को प्रभावशाली बनाने में वैज्ञानिक अभिरुचियों की आवश्यकता व महत्व को स्पष्ट कीजिए।

4. संक्षेप में विज्ञान-शिक्षण में पाठ्यसहगामी क्रियाओं के महत्व तथा कार्यों का वर्णन कीजिए। (गढ़वाल वि० वि० 1984)

5. टिप्पणी लिखिए—

(1) विज्ञान मेले। (गढ़वाल वि० वि० 1985, 90, लखनऊ वि० वि० 1987, 91 रुहेलखण्ड, वि० वि० 86, 1990)

(2) विज्ञान प्रदर्शनी। (गढ़वाल वि० वि० 1985, 1990)

(3) विज्ञान-शिक्षण में पर्यटन का महत्व। (गढ़वाल वि० वि० 1991, कुमायूँ वि० वि० 1991 रुहेलखण्ड वि० वि० 1989, 91 मेरठ वि० वि० 1987, लखनऊ वि० वि० 1991)

(4) वैज्ञानिक रोचक कार्य। (कुमायूँ वि० वि० 1990, मेरठ वि० वि० 1985, रुहेलखण्ड वि० वि० 1988)

(5) विज्ञान-क्लब। (मेरठ वि० वि० 1986, 87, लखनऊ वि० वि० 1991, रुहेलखण्ड वि० वि० 1986, 90)

6. विज्ञान-शिक्षण में भ्रमण का क्या महत्व है ? अपने विद्यार्थियों के साथ वनस्पति विज्ञान सम्बन्धी भ्रमण पर जाने के लिए आप क्या तैयारियाँ करेंगे और क्या सावधानियाँ बरतेंगे ? विस्तारपूर्वक वर्णन कीजिए ।

(रुहेलखण्ड वि० वि० 1987)

7. विज्ञान-शिक्षण में भ्रमणों की भूमिका की चर्चा कीजिए। छठी कक्षा के विद्यार्थियों के लिए आयोजित जल संस्थान दर्शन हेतु अपनी योजना की रूपरेखा लिखिए । (लखनऊ वि० वि० 1988)

8. "विज्ञान-क्लब तथा विज्ञान मेले वे क्रियाएँ हैं जो छात्रों में सृजनात्मकता का विकास करती हैं ।" विवेचना कीजिए । (लखनऊ वि० वि० 1990)

9. (1) पाठ्यसहगामी क्रियाओं के द्वारा विज्ञान में रुचि विकसित करने के लिए आप अपने छात्रों को किस प्रकार से प्रोत्साहित करेंगे ?

(2) अपने विद्यालय में विज्ञान-क्लब चलाने की योजना प्रस्तुत कीजिए ।

(मेरठ वि० वि० 1991)

## लघु उत्तरात्मक प्रश्न (Short answer type Questions)

1. विद्यालय में पाठ्यसहगामी क्रियाओं के महत्व को स्पष्ट कीजिए ।
2. विज्ञान पर्यटन के क्या उद्देश्य हैं ?

# विज्ञान-शिक्षण में मूल्यांकन
## (Evaluation in Science)

शैक्षिक शब्दकोष में मूल्यांकन एक नवीन शब्द है। यह परीक्षण और मापन की तुलना में बहुत व्यापक शब्द है जिसके द्वारा शिक्षण अधिगम प्रक्रिया द्वारा प्राप्त शैक्षिक उपलब्धि के सम्बन्ध में निर्णय किया जाता है। यह शिक्षा के उद्देश्यों और प्रक्रिया की उपलब्धि का सतत मूल्यांकन है। इसके द्वारा शिक्षण की प्रक्रिया गतिशील व स्वविकसित होती है। छात्र द्वारा अपनी असफलताओं तथा सफलताओं का स्व-मूल्यांकन किया जाता है जिससे छात्र अपनी कमजोरियों को जानकार उन्हें दूर करने का प्रयास करते हैं। अध्यापक को भी छात्र का निदान करने में सुविधा होती है। इस प्रकार मूल्यांकन द्वारा प्रभावशाली निर्देशन कार्यक्रम (Effective Guidance Programme) के लिए सहायता मिलती है। अतः यह कहा जा सकता है कि मूल्यांकन शैक्षिक प्रक्रिया का एक अभिन्न अंग है।

मूल्यांकन एक ऐसी सामाजिक मनोवैज्ञानिक प्रक्रिया है जिसका प्रयोग जीवन के प्रत्येक क्षेत्र में दिन-प्रति-दिन होता रहता है। हम देखते हैं कि प्रत्येक व्यक्ति जहाँ एक ओर दूसरे व्यक्ति के व्यवहारों का मूल्यांकन करता है वहाँ दूसरी ओर वह दूसरों के व्यावहारिक परिवर्तनों को आधार मानते हुए अपने कार्य का मूल्यांकन भी समय-समय पर करता है। शिक्षा के क्षेत्र में मूल्यांकन का सम्बन्ध अधिगम उद्देश्यों से होता है। अधिगम उद्देश्यों के अनुसार शिक्षण तथा परीक्षण का साथ-साथ चलते रहना ही मूल्यांकन कहलाता है। कोठारी आयोग ने मूल्यांकन को परिभाषित करते हुए लिखा है—"मूल्यांकन एक निरंतर चलने-वाली प्रक्रिया है। यह समस्त शिक्षा क्रम का महत्वपूर्ण भाग है और इस प्रकार इसका शैक्षिक उद्देश्यों से घनिष्ठ सम्बन्ध है।"

"विद्यालय द्वारा हुए बालक के व्यवहार परिवर्तन के विषय में साक्षियों के संकलन तथा उसकी व्याख्या करने की प्रक्रिया ही मूल्यांकन है।"

—क्वीलैन तथा हन्ना

"मूल्यांकन सापेक्षिक रूप से नवीन प्राविधिक पद है जिसका प्रयोग मापन की धारणा की परम्परागत जांचों एवं परीक्षाओं की अपेक्षा अधिक व्यापक रूप

में व्यक्त करने के लिए किया गया है। मूल्यांकन में व्यक्तित्व सम्बन्धी परिवर्तनों एवं शैक्षिक कार्यक्रम के मुख्य उद्देश्यों पर बल दिया जाता है। इनमें केवल पाठ्य-वस्तु की उपलब्धि ही निहित नहीं है वरन् वृत्तियों, रुचियों, आदर्श, सोचने के ढंग, कार्य करने की आदतें तथा वैयक्तिक एवं सामाजिक अनुकूलता भी निहित है।"

—जे० डबल्यू० राइटस्टोन

मूल्यांकन द्वारा केवल ज्ञान का ही परीक्षण नहीं होता वरन् बालक के व्यक्तित्व के सभी पक्षों का परीक्षण किया जाता है। मूल्यांकन का कार्य केवल परीक्षण तक ही सीमित नहीं है वरन् इसके द्वारा उद्देश्यों, विधि 'पाठ्यक्रम' मूल्यांकन के उपकरण तथा विधियों में परिवर्तन व सुधार लाकर पूरी शिक्षण प्रक्रिया में सुधार लाया जा सकता है। मूल्यांकन का उद्देश्य, विधि और पाठ्यक्रम से निम्न सम्बन्ध है।

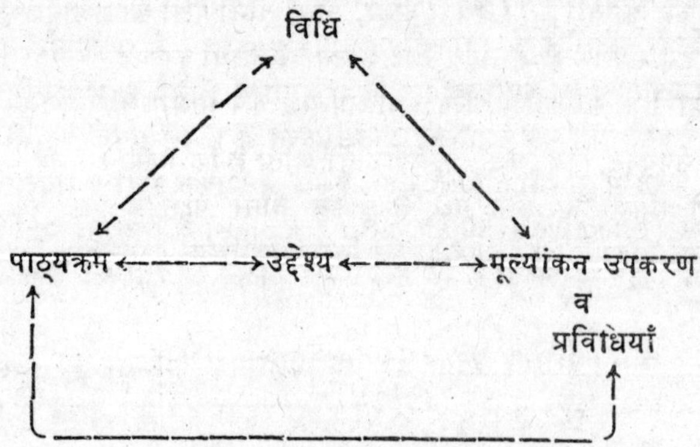


## मूल्यांकन प्रक्रिया के सोपान (Steps of Evaluation Process)

मूल्यांकन एक निरन्तर चलनेवाली प्रक्रिया है। इसमें निम्नलिखित तीन पद होते हैं—

1. **शिक्षण उद्देश्यों का निर्धारण (Formulation of Educational Objectives)**—सर्वप्रथम शिक्षा के सामान्य उद्देश्यों का निर्धारण किया जाता है। इसके बाद विषयवस्तु सेस म्बन्धित उस उद्देश्य का निर्धारण किया जाता है जिसका मूल्यांकन करना होता है। इसके बाद चयन किए हुए उद्देश्य की विस्तृत व्याख्या करनी पड़ती है। यह व्याख्या विशेषत: बालक के व्यवहार परिवर्तनों के रूप में की जाती है। साथ ही ये परिवर्तन पाठ्यवस्तु से घनिष्ठ रूप से सम्बन्धित किए जाते हैं।

2. **सीखने के उपयुक्त अनुभवों की व्यवस्था करना (Creating appropriate Learning Experiences)**—सीखने के अनुभवों का तात्पर्य उन

साधनों से है जिनके द्वारा अभीष्ट शिक्षण उद्देश्यों को प्राप्त किया जाता है। इस दृष्टि से शिक्षक विषय से सम्बन्धित शिक्षण-पद्धतियों, सहायक सामग्री, पाठ्य पुस्तक पाठ्यवस्तु तथा अन्य शैक्षिक उपकरणों की सहायता लेता है। इनकी सहायता से कक्षा में ऐसी स्थिति का निर्माण किया जाता है जिसमें रहकर छात्र नवीन अनुभवों को ग्रहण कर सके।

3. **व्यवहार परिवर्तन के आधार पर मूल्यांकन करना** (Evaluatinn on the basis of Behavioural Change)—शिक्षा का अंतिम लक्ष्य बालकों के व्यवहार में परिवर्तन लाना है। यह व्यवहार परिवर्तन विद्यालय में पढ़ाए जाने-वाले विभिन्न विषयों के शिक्षण द्वारा विद्यार्थियों के व्यक्तित्व के विभिन्न पक्षों में होता है। ये पक्ष हैं—1. ज्ञानात्मक; 2. भावात्मक; 3. क्रियात्मक। मूल्यांकन द्वारा व्यवहार के इन तीनों पक्षों की जांच की जाती है। व्यवहार के ये पक्ष पृथक-पृथक नहीं वरन् एक-दूसरे से सम्बन्धित होते हैं। इस दृष्टि से कोई भी व्यवहार चाहे वह आन्तरिक हो अथवा बाह्य, उसमें तीनों पक्षों का समावेश हो सकता है। अत: इस सोपान के अन्तर्गत शिक्षक उन प्रविधियों का चयन करता है जो वांछित व्यवहारों के सम्बन्ध में प्रत्यक्ष या अप्रत्यक्ष रूप में प्रमाण प्रदान करती है—

उपर्युक्त विवरण से यह स्पष्ट हो जाता है कि मूल्यांकन की निरन्तर चलने वाली प्रक्रिया के तीन पक्ष हैं। इन तीनों पक्षों अथवा अंगों में घनिष्ठ सम्बन्ध होता है। इस सम्बन्ध को निम्न रेखाचित्र द्वारा प्रदर्शित किया गया है—

शिक्षण उद्देश्य (Educational Objectives)

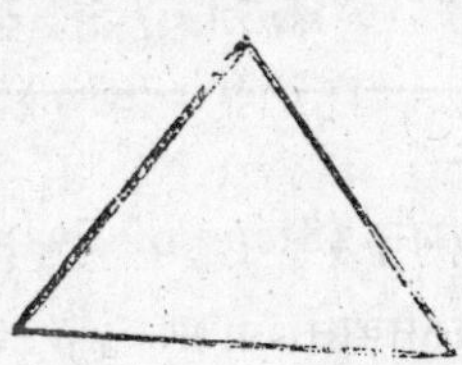

सीखने के अनुभव (Learning Experiences)

व्यावहारिक परिवतन (Behavioural Changes)

शिक्षण-उद्देश्य शिक्षण-प्रक्रिया का प्राथमिक बिन्दु है। शिक्षण उद्देश्य निर्धारित करने के पश्चात् शिक्षक ऐसे वातावरण की व्यवस्था करता है जिसमें सभी छात्र क्रियाशील रहते हुए विभिन्न प्रकार के अनुभव प्राप्त करते हैं। शिक्षक विषयवस्तु को शिक्षण नीतियों (Strategies of teaching), युक्तियों (Tactics) तथा सहायक सामग्री (Material aid) की सहायता से प्रस्तुत करता है जिससे उपयुक्त सीखने के अनुभव उत्पन्न होते हैं। यही सीखने के अनुभव

विद्यार्थियों में अपेक्षित व्यवहार परिवर्तन लाते हैं। छात्रों की रुचियाँ, अभिवृत्तियाँ, संवेग तथा कार्य करने एवं सोचने-विचारने के ढंग व्यवहार परिवर्तन के लिए आधार प्रस्तुत करते हैं। इस व्यवहार परिवर्तन का पता मूल्यांकन द्वारा कराया जाता है। मूल्यांकन करने के लिए अध्यापक को मूल्यांकन की प्रविधियाँ (Techniques of Evaluation) तथा मूल्यांकन करने की कार्यविधि (Procedure) का ज्ञान होना आवश्यक है।

अतः यह कहा जा सकता है कि मूल्यांकन शैक्षिक प्रक्रिया का अभिन्न अंग है। शैक्षिक आदान-प्रदान की समस्त क्रियाओं में मूल्यांकन का विशेष स्थान है। इसके अभाव में शिक्षण की क्रियाएँ मूल्यहीन हो जाती हैं।

**मूल्यांकन के कार्य** (Functions of Evaluation)

1. इसके द्वारा शिक्षण द्वारा प्राप्त बालक की योग्यताओं, कुशलताओं, वृत्तियों तथा रुचियों का पता लगाया जा सकता है।

2. छात्रों को उनकी क्षमताओं और योग्यताओं के आधार पर वर्गीकरण करने में सहायता मिलती है। व्यक्तिगत विभिन्नता के आधार पर छात्रों के लिए शिक्षण की व्यवस्था की जा सकती है। पिछड़े छात्रों के लिए उपचारात्मक शिक्षण की व्यवस्था तथा प्रतिभाशाली छात्रों के लिए अतिरिक्त चुनौतीपूर्ण कार्य की व्यवस्था की जा सकती है। इसके द्वारा विद्यालयों में शैक्षिक और व्यावसायिक निर्देशन-केन्द्रों की व्यवस्था की जा सकती है।

3. मूल्यांकन द्वारा अनुदेशन की प्रक्रिया में सुधार लाया जाता है। सीखने की परिस्थितियों का चुनाव कर छात्रों के सम्मुख निश्चित उद्देश्यों की प्राप्ति के लिए प्रस्तुत किया जाता है। सीखने की क्रियाओं का लगातार आलोचनात्मक निरीक्षण व अध्ययन कर अनुदेशन की प्रक्रिया में सुधार लाया जा सकता है।

4. यह पाठ्यक्रम के उद्देश्यों के स्पष्टीकरण में सहायता करता है। मूल्यांकन विशेष परिस्थितियों में होता है। उद्देश्यों, सीखने के अनुभव और मूल्यांकन तीनों में गहरा सम्बन्ध है। सीखने के अनुभव और मूल्यांकन के उपकरण का चुनाव करते समय उद्देश्यों को ध्यान में रखा जाता है।

5. इसके द्वारा अधिगम में ही सुधार नहीं किया जाता वरन् छात्र की विभिन्न योग्यताओं का विकास किया जाया है।

6. पाठ्यक्रम में भी सुधार लाया जाता है।

7. परीक्षण प्रणाली को वैध व विश्वसनीय बनाया जा सकता है।

8. शिक्षण विधियों की प्रभावशीलता का पता लगाने में भी मूल्यांकन से सहायता मिलती है। अपेक्षित उपलब्धि न होने पर विधियों में परिवर्तन किया जा सकता है।

9. विषयवस्तु की तार्किक व मनोवैज्ञानिकता (Psychological Soundness) का पता लगाने में सहायता करता है।

10. बालक में चतुर्मुखी विकास का परीक्षण कर उसके भविष्य के सम्बन्ध में अनुमान लगाने में सहायता देता है।

11. मूल्यांकन द्वारा उपकरणों में सुधार व परिवर्तन किया जा सकता है।

## अधिगम का मापन (Measuring Learning)

**मापन का अर्थ** (Meaning of Measurement)—मापन मूल्यांकन का ही एक भाग है जिसमें छात्रों के ज्ञान का परिणाम, अंकों, संख्या तथा प्रतिशत में व्यक्त किया जाता है। मापन का प्रत्यक्ष सम्बन्ध परिणाम अथवा मात्रा से होता है। मापन एक परिमाणीकरण की प्रक्रिया है। (Measurement is a process of quantification)

कैम्पवेल के अनुसार, "मापन नियमों के अनुरूप वस्तुओं अथवा घटनाओं का अंकीकरण है।" (Measurement is the assignment of numerals to objects or events according to rules.) मापन किसी भी वस्तु का शुद्ध एवं वस्तुनिष्ठ रूप से वर्णन करता है।

एस०एस० स्टीवेन्स के अनुसार, "मापन किन्हीं निश्चित स्वीकृत नियमों के अनुसार वस्तुओं को अंक प्रदान करने की प्रक्रिया है।" (Measurement is the process of assigning numbers to objects according to certain agreed rules.)

अतः मापन एक प्रक्रिया है जिसमें विभिन्न चरों जैसे दूरी, ऊँचाई, समय, समूह आदि का मापन किया जाता है इस प्रकार मापन किसी व्यक्ति या वस्तु विशेष का न होकर उसके गुणों का किया जाता है।

### मापन प्रक्रिया के कार्य (Functions of Measurement)

मापन प्रक्रिया के निम्नलिखित कार्य होते हैं—

1. **पूर्व अनुमान** (Prediction)—मापन द्वारा छात्रों के भविष्य का पूर्व कथन अथवा पूर्व अनुमान लगाया जाता है। इस प्रकार मापन द्वारा उनकी योग्यता के अनुसार उनकी श्रेणी विभाजन तथा उचित कक्षा में स्थापना (Placement), उनकी निष्पति के आधार पर उनको वर्गों में विभाजित करना, विषयों के चयन में सहायता, कक्षा के उच्च, सामान्य तथा निम्न श्रेणी के छात्रों का पता लगाना, तुलना करना तथा उन्नति आदि करने में सहायक होता है।

2. निदान (Diagnosis)—मापन द्वारा छात्रों की कमियों तथा दुर्बलताओं का निदान किया जाता है तथा उपचारात्मक शिक्षण (Remedial Teaching) की व्यवस्था की जाती है।

3. तुलना (Comparison)—मापन द्वारा विभिन्न गुणों की अंकों व प्रतिशत में तुलना की जीती है।

4. शोध कार्य (Research)—मापन द्वारा शैक्षिक समस्याओं से सम्बन्धित आँकड़ों को प्रदान किया जाता है। इनके आधार पर शोध कार्य किए जाते हैं तथा समस्या का निष्कर्ष निकाला जाता है।

## मूल्यांकन तथा मापन में अन्तर
## (Difference between Evaluation and Measurement)

| मूल्यांकन (Evaluation) | मापन (Measurement) |
|---|---|
| 1. मूल्यांकन एक नवीन अवधारणा है। | 1. मापन की अवधारणा प्राचीन है। |
| 2. मूल्यांकन में छात्र की गुणात्मक प्रगति का मापन एवं व्यवहार परिवर्तन का पता लगाया जाता है जैसे रुचि, अभिरुचि, व्यवहार आदि। | 2. मापन के अन्तर्गत छात्र की केवल परिमाणात्मक प्रगति का पता लगाया जाता है जैसे ऊँचाई, भार आदि। |
| 3. शिक्षण उद्देश्यों के अनुसार छात्रों को कक्षा में दिए गए सीखने के अनुभवों की जाँच की जाती है। | 3. मापन में जाँच के परिणाम को संख्या, अंक, औसत एवं प्रतिशत आदि में व्यक्त किया जाता है। |
| 4. मूल्यांकन की विधियाँ गुणात्मक होती हैं। | 4. मापन की विधियाँ संख्यात्मक होती हैं। |
| 5. मूल्यांकन का क्षेत्र विस्तृत एवं व्यापक है। | 5. मापन मूल्यांकन का एक अंग है। |

मूल्यांकन का स्वरूप—मूल्यांकन की प्रक्रिया पूर्णरूपेण मनोवैज्ञानिक है। यह एक ऐसी प्रक्रिया है जिसका सम्बन्ध शिक्षण के मापन एवं सीखने के उद्देश्यों से होता है। मूल्यांकन का स्वरूप अधिक व्यापक है। इसका मूल उद्देश्य छात्रों का सर्वांगीण विकास करना है। परीक्षा एवं मापन मूल्यांकन के ही अंग हैं। परम्परागत परीक्षाओं द्वारा ज्ञानात्मक उद्देश्यों का ही मापन किया जाता है। मूल्यांकन की प्रक्रिया में ज्ञानात्मक, भावात्मक एवं क्रियात्मक उद्देश्यों का मापन किया जाता है। इस प्रकार मूल्यांकन की प्रक्रिया का क्षेत्र अधिक व्यापक होता है।

### अच्छी मापन प्रविधि की विशेषताएँ (Characteristics of Good Measuring Techniques)

एक अच्छी मापन प्रविधि अथवा परीक्षा की प्रमुख विशेषताएँ निम्न हैं—

1. वस्तुनिष्ठता (Objectivity)—एक अच्छी मापन प्रविधि अथवा परीक्षा की प्रमुख विशेषता उसका वस्तुनिष्ठ होना प्रमुख है। कोई भी परीक्षा वस्तुनिष्ठ उस समय कही जा सकती है जब उसे बार-बार प्रयोग करने पर एक ही अंक प्राप्त हों। दूसरे शब्दों में अच्छी परीक्षा के अन्तर्गत परीक्षक की व्यक्ति-

गत धारणाओं तथा पूर्वाग्रहों का कोई प्रभाव नहीं पड़ता। इन परीक्षाओं में प्रश्न का उत्तर निश्चित, स्पष्ट तथा संक्षिप्त होता है।

2. वैधता (Validity)—अच्छी परीक्षा की दूसरी विशेषता उसकी वैधता है। यदि कोई परीक्षा अपने निर्धारित उद्देश्य को प्राप्त नहीं करती तो उसे वैध परीक्षा नहीं कहा जा सकता। वैधता का अर्थ है परीक्षा जिस उद्देश्य के लिए या योग्यता को मापने के लिए बनाई गई है उसी का मापन करे। शैक्षिक मापन में परीक्षाओं का वैध होना आवश्यक होता है क्योंकि अधिकांश मापन अप्रत्यक्ष रूप से किया जाता है।

कोलेसनिक के अनुसार—"एक वैध परीक्षा वह है जो उन्हीं विशिष्टताओं तथा गुणों का मापन करती है जिनका मापन करने के लिए वह बनाई गई हैं।" (A valid test is one which measures the traits and qualities it is intended to measure.) —Kolesnik

3. विश्वसनीयता (Reliability)—एक अच्छी परीक्षा विश्वसनीय होनी चाहिए। इसका अर्थ है कि एक ही समूह की दुबारा परीक्षा लेने पर उनके अंकों में अन्तर नहीं होना चाहिए। इसके विपरीत यदि किसी परीक्षा में प्राप्त किए हुए अंकों में असमानता पाई जाय तो उस परीक्षा को विश्वसनीय परीक्षा नहीं कहा जा सकता है।

फ्रीमेन के अनुसार—"एक परीक्षा की विश्वसनीयता विभिन्न समय में प्राप्त अंकों की समानता है।" (The reliability of a test is its ability to yield consistent results for one set of measures to another.)
—Freeman

अनस्तासी के अनुसार—"एक परीक्षण की विश्वसनीयता का अर्थ अंकों की उस स्थिरता से है जो कि एक ही प्रकार के व्यक्तियों से विभिन्न अवसरों पर अथवा विभिन्न प्रकार के समान पदों से प्राप्त होती है।" (The reliability of a test refers to the consistency of score obtained by the same individuals on different occasions or with different sets of equivalent items.) —Anastasi

4. व्यावहारिकता (Usability)—एक अच्छी परीक्षा में प्रयोग की सुविधा अथवा व्यावहारिकता का होना आवश्यक है। परीक्षा का अंकन, प्रयोग एवं प्राप्त प्रदत्तों की व्याख्या करना सरल होना आवश्यक है। किसी भी परीक्षा की रचना छात्रों की अधिगम उपलब्धियों के लिए की जाती है। अतः परीक्षा का व्यावहारिक होना नितान्त आवश्यक है।

5. स्पष्टता (Clearness)—परीक्षा के प्रश्नों में स्पष्टता होना आवश्यक है। परीक्षा में दिए निर्देश स्पष्ट तथा संक्षिप्त होने चाहिए जिससे छात्र की उपलब्धि प्रभावित न हो। प्रश्नों की भाषा स्पष्ट, सरल, समझने योग्य, निश्चित

व भ्रमपूर्ण न हो।

6. व्यापकता (Comprehensiveness)—एक अच्छी परीक्षा की यह विशेषता है कि वह पूरे पाठ्यक्रम का प्रतिनिधित्व करे। प्रत्येक प्रकरण से सम्बन्धित प्रश्नों को उचित स्थान दिया जाय जिससे छात्र पूरे पाठ्यक्रम की तैयारी करे।

7. विभेदकारिता (Discriminative)—एक अच्छी परीक्षा को विभेदकारी होना चाहिए अर्थात् उसे अच्छे तथा कमजोर विद्यार्थियों में अन्तर करने में समर्थ होना चाहिए। निबन्धात्मक परीक्षा में इस विशेषता का अभाव होता है। क्योंकि उसमें प्रश्नों की संख्या कम होती है, अतः छात्र पाठ्यक्रम के थोड़े भाग का अध्ययन करके अनुमान से प्रश्न तैयार करते हैं और अच्छे अंक प्राप्त कर लेते हैं। इसके विपरीत अध्ययनशील बुद्धिमान बालक कम अंक प्राप्त कर पाते हैं।

## मूल्यांकन की प्रविधियाँ (Techniques of Evaluation)

मूल्यांकन प्रविधि का अभिप्राय उस विधि से है जिसके द्वारा हम बालक के ज्ञान और व्यवहार में हुए परिवर्तनों तथा उनकी व्यक्तिगत विशेषताओं का मूल्यांकन करते हैं। शिक्षण के विभिन्न उद्देश्य होते हैं तथा प्रत्येक उद्देश्य के द्वारा छात्रों के ज्ञानात्मक, भावात्मक तथा क्रियात्मक पक्षों में परिवर्तन होता है। इन सभी प्रकार के व्याबहारिक परिवर्तनों का मूल्यांकन करने के लिए विभिन्न प्रकार की मूल्यांकन प्रविधियों का प्रयोग किया जाता है। मूल्यांकन की प्रमुख प्रविधियाँ संक्षेप में निम्न हैं—

### मूल्यांकन प्रविधियों का वर्गीकरण
### (Classification of Evaluation Techniques)

- परिमाणात्मक प्रविधियाँ (Quantitative Techniques)
  - मौखिक (Oral)
  - लिखित (Written)
    - निबन्धात्मक (Essay-type)
    - वस्तुनिष्ठ (Objective-type)
  - प्रयोगात्मक (Practical)
- गुणात्मक प्रविधियाँ (Qualitative Techniques)
  - संचयी अभिलेख (Cumulative Records)
  - निरीक्षण (Observation)
  - मतसूची (Check-List)

1. परिमाणात्मक प्रविधियां (Quantitative Techniques)

(1) मौखिक परीक्षा (Oral Test)—इन परीक्षाओं का उद्देश्य विद्यार्थियों की तुरन्त अभिव्यक्ति तथा क्रियाशीलता की जांच करना है। इसका प्रयोग पढ़ने की योग्यता, उच्चारण एवं सूचनाओं की जाँच तथा लिखित परीक्षाओं की पूर्ति के लिए किया जाता है। इसका प्रयोग छात्रों के प्रत्यास्मरण, चिन्तन, विश्लेषण आदि योग्यताओं के मापन के लिए किया जाता है। इन परिक्षाओं का प्रयोग छोटी कक्षाओं के विद्यार्थियों के लिए तथा बड़ी कक्षाओं में प्रवेश तथा साक्षात्कार के लिए किया जाता है। इन परीक्षाओं के निम्न दोष हैं—

1. इनके द्वारा संकोची विद्यार्थी अपने ज्ञान तथा योग्यता का प्रदर्शन नहीं कर पाते।
2. इनके परिणामों में आत्मनिष्ठता की मात्रा अधिक होती है।
3. इनका कोई लिखित प्रमाण नहीं होता, अतः अंक प्रदान करने में शिक्षक मनमानी कर सकता है।
4. ये परीक्षाएँ प्रत्येक विद्यार्थी के लिए न्यायसंगत नहीं हैं।

(2) लिखित परीक्षा (Written Test)—सामान्यतः विद्यालयों में परीक्षा के इस रूप का प्रचलन है। इस प्रकार की परीक्षा में छात्र लिखित प्रश्नों के उत्तर भी लिखित रूप में देते हैं। इन परीक्षाओं का उपयोग छात्रों की स्मरण शक्ति, विश्लेषण, भाषा शैली आदि का मापन करने के लिए किया जाता है। इसके अन्तर्गत कार्य समर्पण (Assignment), प्रतिवेदन लिखना, प्रश्नों के उत्तर लिखना एवं कागज-पेंसिल परीक्षाएँ (Paper and Pencil Test) आती हैं। ये परीक्षाएँ छात्र की ज्ञान प्राप्ति एवं पाठ्यवस्तु को संगठित तथा व्याख्या करने की आदि की जाँच करने में बहुत उपयोगी है। ये परीक्षाएँ दो प्रकार की योग्यता होती हैं—

1. निबन्धात्मक परीक्षाएँ (Essay-type Tests)
2. वस्तुनिष्ठ परीक्षाएँ (Objective-type Tests)

(3) प्रयोगात्मक परीक्षा (Practical Test)—इनका प्रयोग विज्ञान, भूगोल, कला, शिल्प विज्ञान, कृषि, क्राफ्ट, मनोविज्ञान आदि विषयों में किया जाता है। इन परीक्षाओं का उद्देश्य छात्रों की प्रायोगिक क्षमता एवं कौशल का परीक्षण करना होता है।

2. गुणात्मक प्रविधियाँ (Qualitative Techniques)

ये प्रविधियां सामान्यतः निम्न प्रकार की होती हैं—

1. निरीक्षण (Observation)—इसका प्रयोग मुख्य रूप से छोटे बालकों के मूल्यांकन में किया जाता है। इससे उनके वास्तविक व्यवहार का पता चलता

है। निरीक्षण द्वारा बालकों के सामाजिक, संवेगात्मक, बौद्धिक एवं नैतिक विकास के विषय में जानकारी प्राप्त होती है।

2. संचयी अभिलेख (Cumulative Records)—यह मूल्यांकन की महत्वपूर्ण प्रविधि है। इसमें छात्रों के घटनाक्रम विवरण (Anecdotal Record) सम्मिलित हैं जिनमें अध्यापक छात्रों के महत्वपूर्ण व्यवहार एवं परिस्थितियों का वर्णन करता है। संचयी अभिलेख में विद्यालय के प्रत्येक छात्र के सम्बन्ध में सूचनाओं को क्रमबद्ध रूप से व्यवस्थित किया जाता है।

3. चैक लिस्ट (Check-List)—यह प्रश्नावली की भाँति व्यक्तिगत सूचना एवं मत जानने का प्रमुख साधन है। इसमें कुछ कथन छात्रों को दिए जाते हैं जिनका उत्तर छात्रों को हाँ अथवा नहीं में देना होता है। इस प्रकार के कथन तैयार करने के लिए उद्देश्य स्पष्ट होने चाहिए। चैक लिस्ट का प्रयोग छात्रों की अभिवृत्तियों, अभिरुचियों एवं भावात्मक पक्ष के मापन के लिए किया जाता है, इनके अतिरिक्त गुणात्मक प्रविधियों में साक्षात्कार, प्रश्नावली तथा रेटिंग स्केल भी आते हैं।

## प्रचलित परीक्षा-प्रणाली के दोष (Defects of the Present Examination System)

1. परीक्षा विषय प्रधान है। अंक प्रदान करने में शिक्षक की मानसिक स्थिति का प्रभाव पड़ता है।

2. परीक्षा में स्मृति पर अधिक जोर दिया जाता है। सृजनात्मक चिन्तन के विकास का अवसर नहीं दिया जाता है।

3. परीक्षा विज्ञान-शिक्षण के उद्देश्यों के अनुरूप नहीं है। छात्रों के व्यक्तित्व का मूल्यांकन नहीं किया जा सकता।

4. परीक्षा में छात्र के प्रतिदिन के कार्य का कोई लेखा नहीं रखा जाता है जैसे छात्र की आदतें, रुचियाँ, साथियों से सम्बन्ध, सामाजिक अन्तर्क्रिया आदि।

5. परीक्षा पूरे पाठ्यक्रम का प्रतिनिधित्व नहीं करती है। पूरे वर्ष व पूरा पाठ्यक्रम पढ़ने वाला छात्र इससे लाभान्वित नहीं हो पाता है।

6. केवल चार या पाँच प्रश्नों द्वारा ही छात्र के वर्ष भर का परीक्षण किया जाना किसी भी दृष्टि से उपयुक्त नहीं है।

7. परीक्षा के प्रश्नों में वैधता एवं विश्वसनीयता का अभाव रहता है।

अतः यह कहा जा सकता है कि वर्तमान शिक्षा प्रणाली जिसमें मुख्य रूप से निबन्धात्मक परीक्षाओं का प्रयोग किया जाता है, दोषपूर्ण है। वस्तुनिष्ठ परीक्षा के द्वारा निबन्धात्मक परीक्षा की बहुत से कमियों को दूर किया जा सकता हैं।

## परीक्षा पद्धति में सुधार हेतु सुझाव

प्रचलित परीक्षा प्रणाली के दोषों को दूर करने के लिए निम्न क्षेत्रों में सुधार किया जाना आवश्यक है—

(1) प्रश्न पत्र निर्माण में सुधार—1. प्रश्न सरल, स्पष्ट व निश्चित हों।

2. प्रत्येक प्रश्न अधिगम के किसी-न-किसी उद्देश्य का मापन अवश्य करे।

3. पाठ्यक्रम का पूर्ण प्रतिनिधित्व हो।

4. प्रश्न पत्र में मन्द बुद्धि, औसत व प्रतिभाशाली छात्रों के लिए विभिन्न प्रकार के प्रश्नों की व्यवस्था हो।

5. प्रश्न पत्र में अधिक विकल्प न होकर प्रश्नों के ही विकल्प दिए जाएँ।

6. अंकों का वितरण प्रश्नों के साथ ही दिया जाए।

7. प्रश्न पत्र में लघु उत्तर व वस्तुनिष्ठ प्रश्न भी दिए जाएँ।

(2) परीक्षा प्रणाली में सुधार—1. प्रत्येक कक्षा में साप्ताहिक व मासिक परीक्षा की व्यवस्था हो। इनके अंकों को अर्द्धवार्षिक व वार्षिक परीक्षा में जोड़ा जाए।

2. प्रत्येक विषय में मौखिक परीक्षा करवाई जाए।

3. मौखिक परीक्षा के लिए कम-से-कम दो परीक्षकों की नियुक्ति की जाए।

4. परीक्षा उचित समय पर हो।

5. बाह्य परीक्षा अधिक न ली जाए।

(3) उत्तर पुस्तकों के मूल्यांकन में सुधार—1. पुस्तकों के मूल्यांकन के सम्बन्ध में स्पष्ट नियम निर्धारित कर लिए जाएँ।

2. मूल्यांकन के लिए योग्य परीक्षकों की नियुक्ति की जाए।

3. सभी प्रश्नों के आदर्श उत्तर तैयार करने के बाद परीक्षक मूल्यांकन करे।

4. अंकन करते समय परीक्षक को व्यक्तिगत पक्षपात का अवसर न दिया जाए। इसके लिए अवैयक्तिक अंक प्रदान करने की व्यवस्था की जाए। अंकों के स्थान पर ए० बी० सी० श्रेणियाँ प्रदान की जाएँ।

परीक्षा प्रणाली के दोषों को दूर करने के सम्बन्ध में अनेक आयोगों, समितियों, शिक्षाविज्ञों तथा अनुसन्धानकर्ताओं ने समय-समय पर विचार किया है। उन्होंने आन्तरिक व सतत् मूल्यांकन करने, अंकों के स्थान पर ग्रेड प्रणाली अपनाने, राष्ट्रीय परीक्षा प्रारम्भ करने, वस्तुनिष्ठ व लघु उत्तर प्रश्नों का प्रयोग करने, प्रश्नों के विकल्पों को समाप्त करने, प्रश्न बैंकों का निर्माण करने, सपुस्तक परीक्षा अपनाने, परीक्षाओं का विकेन्द्रीकरण जैसे अनेक सुझाव प्रस्तुत किए हैं। वास्तव में परीक्षा सुधार के दो मुख्य उद्देश्य हैं। प्रथम परीक्षाओं को छात्रों की शैक्षिक उपलब्धि के विश्वसनीय तथा वैध मापक के रूप में प्रतिष्ठित करना। द्वितीय परीक्षाओं के शिक्षण अधिगम प्रक्रिया को श्रेष्ठतर बनाने के प्रभावशाली साधन के

रूप में परिवर्तित करके इनके शैक्षिक महत्व को बढ़ाना। अतः परीक्षा सुधार के द्वारा (1) परीक्षक आतमनिष्ठता को समाप्त करने, (2) रटने पर कम बल देने, (3) परीक्षा परिणामों की तर्कसंगत व्याख्या करने, (4) परीक्षा परिणामों का उचित उपयोग करने, (5) परीक्षा संचालन में गत्यात्मकता लाने तथा, (6) शिक्षण सामग्री में आवश्यक सुधार करने जैसे उद्देश्यों की प्राप्ति की जाने की संकल्पना निहित रहती है।

नवीन शिक्षा नीति (1986) में छात्रों की उपलब्धि के मूल्यांकन को शिक्षण अधिगम प्रक्रिया का अभिन्न अंग स्वीकार किया गया है तथा परीक्षाओं को शिक्षा की गुणात्मक उन्नति के लिए एक सुदृढ़ शैक्षिक व्यूह रचना के रूप में प्रयुक्त करने की चर्चा की गई है। राष्ट्रीय शिक्षा नीति में यह स्पष्ट किया गया हैं कि परीक्षा प्रणाली को इस प्रकार से पुनर्गठित करना होगा जिससे छात्र का मूल्यांकन वैध तथा विश्वसनीय ढंग से किया जा सके। इसमें संस्थागत स्तर पर मूल्यांकन करने तथा बाह्य परीक्षाओं के महत्व को कम करने का सुझाव दिया गया है सतत् मूल्यांकन जिसमें शिक्षा के अतिरिक्त गैर-शैक्षिक पक्षों को भी सम्मिलित करके पूरी शिक्षग अवधि में फैलाया जा सके। माध्यमिक स्तर से चरणबद्ध तरीके से सत्र प्रणाली का आरम्भ, परीक्षा संचालन में परिवर्तन, शिक्षण सामग्री तथा विधियों में आवश्यक परिवर्तन तथा अंकों के स्थान पर ग्रेडों का प्रयोग परीक्षा सुधार के कुछ महत्वपूर्ण बिन्दु हैं। शिक्षा नीति में किए गए विभिन्न संकल्पों की पूर्ति करने के लिए एक क्रियान्वयन कार्यक्रम तैयार करने का भी निश्चय किया गया। इस कार्यदल ने परीक्षा सुधार के लिए कुछ अल्पकालिक तथा कुछ दीर्घ-कालीन सुधारों का सुझाव दिया है। नई शिक्षा की राष्ट्रीय नीति के अन्तर्गत जहाँ एक ओर परीक्षा में सुधार की व्यवस्था की गई है वहीं डिग्रियों को नौकरी से अलग करने का प्रयास भी किया गया है। इसके लिए राष्ट्रीय परीक्षण सेवा का आयोजन किया जाएगा जो विभिन्न नौकरियों के लिए उम्मीदवारों की उपयुक्तता निश्चित करने के लिए जाँच कार्य कर सके।

## अधिगम के मापन की परीक्षाएँ (Tests for Measuring Learning)

ग्लेसर के अनुसार अधिगम का मापन मानदण्ड परीक्षाओं (Criterian Tests) की सहायता से किया जाता है। शिक्षण व्यवस्था में जिन अधिगम परिस्थितियों को उत्पन्न करके छात्रों में अपेक्षित व्यवहार परिवर्तन लाने का प्रयास किया जाता है उनके मापन के लिये मानदण्ड परीक्षा (Critesion Test) तथा निष्पति परीक्षाएँ (Achievement Test) प्रयुक्त की जाती है। इनमें ज्ञानात्मक पक्ष के व्यवहारों को अधिक महत्व दिया जाता है। ये परीक्षाएँ दो प्रकार की होती हैं—

1. वस्तुनिष्ठ परीक्षा (Objective-type Tests)
2. निबन्धात्मक परीक्षा (Essay-type Tests)

**अधिगम तथा वस्तुनिष्ठ परीक्षा** (Learning and Objective-type Tests)—ये नवीन प्रकार की परीक्षाएँ होती हैं। ये वस्तुनिष्ठ, वैध तथा उपयोगी हैं। इन्हें प्रामाणिक भी बनाया जाता है। सम्पूर्ण पाठ्यवस्तु पर प्रश्न पूछे जाते हैं। ये दो प्रकार की होती हैं—प्रत्यास्मरण (Recall) तथा अभिज्ञान (Recognition)। इसमें कम समय में अधिक प्रश्न हल करने को दिए जाते हैं। वस्तुनिष्ठ परीक्षाओं का उपयोग संकेत अधिगम (Signal Learning) श्रृंखला अधिगम (Chain Learning) तथा बहुभेदीय अधिगम (Discriminatory Learing) के मापन के लिए सफलतापूर्वक किया जा सकता है। इन्हें प्रत्यय अधिगम (Concept Learning) के लिए भी प्रयुक्त कर सकते हैं परन्तु अच्छे प्रश्न बनाना कठिन होता है।

**अधिगम तथा निबन्धात्मक परीक्षा** (Learning and Essay-type Tests)—ये परम्परागत परीक्षाएँ हैं। इनका प्रयोग अधिक होता है। इन्हें प्रामाणिक नहीं बनाया जा सकता है। इनकी रचना करना सरल होता है। यद्यपि ये परीक्षाएँ दोषपूर्ण हैं परन्तु इन्हें मापन या मूल्यांकन की प्रक्रिया से हटाया नहीं जा सकता है। इन परीक्षाओं द्वारा अधिगम के निम्न और उच्च उद्देश्यों का मूल्यांकन किया जाता है।

## वस्तुनिष्ठ परीक्षा का निर्माण (Construction of Objective type Tests)

सबसे पहले वस्तुनिष्ठ परीक्षा का लिखित रूप में निर्माण होरासमैन (Horace Menn), ने सन् 1854 ई० में किया था। इसके पश्चात् जार्ज फिशर (George Fisher) जे० एम० राइस (J. M. Rice) तथा स्टार्च (Starch) एवं थार्नडाइक (Thordike) आदि ने शैक्षणिक निष्पत्ति के मापन के लिए सैकड़ों वस्तुनिष्ठ परीक्षाओं का निर्माण किया।

निबन्धात्मक परीक्षा की तुलना में वस्तुनिष्ठ परीक्षा का निर्माण कठिन होता है। इस परीक्षा का निर्माण शिक्षण अधिगम उद्देश्यों के मूल्यांकन के लिए किया जाता है। वस्तुनिष्ठ परीक्षाएँ दो प्रकार की होती हैं—

(1) मानदण्ड शक्ति परीक्षा (Criterian Power Test)

(2) प्रमाणीकृत परीक्षा (Standardised Test)

मानदण्ड परीक्षाएँ सरल होती हैं तथा इनके निर्माण में कम समय व कम खर्च होता है। प्रामाणिक वस्तुनिष्ठ परीक्षाओं के निर्माण में अधिक दक्षता, कुशलता, समय व धन की आवश्यकता होती है। स्टेनले तथा रोस (Stanley and Ross) के अनुसार वस्तुनिष्ठ परीक्षा के निर्माण में निम्न सोपानों का अनुकरण किया जाता है—

1. नियोजन (Planning)—नियोजन, वस्तुनिष्ठ परीक्षा निर्माण का पहला सोपान है। इसमें ब्लूम के वर्गीकरण के आधार पर उद्देश्यों का निर्धारण कर

उन्हें व्यावहारिक रूप में लिखा जाता है। इसके पश्चात् पाठ्यवस्तु का विश्लेषण किया जाता है। प्रश्नों के रूप व प्रश्नों की कुल संख्या का निर्धारण किया जाता है। परीक्षण का उद्देश्य स्पष्ट किया जाता है। परीक्षा की अवधि, प्रशासन का समय तथा मुद्रण आदि के सम्बन्ध में भी निर्णय लिया जाता है। विशिष्टीकरण तालिका (Table of Specefication) का निर्माण इसमें विशेए रूप से सहायक होता है।

2. परीक्षण पदों का निर्माण (Preparation of Test-items)—उद्देश्य एवं प्रश्नों की संख्या के निर्धारण के बाद वास्तविक परीक्षण का निर्माण किया जाता है। इसके निर्माण में निम्न विन्दुओं का ध्यान रखा जाना आवश्यक है—

1. एक से अधिक प्रकार के पदों का चुनाव किया जाए।
2. एक प्रकार के पदों को एक ही साथ रखा जाए।
3. अधिकतर पद 50% कठिनाई स्तर के हों।
4. पदों को कठिनाई के क्रम में रखा जाए।
5. प्रश्न की भाषा स्पष्ट व शब्दों की संख्या कम हो।
6. प्रश्न की दिशा स्पष्ट हो।
7. अधिकतर पद इस प्रकार के हों जिससे छात्र अनुमान न लगा सकें।

वस्तुनिष्ठ परीक्षण के पद दो प्रकार के होते हैं—

1. पत्यास्मरण रूप (Recall type)
2. अभिज्ञान रूप (Recogrition type)

प्रत्यास्मरण रूप के पद निम्न प्रकार के होते हैं—

1. साधारण प्रत्यास्मरण रूप (Simple Recall type)
2. रिक्त स्थान पूर्ति रूप (Completion type)

अभियान रूप पदों के निम्न प्रकार हैं—

1. एकान्तर अनुक्रिया रूप (Alternate Response type)
2. बहुनिर्वचन रूप (Multiple Choice type)
3. समानता रूप (Matching type)
4. वर्गीकरण रूप (Classification type)
5. सादृश अनुभव रूप (Analogy type)

प्रत्येक प्रकार के प्रश्नों का अध्ययन निम्न पक्षों में किया जाता है—

(1) रूप का अर्थ एवं परिभाषा; (2) अनुमान से सही करने के अवसर; (3) उपयोगिता तथा सीमाएँ; (4) सावधानियाँ।

3. परीक्षा का प्रशासन (Administra'ion of the Test)— परीक्षा की जाँच करना वस्तुनिष्ठ परीक्षा का तीसरा सोपान है। परीक्षा के प्रशासन से पूर्व उपर्युक्त प्रकार के कम से कम 200 प्रश्न बनाने चाहिए। इन प्रश्नों को मनोवैज्ञानिकों तथा विज्ञान के अध्यापकों के पास भेजना चाहिए जिससे यह पता

चल सके कि प्रश्न जिन उद्देश्यों के लिए बनाए गए हैं उन्हीं का मापन कर रहे हैं या नहीं। चुने हुए प्रश्नों को छात्रों को दिया जाता है। इसे प्रथम निर्माण परीक्षा (First Try-out Test) कहते हैं। इस परीक्षा का उद्देश्य यह जानना है कि अधिकांश छात्र कितने समय में परीक्षा के सभी प्रश्नों को पूरा कर लेते हैं। इससे अंतिम परीक्षा का समय निर्धारित करने में सहायता मिलती है। परीक्षा में अंक प्रदान करने के लिए कुंजी तथा शुद्धि सूत्र का प्रयोग किया जाता है।

शुद्धि सूत्र $S = R - \frac{W}{N-1}$

S = शुद्ध प्राप्तांक, R = सही उत्तरों की संख्या, W = गलत उत्तरों की संख्या, N = अनुमानों की संख्या।

उदाहरण के लिए सत्य/असत्य प्रश्नों में 2 अनुमान होते हैं। यदि इसमें 40 सत्य-असत्य प्रश्न हों तथा छात्र ने 30 प्रश्नों के उत्तर सही व 10 के गलत दिए हों, प्रत्येक प्रश्न का 1 अंक हो तो उस छात्र को 30 अंक नहीं दिए जाएँगे वरन् सूत्र की सहायता से निम्न प्रकार से उसके अंक निकाले जाएँगे।

$$S = 30 - \frac{10}{2-1}$$

$$= 30 - 10 = 20$$

अतः उसे 20 अंक मिलेंगे। इस सूत्र का प्रयोग उन बहुनिर्वाचन प्रश्नों में भी किया जाता है जिनमें प्रत्येक प्रश्न के 4 या 4 से कम उत्तर दिए जाते हैं।

इसके पश्चात् प्रथम निर्माण परीक्षा की वैधता व विश्वसनीयता निकाली जाती है। प्रत्येक प्रश्न का विभेदकारी मान (Discriminating Value) निकाला जाता है। इतना सब करने के पश्चात् अंतिम परीक्षा बनाई जाती है। अंतिम परीक्षा के निर्माण में यह देखा जाना आवश्यक है कि प्रत्येक उद्देश्य के मापन हेतु पर्याप्त प्रश्न हैं या नहीं। अन्तिम परीक्षा में आदेश (Directions) और अनुदेश (Instructions) स्पष्ट दिए जाने चाहिए। अंतिम परीक्षा का प्रशासन छात्रों के बड़े समूह पर दिया जाना चाहिए जिसमें उच्च सामान्य व निम्न योग्यतावाले विद्यार्थी सम्मिलित हों। परीक्षा के पश्चात् अंक प्रदान किए जाते हैं। इस परीक्षा की पुनः वैधता तथा विश्वसनीयता ज्ञात की जाती है। कभी-कभी परीक्षा का प्रमाणीकरण (Standardization) भी किया जाता है।

मूल्यांकन (Evaluation)—परीक्षा का प्रयोग करने के पश्चात् उसकी व्याख्या करना अनिवार्य है। परीक्षा प्रयोग करने के पश्चात् सामान्य स्तर के आधार पर भिन्न-भिन्न विद्यार्थियों की योग्यता की तुलना की जा सकती है।

## वस्तुनिष्ठ परीक्षा-प्रकार (Objective-type Tests Types)

वस्तुनिष्ठ परीक्षा का तात्पर्य मापन की उस प्रविधि अथवा परीक्षा से है जिसका निर्माण निबन्धात्मक परीक्षाओं के दोषों को दूर करने के लिए किया जाता है। इनके द्वारा विद्यार्थियों की ज्ञान की उपलब्धि, योग्यता, अभिवृत्ति, अभिरुचि तथा बुद्धि आदि का परीक्षण थोड़े समय में किया जा सकता है। सबसे पहले वस्तुनिष्ठ परीक्षा का लिखित रूप में निर्माण होरासमैन ने 1854 में किया था। इसके पश्चात् जार्ज फिशर, जे०एम० राइस, तथा स्टार्च एवं थार्नडाइक आदि विद्वानों ने शैक्षणिक निष्पत्ति (Educational Achievement) के मापन हेतु सैकड़ों वस्तुनिष्ठ परीक्षाएँ बनाईं और आज भी विभिन्न प्रकार की वस्तुनिष्ठ परीक्षाओं का प्रयोग छात्रों की निष्पत्ति के मापन के लिए किया जाता है।

**वस्तुनिष्ठ परीक्षाएँ**

- प्रत्यास्मरण रूप (Recall type)
  - सरल प्रत्यास्मरण (Simple Recall Type)
  - रिक्त स्थान पूर्ति (Completion Type)
- अभिज्ञान रूप (Recognition Type)
  - एकान्तर अनुक्रिया रूप (Alternate Response Type)
  - बहुनिर्वचन रूप (Multiple Choice Type)
  - समानता रूप (Matching Type)
  - वर्गीकरण रूप (Classification Type)
  - सादृश अनुभव रूप (Analogy Type)

### I. प्रत्यास्मरण रूप (Recall type)

**(1) सरल प्रत्यास्मरण परीक्षाएँ (Simple Recall Type Tests)**—प्रत्यास्मरण परीक्षाएँ उन परीक्षाओं को कहते हैं जिनमें छात्रों के तथ्यात्मक ज्ञान की परीक्षालेने के लिए प्रश्न पूछे जाते हैं। इन प्रश्नों के उत्तरों को विद्यार्थी अपनी स्मृति अथवा पूर्व अनुभवों के आधार पर केवल एक शब्द या संख्या में देते हैं।

उदाहरण—निर्देश—निम्नलिखित प्रश्नों के उत्तर सामने के कोष्ठकों में लिखिए—

1. बर्फ पदार्थ की कौन-सी अवस्था है ?
2. हमारे हृदय में कितने कक्ष होते हैं ?
3. जमीन में रहनेवाले प्राणी क्या कहलाते हैं ?
4. धारामापी को परिपथ में किस क्रम में लगाया जाता है ?
5. एक मिनट में कितने सैकंड होते हैं ?

इन पदों की रचना सरल होती है परन्तु इनका प्रयोग मुख्य रूप से ज्ञानात्मक उद्देश्यों के मापन के लिए किया जाता है। इसमें छात्र को उत्तर सोचना होता है, प्रश्न में उत्तर नहीं दिया रहता। इस तरह के प्रश्नों के निर्माण में निम्न सावधानियां आवश्यक हैं—

1. प्रश्न का एक निश्चित उत्तर हो। द्विअर्थी व संदिग्ध अर्थवाले शब्दों का प्रयोग न किया जाय।

2. अपूर्ण वाक्यों की अपेक्षा प्रश्न सीधे पूछे जाएं।

3. संख्यात्मक उत्तर पूछने में यह स्पष्ट कर देना आवश्यक है कि किस इकाई का उपयोग करना है।

(2) वाक्य पूर्ति परीक्षाएं (Completion Test)—इन परीक्षाओं के निर्माण में परीक्षक प्रश्न में एक अथवा दो शब्दों को छोड़ देता है। विद्यार्थी के वाक्य रिक्त स्थान अथवा स्थानों को प्रत्यास्मरण की सहायता से पूरा करते हैं। कीजिए।

उदाहरण—निर्देश—निम्नलिखित वाक्यों में रिक्त स्थानों की पूर्ति

1. जड़ मिट्टी से·········अवशोषित करती है।
2. $NaCl + H_2SO_4 = \cdots\cdots + \cdots\cdots$
3. गाजर एक·········जड़ हैं।
4. जब किसी ठोस को द्रव्य में डुबाया जाता है तो उसके भार में हो······ जाती है।

इस प्रकार के प्रश्नों के निर्माण में यह ध्यान रखा जाना आवश्यक है कि प्रत्येक वाक्य में खाली स्थानों की संख्या एक से अधिक नहीं हो। अधिक होने पर अनेक संभावित उत्तर हो सकते हैं और आवश्यक संकेतों की कमी हो जाती है।

इस प्रकार के पदों की रचना करना आसान होने के कारण शिक्षक द्वारा इनका उपयोग अधिक किया जाता है। इनमें तथ्यों के स्मरण और शब्दिक उत्तरों पर अधिक जोर दिया जाता है।

2. अभिज्ञान रूप (Recognition Type Test)

(1) एकान्तर अनुक्रिया रूप (Alternate Response Type)—इसमें एक कथन होता है। वह सत्य या असत्य होता है। छात्र को दो विकल्पों में से एक को

छांटने के लिए कहा जाता है। इस प्रकार इन प्रश्नों का कभी-कभी हां या नहीं में उत्तर देना पड़ता है। इस कारण इन्हें हाँ या नहीं वाले प्रश्न भी कहा जाता है।

उदाहरण—निर्देश—निम्नलिखित कथन सही हो तो सत्य और गलत हो तो असत्य को रेखांकित कीजिए—

1. सूर्य से पृथ्वी तक ऊष्मा का संचरण संवाहन द्वारा होता है। (सत्य, असत्य)
2. प्रत्तियों का हरा रंग क्लोरोफिल के कारण होता है। (सत्य, असत्य)
3. सन्तुलित भोजन में बसा का होना आवश्यक है। (सत्य, असत्य)
4. आलू तना है। (सत्य, असत्य)
5. भोजन में ऊर्जा का संग्रह रासायनिक ऊर्जा के रूप में है। (सत्य, असत्य)

इस प्रकार के पदों का निर्माण सरल होता है परन्तु ये उपयोगी कम होते हैं। अनुमान के आधार पर उत्तर दिए जा सकते हैं। इस प्रकार के पदों के निर्माण में निम्न बातों का ध्यान रखा जाना आवश्यक है—

1. वाक्य में दो नकारात्मक शब्दों का प्रयोग न किया जाय।
2. एक वाक्य में अनेक विचारों का समावेश न हो।
3. सही और गलत कथनों की संख्या लगभग बराबर होनी चाहिए।
4. पद में लिखे कथन पूरी तरह से सही या पूरी तरह से गलत होने चाहिए।

गुण (Merits)—1. ऐसे पदों की रचना सरल है।

2. कम समय में अधिक प्रश्नों के उत्तर दिए जा सकते हैं।

3. कम समय में अधिक प्रश्नों को जांचा जा सकता है। साथ ही अंकन वस्तुनिष्ठ होता है।

4. ये पद निर्णय एवं तर्कशक्ति के प्रयोग पर आधारित हैं।

5. इनकी विश्वसनीयता अधिक है।

दोष (Demerits)—1. इस प्रकार के प्रश्नों के उत्तर अनेक बार अनुमान के आधार पर दिए जाते हैं।

2. इस प्रकार के प्रश्नों में अधिकतर कम महत्व के प्रश्नों को पूछा जाता है। उच्चस्तरीय प्रश्नों को पूछना कठिन है।

(2) बहुनिर्वचन रूप (Multiple Choice Type Tests)—ऐसे पदों में एक कथन के उत्तर के रूप में अनेक विकल्प लिए रहते हैं। छात्र को इन में से सबसे उपयुक्त सही विकल्प को छांटना होता है। इस प्रकार के पद जटिल विचार अथवा व्याख्याओं की जाँच के लिए प्रस्तुत किए जाते हैं—

उदाहरण—निर्देश—सही उत्तर पर निशान (√) लगाइए—

1. तापमान नापने के लिए जिस उपकरण का प्रयोग किया जाता है उसे कहते हैं—

(1) बैरोमीटर; (2) लैक्टोमीटर; (3) हाइड्रोमीटर; (4) थर्मामीटर; (5) पायरोमीटर।

2. सूर्य क्या है ?

(1) ग्रह; (2) उपग्रह; (3) तारा।

3. यदि एक चुम्बक के उत्तरी ध्रुव को दूसरे चुम्बक के दक्षिणी ध्रुव के पास ले जायें तो उनके बीच क्या होगा ?

(1) आकर्षण; (2) प्रतिकर्षण; (3) विद्युत चिंगारी; (4) कोई प्रभाव नहीं।

4. धारा को नापने के लिए किस उपकरण का उपयोग किया जाता है ? (1) वर्नियर पैमाना; (2) धारामापी; (3) तापमापी; (4) वोल्टमीटर।

5. साधारणतः जब पानी को एक खुले बर्तन में कुछ समय के लिए छोड़ देते हैं तो यह कम हो जाता है। इसका कारण है—(1) उबलना; (2) ऊर्ध्व पातन; (3) द्रवीकरण; (4) वाष्पन।

जेम्स एम०ली० के अनुसार बहुनिवर्चन पदों की रचना करते समय निम्नलिखित बातों का ध्यान रखना चाहिए।

1. पद को प्रश्न के रूप में न बनाकर अपूर्ण कथन के रूप में प्रस्तुत करना चाहिए।

2. पद की बनावट ऐसी हो कि उपयुक्त उत्तर मध्य में न आकर अन्त में आये।

3. प्रत्येक पद में 4 या 5 विकल्प दिए जाने चाहिए।

4. विकल्पों को लिखने से पूर्व यह निश्चित कर लेना चाहिए कि उनमें से एक विकल्प सत्य या अन्य की अपेक्षा उत्तम है।

गुण (Merits)—1. अभिज्ञान में मापन के ये पद अद्वितीय हैं।

2. ली के शब्दों में "निर्णयों के परीक्षण हेतु बहुनिर्वचन या बहुविकल्प पद एकमात्र साधन है।"

3. कई विकल्प होने के नाते अनुमान लगाने की आशंका कम हो जाती है।

4. इनमें वस्तुनिष्ठता अधिक होती है। इस कारण इनका अंकन सरलतापूर्वक हो जाता है।

3. समानता रूप (Matcting Type Tests)—इस प्रकार के पद में दो स्तम्भों में कुछ शब्द, संख्याएँ, संकेत, परिभाषाएँ आदि दी होती हैं। छात्र से स्तम्भ के पदों की दूसरे स्तम्भ के पदों के साथ तुलना करने के लिए कहा जाता

है। इनके द्वारा छात्र सम्बन्धों की पहचान करना सीखते हैं।

उदाहरण—निर्देश—स्तम्भ "अ" के बाएँ कोष्ठक में स्तम्भ "ब" से सही पदों को चुनकर उनकी संख्या लिखिए—

| स्तम्भ (अ) | स्तम्भ (ब) |
|---|---|
| 1. ( ) लम्बाई | 1. स्प्रिंगतुला |
| ( ) धारा | 2. वर्नियर पैमाना |
| ( ) भार | 3. विभवमापी |
| ( ) विभवान्तर | 4. एमीटर |
| 2. ( ) घनत्व | फुट पौंड |
| ( ) गुप्त ऊष्मा | ऐम्पीयर |
| ( ) विभवान्तर | वोल्ट |
| ( ) बल | ग्राम प्रति घन से०मी० |
| ( ) दबाव | कैलोरीज |
| ( ) विद्युतधारा | कैलोरीज प्रति ग्राम |
| ( ) कार्य | पौण्ड भार |

इस प्रकार के पदों की रचना करते समय निम्न बातों का ध्यान रखा जाना आवश्यक है—

1. एक समूह, स्तम्भ में एक ही प्रकार के पद होने चाहिए।
2. दोनों स्तम्भों में पदों की संख्या असमाम हो।
3. तुल्य स्तम्भ के पदों को शीर्षात्मक रूप से प्रस्तुत किया जाना चाहिए।
4. निर्देश सुस्पष्ट एवं निश्चित होने चाहिए।

इनके द्वारा स्मृति पर आधारित शिक्षण करना सरल होता है। इनकी पद रचना में विशेष सावधानी की आवश्यकता होती है।

(4) वर्गीकरण रूप (Classification Type Tests)—इस प्रकार के प्रश्नों के अन्तर्गत कुछ ऐसे शब्दों का समूह छात्रों के समक्ष रखा जाता है जिनमें से एक शब्द असंगत या बेमेल होता है। छात्र से उस बेमेल शब्द को छांटने के लिए कहा जाता है। इस प्रकार के प्रश्नों की रचना करते समय इस बात का ध्यान रखना चाहिए कि एक प्रश्न में 5 या 6 शब्द हों। साथ ही उनमें एक सम्बन्ध हो।

उदाहरण—निर्देश—प्रत्येक प्रश्न में पाँच शब्द दिए हुए हैं, प्रत्येक प्रश्न के इन पाँच शब्दों में एक ऐसा शब्द है जो अन्य चार शब्दों की श्रेणी में नहीं रखा जा सकता। प्रत्येक प्रश्न में ऐसे शब्द के नीचे रेखा खींचिए—

1. तोता, चमगादड़, कोयल, गिलहरी, पतंग।
2. धमनी, शिरा, आमाशय, हृदय, रक्त।
3. इलेक्ट्रान, प्रोटान, न्यूट्रान, परमाणु, यौगिक।

4. तत्व, लवण, क्षार, अम्ल, कास्टिक सोडा।

इस प्रकार के प्रश्नों को बोध उद्देश्य तथा विभेदीकरण की क्षमताओं के लिए प्रयुक्त किया जाता है। इनका निष्पत्ति तथा बुद्धि परीक्षाओं में भी प्रयोग होता है।

(5) सादृश अनुभव रूप (Analogy Type Tests)—इनमें दो समान परिस्थितियों को प्रस्तुत किया जाता है। पहली परिस्थिति पूर्ण दूसरी अपूर्ण होती है। पहली परिस्थिति के आधार पर समान सम्बन्ध स्थापित करते हुए दूसरी परिस्थिति की पूर्ति की जाती है।

उदाहरण—निर्देश—निम्नांकित प्रश्नों में दो परिस्थितियां प्रयुक्त की गई हैं। दूसरी परिस्थिति अपूर्ण है। पहली के आधार पर दूसरी की पूर्ति कीजिए।

1. ताप : थर्मामीटर : : : बैरोमीटर
2. लोहा : : : फास्फफोरस : अधातु
3. चन्द्रमा : पृथ्वी : : : सूर्य
4. आमाशय : पाचन : : हृदय :

### वस्तुनिष्ठ परीक्षा के गुण (Merits of Objective Type Tests)

1. ये परीक्षाएँ वस्तुनिष्ठ होती हैं।
2. ये परीक्षाएँ वैध होती हैं।
3. ये परीक्षाएँ विश्वसनीय होती है।
4. इनका निर्माण निश्चित उद्देश्यों की प्राप्ति के लिए किया जाता है। अतः ये परीक्षाएँ उपयोगी होती हैं।
5. ये परीक्षाएँ सम्पूर्ण विषय क्षेत्र का मापन करती हैं।
6 इन परीक्षाओं को लेने में कम समय लगता है।
7. रटने की प्रवृत्ति को कम करती हैं।
8. अंक प्रदान करने में सरलता होती है।

### वस्तुनिष्ठ परीक्षा के दोष (Demerits of Objective Type Tests)

1. इन परीक्षाओं में प्रश्नों का निर्माण कठिन होता है। प्रश्नों की संख्या अधिक होती है अतः इनके निर्माण के लिए योग्य, अनुभवी तथा कुशल शिक्षकों की आवश्यकता होती है।

2. इन परीक्षाओं के द्वारा छात्रों की चिन्तन, मनन तथा तर्क आदि क्षमताओं को विकसित करने की अपेक्षा शिक्षण नीति में समानता लाने का प्रयास किया जाता है। इससे वैयक्तिक विभिन्नता के सिद्धान्त की अवहेलना होती है जिसके परिणामस्वरूप मानसिक क्रिया यान्त्रिक बन जाती है।

3. छात्रों को उत्तर संक्षेप में देने होते हैं जिससे उनकी कल्पना तथा चिन्तन

क्षमता का विकास नहीं होता तथा उन्हें अपने विचारों को क्रमबद्ध रूप से संगठित कर अभिव्यक्त करने का अवसर नहीं मिलता है।

4. उच्च मानसिक योग्यताओं का मापन नहीं किया जा सकता है।

5. छात्र इन प्रश्नों के उत्तर अनुमान के आधार पर भी दे सकते हैं।

6. एक वैध व विश्वसनीय परीक्षण के निर्माण के लिए अधिक श्रम व समय की आवश्यकता होती है।

7. इनके प्रयोग से छात्र विषयवस्तु का गहन व सम्बन्ध सूचक अध्ययन नहीं करते हैं।

## सारांश (Summary)

विज्ञान-शिक्षण में मूल्यांकन—मूल्यांकन द्वारा शैक्षिक उपलब्धियों का मापन किया जाता है। परम्परागत परीक्षा प्रणाली में विषयवस्तु की उपलब्धि या विशिष्ट कौशल तथा योग्यताओं को जो महत्व दिया जाता था जबकि मूल्यांकन विधि में व्यक्तित्व के व्यापक परिवर्तनों और शिक्षा कार्यक्रम के मुख्य उद्देश्यों को महत्व दिया जाता है।

मूल्यांकन के कार्य—मूल्यांकन का कार्य केवल ज्ञान का परीक्षण ही नहीं है वरन् इसके द्वारा उद्देश्यों, विधि, पाठ्यक्रम, मूल्यांकन के उपकरण तथा विधियों में परिवर्तन व सुधार लाकर पूरी शिक्षण प्रक्रिया में सुधार लाया जाता है।

मूल्यांकन प्रक्रिया के सोपान—1. शिक्षण उद्देश्यों का निर्धारण।

2. सीखने के उपयुक्त अनुभवों की व्यवस्था करना।

3. व्यवहार परिवर्तन के आधार पर मूल्यांकन करना।

मूल्यांकन की प्रविधियाँ—अच्छी परीक्षा की विशेषताएँ—(1) वस्तुनिष्ठता; (2) विश्वसनीयता; (3) वैधता; (4) व्यावहारिकता; (5) स्पष्टता; (6) व्यापकता; (7) विभेदकारिता।

प्रचलित परीक्षा प्रणाली के दोष।

अधिगम के मापन की परीक्षाएँ—

1 वस्तुनिष्ठ परीक्षा—ये नवीन प्रकार की परीक्षाएँ हैं तथा वस्तुनिष्ठ वैध व उपयोगी हैं।

2. निबन्धात्मक परीक्षा—ये परम्परागत परीक्षाएँ हैं, इन्हें प्रामाणिक नहीं बनाया जा सकता।

वस्तुनिष्ठ परीक्षा का निर्माण—1. नियोजन; (2) परीक्षण पदों का निर्माण; (3) परीक्षा का प्रशासन; (4) मूल्यांकन।

वस्तुनिष्ठ परीक्षा के प्रकार—(1) प्रत्यासमरण रूप—(1) सरल प्रत्यास्मरण; 2. रिक्त स्थान पूर्ति।

2. अभिज्ञान रूप—(1) एकान्तर अनुक्रिया रूप; (2) बहुनिर्वचन रूप;

(3) समानता रूप; (4) वर्गीकरण रूप; (5) सादृश अनुभव रूप।
वस्तुनिष्ठ परीक्षा के गुण।
वस्तुनिष्ठ परीक्षा के दोष।

## प्रश्न (Study Questions)

1. विज्ञान की निष्पत्ति परीक्षा का निर्माण किस प्रकार करेंगे? आपकी राय में विज्ञान की परीक्षा की क्या विशेषताएँ होनी चाहिए?

2. विज्ञान की निबन्धात्मक परीक्षाओं में क्या दोष हैं? वस्तुनिष्ठ परीक्षा द्वारा आप इन दोषों को किस प्रकार दूर कर सकते हैं?
(मेरठ वि० वि० 1990)

3. वस्तुनिष्ठ परीक्षणों से आप क्या समझते हैं? उनके प्रकार तथा गुण-दोषों का संक्षेप में वर्णन कीजिए। (गढ़वाल वि० वि० 1990)

4. मूल्यांकन का क्या अर्थ है? मूल्यांकन की कार्य प्रणाली तथा प्रविधियों का संक्षेप में वर्णन कीजिए। (रुहेलखण्ड वि० वि० 1986)

5. प्रचलित परीक्षा प्रणाली के क्या दोष हैं? इसके सुधार के लिए अपने सुझाव दीजिए? (गढ़वाल वि० वि० 1985, लखनऊ वि० वि० 1988)

6. नवीन प्रणाली की परीक्षा और निबन्धात्मक परीक्षा में क्या अन्तर है? विद्यालय शिक्षा के किसी भी स्तर के लिए विज्ञान के प्रस्तावित पाठ्यक्रम पर दोनों प्रकार की परीक्षाओं के उदाहरण देकर अपने उत्तर को स्पष्ट कीजिए।
(मेरठ वि० वि० 1987)

7. क्या आप विज्ञान में नवीन प्रकार के परीक्षण आरम्भ करना पसन्द करेंगे? कक्षा सात के लिए परीक्षण का एक नमूना तैयार कीजिए।
(लखनऊ वि० वि० 1990)

8. मूल्यांकन विधि के विभिन्न पदों को बताइए। विज्ञान में उपयुक्त मूल्यांकन साधन कैसे तैयार करेंगे? उदाहरण देकर स्पष्ट कीजिए।

9. (अ) वस्तुनिष्ठ परीक्षण के प्रकारों के नाम तथा प्रत्येक का एक-एक उदाहरण दीजिए। (मेरठ वि० वि० 1990)
(ब) वस्तुनिष्ठ परीक्षण के गुण तथा दोष लिखिए।
(गढ़वाल वि० वि० 1989)

10. मूल्यांकन से आप क्या समझते हैं? विज्ञान-शिक्षण के लिए प्रयुक्त की जानेवाली विधियाँ कौन-सी हैं? कक्षा आठ के विज्ञान के किसी एक उप-विषय को लेकर उस पर 10 बहुविकल्पीय प्रश्न बनाइए।
(गढ़वाल वि० वि० 1986)

11. विज्ञान-शिक्षण में मूल्यांकन की क्या भूमिका है? कक्षा 8 के किसी

उपविषय के लिए निदान परीक्षण की रचना आप किस प्रकार करेंगे ?

(गढ़वाल वि० वि० 1989)

12. निम्नलिखित पर टिप्पणी लिखिए—

1. परीक्षण के पद।

(कुमायूं वि० वि० 1988, मेरठ वि० वि० 1986)

2. उद्देश्य आधारित एवं वस्तुनिष्ठ प्रश्न।

(मेरठ वि० वि० 1985)

13. मूल्यांकन प्रविधियों से क्या तात्पर्य है ? वस्तुनिष्ठ परीक्षाओं के प्रत्येक प्रकार के चार-चार परीक्षण पदों का निर्माण कीजिए।

(कुमायूं वि० वि० 1991)

14. विज्ञान में वर्तमान मूल्यांकन पद्धति के दोष एवं सीमाओं की विवेचना कीजिए तथा इसमें सुधार हेतु सुझाव दीजिए।

(लखनऊ वि० वि० 1991)

15. मूल्यांकन से आप क्या समझते हैं ? भौतिक विज्ञान के प्रश्न-पत्र के निर्माण से पूर्व आप किन-किन बातों का ध्यान रखेंगे ?

(मेरठ वि० वि० 1985)

16. उचित निर्देशों सहित जीव विज्ञान विषयवस्तु के मूल्यांकन हेतु 10 वस्तुनिष्ठ पदों का निर्माण कीजिए। छात्रों में होने वाली सम्भावित उपलब्धि का उल्लेख कीजिए। (मेरठ वि० वि० 1985)

17. मूल्यांकन विधि के भिन्न-भिन्न भागों का वर्णन कीजिए। विज्ञान सीखने की प्रक्रिया के सुधार में मूल्यांकन विधि कहाँ तक सहायक हैं ?

(रुहेलखण्ड वि० वि० 1987, 1988, 1990)

18. मूल्यांकन से आप क्या समझते हो ? विज्ञान में वर्तमान परीक्षा प्रणाली को किस प्रकार सुधारा जाए जिससे इस विषय की उपलब्धियों का उचित मूल्यांकन किया जा सके।

(रुहेलखण्ड वि० वि० 1989, 1991)

## वस्तुनिष्ठ प्रश्न (Objective-type Questions)

निर्देश—निम्न कथनों में जो सत्य हों उनके समक्ष 'हाँ' और असत्य के समक्ष 'नहीं' लिखिए—

1. मूल्यांकन निरन्तर चलनेवाली प्रक्रिया है।
2. मूल्यांकन में मापन का अभाव होता है।
3. निबन्धात्मक परीक्षा विश्वसनीय तथा वैध होती है।
4. वस्तुनिष्ठ परीक्षा वैध एवं विश्वसनीय होती है।

5. वस्तुनिष्ठ परीक्षा छात्रों को अनुमान से उत्तर देने को प्रोत्साहित करती है।

6. वस्तुनिष्ठ परीक्षणों में पदों का निर्माण उद्देश्यों के अनुरूप होना चाहिए।

7. प्रत्यास्मरण प्रश्नों का निर्माण इस प्रकार किया जाए कि प्रत्येक प्रश्न का एक ही उत्तर हो।

8. रिक्त स्थान पूर्ति प्रश्न ज्ञान के परीक्षण के लिए उपयुक्त हैं।

# वैज्ञानिक दृष्टकोण
## (Scientific Attitude)

"समस्या समाधान के सभी तत्वों का एक व्यवहार-समूह, (Group of Activities) अथवा मानसिक ढाँचे (Mind-sets) से निकट सम्बन्ध है जो विज्ञान शिक्षण का महत्वपूर्ण परिणाम है।" —हीज, ऑब्रॉर्न और हाफमैन

वैज्ञानिक अनुशासन अथवा दृष्टिकोण का विकास विज्ञान-शिक्षण का एक मुख्य उद्देश्य है। यह विज्ञान-शिक्षण की प्रक्रिया की महत्वपूर्ण उपलब्धि है। विज्ञान-शिक्षण द्वारा केवल तथ्य, प्रत्ययों तथा सिद्धान्तों का ज्ञान प्रदान कर समस्या समाधान की क्षमता का ही विकास नहीं किया जाता है वरन् वैज्ञानिक दृष्टिकोण के साथ रुचि और प्रशंसा की भावना को भी विकसित करना आवश्यक है। वैज्ञानिक दृष्टिकोण छात्र के स्वयं के समायोजन तथा समाज के एक कुशल नागरिक के रूप में अपने दायित्वों का निर्वाह करने के लिए आवश्यक है। इसे नेशनल साइंस टीचर्स एसोसियेशन आफ यू०एस०ए० ने इन शब्दों में स्पष्ट किया है—As a result of science education, the learner should be in the process of developing a personal philosophy based on truth, understanding and logic rather than one based on superstitions, instrutions or wishful thinking."

वैज्ञानिक दृष्टिकोण सम्बन्धी एक अन्य धारणा के अनुसार वैज्ञानिक दृष्टिकोण के अन्तर्गत पक्षपात, संकीर्णता एवं अन्धविश्वासों से मुक्ति, उदार मनोवृत्ति, आलोचनात्मक मनोवृत्ति, बौद्धिक ईमानदारी, नव साक्षी की प्राप्ति के आधार पर विश्वास करना आदि गुण सम्मिलित हैं। विज्ञान-शिक्षण से सम्बन्धित नेशनल सोसायटी ऑफ द स्टडी आफ एजूकेशन ने वैज्ञानिक दृष्टिकोण के अन्तर्गत विचारों की व्यापकता (Broad mindedness), सही ज्ञान प्राप्त करने की इच्छा तथा ज्ञान-प्राप्ति की विधियों में विश्वास को प्रमुख स्थान दिया है।

वैज्ञानिक दृष्टिकोण का विकास व्यक्तिगत अनुभव और विज्ञान की प्रक्रिया के सूक्ष्म निरीक्षण से हो सकता है। विद्यालय इस दृष्टिकोण का विकास करें। अध्यापक कक्षा व उसके बाहर ऐसे वातावरण का निर्माण करें जहाँ छात्र स्वयं

अनुभव व निरीक्षण द्वारा इस दृष्टिकोण का विकास करने की आवश्यकता का अनुभव कर सकें। वैज्ञानिक कार्यों में अन्वेषण की प्रवृत्ति होना आवश्यक है। वैज्ञानिक कार्य का उद्देश्य ही सत्य की खोज है। सत्य की खोज या प्राप्ति में पूर्वाग्रह या पक्षपात का कोई स्थान नहीं है। छात्रों को वस्तुनिष्ठ रूप (Objectively) में पूर्वाग्रह से मुक्त होकर निरीक्षण करने के अवसर दिए जाएँ। विज्ञान अध्ययन में बौद्धिक ईमानदारी आवश्यक है। इसमें किसी भी समस्या का समाधान करने के लिए निश्चित पदों (Definite Steps) के अनुसार कार्य किया जाता है तथा उचित निर्णय पर पहुँचने का प्रयास किया जाता है। प्रमाणों के आधार पर संतुष्ट होने तक अन्वेषणकर्ता अपने निर्णय को गुप्त ही रखता है। वैज्ञानिक कार्य की ये विशेषताएँ विज्ञान के छात्र के लिए एक आदत बन जानी चाहिए। इससे वे तथ्यों और प्रमाणों के अभाव में किसी भी कथन पर विश्वास नहीं करेंगे।

राष्ट्रीय शैक्षिक अनुसंधान एवं प्रशिक्षण परिषद (NCERT) नई दिल्ली द्वारा 1971 में आयोजित कार्यशाला में विकसित वैज्ञानिक दृष्टिकोण सम्पन्न विद्यार्थी के निम्न गुण बताए गए हैं—

1. वह अपने कथन तथा क्रियाओं में पक्का और निश्चयपूर्ण होता है।
2. प्रमाणित तथ्यों के आधार पर निर्णय लेता है।
3. पक्षपातमुक्त होकर नए विचारों और आविष्कारों पर विचार करने के लिए तैयार रहता है।
4. मानव कल्याण के लिए विज्ञान के प्रयोग का समर्थन करता है।
5. अपने निर्णयों पर पुनः विचार करने के लिए तैयार रहता है।
6. काम के अंत में उपकरणों तथा सम्बन्धित सामग्री को ढंग से रखता है।
7. पर्याप्त प्रमाणों के अभाव में निर्णय स्थगित कर देता है।
8. पक्षपात से मुक्त रहता है।
9. उसकी सोच व कार्यविधि वस्तुनिष्ठपरक होती है।
10. वैज्ञानिक सामग्री के संकलन तथा विवरण रखने में सच्चाई और ईमानदारी से काम लेता है।

## वैज्ञानिक दृष्टिकोण का विकास (Development of Scientific Attitude)

वैज्ञानिक दृष्टिकोण की कोई निश्चित परिभाषा नहीं है। विभिन्न व्यक्तियों ने इस सम्बन्ध में विभिन्न विचार व्यक्त किए हैं। किसी विशिष्ट दिशा में निश्चित मानसिक प्रवृत्ति को ही वैज्ञानिक व्यवहार व दृष्टिकोण कहते हैं। अतः विभिन्न साधनों द्वारा ऐसी मानसिक प्रवृत्तियों को उत्पन्न किया जा सकता

है। कुछ शिक्षाशास्त्रियों का विचार है कि प्रत्यक्ष शिक्षण के द्वारा छात्रों का व्यवहार परिवर्तन नहीं किया जा सकता। इसके विपरीत वैज्ञानिक व्यवहार के विकास में विद्यालय की सीमा के बाहर प्राप्त अनुभवों का अत्यन्त महत्वपूर्ण स्थान है। कर्टिस ने अपनी खोजों के आधार पर सिद्ध किया है कि प्रत्यक्ष शिक्षण द्वारा भी विद्यार्थियों के व्यवहार में अवश्य सुधार होता है।

वस्तुतः छात्रों में वैज्ञानिक दृष्टिकोण विकसित करने का दायित्व शिक्षक का है। वह निम्न प्रकार से छात्रों में वैज्ञानिक दृष्टिकोण का विकास कर सकता है—

**1. विज्ञान साहित्य का व्यापक अध्ययन (Detailed Study of Scier.ce Literature)**

कर्टिस द्वारा किए गए एक अध्ययन के अनुसार सामान्य विज्ञान के विस्तृत अध्ययन करनेवाले छात्रों का दृष्टिकोण, केवल विज्ञान पाठ्यपुस्तक के अध्ययन तक सीमित रहने वाले छात्रों की अपेक्षा अधिक वैज्ञानिक होता है। इससे स्पष्ट है कि छात्रों में वैज्ञानिक दृष्टिकोण का विकास करने के लिए उन्हें पाठ्यपुस्तक के अलावा वैज्ञानिक साहित्य व अन्य वैज्ञानिक पुस्तकें, सन्दर्भ पुस्तकें व विज्ञान सम्बन्धी पत्रिकाएँ पढ़ने के लिए प्रेरित किया जाना चाहिए। प्रत्येक विद्यालय में पुस्तकालय के अन्तर्गत पृथक विज्ञान कक्ष की व्यवस्था करके अथवा पृथक विज्ञान पुस्तक की स्थापना करके यह कार्य किया जा सकता है। अध्यापक के लिए भी आवश्यक है कि वह स्वयं भी सन्दर्भ पुस्तकों, पत्रिकाओं आदि का अध्यपन करने में रुचि ले।

**2. अन्धविश्वासों का खंडन**

अध्यापक को अन्धविश्वासों के सम्बन्ध में व्यावहारिक खोज करने तथा वास्तविक सर्वेक्षण तथा अध्ययन के आधार पर निष्कर्ष निकालने के लिए छात्रों को प्रेरित करना चाहिए।

**3. आयोजित अभ्य सों का प्रयोग (Use of Prescribed Exercises)**

विज्ञान पत्रिकाओं में वैज्ञानिक दृष्टिकोण के विकास के लिए विभिन्न अभ्यास दिए जाते हैं। समाचार पत्रों में छपी विज्ञान सम्बन्धी जानकारी का प्रयोग किया जा सकता है। उसे विद्यालय में विज्ञान के बुलेटिन बोर्ड पर प्रदर्शित किया जा सकता है और प्रत्यक्ष शिक्षण में उनका बार-बार प्रयोग किया जा सकता है।

**4. प्रयोगशाला समय का उचित उपयोग (Proper Use of Laboratory)**

शिक्षक द्वारा प्रयोग के समय का उचित उपयोग किया जाय। छात्र को प्रयोग की

उपकल्पनाओं के निर्माण, उपकल्पनाओं का परीक्षण, आंकड़ों का संग्रह, विश्लेषण और व्याख्या के आधार पर निष्कर्ष पर पहुंचने का अभ्यास कराया जाय।

5. विज्ञान की पाठ्यसहगामी क्रियाएं (Co-curicular Activities of Science)

विज्ञान से सम्बन्धित पाठ्यसहगामी क्रियाओं की व्यवस्था जैसे विज्ञान-क्लब, पर्यटन, वैज्ञानिक अभिरुचियों, वैज्ञानिक माडलों का निर्माण तथा विज्ञान प्रदर्शनियों का आयोजन करके वैज्ञानिक दृष्टिकोण का विकास किया जा सकता है। विद्यार्थियों को कार्य करने की पर्याप्त स्वतन्त्रता दी जानी चाहिए।

6. कक्षा का वातावरण (Class-room Environment)

कक्षा के वातावरण को वैज्ञानिक बनाने में अध्यापक व छात्र दोनों को मिलकर कार्य करना चाहिए। सामग्री संकलन द्वारा कक्षा की साज-सज्जा इस प्रकार हो कि छात्रों की विज्ञान में रुचि जागृत हो। छात्रों की क्रियाओं को उचित निर्देशन दिया जाना चाहिए।

7. अध्यापक का व्यक्तित्व (Personality of Teacher)

अध्यापक के व्यक्तित्व का छात्र के ऊपर विशेष प्रभाव पड़ता है। इसलिए यह आवश्यक है कि अध्यापक उदार मनोवृत्तिवाला, पक्षपातपूर्ण व्यवहार से मुक्त, आलोचनात्मक दृष्टिकोणवाला तथा सत्यप्रिय होना चाहिए। छात्रों को तर्क के आधार पर ही तथ्य को स्वीकार करने को प्रेरित करना चाहिए।

8. उचित शिक्षण विधियाँ (Proper Teaching Methods)

उचित शिक्षण विधियों के प्रयोग द्वारा विषयवस्तु का प्रस्तुतीकरण क्रमबद्ध व प्रभावशाली ढंग से किया जाना चाहिए। यथासम्भव प्रयोग प्रदर्शन कर छात्रों को निरीक्षण, प्रयोग तथा निष्कर्ष निकालने के अवसर दिए जाने चाहिए।

9. छात्रों के सन्देह व भ्रमों का निराकरण

अध्यापक के कथन में छात्र को सन्देह होने पर उसे पूरा अवसर दिया जाना चाहिए कि वह उसे दूर कर सके। अध्यापक का दृष्टिकोण प्रजातान्त्रिक होना चाहिए। विज्ञान-शिक्षण में किसी भी विचार या तथ्य को स्वीकार करने से पूर्व उसके सम्बन्ध में सभी शकाओं व भ्रमों का निराकरण किया जाना आवश्यक है। स्वस्थ आलोचना को प्रोत्साहित किया जाना चाहिए। बिना विचार-विमर्श व आलोचना के विज्ञान की गतिशीलता व उसकी प्रगतिवादी विशेषता समाप्त हो जाती है। अध्यापक को यह ध्यान रखना चाहिए कि बिना प्रश्न पूछे तथा

अन्वेषण की प्रवृत्ति के विज्ञान के अध्ययन का अर्थ केवल तथ्यों व ज्ञान की स्वीकृति ही रह जाएगा। यह स्थिति कभी भी वैज्ञानिक अभिवृत्ति का विकास नहीं कर सकती। अतः यह आवश्यक है कि छात्रों को केवल सूचना ही प्रदान न की जाय वरन् उन्हें विज्ञान का अभ्यास व निरीक्षण का अवसर दिया जाय। तभी वैज्ञानिक अभिवृत्ति के तत्वों का अनुभव कर उनके विकास करने का अवसर प्राप्त होगा।

वैज्ञानिक दृष्टिकोण के विकास से ही समाज में वैज्ञानिक चेतना का विकास सम्भव है। अवैज्ञानिक सोच और विचारों के कारण ही कोई भी समाज अपने अस्तित्व पर खतरा अनुभव करता रहा है और गुलामी की जंजीरों से ज़कड़ा रहा है। यह कैसी विडम्बना है कि एक तरफ तो कई तरह के वैज्ञानिक अविष्कार हुए हैं, उपग्रहों द्वारा जन-जीवन में सुधार हुआ है लेकिन दूसरी तरफ आज भी देश के गांवों, कस्बों तथा महानगरों में भी कोई तांत्रिक, महात्मा, ओझा अपने चमत्कार व अनोखे कारनामों द्वारा न केवल लोगों की जेबें लूट ले जाता है, वरन् शताब्दियों से जड़ बने अन्धविश्वास और रूढ़िवाद को और मजबूत करके चला जाता है। इससे तो यह लगता है कि विज्ञान के प्रयोगों, खोजों और आविष्कारों का होना निरर्थक है या यह केवल कुछ लोगों के उपयोग के लिए है। वैज्ञानिक चेतना के अभाव के लिए मुख्य रूप से हमारी शिक्षा प्रणाली ही दोषी है। शिक्षा प्रणाली में विज्ञान की न्यूनतम जानकारी का अभाव है। विज्ञान का उपयोग अब तक एक विशेष वर्ग ही करता रहा है। जन-जन तक वैज्ञानिक चेतना के प्रचार-प्रसार का सवाल राजनीतिक व्यवस्था से भी जुड़ा हुआ है। मध्य प्रदेश के रायपुर जैसे आदिवासी बाहुल्य क्षेत्र में मजदूर नेता शंकर गुहा नियोगी के द्वारा इस दिशा में किया गया प्रयास उल्लेखनीय है। अब वहाँ के आदिवासी वैज्ञानिक चेतना से सम्पन्न हो गए हैं।

वैज्ञानिक चेतना के विकास की दिशा में सरकार की संस्था राष्ट्रीय विज्ञान एवं प्रौद्योगिक संचार परिषद कार्य कर रही है। इसके द्वारा हिन्दी में 'विज्ञान' और 'विज्ञान पत्रिका' का प्रकाशन 16 और 45 वर्षों से क्रमशः हो रहा है। पत्र-पत्रिकाओं के अलावा दूरदर्शन और रेडियो में भी लोगों के बीच विज्ञान का प्रचार-प्रसार करने के लिए कार्यक्रम प्रसारित किए जाते हैं। विभिन्न तरह के दस्तों को सहायता देकर लोकगीतों, नाटकों आदि के माध्यम से विज्ञान का प्रचार-प्रसार करवाया जा रहा है।

### जन-विज्ञान दस्ता

इसका मुख्य उद्देश्य पाखण्डी बाबाओं और तांत्रिकों के अनोखे और चमत्कारी कारनामों का वैज्ञानिक पक्ष लोगों के सामने प्रस्तुत करना है। दिल्ली जैसे महा-नगर में काफी लोकप्रियता मिली है। इससे यह स्पष्ट है कि आधुनिक महानगर या

आधुनिकता का दावा करनेवाले लोग भी विज्ञान के ज्ञान से कितने दूर हैं। ऐसी स्थिति में देश के गांवों, कस्बों व शहरों की स्थिति की कल्पना की जा सकती है। इस दस्ते द्वारा देश के विभिन्न भागों में वैज्ञानिक चेतना के विकास को ध्यान में रखते हुए विभिन्न कार्यक्रम आयोजित किए जा रहे हैं। झुग्गी-झोंपड़ी से लेकर विभिन्न संस्थाओं में तांत्रिकों और ओझाओं के चमत्कारिक और कथित अनोखे कारनामों की वास्तविकता से व्यक्तियों को इन जत्थों का मुख्य कार्य जन-जन में शताब्दियों से व्याप्त अन्धविश्वास और रूढ़िवादिता को दूर कर उमें वैज्ञानिक चेतना का प्रसार करना है।

जन-विज्ञान दस्ता बाजारों, गली-मुहल्लों और संस्थाओं में ओझाओं तथा कथित बाबाओं और योगियों के कुछ चमत्कारी और अनोखे कारनामों का वैज्ञानिक पक्ष प्रस्तुत करता है। जैसे आमतौर पर लोग देखते हैं कि कोई बाबा सैकड़ों लोगों को इकट्ठा करके अपने मुँह से आग खाने का प्रदर्शन करता है। कोई तांत्रिक यह दिखाता है कि वह अपने मुँह की जीभ में भगवान शंकर के त्रिशूल को घुसा लेता है और रत्तीभर खून तक नहीं गिरता। कोई बाबा बताता है कि वह कैसे आग पर चल सकता है। पूरे शरीर में आग लगा सकता है और भगवान की तपस्या के बल पर उसका बालबाँका तक नहीं हो सकता है। कोई ओझा यह बताता है कि वह कैसे नारियल में से आग पैदा कर किसी व्यक्ति पर सवार चुड़ैल को उसके ऊपर से भगा सकता है। कोई मदारी यह बताता है कि वह कैसे अपने जमूरे के पेट में चाकू भोंकता है और थोड़ी देर बाद जमूरा बिलकुल उठ खड़ा होता है। अपनी मनोकामना पूरी करवाने के लिए लोगों के हाथों में भभूत पैदा करने का चमत्कारी कारनामा इन बाबाओं का पुराना धंधा है।

जन-विज्ञान दस्ता इस तरह के और भी भोली-भाली जनता को ठगनेवाले धूर्त तांत्रिकों, योगियों ओझाओं आदि के चमत्कारिक और कथित अनोखे कारनामों की असलियत से लोगों को परिचित कराता है। जैसे आग खाने के अनोखे कारनामों की असलियत यह है कि शुद्ध पारदर्शी कपूर का टुकड़ा लें। सूखी हथेली पर रखकर कपूर को जला दें, कपूर जलनें लगेगा। यह ध्यान देनेवाली बात हैं कि आग की लौ कपूर की ऊपरी सतह की होगी। फिर दो अंगुलियों से उसे जलते कपूर को पकड़ लें फिर मुंह खोलें और सांस बाहर को निकाल दें। जलते कपूर को उठाकर मुंह में रख लें मुंह में कपूर जाएगा। इस तरह से बिना क्षति के आग को खाया जा सकता है। आग को लेकर एक दूसरी चमत्कारी घटना शरीर में आग लगाने की होती है। यहाँ केवल इतना बताना ही पर्याप्त है कि हमारे शरीर की बनावट इस तरह की है कि शरीर का कोई भी हिस्सा लगभग तीन सेकेंड तक आग की लपट को बिना किसी क्षति के बर्दाश्त कर सकता है। अपने शरीर में आग लगाने वाले किसी पाखंडी बाबा को यह चुनौती दें कि वह शरीर के किसी खास हिस्से में ही आग लगाए। वह ऐसा करने से इंकार कर

देगा क्योंकि वैसी स्थिति में वह सचमुच जल जाएगा।

इसी तरह त्रिशूल जीभ में घुसाने की घटना को सावधानीपूर्वक देखने पर पता चलता है कि जीभ में त्रिशूल घुसाने वाले त्रिशूल को घुसाते समय बीच से पकड़े रहते हैं। इस तरह से लोगों को यह लगता है कि यह त्रिशूल बिलकुल सीधा है, जबकि उस बीचवाले स्थान का आकर थोड़ा टेढा रहता है। मुंह को ढककर त्रिशूल घुसाने की इस कथित प्रक्रिया में यह कोशिश होती है कि त्रिशूल के बीच वाले आकार से जीभ को फँसा दिया जाय। इससे जीभ के फँसने के बाद सचमुच लगता है कि बाबा ने चमत्कार कर दिया। इसी तरह भभूत भी अपने हाथ में पैदा किया जा सकता है। एल्यूमीनियम का सिक्का लें और एक तरह के रसायन को उसमें लगा दें। थोड़ी गेर तक उसे मुट्ठी में बन्द कर दें। रसायन के कारण एल्यूमीनियम से एक तरह का भभूत जैसा पदार्थ अपने आप हथेली पर नजर आने लगेगा। बाबा लोग एल्यूमीनियम के अलावा और कोई सिक्का नहीं लेते हैं।

एक और कारनामा किसी बर्तन में पानी डालने और उसे पहले उड़ा देने और फिर पानी को उस बर्तन से निकालने का भी है। जगनुमा इस बर्तन के दो सतह होते हैं। पानी डालने के बाद यदि बाएँ तरफ से पानी को गिराने की कोशिश की जाय तो यह पानी स्वतः नीचेवाली सतह में चला जाता है। इसी का पानी उड़कर गंगा माई में मिल जाना कहा जाता है। लेकिन तत्काल इसे गंगा माता से मँगवाने का नाटक किया जाता है। तब जगनुमा इस बर्तन को दाएँ करके झुकाया जाता है। उस स्थिति में निचली सतह का पानी गिरने लगता है। यह दरअसल बाएँ और दाएँ हाथ को घुमाने का खेल है। लोगों में वैज्ञानिक चेतना का अभाव होने के कारण इसे बाबाओं की तपस्या व भगवान के प्रति उनकी लगन आदि की देन मान लिया जाता है। सोडियम में पानी की क्रिया से आग लगती है। इस सहज सूत्र का ज्ञान भी हम लोगों में नहीं है। इसके अभाव में पाखण्डी बाबा लोग इस सूत्र का इस्तेमाल कर हमारे ऊपर से 'चुड़ैल' व 'शनि' भगाने का अभिनय कर धोखा देते रहते हैं।

### वैज्ञानिक विधि (Scientific Method)

वैज्ञानिक दृष्टिकोण का विकास और वैज्ञानिक विधि का प्रशिक्षण विज्ञान-शिक्षण के दो महत्वपूर्ण उद्देश्य हैं। आधुनिक शिक्षाशास्त्रियों जिनमें डीवी (Dewey) प्रमुख हैं, ने औपचारिक शिक्षा का उद्देश्य भी वैज्ञानिक विधि व वैज्ञानिक अभिवृत्ति का विकास बताया है। वैज्ञानिक जिस विधि का प्रयोग विज्ञान सम्बन्धी कार्यों में करते हैं उसे वैज्ञानिक विधि कहते हैं। मौखिक रूप में यह समस्या समाधान की विधि है। दूसरे शब्दों में यह किसी समस्या को वैज्ञानिक ढंग से हल करने की विधि है। यह विज्ञान का बहुत बड़ा योगदान है। छात्रों को

इसका प्रशिक्षण देकर समस्या समाधान के योग्य बनाया जाना चाहिए। इसका प्रशिक्षण ज्ञान-प्राप्ति से अधिक महत्वपूर्ण है। यद्यपि वैज्ञानिक विधि का प्रशिक्षण विज्ञान-शिक्षण का एक महत्वपूर्ण उद्देश्य है फिर भी अध्यापकों द्वारा इसका बहुत कम प्रयोग किया जाता है। वैज्ञानिक विधि में सृजनात्मकता और तार्किक क्षमता सम्मलित है। यह सृजनात्मकता और तार्किक क्षमता विभिन्न कौशलों, योग्यताओं और अभिवृत्तियों का परिणाम है। तथ्यों से यह ज्ञात हुआ है कि वैज्ञानिक विधि के लिए निरन्तर प्रशिक्षण की आवश्यकता है। छात्रों में इसके प्रशिक्षण के लिए शिक्षक को एक ऐसे वातावरण का निर्माण करना आवश्यक है जो निरन्तर खोज एवं सावधानीपूर्वक कार्य करने की मानसिकता विकसित कर सकें। वैज्ञानिक विधि का लगातार मूल्यांकन किया जाना आवश्यक है। अध्यापक को इसके विकास एवं प्रशिक्षण के लिए उचित परिस्थितियों और क्रियाओं की व्यवस्था करनी चाहिए। अध्यापक का व्यवहार लोकतान्त्रिक होना चाहिए तथा वह छात्रों के साथ सम्मिलित होकर समस्या समाधान में सहयोग दे। आँकड़ों के परीक्षण तथा परिणाम में सहायक हो तथा छात्रों के प्रश्नों एवं समस्याओं को सुनकर उनके समाधान में सहायता दे। उदाहरण—

1. पूरी कक्षा से सम्बन्धित समस्या को अध्ययन के लिए चुना जाना चाहिए। उदाहरणार्थ गाँव की सफाई व्यवस्था। पूरी कक्षा को एक शोध टीम के रूप में कार्य करना चाहिए।

2. किसी सर्वसम्मत तथ्य को प्रश्न के रूप में छात्रों के सम्मुख रखा जाए। छात्रों के समक्ष प्रश्न को समस्या के रूप में प्रस्तुत किया जाए। छात्र उस तथ्य की सत्यता सिद्ध करने के लिए वैज्ञानिक विधि से कार्य करें।

3. प्रयोगशाला में शिक्षक द्वारा छात्रों को व्यक्तिगत रूप से ऐसा प्रायोगिक कार्य दिया जाए जिसमें वैज्ञानिक विधि का प्रयोग हो। उदाहरणार्थ, छात्रों को नियन्त्रित परिस्थितियों में बीजों के अंकुरण का प्रयोग कराना, पौधों की वृद्धि को प्रभावित करनेवाले कारकों का अध्ययन इत्यादि। इससे छात्रों में वैज्ञानिक विधि से कार्य करने की प्रवृत्ति विकसित होगी।

4. विज्ञान के किसी अन्वेषण की पृष्ठभूमि/इतिहास का अध्ययन और सम्बन्धित वैज्ञानिक द्वारा उस अन्वेषण में प्रयुक्त वैज्ञानिक विधि के विभिन्न पदों का विश्लेषण। उदाहरण के लिए मेंडल के आनुवांशिकता। (Mendel's Laws of Inheritance) के नियमों के आविष्कार की पृष्ठभूमि, इतिहास और व्यावहारिक प्रयोग।

'वैज्ञानिक विधि', 'विज्ञान विधि', 'समस्या समाधान विधि' वैज्ञानिक खोज' सब शब्द पर्यायवाची हैं। इसकी परिभाषा निम्न प्रकार की जा सकती है—

(क) "यह एक ऐसी विधि या प्रक्रिया है जिसे वैज्ञानिक अपने वैज्ञानिक आविष्कारों या तथ्यों की प्राप्ति के लिए प्रयोग करते हैं।"

अथवा

(ख) "यह समस्या को वैज्ञानिक ढंग से हल करने की विधि है।"

वैज्ञानिक विधि की कोई सर्वमान्य परिभाषा नहीं दी जा सकती है क्योंकि वैज्ञानिक समस्या समाधान के लिए विभिन्न विधियों का प्रयोग करते हैं।

## वैज्ञानिक विधि के पद (Steps of Scientific Method)

समस्या समाधान की वैज्ञानिक विधि जिसमें कुछ निर्धारित पदों का अनुकरण किया जाए वैज्ञानिक विधि कहलाती है। वैज्ञानिक विधि में मुख्य रूप से प्रयुक्त पद निम्न हैं—

1. **समस्या का चयन (Selection of the Problem)**—अध्यापक व छात्र के सहयोग से समस्या का चुनाव किया जाता है। अध्यापक को कक्षा में ऐसा वातावरण निर्मित करना चाहिए जिसमें छात्र स्वयं ही समस्या का चुनाव कर सकें। अध्यापक यदि यह समझता है कि छात्रों द्वारा चुनी समस्या उनकी आवश्यकताओं, क्षमताओं तथा मानसिक स्तर के अनुभूल है तो उसे स्वीकार कर लेना चाहिए। समस्या के चुनाव में छात्रों की रुचि, सामग्री की व्यवस्था तथा उसकी छात्रों के लिए उपयोगिता का भी ध्यान रखा जाना चाहिए। समस्या पाठ्यक्रम से सम्बन्धित हो, अधिकतर छात्र उसे पसन्द करते हों तथा सामूहिक कार्य को प्रोत्साहित करें। तब ही छात्रों की सृजनात्मक क्षमता का विकास हो सकेगा।

2. **समस्या का परिभाषीकरण (Defining the Problem)**—छात्र समस्या चयन के उपरान्त समस्या को संक्षिप्त एवं स्पष्ट भाषा में परिभाषित करते हैं। समस्या में प्रयुक्त मुख्य शब्दों का अर्थ, परिभाषा एवं स्पष्टीकरण किया जाना चाहिए। अध्यापक को समस्या कथन करने में छात्रों की सहायता करनी चाहिए। छात्र समस्या को कथन के रूप में लिखकर कक्षा में आलोचना व वाद-विवाद के लिए प्रस्तुत करें।

3. **समस्या का विश्लेषण (Analysis of the Problem)**—छात्र के लिए यह आवश्यक है कि वह समस्या कथन में आए मुख्य शब्दों का विश्लेषण कर उनके अर्थ को समझे तथा अर्थ समझकर उनके सम्बन्ध में आवश्यक जानकारी प्राप्त करे। अर्थ स्पष्ट होने पर समस्या का विश्लेषण कर सम्बन्धित सूचना प्राप्त करने में सुविधा होती है।

4. **आँकड़ों का संग्रह (Collecting the Data)**—शिक्षक समस्या के सम्बन्ध में आवश्यक सूचनाऐं तथा सन्दर्भों की जानकारी प्राप्त करता है। विभिन्न स्रोतों से प्राप्त ज्ञान को शिक्षक छात्र को उपलब्ध कराता है। शिक्षक छात्रों को विभिन्न कौशल और विधियों के विकास और प्रयोग के लिए निर्देशित कर सकता है। छात्रों को सूचना प्राप्त करने का अभ्यास व इसे प्राप्त करने की विधियों के बारे में बताना चाहिए। अध्यापक छात्रों को माडल, चित्र, चार्ट, क्षेत्र भ्रमण, प्रयोग, पाठ्यपुस्तकें आदि के प्रयोग की विधि का प्रशिक्षण देता है।

छात्रों को समस्या से सूचना प्राप्त करने की विधि का अभ्यास करवाया जाना चाहिए।

5. आंकड़ों का विश्लेषण (Analysis and Interpretion of Data)—यह एक महत्वपूर्ण और कठिन पद है। इसमें सृजनात्मक चिन्तन के अतिरिक्त विभिन्न कौशलों व योग्यताओं की भी आवश्यकता होती है। इसके लिए आंकड़ों को समानता, विभिन्नता व योग्यताओं के आधार पर व्यवस्थित कर प्रयोगों की योजना बनानी चाहिए तथा विचारों का परीक्षण करना चाहिए। आवश्यक आंकड़ों को हटा देना चाहिए।

6. उपकल्पनाओं का निर्माण (Formulating the Hypothesis)—आंकड़ों के विश्लेषण और व्यवस्था के बाद छात्रों को प्राप्य साक्ष्य के आधार पर निष्कर्ष निकालकर उन्हें परीक्षण के लिए परिकल्पनाओं के रूप में लिखना चाहिए। परिकल्पनाओं के चयन के बाद उनके परीक्षण के लिए साधनों व प्रयोगों का चुनाव करना चाहिए।

7. परिकल्पना का परीक्षण (Selecting and Testing of Hypothesis)—आंकड़ों के विश्लेषण, संश्लेषण, चुनाव व स्पष्टीकरण द्वारा विभिन्न उपकल्पनाओं में से उचित उपकल्पना का चुनाव किया जाता है। वाद-विवाद व प्रयोगों के आधार पर सबसे उपयुक्त परिकल्पना को स्वीकार किया जाता है। स्वीकृत उपकल्पना का पुनः परीक्षण किया जाता है।

8. निष्कर्ष तथा सामान्यीकरण (Conclusions and Generalisation)—वास्तव में परीक्षित उपकल्पना ही निष्कर्ष या समस्या का समाधान है। कक्षा में ऐसा वातावरण बनाया जाना चाहिए जिसमें कि छात्र स्वयं निष्कर्ष निकालें। ऐसे प्रदर्शनों की व्यवस्था की जाए जो छात्रों को निष्कर्ष पर पहुँचने में सहायता करें। विभिन्न प्रयोगों से प्राप्त समान निष्कर्षों के आधार पर सामान्यीकरण करवाया जा सकता है।

9. सामान्यीकरण का नई परिस्थितियों में प्रयोग (Application of Generalisation into New Situations)—निष्कर्षों के आधार पर सामान्यीकरण कर उसका प्रयोग दैनिक जीवन में किया जाना चाहिए। यह आवश्यक है कि समस्या छात्रोपयोगी एवं रोचक हो, तथा समस्या समाधान द्वारा प्राप्त निष्कर्ष अथवा सामान्यीकरण का प्रयोग छात्र अपने दैनिक जीवन में कर सकें।

उपर्युक्त विवरण से यह स्पष्ट है कि वैज्ञानिक विधि में निश्चित विधि एवं पदों के प्रयोग द्वारा समस्या का समाधान प्राप्त कर उसका परीक्षण तथा सामान्यीकरण किया जाता है। शिक्षकों की यह गलत धारणा है कि प्रत्यय, सिद्धान्तों तथा तथ्यों के ज्ञान से समस्या समाधान की योग्यता छात्र में स्वयं ही विकसित हो जाएगी। योग्यता व विधि के प्रशिक्षण में प्रत्यक्ष शिक्षण अधिक प्रभावशाली है। इसका अर्थ यह नहीं है कि विषयवस्तु को कम महत्व दिया जाए,

अपितु यह है कि केवल विषयवस्तु का ज्ञान ही अन्तिम लक्ष्य नहीं है। क्योंकि यह स्पष्ट है कि समस्या समाधान द्वारा प्राप्त ज्ञान पुस्तकीय ज्ञान की अपेक्षा अधिक-स्थायी होता है।

## सारांश (Summary)

वैज्ञानिक दृष्टिकोण—इसके अन्तर्गत पक्षपात संकीर्णता एवं अन्धविश्वासों से मुक्ति, उदार मनोवृत्ति, आलोचनात्मक, मनोवृत्ति, बौद्धिक ईमानदारी, नव साक्षी के आधार पर विश्वास करना आदि गुण आदि सम्मिलित हैं। इसका विकास व्यक्तिगत अनुभव और विज्ञान की प्रक्रिया के सूक्ष्म निरीक्षण से हो सकता है।

वैज्ञानिक दृष्टिकोण का विकास—छात्रों में वैज्ञानिक दृष्टिकोण विकसित करने का दायित्व अध्यापक का है। वह निम्न प्रकार से छात्रों में वैज्ञानिक दृष्टिकोण का विकास कर सकता है—

1. विज्ञान साहित्य का व्यापक अध्ययन।
2. अन्धविश्वासों का खण्डन।
3. आयोजित अभ्यासों का प्रयोग।
4. प्रयोगशाला समय का उचित उपयोग।
5. विज्ञान की पाठ्यसहगामी क्रियाएँ।
6. कक्षा का वातावरण।
7. अध्यापक का व्यक्तित्व।
8. उचित शिक्षण विधियाँ।
9. छात्रों के सन्देह व भ्रमों का निराकरण।

वैज्ञानिक विधि—वैज्ञानिक जिस विधि का प्रयोग विज्ञान सम्बन्धी कार्यों में करते हैं उसे वैज्ञानिक विधि कहते हैं। छात्रों को इस विधि का प्रशिक्षण देकर समस्या समाधान के योग्य बनाया जाना चाहिए। इसके द्वारा छात्रों में सृजनात्मकता एवं तार्किक क्षमता का विकास होता है।

वैज्ञानिक विधि के पद—1. समस्या का परिभाषीकरण।

2. समस्या का चयन।
3. समस्या का विश्लेषण।
4. आँकड़ों का संग्रह।
5. आँकड़ों का विश्लेषण।
6. उपकल्पनाओं का निर्माण।
7. परिकल्पना का परीक्षण।
8. निष्कर्ष तथा सामान्यीकरण।
9. सामान्यीकरण का नई परिस्थितियों में प्रयोग।

## प्रश्न (Study Questions)

1. वैज्ञानिक दृष्टिकोण क्या है ? विज्ञान अध्यापक वैज्ञानिक दृष्टिकोण के विकास में किस प्रकार सहायक हो सकता है ?

(मेरठ वि० वि० 1984, 1983)

2. वैज्ञानिक दृष्टिकोण क्या हो एवं इसकी दैनिक जीवन में क्या उपयोगिता है ? सामान्य विज्ञान के शिक्षण द्वारा छात्रों में इस दृष्टिकोण का विकास किस प्रकार किया जा सकता है ? स्पष्ट कीजिए । (मेरठ वि० वि० 1986)

3. विज्ञान-शिक्षण में वैज्ञानिक विधि के प्रशिक्षण की आवश्यकता व महत्व का वर्णन कीजिए ।

4. वैज्ञानिक विधि का अर्थ स्पष्ट करते हुए उसके विभिन्न पदों का विवरण दीजिए ।

5. निम्न पर टिप्पणी लिखिए—
वैज्ञानिक धारणा ।

(गढ़वाल वि० वि० 1984, 1985, रुहेलखण्ड वि० वि० 1986)

## वस्तुनिष्ठ प्रश्न (Objective-type Questions)

निर्देश—रिक्त स्थान की पूर्ति कीजिये—

1. वैज्ञानिक दृष्टिकोण में विज्ञान की प्रक्रिया का·········सम्मिलित है।
2. विज्ञान में·········के अभाव में किसी कथन पर विश्वास नहीं किया जाता है ।
3. विज्ञान सम्बन्धी ज्ञान का प्रदर्शन विज्ञान के············में किया जाता है।
4. पाठ्यसहगामी क्रियाओं द्वारा छात्रों को कार्य करने की·········दी जाती है ।

निर्देश—नीचे कुछ कथन दिए हैं। आपको जो कथन सही लगे उस पर (√) तथा जो गलत लगे उस पर ( × ) का चिन्ह लगाएँ—

1. वैज्ञानिक विधि समस्या समाधान की विधि है ।
2. वैज्ञानिक दृष्टिकोण सम्पन्न विद्यार्थी अन्धविश्वासों से मुक्त होता है ।
3. वैज्ञानिक दृष्टिकोण के विकास के लिए छात्रों को किसी भी विचार या तथ्य को स्वीकार कर लेना चाहिए ।
4. विज्ञान-शिक्षण का महत्वपूर्ण उद्देश्य है वैज्ञानिक विधि का प्रशिक्षण ।
5. वैज्ञानिक विधि के प्रशिक्षण की अपेक्षा ज्ञान-प्राप्ति अधिक महत्वपूर्ण है ।

# विज्ञान में शिक्षण सामग्री
## (Teaching Aids in Science)

"शिक्षण के स्तर को ऊंचा करने के लिए स्कूल में शिक्षण सहायक सामग्री का होना अत्यन्त आवश्यक है। निःसन्देह इससे देश के शिक्षा क्षेत्र में क्रांति पैदा हो सकती है।"

—कोठारी आयोग

बिनिंग और विनिंग के अनुसार "Visual devices of many kinds may serve in making the abstract, concrete and in arousing interest in studies that would otherwise be unreal and dull."

एम० पी० मोफात के अनुसार, "सहायक सामग्री हमें अनुभव प्रदान करती है। साथ ही शब्द और वस्तु का सम्बन्ध स्पष्ट एवं सरल बनाती है। छात्र का समय बचाती है, सरल तथा प्रमाणित सूचना प्रदान करती है, सौन्दर्यात्मक ज्ञान का विकास एवं अभिवृद्धि करती है, मनमोहक मनोरंजन प्रदान करती है, कल्पना को उत्तेजित करती है और छात्रों की निरीक्षण शक्ति का विकास करती है।"

प्राचीन समय में ग्रीक और रोम में सूचनाओं का आदान-प्रदान चित्रों, संकेतों आदि से किया जाता था, जिनका प्रयोग वे मुख्य रूप से सजावट के लिए करते थे। सत्रहवीं शताब्दी से पूर्व शिक्षण में चित्र वाली पुस्तकें व माडलों को कोई महत्व नहीं दिया जाता था। महान शिक्षाशास्त्री रूसो ने शिक्षा में शब्दों के अधिक प्रयोग पर आपत्ति की। उनके मतानुसार शिक्षा के लिए बालक के शरीर, मस्तिष्क और उसके वातावरण को आधार बनाया जाना चाहिए। इसके परिणामस्वरूप शिक्षक-केन्द्रित शिक्षा से बाल-केन्द्रित शिक्षा का विकास हुआ। फ्रोबेल, जो एक मनोवैज्ञनिक और शिक्षाशास्त्री थे, के अनुसार बच्चे को अपने आसपास की वस्तुओं से सीखना चाहिए। शिक्षण में अनुभवों का बहुत महत्व है। अनुभव वह है जो हमारे साथ घटित होता है। अनुभव के तीन पक्ष हैं— ज्ञान, भाव य क्रिया (Cogntion, Affection hnd Conation)।

इन तीनों पक्षों को अलग-अलग नहीं किया जा सकता है। प्रारम्भ में बच्चा अपनी विभिन्न ज्ञानेन्द्रियों द्वारा सीखता है। विभिन्न उद्दीपन (Stimuli) विभिन्न ज्ञानेन्द्रियों द्वारा अनुभूति (Sensation) उत्पन्न करते हैं। जब अनुभूति के साथ अर्थ जुड़ जाता है तो उसे हम प्रत्यक्षीकरण (Perception) कहते हैं।

प्रत्यक्षीकरण से विचार (Thoughts) व प्रत्ययों (Concepts) का निर्माण होता है। बालक मूर्त वस्तुओं में रुचि लेता है। वह वस्तुओं को देखकर, छूकर अपनी जिज्ञासा की पूर्ति करता है। देखकर सीखना अधिक स्थायी होता है। बच्चे 86% ज्ञान देख व सुनकर प्राप्त करते हैं। शिक्षण में जिन वस्तुओं को देखकर या सुनकर छात्र ज्ञान प्राप्त करता है उसे शिक्षण सहायक सामग्री कहा जाता है।

सहायक सामग्री शिक्षण में सहायता देती है। परन्तु यह शिक्षक का स्थान ग्रहण नहीं कर सकती है। सहायक सामग्री का प्रयोग शिक्षण को वास्तविक और प्रभावपूर्ण बनाता है। इसका उपयोग शिक्षक आवश्यकता व उपयुक्तता के आधार पर करता है। परिस्थिति के अनुसार सही समय व सही स्थान पर इसका प्रयोग करना चाहिए। विज्ञान-शिक्षण का आधार अनुभव है। इसलिए छात्रों के सम्मुख ऐसी सामग्री व संसाधनों का प्रस्तुतीकरण किया जाना चाहिए जिसे वे देख, सुन व अनुभव कर सकें। यदि शिक्षक ईमानदारी से प्रयास करे तो वह कक्षा को प्रत्यक्ष अनुभव प्राप्त करने का स्थान बना सकता है।

रुलान (Rulon) महोदय ने विज्ञान-शिक्षण में श्रव्य-दृश्य सामग्री (Audio Visual aids) के प्रभाव का अध्ययन किया। यह शिक्षण सहायक सामग्री के अन्तर्गत आती है। श्रव्य-दृश्य सामग्री के अन्तर्गत उन सभी साधनों को सम्मिलित किया जाता है जिनकी सहायता से विद्यार्थियों की पाठ में रुचि बनी रहे तथा वे उसे सरलतापूर्वक समझते हुए अधिगम के उद्देश्य को प्राप्त कर लें। शैक्षिक तकनीकी (Educational Techonology) में श्रव्य-दृश्य सामग्री के उपयोग को कठोर शिल्प उपागम (Hardware approach) की संज्ञा दी जाती है। शिक्षण सामग्री में उपयोग की जानेवाली मशीन सम्बन्धी वस्तु जैसे फिल्म खण्ड प्रोजेक्टर (Film-Stirp-Projector), शिक्षण मशीन या शिरोपरि प्रोजेक्टर (Overhead Projector) जिन्हें हम माध्यम भी कहते हैं, हार्डवेयर (Hardware) कहलाते हैं। इनमें उपयोग में आनेवाली वस्तु जैसे—फिल्म, छायाचित्र, रेखाचित्र जो कि सूचना, विचारधारा आदि का निर्माण करते हैं, सोफ्टवेयर (Software) कहलाते हैं। इस प्रकार सोफटवेयर और हार्डवेयर दोनों के मिश्रण से शिक्षण सामग्री बनती है। ई० सी० डेन्ट के अनुसार, "श्रव्य सामग्री का अर्थ उस समस्त सामग्री से है जो कक्षा में अथवा अन्य शिक्षण परिस्थितियों में लिखित अथवा बोली हुई पाठ्यसामग्री को समझाने में सहायता देती है।"

विशेषताएँ—आई० के० डेवीज (I.K. Davies) ने श्रव्य-दृश्य सामग्री की निम्न विशेषतायें बतायी हैं—

1. प्रत्यक्षीकरण (Perception) के विकास में सहायक है।
2. बोधगम्यता (Understanding) विकसित करती है।
3. अधिगम के स्थानान्तरण (Transfer of Learning) में सहायक है।

4. ज्ञान प्राप्त करने तथा पुनर्बलन (Reenforcement) में सहायक है।

5. धारणा शक्ति (Retention Power) को विकसित करती है।

महत्व (Importance)—श्रव्य-दृश्य सामग्री अनुदेशन की सामग्री है। इसके अन्तर्गत छात्र अपनी ज्ञानेन्द्रियों द्वारा ज्ञान प्राप्त करते हैं। त्वरित तथा प्रभावशाली अधिगम के लिए यह आवश्यक है। पाठ को रोचक व वास्तविक बनाने के लिए इनका प्रयोग किया जाता है। हम ज्ञानेन्द्रियों से सीखते हैं। श्रव्य एवं दृश्य इन्द्रियों का सीखने की प्रक्रिया में विशेष महत्व है। यह निम्न कारणों से है—

1. रुचि एवं प्रेरणा—श्रव्य-दृश्य सामग्री छात्रों का ध्यान आकर्षित कर उनमें शारीरिक व मानसिक क्रिया को करने की रुचि व प्रेरणा जागृत करती है।

2. समय की बचत—श्रव्य-दृश्य सामग्री के प्रयोग से कम समय में तथ्यों को सीखा जाता है। अधिगम स्थायी होता है। तथ्यों को अधिक समय तक याद रखा जा सकता है।

3. स्पष्टता—शिक्षण में स्पष्टता लाकर शब्दों के अनावश्यक प्रयोग को रोकती है।

4. क्रिया का सिद्धान्त—छात्र को प्रयोग देखने, उपकरण का प्रयोग करने, चार्ट बनाने, माडल व चित्र बनाने में स्वयं अनुभव प्राप्त होता है।

5. सहायक सामग्री के प्रदर्शन से छात्रों को अतिरिक्त ज्ञान प्राप्त करने के अवसर मिलते हैं। फिल्म प्रदर्शन के तुरन्त वाद पुनः पाठ के सम्बन्ध में वाद-विवाद तथा पुनर्प्रदर्शन द्वारा विवादित एवं जटिल बिन्दुओं का स्पष्टीकरण आसानी से हो जाता है।

6. कक्षा वातावरण में विविधता व रोचकता बनी रहती है। चार्ट व बोर्ड के साथ सहायक सामग्री का प्रयोग शिक्षण की एकरसता को समाप्त करता है।

7. यह अधिगम का स्वाभाविक और सरल तरीका है। यह अनुदेशन का सबसे बड़ा उपकरण है। छात्रों को वस्तुओं को देखने, छूने, अनुभव करने, प्रयोग करने व बनाने के अवसर मिलते हैं।

8. अनुभव द्वारा शिक्षण, शिक्षण का एक महत्वपूर्ण सिद्धान्त है। अनुभवों में विविधता होना आवश्यक है।

9. कक्षा में स्वतन्त्रता का वातावरण बना रहता है। छात्र वाद-विवाद कर सकते हैं, प्रश्न पूछ सकते हैं तथा आलोचना कर सकते हैं।

10. अध्यापक का कार्य सरल हो जाता है तथा शिक्षण प्रभावशाली होता है।

11. वैज्ञानिक अभिवृत्ति का विकास तथा वैज्ञानिक विधियों के प्रशिक्षण

का अवसर दिया जाता है ।

## चयन के सिद्धान्त (Principles of Selection)

श्रव्य-दृश्य सामग्री का चुनाव सावधानीपूर्वक किया जाना चाहिए । इसमें निम्न बातों का ध्यान रखा जाना आवश्यक है—

1. सहायक सामग्री अधिगम से सम्बन्धित हो । पाठ्यक्रम के प्रस्तुतीकरण के लिए उपयुक्त हो । इससे केवल मनोरंजन ही न हो वरन् इसे शिक्षण में विषयवस्तु के साथ पूर्ण समन्वय कर प्रस्तुत किया जाय, जिससे निर्धारित उद्देश्यों की पूर्ति हो सके ।

2. छात्रों की आयु, बुद्धि तथा अनुभव के आधार पर प्रयोग किया जाय । यह न तो बहुत सरल हो न बहुत कठिन । जिस समूह में प्रदर्शित किया जाय उसके शारीरिक मनोवैज्ञानिक, बौद्धिक एवं सामाजिक विकास के अनुरूप हो ।

3. भाषा छात्रों के लिए सरल व समझने योग्य हो । वस्तु का सही प्रतिरूप हो । छात्रों को अभिप्रेरणा (Motivation) तथा सही-सही सूचना प्रदान करे ।

4. आसानी से उपलब्ध हो, आकर्षक हो तथा बहुत महँगी न हो ।

5. उपयोगी तथा स्थानीय परिस्थिति व आवश्यकता के अनुसार हो । जिस उद्देश्य के लिए प्रयोग की जाय उसे पूरा करे ।

6. अध्यापक द्वारा प्रदर्शित करने से पहले उसका अच्छी प्रकार अध्ययन कर किया जाय ।

विशेष सहायक सामग्री के प्रयोग, विधि का प्रशिक्षण प्राप्त कर ही उसका प्रयोग किया जाय ।

7. **शिक्षण सामग्री की उपयुक्तता**—शिक्षण सामग्री की उपयुक्तता का निर्णय करने का एक आधार कक्षा में छात्रों की संख्या, छात्रों के पूर्वानुभव, कक्षा में उपलब्ध सुविधा आदि से भी होता है ।

8. **शिक्षण सामग्री का स्तर**—शिक्षण सामग्री का चुनाव करते समय उसके द्वारा प्रस्तुत ज्ञान का स्तर देखना भी आवश्यक है । लगभग एक से उद्देश्यों को लेकर अलग-अलग स्तर की सामग्री हो सकती है । इस प्रकार विद्यार्थियों के पूर्वज्ञान व क्षमता के आधार पर शिक्षण सामग्री का चुनाव करना आवश्यक है ।

9. **शिक्षण सामग्री की गुणवत्ता**—गुण स्तर, विभिन्न सामग्रियों की त्रुटियों, उनके आकर्षण और शिक्षण कार्य में उनकी उपयोगिता, शिक्षण सामग्री की गुणवत्ता को निर्धारित करती है । उचित स्तर एवं गुणों की सामग्री होने पर ही उसका उपयोग किया जा सकता है ।

10. **शिक्षण सामग्री के उपयोग के लिए आवश्यक समय**—प्रत्येक शिक्षण सामग्री को उपयोग में लाने के लिए कुछ न्यूनतम आवश्यक समय चाहिये । सामग्री को उपयोग में लाने का निश्चय करने से पहले यह देखना जरूरी है कि

क्या शिक्षक उतना समय दे सकेगा।

अब तक हुए शोधों के आधार पर निम्न दो मानदंडों के आधार पर उपयुक्त सहायक सामग्री का चयन किया जा सकता है—

1. अधिगम उद्देश्यों (Learning Objectives) के आधार पर—शिक्षक के लिए यह आवश्यक है कि वे शिक्षण का नियोजन करते समय जिन अधिगम उद्देश्यों को निर्धारित करें उन्हें प्राप्त करने के लिए ही सहायक सामग्री का प्रयोग करें। ज्ञानात्मक उद्देश्यों को प्रत्येक प्रकार की श्रव्य-दृश्य सामग्री द्वारा प्राप्त किया जा सकता है। भावात्मक उद्देश्यों को ग्रामोफोन, रेडियो, टेप, टेलिविजन, चित्र, चलचित्र, प्रयोगशाला, भ्रमण आदि के द्वारा प्राप्त किया जा सकता है। क्रियात्मक उद्देश्यों की प्राप्ति टेपरिकार्डर, ग्रामोफोन तथा प्रतिमानों आदि के प्रयोग से सफलतापूर्वक की जा सकती है।

2. अधिगम संरचनाओं (Learning Structures) के आधार पर—अधिगम संरचनाओं के आधार पर विभिन्न प्रकार की दृश्य-श्रव्य सामग्री का प्रयोग संकेत अधिगम (Signal Learning), श्रृंखला अधिगम (Chain Learning), विभेदीकरण अधिगम (Discriminatory Learning) तथा सिद्धान्त अधिगम (Principle Learning) की परिस्थिति में किया जा सकता है।

इससे स्पष्ट है कि श्रव्य-दृश्य सामग्री का अधिगम उद्देश्यों तथा अधिगम संरचनाओं से घनिष्ठ सम्बन्ध है। अतः उपरोक्त मानदंडों को आधार मानते हुये इनका प्रयोग किया जाना चाहिये।

## श्रव्य-दृश्य सामग्री के प्रयोग के सिद्धान्त (Principles for the Use of Audio Visual Aids)

1. अध्यापक को सहायक सामग्री के प्रदर्शन का कुशल प्रशिक्षण दिया जाना चाहिए। सहायक सामग्री का इस तरह प्रयोग किया जाय कि वह मात्र प्रदर्शन की वस्तु न रहे वरन् उसे अध्यापक के कार्य में सहायता पहुँचानी चाहिए।

2. सहायक सामग्री के प्रदर्शन में छात्रों का सहयोग लिया जाना चाहिए। छात्रों को प्रश्न पूछने, उत्तर देने, वाद-विवाद करने के अवसर दिये जाने चाहिए।

3. सहायक सामग्री को अच्छी तरह सुरक्षित रखा जाना चाहिए। इससे आवश्यकता पड़ने पर सामान आसानी से उपलब्ध हो सकेगा। रखने का स्थान उपयुक्त व निर्धारित होना चाहिए।

6. अधिगम में सामग्री के प्रयोग व प्रभाव के सम्बन्ध में समय-समय पर मूल्यांकन किया जाना चाहिए।

## श्रव्य-दृश्य सामग्री के प्रकार (Types of Audio-Visual Aids)

अध्ययन की सुविधा के लिए सहायक सामग्री को निम्न प्रकार से वर्गीकृत किया जा सकता है —

1. श्रव्य सामग्री (Audio Aids)
2. दृश्य सामग्री (Visual Aids)
3. श्रव्य-दृश्य सामग्री (Audio-Visual Aids)

इस विभाजन को निम्न चार्ट द्वारा प्रस्तुत किया जा सकता है—

श्रव्य-दृश्य सहायक सामग्री

| श्रव्य सामग्री | दृश्य सामग्री | श्रव्य-दृश्य सामग्री |
|---|---|---|
| 1. रेडियो | 1. वास्तविक पदार्थ | 1. चलचित्र अथवा सिनेमा |
| 2. ग्रामोफोन, सिग्वाफोन | 2. नमूने | 2. डाकूमेन्ट्री फिल्म |
| 3. टेपरिकार्डर | 3. चित्र | 3. ड्रामा |
| | 4. मानचित्र | 4. टेलीविजन |
| | 5. रेखाचित्र तथा खाके | |
| | 6. ग्राफ | |
| | 7. चार्ट | |
| | 8. बुलेटिन बोर्ड | |
| | 9. फ्लेनैल ग्राफ | |
| | 10. संग्रहालय | |
| | 11. जादू की लालटेन चित्र विस्तारक यंत्र | |
| | 12. स्लाइड, फिल्म पट्टियाँ, प्रोजेक्टर | |

### 1. श्रव्य सामग्री (Audio Aids)

श्रव्य सामग्री वह सामग्री है जिसके उपयोग में केवल कर्णेन्द्रिय का प्रयोग होता है। अर्थात जिससे ज्ञान मुख्यतः कान द्वारा प्राप्त होता है। निम्न मुख्य श्रव्य साधन हैं—

1. रेडियो (Radio)—Radio is not an addition to education. Radio is not something to be placed on top of education, Rather, radio is education. —George Watson

रेडियो-प्रसार बहुत उपयोगी शिक्षण सामग्री है। छात्रों के लिए समय-

समय पर वैज्ञानिक विषयों पर उपयोगी भाषण प्रसारित किये जाते हैं। इन पाठों के प्रसारण की पूर्व जानकारी स्कूलों में रहती है। इसके लिए शिक्षक अपनी कक्षा को उस पाठ के लिए पहले से तैयार करता है। उसकी भूमिका बनाता है। पाठ के बाद शिक्षक समस्याओं का समाधान करता है। इस तरह के पाठों में एक कमी यह है कि इसका शिक्षक, आम शिक्षक की भाँति कक्षा प्रतिक्रिया से प्रभावित नहीं होता। इस कमी को पूरा करने के लिए स्थानीय शिक्षक, रेडियो प्रसारण पूरा होने पर छात्रों से पाठ के सम्बन्ध में चर्चा कर उनकी कठिनाइयों को दूर कर सकते हैं। ये भाषण वैज्ञानिक सूचना प्रदान करने के अतिरिक्त छात्रों में विज्ञान के अध्ययन की रुचि भी जागृत करते हैं। आकाशवाणी के विशेष कार्यक्रमों द्वारा अनुभवी विज्ञान शिक्षकों तथा प्रसिद्ध वैज्ञानिकों के वैज्ञानिक विषयों पर व्याख्यान प्रसारित किये जाते हैं जो कि वैज्ञानिक ज्ञान का प्रसार करते हैं। रेडियो द्वारा वैज्ञानिक ज्ञान का दूरस्थ क्षेत्रों तक प्रसार किया जा सकता है। रेडियो प्रसारण द्वारा विज्ञान सम्बन्धी नयी जानकारी प्राप्त होती है जो कि पाठ्यपुस्तक द्वारा प्राप्त नहीं हो सकती है।

2. टेपरिकार्डर (Tape-recorder)—इसका प्रयोग मुख्य रूप से किसी पाठ को प्रारम्भ करने में किया जाता है। किसी वैज्ञानिक विषय अथवा वैज्ञानिक की वार्ता को आवश्यकतानुसार कक्षा में प्रस्तुत किया जा सकता है। इसके अतिरिक्त जानवरों व चिड़ियों की आवाज को भी रिकार्ड कर प्रयोग किया जा सकता है।

## 2. दृश्य सामग्री (Visual Aids)

दृश्य सामग्री वह सामग्री है जिनमें केवल दृश्य इन्द्रियों का प्रयोग होता है और ज्ञान मुख्यतः दृश्येन्द्रिय द्वारा प्राप्त होता है। प्रमुख दृश्य साधन निम्न हैं—

1. वास्तविक पदार्थ (Real Objects)—वास्तविक पदार्थ बालकों को प्रेरणा देकर उन्हें निरीक्षण एवं परीक्षण के अवसर प्रदान कर उनकी अवलोकन शक्ति का विकास करते हैं। वास्तविक पदार्थों से प्राप्त अनुभव स्थायी होते हैं। विज्ञान-शिक्षण में विज्ञान संग्रहालय तथा प्रयोगशाला में उपलब्ध वास्तविक पदार्थों द्वारा छात्र को वैज्ञानिक ज्ञान दिया जा सकता है।

2. मॉडल (Model)—प्रतिमान या नमूने—ये वास्तविक पदार्थों के प्रतिरूप होते हैं। वास्तविक पदार्थ उपलब्ध न होने पर या उनका आकार बहुत छोटा व बड़ा होने पर उनके स्थान पर नमूनों का प्रयोग किया जाता है। मॉडल के प्रदर्शन में इस बात का ध्यान रखा जाना आवश्यक है कि वे वास्तविक पदार्थ से मिलते-जुलते तथा आकर्षक हों। अध्यापक स्वयं भी मॉडल तैयार कर उनका प्रदर्शन कर सकता है। प्रतिमानों (Model) व वास्तविक पदार्थ के रंग-रूप तथा आकार में समानता होनी चाहिए जिससे छात्रों को वास्तविक पदार्थ का

सही ज्ञान हो सके।

3. चित्र (Picture)—चित्रों का प्रयोग उस समय किया जाता है जब वास्तविक पदार्थ व नमूनों में से कोई भी उपलब्ध न हो। चित्र का प्रयोग विषय के अनुसार किया जाता है। इसके प्रयोग से छात्र का ध्यान प्रकरण की ओर लगा रहता है जिससे शिक्षक अपने उद्देश्यों को सफलतापूर्वक प्राप्त कर सकता है। चित्र स्पष्ट, रंगीन तथा आकर्षक बना हो तथा उपयुक्त समय पर उसका प्रदर्शन किया जाय। बने बनाये चित्र तथा स्वयं निर्मित चित्रों का प्रयोग आवश्यकतानुसार किया जाना चाहिए। चित्र में प्रकरण से सम्बन्धित मुख्य बातें दिखायी जानी चाहिए। चित्र का आकार बड़ा होना चाहिए, ताकि कक्षा का प्रत्येक बालक उसे आनानी से देख सके।

4. चार्ट रेखाचित्र मानचित्र ग्राफ (Chart Sketches, Maps, Graphs)—इनका प्रयोग शिक्षण में आवश्यकतानुसार किया जाता है। इनका प्रयोग अनेक उद्देश्यों जैसे—प्रकरण का परिचय कराने, सिद्धान्त को स्पष्ट करने, मूल्यांकन और छात्रों को सक्रिय रखने के लिए किया जाता है। चार्ट व रेखाचित्र दोनों का प्रदर्शन किया जा सकता है। उदाहरण के लिए चार्ट में फूल के विभिन्न भागों के चित्र दिखाये जा सकते हैं। चार्ट का प्रयोग वैज्ञानिक तथ्य, सिद्धान्त या विचार प्रस्तुत करने में, तुलनात्मक आँकड़ों के प्रस्तुतीकरण में तथा किसी वस्तु के विभिन्न भागों की कार्यप्रणाली को समझने में किया जाता है। कभी-कभी एक से अधिक विचारों को एक ही चार्ट द्वारा भी प्रस्तुत किया जा सकता है। शिक्षक को छात्रों को अपने निर्देशन में चार्ट बनाने के लिए प्रोत्साहित करना चाहिए।

रेखाचित्र भी विज्ञान-शिक्षण में प्रभावशाली है। इनके द्वारा विचारों या तथ्यों का प्रस्तुतीकरण किया जाता है।

विज्ञान में ग्राफ का प्रयोग तथ्यों या विचारों को मात्रात्मक रूप से प्रस्तुत करने के लिए किया जाता है। यह आँकड़ों पर आधारित होते हैं। ग्राफ का प्रयोग विभिन्न घटनाओं व तथ्यों में सम्बन्ध दिखाने के लिए किया जाता है।

विज्ञान-शिक्षण में आवश्यवतानुसार पाठ्यवस्तु के प्रस्तुतीकरण में नक्शों का भी प्रयोग किया जाता है।

5. फ्लेनैल ग्राफ (Flanell Graph)—इसे फ्लेनैल बोर्ड भी कहा जाता है। यह 36 × 48″ के एक प्लाइवुड अथवा हार्डबोर्ड के टुकड़ों पर इसी नाप के फलेनैल के कपड़े को खींचकर बाँधने से तैयार किया जाता है। बने हुए चित्र, रेखाचित्र आवश्यकतानुसार इसमें प्रदर्शित किये जाते हैं। इन्हें बोर्ड पर गोंद या पिन से चिपकाया जाता है तथा प्रयोग के पश्चात सरलतापूर्वक हटा लिया जाता है।

5. बुलेटिन बोर्ड (Bulletin Board)—यह शिक्षा की एक उपयोगी सहायक सामग्री है। अध्यापक और छात्र इसे विज्ञान सम्बन्धी सूचनाओं, वैज्ञानिक

आविष्कारों, चित्रों, कार्टूनों आदि को इसमें प्रदर्शित कर सकते हैं। यदि छात्रों को इसके उपयोग का उचित प्रशिक्षण देकर अध्यापक केवल उनका मार्ग-दर्शन करें तो इसकी शैक्षिक उपयोगिता अधिक बढ़ जाती है। छात्र सामग्री के प्रदर्शन से अपनी सृजनात्मक क्षमताओं का विकास कर सकते हैं। बुलेटिन बोर्ड को प्रभावशाली बनाने के लिए नियमित रूप से विधि, सामग्री का प्रदर्शन किया जाना चाहिए। रोचक एवं उपयोगी विज्ञान सामग्री के अतिरिक्त विज्ञान-क्लब की गतिविधियाँ, विभिन्न विज्ञान पत्रिकाओं में प्रकाशित विषय सम्बन्धी रोचक सूचनायें भी इसमें प्रदर्शित की जा सकती हैं।

7. विज्ञान संग्रहालय (Science Museum)—विज्ञान संग्रहालय शिक्षा का एक महत्वपूर्ण साधन है। संग्रहालय में रखी वस्तुओं का आवश्यकतानुसार प्रयोग कर पाठ को रोचक व सजीव बनाया जा सकता है। इसका विस्तृत विवरण प्रथक पाठ में दिया गया है।

8. जादू की लालटेन, चित्रविस्तारक यंत्र, स्लाइडें, फिल्म, स्ट्रिप तथा चित्रशक (Magic Lantern, Epidiascope, Slides, Film-streps, Projector)—इन सभी के द्वारा विषय से सम्बन्धित स्लाइडों का प्रदर्शन किया जाता है।

जादू की लालटेन के चित्रों को दिखाने से पहले स्लाइड बनाने की आवश्यकता पड़ती है। चित्र विस्तारक यंत्रों (Epidiascope) में छोटे-छोटे चित्रों मानचित्रों, पोस्टरों तथा पुस्तक के पृष्ठों को पर्दे पर बिना स्लाइड बनाये हुये ही बड़ा करके दिखाया जा सकता है। स्लाइडों द्वारा विषय की सूक्ष्म-से-सूक्ष्म बातों को पर्दे पर दिखाया जा सकता है। शिक्षक कथन एवं व्याख्यान द्वारा उनका स्पष्टीकरण भी करता जाता है। इससे छात्रों के लिए पाठ रोचक व बोधगम्य बन जाता है। स्लाइडें विभिन्न प्रकार की होती हैं तथा इन्हें प्रयोग-शाला में बनाया जा सकता है। इसके अतिरिक्त बनी बनायी विज्ञान विषयक स्लाइडें बाजार में उपलब्ध रहती हैं जिनका प्रयोग सुविधानुसार किया जा सकता है।

फिल्म स्ट्रिप द्वारा अनेक चित्रों को प्रोजेक्टर द्वारा एक क्रम में प्रस्तुत किया जाता है। इसलिए चित्र विस्तारक यंत्र की अपेक्षा इसका महत्व अधिक है।

श्यामपट्ट (Black-board)—यह शिक्षण का एक महत्वपूर्ण साधन है। इसकी सहायता से शिक्षण को रोचक (Interesting) तथा प्रभावी बनाने में सहायता मिलती है। परम्परागत श्यामपट्ट प्राय: लकड़ी का बना होता है जिस पर काला रंग रोगन किया जाता है। इसका आकार स्थान की उपलब्धता, कक्षा का आकार तथा विषय की आवश्यकता अनुसार निर्धारित किया जाता है। प्राय: 3 × 5, 4 × 6 तथा 4 × 8 फीट के आकार के श्यामपट्ट का प्रयोग किया

जाता है। विज्ञान शिक्षक श्यामपट्ट का प्रयोग सारांश लिखने के लिए, योजना की रूपरेखा लिखने के लिए, किसी वस्तु या तथ्य का सम्बन्ध स्पष्ट करने के लिए, किसी वस्तु या तथ्य का वर्गीकरण दिखाने के लिए, नियम, विषय-सूची तथा महत्वपूर्ण प्रश्न पूछने के लिए कर सकता है। श्यामपट्ट का प्रयोग करते समय निम्न बातों का ध्यान रखा जाना चाहिए—

1. श्यामपट्ट पर ऊपर के बाएँ कोने से लिखना प्रारम्भ करना चाहिए।
2. श्यामपट्ट पर सीधी पंक्तियों में लिखना चाहिए।
3. साफ करने के लिए सदैव डस्टर का प्रयोग करना चाहिए।
4. विषय से सम्बन्धित महत्वपूर्ण बातों को लिखा जाए।
5. अक्षर स्पष्ट तथा आकार में बड़े हों, जिससे पीछे बैठे छात्र उसे आसानी से पढ़ सकें।
6. श्यामपट्ट पर जो भी लिखें उसकी योजना पहले बना लेना चाहिए।
7. कक्षा का कार्य प्रारम्भ होने से पूर्व श्यामपट्ट कार्य से सम्बन्धित सभी वस्तुओं को एकत्रित कर लेना चाहिए, जैसे—डस्टर, चार्ट आदि।
8. संकेतक का प्रयोग करना चाहिए।
9. श्यामपट्ट के एक ही ओर खड़ा होना चाहिए।
10. कभी-कभी छात्रों को भी श्यामपट्ट पर लिखने का अवसर देना चाहिए।

**श्यामपट्ट के भेद (Types of Black-boards)**—कक्षा शिक्षण में निम्न प्रकार के श्यामपट्ट का प्रयोग किया जाता है—

1. स्थिर श्यामपट्ट।
2. तिपाई पर स्थित श्यामपट्ट।
3. लपेट श्यामपट्ट।
4. ग्राफिक बोर्ड।

**चाकपट के भेद (Types of Chalk-board)**—चाकपट रंगों के आधार पर विभिन्न प्रकार के होते हैं जैसे ग्रीन बोर्ड, पिंक बोर्ड आदि।

हमारे देश में यह सबसे उपेक्षित उपकरण है। विद्यालय भवनों का निर्माण करते समय कक्षाओं में श्यामपट्ट के लिए पर्याप्त स्थान रखने की ओर ध्यान न दिया जाता। विद्यालय में न तो श्यामपट्ट उपयुक्त स्थान पर रखे जाते हैं और न उनकी हालत ही ठीक रहती है। सामान्यत: श्यामपट्ट साफ़ करने के लिए डस्टर का उपयोग ही नहीं किया जाता। अत: यह आवश्यक है कि प्रशिक्षण महाविद्यालयों द्वारा इस साधन के उचित प्रयोग का प्रशिक्षण दिया जाना चाहिए। साथ ही श्रव्य-दृश्य शिक्षा के राष्ट्रीय संस्थान द्वारा श्यामपट्ट के उपयोग के सम्बन्ध में समय-समय पर विशिष्ट अल्पावधि पाठ्यक्रमों की व्यवस्था की जानी चाहिए।

**3. श्रव्य-दृश्य सामग्री** (Audia-Visual Aids)

इसका तात्पर्य उन साधनों से है जिनमें कर्णेन्द्रिय एवं दृश्येन्द्रिय दोनों का प्रयोग होता है। अर्थात् ज्ञान कर्णेन्द्रिय व दृश्येन्द्रिय दोनों द्वारा होता है। ये साधन मुख्य रूप से निम्न हैं—

1. चलचित्र अथवा सिनेमा (Picture)—चलचित्र का विज्ञान-शिक्षण में विशेष महत्व है। इसके द्वारा तथ्यों का स्पष्ट, वास्तविक तथा स्थाई ज्ञान प्राप्त होता है। विज्ञान सम्बन्धी फिल्में छात्रों को दिखाई जा सकती हैं। आर्थिक कठिनाइयों के कारण इसका प्रयोग बहुत सीमित है। विद्यालय में प्रोजेक्टर द्वारा फिल्म का प्रदर्शन किया जा सकता है। विज्ञान सम्बन्धी विषयों की फिल्मों का विद्यालय में आवश्यकतानुसार और सुविधानुसार प्रदर्शन किया जा सकता है। इसके लिए यह आवश्यक है कि प्रत्येक विद्यालय में प्रोजेक्टर की व्यवस्था हो तथा शिक्षक प्रशिक्षित हों।

2. टेलीविजन (Televsion)—आधुनिक वैज्ञानिक उपलब्धियों में यह एक महत्वपूर्ण उपकरण है। ये रेडियो पाठों की अपेक्षा अधिक प्रभावशाली सिद्ध हुए हैं। वे उपकरण जो हर स्थान पर उपलब्ध नहीं हो सकते तथा ऐसे प्रयोग या प्रदर्शन जिन्हें सामान्यतया दिखाना कठिन, खर्चीला या खतरे से भरा है, दूरदर्शन के माध्यम से दिखाए जा सकते हैं। इसके अतिरिक्त दूरदर्शन पर कभी-कभी विज्ञान पर आधारित प्रतियोगिता व प्रश्नमंच जैसे कार्यक्रम भी प्रसारित होते हैं जो विज्ञान के प्रसार में उपयोगी होते हैं। यू० जी० सी० द्वारा विभिन्न कक्षाओं के लिए कार्यक्रम तैयार किए जाते हैं तथा उन्हें निर्धारित समय पर प्रसारित किया जाता है। इसकी सूचना समाचार पत्रों से प्राप्त हो सकती है। इन विशेष रूप से तैयार किए गए पाठों का उपयोग अध्यापक और छात्र दोनों को शिक्षण में सहायता पहुँचाता है।

भारत में दूरदर्शन का प्रारम्भ 1955 में हुआ। इसका उपयोग सबसे पहले दिल्ली में शैक्षिक दूरदर्शन के रूप में प्रारम्भ हुआ, जिसका उद्देश्य शिक्षा के प्रसार, अच्छे अध्यापकों की कमी, विद्यालयों में शैक्षिक सुविधाओं की कमी के कारण गिरते हुए शैक्षिक स्तरों के उन्नयन के रूप में प्रारम्भ हुआ। आकाशवाणी ने 1961 में फोर्ड फाउन्डेशन (Ford Foundation) के रूप में तथा दिल्ली के शिक्षा निदेशालय के सहयोग से विद्यालयी टेलीविजन का प्रारम्भ किया। शिक्षण तथा टेलीविजन पाठों के में उपयुक्त समन्वय स्थापित करने के लिए शिक्षकों तथा प्रधानाध्यापकों के लिए एक वर्कशाप की व्यवस्था की गई। इसके सुझाव पर 145 विद्यालयों में टेलीविजन सेट लगाए गए और नवीं कक्षा के छात्रों के लिए सप्ताह में तीन बार भौतिक शास्त्र के पाठ पढ़ाए जाने की व्यवस्था की गई। इसके बाद 1966-67 से कक्षा 6 से 10 तक के लिए इसके क्षेत्र में अंग्रेजी तथा विज्ञान के विषयों को लिया गया।

**1975-76 में आरम्भ किए गए उपग्रह शैक्षणिक दूरदर्शन प्रयोग** (Satellite Instructional Television Experiment SITE)—ग्रामीण क्षेत्रों में शैक्षिक स्तरों के उन्नयन तथा राष्ट्रीय विकास के लिए दूरदर्शन का प्रयोग एक नवीन और रचनात्मक प्रयोग था। यह प्रयोग 31 जुलाई 1976 को समाप्त हुआ। इसके द्वारा छः राज्यों आन्ध्र प्रदेश, बिहार, कर्नाटक, मध्य प्रदेश, राजस्थान तथा उड़ीसा के 2400 गाँवों की 35 लाख जनसंख्या के लिए विशेष टी०वी० कार्यक्रम प्रसारित किए गए। इन कार्यक्रमों का मुख्य उद्देश्य शिक्षण प्रक्रिया को रुचिपूर्ण, सृजनात्मक, उद्देश्यपूर्ण बनाकर बालकों में औपचारिक शिक्षा के प्रति सकारात्मक दृष्टिकोण का विकास करना था। 1975 के उपग्रह शैक्षिक प्रयोगों (SITE) की सफलता से प्रेरित होकर भारतीय उपग्रह INSAT-1 B के दूरसंचार कार्यक्रमों के अन्तर्गत शैक्षिक कार्यक्रमों हेतु INSAT के उपयोग की योजना निश्चित की गई। INSAT कार्यक्रम इसी नियोजन का परिणाम है।

सूचना और प्रसारण मंत्रालय ने फरवरी 1980 में इन्सैट दूरदर्शन के उपयोग के लिए विस्तृत नीति तैयार करने के लिए एक कार्यदल गठित किया जिसने सुसंगत, अर्थपूर्ण तथा प्रभावी कार्यक्रम तैयार करने के उद्देश्य से विकेन्द्रित स्तर पर उत्पादन क्षमताओं के विकास को आवश्यक बताया। अतः शिक्षा मंत्रालय ने यह निर्णय लिया कि शैक्षिक दूरदर्शन कार्यक्रम के उत्पादन की जिम्मेदारी दूरदर्शन से लेकर अब धीरे-धीरे शिक्षा विशेषज्ञों के हाथ में दी जाए। इस निर्णय को ध्यान में रखकर शिक्षा मंत्रालय ने मई 1980 में इन्सैट दूरदर्शन के शैक्षिक उपयोग की योजना बनाने के लिए कार्यदल की स्थापना की। दिसम्बर 1980 में शिक्षा मंत्रालय ने आकाशवाणी, दूरदर्शन, एन० सी० ई० आर० टी० तथा अन्य सम्बन्धित संगठनों के सहयोग से शैक्षिक प्रसारण पर राष्ट्रीय कार्यशाला आयोजित की, इस कार्यशाला ने शैक्षिक प्रसारण के लिए मार्गदर्शक प्रारूप तैयार किया। इनसैट टी०वी० कार्यक्रमों के अन्तर्गत कृषि सम्बन्धी कार्यक्रमों, परिवार कल्याण सम्बन्धी कार्यक्रम, शिक्षा एवं शिक्षण विधि के उन्नयन सम्बन्धी कार्यक्रम तथा विज्ञान से सम्बन्धित कार्यक्रम प्रसारित किए जाते हैं। प्रतिदिन 2 घण्टे 45 मिनट का कार्यक्रम प्रसारित होता है जिसका विभाजन प्रातः 45 मिनट, शेष, दोपहर शाम के यू० जी० सी० कार्यक्रम तथा राष्ट्रीय कार्यक्रमों हेतु किया जाता है।

टेलीविजन के महत्व का उल्लेख करते हुए थट और गेरबेरिच (Thut and Gereberich) ने लिखा है—

"यह सबसे अधिक आशापूर्ण श्रव्य-दृश्य उपकरण है, क्योंकि सन्देशवाहन के इस एक यन्त्र में रेडियो तथा चलचित्र के सभी गुणों का सम्मिश्रण है।"

## सारांश (Summary)

शिक्षण तथा अनुदेशन में छात्र जिन वस्तुओं को देखकर और सुनकर ज्ञान प्राप्त करते हैं उसे श्रव्य-दृश्य सामग्री कहते हैं। इसका प्रयोग शिक्षण को वास्तविक एवं प्रभावपूर्ण बनाना है। इसका उपयोग शिक्षक आवश्यकता व उपयुक्तता के आधार पर करता है।

विशेषताएँ—प्रत्यक्षीकरण, बोधगम्यता, धारणा शक्ति के विकास एवं अधिगम के स्थानान्तरण में सहायक है।

महत्व।

चयन के सिद्धान्त—(1) छात्रों की रुचि, स्तर, अनुभवों एवं पाठ्यक्रम के आधार पर, (2) अधिगम उद्देश्यों के आधार पर; (3) अधिगम संरचनाओं के आधार पर।

प्रयोग के सिद्धान्त।

श्रव्य-दृश्य सामग्री के प्रकार—अध्ययन की सुविधा के लिए इसे निम्न प्रकार से वर्गीकृत किया जा सकता है।

1. श्रव्य-सामग्री—रेडियो, ग्रामोफोन, टेपरिकार्डर।

2. दृश्य सामग्री—वास्तविक पदार्थ, नमूने, मानचित्र, रेखाचित्र, ग्राफ, चार्ट, बुलेटिन बोर्ड, फलेनैल बोर्ड, संग्रालय, जादू की लालटेन, चित्रविस्तारक यन्त्र।

3. श्रव्य-दृश्य सामग्री—चलचित्र, डोक्यूमेंटरी फिल्म, टेलीविजन।

## प्रश्न (Study Questions)

1. हाईस्कूल स्तर पर विकास के शिक्षण में आप कौन-सी सहायक सामग्री का प्रयोग करेंगे ?

2. विज्ञान-शिक्षण में सहायक सामग्री के प्रयोग एवं महत्व को स्पष्ट कीजिए।

(मेरठ वि० वि०, 1987, 90, गढ़वाल वि० वि० 1990)

3. श्रव्य-दृश्य सामग्री को परिभाषित कीजिए। विज्ञान-शिक्षण में दूरदर्शन तथा चलचित्र की भूमिका स्पष्ट कीजिए।

4. विज्ञान-शिक्षण में निम्न का क्या महत्व है—

(i) मानचित्र तथा चार्ट।

(ii) चलचित्र।

(iii) प्रतिमान।

5. विज्ञान-शिक्षण को अधिक प्रभावी, अर्थपूर्ण एवं रुचिकर बनाने के लिए प्रयोग की जानेवाली सहायक सामग्री का संक्षेप में वर्णन कीजिए।

(गढ़वाल वि० वि० 1985)

6. निम्नलिखित पर टिप्पणी लिखिए—

(1) विज्ञान-शिक्षण में दृश्य-श्रव्य सामग्री का महत्व।

(गढ़वाल वि०वि० 1991, मेरठ वि० वि० 1981)

(2) जीव विज्ञान शिक्षण के लिए अध्ययन सामग्री।

(मेरठ वि० वि० 1982, 1987, कुमायूँ वि० वि० 1989, रुहेलखण्ड वि० वि० 1991)

(3) विज्ञान-शिक्षण की आधुनिक सहायक सामग्रियाँ।

(रुहेलखंड वि० वि० 1989, मेरठ वि० वि० 1988)

7. दृश्य-श्रव्य सामग्री से आप क्या समझते हैं ? विज्ञान-शिक्षण में इसका क्या स्थान है। अपने उत्तर की पुष्टि उदाहरण सहित कीजिए।

(कुमायूँ वि० वि० 1991, रुहेलखण्ड वि० वि० 1990)

8. विज्ञान-शिक्षण में प्रयुक्त होनेवाली विभिन्न प्रकार की सहायक शिक्षण सामग्रियों का संक्षिप्त विवरण दीजिए। आप अपनी कक्षा में कोई मॉडल प्रदर्शित करते समय किन सावधानियों का पालन करेंगे ? उन्हें स्पष्ट कीजिए।

(लखनऊ वि०वि० 1990)

9. विज्ञान-शिक्षण में फिल्म, मॉडल और चार्ट की विशिष्ट उपयोगिता की विवेचना उदाहरण सहित कीजिए। (लखनऊ वि० वि० 1991)

10. "विज्ञान कथा में दृश्य-श्रव्य साधन का प्रयोग, अधिगम को अधिक अर्थयुक्त बनाता है" इस कथन की आलोचनात्मक व्याख्या कीजिए। प्रक्षेपित सामग्रियों की रेखाचित्रण सामग्रियों से प्रभावशीलता की दृष्टि से सापेक्षिक तुलना कीजिए। (मेरठ वि० वि० 1984)

11. जीव विज्ञान शिक्षण में प्रक्षेपित सहायक सामग्री पर निबन्ध लिखिए।

(मेरठ वि० वि० 1986)

12. फिल्म स्ट्रिप और फिल्म का विज्ञान-शिक्षण में क्या स्थान है ? इन सहायक साधनों का शिक्षण में किस प्रकार प्रयोग करेंगे ?

(मेरठ वि० वि० 1983)

## वस्तुनिष्ठ प्रश्न (Objective-type Questions)

1. निर्देश—निम्नलिखित कथनों में जो सत्य हो उसके समक्ष 'हाँ' और असत्य के समक्ष 'नहीं' लिखिए—

1. दृश्य उदाहरणों में मानचित्र तथा मॉडल आते हैं।
2. चित्र का स्पष्ट तथा अर्थपूर्ण होना आवश्यक है।
3. बुलेटिन बोर्ड विद्यालय की सर्वकालीन पत्रिका है।
4. श्रव्य-दृश्य सामग्री के प्रयोग से प्राप्त ज्ञान स्थाई होता है।

5. चलचित्र छात्रों की देखने तथा सुनने की इन्द्रियों को एक साथ सक्रिय रखते हैं।

2. निर्देश—रिक्त स्थानों की पूर्ति कीजिए—

1. श्रव्य-दृश्य सामग्री के प्रयोग से छात्र·········द्वारा ज्ञान प्राप्त करते हैं।

2. शिक्षण का एक महत्वपूर्ण सिद्धान्त है·········द्वारा सीखना।

3. सहायक सामग्री का चयन छात्रों की आयु·········के आधार पर किया जाना चाहिए।

4. प्रतिमान एवं वास्तविक पदार्थों में·········होनी चाहिए।

5. ग्राफ का प्रयोग तथ्यों या विचारों में·········प्रस्तुत करने के लिए किया जाता है।

# स्वयं निर्मित उपकरण
## (Improvisation of Models)

विज्ञान-शिक्षण का एक प्रमुख उद्देश्य वैज्ञानिक विधियों का प्रशिक्षण देने के साथ-ही-साथ वैज्ञानिक दृष्टिकोण का विकास करना है। यह अनुदेशन प्रयोग व प्रदर्शन के द्वारा किया जाता है। प्रयोग और प्रदर्शन द्वारा छात्रों में अपेक्षित दृष्टिकोण का विकास किया का सकता है। हमारे देश में प्रदर्शन व प्रयोग के लिए उपयुक्त सामग्री की व्यवस्था किया जाना एक कठिव कार्य है। विद्यालय में विज्ञान का बजट इतना नहीं होता कि उससे प्रयोगशाला में आवश्यक सभी उपकरणों व प्रयोगों की पूर्ति की जा सकें। इसलिए यह आवश्यक है कि छात्र व अध्यापक मिलकर उपकरणों का निर्माण करें। घर व आसपास पाई जानेवाली विभिन्न वस्तुओं व सामग्री से प्रयोगशाला में काम आने वाले सामान्य उपकरणों का निर्माण किया जा सकता है। इसके लिए यह आवश्यक है कि अध्यापक में कार्य करने की लगन के साथ-ही-साथ वस्तुओं का उचित प्रयोग करने की क्षमता होनी चाहिए। हमें उन महान् वैज्ञानिकों जिनमें एडीसन, प्रीस्टले, मैडम क्यूरी, डाल्टन, सी०बी० रमन आदि हैं, से प्रेरणा लेनी चाहिए जिन्होंने बिना किसी उपकरण, सीमित साधनों और साधन सम्पन्न प्रयोगशाला के अभाव में भी अपने प्रयोग सफलतापूर्वक किए।

### कम लागत शैक्षिक-सामग्री की विशेषताएँ (Characteristics of Low Cost Educational Materials)

1. स्थानीय वातावरण से की कच्चा माल उपलब्ध हो जाता है।

2. इस प्रकार की सामग्री के निर्माण में कोई विशेष कौशल व प्रशिक्षण की आवश्यकता नहीं पड़ती तथा छात्र, अध्यापक व समुदाय के सदस्य मिलजुलकर इसका निर्माण कर सकते हैं।

3. सामग्री को सरलता व प्रभावी रूप में उद्देश्यों की प्राप्ति के लिए प्रयोग किया जा सकता है।

4. शैक्षिक सामग्री के उत्पादन की प्रक्रिया सरल व सस्ती है।

5. इसके द्वारा छात्रों की चिन्तन, वाद-विवाद तथा प्रयोग करने की क्षमता

का विकास होता है।

6. इसके निर्माण में अधिक समय नहीं लगता।

विभिन्न वस्तुओं से निर्मित शैक्षिक सामग्री का वर्गीकरण निम्न प्रकार से किया जा सकता है--

(1) वातावरण में उपलब्ध वस्तुएँ जैसे प्राकृतिक वातावरण में पाये जानेवाले पौधे, जानवर, खनिज, मिट्टी, बीज तथा घरेलू और व्यावसायिक सामग्री के अवशेष।

(2) बहुत कम मूल्य में उपलब्ध सामग्री जैसे तार, गत्ता, बैटरी, बल्ब आदि।

(3) चार्ट, मॉडल जिनका बड़े पैमाने पर वितरण किया जा सकता है।

(4) ऐसी सामग्री जिसमें मशीनों का प्रयोग किया जाय, जैसे प्रोजेक्टर, टेप, कैमरा आदि।

(5) बहुसंख्यक आबादी (Mass Media) अथवा दूरस्थ शिक्षा प्रणाली के (Distant Learning System) के लिए प्रयुक्त सामग्री जैसे रेडियो, टी०वी० आदि।

उपर्युक्त सामग्री में से प्रथम और द्वितीय श्रेणी की सामग्री कम मूल्य की सामग्री है। इस सामग्री की विज्ञान-शिक्षण में निम्न उपयोगिता है।

### 1. आर्थिक मूल्य (Economic Value)

कम साधन व लागत से अधिक लाभ प्राप्त करना इसका उद्देश्य है। इससे विद्यालय की विज्ञान प्रयोगशाला को आत्म निर्भर बनाया जा सकता है—

### 2. शैक्षिक और मनोवैज्ञानिक मूल्य (Educational and Psychological Value)

शैक्षिक और मनोवैज्ञानिक शोधों से यह निष्कर्ष निकला है कि हाथ द्वारा किये कार्य से छात्र की समझने की क्षमता का विकास होता है। हाथ और मस्तिष्क का समन्वय बोध क्षमता का विकास करता है। इन उपकरणों के निर्माण का आधार यही सिद्धान्त है। स्वयं उपकरणों को बनाने व प्रयोग करने से उसके सिद्धान्तों का सही ज्ञान होता है।

इससे छात्र में सृजनात्मक अभिरुचियों का विकास होता है तथा छात्र की सृजनात्मक प्रवृत्ति की संतुष्टि होती है। किसी वस्तु के निर्माण की अनुभूति उन्हें आनन्द प्रदान करती है। छात्र की क्षमताओं व शक्तियों का नई वस्तुओं के निर्माण में उपयोग होता है। किशोरावस्था के छात्रों के लिए यह उनकी शक्तियों को दिशा प्रदान करने का अच्छा साधन है। इसके अतिरिक्त छात्रों को ज्ञान का व्यावहारिक प्रयोग करने का अवसर मिलता है। वे आलोचना तथा सुझाव द्वारा

अपने कार्य में सुधार करते हैं। उनमें वैज्ञानिक विधि से चिन्तन करने की क्षमता का विकास होता है। इसके द्वारा काफी सीमा तक अवकाश व अनुशासनहीनता की समस्या का समाधान हो सकता है। उपकरणों के निर्माण में छात्रों को उन कठिनाइयों का सामना करना पड़ता है जो कभी वैज्ञानिकों ने भी की होंगी। इससे छात्रों को समस्या समाधान करने में स्वतन्त्र रूप से विचार तथा विश्वास-पूर्वक कार्य करने को प्रोत्साहन मिलता है। स्वयं निर्मित उपकरणों की निर्माण प्रक्रिया व्यक्तिगत विभिन्नताओं पर निर्भर होती है तथा छात्र अपनी गति से कार्य करता है।

### 3. सामाजिक मूल्य (Social Value)

स्वयं कार्य करने से छात्र परिश्रम तथा कार्य की महत्ता समझते हैं। वे स्वयं अपने हाथ से कार्य करना पसन्द करते हैं। यह मानसिक और शारीरिक कार्य के बीच की दूरी को कम कर छात्र को समाजवादी समाज के आदर्शों के अनुसार विकसित होने के अवसर देता है। इसके अतिरिक्त इसके द्वारा विकसित आदतें व दृष्टि-कोणों का प्रयोग छात्र विद्यालय व विद्यालय के बाहर अपने दैनिक जीवन में भी कर सकता है।

**कम लागत शैक्षिक-सामग्री को विकसित करने की विधि**
**(Process of Developing Low Cost Materials)**

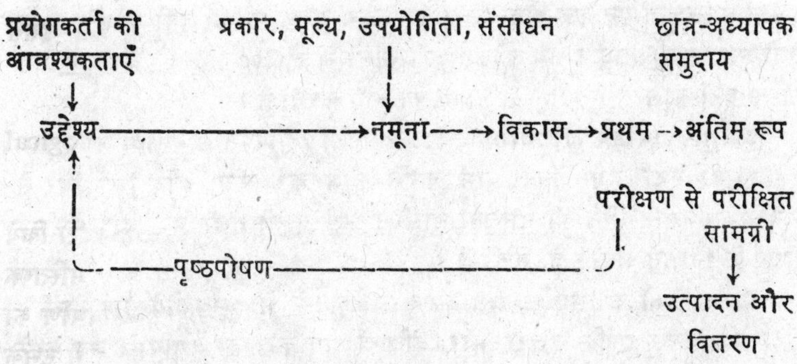


कम लागत शैक्षिक सामग्री के विकास का प्रवाह चार्ट (Flow-chart for the development of Low-cost Educational Materials)

इसमें निम्न पद हैं—

1. उद्देश्यों का निर्धारण (Selection of Objectives)—ज्ञान, कौशल और अभिवृत्तियों के क्षेत्र में तथा छात्र की आवश्यकताओं के आधार पर उद्देश्य निर्धारित किए जाते हैं।

2. नमूना या रूपरेखा तैयार करना (Preparation of a Design)—सामग्री के प्रकार, मूल्य, उपयोगिता तथा वातावरण में उपलब्ध संसाधनों के आधार पर रूपरेखा तैयार की जाती है।

3. सामग्री का विकास (Development of Materials)—अध्यापक, छात्र, समुदाय एवं विशेषज्ञों के सहयोग से रूपरेखा के आधार पर सामग्री का विकास किया जाता है। विकसित सामग्री का परीक्षण किया जाता है।

4. सामग्री का प्रथम परीक्षण (Pilot Testing of the Materials)—प्रथम परीक्षण के उपरान्त कभी-कभी इसमें सुधार किए जाते हैं। उद्देश्यों में भी परिवर्तन किया जा सकता है।

5. सामग्री की उपयुक्तता का निर्णय (Fonalization of Materials)—यदि परीक्षण के उपरान्त सामग्री संतोषजनक पाई गई तो उसको उत्पादन के लिए स्वीकृत किया जाता है।

6. उत्पादन और वितरण (Production and Distribution—पर्याप्त संख्या में उपयुक्त सामग्री का निर्माण कर विद्यालयों में आवश्यकतानुसार वितरित किया जा सकता है।

कुछ स्वयं निर्मित उपकरणों के उदाहरण निम्न हैं—

1. डेवी का सैफ्टी लैम्प (Davy's Safety Lamp)—इसका मॉडल बनाने के लिए एक खाली स्याही की दवात में मोमबत्ती रखकर उसे चारों ओर तार की जाली से ढक दिया जाता है।

2. दूरबीन (Telescope)—एक-दूसरे के अन्दर जानेवाली गत्ते की ट्यूब के समान आकृति बनाकर दोनों सिरों पर अलग-अलग फोकस दूरी के लेंस उनके दोनों सिरों पर लगाएँ। कम फोकस दूरी वाला लेंस Cye Piece का व अधिक फोकस दूरी वाला लेंस Object Lens का कार्य करता हैं।

3. हाइड्रोमीटर (Hydrometer) यह टूटी हुई पिपेट से बनाया जा सकता है। इसका टूटा हुआ सिरा गर्म करके सील कर दिया और दूसरे सिरे से आवश्यकतानुसार सीसे की गोलियां डालीं। ऊपरवाली नली पर बाद में मि० मीटर के निशान लगाए जा सकते हैं।

4. नाविकों के लिए कम्पास—एक बड़े कार्क में चुम्बकीय सुई डाली। पानी में डालकर इसके उत्तरी और दक्षिणी ध्रुव का पता लगाया। अब कार्क पर मोटे कागज को गोलाकार काटकर लगाया। कागज पर दिशाओं का नमूना पहले ही बना लिया जाय।

इसके अतिरिक्त अध्यापक छात्रों से विज्ञान के विभिन्न विषयों से सम्बन्धित अनेक उपकरणों का निर्माण करवा सकता है। जैसे दुग्धमापी, स्प्रिट लैम्प, जल पम्प का माडल, सिरिंज पम्प, वोल्टामीटर, सूचीछिद्र कैमरा, विद्युत घंटी, फ्लास्क, आदि।

**कम मूल्य शैक्षिक सामग्री के निर्माण व प्रयोग में कठिनाइयां** (Problems in the Development and Effective Use of Low Cost Materials)—(1) अध्यापक अथवा प्रशासन की उदासीनता।

(2) छात्र एवं अध्यापकों का निर्माण की विधि से परिचित न होना।

(3) संसाधनों, सुविधाओं व धन का अभाव।

(4) अध्यापक एवं छात्रों के पास समय का अभाव।

(5) स्थानीय संसाधनों से परिचित न होना।

(6) प्रशासनिक व अन्य समस्याएँ।

अध्यापकों को उपयुक्त सामग्री के निर्माण का उचित प्रशिक्षण देकर बहुत-सी समस्याओं का समाधान किया जा सकता है। इस प्रकार निर्मित शैक्षिक सामग्री के उचित उपयोग व विकास के लिए प्रशासन का सहयोग लिया जाना आवश्यक है।

## सारांश (Summary)

आर्थिक संसाधनों की कमी के कारण विकासशील देशों में विज्ञान-शिक्षण के लिए सभी आवश्यक सामग्री व उपकरणों की व्यवस्था किया जाना कठिन कार्य है। इसके स्थान पर कम मूल्य की विज्ञान सामग्री (Low Cost Educational Material) के विकास पर ध्यान दिया जाने लगा है। इसके विकास में स्थानीय संसाधनों व सामग्री का उपयोग किया जाता है।

कम लागत विज्ञान सामग्री की विशेषताएँ, वर्गीकरण। इस सामग्री की विज्ञान में निम्न उपयोगिता है—

(1) आर्थिक; (2) शैक्षिक और मनोवैज्ञानिक; (3) सामाजिक।

कम मूल्य शैक्षिक सामग्री के निर्माण व प्रयोग में कठिनाइयाँ। कम लागत शैक्षिक सामग्री को विकसित करने की विधि—

(1) उद्देश्य का निर्धारण; (2) रूपरेखा तैयार करना; (3) सामग्री का विकास; (4) सामग्री का प्रथम परीक्षण; (5) सामग्री की उपयुक्ता का निर्माण; (6) उत्पादन और वितरण।

## लघु उत्तरात्मक प्रश्न (Short Answer-type Questions)

1. स्वयं निर्मित शैक्षिक उपकरणों की क्या विशेषताएँ हैं ?

2. स्वयं निर्मित शैक्षिक उपकरण या कम लागत शैक्षिक सामग्री की उपयोगिता बताएँ।

# विज्ञान शिक्षक
## (Science Teacher)

आज के वैज्ञानिक युग में वैज्ञानिक आविष्कारों व तथ्यों के ज्ञान को देश के नागरिकों तक पहुँचाने की आवश्यकता है। इसके लिए हमें ऐसे कार्यक्रम की आवश्यकता है जिसके द्वारा अपनी संस्कृति के परिप्रेक्ष्य में वैज्ञानिक ज्ञान को लोगों तक पहुँचाकर देश को समृद्ध बनाएँ तथा एक स्वस्थ अन्तराष्ट्रीय दृष्टिकोण का निर्माण करें। स्वामी विवेकानन्द भारत के आध्यात्मिक दृष्टिकोण तथा पश्चिमी प्रगति में समन्वय करना चाहते थे। उन्होंने कहा था—"वैज्ञानिक ज्ञान का प्रसार तथा स्वस्थ विचार एवं कार्य करने की आदतें विकसित करने का दायित्व विज्ञान शिक्षक के ऊपर है।"

प्रभावशाली व कुशल विज्ञान-शिक्षण के लिए विज्ञान की सुसज्जित प्रयोगशालाओं के अतिरिक्त योग्य विज्ञान शिक्षकों की आवश्यकता है। शिक्षा की गुणवत्ता अध्यापक के ऊपर निर्भर है न कि भौतिक सुविधाओं पर। एक विज्ञान शिक्षक अपर्याप्त सुविधाओं के होते हुए भी अपना कार्य अच्छी प्रकार कर सकता है।

डा० राधाकृष्णन् ने कहा है—"समाज में अध्यापक का स्थान अत्यन्त महत्वपूर्ण है। वह एक पीढ़ी से दूसरी पीढ़ी को बौद्धिक परम्पराओं और तकनीकी कौशल सौंपने की प्रक्रिया का केन्द्र-बिन्दु है, सभ्यता के दीपक को प्रज्वलित रखने में सहायक होता है। वह केवल व्यक्तियों का ही मार्गदर्शन नहीं करता बल्कि राष्ट्र के भाग्य को भी दिशा प्रदान करता है। अतः अध्यापक को समाज के प्रति अपने विशिष्ट उत्तरदायित्व को समझना चाहिए।

शिक्षा के स्तर में सुधारकर उसके राष्ट्रीय विकास में योगदान के लिए अध्यापकों का स्तर, योग्यता व चरित्र सबसे महत्वपूर्ण हैं। इसके लिए शिक्षण व्यवसाय में योग्य व उच्च व्यावसायिक क्षमता वाले व्यक्तियों/अध्यापकों की आवश्यकता है।

### विज्ञान शिक्षक की योग्यताएँ (Qualifications of Science Teacher)

विज्ञान शिक्षकों की योग्यताओं के सम्बन्ध में व्यापक अध्ययन हुए हैं जिनमें फिन्ले

(Finley) तथा हर्ड (Hurd) के नाम उल्लेखनीय हैं। इन्होंने विज्ञान-शिक्षण में विज्ञान की वस्तु एवं उसके व्यावहारिक प्रयोग के सम्बन्ध में विचार किया। विषयवस्तु के आधार पर उद्देश्य निर्धारित किए जाते हैं। यह कहा जा सकता है कि विज्ञान शिक्षक की योग्यता का निर्णय विज्ञान-शिक्षण के उद्देश्यों के आधार पर किया जा सकता है। विज्ञान शिक्षक में निम्न योग्यताएँ होनी आवश्यक हैं—

**1. शैक्षणिक योग्यताएँ (Academic Qualifications)**

शिक्षा विभाग द्वारा शिक्षक की शैक्षिक योग्यता हाईस्कूल के लिए बी०एससी० तथा इन्टर के लिए एम०एससी० निर्धारित की गई है। इसके साथ ही शिक्षक को अध्यापक प्रशिक्षण का कोर्स करना आवश्यक है।

**2. शिक्षण की आधुनिक विधियों तथा प्रविधियों का प्रशिक्षण (Training in Modern Methods and Techniques of Teaching)**

विज्ञान विषय के प्रभावशाली प्रस्तुतीकरण के लिए शिक्षण की आधुनिक विधियों तथा प्रविधियों का ज्ञान होना आवश्यक है। प्रशिक्षण महाविद्यालयों में अध्ययन कार्य के लिए प्रशिक्षण दिया जाता है। इस प्रशिक्षण द्वारा प्राप्त ज्ञान का उपयोग वह विज्ञान-शिक्षण को प्रभावशाली बनाने तथा उसमें सुधार लाने के लिए निम्न प्रकार से कर सकता है—

(1) **शिक्षण विधियों का प्रयोग तथा पाठ योजना का निर्माण** (Use of Teaching Methods and Construction of Lesson Plan)—अध्यापक के लिए यह आवश्यक है कि वह कक्षा में पढ़ाने से पूर्व पाठ योजना का निर्माण करे जिससे वह व्यवस्थित रूप से पढ़ा सके। उसे श्यामपट्ट पर चित्र खींचने तथा लिखने का उचित अभ्यास होना चाहिए। उसे प्रशिक्षण द्वारा प्राप्त विभिन्न शिक्षण विधियों का आवश्यकतानुसार प्रयोग करना चाहिए।

(2) **प्रयोगशाला संगठन का ज्ञान** (Knowledge of Laboratory Organisation)—प्रयोगशाला, विज्ञान-शिक्षक का एक महत्वपूर्ण साधन है। विज्ञान प्रशिक्षण में प्रयोगशाला की व्यवस्था के साथ विभिन्न यन्त्रों व उपकरणों का प्रयोग करने एवं उनकी उचित देखभाल करने की योग्यता होनी चाहिए। इसके अतिरिक्त उसे विज्ञान संग्रहालय के संगठन व उसकी सामग्री का ज्ञान होना चाहिए। विज्ञान के अध्यापक को प्रयोग प्रदर्शन विधि का उचित अभ्यास होना अनिवार्य है इसके साथ ही उसे अध्यापक मैनुअल व प्रयोगशाला निर्देशिका का उचित उपयोग करना चाहिए।

(3) **विज्ञान-शिक्षण में पाठ्यसहगामी क्रियाओं की व्यवस्था** (Organisation of Co-curricular Activities)—बी० एड० प्रशिक्षण द्वारा विज्ञान अध्यापक को विभिन्न पाठ्यसहयामी क्रियाओं का ज्ञान प्राप्त होता है जिसका

प्रयोग वह विद्यालय में कर सकता है। विज्ञान शिक्षकों को विद्यालय में विज्ञान पुस्तकालय की व्यवस्था, विज्ञान-क्लब का संगठन तथा विज्ञान मेलों व प्रदर्शनियों का आयोजन करना चाहिए जिससे छात्रों की सृजनात्मक क्षमताओं का विकास हो सके। इसके अतिरिक्त उसे विद्यार्थियों को पुस्तकालय का उपयोग करने के लिए भी प्रोत्साहित करना चाहिए।

**3. बाल मनोविज्ञान एवं अधिगम सिद्धान्तों का ज्ञान** (Knowledge of Child Psychology and Learning Theories)

आधुनिक शिक्षा प्रणाली में बाल-केन्द्रित शिक्षा को महत्व दिया जाता है। इस दृष्टि से विज्ञान अध्यापक के लिए यह आवश्यक है कि उसे बाल मनोविज्ञान का ज्ञान हो जिससे वह बालक की रुचि, स्तर, योग्यता व क्षमता के आधार पर शिक्षा प्रदान करे। अध्यापक को व्यक्तिगत विभिन्नताओं का ज्ञान होना आवश्यक है जिससे छात्र को उचित व्यावसायिक व शैक्षिक निर्देशन दिया जा सके। इसके अतिरिक्त विज्ञान अध्यापक को सीखने के विभिन्न सिद्धान्तों का ज्ञान होना आवश्यक है। इन सिद्धान्तों के प्रयोग से वह शिक्षण को प्रभावशाली व रुचिकर बना सकता है।

**4. विषय का व्यापक एवं स्पष्ट ज्ञान** (Clear and Deatiled Knowlege of the Subject)

विज्ञान अध्यापक के लिए यह आवश्यक है कि उसे विज्ञान का व्यापक ज्ञान हो। इसके साथ ही उसे विज्ञान की नवीनतम खोजों की भी जानकारी होनी चाहिए। उसे नियमित रूप से विषय के अध्ययन के साथ विज्ञान की नवीनतम पुस्तकों व पत्रिकाओं का भी अध्ययन करना चाहिए जिससे वह छात्रों को विज्ञान के नए आविष्कारों, सिद्धान्तों से परिचित करा सके। इसके अतिरिक्त विज्ञान अध्यापक में अपने व्यवसाय के प्रति पूर्ण निष्ठा होनी चाहिए। तभी वह बालकों में वैज्ञानिक दृष्टिकोण एवं विज्ञान विषय के प्रति रुचि का विकास कर सकेगा।

## विज्ञान शिक्षक का व्यावसायिक उन्नयन (Professional Growth of Science Teacher)

"एक अध्यापक तब तक वास्तविक अर्थों में शिक्षा नहीं दे सकता जब तक वह स्वयं न सीखता रहे। जो दीपक अपनी लौ को प्रज्वलित नहीं रख सकता वह दूसरे दीपक को प्रकाशित कैसे कर सकता है।"

—टगोर

"शिक्षा के गुण तथा राष्ट्रीय विकास में शिक्षा की देन को प्रभावित करने वाले विभिन्न तत्वों में अध्यापकों की योग्यता, क्षमता, चरित्र की शुद्धता निःसन्देह रूप से अत्यन्त महत्वपूर्ण है।"

—कोठारी आयोग

अतः अध्यापक को विज्ञान के नवीनतम ज्ञान से परिचित कराने के लिए सरकार द्वारा विभिन्न अवसर प्रदान किए जाते हैं। इसके अन्तर्गत सेमीनार (Seminars), कार्यशाला (Workshops) एवं सम्मेलनों (Conferences) का आयोजन किया जाता है जिनमें अध्यापक भाग ले सकते हैं। इसके अतिरिक्त रिफ्रेशर कोर्सेज (Refresher Courses), तथा ग्रीष्म-कालीन विद्यालयों (Summer Institutes) की व्यवस्था की जाती है। विज्ञान अध्यापक विभिन्न शैक्षिक संगठनों जैसे All India Science Teacher's Association तथा Indian Association of Teacher Educators के क्रियाकलापों में भाग लेकरअपनी व्यावसायिक क्षमता में अभिवृद्धि कर सकता है। इसके अतिरिक्त उसे नवीनतम शिक्षण विधियों का ज्ञान प्राप्त करने के लिए प्रयत्नशील रहना चाहिए। विज्ञान तथा विज्ञान-शिक्षण से सम्बन्धित नवीनतम पुस्तकों का अध्ययन करना चाहिए। विस्तार सेवा विभाग द्वारा आयोजित सम्मेलनों, प्रादेशिक विज्ञान मेलों, विभिन्न विज्ञान के सम्मेलनों तथा Refresher Courses में भाग लेने के लिए उसे हमेशा तत्पर रहना चाहिए।

नवीनतम विकास कार्यों से परिचित होने के लिए अध्यापक को उन प्रगतिशील विद्यालयों की यात्रा करनी चाहिए जहाँ विज्ञान का शिक्षण सफलतापूर्वक किया जाता है। अच्छी विज्ञान पत्रिकाओं को पढ़ना चाहिए। उनमें लेख लिखने चाहिए तथा उनका ग्राहक बनना चाहिए। विज्ञान के प्रत्येक अध्यापक के लिए समस्त जीवन विद्यार्थी बने रहना अनिवार्य है। उसे वैज्ञानिक विधि, प्रयोगशाला संगठन तथा वैज्ञानिक साहित्य सम्बन्धी पुस्तकों का अध्ययन करना चाहिए। भारत में विज्ञान-शिक्षण की नवीनतम प्रवृत्तियों से परिचित होने के लिए राष्ट्रीय शैक्षिक अनुसंधान एवं प्रशिक्षण परिषद, दिल्ली के विज्ञान-शिक्षण विभाग से सम्बन्ध स्थापित करना चाहिए।

### विज्ञान अध्यापक की डायरी (Science Teacher's Diary)

प्रत्येक विज्ञान अध्यापक को एक डायरी रखनी चाहिए, जिसमें निम्न बातों का उल्लेख हो—

1. कक्षा का पूरा पाठ्यक्रम जो पढ़ाना है।
2. कक्षा का समय विभाग-चक्र।
3. सत्र के दौरान कार्य योजना, पाक्षिक, मासिक, साप्ताहिक विभाजन, अध्यापक द्वारा किए जानेवाले प्रयोगों की संख्या। इसके लिए आवश्यक उपकरण के कार्यक्रम का लिखित विवरण।
4. सप्ताह के प्रतिदिन के कार्यक्रम का लिखित विवरण। शिक्षण विधि का उल्लेख, पाठ योजना के लिए आवश्यक संकेत, पढ़ाए गए पाठ एवं छात्र के संबंध में अपने कार्य का मूल्यांकन।

5. प्रत्येक छात्र को दिए कार्य का विवरण तथा उसके कक्षा तथा प्रयोगशाला में किए कार्य पर टिप्पणी।

6. प्रत्येक छात्र का खेल, अध्ययन व अन्य क्रियाओं का रिकार्ड।

7. विज्ञान-क्लब का पूरा कार्यक्रम।

8. प्रयोग करते समय छात्रों के सम्मुख आने वाली कठिनाइयाँ, समय सारणी।

हाईस्कूल तथा उच्च माध्यमिक स्तर पर विज्ञान-शिक्षण के लिए 6 पीरियड प्रति सप्ताह निर्धारित हैं। कक्षा शिक्षण के लिए यह उपयुक्त है। परन्तु विद्यालय समय सारणी में छात्रों के प्रयोगात्मक कार्य, पर्यटन, विज्ञान सम्बन्धी योजनाएँ तथा अन्य क्रियाओं के लिए भी पर्याप्त समय की व्यवस्था की जानी आवश्यक है। इसकी व्यवस्था के बिना विज्ञान-शिक्षण के उद्देश्यों की प्राप्ति सम्भव नहीं है। इसके लिए यह आवश्यक है कि विद्यालय में विज्ञान-शिक्षण के लिए—

(1) सप्ताह में दो दिन प्रयोगात्मक कार्यों के लिए दो पीरियड की व्यवस्था की जानी चाहिए।

(2) ये पीरियड या तो अन्त में या मध्यावकाश के पूर्व हों जिससे अध्यापक आवश्यकता पड़ने पर कुछ अधिक समय का उपयोग कर सके।

(3) प्रयोग प्रदर्शन की तैयारी के समय को अध्यापक के दैनिक कार्यक्रम के अन्तर्गत माना जाए।

(4) विज्ञान अध्यापक विज्ञान-शिक्षण के लिए निर्धारित समय के आधार पर स्वयं अपना कार्यक्रम बनाए। विज्ञान-शिक्षण के लिए नियुक्त 'तारादेवी समिति' ने यह सुझाव दिया कि प्रतिवर्ष विज्ञान के लिए निर्धारित 100 घण्टों का समय विभाजन निम्न प्रकार से किया जाए—

परिभ्रमण और यात्राएँ—20 घण्टे।

प्रोजेक्ट तथा सहायक क्रियाएँ—50 घण्टे।

कक्षा शिक्षण, प्रदर्शन, वाद-विवाद आदि—30 घण्टे।

(5) विद्यालय प्रमुख को यह भी ध्यान रखना चाहिए कि जहाँ तक सम्भव हो विज्ञान शिक्षक को अन्य कोई विषय पढ़ाने को न दिए जाएँ।

ईश्वरभाई पटेल समिति की रिपोर्ट में यह सुझाव दिया गया कि कक्षा 1 से 5 तक औपचारिक अनुदेशन की अपेक्षा सृजनात्यक तथा मनोरंजक क्रियाओं को अधिक प्रोत्साहित किया जाना चाहिए। कक्षा 6 से 8 तक भी समय सारणी लचीली होनी चाहिए। यद्यपि इस समय औपचारिक शिक्षण आवश्यक है।

## गृहकार्य (Home-work)

गृहकार्य की शिक्षण में अपनी उपयोगिता है। छात्र द्वारा किए व्यक्तिगत प्रयोगों का विवरण, अध्यापक द्वारा दी गई विषयवस्तु को लिखना अथवा अध्यापक द्वारा

दिए गए प्रश्नों के उत्तर लिखने के लिए गृहकार्य आवश्यक है। अध्यापक के लिए यह आवश्यक है कि वह छात्र के गृह-कार्य का निरीक्षण कर उसका रिकार्ड रखे। इससे छात्रों को सही व ठीक समय पर कार्य पूरा करने की आदत बनी रहेगी। छात्रों की लेखन तथा अभिव्यक्ति की क्षमता का विकास होगा। छात्रों को विषयवस्तु को अपने शब्दों तथा अपनी शैली में लिखने को प्रोत्साहित किया जाना चाहिए। पाठ्यपुस्तक से उतारने की प्रवृत्ति को बढ़ावा नहीं देना चाहिए। विज्ञान-शिक्षण में संक्षिप्त, स्पष्ट एवं व्यवस्थित लेखन शैली के विकास के लिए बहुत अच्छे अवसर प्राप्त होते हैं। यह विज्ञान अध्यापक का कर्त्तव्य है कि वह इन अवसरों का पूरा लाभ उठाए। यदि अध्यापक को गृह-कार्य जाँचने का समय नहीं है तो गृह-कार्य देने का कोई लाभ नहीं है। गृह-कार्य जांचने में समय बचाने के लिए अशुद्धियाँ निकालते समय कुछ चिह्नों का प्रयोग करना चाहिए। उन चिह्नों के आधार पर विद्यार्थियों को स्वयंमेव अशुद्धियाँ ठीक करने को कहना चाहिए।

**विज्ञान विभाग का निरीक्षण (Supervision of Science Department)**

विज्ञान विभाग के कुशल संचालन के लिए उसका वर्ष में एक बार निरीक्षण होना आवश्यक है। इसका उद्देश्य अध्यापक की कार्य क्षमता में वृद्धि करना है। विज्ञान विभाग के निरीक्षण के लिए नियुक्त निरीक्षक (Supervisor) को अध्यापक के प्रति सहिष्णु होना आवश्यक है। साथ ही उसे अध्यापक की समस्याओं को गम्भीरतापूर्वक रखना चाहिए। यह भी आवश्यक है कि वह समस्याओं के सम्बन्ध में आवश्यक व उचित वाद-विवाद कर अपने सुझाव अध्यापक को दे। निरीक्षण वैज्ञानिक तरीके से बिना किसी पूर्वाग्रह के किया जाना चाहिए। निरीक्षक को अपने साथ एक विज्ञान विशेषज्ञ भी रखना चाहिए जिससे विद्यालय में विज्ञान-शिक्षण की स्थिति का पता चल सके। निरीक्षक को निम्न बातों की ओर ध्यान देना चाहिए—

1. **अध्यापक (Teacher)**—अध्यापक की योग्यताएँ, उसका व्यक्तित्व उसका व्यवहार तथा उसकी शिक्षण विधियाँ, विज्ञान-शिक्षण के लिए उसके द्वारा दिया जानेवाला समय, सैद्धान्तिक और प्रायोगिक कार्य का समय-विभाजन। उसे यह भी देखना चाहिए कि अध्यापक ने अपनी डायरी में शिक्षण तथा उससे सम्बन्धित क्रियाओं तथा पूरे वर्ष की शिक्षण की कार्य योजना का उल्लेख किया है या नहीं।

2. **छात्रों की पुस्तिका (Pupils Note-book)**—निरीक्षक को छात्रों के प्रयोगात्मक व कक्षा कार्य के रिकार्ड को देखना चाहिए तथा यह भी देखना चाहिए कि अध्यापक द्वारा उसका निरीक्षण किया गया है या नहीं।

3. **प्रयोगशाला और उपकरण सामग्री (Laboratory and Equipments)**—निरीक्षण के समय इसे बहुत महत्व दिया जाना चाहिए। निरीक्षक

को यह देखना आवश्यक है कि उपकरण तथा उनको रखने की पर्याप्त व्यवस्था है अथवा नहीं, अध्यापक ने उपकरणों को उचित क्रम से व्यवस्थित किया है अथवा नहीं।

4. विज्ञान-क्लब (Science-club)—यदि विद्यालय में विज्ञान-क्लब है तो उसकी उपयोगिता से परिचित कराए।

5. विज्ञान संग्रहालय (Science Museum)—विज्ञान संग्रहालय का निरीक्षण कर उसके सुधार के लिए आवश्यक सुझाव दिए जाएँ।

6. विज्ञान पुस्तकालय (Science Library)—पुस्तकों की संख्या, स्तर और उनके रखने की व्यवस्था का निरीक्षण।

7. पाठ्यपुस्तक (Text-book)—पाठ्यपुस्तकों की पर्याप्त संख्या व उनके स्तर का निरीक्षण कर यह भी देखना आवश्यक है कि छात्र पुस्तकों का अध्ययन कर रहे हैं या नहीं।

## सारांश (Summary)

वैज्ञानिक ज्ञान के प्रसार के साथ विज्ञान-शिक्षण को प्रभावशाली बनाना विज्ञान शिक्षक का महत्वपूर्ण कार्य है। शिक्षा की गुणवत्ता अध्यापक के ऊपर निर्भर है न कि भौतिक सुख-सुविधाओं पर। शिक्षा के स्तर में सुधार कर उसके राष्ट्रीय विकास में योगदान के लिए अध्यापकों का स्तर, योग्यता व चरित्र सबसे महत्वपूर्ण है। इसके लिए शिक्षण व्यवसाय में योग्य व उच्च व्यावसायिक क्षमतावाले व्यक्तियों की आवश्यकता है।

विज्ञान शिक्षक की योग्यताएँ—1. शैक्षणिक योग्यता।

2. शिक्षण की आधुनिक विधियों तथा प्रविधियों का प्रशिक्षण—

(1) शिक्षण विधियों का प्रयोग तथा पाठ-योजना का निर्माण।

(2) प्रयोगशाला संगठन का ज्ञान।

(3) विज्ञान शिक्षण में पाठ्यसहगामी क्रियाओं की व्यवस्था।

(4) मूल्यांकन प्रविधियों का ज्ञान।

3. बाल मनोविज्ञान एवं अधिगम सिद्धान्तों का ज्ञान।

4. विषय का व्यापक एवं स्पष्ट ज्ञान।

विज्ञान शिक्षक का व्यावसायिक उन्नयन—विज्ञान शिक्षक को विज्ञान के नवीनतम ज्ञान से परिचित कराने के लिए सेमीनार, सम्मेलनों, कार्यशाला, रिफ्रेशर पाठ्यक्रम तथा ग्रीष्मकालीन पाठ्यक्रम की व्यवस्था की जाती है। इसके अतिरिक्त उसे स्वयं विज्ञान की नई पुस्तकों, पत्रिकाओं का अध्ययन करने के लिए प्रयत्नशील रहना चाहिए।

विज्ञान अध्यापक की डायरी—प्रत्येक विज्ञान अध्यापक के पास एक डायरी होनी आवश्यक है जिसमें वह समय सारणी, पाठ्यक्रम, कार्य योजना, छात्रों के

कार्य का रिकार्ड तथा विज्ञान-क्लब की क्रियाओं का विवरण लिखे।

समय-सारणी—विज्ञान अध्यापक को यह देखना आवश्यक है कि विद्यालय समय-सारणी में विज्ञान के प्रयोगात्मक व संैद्धान्तिक कार्य के लिए पर्याप्त समय की व्यवस्था हो। इसके अतिरिक्त पाठ्यक्रम सहगामी क्रियाओं के लिए भी समय सारिणी में उचित व्यवस्था हो।

गृहकार्य—विज्ञान अध्यापक को छात्रों की अभिव्यक्ति एवं लेखन शैली का विकास करने के लिए उचित गृहकार्य देना चाहिए।

विज्ञान विभाग का निरीक्षण—विज्ञान-शिक्षण में सुधार लाने के लिए विज्ञान का निरीक्षण किया जाना आवश्यक है। निरीक्षक को निम्न बिन्दुओं के आधार पर निरीक्षण करना चाहिए—

1. अध्यापक—उसका रिकार्ड, समय-सारणी, डायरी व कार्य योजना।
2. छात्रों की पुस्तिकाएँ।
3. प्रयोगशाला व उपकरण।
4. विज्ञान-क्लब।
5. विज्ञान संग्रहालय।
6. विज्ञान पुस्तकालय।
7. स्टॉक रजिस्टर।
8. पाठयपुस्तकें।

## प्रश्न (Study Questions)

1. "छात्रों के प्रशिक्षण में अध्यापक विद्यालय की साज-सज्जा की अपेक्षा अधिक महत्वपूर्ण हैं।" आपकी राय में यह कथन विज्ञान शिक्षक के लिए कहाँ तक उपयुक्त है? आप विज्ञान के शिक्षक में किन गुणों की अपेक्षा करते हैं?

2. विज्ञान के अच्छे शिक्षक में क्या योग्यताएँ होनी आवश्यक हैं।

(गढ़वाल वि० वि० 1988)

3. विज्ञान अध्यापक में कौन-कौन से गुण होने चाहिए और क्यों?

(कुमायूँ वि० वि० 1988, लखनऊ वि० वि० 1990)

4. विज्ञान अध्यापक की व्यावसायिक दक्षता से आप क्या समझते हैं? इसके विकास के लिए अपने सुझाव प्रस्तुत करें।

(लखनऊ वि० वि० 1991)

5. विज्ञान शिक्षक में कौन-कौन-सी विशेषताएँ होनी चाहिए? दृश्य-श्रव्य सामग्री विज्ञान शिक्षक की किस प्रकार सहायता कर सकती है?

(रुहेलखण्ड वि० वि० 1988)

## लघु उत्तरात्मक प्रश्न (Short Answer-type Questions)

1. व्यावसायिक निष्ठा को चार पंक्तियों में स्पष्ट कीजिए।
2. विज्ञान शिक्षक के चार प्रमुख गुण लिखिए।

## वस्तुनिष्ठ प्रश्न (Objective-type Questions)

निर्देश—निम्नलिखित कथनों में जो सही हो उसके समक्ष सत्य और गलत के समक्ष असत्य लिखिए—

1. विज्ञान के शिक्षक को विषय का व्यापक ज्ञान होना आवश्यक है।
2. विज्ञान शिक्षक में वैज्ञानिक दृष्टिकोण का होना अनिवार्य है।
3. विज्ञान शिक्षक को परम्परागत शिक्षण विधियों का प्रयोग करना चाहिए।
4. विज्ञान-शिक्षण में आवश्यक उपकरण व प्रयोगशाला आवश्यक है।
5. विज्ञान शिक्षक में अन्य विषय के शिक्षकों के समान योग्यता होनी आवश्यक है।

# विज्ञान संग्रहालय
## (Science Museum)

सार्थक विज्ञान-शिक्षण के लिये छात्रों को पढ़ाई गई वस्तुओं का वास्तविक अनुभव कराया जाना आवश्यक है। छात्रों को उनके वातावरण में पाई जाने वाली विभिन्न वस्तुओं से परिचित कराने के लिये यह आवश्यक है कि उन्हें कक्षा से बाहर ले जाकर निरीक्षण के अवसर प्रदान किये जायँ। लेकिन यह हमेशा सम्भव नहीं होता है। इसलिये यह आवश्यक है कि विभिन्न विज्ञान सम्बन्धी पदार्थों का संग्रह विद्यालय में किया जाय जिससे छात्र समय एवं आवश्यकता के अनुसार उन पदार्थों का निरीक्षण कर वास्तविक पदार्थों से परिचित हो सकें। इसलिये प्रत्येक विद्यालय में विज्ञान संग्रहालय का होना आवश्यक है।

महत्व (Importance)—संग्रहालय छात्रों की शैक्षिक और मनोवैज्ञानिक आवश्यकताओं की पूर्ति में सहायक होते हैं। साथ ही वे विभिन्न वस्तुओं के विषय में वास्तविक ज्ञान की प्राप्ति कराते हैं। छात्रों के बौद्धिक और सांस्कृतिक विकास के लिये संग्रहालय एक उपयोगी शैक्षिक सामग्री है। इसे केवल एक दृश्य सामग्री (Visual Aid) के रूप में ही प्रयुक्त नहीं किया जाना चाहिये अपितु छात्र के लिये यह निम्न प्रकार से उपयोगी है—

1. छात्रों में जिज्ञासा की भावना का विकास होता है।

2. छात्रों में प्रकृति की सुन्दरता को देखने व उसे अनुभव करने की क्षमता का विकास होता है।

3. अन्वेषण की भावना का विकास होता है जिससे वे प्रकृति की जटिलता से परिचित हो सकें।

4. प्राकृतिक संसाधनों का अपने लिये आवश्यकतानुसार प्रयोग करने के कौशल का विकास होता है।

स्थान (Location)—संग्रहालय की व्यवस्था किसी कक्ष अथवा दीर्घा में की जा सकती है। इस कक्ष में शीशे वाली अलमारियां, शोकेस, एक्वेरियम, टेरेरियम एवं वाइवेरियम के लिये स्थान होना चाहिये।

विज्ञान संग्रहालय में विभिन्न वस्तुओं, पदार्थों आदि का संग्रह (Collection of Different Objects, Materials etc. in Science Museum)—विज्ञान

संग्रहालय में विभिन्न प्रकार के पदार्थो तथा नमूनों का संग्रह किया जा सकता है। विज्ञान सम्बन्धी विभिन्न सामग्री को निम्न स्थानों से प्राप्त किया जा सकता है—

1. अध्यापक एवं छात्र किसी नवीन स्थान पर जाने पर विभिन्न प्रकार के पौधे, पत्तियों, फूल एवं बीजों का संग्रह कर सकते हैं। विज्ञान पर्यटन के आयोजन द्वारा भी विभिन्न विज्ञान सम्बन्धी सामग्री का संग्रह किया जा सकता है।

2. छात्र अपने घरों से विज्ञान सम्बन्धी चित्र, चार्ट एवं मॉडल बनाकर संग्रहालय के लिए ला सकते हैं। इसके अतिरिक्त घर में उपलब्ध सामग्री का प्रयोग विभिन्न प्रकार के मॉडल एवं उपकरणों के निर्माण में किया जा सकता है अध्यापक के लिए यह आवश्यक है कि वह छात्रों को आसानी से उपलब्ध सामग्री से स्वयं उपकरणों का निर्माण करने के लिए प्रोत्साहित करे।

3. शिक्षण के लिए कुछ अच्छे नमूने या प्रतिमान विज्ञान सामग्री के विक्रेताओं से खरीदे जा सकते हैं।

4. अध्यापक एवं विद्यार्थी अपने अवकाश के समय में विभिन्न प्रतिमानों का निर्माण कर सकते हैं। अध्यापक विभिन्न प्रतियोगिताओं के द्वारा छात्रों को विज्ञान संग्रहालय के लिए उपयोगी वस्तुओं के निर्माण के लिए प्रेरित कर सकता है।

5. विज्ञान की विभिन्न पाठ्यसहगामी क्रियाओं के आयोजन द्वारा विज्ञान संग्रहालय के लिए विभिन्न वस्तुओं, पदार्थों, चार्टों, उपकरणों आदि का संग्रह व निर्माण कराया जा सकता है।

6. विभिन्न वैज्ञानिक पत्रिकाओं से संग्रहित सामग्री जैसे वैज्ञानिक वस्तुओं एवं वैज्ञानिक के चित्र, प्रदर्शन हेतु संग्रहालय में रखे जा सकते हैं।

**व्यवस्था (Organisation)**—संग्रहालय में उपलब्ध सामग्री की व्यवस्था एवं वर्गीकरण क्रमबद्ध होना चाहिए। भौतिक विज्ञान, रसायन विज्ञान, जीव विज्ञान तथा वनस्पति विज्ञान की सामग्री अलग-अलग व्यवस्थित होनी चाहिए। उन्हें विभिन्न प्रकार से वर्गीकृत किया जाना चाहिए। प्रत्येक सामग्री को उचित प्रकार से नामांकित किया जाना आवश्यक है। इसके लिए 5 × 4" आकार के कार्ड का प्रयोग कर सकते हैं, जिसमें निम्न सूचना लिखी हो—

1. वस्तु का स्थानीय नाम; 2. वस्तु का वैज्ञानिक नाम; 3. उस स्थान का नाम जहाँ से वस्तु का संग्रह किया गया हो; 4. संग्रह का समय व मौसम 5. सग्रहकर्ता का नाम; 6. संक्षिप्त विवरण।

इस बात का ध्यान रखा जाय कि संग्रह की गई वस्तु प्रदर्शन के योग्य हो। अध्यापक को जीव विज्ञान सम्बन्धी सामग्री के उचित संरक्षण की जानकारी होनी आवश्यक है। इसके लिए शिक्षा विभाग द्वारा अध्यापकों के लिए समय-समय पर व्याख्यानों का आयोजन किया जाना चाहिए जिसके द्वारा उन्हें सामग्री के

संग्रह, संरक्षण और क्रमबद्ध व्यवस्था की विधियों से परिचित करवाया जा सके।

**संग्रहालय में वस्तुओं का प्रदर्शन (Demonstration of Objects in Museum)**

प्रतिमान तथा चित्रों को सावधानीपूर्वक योजनाबद्ध रीति से रखना चाहिए। उच्च कक्षा के कुछ विद्यार्थियों को संग्रहालय की व्यवस्था सौंपनी चाहिए जिससे वे टूटी-फूटी वस्तुओं, सड़े-गले जानवरों आदि को निकालकर उनके स्थान पर नवीन सामग्री रखने का प्रबन्ध कर सके। एक रजिस्टर में समस्त सामग्री का विवरण होना चाहिए। इसके लिए छात्रों की एक समिति बनाई जा सकती है जो समय-समय पर संग्रहालय के नवीनीकरण के सम्बन्ध में विचार-विमर्श कर सके।

**संग्रहालय से लाभ**

1. विद्यार्थियों को वस्तुएँ वास्तविक रूप में दिखाई देती हैं जिससे उन्हें स्थायी ज्ञान प्राप्त होता है।

2. शिक्षण सरल, रोचक व प्रभावशाली हो जाता है।

3. विद्यार्थियों की जिज्ञासा एवं रुचि में वृद्धि होती है।

4. संग्रहालय में कार्य करने से छात्रों में मिल-जुलकर कार्य करने की भावना का विकास होता है। ज्ञान की वृद्धि होती है और नवीन सामग्री का समावेश करने के लिए उनमें उत्साह दिखाई देता है।

5. निरीक्षण क्षमता का विकास होता है।

6. बालकों की संग्रह प्रवृत्ति का उपयोग कर उसे अधिक विकसित किया जा सकता है।

हमारे देश में राष्ट्रीय स्तर पर एक राष्ट्रीय विज्ञान संग्रहालय परिषद की स्थापना की गई जिसके अन्तर्गत लगभग 22 विज्ञान केन्द्र और उपकेन्द्र खोले गये हैं। इनमें से कई अभी निर्माणाधीन हैं। इन केन्द्रों में सबसे पहले एन०सी० एस०एम० मुख्यालय तथा केन्द्रीय अनुसंधान एवं प्रशिक्षण प्रयोगशाला की कलकत्ता में स्थापना हुई। ये सभी केन्द्र कुछ मुख्य-मुख्य स्थानों पर चारों दिशाओं में फैले हैं। अभी इनकी संख्या में और वृद्धि की सम्भावना है। इन उपकेन्द्रों के अतिरिक्त जिला केन्द्र भी खोले गये हैं जिनमें दर्शक आते हैं। देखते हैं, करते हैं और फिर कभी नहीं भूलते और दुहराते हैं इस कहावत को "मैंने पढ़ा तो मैं भूल गया। मैंने देखा तो मुझे याद रहा, लेकिन मैंने किया तो मैं समझ गया"।

इन केन्द्रों का मुख्य उद्देश्य वैज्ञानिक उपलब्धियों से आम आदमी को परिचित कराना है। इनमें रखे गये सचल और अचल प्रदर्शनों के माध्यम से आम आदमी विज्ञान को आसानी से समझ लेता है। इस तरह के प्रदर्शनों के संग्रहालय

का 1 जनवरी, 1992 को प्रधानमन्त्री ने उद्घाटन कर राष्ट्र को समर्पित किया। इस केन्द्र में हर क्षेत्र की प्रागैतिहासिक काल से आधुनिक काल तक की विज्ञान की झलक देखने को मिलती है। राष्ट्रीय विज्ञान केन्द्र, दिल्ली में आम आदमी को इतिहास, शिक्षा और मनोरंजन के दुर्लभ एवं अद्भुत संगम के दर्शन होते हैं। सभी मुख्य संबद्ध उपकेन्द्र और जिला केन्द्रों को मिलाकर 22 केन्द्र, एन०सी०एस०एम०ने खोले हैं जिनमें संचालित प्रदर्शनों, प्रदर्शनियों के माध्यम से भारत के विज्ञान की झलक देखने को मिलती है। इन केन्द्रों में दिल्ली के विज्ञान केन्द्र का आविर्भाव देश के सबसे बड़े विज्ञान केन्द्र के रूप में हुआ है। इनमें से लगभग सभी केन्द्रों में राष्ट्रीय स्तर पर कार्यकलाप आरम्भ हो चुके हैं। ये विज्ञान केन्द्र स्कूली बच्चों के साथ-साथ आम आदमी को भी विज्ञान का दर्शन कराते हैं। वास्तव में यही हमारे वैज्ञानिक तीर्थस्थल हैं।

### एक्वेरियम

एक्वेरियम का विज्ञान-शिक्षण में विशेष महत्व है। इसे विज्ञान की प्रयोगशाला या विज्ञान के कक्ष में रखा जा सकता है। एक्वेरियम में पानी में रहने वाले जीव-जन्तुओं को जीवित रूप में रखा जाता है। इसके द्वारा छात्रों में विज्ञान विषय में रुचि उत्पन्न होती है। इसका प्रयोग विज्ञान-शिक्षण की सहायक सामग्री के रूप में किया जाता है। आजकल घर में भी रंगीन मछलियाँ पालने के लिए एक्वेरियम का निर्माण किया जाता है। मनोवैज्ञानिकों के अनुसार यह मानसिक तनाव कम करने का एक अच्छा साधन है। इससे मन में प्रकृति से प्रेम और जीव जन्तुओं के प्रति लगाव की भावना जागृत होती है। इसके द्वारा हमें पर्यावरण को हमेशा स्वच्छ रखने की अनिवार्यता का व्यावहारिक बोध होता है। इसके अतिरिक्त इसकी देखभाल कर छात्र अपने अवकाश का सदुपयोग भी कर सकते हैं।

इसके निर्माण के लिए काँच के एक आयताकार बर्तन या बाक्स का प्रयोग किया जा सकता है। इसकी तह में झील या तालाब की मिट्टी डालकर उसके ऊपर बालू की एक हल्की पर्त बिछा दी जाती है। बालू इसलिए जरूरी है ताकि पानी में पौधे आसानी से जड़ पकड़ सकें। इसमें सामान्यतया बरसाती पानी या नलकूप का पानी ही भरा जाता है। लेकिन यदि नल का ही पानी लेना हो तो उसे कुछ दिनों तक किसी बर्तन में रख देते हैं जिससे उसमें घुली क्लोरीन तथा अन्य अवांछित तत्व नीचे बैठ जाएँ। पानी से क्लोरीन हटाने के लिए आजकल एन्टीक्लोरीन क्रिस्टल भी उपलब्ध है। बाक्स की ऊपरी छत घास अथवा काँच की प्लेट या जाली से ढकी हुई होती है जिससे वह धूल एवं धूप से सुरक्षित रहती है। काँच के कारण जन्तुओं की गतिविधियों को देखा जा सकता है। इसे किसी समतल और मजबूत धरातल पर लगभग आँख की ऊँचाई पर रखा जाता है।

इसके पश्चात् इसमें कुछ जलीय पौधों जैसे हाइड्रिला (हाइड्रिला बर्टीसिलारा) टेप या रीडग्रास (बेल्स्नेरिया स्पाइरेलिस) हार्नबर्ट (सिरेटोफाइलम डिमर्सम) फैनबर्ट (केबोम्बा केरोलीनियेटा) आदि डाल दिए जाते हैं। इन्हें नदी-नालों के छिछले किनारों से एकत्रित किया जा सकता है। इनको एक्वेरियम में लगाने से पहले इनकी मुरझायी या भूरी पत्तियों को तोड़ देते हैं। बड़े पौधे सदैव पीछे की तरफ और छोटे आगे की तरफ लगाये जाते हैं। इसके अतिरिक्त इसमें कुछ घोंघे, केंचुए, मछली के अंडे, बच्चे आदि पानी के जीव-जन्तु डाल दिए जाते हैं। जीव-जन्तुओं की त्वचा को सुरक्षित रखने के लिए तारपीन का तेल, गन्धक, नेप्थेलीन आदि का प्रयोग किया जाता है।

एक्वेरियम में प्रकाश की भी उचित व्यवस्था की जानी चाहिए, इससे जीव-जन्तुओं की गतिविधियों को आसानी से देखा जा सकता है। प्रकाश से जलीय पौधों को प्रकाश संश्लेषण की सुविधा प्राप्त होती है। एक्वेरियम के पानी को प्रति सप्ताह साफ करते रहना आवश्यक है। इसके लिए फिल्टर का प्रयोग किया जा सकता है।

एक्वेरियम में रखे जीव-जन्तुओं के भोजन का पूरा ध्यान रखा जाना आवश्यक है। मछलियों को खिलाने के लिए कई प्रकार का कृत्रिम आहार मिलता है। भोजन की मात्रा कम होनी चाहिए। अधिक भोजन देने से न केवल पानी गंदा हो जाता है वरन् भोजन के सड़ने से बू भी आने लगती है।

एक्वेरियम से मरे हुए जीव-जन्तुओं को तुरन्त बाहर निकाल देना चाहिए वरना उनके सड़ने से पानी प्रदूषित हो सकता है। टूटे हुए या उखड़े हुए पौधों की जगह नए पौधे लगाने की व्यवस्था होनी चाहिए। सप्ताह में कम-से-कम एक बार साइफन से मछलियों एवं जीव-जन्तुओं द्वारा उत्सर्जित मल निकालते रहना चाहिए। हर पन्द्रह दिन में आधा पानी साइफन द्वारा निकालकर नया पानी भर देना चाहिए तथा महीने-दो महीने में पूरा पानी बदल देना चाहिए। अगर कांच पर काई जम रही हो तो उसे कपड़े, ब्रश या स्पंज से रगड़कर साफ करते रहना चाहिए। कभी-कभी एक्वेरियम में ऐसे पौधे या जीव-जन्तु उत्पन्न हो जाते हैं जो इसके लिए हानिकारक होते हैं। इनसे बचाव के लिए रसायनों जैसे अमोनियम नाइट्रेट, सल्फेट का प्रयोग किया जा सकता है। रोगी जीव-जन्तुओं को तुरन्त बाहर निकाल देना चाहिए। चोंघे एक्वेरियम में रखे गए जीव-जन्तुओं के खाने एवं रहने की आदतों एवं क्रियाओं का निरीक्षण किया जा सकता है एवं उनके जीवन-इतिहास का ज्ञान प्राप्त किया जा सकता है। एक ही पैरा में प्रारम्भिक स्तर पर एक्वेरियम द्वारा छात्रों को विज्ञान के विभिन्न प्रत्ययों की जानकारी दी जा सकती है। जैसे जन्तुओं और पौधों की आपस में निर्भरता, वातावरण एवं प्रदूषण का इन पर प्रभाव, जन्तुओं एवं पौधों द्वारा निर्मित गैसीय चक्र एवं उसकी उपयोगिता। शैक्षिक दृष्टि से यह प्रकृति से वास्तविक अनुभव प्रदान करता है।

इसके अतिरिक्त छात्रों को जन्तुओं और पौधों की भोजन सम्बन्धी निर्भरता एवं सम्बन्ध में अध्ययन करने का अवसर मिलता है। भौतिक परिस्थितियों जैसे—गर्मी, प्रकाश व हवा का प्रभाव, एवं स्वास्थ्य के लिए आक्सीजन की उपयोगिता का ज्ञान प्राप्त होता है। विशेष उद्देश्यों की प्राप्ति के लिए अथवा थोड़े समय के अध्ययन के लिए छोटी शीशियों में एक्वेरियम बनाए जा सकते हैं। सजावट के लिए रंगीन मछलियों को पालने के लिए विभिन्न आकार के बनाए एक्वेरियम बाजार में भी मिलते हैं।

**वाइवेरियम (Vivarium)**

वायु में रहनेवाले जीव-जन्तुओं को सुरक्षित रखने के लिए वायु जीवशाला या वाइवेरियम का निर्माण किया जाता है। इसे प्रयोगशाला या संग्रहालय में रखा जा सकता है। इसके द्वारा वायु में रहनेवाले जन्तुओं के जीवन-इतिहास का ज्ञान प्राप्त किया जा सकता है। इसके लिए शुद्ध वायु, धूप तथा प्रकाश अत्यन्त आवश्यक हैं। ऐसे पौधों को जिन पर वायु में रहनेवाले जीव-जन्तुओं के अण्डे हों, बेलजार से इस प्रकार ढक देते हैं कि बेलजार का मुँह ऊपर की ओर हो। उस ऊपरी मुँह को एक पतले कपड़े से ढक दिया जाता है जिससे अन्दर हवा जा सके। वायु जीवशाला द्वारा वायु में रहनेवाले जीव-जन्तुओं का भली प्रकार निरीक्षण कर उनके रहन-सहन, भोजन तथा वृद्धि का ज्ञान प्राप्त किया जा सकता है। इसके लिए किसी भी पौधे को ले सकते हैं जिसमें किसी जीव जैसे—तितली के अण्डे हों, उससे तितली के जीवन-इतिहास का ज्ञान प्राप्त करते हैं। वाइवेरियम में प्रकाश, वायु तथा धूप का उचित प्रबन्ध रहना आवश्यक है।

**टेरेरियम (Terrarium)**

यह एक ऐसा स्थान होता है जहाँ दीमक, केंचुए, मेंढक, आदि पाले जाते हैं। इनमें कुछ जीव-जन्तु पृथ्वी के भीतर व कुछ ऊपर रहते हैं। कुछ गीली भूमि पर या घासयुक्त दलदल में रहते हैं। ऐसे जीव-जन्तुओं के लिए अलग-अलग प्रकार की स्थल जीवशालाएँ (टेरेरियम) बनायी जाती हैं। केंचुए के लिए सबसे नीचे एक इंच मोटी खेत की मिट्टी की तह होती है। इसके ऊपर पत्तों की खाद, ईंट का चूरा एवं मिट्टी की तह जमायी जाती है। इन सबको जल से नम कर दिया जाता है। केंचुए के खाने के लिए मिट्टी के अन्दर कुछ कीड़े-मकोड़े डाल दिए जाते हैं।

ग्रास फ्रॉग के लिए जो टेरेरियम बनाया जाता है उसमें आधा भाग जल से तथा आधा भाग गीली मिट्टी एवं घास से भरा जाता है और खाने के लिए कीड़े-मकोड़े और मक्खियाँ छोड़ी जाती हैं। ग्रास फ्रॉग अपनी आवश्यकतानुसार पानी में या ऊपर नम स्थान में आ जाता है।

टीफ़ॉग के लिए अधिक नमी की आवश्यकता होती है। उसके लिए फर्न, काई तथा छोटे-छोटे पौधों से छिपने का स्थान बनाया जाना चाहिए। ऐसे स्थान में वह सूर्य की गर्मी से बचने के लिए छिपता है। इसको खाना रात के समय दिया जाना अच्छा है।

विज्ञान संग्रहालय, एक्वेरियम, वाइवेरियम एवं टेरेरियम से विज्ञान-शिक्षण में बहुत सहायता मिलती है। इनकी सहायता से विभिन्न जीव-जन्तुओं एवं पौधों से सम्बन्धित वास्तविक अनुभव प्राप्त होते हैं। प्रत्येक विज्ञान अध्यापक को विद्यालय में इनकी व्यवस्था करनी चाहिए।

## सारांश (Summary)

**विज्ञान संग्रहालय**—विज्ञान-शिक्षण में संग्रहालय का एक महत्वपूर्ण स्थान है। विद्यालय में विभिन्न वस्तुओं का वास्तविक ज्ञान संग्रहालय द्वारा दिया जा सकता है।

**महत्व**—छात्रों के बौद्धिक एवं सांस्कृतिक विकास के लिए यह एक उपयोगी साधन है।

विज्ञान संग्रहालय में विभिन्न वस्तुओं, पदार्थों आदि का संग्रह।

संग्रहालय की व्यवस्था।

संग्रहालय में वस्तुओं का प्रदर्शन।

संग्रहालय से लाभ।

**एक्वेरियम**—पानी में रहनेवाले जीव-जन्तुओं एवं पौधों को रखा जाता है।

**वाइवेरियम**—इसमें वायु में रहनेवाले जीव-जन्तुओं को सुरक्षित रखा जाता है।

**टेरेरियम**—इसमें उन जीव-जन्तुओं के रखने की व्यवस्था की जाती है जो पृथ्वी के भीतर व उपर दोनों स्थानों पर रहते हैं।

## प्रश्न (Study Questions)

1. विज्ञान-शिक्षण में संग्रहालय के महत्व पर प्रकाश डालते हुए यह स्पष्ट कीजिए कि आप विद्यालय में इसकी व्यवस्था किस प्रकार करेंगे।

2. निम्न पर टिप्पणी लिखिए—

(1) संग्रहालय; (2) एक्वेरियम; (3) टेरेरियम; (4) वाइवेरियम।

3. संग्रहालय क्या है? अपने विद्यालय में विज्ञान संग्रहालय आप किस प्रकार विकसित करेंगे? विस्तारपूर्वक वर्णन कीजिए।

(लखनऊ वि०वि० 1987)

4. सामान्य विज्ञान के शिक्षण में जलशाला की क्या उपयोगिता है? अपने विद्यालय में इसे आप कैसे विकसित करेंगे? (लखनऊ वि०वि० 1988)

5. विज्ञान संग्रहालय पर टिप्पणी लिखिए।

(लखनऊ वि०वि० 1990, 1991)

## वस्तुनिष्ठ प्रश्न (Objective-type Questions)

1. निर्देश—निम्नलिखित में रिक्त स्थानों की पूर्ति उनके समक्ष कोष्ठकों में दिए शब्दों में से उपयुक्त शब्दों को छांटकर कीजिये—

(1) संग्रहालय में·········संग्रह किया जाता है।

(जीवित वस्तुओं का, निर्जीव वस्तुओं का, जीवित एवं निर्जीव दोनों प्रकार की वस्तुओं का)

(2) विज्ञान संग्रहालय द्वारा छात्र का·········विकास होता है।

(शारीरिक, बौद्धिक एवं सांस्कृतिक, आध्यात्मिक)

(3) एक्वेरियम में·········जीव-जन्तुओं एवं पौधों को रखा जाता है।

(पानी में रहने वाले, वायु में रहने वाले, पृथ्वी के भीतर एवं ऊपर रहने वाले)

(4) केंचुए को रखने के लिए संग्रहालय में·········की व्यवस्था की जाती है।

(एक्वेरियम, वाइवेरियम, टेरेरियम)

(5) एक्वेरियम का निर्माण किया जाता है·········।

(लोहे के बक्स में, कांच के बक्स में, लकड़ी के बक्स में)

# विशिष्ट बालकों की शिक्षा
## (Education of Exceptional Children)

स्वतन्त्रता प्राप्ति के पश्चात भारत में शिक्षा का प्रचार तीव्र गति से हुआ है। भारतीय संविधान द्वारा प्रत्येक बालक के लिए निःशुल्क एवं अनिवार्य शिक्षा की व्यवस्था का प्रावधान किया गया है। प्रत्येक विद्यालय में शिक्षा प्राप्त करने के लिए अनेक सामान्य बालक आते हैं। इनमें कुछ बालक ऐसे भी आते हैं जो शारीरिक तथा मानसिक रूप से सामान्य बालकों से भिन्न होते हैं। ये बालक विशिष्ट बालक कहलाते हैं। इनके समुचित विकास के लिए यह आवश्यक है कि उनके लिए शिक्षण व्यवस्था अलग से की जाए।

डब्ल्यू० एम० क्रूशैन्क ने विशिष्ट बालक की यह परिभाषा दी है—"An exceptional child is he who deviates physically, intellectually, emotionally and socially so markedly from normal growth and development that he can not be benefited from regular class-room programme and needs special treatment in school."

—W.M. Cruichshank

एम० ए० किर्क ने अपनी पुस्तक 'Educating Exceptional Child' में व्यापक परिभाषा दी है—"An exceptional child is he who deviates from normal or average child in mental, physical and social characteristics to such an extent that he requires a modification of school practices or special educational services in order to develop to his maximum capacity or supplementary. instructions."

इस प्रकार हम कह सकते हैं कि विशिष्ट बालक, वे बालक हैं जो कि सामान्य बालकों से शारीरिक, मानसिक एवं सामाजिक रूप से भिन्न होते हैं। इस भिन्नता अथवा विशिष्टता के कारण वे सामान्य कक्षा शिक्षण से लाभ नहीं उठा पाते, उनकी विशेषताओं अथवा गुणों के आधार पर उनके लिए विशेष शिक्षा व्यवस्था की जानी आवश्यक है। विशिष्टता छात्रों के मानसिक,

शारीरिक और सामाजिक विकास में हो सकती है।

## विशिष्ट बालकों के प्रकार (Types of Exceptional Children)

मनोवैज्ञानिकों ने विशिष्ट बालकों का वर्गीकरण विभिन्न प्रकार से किया है। सामान्य रूप में विशिष्ट बालकों की श्रेणी में 3 प्रकार के बालक सम्मिलित किए गए हैं—

### 1. मानसिक रूप से विशिष्ट बालक (Mentally Exceptional)

ये वे बालक हैं जो सामान्य छात्रों से मानसिक योग्यता में भिन्न होते हैं। इनके अन्तर्गत प्रतिभाशाली छात्र, पिछड़े छात्र तथा मन्दबुद्धि छात्र आते हैं।

### 2. शारीरिक रूप से विशिष्ट बालक (Physically Exceptional)

इसके अन्तर्गत वे बालक सम्मिलित किए जाते हैं, जिनमें किसी न किसी प्रकार का शारीरिक दोष पाया जाता है जिससे वे सामान्य कक्षा शिक्षण से लाभ नहीं उठा पाते, जैसे—दृष्टि दोष, बहरापन, हकलाना या अन्य शारीरिक दोष।

### 3. सामाजिक रूप से विशिष्ट बालक (Socially Exceptional)

सामाजिक रूप से विशिष्ट बालकों की श्रेणी में बाल अपराधी व समस्यात्मक बालक आते हैं जो किसी-न-किसी रूप में ऐसा व्यवहार करते हैं जो समाज-सम्मत नहीं होता। इसे असामाजिक व्यवहार कहा जाता है। ये छात्र समाज के नियमों का उल्लंघन करते हैं।

उपर्युक्त वर्गीकरण के आधार पर यह कहा जा सकता है कि विशिष्ट बालक सामान्य कक्षा से लाभ नहीं उठा पाते, जिससे उनमें व्यवहार सम्बन्धी समस्यायें उत्पन्न हो जाती हैं। शारीरिक दोषों से-ग्रसित छात्र कक्षा में अपना समायोजन करने में असमर्थ रहते हैं। इस प्रकार के बालकों के लिए विशेष शिक्षा की व्यवस्था होती है जिससे माता-पिता, अध्यापक व प्रशासक इनके समायोजन में इनकी सहायता कर सकें। इसके अतिरिक्त सामान्य कक्षा में इनके द्वारा उत्पन्न समस्याओं का समाधान भी किया जा सकता है। अन्धे, बहरे एवं मूक छात्रों के लिए विशेष पाठ्यक्रम एवं विशेष शिक्षण व्यवस्था की जानी आवश्यक है।

विज्ञान-शिक्षण में मानसिक विशिष्टता वाले छात्रों की शिक्षा व्यवस्था पृथक रूप से करनी आवश्यक है। सामान्यतः छात्रों में मानसिक क्षमता के आधार पर विभिन्नता पायी जाती है। बुद्धि की दृष्टि से छात्रों को विभिन्न श्रेणियों में वर्गीकृत किया जा सकता है। प्रस्तुत अध्याय में मानसिक प्रतिभाशाली एवं पिछड़े बालकों की शिक्षा व्यवस्था के सम्बन्ध में अध्ययन करेंगे।

**मानसिक रूप से प्रतिभाशाली छात्र (Gifted Child)**

प्रतिभाशाली शब्द का प्रयोग उच्च बुद्धि लब्धि वाले बालकों के लिए किया जाता है। ये बालक सामान्य बालकों से सभी बातों में श्रेष्ठ होते हैं।

स्किनर और हैरीमैन के अनुसार—"प्रतिभाशाली शब्द का प्रयोग उन एक प्रतिशत बालकों के लिए किया जाता है जो सबसे अधिक बुद्धिमान होते हैं।"

टरमन और ओडन के अनुसार—"प्रतिभाशाली बालक शारीरिक गठन, सामाजिक समायोजन, व्यक्तित्व के लक्षणों, विद्यालय उपलब्धि, खेल की सूचनाओं और रुचियों की बहुरूपता में सामान्य बालकों से बहुत श्रेष्ठ होते हैं।" (Gifted children are far above the average in physique, social adjustment, personality traits, school achievement, play information and versatility of interests.) —Terman and Oden

प्रतिभाशाली बालक अपनी विशिष्ट मानसिक योग्यता के कारण सामान्य छात्र से भिन्न होता है। इसलिए उसे सामान्य कक्षा में अनेक कठिनाइयों का सामना करना पड़ता है। कक्षा में पढ़ाई जाने वाली विषयवस्तु उसके मानसिक स्तर के अनुकूल न होने से वह कक्षा शिक्षा में रुचि नहीं लेता। कक्षा कार्य अन्य छात्रों की अपेक्षा जल्दी कर लेता है जिससे वह कभी-कभी कक्षा में अनुशासनहीनता की समस्या उत्पन्न कर देता है। इस कारण अध्यापक का व्यवहार भी उसके प्रति सहानुभूतिपूर्ण नहीं होता। इसलिए यह आवश्यक है कि ऐसी व्यवस्था की जाए जिसके अन्तर्गत प्रतिभासम्पन्न छात्रों को पहचानकर इनकी प्रतिभा का उचित उपयोग किया जा सके।

प्रतिभासम्पन्न छात्रों को उनकी विशेषताओं के आधार पर पहचाना जा सकता है। प्रतिभासम्पन्न की सर्वमान्य परिभाषा ढूँढ़ना कठिन है। टरमन ने 140 से अधिक बुद्धिलब्धि वाले छात्रों को प्रतिभाशाली छात्रों की श्रेणी में रखा है। बाद में उसने 130 बुद्धिलब्धि के छात्रों को भी इस समूह में रखा। कुछ मनोवैज्ञानिकों ने सम्पूर्ण स्कूली जनसंख्या के ऊपर 5, 10 या 15 प्रतिशत छात्रों को प्रतिभाशाली माना है। इसलिए प्रतिभाशाली बालक का प्रयोग उच्च बुद्धिलब्धि वाले बालक के लिए किया जाता है। ये बालक सृजनात्मक चिन्तन एवं अमूर्त चिन्तन में श्रेष्ठ होते हैं। सामान्य बालकों के साथ शिक्षण करने से ऐसे बालक समस्यात्मक बालक बन जाते हैं। बहुत से शिक्षाशास्त्रियों का विचार है कि प्रतिभा को सम्पूर्णता में न देखकर उन छोटे पक्षों में देखा जाना चाहिए जिसमें छात्र की रुचि हो। कोई छात्र किसी विशेष विषय में प्रतिभासम्पन्न हो सकता है और अन्य विषयों में साधारण, इस दृष्टिकोण से शिक्षक का कार्य विशेष महत्वपूर्ण हो जाता है। उस छात्र के प्रतिभा क्षेत्र का भी ज्ञान होना आवश्यक है। इसके लिए अभिभावकों का सहयोग भी लिया जा सकता है। सामान्य प्रतिभाशाली छात्रों में निम्न विशेषतायें पायी जाती हैं—

1. शारीरिक दृष्टि से उसी आयु के सामान्य बालकों से अधिक विकसित होता है।

2. कठिन कार्यों में रुचि होती है, जिज्ञासु होते हैं।

3. अमूर्त कार्य करने की क्षमता होती है।

4. वह कारण और परिणाम में सम्बन्ध स्थापित करना जल्दी सीखता है।

5. सृजनात्मक कार्यों में अधिक रुचि होती है।

6. ऐसे छात्रों में आश्चर्यजनक अन्तर्दृष्टि होती है।

7. योजना एवं संगठन क्षमता होती है।

8. समझने एवं सामान्यीकरण की क्षमता अधिक होती है।

9. बुद्धि परीक्षाओं में उच्च बुद्धिलब्धि होती है।

10. इनकी संख्या कक्षा में लगभग 2 से 7 प्रतिशत तक होती है।

यह आवश्यक नहीं है कि प्रत्येक प्रतिभासम्पन्न छात्र में ये सभी गुण हों। जिस क्षेत्र में प्रतिभा है उसमें उन्हें विशेष विषयवस्तु का ज्ञान दिया जाना आवश्यक होता है अन्यथा उन्हें निराशा महसूस होती है। छात्र को वास्तविक सन्तोष तब होता है जब विषयवस्तु उसके मानसिक विकास की अवस्था एवं रुचि के अनुकूल हो। तभी उसे प्रेरणा मिलती है तथा उसकी शैक्षिक उपलब्धि प्रतिभानुसार होती है। प्रतिभाशाली छात्र की विद्यालय से कुछ अपेक्षाएं होती हैं। इनके पूरा न होने पर उसे निराशा होती है। अनेक बार प्रतिभा उनके लिए समस्या बन जाती है, क्योंकि साधारण व्यक्तियों की तरह सोचना और कार्य करना कठिन हो सकता है और वे अपनी प्रतिभा की अक्षमता के शिकार होते हैं।

**प्रतिभाशाली छात्रों को पहचानने की विधियाँ (Means of Recognising the Gifted Children)**

1. बुद्धि परीक्षायें (Intelligence Tests)
2. निष्पत्ति परीक्षायें (Achievement Tests)
3. निरीक्षण तथा शिक्षकों का निर्णय (Observation and Decision of Teachers)
4. विद्यालय लेखा (Cumulative Records)
5. व्यक्तित्व परीक्षायें (Personality Tests)
6. कक्षा के अन्य बालकों की राय (Opinion of Class-mates)

**प्रतिभाशाली छात्रों के लिए शिक्षा व्यवस्था (Educational Provision for the Gifted Children)**

प्रतिभाशाली छात्रों की शिक्षा के सम्बन्ध में Havighurst ने अपनी पुस्तक

'A Survey of the Education of Gifted Children' में लिखा है—"प्रतिभाशाली बालकों के लिए शिक्षा का सफल कार्यक्रम वही हो सकता है जिसका उद्देश्य उनकी विभिन्न योग्यताओं का विकास करना हो।"

अतः प्रतिभाशाली बालकों की शिक्षा के कार्यक्रम का स्वरूप निम्न होना चाहिए—

### 1. विषयवस्तु संवर्धन (Content Enrichment)

शिक्षक के लिए यह आवश्यक है कि प्रतिभाशाली छात्र की मानसिक परिपक्वता और आवश्यकता के अनुसार उसे विशेष कार्य, पुस्तकें, सन्दर्भ आदि उपलब्ध करवाये। इसके लिए विशेष और विस्तृत पाठ्यक्रम का निर्माण किया जाना चाहिए। इस पाठ्यक्रम में अधिक और कठिन विषय होने चाहिए, जिससे वे अपनी विशेष योग्यताओं के अनुसार अधिक ज्ञान प्राप्त कर सकें। विषयवस्तु संवर्धन में तीन प्रकार की क्रियायें—साधारण ज्ञानवर्धक कार्य जिनसे विषय के सम्बन्ध में ज्ञान बढ़े, समस्या हल करने की कुशलतायें और व्यक्तिगत या छोटे समूह में वास्तविक जीवन से जुड़ा आविष्कार, महत्वपूर्ण हैं। इन्हें विभिन्न परियोजनाओं पर कार्य करने का अवसर देना चाहिए। प्रतिभाशाली बालकों के पाठ्यक्रम के सम्बन्ध में अपने विचार व्यक्त करते हुए स्किनर ने लिखा है—

"इन बालकों के पाठ्यक्रम का निर्माण इस प्रकार किया जाना चाहिए जिससे उनकी मौखिक योग्यता, सामान्य मानसिक योग्यता और तर्क, चिन्तन एवं रचनात्मक शक्तियों का अधिकतम विकास हो सके। इस उद्देश्य की प्राप्ति के लिए उनको खोज, मौलिक और स्वतन्त्र कार्यों, क्रियात्मक और प्रयोगात्मक कार्यों के लिए उत्तम अवसर प्रदान किये जाने चाहिए।

### 2. विसंयोजन (Seggregation)

कुछ मनोवैज्ञानिकों का मत है कि प्रतिभाशाली बालकों को सामान्य बालकों से अलग विशिष्ट कक्षाओं और विशिष्ट विद्यालयों में शिक्षा दी जानी चाहिए। इन कक्षाओं द्वारा छात्रों की विशेष आवश्यकताओं व क्षमताओं को संतुष्ट किया जा सकता है। समान बौद्धिक योग्यता के छात्र होने से शिक्षण सरल होता है। इससे उनकी योग्यताओं व प्रतिभाओं का उचित उपयोग किया जा सकता है।

कुछ मनोवैज्ञानिकों ने ऐसे विद्यालयों व कक्षाओं का इस आधार पर विरोध किया है कि ये विद्यालय और कक्षाएँ प्रतिभाशाली बालकों में असमायोजन की प्रवृत्ति उत्पन्न करते हैं। उन्हें इस प्रवृत्ति से मुक्त रखने और उनमें समायोजन के गुण का विकास करने के लिए यह आवश्यक है कि उनको सामान्य बालकों के साथ ही शिक्षा प्रदान की जाय। यह विधि अप्रजातान्त्रिक है क्योंकि विशिष्ट समूह बनाकर सभी को समान सुविधा के सिद्धान्त का हनन

होता है। दूसरे, क्षमता को जानने की कोई आदर्श और त्रुटिहीन विधि नहीं है। इसके अतिरिक्त समान छात्रों के होने से परस्पर क्रिया करके सीखने और उनसे सीखने की सम्भावना कम होती है। इस प्रकार व्यक्तित्व के विकास की सीमाएँ संकुचित हो जाती हैं। समूह के सदस्यों को नेतृत्व प्रदान करने का अवसर नहीं मिलता है जो कि वे सब छात्रों के साथ रहकर प्राप्त कर सकते हैं। दूसरी ओर साधारण विद्यार्थी अच्छे विद्यार्थी के नेतृत्व से वंचित रह जाते हैं।

### 3. कक्षोन्नति (Acceleration)

कुछ मनोवैज्ञानिकों का विचार है कि प्रतिभाशाली बालकों को एक वर्ष में दो बार कक्षोन्नति दी जानी चाहिए। साधारण छात्र जो अध्ययन एक वर्ष में करता है, प्रतिभाशाली छात्र उसे कम समय में कर लेता है। अध्ययनों से यह पता चलता है कि सृजनात्मक कार्य जीवन के प्रारम्भिक वर्षों में अधिक किए जाते हैं। कक्षोन्नति के कारण प्रतिभाशाली छात्र को सृजनात्मक कार्य करने के लिए अधिक समय मिल जाता है। इससे श्रम और धन की बचत के साथ छात्र की क्षमताओं का उचित उपयोग किया जा सकता है। कुछ मनोवैज्ञानिकों का विचार है कि ऐसा करना छात्र को सीखने की प्रक्रिया के क्रमिक विकास के लाभ से वंचित करना है। यह आवश्यक नहीं है कि उनकी सब विषयों में विशेष योग्यता हो। ऐसी दशा में असमायोजन की समस्या उत्पन्न हो सकती है।

### 4. शिक्षक का व्यक्तिगत ध्यान (Individual Attention of Teacher)

शिक्षक को प्रतिभाशाली छात्रों पर व्यक्तिगत रूप से ध्यान देना चाहिए। उनकी योग्यताओं व रुचि के आधार पर उन्हें उपयुक्त परामर्श और निर्देशन देना चाहिए। इससे उनको अपनी विशेष योग्यताओं के अनुसार प्रगति करने की प्रेरणा मिलेगी। छात्रों की विभिन्न जिज्ञासाओं की संतुष्टि करनी चाहिए।

### 5. संस्कृति की शिक्षा (Education for Culture)

होलिंग वर्थ ने अपनी पुस्तक 'An Encriched Curriculum for Rapid Learners' में लिखा है, "प्रतिभाशाली बालकों को अपनी संस्कृति के विकास की शिक्षा दी जानी चाहिए।"

### 6. विशेष अध्ययन की सुविधाएँ (Facilities for Special Study)

प्रतिभाशाली छात्र सामान्य विषयों के अध्ययन में अधिक रुचि रखते हैं। उनकी इस रुचि का विकास करने और अध्ययन के लिए प्रोत्साहित करने के लिए विद्यालय में विभिन्न विषयों की पुस्तकों से सुसज्जित पुस्तकालय होना चाहिए। इस प्रकार की शैक्षिक सुविधाएँ उन्हें अधिक ज्ञानार्जन के लिए सहायक होंगी।

**7. पाठ्यक्रमसहगामी क्रियाओं का आयोजन (Provision for Cocurricular Activities)**

प्रतिभाशाली छात्रों की विभिन्न रुचियों की संतुष्टि के लिए पाठ्यक्रम के अलावा अन्य क्रियाओं की व्यवस्था की जानी चाहिए। उन्हें स्वतन्त्र रूप से विज्ञान के विभिन्न कार्यक्रमों का आयोजन करने के लिए अवसर व प्रोत्साहन दिया जाना चाहिए।

**8. सामाजिक अनुभवों के अवसर (Opportunities for Social Experiences)**

विद्यालयों में विभिन्न सामुदायिक क्रियाओं का आयोजन कर छात्रों को सामाजिक अनुभव प्रदान किए जाने चाहिए। प्रतिभाशाली छात्रों को सामान्य छात्रों की सामाजिक क्रियाओं से अलग नहीं रखना चाहिए। ये अनुभव उन्हें सामाजिक समायोजन में सहायता पहुँचाते हैं।

क्रो और क्रो के अनुसार, "प्रतिभाशाली बालक को सामाजिक अनुभव प्राप्त करने के अवसर दिए जाने चाहिए जिससे वह सामाजिक असमायोजन से अपनी रक्षा कर सके।"

**9. व्यक्तित्व का पूर्ण विकास (All round Development of Personality)**

Scheifle ने अपनी पुस्तक 'The Gifted Child in the Regular Classroom' में लिखा है, "प्रतिभाशाली बालक की शिक्षा का मुख्य उद्देश्य सदैव उसके व्यक्तित्व का पूर्ण विकास करना होना चाहिए। इस दिशा में परिवार, विद्यालय और समाज को एक-दूसरे को इस प्रकार सहयोग देना चाहिए कि प्रारम्भिक बाल्यावस्था से किशोरावस्था तक उसके व्यक्तित्व का पूर्ण विकास हो जाए।"

**10. राष्ट्रीय प्रतिभा खोज छात्रवृत्ति (National Talent Search Examination)**

राष्ट्रीय शैक्षिक अनुसंधान एवं प्रशिक्षण परिषद (NCERT), नई दिल्ली द्वारा माध्यमिक स्तर पर वैज्ञानिक प्रतिभा की खोज के लिए 1963 से राष्ट्रीय विज्ञान प्रतिभा खोज कार्यक्रम प्रारम्भ किया गया है। इस कार्यक्रम के अन्तर्गत अब सामाजिक विज्ञानों को भी सम्मिलित किया गया है। माध्यमिक स्तर पर इस प्रकार की परीक्षा के आयोजन का कारण यह है कि छात्रों में विशेष अभिवृत्तियों का विकास (Development of Attitudes) 12+, 13+, 14+, आयुवर्ग से प्रारम्भ होकर 16+, 18+ की आयु तक पूरा हो जाता है। राष्ट्रीय प्रतिभा

खोज परीक्षा प्रतिवर्ष पूरे देश में आयोजित की जाती है। इस परीक्षा का उद्देश्य प्रतिभावान छात्रों का चुनाव कर उन्हें उच्च शिक्षा के लिए आर्थिक सहायता प्रदान करना है। इससे छात्रों की प्रतिभा का विकास होने के साथ देश के विकास के लिए उनकी प्रतिभा का उचित उपयोग किया जा सकता है।

## 11. नवोदय विद्यालय (Navodaya Vidyalaya)

भारत जैसे प्रजातांत्रिक देश में राष्ट्र व समाज का कर्त्तव्य है कि वह प्रतिभाशाली बालकों को अधिक-से-अधिक अच्छी शिक्षा प्रदान करने के दायित्व को उठाये, भले ही उन बालकों के माता-पिता उनका व्यय वहन करने की स्थिति में हों अथवा नहीं। इस आधारभूत तथा वर्तमान्य तथ्य को राष्ट्र के दायित्व के रूप में स्वीकार करते हुए राष्ट्रीय शिक्षा नीति में शैक्षिक विषमताओं को दूर करने तथा शिक्षा के समान अवसरों से वंचित बालकों की विशिष्ट आवश्यकताओं को ध्यान में रखते हुए उन्हें शिक्षा के समान अवसर उपलब्ध कराने पर बल दिया गया है। इसका अभिप्राय है कि विशिष्ट प्रतिभावाले बालकों को उत्तम शिक्षा उपलब्ध कराकर उन्हें तीव्र गति से आगे बढ़ने के अवसर प्रदान किए जायँ। इस उद्देश्य की पूर्ति हेतु नवीन राष्ट्रीय शिक्षा नीति (1986) में गति संवर्धक विद्यालय (Pacc Setting Schools) स्थापित करने का संकल्प किया गया है। इनके अन्तर्गत नवोदय विद्यालयों की स्थापना की गई है। इनका मुख्य उद्देश्य सामाजिक, आर्थिक अथवा अन्य किन्हीं कारणों से शिक्षा से वंचित बालकों को ''णात्मक शिक्षा उपलब्ध कराकर उनका संतुलित तथा बहुआयामी विकास करना है। ये विद्यालय सरकार द्वारा पूर्णतया वित्तीय सहायता प्राप्त हैं तथा इनका प्रबन्ध भारत सरकार द्वारा गठित नवोदय विद्यालय समिति करती है जो एक स्वायत्त संस्थान है। अखिल भारतीय स्तर पर आयोजित परीक्षा के आधार पर योग्य अभ्यर्थियों का चयन किया जाता है।

## मानसिक न्यूनता वाले छात्र या पिछड़े छात्र (Mentally Retarded or Backward Children)

मानसिक मन्दता का सामान्य अर्थ है—औसत से कम मानसिक योग्यता, इनकी बुद्धिलब्धि साधारण बालकों की बुद्धिलब्धि से कम होती है। अतः उनमें विभिन्न मानसिक शक्तियों की न्यूनता होती है। Skinner के अनुसार मन्द बुद्धि (Mentally retarded), अल्प बुद्धि (Mentally deficient), विकल बुद्धि (Mentally handicapped), धीमी गति से सीखने वाले (Slow learner), पिछड़े बालक (Backward child) और मूढ़ (Dull) मानसिक मन्दता के अन्तर्गत सम्मिलित किए जा सकते हैं।

मन्दबुद्धि बालक मूढ़ (Dull) होता है इसलिए उसमें सोचने, समझने और

विचार करने की शक्ति कम होती है। क्रो और क्रो के अनुसार—"जिन बालकों की बुद्धिलब्धि 70 से कम होती है उनको मन्दबुद्धि बालक कहते हैं।"

पोलक और पोलक ने अपनी पुस्तक 'New Hope for the Retarded' में लिखा है, "मन्दबुद्धि बालक को अब क्षीणबुद्धि बालकों के समूह में नहीं रखा जाता है जिनके लिए कुछ भी नहीं किया जा सकता है। अब हम यह स्वीकार करते हैं कि उनके व्यक्तित्व के उतने ही विभिन्न पहलू होते हैं जितने सामान्य बालकों के व्यक्तित्व के होते हैं। (The mentally retarded children are no longer grouped together as feeble minded and dismissed at that, we now recognize that they have as many facets to their personalities as normal children.) —Pollock and Pollock

बुद्धिलब्धि के आधार पर छात्रों में जो पिछड़ापन पाया जाता है उसे मानसिक न्यूनता या Mental Retardation कहते हैं तथा शैक्षिक निष्पत्ति (Academic Achievement) के आधार पर पिछड़ने वाले छात्र शैक्षणिक न्यूनता के अन्तर्गत सम्मिलित किए जाते हैं। बुद्धि परीक्षणों द्वारा पिछड़ेपन की मात्रा का पता लगाया जा सकता है। बुद्धिलब्धि के आधार पर मन्दबुद्धि छात्रों को निम्न समूहों में विभाजित किया जा सकता है—

| | बुद्धिलब्धि | |
|---|---|---|
| | 90 | |
| | 80 | सीमान्तरेखा (Borderline) |
| | 70 | |
| शिक्षणीय (Educable) | 60 | |
| | 50 | मन्दबुद्धि (Mild) |
| | 40 | साधारण (Moderate) |
| प्रशिक्षणीय (Trainable) | 30 | तीव्र (Severe) |
| | 20 | |
| संरक्षणीय (Custodial) | 10 | गहन (Profound) |
| शैक्षिक वर्ग | 0 | AAMD परिभाषा |

अमेरिकन एसोसियेशन आफ मैन्टल डेफिशियन्सी के अनुसार मन्दबुद्धि छात्रों को सीमान्तरेखा (Borderline), मन्द (Mild), साधारण (Moderate) तीव्र (Severe) और गहन (Profound) में विभाजित करती है। शैक्षिक क्षमता के आधार पर इनको तीन वर्गों शिक्षणीय (Educable), प्रशिक्षणीय (Trainable) और संरक्षणीय (Custodial) में रखा जाता है। साधारणतया 53 से अधिक बुद्धिलब्धि वाले छात्रों को शिक्षणीय समझा जाता है। अतः शिक्षण की मुख्य धारा के साथ उन्हें जोड़ने की चेष्टा की जाती है। 30 से अधिक और 53 से कम बुद्धिलब्धि वाले छात्रों को कुछ कार्यों में प्रशिक्षण दिया जा सकता

है जिससे कि वे आत्मनिर्भर हो सकें। अतः वे प्रशिक्षणीय कहलाते हैं। 30 से कम बुद्धिलब्धि वाले बच्चों का आत्मनिर्भर होना कठिन समझा जाता है। इनको संरक्षण की आवश्यकता होती है।

पहचान (Identification)—मानसिक न्यूनता के कारण प्रायः छात्र में शैक्षिक पिछड़ापन और सामाजिक हीनता आ जाती है। ऐसे बालक अपनी शारीरिक आयु के हिसाब से पिछड़े होते हैं और सामान्य छात्रों की गति के अनुसार नहीं सीख पाते हैं। इन छात्रों में सामान्यतः निम्न लक्षण पाए जाते हैं जिनके आधार पर इन्हें सामान्य छात्रों से अलग पहचाना जा सकता है—

1. कक्षा के सामान्य बालकों की बुद्धिलब्धि की अपेक्षा इनकी बुद्धिलब्धि काफी कम होती है। Schonnel के अनुसार 65% से 85% तक पिछड़े बालक मन्दबुद्धि के होते हैं और शेष को संवेगात्मक एवं सामाजिक असमायोजन के कारण शैक्षिक कठिनाइयों का सामना करना पड़ता है। बेलेन्टाइन का कथन है "बर्ट ने जितने पिछड़े बालकों का अध्ययन किया उनमें 95% की बुद्धि सामान्य से निम्न थी।"

2. मानसिक न्यूनता से ग्रसित छात्रों में कोई शारीरिक, मानसिक या सामाजिक विकृति हो सकती है।

3. मानसिक न्यूनता घर तथा समाज सम्बन्धी कारणों से हो सकती है, जैसे परिवार की निर्धनता, परिवार का बड़ा आकार, भग्न परिवार, माता-पिता की अशिक्षा आदि के अतिरिक्त विद्यालय का दोषपूर्ण संगठन व वातावरण भी शैक्षिक मन्दता को प्रभावित करता है।

4. सामान्य बालकों की तुलना में इनका शारीरिक विकास असामान्य होता है।

5. इन छात्रों में अध्ययन तथा व्यवहार आदि की दोषपूर्ण आदतें होती हैं।

6. इनका संवेगात्मक विकास सामान्य नहीं होता। इनमें आत्मविश्वास, स्वतन्त्रता, संकल्प शक्ति तथा समायोजन क्षमता की कमी पाई जाती है।

Frandsen के अनुसार—"मन्दबुद्धि बालक धीरे-धीरे सीखते हैं। अनेक गलतियाँ करते हैं, जटिल परिस्थितियों को ठीक ढंग से नहीं समझते हैं। कार्य-कारण सम्बन्धों को समझने में साधारणतः असफल होते हैं और अनेक कार्यों के परिणामों पर विचार किए बिना बहुधा भावावेशपूर्ण व्यवहार करते हैं।

### मन्दबुद्धि बालकों के लिए शिक्षण व्यवस्था (Educational Provision for Mentally Retarded)

मन्दबुद्धि बालक सामान्य कक्षा शिक्षण से कोई लाभ नहीं उठा पाते, अतः उनके शिक्षण के लिए विशिष्ट विधियों का प्रयोग किया जाता है जिससे वे अपनी क्षमता के अनुसार सीख सकें। उनकी शिक्षा के प्रति उचित ध्यान देने का अभि-

प्राय है उनकी शिक्षा का उपयुक्त संगठन। इनके शिक्षण में निम्न विन्दुओं पर ध्यान दिया जाना चाहिए—

1. मानसिक न्यूनता के कारणों का पता लगाना चाहिए।

2. इन छात्रों का शिक्षण धीमी गति से तथा अधिक से अधिक शिक्षण सामग्री का प्रयोग करते हुए करना चाहिए जिससे विज्ञान के अमूर्त सिद्धान्तों एवं तथ्यों का स्पष्टीकरण हो सके।

3. अभिप्रेरणा की समुचित विधियों का प्रयोग किया जाना चाहिए।

4. इनका पाठ्यक्रम सरल व छोटा होना चाहिए। दैनिक जीवन एवं पर्यावरण से उदाहरणों का प्रयोग विषयवस्तु के स्पष्टीकरण के लिए करना चाहिए। पाठ्यक्रम लचीला, उपयोगी तथा उनके जीवन से सम्बन्धित होना चाहिए।

5. विज्ञान के विभिन्न कार्यक्रमों में भाग लेने के लिए प्रोत्साहित कर विज्ञान अध्ययन के प्रति रुचि उत्पन्न करनी चाहिए।

6. शिक्षण द्वारा ऐसे छात्रों पर व्यक्तिगत ध्यान दिया जाना चाहिए। इस सम्बन्ध में स्टोन्स के तीन सुझाव हैं। पहला, एक कक्षा में 20 से अधिक छात्र नहीं होने चाहिए। दूसरा, यदि छात्रों में किसी प्रकार के शारीरिक दोष हैं तो उनकी संख्या 20 से कम होनी चाहिए। तीसरा, एक कक्षा के छात्रों को केवल एक अध्यापक द्वारा शिक्षा दी जानी चाहिए।

7. इनके लिए विशेष शिक्षण विधियों का प्रयोग किया जाना चाहिए। इनमें इन बातों पर ध्यान देना आवश्यक है—(1) सरल और रोचक शिक्षण विधियाँ (2) शिक्षण की धीमी गति (3) शिक्षण का बालक के दैनिक जीवन और मूर्त वस्तुओं से सम्बन्ध (4) शिक्षण सामग्री का प्रयोग (5) कम से कम मौखिक शिक्षण (6) विषय की पुनरावृत्ति (7) प्राप्त ज्ञान को प्रयोग करने के अवसर (7) योजना पद्धति के आधार पर कार्य। स्टोन्स के अनुसार—"इस बात की सावधानी रखनी चाहिए कि एक बार में अधिक न पढ़ा दिया जाय।"

8. विभिन्न खेलों, सामूहिक कार्यों, पर्यटनों, अध्ययन की योजनाओं और विशिष्ट शिष्टाचार की शिक्षा द्वारा सामाजिक प्रशिक्षण दिया जाना चाहिए।

9. Frandsen के अनुसार इस प्रकार के छात्र सामान्य कक्षाओं से लाभान्वित नहीं हो पाते है, ये कक्षाएँ उनमें सामाजिक असमायोजन उत्पन्न करती हैं। अतः उनको विशेष रूप से प्रशिक्षित शिक्षकों द्वारा विशिष्ट कक्षाओं में शिक्षा दी जानी चाहिए।

10. आवश्यकतानुसार शिक्षण मशीनों एवं अभिक्रमित पाठ्यपुस्तकों का प्रयोग किया जाना चाहिए।

कक्षा के सामान्य कार्यक्रम के अतिरिक्त इनके लिए विशेष कार्यक्रम भी बनाए जा सकते हैं। अमेरिका और ब्रिटेन में अनेक कार्यक्रम विकसित किए गए

हैं। इन कार्यक्रमों में प्रयोगात्मकता और व्यक्तिगत आवश्यकता पर विशेष जोर दिया जाता है। इन शिक्षण कार्यक्रमों की विषयवस्तु काफी कम व वास्तविक अनुभव पर आधारित होती है। इसके अतिरिक्त पर्यावरण अध्ययन भी मानसिक न्यूनताग्रस्त छात्रों के लिए उपयोगी हो सकता है। मौखिक सम्प्रेषण कौशल और शब्दावली में सुधार के लिए छात्रों से उनके पर्यावरण के विषय में बात करना विशेष प्रभावी हो सकता है। इसके अतिरिक्त इनके लिए उपचारात्मक कार्यक्रम (Remedial Programmes) भी चलाए जा सकते हैं। अभिक्रमित अनुदेशन से छात्र अपनी गति से सीखते हैं। इन सबके अतिरिक्त मन्दबुद्धि या पिछड़े बालकों को शिक्षा देने के लिए शिक्षक में भी कुछ विशेष योग्यताओं का होना आवश्यक है।

कुप्पूस्वामी (Kuppuswamy) के अनुसार—"मन्दबुद्धि बालकों के शिक्षकों को, उनको शिक्षा देने के लिए विशिष्ट कुशलता और प्रशिक्षण से सुसज्जित होने के अलावा बहुत धैर्यवान, सहनशील और सहानुभुतिपूर्ण होना चाहिए।"

## सारांश (Summary)

विशिष्ट बालकों की शिक्षा—वे बालक जो शारीरिक अथवा मानसिक रूप से सामान्य बालकों से भिन्न होते हैं, विशिष्ट बालक कहलाते हैं।

विशिष्ट बालकों के प्रकार—मानसिक रूप से विशिष्ट बालक, शारीरिक रूप से विशिष्ट बालक एवं सामाजिक रूप से विशिष्ट बालक।

मानसिक रूप से विशिष्ट बालक—प्रतिभाशाली—बालक/प्रतिभाशाली शब्द का प्रयोग उच्च बुद्धिलब्धि के छात्रों के लिए किया जाता है।

परिभाषा, विशेषताएं

शिक्षा-व्यवस्था—(1) विषयवस्तु संवर्धन, (2) विसंयोजन, (3) कक्षोन्नति, (4) शिक्षक का व्यक्तिगत ध्यान, (5) संस्कृति की शिक्षा, (6) विशेष अध्ययन की सुविधाएँ, (7) पाठ्यक्रमसहगामी क्रियाओं का आयोजन, (8) सामाजिक अनुभवों के अवसर, (9) व्यक्तित्व का पूर्ण विकास, (10) राष्ट्रीय प्रतिभा खोज छात्रवृत्ति।

मानसिक न्यूनता वाले छात्र—अर्थ, परिभाषा, पहचान, शिक्षण व्यवस्था।

## प्रश्न (Study Questions)

1. प्रतिभाशाली छात्रों से आप क्या समझते हैं? ऐसे छात्रों के लिए विज्ञान-शिक्षण की व्यवस्था किस प्रकार करेंगे?

(मेरठ वि०वि० 1990, 91, 1982, 1981)

2. मन्दबुद्धि बालकों से क्या अभिप्राय है? उनके शिक्षण की क्या विधियाँ हैं?

3. विज्ञान का शिक्षक अपनी कक्षा में निम्न प्रकार के बालकों को किस

प्रकार पहचानेगा। उनकी शिक्षा के लिए उपयुक्त सुझाव भी दीजिए—

(1) मन्दबुद्धि बालक (2) प्रतिभाशाली बालक।

4. शैक्षिक पिछड़ेपन के मुख्य कारण कौन से हैं ? उनको दूर करने के कुछ उपाय बताइये।

5. मन्दबुद्धि बालक किसे कहते हैं ? ऐसे बालकों को शिक्षा देने के लिए विज्ञान अध्यापक में कौन से विशेष गुण होने चाहिए ?

6. प्रतिभाशाली बालकों के लिए समृद्धि कार्यक्रम (Enrichment Programme) पर टिप्पणी लिखिए। (मेरठ वि०वि० 1985)

# विज्ञान का अन्य विषयों से सम्बन्ध
## (Correlation of Science with other School Subjects)

"No subject is ever well understood and no art is intelligently practised if the light which the other studies are able to throw upon it is deliberately shut out." —Mont

शिक्षाशास्त्री इस बात पर एकमत हैं कि शिक्षण में अन्य विषयों के साथ सहसम्बन्ध स्थापित करने से बालकों में रुचि उत्पन्न होती है और उनका ज्ञान भी विस्तृत होता है। हरबार्ट ने सर्वप्रथम स्कूल के पाठ्यविषयों में समन्वय स्थापित करने के लिए कहा। उसका कथन है, "पाठ्यक्रम के विषयों को इस प्रकार व्यवस्थित करना चाहिए जिससे एक विषय के शिक्षण में दूसरे विषय का ज्ञान सहायक हो सके।" इसको उसने सहसम्बन्ध का सिद्धान्त (Principle of Correlation) के नाम से पुकारा। इसका आधार उसका पूर्वानुवर्ती ज्ञान का सिद्धान्त (Doctrine of Apperception) था। हरबार्ट के शिष्य जिलर (Ziller) ने इस सिद्धान्त को और विस्तृत करके केन्द्रीयकरण (Centralisation) का सिद्धान्त निरूपित किया। इस सिद्धान्त के अनुसार किसी एक विषय को शिक्षा का केन्द्रबिन्दु बनाकर अन्य विषयों का उसी के आधार पर शिक्षण किया जाए। उसने समस्त विषयों की शिक्षा देने के लिए इतिहास को केन्द्रीय विषय माना परन्तु पार्कर ने प्राकृतिक अध्ययन को केन्द्रीय विषय बनाया जिसके माध्यम से अन्य विषयों का ज्ञान प्रदान किया जाए। महात्मा गांधी ने बुनियादी शिक्षा में सहसम्बन्ध को अधिक महत्व दिया है। उनके अनुसार उपयुक्त मुख्य उद्योग या हस्तकला बालकों को सिखाया जाना चाहिए जो उनके लिए जीवन में उपयोगी हो। इसी उद्योग या हस्तकला की क्रियाओं के आधार पर अन्य विषयों का सहसम्बन्धित ज्ञान बालकों को देना चाहिए। इस प्रकार वे धीरे-धीरे उद्योग के साथ अन्य विषयों का समुचित ज्ञान भी प्राप्त कर लेंगे। यह ज्ञान स्थाई होता है।

जॉन डीवी ने इस प्रकार की सम्बद्धता को सामंजस्यीकरण (Integration) के नाम से पुकारा। इसमें बालक स्वयं अनुभवों से सम्बन्ध स्थापित करता

है। परन्तु हरबार्ट के सहसम्बन्ध के सिद्धान्त में शिक्षक द्वारा सम्बन्ध स्थापित किया जाता है। इस सहसम्बन्ध को शिक्षाशास्त्रियों ने और विस्तृत करके केन्द्रीय पाठ्यक्रम (Core-curriculum), सायुज्जन (Fusion) तथा व्यापक क्षेत्रीय पाठ्यक्रम (Broad-field curriculum) के सिद्धान्त बनाए।

विद्यालय में बालक स्वयं की और समाज की उपयोगिता के अनुसार ही विषयों का चयन करता है और इसी दृष्टिकोण से शिक्षण में विषयों का प्रावधान भी किया जाता है। जीवन में अनेक बातें सीखने की आवश्यकता होती है जैसे स्वच्छता से लेकर भोजन बनाने, विद्युत का उपयोग समाचार-पत्र, रहन-सहन। सहसम्बन्ध के अन्तर्गत अनेक समाजिक अनुभव प्राप्त होते हैं। भौतिक विज्ञान, रसायन विज्ञान, जीव विज्ञान, इतिहास, भूगोल, गणित आदि अनेक विषय हैं जो समाजिक अनुभव को अधिक विस्तृत, अधिक गहन बनाते हैं। इनके सिद्धान्त जीवन की प्रत्येक दिशा में आवश्यक होते हैं। इन विषयों को सहसम्बन्धित करने से विद्यार्थी के मतिष्क पर उनका भार नहीं पड़ता।

## सहसम्बन्ध के प्रकार (Types of Correlation)

सहसम्बन्ध के निम्नलिखित प्रकार हैं—

1. शीर्षात्मक सहसम्बन्ध (Vertical Correlation)।
2. अनुप्रस्थीय सहसम्बन्ध (Horizontal Correlation)।
3. व्यावहारिक जीवन से सहसम्बन्ध (Correlation with Practical Life)।

### 1. शीर्षात्मक सहसम्बन्ध (Vertical Correlation)

इसके अन्तर्गत एक ही विषय के विभिन्न अंगों से सम्बन्ध स्थापित किया जाता है। एक कक्षा में प्राप्त किया गया ज्ञान दूसरी कक्षा के ज्ञान की उपलब्धि में सहायक होता है। व्यवस्थित सामग्री में शीर्षात्मक सम्बन्ध सरलता से स्थापित किया जा सकता है। वास्तव में देखा जाए तो विज्ञान के विभिन्न क्षेत्रों को अलग-अलग पूर्ण रूप से सही समझा जा सकता। विज्ञान की सभी शाखाएँ या क्षेत्र एक-दूसरे पर निर्भर हैं तथा बहुत से तथ्य और सिद्धान्त विभिन्न शाखाओं में समान हैं। इसके परिणामस्वरूप नए विषयों जैसे भौतिक रसायन (Physical chemistry), जैव भौतिकी, (Bio-phiysics), जैव रसायन (Bio-chemistry) आदि का उद्भव हुआ। इसके लिए यह आवश्यक है कि अध्यापक को विज्ञान के विभिन्न विषयों का पर्याप्त ज्ञान हो। उदाहरण के लिए यदि वह जीव विज्ञान में मलेरिया परजीवी का जीवनचक्र पढ़ा रहा है और वह यह बताता है कि इसमें बुखार बहुत अधिक (कभी-कभी 104 डिग्री तक) पहुँच जाता है तो उसे छात्रों को यह भी बताना आवश्यक है कि तापमान सेन्टीग्रेड में है या

फारेनहाइट में ।

इसी प्रकार आँख की सरंचना या आँख के दोष पढ़ाते समय अध्यापक को भौतिक विज्ञान का भी ज्ञान होना आवश्यक है जिससे कि उसके द्वारा दिए ज्ञान को छात्र सरलता से समझ सकें । जीव विज्ञान के अध्यापक को पाचनतन्त्र पढ़ाने में रसायन विज्ञान का ज्ञान होना आवश्यक है जिससे वह भोजन के तत्वों की विशेषताएँ, विभिन्न पाचक रसों का प्रभाव तथा उनकी क्रिया छात्रों को स्पष्ट कर सके । इसलिए यह आवश्यक है कि अध्यापक को शिक्षण अधिगम प्रक्रिया को रोचक व वास्तविक बनाने के लिए आवश्यकतानुसार विज्ञान की विभिन्न शाखाओं में सम्बन्ध स्थापित करते हुए पढ़ाना चाहिए । विज्ञान की सभी शाखाओं के लगभग सभी प्रकरण एक-दूसरे से सम्बन्धित होते हैं । अतः अध्यापक को उनमें एकीकरण लाने का प्रयास करना चाहिए । स्वास्थ्य विज्ञान व गृह विज्ञान ऐसे विषय हैं जो विज्ञान की सभी शाखाओं से सम्बन्धित हैं अतः इनमें अध्यापक के लिए अन्य विषयों का प्रयोग करना आवश्यक हो जाता है ।

### 2. अनुप्रस्थीय सहसम्बन्ध (Horizontal Correlation)

इसके अनुसार विभिन्न विषयों का एक-दूसरे से सम्बन्ध स्थापित किया जाता है। इस प्रकार का सहसम्बन्ध दो प्रकार से स्थापित किया जा सकता है । आकस्मिक रूप से प्रथम रूप में अध्यापक इसकी कोई व्यवस्था नहीं करता बल्कि वह अचानक ही सहसम्बन्ध स्थापित करता है । दूसरे रूप में शिक्षक समन्वय स्थापित करने के लिए योजना बनाता है । विज्ञान एक ऐसा विषय है जिसे विभिन्न विषयों से अलग करके नहीं पढ़ाया जा सकता है । विज्ञान को विद्यालय में अन्य विषयों से सम्बन्धित करते हुए पढ़ाने से छात्रों में विभिन्न विषयों में रुचि का विकास होता है । ज्ञान का छात्रों के अनुभवों से सम्बद्ध कर पाना सरल होता है । विज्ञान को विभिन्न विषयों से निम्न प्रकार सम्बन्धित करके पढ़ाया जा सकता है—

1. विज्ञान और भाषा (Science and Language)—वैज्ञानिक तथा विज्ञान के शिक्षक के लिए यह आवश्यक है कि उसमें अपने विचारों को अभिव्यक्त करने की योग्यता हो । भाषा पर अधिकार न होने से कोई शिक्षक विज्ञान की उपलब्धियों को छात्र तक नहीं पहुँचा सकता । विज्ञान शिक्षक के लिए यह आवश्यक है कि वह भाषा के शिक्षक का सहयोग लेकर छात्रों में स्पष्ट लेखन क्षमता का विकास करे । छात्रों को किसी वैज्ञानिक की जीवनी लिखने एवं अन्वेषण को लिखने अथवा किसी वैज्ञानिक कार्य का अनुवाद करने के अवसर दिए जाएँ । समय-समय पर विज्ञान के छात्रों की लिखने एवं अभिव्यक्त करने की योग्यता का भाषा शिक्षक द्वारा मूल्यांकन करवाया जाए । वैज्ञानिक के लिए भी भाषा और साहित्य का ज्ञान होना आवश्यक है । अन्यथा वह अपने विचारों

को जनसाधारण के सम्मुख नहीं रख सकता और इस प्रकार जनता वैज्ञानिक आविष्कारों से अनभिज्ञ रहती है।

2. विज्ञान तथा इतिहास (Science and History)—विज्ञान-शिक्षण में विज्ञान के इतिहास का महत्वपूर्ण स्थान है। विज्ञान का मानव संस्कृति एवं सभ्यता के विकास से सहसम्बन्ध है। विभिन्न प्राणियों के विकास, आनुवंशिकों के सिद्धान्तों, जीव वैज्ञानिकों के आविष्कारों के इतिहास, उनकी जीवनियों आदि के माध्यम से ऐतिहासिक घटनाओं के महत्व को स्पष्ट किया जा सकता है। विभिन्न सभ्यताओं के विकास में विज्ञान के महत्व को बताया जाना आवश्यक है। वैज्ञानिकों द्वारा किए गए अन्वेषणों के इतिहास के अध्ययन से विद्यार्थियों को खोज करने तथा वैज्ञानिक ढंग से चिन्तन करने की प्रेरणा मिलती है। इतिहास का सम्बन्ध केवल राजा-महाराजाओं अथवा युद्धों के वर्णन से ही नहीं होना चाहिए परन्तु उसमें यह भी देखना चाहिए कि उस समय व्यक्तियों का रहन-सहन, वातावरण, उनकी शारीरिक रचना तथा खानपान किस प्रकार का था। वैज्ञानिक विकास वातावरण में परिवर्तन करता है और वातावरण के परिवर्तन का प्रभाव मनुष्य के जीवन में रहता है। विज्ञान और इतिहास का समन्वय विभिन्न वैज्ञानिक प्रकरणों जैसे पृथ्वी की कहानी, मनुष्य की कहानी, चन्द्रमा की कहानी के शिक्षण से स्थापित किया जा सकता है।

3. विज्ञान तथा गणित (Science and Mathematics)—गणित और विज्ञान का घनिष्ठ सम्बन्ध है। वैज्ञानिक नियमों की यथार्थता का बोध गणित के द्वारा ही होता है। गणित के ऐसे बहुत से प्रकरण हैं जिनका प्रयोग विज्ञान में किया जाता है जैसे दशमल, समीकरण, संकेत, ग्राफ आदि। भौतिक विज्ञान एक ऐसा विषय है जिसके सभी सूत्र गणित पर आधारित हैं। वैज्ञानिक खोजों में सांख्यिकी के प्रयोग के बिना परिणामों पर नहीं पहुँचा जा सकता। जीव विज्ञान, रसायन विज्ञान तथा वनस्पति विज्ञान भी गणित से सम्बन्धित हैं। मेंडल के आनुवांशिकता के नियम के अध्ययन में गणित की आवश्यकता होती है। सूक्ष्मदर्शी यन्त्र, प्रकाश संश्लेषण उपकरण आदि के मापों तथा सेन्टीमीटर और मिलीमीटर को इंच के माप में परिवर्तित करने के लिए गणित का ही ज्ञान आवश्यक है। रसायन विज्ञान में गैसीय नियम तथा समीकरण निकालने में गणित का प्रयोग आवश्यक है। इसलिए यह आवश्यक है कि विज्ञान के अध्यापक को गणित का ज्ञान हो तथा विद्यालय में विज्ञान और गणित के अध्यापक एक-दूसरे के सहयोग से कार्य करते हुए दोनों विषयों के समन्वय व सहसम्बन्ध को महत्व देते हुए विषयों का शिक्षण करें।

4. विज्ञान और भूगोल (Science and Geography)—विज्ञान और भूगोल में बहुत निकट सम्बन्ध है। आजकल भूगोल को विज्ञान की एक शाखा के रूप में देखा जाने लगा है। भूगोल में बहुत से ऐसे प्रकरण हैं जिनमें वैज्ञानिक

प्रयोगों की आवश्यकता पड़ती है। भौतिक भूगोल तो पूर्ण रूप से विज्ञान से सम्बन्धित है। किसी स्थान की भौगोलिक स्थिति का वहाँ की वनस्पति तथा प्राणियों पर सीधा प्रभाव पड़ता है। जलवायु तथा भूमि का प्रभाव पौधों की वृद्धि पर पर पड़ता है। भूगोल में जलवायु का अध्ययन करने के लिए हवा के दबाव, तापक्रम, वर्षा आदि के विषय में जानना होता है जिसका मापन वैज्ञानिक यन्त्रों की सहायता से किया जाता है। चन्द्रग्रहण, वैज्ञानिक सिद्धान्तों पर आधारित है। ज्वार-भाटा का ज्ञान भूगोल तथा विज्ञान दोनों पर निर्भर करता है। इसलिए यह आवश्यक है कि शिक्षण में विज्ञान एवं भूगोल के एकीरण का प्रयास किया जाना चाहिए।

5. विज्ञान तथा संगीत (Science and Music)—संगीत के यंत्र वैज्ञानिक सिद्धान्तों पर निर्मित होते हैं। विज्ञान का एक प्रमुख क्षेत्र है ध्वनि विज्ञान। इसके आधार पर ध्वनि की प्रकृति, तीव्रता, गुण आदि का ज्ञान प्राप्त किया जाता है। इसके अतिरिक्त ग्रामोफोन, टेपरिकार्डर, फिल्में जिनमें संगीत का प्रयोग होता है, विज्ञान के पाठों को रोचक व प्रभावशाली बनाते हैं। इनका प्रयोग विज्ञान में शिक्षण सहायक सामग्री के रूप में किया जाता है।

6. विज्ञान तथा कला (Science and Art)—कला का विज्ञान-शिक्षण में बहुत महत्व है। विज्ञान के अन्तर्गत भौतिक विज्ञान, प्रकाश तथा छाया का ज्ञान तथा दृष्टि सम्बन्धी बातों की ज़ानकारी प्रदान करता है। रसायन विज्ञान रंगों का ज्ञान देता है। कला से सम्बन्धित विभिन्न यन्त्र वैज्ञानिक सिद्धान्तों के आधार पर बनाए जाते हैं। जीव विज्ञान में चित्र, ग्राफ, चार्ट, प्रतिरूप आदि का प्रयोग किया जाता है। विभिन्न प्रकार के चित्र विषय के स्पष्टीकरण में सहायक होते हैं। जीव विज्ञान का प्रायोगिक कार्य बहुत कुछ चित्र बनाने पर निर्भर करता है। विज्ञान के छात्र को चित्रकला का ज्ञान दिया जाना आवश्यक है।

7. विज्ञान एवं सामाजिक अध्ययन (Science and Social Study)—विज्ञान और सामाजिक अध्ययन एक-दूसरे से सम्बन्धित हैं। विज्ञान ने प्रत्येक व्यक्ति के जीवन स्तर व चिन्तन प्रणाली को प्रभावित किया है। वैज्ञानिक दृष्टिकोण के विकास के परिणामस्वरूप व्यक्ति के दृष्टिकोण में परिवर्तन आया है। विज्ञान के उद्योगों पर प्रभाव के फलस्वरूप सामाजिक व्यवस्था की धारणा में परिवर्तन हुआ है। वैज्ञानिकों के अन्वेषणों के कारण नई धारणाओं का विकास हुआ है। विज्ञान और सामाजिक विषयों को एक-दूसरे से सम्बन्धित करके पढ़ाया जाना आवश्यक है जिससे विज्ञान के प्रभाव से हुए सामाजिक परिवर्तनों का ज्ञान छात्र को प्राप्त हो सके।

3. व्यावहारिक जीवन से सहसम्बन्ध (Correlation with Practical Life)

इसके अन्तर्गत विज्ञान का सामाजिक व भौतिक वातावरण से सम्बन्ध स्थापित कर

अध्ययन किया जाता है। विज्ञान ने मानव जीवन के प्रत्येक पक्ष को प्रभावित किया है तथा आज यह हमारे जीवन का एक आवश्यक अंग बन गया है। इसने समाज की व्यवस्था को परिवर्तित कर सामाजिक और भौतिक वातावरण को प्रभावित किया है। इस परिवर्दित वातावरण का ज्ञान, विज्ञान के अध्ययन द्वारा ही सम्भव है। विज्ञान अध्यापक का यह दायित्व है कि वह विज्ञान विषय को छात्र के दैनिक जीवन से सम्बन्धित करते हुए पढ़ाए। विभिन्न प्रकरणों का व्यावहारिक ज्ञान प्रदान करने के लिए छात्रों को पर्यटन के लिए ले जाया जाना चाहिए। बालक के दैनिक जीवन के अनुभवों को शिक्षण में महत्वपूर्ण स्थान दिया जाना चाहिए।

## सारांश (Summary)

शिक्षण में अन्य विषयों के साथ सहसम्बन्ध स्थापित करने से छात्रों में रुचि उत्पन्न होती है एवं उनका ज्ञान भी विस्तृत होता है।

**सहसम्बन्ध के प्रकार—1. शीर्षात्मक सहसम्बन्ध**—विज्ञान में शीर्षात्मक सहसम्बन्ध का अभिप्राय है विज्ञान की विभिन्न शाखाओं को एक-दूसरे से सम्बन्धित करते हुए अध्ययन।

**2. अनुप्रस्थीय सहसम्बन्ध**—इसके अन्तर्गत विज्ञान का अध्ययन पाठ्यक्रम के अन्य विषयों से सम्बन्धित करते हुए किया जाता है—

(1) विज्ञान और भाषा; (2) विज्ञान तथा इतिहास; (3) विज्ञान और गणित; (4) विज्ञान तथा भूगोल; (5) विज्ञान तथा संगीत; (6) विज्ञान तथा कला; (7) विज्ञान तथा सामाजिक अध्ययन।

**3. व्यावहारिक जीवन से सम्बन्ध**—विज्ञान का शिक्षण दैनिक जीवन से सम्बन्धित करते हुए किया जाना चाहिए।

## प्रश्न (Study Questions)

1. शिक्षण में सहसम्बन्ध की क्या उपयोगिता है? विज्ञान के विभिन्न विषयों में आपस में क्या सहसम्बन्ध है? उचित उदाहरणों द्वारा स्पष्ट कीजिए।

2. सहसम्बन्ध से आपका क्या अभिप्राय है? विज्ञान और गणित को किस प्रकार सम्बन्धित किया जा सकता है? उदाहरण दीजिए।

3. सहसम्बन्ध का क्या अर्थ है? किन्हीं दो विद्यालयी विषयों से सामान्य विज्ञान के सहसम्बन्ध की उदाहरणों सहित विवेचना कीजिए।

(लखनऊ वि० वि० 1988)

4. विषयों के सहसम्बन्ध से आप क्या समझते हैं? शिक्षण के समय सामान्य विज्ञान को अन्य विद्यालयी विषयों से सहसम्बन्धित करने से क्या लाभ हैं?

(लखनऊ वि० वि० 1990)

5. भौतिक विज्ञान का रसायन विज्ञान, गणित तथा जीव विज्ञान से सहसम्बन्ध पर टिप्पणी लिखिए। (रुहेलखण्ड वि० वि० 1991)

## वस्तुनिष्ठ प्रश्न (Objective-type Questions)

1. निर्देश—निम्नलिखित में रिक्त स्थानों की पूर्ति उनके समक्ष कोष्ठकों में लिखे शब्दों में से उपयुक्त शब्दों को छाँटकर कीजिए—

1. केन्द्रीयकरण के सिद्धान्त का प्रतिपादन.........ने किया। (डीवी, हरबार्ट, जिलर)

2. गांधीजी ने.........को केन्द्रीय विषय बनाया। (इतिहास, व्यावहारिक कुशलता, हस्तकला, प्राकृतिक अध्ययन)

3. सहसम्बन्ध के सिद्धान्त का प्रतिपादन............ने किया। (महात्मा गांधी, जॉन डीवी, हरबार्ट, हरबार्ट पेन्सर)

4. अनुप्रस्थीय सहसम्बन्ध आकस्मिक तथा........रूप से स्थापित किया जा सकता है। (अनौपचारिक, व्यवस्थित, व्यावहारिक)

2. निर्देश—निम्नलिखित कथनों के समक्ष दिए विकल्पों में से सही को रेखांकित कीजिए—

1. विचारों की अभिव्यक्ति के लिए.........एक सशक्त माध्यम है। (इतिहास, भाषा, भूगोल)

2. विज्ञान और.........के सहसम्बन्ध से वैज्ञानिक आविष्कारों के विकास से छात्रों को परिचित कराया जा सकता है। (इतिहास, कला, भूगोल)

3. भौतिक विज्ञान के सूत्र.............पर आधारित हैं। (विज्ञान, गणित)

4. भौतिक भूगोल.........से सम्बन्धित है। (इतिहास, विज्ञान)

5. विज्ञान सम्बन्धी चित्रों के निर्माण में........का अध्ययन आवश्यक है। (गणित, कला)

# शिक्षण में नवाचार
## (Innovations in Teaching)

वर्तमान शताब्दी में शिक्षा का तीव्र गति से प्रसार हुआ है। हमारे देश में भी शिक्षा के संख्यात्मक प्रसार पर विशेष ध्यान दिया गया तथा उसके लिए पर्याप्त शिक्षकों की नियुक्ति की गई। परन्तु यह देखा गया कि शिक्षण में गुणात्मक सुधार नहीं हो पाया। विभिन्न आयोगों और समितियों द्वारा इसके लिए शिक्षक प्रशिक्षण कार्यक्रमों को उत्तरदायी ठहराया गया। प्रशासकों और शिक्षाशास्त्रियों द्वारा भी अध्यापक प्रशिक्षण कार्यक्रम की काफी आलोचना की गई है। इससे सभी लोग सहमत हैं कि शिक्षक प्रशिक्षण कार्यक्रम शिक्षकों में इच्छित कौशल का विकास करने में असफल रहे हैं। वास्तविक कक्षा शिक्षण इससे बिलकुल प्रभावित नहीं हुआ है जिसके कारण अनुदेशन का स्तर गिरता जा रहा है। वर्तमान समय में अमेरिका, इंग्लैंड आदि देशों में हुए शोध-परिणामों से यह निष्कर्ष निकला है कि कक्षा शिक्षण प्रक्रिया को वस्तुनिष्ठ ढंग से विश्लेषित एवं परिवर्तित कर छात्राध्यापकों तथा सेवारत शिक्षकों में इच्छित कौशल का विकास किया जा सकता है।

### 1. सूक्ष्म शिक्षण (Micro-Teaching)

सूक्ष्म शिक्षण अध्यापक शिक्षा के क्षेत्र में सबसे आधुनिक विधि है जिसका कार्य विशिष्ट उद्देश्यों के आधार पर शिक्षक के व्यवहार में परिवर्तन लाना है। हमारे देश में सूक्ष्म शिक्षण की उपयोगिता आधुनिक समय में ही शिक्षाशास्त्रियों द्वारा प्रभावशाली शिक्षक तैयार करने के लिए स्वीकार की गई है। प्रशिक्षण विद्यालयों में अध्यापक प्रशिक्षण की परम्परागत विधियों के स्थान पर सूक्ष्म शिक्षण के प्रयोग के सम्बन्ध में कुछ स्थानों पर कार्य हो रहा है। राष्ट्रीय शैक्षिक अनुसंधान एवं प्रशिक्षण परिषद द्वारा अन्य शिक्षा संस्थाओं व विश्वविद्यालयों के सहयोग से इस क्षेत्र में कार्य किया गया है।

सूक्ष्म शिक्षण का प्रयोग सर्वप्रथम अमेरिका के स्टेनफोर्ड विश्वविद्यालय (Stanford University) में 1961 में एचीसन(Acheson) ने किया। इन्होंने सर्वप्रथम वीडियो टेप का प्रयोग शिक्षक-प्रशिक्षण कार्य में किया। एचीसन का विचार था कि यदि छात्राध्यापक द्वारा पढ़ाए पाठ को वीडियो टेपरिकार्डर के

सहारे उसे दिखाया जा सके कि उसने क्या किया है तो पर्यवेक्षक व छात्राध्यापक दोनों को पृष्ठपोषण (Feedback) में सहयोग मिलेगा। एचीसन ने अपने सहयोगियों के साथ छात्राध्यापकों के अध्यापन व्यवहार में वांछित परिवर्तन लाने व निश्चित उद्देश्यों की सम्पूर्ति एवं अध्यापन प्रक्रिया के विकल्प खोजने में इसका प्रयोग किया। इसके द्वारा शिक्षकों के शिक्षण को रिकार्ड कर उन्हें स्थिति तथा विशिष्ट विन्दुओं पर निश्चित निर्देश दिए। साथ ही इसके प्रयोग से दूरस्थ विद्यालयों के शिक्षक भी लाभान्वित हुए। 1963 में एलेन ने इस उपागम की विशद व्याख्या करके इसे सूक्ष्म शिक्षण का नाम दिया। इसने विश्व के अनेक देशों का ध्यान आकर्षित किया तथा अमेरिका, इग्लैंड, नीदरलैंड तथा अन्य देशों के विद्यालयों में इस क्षेत्र में अनेक प्रयोग किए गए।

भारत में डा०डी०डी० तिवारी ने 1961 में सूक्ष्म शिक्षण का प्रयोग शिक्षक प्रशिक्षण कार्यक्रम में किया। उन्होंने इस पर केन्द्रीय पेडागॉजीकल संस्थान में कार्य किया। इसके अतिरिक्त विभिन्न शिक्षक प्रशिक्षण संस्थाओं के अतिरिक्त जी०बी० शाह (मद्रास), भट्टाचार्य (कलकत्ता), सेन्टर ऑफ एडवान्सड स्टडीज इन एजुकेशन बड़ौदा के डॉ० बी०के० पासी एवं उनके साथी शोधकर्ताओं ने सूक्ष्म शिक्षण के विभिन्न आयामों पर कार्य किया। 1979 में एस०पी० कुलश्रेष्ठ, मिश्रा तथा गोस्वामी ने सूक्ष्म शिक्षण के क्षेत्र में कार्य करके परिसूक्ष्म शिक्षण (Mini Teaching) पर प्रथम भारतीय मोनोग्राफ (Mini Teaching, A New Experiment in Teacher Education) राष्ट्रीय शैक्षिक अनुसंधान एवं प्रशिक्षण परिषद के सहयोग से प्रकाशित किया।

**अर्थ** (Meaning)—सूक्ष्म शिक्षण शिक्षक के व्यवहार परिवर्तन की एक महत्वपूर्ण विधि है। यह शिक्षक को शिक्षण प्रक्रिया की शिक्षा देने हेतु नवीन प्रशिक्षण प्रणाली है। मूल रूप में यह एक छोटे पैमाने पर शिक्षण अनुभव है क्योंकि इसमें कक्षा के छोटे आकार को पढ़ाया जाता है। समय, प्रकरण तथा कौशल का रूप भी छोटा कर दिया जाता है। यह शिक्षण की वास्तविक प्रक्रिया होती है। इसके प्रयोग से शिक्षक को नये कौशल सीखने तथा पुराने कौशल को सुधारने में सहायता मिलती है। यह छात्राध्यापकों के लिए विशेष उपयोगी है।

एलन और रियान (1968) ने अपनी पुस्तक Micro-Teaching में सूक्ष्म शिक्षण को निम्न सिद्धान्तों पर आधारित बताया है—

1. सूक्ष्म शिक्षण वास्तविक शिक्षण है।

2. सूक्ष्म शिक्षण में प्रचलित कक्षा शिक्षण की जटिलताओं को कम कर दिया गया है।

3. सूक्ष्म शिक्षण में विशिष्ट कौशल के विकास के लिए प्रशिक्षण दिया जाता है।

4. अभ्यास पर नियन्त्रण रखा जाता है।

5. परिणामों का ज्ञान या पृष्ठपोषण का विस्तार किया जाता है।

परिभाषा (Definition)—एलन ने 1968 में स्टेनफोर्ड विश्वविद्यालय में इसे इस प्रकार परिभाषित किया है—"सूक्ष्म शिक्षण समस्त शिक्षण को लघु क्रियाओं में बाँटना है।" (Micro-teaching is a scaled down teaching encounter in class size and class time).

एलन के अनुसार सूक्ष्म शिक्षण वास्तविक शिक्षण है जिसमें समय कम व छात्रों की संख्या कम होती है। छात्रों की संख्या 5—1 तथा समूह 5—20 मियर तक रखा जाता है। शिक्षण कौशल में सुधार व विकास के लिए पृष्ठ-पोषण प्रदान किया जाता है।

1970 में मैक्लीज और अनविन का विचार था कि सूक्ष्म शिक्षण का साधारणतया प्रयोग संवृत दूरदर्शन (Closed Circuit Television) के द्वारा छात्राध्यापक को सरलीकृत वातावरण में उसके निष्पादन (Performance) सम्बन्धी प्रतिपुष्टि (Feedback) तुरन्त उपलब्ध करने की प्रक्रिया के लिए किया जाता है।

बड़ौदा विश्वविद्यालय के एम०बी० बुच (1968) ने सूक्ष्म शिक्षण को इस प्रकार परिभाषित किया है—"सूक्ष्म शिक्षण अध्यापक शिक्षा की वह प्रविधि है जो विद्यार्थियों को स्पष्ट रूप से परिभाषित शिक्षण कौशलों को वास्तविक विद्यार्थियों के छोटे समूह के साथ, पाँच से दस मिनटों के शिक्षण के नियोजित शृंखला के लिए ध्यानपूर्वक तैयार किए गए पाठों में प्रयोग करने का अवसर प्रदान करती है तथा वीडियो टेप पर परिणामों के निरीक्षण के अवसर प्रदान करती है। (Micro-teaching is a teacher-education technique which allows teachers to apply clearly defined teaching skills to carefully prepared lessons in planned series of five to ten minutes encounters with a small group of real students, often with an opportunity to observe the results on videotape).

—M.B. Buch

एलन और ईव (Allen and Eve, 1968) के अनुसार, "यह वह नियन्त्रित अभ्यास की प्रणाली है जो विशिष्ट शिक्षण व्यवहार पर केन्द्रित होकर शिक्षण अभ्यास को नियन्त्रित परिस्थितियों में सम्भव बनाती है।" (A system of controlled practice that makes it possible to concentrate on specific teaching behaviour and to practice teaching under controlled conditions."

बी०के० पासी के अनुसार—"सूक्ष्म शिक्षण एक प्रशिक्षण विधा है जो छात्राध्यापकों से अपेक्षा करती है कि वे एक संप्रत्यय या अवधारणा, एक विशेष अध्यापन कौशल के द्वारा थोड़े से छात्रों को अल्पावधि में पढ़ाएँ।"

1976 में क्लिपट ने सूक्ष्म शिक्षण को इस प्रकार परिभाषित किया है—"सूक्ष्म शिक्षण, शिक्षक प्रशिक्षण की वह प्रक्रिया है जो कि अभ्यास शिक्षण को किसी विशेष कौशल तक सीमित करके तथा शिक्षण समय एवं कक्षा आकार को कम करके शिक्षण परिस्थिति को अधिक सरल एवं नियन्त्रित प्रक्रिया में बदल देती है।" (Micro-teaching is a teacher training procedure which reduces the teaching situation to a simpler or more controlled encounter achieved by limiting the practice teaching to a specefic skill and reducing teaching time and class size.)

उपर्युक्त परिभाषाओं से स्पष्ट है कि सूक्ष्म शिक्षण द्वारा विशेष शिक्षण कौशल का विकास किया जाता है। इन कौशलों का प्रयोग वास्तविक कक्षा में किया जाता है। इसमें अध्यापक व्यवहार को महत्व दिया जाता है इसलिए यह अध्यापक केन्द्रित विधि है। सूक्ष्म शिक्षण विशेष अध्यापक व्यवहार का नियन्त्रित अभ्यास है। एलन और रायन के अनुसार यह प्रशिक्षण प्राप्त करनेवाले अध्यापकों के लिए नियमित अभ्यास के रूप में प्रयोग किया जा सकता है। इसके साथ ही इसका प्रयोग शोध उपकरण के रूप में भी किया जा सकता है।

सूक्ष्म शिक्षण की अवधारणाएँ (Assumptions of Micro Teaching)—सूक्ष्म शिक्षण निम्न अवधारणाओं पर आधारित है—

1. प्रभावशाली शिक्षण के लिए शिक्षक व्यवहार प्रारूप (Patterns of Teacher-Behaviour) आवश्यक होते हैं।

2. पृष्ठपोषण (Feedback) द्वारा अपेक्षित व्यवहार के प्रारूपों का विकास किया जा सकता है।

3. यह पूर्णरूप से व्यक्तिगत प्रशिक्षण कार्यक्रम है।

4. यह एक उपचारात्मक योजना (Clinical Programme) है।

शिक्षण क्रियाओं का वस्तुनिष्ठ रूप से निरीक्षण किया जाता है और उनका निदान करके सुधार के लिए सुझाव दिए जाते हैं।

सूक्ष्म शिक्षण का स्वरूप (Structure of Micro-Teaching)—इस प्रविधि के अभ्यास में पाठ योजना छोटी, कक्षा में छात्रों की संख्या कम, शिक्षण प्रकरण का छोटा रूप, शिक्षण की अवधि पाँच से दस मिनट तक होती है। छात्राध्यापक के शिक्षण का निरीक्षण किया जाता है। शिक्षण क्रियाओं की जानकारी कराई जाती है और विकास के लिए सुझाव दिए जाते हैं। इसके उपरान्त वही पाठ उसी शिक्षक को दूसरे छोटे समूह को पढ़ाना होता है, फिर वाद-विवाद होता है। इससे पृष्ठपोषण दिया जाता है। इस पर भी यदि शिक्षक आवश्यक समझता है तो पुनः शिक्षण करना पड़ता है। यह क्रिया चलती रहती है जिससे छात्राध्यापक में अपेक्षित शिक्षण कौशल का विकास किया जाता है।

**सूक्ष्म शिक्षण के सोपान** (Steps of Micro-Teaching)

सूक्ष्म शिक्षण द्वारा छात्राध्यापक या अध्यापक में नए कौशल का विकास किया जाता है। इसके अन्तर्गत निम्न पद एवं क्रियाएँ सम्मिलित हैं—

1. **विशिष्ट कौशलों का चयन** (Selection of Specific Skills)—सबसे पहला पद विशिष्ट कौशलों को परिभाषित करना होता है। इसमें किसी विशेष कौशल को शिक्षण व्यवहार के रूप में परिभाषित किया जाता है तथा उसका ज्ञान छात्राध्यापक को कराया जाता है। छात्राध्यापक को कौशल के उद्देश्य स्पष्ट कर दिए जाते हैं।

2. **कौशल का प्रदर्शन** (Demonstration of the Skill)—इस पद के अन्तर्गत सूक्ष्म शिक्षण पाठों के माध्यम से कौशल प्रदर्शन किया जाता है। यह प्रदर्शन प्रशिक्षक द्वारा या वीडियो फिल्म के द्वारा किया जाता है।

3. **लघु पाठ योजनाओं का निर्माण** (Preparation of Micro Lesson Plans)—इस पद के अन्तर्गत छात्राध्यापक किसी विशिष्ट कौशल का प्रयोग करते हुए उससे सम्बन्धित लघु पाठ योजना तैयार करता है।

4. **छोटे समूह का शिक्षण** (Teaching)—इसमें छात्राध्यापक एक छोटे समूह को पाठ योजना पढ़ाता है जिसे वीडियो टेप कर लिया जाता है। वीडियो की अनुपस्थिति में कोई अध्यापक छात्राध्यापक के शिक्षण कार्य का निरीक्षण करता है। छात्राध्यापक के अन्य साथी भी उसके कार्य का निरीक्षण कर सकते हैं।

5. **पृष्ठपोषण या प्रतिपुष्टि** (Feedback)—छात्राध्यापक को पृष्ठपोषण दिया जाता है। यह कार्य पर्यवेक्षक करता है जिसने पाठ योजना का निरीक्षण या विश्लेषण किया हो। पर्यवेक्षक छात्राध्यापक को पुनर्बलन प्रदान करता है और उसकी कमियों की ओर भी ध्यान दिलाता है।

6. **पुन: नियोजन, पुन: शिक्षण और पुन: मूल्यांकन करना** (Re-Planning, Re-Teaching and Re-Evaluation)—पृष्ठपोषण तथा पर्यवेक्षक के सुझाव छात्राध्यापक को पुन: अगली पाठ योजना को अधिक अच्छे ढंग से प्रस्तुत करने में सहायक होते हैं। वह पुन: पाठ योजना तैयार करता है। पुन: पढ़ाता है। पुन: पृष्ठपोषण प्रदान किया जाता है व पाठ का पर्यवेक्षण व विश्लेषण किया जाता है।

इस प्रकार बार-बार पाठ को नियोजित करने, बार-बार शिक्षण करने तथा मूल्यांकन करने तथा पृष्ठपोषण प्रदान करने का चक्र तब तक चलता है जब तक छात्राध्यापक में अपेक्षित शिक्षण कौशल का विकास नहीं हो जाता। इस प्रकार इन पदक्रमों को मिलाकर एक सूक्ष्म शिक्षण चक्र बनता है—

1. पाठ का नियोजन (Planning)
2. शिक्षण (Teaching)
3. प्रतिपुष्टि (Feedback)
4. पुन: नियोजन (Re-Pianning)
5. पुन: शिक्षण (Re-Teaching)
6. पुन: प्रतिपुष्टि (Re-Feedback)।

सूक्ष्म शिक्षण के अभ्यास में शिक्षण कौशल के विकास के मूल्यांकन के लिए विभिन्न मानदंडों का प्रयोग किया जाता है। स्टेनफोर्ड विश्वविद्यालय में शिक्षक योग्यता मूल्यांकन सूची (Stanford Teacher Competence Appraisal Guide) का निर्माण किया गया जिसका प्रयोग सूक्ष्म शिक्षण की प्रभावशीलता के लिए किया जाता है।

## शिक्षण कौशल (Teaching Skills)

शिक्षण कौशल का अर्थ सुनिश्चित शिक्षक व्यवहार स्वरूपों से होता है जो छात्रों में अपेक्षित व्यवहार परिवर्तन के लिए प्रभावशाली होते हैं। एलन और रायन (1969) ने निम्न चौदह शिक्षण कौशलों की व्याख्या की है—

1. उद्दीपन विषमता (Stimulus Variation)
2. भूमिका निर्वाह (Set Induction)
3. समीपता (Closure)
3. मौन तथा अशाब्दिक संकेत (Silence and Non-Verbal Cues)
5. पुनर्बलन का कौशल (Skill of Reinforcement)
6. प्रश्न पूछने में प्रवाह (Fluency in Questioning)
7. गहन प्रश्न पूछना (Probing Questions)
8. उदाहरणों का प्रयोग (Use of Examples)
9. उद्देश्यों को लिखने का कौशल (Skill of Writing Objectives)
10. श्यामपट्ट के प्रयोग का कौशल (Skill of Using Black-board)
11. दृश्य-श्रव्य सामग्री प्रयोग का कौशल (Skill of Using (Audio-visual Aids)
12. व्याख्यान का कौशल (Lecturing)
13. पाठ के अनुसरण का कौशल (Skill of Pacing Lesson)
14. सम्प्रेषण की पूर्णता (Completeness of Communication)

पासी व शाह (B.K. Passi and M.M. Shah) ने कक्षा शिक्षण के निम्नांकित कौशल बताए हैं—

1. उद्दीपन में परिवर्तन (Stimulus Variation)
2. सैट इन्डक्शन (Set Induction)

3. समापन (Closure)

4. मौन भाव तथा अशाब्दिक संकेत (Silence and Non-Verbal Cues)

5. छात्र सहयोग का पुनर्बलन (Reinforcement of Student Participation)

6. प्रश्न पूछने में धारा प्रवाहिता (Fluency in Questioning)

7. खोजपूर्ण प्रश्न (Probing Questions)

8. उच्चस्तरीय प्रश्न (High Order Questions)

9. बहकानेवाले प्रश्न (Divergent Questions)

10. उदाहरणों का प्रयोग (Use of Examples)

11. व्याख्यान (Lecturing)

12. आयोजित आवृत्ति (Planned Repetition)

13. सम्प्रेषण की पूर्णता (Completeness of Communication)

14. श्रव्य-दृश्य सामग्री का प्रयोग (Use of Audio-Visual Aids)

15. कक्षा कक्ष में शिक्षक की सजीवता (Teacher Liveliness in the Class-room)

16. सामूहिक वाद-विवाद को उत्तम बनाना (Promoting Group Discussion)

17. शिक्षक व्याख्या (Teacher Explanation)

## सूक्ष्म शिक्षण के गुण (Merits of Micro-Teaching)

सूक्ष्म शिक्षण का विकास प्रशिक्षण व्यवस्था की कमियों को दूर करने तथा वांछित शिक्षण कौशलों में दक्षता उत्पन्न करने के लिए हुआ है । इसमें निम्न गुण हैं—

1. सूक्ष्म शिक्षण द्वारा विभिन्न शिक्षण कौशलों का विकास किया जाता है।

2. यह वास्तविक शिक्षण है जो सामान्य कक्षा शिक्षण की जटिलताओं को कम करता है।

3. छात्राध्यापक को विशिष्ट शिक्षण कौशल का अभ्यास करने की सुविधा रहती है।

4. निरीक्षक या पर्यवेक्षक द्वारा पाठ का समुचित निरीक्षण किया जाता है।

5. पाठ के तुरन्त बाद ही छात्र को समुचित प्रतिपुष्टि मिलती है।

6. प्रतिपुष्टि तथा समालोचना के आधार पर छात्राध्यापक को अपने पाठ को पुनर्नियोजित करने, सुधारने और पढ़ाने का तुरन्त अवसर मिलता है।

7. एक ही प्रशिक्षार्थी के दो या दो से अधिक शिक्षा व्यवहारों की तुलना का अवसर मिलता है।

8. इसका प्रयोग उपचारात्मक विधि के रूप में किया जा सकता है जिससे छात्राध्यापक अपनी त्रुटियों को सुधार कर उत्तम शिक्षण अभ्यास कर सकते हैं।

9. शिक्षण और शिक्षण की परिस्थितियों पर प्रभावशाली नियन्त्रण रखा जा सकता है।

10. अनुभवी शिक्षक के लिए इससे नई शिक्षण क्षमताएँ प्राप्त करने और उनका अभ्यास करने और विद्यमान क्षमताओं में सुधार करने का अवसर मिलता है।

अतः यह कहा जा सकता है कि सूक्ष्म शिक्षण का शिक्षक प्रशिक्षण के क्षेत्र में महत्वपूर्ण योगदान है, इसके द्वारा शिक्षण सम्बन्धी विशिष्ट कौशलों का विकास किया जाता है। व्यक्तिगत क्षमताओं के अनुसार शिक्षण कौशल के विकास का अवसर दिया जाता है। इसके द्वारा पाठ्यवस्तु को बड़े प्रभावशाली ढंग से प्रस्तुत किया जा सकता है। यह पूर्व सेवा तथा सेवारत शिक्षकों के प्रशिक्षण के लिए उपयोगी विधि है।

**सूक्ष्म शिक्षण की सीमाएँ (Limitations of Micro-Teaching)**—1. सूक्ष्म कक्षाओं का निर्माण तथा समय तालिका की व्यवस्था करना कठिन है।

2. प्रशिक्षित पर्यवेक्षकों का अभाव रहता है।

**सूक्ष्म शिक्षण के प्रयोग में सावधानियाँ (Precautions in using Micro-Teaching)**—1. शिक्षण उद्देश्य का विशिष्टीकरण स्पष्ट होना चाहिए।

2. इससे पहले अनुकरणीय शिक्षण (Simulated Teaching) का अभ्यास करने से इसकी प्रभावशीलता बढ़ जाती है।

3. वाद-विवाद द्वारा छात्र की कमजोरियों को सुझाव के रूप में बताया जाना चाहिए।

4. एक समय में एक ही शिक्षण कौशल का अभ्यास करवाया जाय।

5. अभ्यास से पूर्व छात्राध्यापक को पाठ योजना बना लेनी चाहिए और शिक्षण युक्तियों का निर्धारण कर लेना चाहिए।

अन्त में हम बी० के० पासी एवं एम०एम० शाह के शब्दों में कह सकते हैं, "सूक्ष्म शिक्षण को शिक्षण कौशलों के प्रशिक्षण के लिए या निदानात्मक तथा उपचारात्मक साधन के रूप में प्रयुक्त किया जाना चाहिए। इसे व्यापक शिक्षण का प्रतिस्थायी नहीं माना जाना चाहिए। यह एक पूरक उपागम के रूप में है। यह मितव्ययी तथा दक्षतापूर्ण होते हुए भी सब कुछ नहीं है।" (Micro-teaching is to be used as a diagnostic and remedial measure or the training of teaching skills. It should never claim as a substitute of macro-teaching. It is to exist as a supplementary approach. It is economical and efficient but it is not everything."

—B.K. Passi and M.M. Shah

**पारम्परिक और सूक्ष्म शिक्षण में अन्तर** (Comparison between Traditional Teaching and Micro-Teaching)—1. पारम्परिक शिक्षण में कक्षा का आकार बहुत बड़ा होता है, जबकि सूक्ष्म शिक्षण में 5 से 10 विद्यार्थी ही कक्षा में होते हैं ।

2. पारम्परिक शिक्षण में उद्देश्यों को व्यावहारिक रूप में नहीं लिखा जाता परन्तु सूक्ष्म शिक्षण में ऐसा करना आवश्यक होता है ।

3. पारम्परिक शिक्षण में प्रतिपुष्टि की व्यवस्था नहीं होती जबकि सूक्ष्म शिक्षण में इसकी व्यवस्था की गई है ।

4. पारम्परिक शिक्षण में शिक्षण अवधि 40-50 मिनट की होती है जबकि सूक्ष्म शिक्षण में 5-20 मिनट होती है ।

5. पारम्परिक शिक्षण में शिक्षण प्रक्रिया जटिल होती है जबकि सूक्ष्म शिक्षण में यह प्रक्रिया इतनी जटिल नहीं रह जाती ।

6. पारम्परिक शिक्षण में शिक्षक की भूमिका बहुत ही अस्पष्ट होती है जबकि सूक्ष्म शिक्षण में पर्यवेक्षक के रूप में विशिष्ट व पूर्व निर्धारित होती है ।

## 2. अनुकरणीय शिक्षण (Simulated Social Skill Teaching)

यह एक प्रशिक्षण प्रविधि है जिसका प्रयोग शिक्षक व्यवहार में परिवर्तन लाने के लिए किया जाता है । इसे अनुकरणीय सामाजिक कौशल प्रशिक्षण भी कहा जाता है । इसका प्रयोग कक्षा शिक्षण के अभ्यास से पहले किया जाता है । छात्राध्यापक इस प्रविधि के अन्तर्गत शिक्षक और विद्यार्थी दोनों का ही कार्य करते हैं । इसमें भी सूक्ष्म शिक्षण की तरह छोटे प्रकरण का शिक्षण किया जाता है तथा उसका अभ्यास किया जाता है । शिक्षण अवधि 10 या 15 मिनट की होती है । इस शिक्षण अवधि के पश्चात शिक्षण विधि तथा शिक्षण युक्तियों के सम्बन्ध में वाद-विवाद किया जाता है । इसके पश्चात जिस छात्राध्यापक ने शिक्षक की भूमिका निबाही होती है वह अन्य छात्रों के साथ बैठकर विद्यार्थियों की भूमिका निभाता है । अन्य कोई छात्राध्यापकों के लिए पृष्ठपोषण का कार्य करता है जिससे अपेक्षित व्यवहार का अनुसरण किया जाता है ।

अनुकरणीय शिक्षण की धारणाएँ (Assumptions of SSST)—इस प्रविधि का विकास संयुक्त राज्य अमेरिका के कोलम्बिया विश्वविद्यालय में हुआ । इसका विकास कुक शन्क (1968) ने अध्यापक प्रशिक्षण प्रणाली के लिए किया था । इसे नाटकीय प्रविधि भी कहते हैं । इस प्रविधि की प्रमुख धारणा यह है कि

प्रभावशाली शिक्षण के लिए शिक्षक व्यवहार के प्रारूपों का अभ्यास किया जा सकता है।

**अनुकरणीय शिक्षण की प्रक्रिया या पद (Procedure or Steps of SSST)**

1. **भूमिका निर्धारित करना (Assignment of Roles)**—प्रथम सोपान में छात्राध्यापकों को शिक्षक के पद का कार्य एक क्रम में सौंपा जाता है और शेष अवसरों पर छात्र तथा निरीक्षक का कार्य सौंपा जाता है।

2. **शिक्षण कौशल का निर्धारण (Selection of Teaching Skills)**—उस शिक्षण कौशल को निर्धारित किया जाता है जिसका अभ्यास करना है। छात्राध्यापक प्रकरण का चयन करते हैं व पाठ का नियोजन करते हैं।

3. **कार्यक्रम का निर्धारण (Preparation of Work Schedule)**—शिक्षण के आरम्भ करने तथा अन्त करने के लिए कार्यक्रम की रूपरेखा निश्चित की जाती है।

4. **मापन विधियों का निर्धारण (Determination of Observation Techniques)**—शिक्षक व्यवहार की क्रियाओं के मापन की विधियों को निश्चित किया जाता है।

5. **प्रथम अभ्यास-सत्र का संचालन (Organisation of First Practice Lesson)**—उपरोक्त सभी तैयारियों के पश्चात प्रथम अभ्यास-सत्र का संचालन किया जाता है तथा अभ्यास-सत्र में भाग लेने वाले छात्राध्यापकों को पृष्ठपोषण दिया जाता है। आवश्यकता पड़ने पर अभ्यास की विधि को दूसरे सत्र में बदल दिया जाता है।

6. **प्रक्रिया में परिवर्तन (Change in Procedure)**—शिक्षण की विधियों को बदल दिया जाता है जिससे शिक्षण के आगामी कौशल का अभ्यास किया जा सके। परिवर्तन आवश्यक समझा जाता है जिससे छात्राध्यापक की शिक्षण में रुचि बनी रहे।

अनुकरणीय शिक्षण प्रविधि में इन छः सोपानों का अनुसरण करने से—1. शिक्षक व्यवहार क्रम (Taxonomy of Teacher Behaviour) का विकास कर सकते हैं।

2. कक्षा शिक्षण से पहले पूर्व अभ्यास के रूप में प्रयोग किया जा सकता है। इससे सामान्य व्यवहार की जानकारी तथा कौशल का विकास होता है।

3. इस प्रविधि की सहायता से छात्रों को प्रभावशाली ढंग से पृष्ठपोषण प्रदान किया जा सकता है।

4. इसे अनुसंधान की एक प्रविधि के रूप में प्रयोग किया जा सकता है।

**अनुकरणीय शिक्षण के लिए सावधानियाँ (Precautions for SSST)**—इस प्रविधि का प्रयोग करते समय निम्न सावधानियाँ रखनी चाहिए—

1. एक ही विषय के छात्राध्यापकों को एक साथ इस प्रविधि का अभ्यास कराना चाहिए।

2. अभ्यास के लिए छात्राध्यापक को अपनी छोटी पाठ योजना तैयार कर लेनी चाहिए।

3. इसके प्रयोग के समय शिक्षक एवं पर्यवेक्षक को कक्षा में उपस्थित रहना चाहिए।

4. प्रत्येक छात्राध्यापक को शिक्षक, निरीक्षक तथा छात्र के रूप में कार्य करने का अवसर देना चाहिए।

5. शिक्षण के अन्त में वाद-विवाद किया जाना चाहिए जिससे छात्राध्यापक अपने व्यवहार में आवश्यक सुधार ला सके।

6. शिक्षक व्यवहार क्रम के विकास का अनुसरण करना चाहिए, तभी छात्राध्यापक इसके अभ्यास में रुचि लेंगे।

अनुकरणीय शिक्षण के उपयोग (Uses of S.S.S.T.)—1. शिक्षण में प्रश्न पूछने की क्षमताओं का विकास किया जाता है।

2. प्रश्नों को क्रम में प्रयुक्त करने की क्षमताओं का विकास किया जाता है।

3. पृष्ठपोषण प्रदान किया जा सकता है।

4. इसका प्रयोग प्रदर्शन पाठ के स्थान पर भी किया जा सकता है।

5. पाठ्यवस्तु को क्रमबद्ध रूप में प्रस्तुत करने की क्षमताओं का विकास किया जाता है।

### 3. टोली शिक्षण (Team Teaching)

टोली शिक्षण का प्रयोग कक्षा में शिक्षण अधिगम प्रक्रिया में सुधार लाने के लिए किया जाता है। वर्तमान शिक्षा प्रणाली में अध्यापक का उत्तरदायित्व अधिक है। अध्यापक को प्रतिवर्ष एक ही पाठ्यवस्तु छात्रों को पढ़ानी पड़ती है। इससे उसमें उदासीनता तथा अरुचि की प्रवृतियाँ विकसित हो जाती हैं। उसे शिक्षण कार्य विवशतापूर्वक करना पड़ता है। इस प्रकार की परिस्थितियों में टोली शिक्षण की आवश्यकता का अनुभव होता है। कक्षा शिक्षण की परिस्थितियों के विकास के लिए टोली शिक्षण का उपयोग व्यापक रूप में किया जाता है।

इस प्रविधि का विकास संयुक्त राज्य अमेरिका में 1950-60 के दौरान हुआ। ब्रिटेन में जे० फ्रीमेन ने टोली शिक्षण प्रविधि का विकास किया। धीरे-धीरे इसका प्रयोग विद्यालयों तथा महाविद्यालयों में किया जाने लगा। शिकागो विश्वविद्यालय के फ्रॉसिस चेज ने टोली शिक्षण का उपयोग प्रभावशाली शिक्षण की आवश्यकताओं हेतु किया था।

**टोली शिक्षण का अर्थ एवं परिभाषा (Meaning and Definition of Team Teaching)**

टोली शिक्षण को विभिन्न विद्वानों ने विभिन्न प्रकार से परिभाषित किया है। कोर्लो ऑलसन (Carlo Olson) के अनुसार, "एक अनुदेशनात्मक परिस्थिति जहाँ पर दो या अधिक शिक्षक शिक्षण कौशलों से युक्त एक-दूसरे के सहयोग से योजना बनाकर विद्यार्थियों के एक ही समूह पर इनको लागू करते हैं और विशिष्ट प्रकार के अनुदेशन के लिए लचीली समूहीकरण प्रविधि का प्रयोग करते हैं।" (Team teaching is an instructional situation where two or more teachers possessing complementary teaching skills cooperativety plan and implement the instruction for a single group of students using flexible scheduling and grouping techniques to meet the particular instruction.)

डेविड वारविक (David Warwick) के अनुसार, "टोली शिक्षण व्यवस्था का एक स्वरूप है जिसमें कई शिक्षक अपने स्रोतों, अभिरुचियों तथा दक्षताओं को एकत्रित करते हैं और छात्रों की आवश्यकताओं के अनुसार शिक्षकों की एक टोली द्वारा उन्हें प्रस्तुत किया जाता है, वे विद्यालय की सुविधाओं का समुचित उपयोग करते हैं।" (Team teaching is a form of organisation in which individual teachers decide to post resources, interests and expertise in order to devise and implement a scheme of work suitable to the needs of their pupils and the facilities of their school.)

उपर्युक्त परिभाषाओं से यह स्पष्ट है कि टोली शिक्षण व्यवस्था का एक स्वरूप है। इसमें भाग लेनेवाले शिक्षक अपनी क्रियाओं को स्वयं निर्धारित करते हैं। उन्हें कार्य चयन की पूर्ण स्वतन्त्रता होती है। इसके अतिरिक्त सभी साधनों, रुचियों एवं शिक्षकों की दक्षता को एकत्रित किया जाता है। इस प्रकार टोली शिक्षण, शिक्षण की एक सुव्यवस्थित प्रणाली है जिसमें कई शिक्षक मिलकर विद्यार्थियों के एक समूह को अनुदेशन प्रदान करते हैं। सामान्यतः इसमें दो या दो से अधिक शिक्षक भाग लेते हैं। ये शिक्षक शिक्षण की योजना और उसका कार्यान्वयन विद्यार्थियों के समूह के लिए मिलकर करते हैं। इस विधि में शिक्षण विधियों की योजना, समय तथा प्रक्रिया लचीली रखी जाती है जिससे इसके कार्यक्रम में आवश्यक परिवर्तन किया जा सके। अतः यह कहा जा सकता है कि टोली शिक्षण कक्षा शिक्षण को बदलने एवं सुधारने की प्रेरणा से उत्पन्न प्रणाली है जिसमें शिक्षण में सुधार लाने और उसकी गुणात्मक वृद्धि के लिए एक ही कक्षा में कई शिक्षकों की विशेष योग्यताओं का लाभ उठाने का प्रयास किया जाता है।

टोली शिक्षण के उद्देश्य (Objectives of Team Teaching)—1. शिक्षकों की विशिष्ट योग्यताओं एवं रुचियों का उपयोग करना।

2. छात्रों की रुचियों एवं क्षमताओं के अनुरूप छात्रों का वर्गीकरण करना।

3. शिक्षण में गुणात्मक सुधार लाना।

## टोली शिक्षण के सिद्धान्त (Principles of Team Teaching)

टोली शिक्षण के संगठन और संचालन के लिए कुछ सिद्धान्तों का पालन किया जाना आवश्यक है। स्थानीय परिस्थितियों के अनुरूप इनमें आवश्यकतानुसार परिवर्तन किया जा सकता। मुख्य सिद्धान्त निम्न हैं—

1. टोली शिक्षण में शिक्षण अवधि का निर्धारण आवश्यकतानुसार किया जाना चाहिए। विषय के महत्व एवं विशेषज्ञों की राय के अनुसार व्यवस्था नमनीय (Flexible) होनी चाहिए।

2. अनुदेशन प्रदान करने से पूर्व छात्र के प्रारम्भिक व्यवहार का अवश्य समुचित मूल्यांकन किया जाना चाहिए। अनुदेशन का स्तर विद्यार्थियों के अनुसार ही होना चाहिए।

3. अधिगम अनुभवों एवं उद्देश्यों को ध्यान में रखकर ही कक्षा में छात्रों के समूह की रचना करनी चाहिए।

4. शिक्षकों को टोली का चुनाव सावधानी से करना चाहिए। टोली के शिक्षकों का चयन उनकी रुचियों, योग्यताओं, कौशलों और व्यक्तित्व की विशेषताओं को ध्यान में रखते हुए करना चाहिए।

5. अधिगम के लिए समुचित वातावरण की व्यवस्था की जानी चाहिए। कक्षा कार्य प्रारम्भ होने से पूर्व आवश्यक प्रयोगशाला, पुस्तकालय, कार्यशाला, शिक्षण सहायक सामग्री की व्यवस्था की जानी चाहिए।

## टोली शिक्षण के प्रकार (Types of Team Teaching)

टोली शिक्षण का वर्गीकरण व्यवस्था के स्वरूप के आधार पर किया जा सकता है। मुख्य रूप से तीन प्रकार से व्यवस्था की जाती है--

1. एक ही विभाग के शिक्षकों की टोली।

2. एक ही संस्था के विभिन्न विभागों के शिक्षकों की टोली।

3. विभिन्न संस्थाओं के एक ही विभाग के शिक्षकों की टोली।

1. एक ही विभाग के शिक्षकों की टोली—इस प्रकार की व्यवस्था माध्यमिक और उच्चतर माध्यमिक कक्षाओं के लिए की जाती है। यह तभी सम्भव है जब एक ही विषय के दो से अधिक शिक्षक होते हैं। इस प्रकार के प्रयोग ब्रिटेन, अमेरिका में विज्ञान, अंग्रेजी तथा सामाजिक विषयों के शिक्षण में किए गए हैं।

2. एक ही संस्था के विभिन्न विभागों के शिक्षकों की टोली—इस प्रकार की टोली शिक्षण की व्यवस्था 'अध्यापक-शिक्षा' तथा शिक्षण-प्रशिक्षण संस्थानों में की जाती है क्योंकि इनकी कक्षाओं में शिक्षण के लिए मनोविज्ञान, दर्शन, समाजशास्त्र तथा सांख्यिकी विभागों के शिक्षकों के सहयोग से टोली शिक्षण की व्यवस्था सुगमता से की जा सकती है। इससे अन्तः अनुशासन शिक्षण व्यवस्था (Interdisciplinary Teaching) को प्रोत्साहन मिलता है।

3. विभिन्न संस्थाओं के एक ही विभाग के शिक्षकों की टोली—इस प्रकार की टोली शिक्षण व्यवस्था प्रत्येक स्तर पर की जा सकती है। इसमें अन्य संस्थाओं के विशेषज्ञों को आमन्त्रित किया जाता है जिसके अन्तर्गत किसी विषय के विशेष प्रकरण के लिए शिक्षण व्यवस्था की जाती है। माध्यमिक स्तर पर जहाँ एक विषय का एक ही शिक्षक होता है, इस प्रकार की शिक्षण व्यवस्था सम्भव हो पाती है। नगर में कई प्रशिक्षण संस्थाएँ होने पर शिक्षण विषयों के लिए इसे प्रभावशाली रूप से प्रयुक्त कर सकते हैं।

## टोली शिक्षण की प्रक्रिया (Procedure of Team Teaching)

टोली शिक्षण की प्रक्रिया के मुख्य चरण निम्न हैं—

1. टोली शिक्षण की योजना (Planning of Team Teaching)—इसमें निम्न क्रियाओं का आयोजन किया जाता है—

1. उद्देश्यों को निर्धारित करना।
2. उद्देश्यों को व्यावहारिक रूप में लिखना।
3. छात्रों के पूर्व व्यवहारों को पहचानना।
4. शिक्षण के प्रकरण के विषय में निर्णय लेना।
5. प्रकरण के शिक्षण के लिए रूपरेखा तैयार करना।
6. शिक्षकों की रुचियों एवं कौशलों को ध्यान में रखकर कार्य सौंपना।
7. अनुदेशन के स्तर को निर्धारित करना।
8. शिक्षण सामग्री तथा अधिगम वातावरण की व्यवस्था करना।
9. मूल्यांकन प्रविधियों को निर्धारित करना।

उक्त क्रियाओं के आधार पर टोली शिक्षण की योजना तैयार की जाती है।

2. टोली शिक्षण की व्यवस्था (Organisation of Team Teaching)—उद्देश्यों, छात्रों की कठिनाइयों एवं आवश्यकताओं को ध्यान में रखकर व्यवस्था की जाती है। इसमें निम्न क्रियाएँ की जाती हैं—

1. शिक्षक प्रारम्भ में प्रश्न पूछकर अनुदेशन स्तरीकरण करता है।
2. छात्रों की भाषा की बोधगम्यता के आधार पर समुचित सम्प्रेषण प्रविधि का चयन किया जाता है।
3. शिक्षक प्रमुख व्याख्यान देता है, अन्य शिक्षक सदस्य उसको सुनते हैं और

साथ में बिन्दुओं को नोट करते हैं। ऐसे तत्वों को विशेष रूप से नोट किया जाता है जिनका समझना छात्रों के लिए कठिन होता है।

4. अन्य टोली के शिक्षकों द्वारा तत्वों का स्पष्टीकरण किया जाता है। इन्हें अनुसरण की क्रियाएँ कहते हैं।

5. छात्रों की क्रियाओं को पुनर्बलन दिया जाता है।

6. छात्रों को कुछ कार्य कक्षा में ही करने को दिए जाते हैं तथा कुछ अनुसरण काल में दिए जाते हैं। यह टोली शिक्षण का महत्वपूर्ण कार्य है।

प्रत्येक शिक्षक सतर्कतापूर्वक अपने कार्य को पूरा करता है।

**3. टोली शिक्षण के परिणामों का मूल्यांकन** (Evaluation of the Results of Team Teaching)—छात्रों की निष्पत्तियों के आधार पर उद्देश्यों की प्राप्ति के सन्दर्भ में मूल्यांकन किया जाता है। इस सोपान में निम्न क्रियाएँ की जाती हैं—

1. छात्रों की निष्पत्तियों तथा उद्देश्यों की प्राप्ति के सम्बन्ध में निर्णय लिया जाता है।

2. मूल्यांकन के आधार पर योजना तथा व्यवस्था सोपान में आवश्यक सुधार किया जाता है।

3. मूल्यांकन के लिए मौखिक, लिखित प्रश्नों तथा प्रयोगात्मक विधियों का अनुसरण किया जाता है। प्रत्येक प्रश्न किसी एक उद्देश्य का मूल्यांकन करता है।

4. छात्रों की कमजोरियों तथा कठिनाइयों का निदान कर उनका उपचार किया जाता है।

टोली शिक्षण की व्यवस्था प्रमुख रूप से 3 कार्यों के लिए की जाती है—

1. कक्षा शिक्षण के किसी विशिष्ट प्रकरण को अधिक बोधगम्य रूप में प्रस्तुत करने के लिए।

2. सामान्य शिक्षण में, जो छात्रों की कठिनाइयाँ रहती हैं, उनको स्पष्ट करने के लिए।

3. प्रशिक्षण संस्थाओं में शिक्षण कौशल एवं क्षमताओं को विकसित करने के लिए।

**टोली शिक्षण के लाभ** (Advantages of Team Teaching)—1. इससे अनुदेशन की गुणवत्ता में सुधार होता है।

2. शिक्षकों का व्यावसायिक विकास होता है।

3. समस्या का समाधान अन्तः अनुशासनिक अध्ययन द्वारा किया जाता है।

4. मानव सम्बन्धों का उचित विकास होता है।

5. छात्रों को विशेषज्ञों के विचारों को सुनने का अवसर प्राप्त होता है।

6. समय और शक्ति की बचत के साथ अनुशासन बनाए रखने में भी सहायता मिलती है।

**टोली शिक्षण की सीमाएँ (Limitations of Team Teaching)**—टोली शिक्षण की कुछ प्रमुख कमियाँ निम्न हैं—

1. टोली शिक्षण का आधार ही सहयोग है। शिक्षकों में प्रतिबद्धता एवं सहयोग के अभाव में यह सफल नहीं हो सकती।

2. शिक्षण संस्थाओं में बड़े कमरों एवं पर्याप्त स्थान के अभाव में टोली शिक्षण की प्रभावकारिता में कमी आ जाती है।

3. परम्परागत शिक्षण की अपेक्षा अधिक खर्चीली है।

4. टोली शिक्षण की सफलता के लिए इसकी संरचना में लचीलापन आवश्क है। लचीलेपन के अभाव में इसकी सफलता सन्दिग्ध है।

5. शिक्षकों के विचारों में विभिन्नता होने से शिक्षकों में सामंजस्य एवं सन्तुलन बनाए रखना कठिन होता है।

6. अधिकांश शिक्षक नई विधियों एवं परिवर्तनों का विरोध करते हैं।

7. शिक्षक और व्यवस्थापक अपनी शक्तियों और उत्तरदायित्वों का विभाजन नहीं करना चाहते।

8. इस क्षेत्र में पर्याप्त अनुसन्धान न होने से इसकी प्रभावशीलता का स्पष्ट पता नहीं चल पाया है।

**टोली शिक्षण के उपयोग के लिए सुझाव (Suggestions for the Use of Team Teaching)**—1. शिक्षकों की रुचि एवं अभिवृत्ति का ध्यान रखा जाना चाहिए।

2. शिक्षकों में सहयोग तथा लगन की भावना होनी चाहिए।

3. शिक्षकों को कार्य करने की पर्याप्त स्वतन्त्रता दी जानी चाहिए।

4. प्रशिक्षण संस्थाओं में इसका प्रयोग किया जाना चाहिए।

5. शिक्षकों में उत्तरदायित्व की भावना होनी चाहिए।

## 4. अभिक्रमित अनुदेशन (Programmed Instruction)

अभिक्रमित अनुदेशन का आविर्भाव बीसवीं शताब्दी में हुआ परन्तु इसके मूल सिद्धान्त प्रसिद्ध दार्शनिक सुकरात की प्रश्नोत्तर विधि पर आधारित हैं। इन्होंने सर्वप्रथम रेखागणित के लिए अभिक्रमित अनुदेशन का विकास किया। सुकरात के अनुदेशन का स्वरूप अभिक्रमित अनुदेशन के समान था परन्तु उन्होंने अभिक्रमित अनुदेशन शब्द का प्रयोग नहीं किया था। अभिक्रमित अनुदेशन में व्यक्तिगत विभिन्नताओं के अनुसार छात्रों को सीखने के अवसर तथा सुविधाएँ प्रदान की जाती हैं। बीसवीं शताब्दी में सर्वप्रथम इस शब्द का प्रयोग सिडनी के एल० प्रेसी ने किया। उन्होंने ऐसी मशीनों का विकास किया जिनका प्रयोग शिक्षण तथा परीक्षण दोनों के लिए किया जाता था। इसके बाद अमेरिका के हार्वर्ड विश्वविद्यालय के प्रो० बी०एफ० स्किनर ने 1954 में अधिगम के इस विज्ञान की खोज

की। भारत में 1963 में सर्वप्रथम अभिक्रमित अनुदेशन का प्रारम्भ सेंट्रल पैडागोजिकल इंस्टीट्यूट, इलाहाबाद में हुआ। इसके बाद राष्ट्रीय शैक्षिक अनुसंधान एवं प्रशिक्षण परिषद, दिल्ली तथा एडवांस स्टडीज सेंटर, बड़ौदा द्वारा इस क्षेत्र में कार्य किया गया।

अभिक्रमित अनुदेशन एक ऐसी प्रविधि है जिसमें अनुदेशन सामग्री को क्रमबद्ध रूप में प्रस्तुत किया जाता है। इसमें छात्रों को सही अनुक्रियाओं को लगातार पुनर्बलन (Reinforcement) दिया जाता है। पाठ्यवस्तु का प्रस्तुतीकरण छोटे-छोटे पदों के रूप में किया जाता है तथा पदों को तार्किक क्रम में रखा जाता है। छात्रों को अपनी व्यक्तिगत विभिन्नता एवं अपनी गति के अनुसार सीखने का अवसर दिया जाता है। छात्रों की कमजोरियों का निदान कर उन्हें उपचारात्मक अनुदेशन दिया जाता है।

**अभिक्रमित अधिगम तथा अभिक्रमित अनुदेशन (Programmed Learning and Programmed Instruction)**

अभिक्रमित अधिगम का सम्बन्ध छात्रों की क्रियाओं से है। इसमें छात्रों की उन सभी विशेषताओं और क्रियाओं को सम्मिलित किया जाता है जो एक छात्र शिक्षण मशीन अथवा अभिक्रमित सामग्री के साथ करता है। इसमें छात्र व्यक्तिगत रूप में अपनी गति से सीखता है। पाठ्यवस्तु का प्रस्तुतीकरण मनोवैज्ञानिक क्रम में होता है और छात्र को किसी-न-किसी रूप में अनुक्रिया करनी होती है। छात्र की अनुक्रियाओं की जाँच तुरन्त की जाती है। सही अनुक्रिया छात्र को पुनर्बलन प्रदान करती है। छात्र को अनुक्रियाओं से सम्बन्धित अध्ययन आलेख तैयार करना होता है।

अभिक्रमित अनुदेशन का सम्बन्ध शिक्षक की क्रियाओं से होता है। इसमें वे सभी क्रियाएँ सम्मिलित हैं जिनकी शिक्षक या अभिक्रमक (Programmer) अपनी पाठ्यवस्तु में व्यवस्था करता है।

इसमें साधारत: सिद्धान्तों, अधिनियमों तथा क्रियाओं की मूल रूप में व्यवस्था की जाती है। अभिक्रमित अनुदेशन का लक्ष्य वांछित व्यवहार परिवर्तन के लिए समुचित अधिगम परिस्थितियों को उत्पन्न करना है।

अत: अभिक्रमित अनुदेशन में अधिगम स्वरूपों तथा अपेक्षित व्यवहार परिवर्तन को महत्व दिया जाता है जबकि अभिक्रमित अधिगम में सीखने के अनुभवों तथा अन्तिम उद्देश्यों जो महत्व दिया जाता है।

**अभिक्रमित अनुदेशन का अर्थ (Meaning of Programmed Instruction)**—बी०एफ० स्किनर ने इस प्रत्यय को शिक्षण की कला और अधिगम के विज्ञान की संज्ञा दी है। इसे व्यक्तिगत अनुदेशन तथा स्वत: अनुदेशन भी कहा जाता है। इसमें छात्रों के अधिगम के लिए पाठ्यवस्तु को क्रमबद्ध रूप में छोटे-

छोटे पदों में प्रस्तुत किया जाता है। प्रत्येक पद को पढ़ने के साथ छात्र को अनुक्रिया करनी होती है और अनुक्रिया की जाँच वह स्वयं करता है। छात्र को सही अनुक्रिया से पुनर्बलन मिलता है और वह अपनी सीखने की गति के अनुसार आगे बढ़ता है। छात्रों की अनुक्रियाएँ उनमें अपेक्षित व्यवहार परिवर्तन लाने में सहायक होती हैं। दूसरी व्यावहारिक परिभाषा निम्नलिखित है—

"अभिक्रमित अधिगम एक ऐसी विधि है जिसमें शिक्षक की आवश्यकता नहीं होती है। इसमें व्यक्तिगत अनुदेशन के रूप में सीखने के लिए अवसर दिया जाता है। इसमें छात्र तत्पर होकर अपनी गति एवं क्षमताओं के अनुसार सीखता है और अपनी ज्ञान प्राप्ति का भी बोध रहता है। इसे व्यवहार परिवर्तन की प्रक्रिया मानते हैं।" (Programmed learning has been defined as a method of giving individualized instructions in which the student is active and proceeds at his own pace and is provided with immediate knowledge of the result. The physical presence of teacher is not required in this method.)

सुसन मारकल ने यह परिभाषा दी है, "अभिक्रमित अधिगम एक ऐसी व्यूह रचना है जिसकी सहायता से शिक्षण सामग्री को एक ऐसे क्रम में नियोजित किया जाता है जिससे छात्रों में लगातार अपेक्षित व्यवहार परिवर्तन लाने का प्रयास किया जा सकता है और उसका मापन भी किया जा सकता है।" (Programmed learning is a method of designing a reproducable sequence of instructional events to produce a measurable and consistent effect on behaviour of each and every acceptable student.)

—Susan Markle

## अभिक्रमित अधिगम तथा परम्परागत शिक्षण में अन्तर
## (Difference between Programmed Learning and Traditional Teaching)

| अभिक्रमित अधिगम या अध्ययन | परम्परागत शिक्षण |
|---|---|
| 1. यह शिक्षण के मनोवैज्ञानिक सिद्धान्तों पर आधारित है। | 1. इसमें मनोवैज्ञानिक सिद्धान्तों का उपयोग नहीं किया जाता है। |
| 2. छात्र प्रधान है। | 2. शिक्षक प्रधान है। |
| 3. यह विधि वैयक्तिक शिक्षण के लिए उपयोगी है। | 3. यह सामूहिक शिक्षण के लिए उपयोगी है। |
| 4. इसमें विषयवस्तु सुसंगठित होती है। | 4. इसमें विषयवस्तु सुसंगठित नहीं होती। |

| | |
|---|---|
| 5. इसमें सम्पूर्ण कार्यक्रम परीक्षण करने के बाद तैयार किया जाता है। | 5. इसमें पूर्व परीक्षण किया जाना सम्भव नहीं है। |
| 6. यह शिक्षण या अनुदेशन की वैयक्तिक प्रविधि है। | 6. यह एक सामूहिक प्रविधि है। |
| 7. इसमें विषयवस्तु को क्रमबद्ध रूप में एक सोपान के बाद दूसरे सोपान के माध्यम से प्रस्तुत किया जाता है। | 7. विषयवस्तु का प्रस्तुतीकरण समग्र रूप में किया जाता है। |
| 8. प्राप्य उद्देश्यों को व्यवहार परिवर्तन के रूप में परिभाषित किया जाता है। | 8. उद्देश्य अनिश्चित रहते हैं। |
| 9. इसमें सूचनाएँ या ज्ञान छोटे-छोटे पदों के रूप में प्रस्तुत किया जाता है। | 9. इसमें सूचनाएँ पदों के रूप में प्रस्तुत न होने से छात्रों को प्रश्नों के उत्तर देने का अवसर नहीं मिलता है। |

**अभिक्रमित अधिगम के अधिनियम (Principles of Programmed Lenrning)**—एक प्रभावशाली अभिक्रमित अधिगम सामग्री कुछ मूल अधिनियमों पर आधारित होती है जिनका प्रतिपादन मनोविज्ञान की प्रयोगशाला के शोध कार्यों के आधार पर किया गया है। यह अधिनियम पाँच हैं—

1. छोटे-छोटे पदों का अधिनियम।
2. तत्परता अनुक्रिया का अधिनियम।
3. तत्कालीन जाँच का अधिनियम।
4. स्वतः अध्ययन गति का अधिनियम।
5. छात्र परीक्षा का अधिनियम।

उपर्युक्त अधिनियमों का प्रयोग कर छात्र शीघ्रता से सीखता है तथा सीखे ज्ञान को अधिक समय तक याद रखता है। इसमें अध्यापक की अनुपस्थिति में भी छात्र सीखता है। अभिक्रमित अनुदेशन की सामग्री का प्रस्तुतीकरण प्रस्तुत कार्ड और मशीनों द्वारा किया जा सकता है।

### अभिक्रमित अनुदेशन के प्रकार (Types of Programmed Instruction)

सामान्य रूप में दो प्रकार के अनुदेशनों का प्रयोग कक्षा शिक्षण में किया जाता है—

1. **शृंखला अभिक्रमित अनुदेशन (Linear Programmed Instruction)**—इस प्रकार के अनुदेशन में पाठ्यवस्तु को छोटे-छोटे पदों में क्रमबद्ध रूप में प्रस्तुत किया जाता है। प्रत्येक पद छात्र को नवीन ज्ञान प्रदान करता है।

प्रत्येक पद पर छात्र सही अनुक्रिया करता है। उसका सम्बन्ध अंतिम व्यवहार से होता है। छात्र एक समय में जितना पढ़ता है उसे पद कहते हैं। सभी पदों में परस्पर सम्बन्ध होता है। इस अनुदेशन का प्रमुख लक्ष्य व्यवहार परिवर्तन करना है। इसे निम्न प्रकार प्रदर्शित किया जा सकता है—

$$\underbrace{\text{उद्दीपन } (S_1) \rightarrow \text{अनुक्रिया } (R_1) \rightarrow \text{सही उत्तर } (A_1)}_{\text{पद 1}} \rightarrow \underbrace{S_2 \rightarrow R_2 \rightarrow A_2}_{\text{पद 2}}$$

$S_1$ = प्रश्न या कथन के रूप में उद्दीपन

$R_1$ = छात्र द्वारा की गई अनुक्रिया

$A_1$ = उत्तर जिससे छात्र अपने उत्तर की पुष्टि करता है और पुनर्बलन प्राप्त करता है।

इसमें प्रथम पद की अनुक्रिया द्वितीय पद के लिए उद्दीपन का कार्य करती है। द्वितीय पद की अनुक्रिया तृतीय पद के लिए उद्दीपन का कार्य करती है। इस प्रकार उद्दीपन अनुक्रिया की सहायता से पाठ्यवस्तु को सीखने के क्रम में व्यवस्थित किया जाता है, इसमें छात्रों की व्यक्तिगत भिन्नताओं का पूर्ण ध्यान रखा जाता है। प्रत्येक छात्र को अपनी गति से सीखने का अवसर दिया जाता है। छात्र को क्रियाशील रहना पड़ता है। बिना शिक्षक की उपस्थिति के छात्र नवीन प्रत्ययों को सुगमता से सीखते हैं।

बी०एफ० स्किनर ने इसका विकास शिक्षण अधिगम को प्रभावशाली बनाने के लिए किया है। इसके प्रयोग से शिक्षा की प्रक्रिया को उद्देश्यपूर्ण बनाने के साथ शिक्षण समस्याओं का समाधान भी किया जा सकता है।

2. शाखीय अभिक्रमित अनुदेशन (Branching Programmed Instruction)—नार्मन ए-क्राउडर (1954) ने संयुक्त राज्य अमेरिका में इसका विकास किया है। इसकी प्रमुख अवधारणा यह है कि गलत अनुक्रियाएँ अधिगम में बाधक नहीं होतीं अपितु निदान में सहायक होती हैं। यदि छात्रों को अध्ययन के साथ निदान के लिए उपचारात्मक अनुदेशन प्रदान किया जाय तो अधिक सीखते हैं। इसमें पाठ्यवस्तु को छोटे-छोटे पदों में न रखकर समग्र पाठ या एक इकाई या प्रत्यय के रूप में प्रस्तुत किया जाता है। प्रत्येक पद का आकार बड़ा होता है। छात्र को एक समय में सम्पूर्ण प्रत्यय की व्याख्या का अध्ययन करके बोधगम्य करना होता है। अध्ययन के समय पृष्ठों का क्रमबद्ध रूप में अनुसरण नहीं किया जाता है, इसलिए इसे उत्कृष्ट पाठ्यपुस्तक (Scrambled Text-book) कहते हैं। इस प्रकार की पाठ्यवस्तु में दो प्रकार के पृष्ठ होते हैं (1) गृह पृष्ठ (Home Page) तथा त्रुटि पृष्ठ (Wrong Page)। गृह पृष्ठ पर नवीन प्रत्यय की व्याख्या की जाती है जिसका कार्य शिक्षण है। छात्र उसको पढ़कर सीखते हैं।

प्रत्यय की व्याख्या के अन्त में एक बहुनिर्वचन रूप का प्रश्न दिया जाता है। इसमें से छात्रों को सही अनुक्रिया का चयन करना होता है। इसका उद्देश्य परीक्षण करना नहीं वरन् निदान करना होता है। छात्र जब गलत अनुक्रिया करता है तो उसकी कमजोरियों का पता चलता है। यदि उसकी अनुक्रिया गलत है तो वह त्रुटि पृष्ठ पर जाएगा। त्रुटि पृष्ट पर उसे निर्देश मिलेगा। इस प्रकार त्रुटि पृष्ठ पर उसे सुधारात्मक तथा उपचारात्मक अनुदेशन दिए जाते हैं, कोई नवीन सूचना नहीं दी जाती। इस प्रकार त्रुटि पृष्ठ छात्रों को शैक्षिक निर्देशन प्रदान करता है। इसका प्रयोग अनुभवी अध्यापकों द्वारा कक्षा शिक्षण में किया जा सकता है।

इस प्रकार शाखीय अनुदेशन एक अनुवर्ग शिक्षण प्रक्रिया के रूप में कार्य करता है। इसमें शिक्षक जो कुछ छात्र को पढ़ाना चाहता है उसकी सम्पूर्ण व्याख्या करता है, उसमें निहित विचारों, तथ्यों तथा प्रत्ययों को एक क्रम में प्रस्तुत करता है। प्रस्तुतीकरण के बाद प्रश्न पूछे जाते हैं। जिन प्रश्नों का छात्र सही उत्तर नहीं दे पाते उनसे सम्बन्धित तथ्यों का स्पष्ट तथा सरल भाषा मे प्रस्तुतीकरण किया जाता है। शिक्षक छात्र की कमजोरियों के आधार पर उपचारात्मक सहायता प्रदान करता है। शिक्षण बिन्दुओं की सरल रूप में व्याख्या करता है। छात्र और शिक्षक के मध्य अन्त:प्रक्रिया होती है जो पृष्ठ-पोषण का कार्य करती है। अत: शाखीय अथवा आन्तरिक अभिक्रमित अनुदेशन एक अनुवर्ग शिक्षण व्यूह रचना के समान कार्य करता है।

## सारांश (Summary)

**शिक्षण में नवाचार**—1. सूक्ष्म शिक्षण—अर्थ, परिभाषा, सूक्ष्म शिक्षण का स्वरूप, सूक्ष्म शिक्षण के सोपान, शिक्षण कौशल, सूक्ष्म शिक्षण के गुण।

पारम्परिक और सूक्ष्म शिक्षण में अन्तर।

2. अनुकरणीय शिक्षण—अर्थ, धारणाएँ, प्रक्रिया।

3. टोली शिक्षण—अर्थ, परिभाषा, उद्देश्य, प्रकार, प्रक्रिया।

4. अभिक्रमित अनुदेशन—अर्थ, अभिक्रमित अधिगम तथा अभिक्रमित अनुदेशन, परिभाषा, अभिक्रमित अधिगम तथा परम्परागत शिक्षण में अन्तर।

अभिक्रमित अनुदेशन के प्रकार—

1. श्रृंखला अभिक्रमित अनुदेशन।
2. शाखीय अभिक्रमित अनुदेशन।

## प्रश्न (Study Questions)

1. सूक्ष्म शिक्षण से क्या अभिप्राय है ? इसके गुण-दोषों का विवेचन कीजिए।

2. स्पष्ट कीजिए कि अभिक्रमित अधिगम का क्या अभिप्राय है ? अभिक्रमित अधिगम तथा अभिक्रमित शिक्षण के अन्तर को बताइए।

3. टोली शिक्षण का अर्थ स्पष्ट करते हुए उसकी प्रक्रिया का वर्णन कीजिए।

4. अभिक्रमित अनुदेशन के प्रकार बताते हुए शिक्षण में इसकी उपयोगिता बताइए।

# विज्ञान में क्रियात्मक अनुसन्धान
## (Action Research in Science)

शिक्षा ज्ञान, मूल्य, कुशलताओं एवं अभिव्यक्तियों के रूप में बालक के व्यवहार में परिवर्तन लाने की प्रक्रिया है। शिक्षा के माध्यम से व्यवहार परिवर्तन लाने हेतु अध्यापक प्रत्येक परिस्थिति में एक ही विधि का प्रयोग नहीं करता है। शिक्षक, छात्र, पाठ्यपुस्तक, कक्षा परिस्थितियाँ, शिक्षण विधि एवं शिक्षण सामग्री शिक्षण प्रक्रिया के आवश्यक तत्व हैं। इनमें सुधार प्रयोगात्मक परियोजना के द्वारा किया जाता हैं। प्रयोगात्मक परियोज़ना एवं क्रियात्मक अनुसंधान की परिभाषा में साम्य है। इसलिए प्रयोगात्मक परियोजना के प्रारूप को समझने से पहले क्रियात्मक अनुसन्धान के विषय में ज्ञान प्राप्त करना आवश्यक है।

क्रियात्मक अनुसन्धान द्वारा शिक्षक शिक्षण से सम्बन्धित समस्याओं में सुधार एवं परिवर्तन लाते हैं। क्रियात्मक अनुसन्धान की प्रक्रिया समस्या-केन्द्रित होती है। इसका उद्देश्य कक्षा कार्य प्रणाली की समस्या का समाधान करके उसमें परिवर्तन लाना है। यह समस्याओं के अनौपचारिक रूप से वास्तविक परिस्थितियों में वस्तुनिष्ठ समाधानों तक पहुँचने की एक वैज्ञानिक विधि है।

शिक्षा में इस प्रकार के शोधों या अनुसन्धानों के सूत्रपात का श्रेय अमेरिका को है। इस प्रत्यय की उत्पत्ति का स्रोत आधुनिक मानव व्यवस्था सिद्धान्त (Modern Human Organization Theory) है। इस सिद्धांत की प्रमुख धारणा है कि व्यवस्था के कार्यकर्ता में कार्यकुशलता के साथ-साथ समस्या समाधान की क्षमता भी होती है। इसलिए कार्यकर्ता को उसकी कार्यप्रणाली की समस्याओं के समाधान का अवसर देना चाहिए।

लेविन ने मानवीय सम्बन्धों को उत्तम बनाने के लिए क्रियात्मक शोध के प्रयोग पर बल दिया। 1953 में प्रो० स्टीफेन एम० कोरे ने शिक्षा की समस्याओं के लिए क्रियात्मक अनुसंधान का सर्वप्रथम प्रयोग किया था।

कोरे के अनुसार—"शिक्षा में क्रिया अनुसन्धान कार्यकर्ताओं द्वारा किया जाने वाला अनुसंधान है ताकि वे अपने कार्यों में सुधार कर सकें।"

गुड के अनुसार—"क्रिया अनुसंधान शिक्षकों, निरीक्षकों और प्रशासकों द्वारा अपने निर्णयों और कार्यों की गुणात्मक उन्नति के लिए प्रयोग किया जाने वाला अनुसन्धान है।"

क्रियात्मक अनुसन्धान का मुख्य कार्य विद्यालय की समस्याओं का समाधान करके उसकी गुणात्मक उन्नति करना है। अतः इसमें बाल व्यवहार से सम्बन्धित समस्यायें, शिक्षण से सम्बन्धित समस्यायें, परीक्षा से सम्बन्धित समस्यायें, पाठांतर क्रियाओं से सम्बन्धित समस्यायें तथा विद्यालय संगठन व प्रशासन से सम्बन्धित समस्याओं का अध्ययन किया जाता है।

## क्रियात्मक अनुसन्धान के सोपान (Steps of Action Research)

क्रियात्मक अनुसन्धान दैनिक क्रियाओं में वैज्ञानिक ढंग से सुधार लाने की एक विधि है जिसमें शोधकर्ता अपनी समस्याओं का वस्तुनिष्ठ और तथ्यों पर आधारित समाधान ढूंढ़ता है। इसमें निम्न सोपान हैं:—

### 1. समस्या को पहचानना (Identifying the Problem)

इसके अन्तर्गत विद्यालय में उपस्थित होने वाली समस्या समझने का प्रयास किया जाता है। इसके लिए शिक्षक को अपनी समस्याओं के प्रति संवेदनशील होना आवश्यक हैं। तभी उसे समस्या और उसके क्षेत्र की अनुभूति हो सकती है।

### 2. समस्या का परिभाषीकरण एवं सीमांकन (Definition and Delimitation of the Problem)

समस्या के विस्तृत रूप की जानकारी के बाद समस्या के रूप को निश्चित करने के लिए परिभाषीकरण तथा सीमांकन किया जाता है। परिभाषीकरण में समस्या के तत्वों का विश्लेषण कर उसका रूप सुनिश्चित कर लिया जाता है। सीमांकन से समस्या के समाधान के लिए निश्चित दिशा मिलती है।

### 3. समस्या के कारणों का विश्लेषण (Analysis of the Problem)

समस्या का रूप निश्चित होने के बाद वस्तुनिष्ठ कारणों के लिए साक्षियां भी एकत्रित की जाती हैं। समस्या के कारणों की विशेषताओं को महत्व दिया जाता है।

### 4. क्रियात्मक उपकल्पना का निर्माण (Formulation of Hypothesis)

समस्या के लिए सम्मिलित समाधान दिए जाते हैं जिन्हें उपकल्पना कहा जाता है। किसी भी वैज्ञानिक शोध पद्धति में क्रियात्मक उपकल्पना का स्थान बहुत महत्वपूर्ण होता है। क्रियात्मक परिकल्पनाओं का स्रोत समस्याओं के कारणों का विश्लेषण होता है। शोधकर्ता को उन्हीं कारणों को महत्व देना चाहिए जो उसके नियन्त्रण में हों। क्रियात्मक परिकल्पना के दो पक्ष होते हैं—(1) क्रियात्मक

पक्ष (Action); (2) लक्ष्य पक्ष (Goal)। एक अच्छी परिकल्पना में दोनों पक्षों का समावेश होता है। इनकी परीक्षा के लिए रूपरेखा तैयार की जाती है।

**5. क्रियात्मक उपकल्पना की परीक्षा के लिए रूपरेखा तैयार करना** (Formulation of design to test Hypothesis)

अनुसन्धानकर्ता अपनी सुविधानुसार रूपरेखा निर्धारित करता है। इसका कोई निश्चित स्वरूप नहीं होता है। एक अच्छी रूप्ररेखा समय और धन की दृष्टि से मितव्ययी होती है और समस्या से प्रत्यक्ष रूप से सम्बन्धित होती है। क्रियात्मक अन्वेषण की रूपरेखा में मुख्यत: निम्न बातों का समावेश रहता है—

(1) पूर्व शोध प्रदत्त (आंकड़े); (2) आंकड़े एकत्रित करने के लिए उपकरण; (3) अन्वेषण कार्यक्रम; (4) उत्तर शोध प्रदत्त (आंकड़े); (5) समय विभाजन।

**6. क्रियात्मक उपकल्पना के सम्बन्ध में अन्तिम निर्णय** (Decision about Hypothesis)

प्रदत्त या आंकड़ों का सांख्यकीय विश्लेषण किया जाता हैं। प्राप्त निष्कंर्षों का अ[illegible] है। निष्कर्ष द्वारा परिकल्पना की पुष्टि होने पर उसे स्वीक[illegible]। यदि परिकल्पना की पुष्टि नहीं हो[illegible]की हो तब इसकी प[illegible] प्रदत्तों का संकलन किता जाता है। प्रदत्तों के विश्लेषण से परिकल्पना का सत्यापन किया जाता है।

राष्ट्रीय शैक्षिक अनुसन्धान एवं प्रशिक्षण परिषद (N.C.E.R.T.) क्रियात्मक अनुसन्धान का विकास करने के लिए प्रयत्नशील है। यह परिषद अपने सेवा प्रसार विभाग द्वारा सेमीनार तथा वर्कशाप का आयोजन करके शिक्षकों को क्रियात्मक अनुसन्धान का ज्ञान दे रही हैं। परिषद ने क्रियात्मक अनुसन्धान का निम्न प्रारूप दिया है।

**क्रियात्मक अनुसन्धान की प्रायोगिक योजना का प्रारूप** (Experimental Design of Action Research)

(1) योजना का शीर्षक (2) योजना का उद्देश्य (3) प्रणाली (4) मूल्यांकन (5) अनुमानित व्यय (6) विद्यालय का नाम, छात्रों की संख्या विभाग सहित (7) विद्यालय में अध्यापकों की संख्या (8) विद्यालय में योजना के लिए उपलब्ध सुविधाएँ।

(अ)—योजना की पृष्ठभूमि (ब)—विद्यालय के लिए योजना का महत्व (स)—समस्या को पहचानना (द)—समस्या का विशिष्ट रूप (य)—क्रियात्मक परिकल्पनाएँ (र)—क्रियात्मक परिकल्पनाओं की परख (ल)—अन्तिम निर्णय अथवा निष्कर्ष (व)—अनुसन्धानकर्ता की टिप्पणी।

शिक्षक इस नमूने के आधार पर अपनी क्रियात्मक अनुसंधान की प्रायोगिक योजना बना सकता है और अन्त में उसका एक आलेख तैयार कर सकता है। प्रयोगात्मक परियोजना एवं क्रियात्मक अनुसंधान दोनों का ही उद्देश्य शैक्षणिक प्रक्रिया में उत्पन्न समस्याओं का निराकरण कर उनमें सुधार करना है। क्रियात्मक अनुसन्धान एक सतत प्रक्रिया है जिसमें हम एक निश्चित परिकल्पना के अनुसार तथ्यों का एकीकरण करते हैं। सत्यापन करते हैं और गलत होने पर दूसरी परिकल्पना को सत्यापित करते हैं। इसमें अध्यापक कक्षा की परिस्थिति में परिवर्तन लाए बिना ही कार्य करता है। प्रयोगात्मक परियोजना में कृत्रिम परिस्थितियाँ उत्पन्न करनी पड़ सकती हैं तथा कक्षा का कार्यक्रम भी पुनर्व्यवस्थित करना पड़ सकता है।

प्रयोगात्मक परियोजना में प्रयोग तत्व निहित है। इस प्रक्रिया में समस्या के हल के लिए उपकल्पना का निर्माण किया जाता है और प्रयोगों के आधार पर उसकी उपयुक्तता और अनुपयुक्तता की जांच की जाती है। परियोजना जब एक विद्यालय की समस्या के निराकरण के लिए बनाई जाती है तो इसे वैयक्तिक परियोजना कहते हैं। जब यह परियोजना विभिन्न विद्यालयों की सामान्य समस्या के निराकरण के लिए विभिन्न विद्यालय मिलकर बनाते हैं, सहयोग करते हैं तो इस प्रकार की प्रयोगात्मक परियोजना को समूह प्रयोगात्मक परियोजना कहते हैं।

**विज्ञान में प्रयोगात्मक परियोजना (Experimental Design in Science)**—किसी विद्यालय के छात्र जीव विज्ञान में जन्तुओं के वर्गीकरण में प्रयुक्त मानक शब्दावली को नहीं समझते हैं। यह एक समस्या है जिसके लिए प्रयोगात्मक परियोजना का निर्माण किया जा सकता है। प्रयोगात्मक परियोजना के लिए समस्या का चयन विज्ञान पाठ्यक्रम, शिक्षण विधि, सीखने की प्रक्रिया, पाठ्यसहगामी क्रियाएँ, परीक्षा एवं मूल्यांकन, विषय के प्रति अभिवृत्ति आदि के क्षेत्रों से किया जा सकता है।

उदाहरण—1. सामान्य छात्रों के लिए हाईस्कूल स्तर पर प्रयोगशाला विधि, प्रदर्शन सम्भाषण विधि की तुलना में अधिक प्रभावशाली है।

2. माध्यमिक स्तर पर ह्यूरिस्टिक विधि से सामान्य छात्रों की अपेक्षा कुशाग्र बुद्धि छात्र अधिक लाभ उठाते हैं।

### विज्ञान में क्रियात्मक अनुसन्धान की योजना

**योजना का शीर्षक (Topic of the Project)**—माध्यमिक विद्यालयों में विद्यार्थियों द्वारा विज्ञान के प्रयोगों में रुचि न लेना।

**अनुसन्धानकर्ता (Researcher)**—विज्ञान विषय का एक अनुभवी शिक्षक।

**योजना की पृष्ठभूमि (Introduction of the Problem)**—पिछले वर्षों के अनुभवों से यह प्रवृत्ति दिखाई दे रही है कि छात्र विज्ञान के प्रयोगों में

रुचि नहीं लेते हैं। इसके फलस्वरूप छात्र या तो प्रयोग ही नहीं करते हैं या प्रयोग करने में अस्तव्यस्तता व लापरवाही दिखाते हैं। इसके अतिरिक्त छात्र प्रायोगिक कक्षाओं में कम उपस्थित रहते हैं अतः छात्रों की प्रायोगिक कार्य में रुचि न होने के कारणों का पता लगाया जाना आवश्यक है।

**अनुसन्धान के उद्देश्य (Objectives)**—प्रस्तुत अध्ययन में अनुसन्धानकर्ता ने निम्न उद्देश्य निर्धारित किए हैं—

(1) छात्रों की विज्ञान के प्रयोगात्मक कार्य में रुचि उत्पन्न करना।

(2) छात्रों को प्रायोगिक कार्य के महत्व से अवगत कराना।

(3) छात्रों को यह स्पष्ट करना कि प्रायोगिक कार्य से विज्ञान की पाठ्य-वस्तु सरल एवं बोधगम्य हो सकती है और उसकी धारणा को स्थायी बनाया जा सकता है।

(4) शिक्षण कार्य एवं प्रयोगात्मक कार्य में सम्बन्ध स्थापित करना।

**समस्या का क्षेत्र (Scope of Problem)**—विज्ञान-शिक्षण को प्रभावशाली बनाना। छात्रों को प्रयोगों के महत्व से परिचित कराना।

**समस्या का विशिष्ट रूप (Specefication)**—कक्षा 9 से 10 के छात्र विज्ञान की प्रयोगात्मक कक्षाओं में उपस्थित नहीं रहते। अथवा कक्षा 9 व 10 के छात्र विज्ञान के प्रयोगों में पर्याप्त परिशुद्धता नहीं बरतते।

**समस्या के कारणों का विश्लेषण (Analysis)**—(1) प्रयोगशाला कार्य और शिक्षण कार्य में कोई सम्बन्ध नहीं होता। जिस विषय का शिक्षण किया जा रहा है उसी से सम्बन्धित प्रयोग उस समय नहीं करवाये जाते हैं।

(2) प्रयोगों को करने से पहले स्पष्ट निर्देश नहीं दिए जाते हैं।

(3) छात्रों को प्रारम्भिक प्रयोगों का अभ्यास नहीं करवाया जाता है।

(4) उपकरण पर कार्य करते हुए छात्रों को पर्याप्त निर्देशन का अभाव रहता है।

(5) प्रयोगों का ठीक-ठीक मूल्यांकन नहीं होता।

**क्रियात्मक उपकल्पनाएँ (Hypothesis)**—1. कक्षा 9 व 10 के विज्ञान छात्रों के सम्मुख विधिवत् प्रयोग प्रदर्शन किया जाय। छात्रों को स्वयं प्रयोग करने के अवसर दिए जाएँ और इसके लिए निर्देशन की उपयुक्त व्यवस्था की जाय तो प्रयोग कालांशों में छात्र उपस्थित रहने लगेंगे और उसमें रुचि लेने लगेंगे।

2. पाठन और प्रयोगों का इस प्रकार नियोजन किया जाय कि दोनों पक्ष साथ-साथ चलें। कक्षा शिक्षण के एकदम बाद या पहले प्रयोग का नियोजन किया जाय तो छात्र प्रयोग करने में भाग लेने लगेंगे।

क्रियात्मक उपकल्पनाओं का कार्यान्वयन (Formulation of Hypothesis)

| क्रियाएँ जो प्रारम्भ करनी हैं | विधि | साधन |
|---|---|---|
| 1. प्रायोगिक कक्षाओं में उपस्थित छात्रों की संख्या और उपस्थिति अवधि अंकित की जाएगी | यह कार्य विषय अध्यापक करेगा। | रजिस्टर |
| 2. उपस्थिति समय और उपस्थिति अवधि अंकित की जाएगी | विषय अध्यापक द्वारा | रजिस्टर |
| 3. छात्रों को प्रयोग में भाग लेने के लिए प्रोत्साहित एवं प्रेरित किया जाएगा। | विज्ञान अध्यापक द्वारा | |
| 4. शिक्षण और प्रयोग की क्रियाओं को सम्बन्धित करके प्रस्तुत किया जाएगा। | | |
| 5. छात्रों को प्रयोग प्रदर्शन एवं उसके अभ्यास के समय उचित निर्देशन दिया जाएगा। | विज्ञान अध्यापक स्वयं निर्देशन देगा | |
| 6. लगातार उपस्थित रहने वाले छात्रों को सम्मानित किया जाएगा। | विज्ञान अध्यापक प्रधानाचार्य के सहयोग से यह कार्य करेगा। | रजिस्टर |

समयावधि (Time)—पूर्व अन्वेषण प्रदत्त—2 सप्ताह
अन्वेषण कार्यक्रम—4 सप्ताह
उत्तर अन्वेषण प्रदत्त—2 सप्ताह

क्रियात्मक उपकल्पना के सम्बन्ध में निर्णय (Establishing Hypothesis)—उत्तर अन्वेषण के प्रदत्त समूह का सांख्यकीय विश्लेषण कर छात्रों के व्यवहार परिवर्तन की साक्षियाँ एकत्रित की जाती हैं। यदि उक्त अन्वेषण कार्यक्रम का सकारात्मक प्रभाव पड़ा है या प्रस्तुत समस्या का हल किसी सीमा तक हो सका है तो परिकल्पना को स्वीकार कर लिया जाता है। यदि समस्या का समाधान नहीं होता है तो शिक्षक अन्य कारणों के साथ दूसरी परिकल्पना का निर्माण कर उसकी रूपरेखा बनाएगा।

क्रियात्मक अनुसंधान योजनाओं के लिए सुझाव (Suggestions)—विज्ञान-शिक्षण में क्रियात्मक अनुसंधान की योजना बनाते समय निम्न बातों को ध्यान में रखना चाहिए—

1. शिक्षक का समस्या से प्रत्यक्ष रूप से सम्बन्ध होना चाहिए।
2. समस्या का स्वरूप वास्तविक होना चाहिए।
3. क्रियात्मक परिकल्पनाओं की सार्थकता की पुष्टि करने से विद्यालय के

अन्य कार्यों में कोई बाधा नहीं पड़नी चाहिए।

4. शिक्षण के स्तर की प्रगति तथा गुणात्मक विकास से योजना का प्रत्यक्ष सम्बन्ध होना चाहिए।

5. योजना की रूपरेखा का स्वरूप मितव्ययी होना चाहिए।

6. परिकल्पनाओं के प्रतिपादन में उन कारणों को ध्यान में रखना चाहिए जो शिक्षक के नियन्त्रण में हों।

## सारांश (Summary)

**विज्ञान-शिक्षण में क्रियात्मक अनुसंधान का अर्थ**—शिक्षण से सम्बन्धित समस्याओं में सुधार एवं परिवर्तन लाया जाता है। यह समस्याओं के अनौपचारिक रूप से वास्तविक परिस्थितियों में वस्तुनिष्ठ समाधानों तक पहुँचने की एक वैज्ञानिक विधि है।

**क्रियात्मक अनुसंधान की परिभाषा, कार्य, क्रियात्मक अनुसंधान के सोपान**—(1) समस्या को पहचानना; (2) समस्या का परिभाषीकरण एवं सीमांकन; (3) समस्या के कारणों का विश्लेषण; (4) क्रियात्मक उपकल्पना का निर्माण; (5) क्रियात्मक उपकल्पना की परीक्षा के लिए रूपरेखा तैयार करना; (6) क्रियात्मक उपकल्पना के सम्बन्ध में अंतिम निर्णय।

**क्रियात्मक अनुसंधान की प्रायोगिक योजना का प्रारूप**—विज्ञान में प्रयोगात्मक परियोजना, विज्ञान में क्रियात्मक अनुसंधान की योजना।

## प्रश्न (Study Questions)

1. क्रियात्मक अनुसंधान की परिभाषा दीजिए तथा उसके अर्थ को स्पष्ट कीजिए।

2. विज्ञान विषय की किसी समस्या का चयन कर उसके लिए प्रायोगिक योजना की रूपरेखा तैयार कीजिए।

3. प्रयोगात्मक परियोजना पर संक्षिप्त टिप्पणी लिखिए।

(कुमायूं वि० वि० 1989, 90)

4. क्रियात्मक अनुसंधान के सोपानों का वर्णन कीजिए।

(रुहेलखंड वि०वि० 1988)

# विज्ञान-शिक्षण में पाठ-योजना
## (Lesson-Plan in Science Teaching)

पाठ-योजना किसी विषयवस्तु की उस छोटी इकाई अथवा इकाइयों को कहते हैं जिसे अथवा जिन्हें शिक्षक किसी निश्चित कालांश में पढ़ाता है। सफल और प्रभावशाली शिक्षण के लिए पाठ-योजना का निर्माण प्रथम व महत्वपूर्ण पद है। अध्यापक के लिए यह जानना आवश्यक है कि उसे क्या पढ़ाना है तथा कैसे पढ़ाना है। उसे पाठ का उद्देश्य स्पष्ट होना आवश्यक है। उसे यह भी जानना आवश्यक है कि वह छात्रों के सामाजिक व भौतिक वातावरण के आधार पर पाठ-योजना में किन क्रियाओं का समावेश करे।

शिक्षा शब्दकोष (Good) में पाठ-योजना को इस प्रकार परिभाषित किया गया है, "Lesson plan is a teaching outline of the important points of a lesson arranged in the order in which they are to be presented, it may include objectives, points to be made, questions to be asked, references to materials, assignments etc."

"पाठ योजना वह शीर्षक है जो अभिप्राप्य उद्देश्य के लिए प्रयोग किया जाता है, इसका तात्पर्य है कि पाठ-योजना के माध्यम से क्या-क्या उपलब्धियाँ प्राप्त की जा सकती हैं और प्रतिदिन किन क्रियाओं द्वारा शिक्षक के मार्गदर्शन में उन लक्ष्यों को प्राप्त किया जा सकता है।" —बोसिंग

"पाठ-योजना एक ब्लू प्रिंट नहीं है जिसको कि हर कीमत पर स्वीकार ही करना है बल्कि यह एक पथ-प्रदर्शक, कक्ष क्रियाओं की क्रमिक निर्देशिका, आवश्यक शिक्षण बिन्दुओं की सूचिका, ऐच्छिक क्रियाओं के सुझाव एवं कक्षा में अनुकरण करनेवाली विधियाँ हैं।" —डॉ० पैट्रिक

अतः यह यह कहा जा सकता है कि पाठ-योजना के अन्तर्गत पाठ के उद्देश्य को प्राप्त करने के लिए कक्षा में उपयुक्त वातावरण निर्मित करने की विधियं तथा शिक्षण के पदों का सूक्ष्म दृष्टि से स्पष्ट विवरण होता है।

पाठ-योजना का विकास (Origin of Lesson-Plan)—पाठ-योजना का विकास गैस्टाल्ट मनोविज्ञान के फलस्वरूप हुआ। गैस्टाल्ट मनोविज्ञान के अनुसार हमारा ध्यान किसी आकृति के अंगों की अपेक्षा उसके पूर्ण की ओर

आकर्षित होता है। किसी भी आकृति का प्रत्यक्षीकरण करने में हमारा ध्यान पहले उसके पूर्ण स्वरूप पर जाता है। इसके पश्चात् हम उसके विभिन्न अंगों का विश्लेषण करते हैं। इस प्रकार गैस्टाल्ट मनोविज्ञान के अनुसार हम प्रत्यक्षीकरण में पूर्ण की अनुभूति इकाई की सहायता से करते हैं। एक इकाई के अन्तर्गत ऐसी सार्थक क्रियाओं का परस्पर सम्बन्ध इस प्रकार से स्थापित किया जाता है कि इनकी सहायता से विद्यार्थियों में उपयुक्त सीखने के अनुभव उत्पन्न होते हुए उनके व्यवहार में अपेक्षित परिवर्तन हो जाय। इस प्रकार गैस्टाल्ट मनोविज्ञान के परिणामस्वरूप इकाई योजना के प्रत्यय का विकास हुआ।

गैस्टाल्ट अधिगम सिद्धान्त के अनुसार इकाई पाठ-योजना को दो प्रकार से विभाजित किया जाता है। पहली इकाई योजना के अन्तर्गत पाठ्यवस्तु तथा सूचना का महत्वपूर्ण स्थान है। इसे हरबार्ट उपागम (Herbartian Approach) कहते हैं। दूसरी इकाई योजना के अन्तर्गत अनुभवों को प्राथमिकता दी जाती है। इसे डीवी तथा किलपैट्रिक उपागम (Dewey and Kilpatrick Approach) की संज्ञा दी जाती है।

**पाठ-योजना के लाभ (Importance of Lesson-Plan)**—1. अध्यापक विषयवस्तु का प्रस्तुतीकरण क्रमबद्ध, तार्किक तथा प्रभावशाली ढंग से कर सकता है। निश्चित पदों का अनुसरण करने से शिक्षण क्रियाएँ निश्चित रहती हैं।

2. उद्देश्यों की प्राप्ति सरल हो जाती है। निश्चित क्रियाओं की व्यवस्था छात्रों की रुचियों, योग्यताओं के आधार पर की जाती है।

3. अध्यापक में आत्मविश्वास व आत्मसन्तुष्टि की भावना का विकास होता हैं।

4. समय एवं साधनों की बचत के साथ-साथ उनका उचित उपयोग भी होता है।

5. शिक्षण में अनावश्यक पुनरावृत्ति को रोकती है।

6. अध्यापक के व्यक्तित्व का प्रदर्शन होता है।

7. अध्यापक को अपने विचारों के आधार पर प्रयोगात्मक रूप में कार्य करने का अवसर देती है।

8. छात्रों की रुचि बनी रहती है।

इस प्रकार हम देखते हैं कि पाठ-योजना वास्तव में वह योजना है जिसमें अध्यापक पहले से ही यह निर्धारित कर लेता है कि उसे कक्षा में पाठ को किस क्रम में प्रस्तुत करना है, किस शिक्षण विधि का प्रयोग करना है तथा किस सहायक सामग्री एवं किन उदाहरणों का प्रयोग करना है। एक कुशल अध्यापक उद्देश्यों के आधार पर पाठ-योजना का निर्माण करता है।

**पाठ-योजना के विविध उपागम (Different Approaches of Lesson-Planning)**—पाठ-योजना का निर्माण करने के लिए शिक्षाशास्त्रियों ने अपनी-

अपनी मौलिक धारणाओं तथा शिक्षा सिद्धान्तों को दृष्टि में रखते हुए अलग-अलग समयों में अलग-अलग बातों पर जोर दिया है। पाठ-योजना के निर्माण के मुख्य उपागम निम्न हैं—

1. हरबार्ट की पंचपद प्रणाली।
2. डीवी तथा किलपैट्रिक उपागम।
3. मौरसिन उपागम।
4. अमेरिकन उपागम।
5. ब्रिटिश उपागम।
6. भारतीय उपागम।

**1. हरबार्ट की पंचपद प्रणाली (Herbartian Five Steps Approach)**

यह विचारधारा मनोविज्ञान पर आधारित है। हरबार्ट ने सफल शिक्षण के लिए निम्न बातें आवश्यक बताई हैं—

1. रुचि (Interest)—किसी विषय में रुचि होने पर छात्र का ध्यान उस विषय की ओर आकर्षित होता है जिसके फलस्वरूप वह नवीन ज्ञान को सफलतापूर्वक ग्रहण कर लेता है। अतः शिक्षण की क्रिया रुचिकर होनी चाहिए।

2. पूर्वानुवर्ती ज्ञान (Apperceptive Mass)—हरबार्ट की यह धारणा थी कि छात्र जो भी ज्ञान प्राप्त करते हैं वह उनके मस्तिष्क में संचित रहता है। यदि विद्यार्थियों को दिए जानेवाले नवीन ज्ञान को उनके संचित पूर्व ज्ञान से सम्बन्धित कर दिया जाय तो उन्हें सीखने में सरलता होगी। अतः सीखने की क्रिया को प्रभावशाली बनाने के लिए यह आवश्यक है कि पूर्व ज्ञान का सम्बन्ध नए ज्ञान से जोड़ा जाय।

3. सामान्य विधि (General Method)—हरबार्ट के अनुसार सीखने की क्रिया एक निश्चित क्रम में होती है। अतः इकाई की क्रियाओं को एक तर्कपूर्ण ढंग से एक निश्चित क्रम में सम्पादित करना चाहिए। इसके लिए उन्होंने पाँच सोपानों को दिया है जिन्हें हरबार्ट की पंचपद प्रणाली के नाम से पुकारा जाता है।

4. समन्वय (Correlation)—हरबार्ट ने सम्पूर्ण ज्ञान को केवल एक इकाई के रूप में स्वीकार किया है। इसलिए उन्होंने सभी विषयों को एक ही इकाई के रूप में समन्वित करके पढ़ाने पर बल दिया। इस समन्वय के लिए उन्होंने केवल इतिहास को ही महत्वपूर्ण विषय माना। उनके अनुसार पाठ्यक्रम के सभी विषयों को इतिहास से सम्बन्धित करके पढ़ाना चाहिए।

**2. डीवी तथा किलपैट्रिक उपागम (Dewey and Kilpatrick Approach)**

इस उपागम में अधिगम का आधार प्रोजेक्ट या योजना होती है। इसके माध्यम

से विद्यार्थी अपने जीवन की समस्याओं को सुलझाते हुए नाना प्रकार के अनुभव प्राप्त करते हैं। इससे शिक्षण सोद्देश्य हो जाता है। इस प्रकार यह इकाई योजना अनुभवों पर आधारित है। इसके द्वारा विद्यार्थियों को ऐसे अनुभव प्रदान किए जाते हैं जिससे उनमें सामाजिक क्षमताओं का विकास हो और वे व्यावहारिक जीवन में सफल हो सकें।

### 3. मौरीसन उपागम (Morrison Approach)

इस उपागम में इकाई पद्धति को मनोवैज्ञानिक दृष्टि से एक महत्वपूर्ण पद्धति माना गया है। यह विद्यार्थी केन्द्रित पद्धति है। इसका निर्माण विद्यार्थियों तथा शिक्षक द्वारा किया जाता है। इसका प्रयोग करते समय छात्रों की रुचियों, रुझानों तथा आवश्यकताओं को ध्यान में रखा जाता है। साथ ही उन्हें अधिगम के उद्देश्यों को भी स्पष्ट कर दिया जाता है। मौरीसन की इकाई में भी पाँच पदों का अनुसरण किया जाता है। वे पद हैं—(1) अन्वेषण (Exploration); (2) प्रस्तुतीकरण (Presentation); (3) परिपाक (Assimilation); (4) व्याख्या (Interpretation) तथा (5) वर्णन (Description)।

### 4. अमेरिकन उपागम (American Approach)

यह उपागम (1) उद्देश्य; (2) व्यवहार तथा (3) मूल्यांकन का प्रमुख उपागम है। इस उपागम में पाठ्यवस्तु के उद्देश्यों को निर्धारित एवं परिभाषित करके शिक्षण की अनेक विधियों, प्रविधियों तथा युक्तियों एवं श्रव्य-दृश्य सामग्री के प्रयोग द्वारा ऐसी परिस्थितियों का निर्माण करने पर बल दिया जाता है कि जिससे कक्षा-शिक्षण में सभी विद्यार्थी सक्रिय रूप से भाग लेते हुए, (1) सीखने के अनुभव प्राप्त करें, (2) उनके व्यवहार में अपेक्षित परिवर्तन होता रहे तथा (3) शिक्षण अधिगम उद्देश्य की प्राप्ति हो जाय। इसको आधुनिक रूप देने के लिए रॉबर्ट गेने, मसीआ, मिलर करथवाल आदि अनेक शिक्षाशास्त्रियों ने प्रयास किए परन्तु ब्लूम का नाम विशेष उल्लेखनीय है। ब्लूम ने शिक्षण उद्देश्यों के ज्ञानात्मक, भावात्मक तथा क्रियात्मक पक्षों का वर्गीकरण करते हुए उन्हें व्यावहारिक रूप में लिखने पर बल दिया। साथ ही मूल्यांकन के लिए मानदंड परीक्षाओं का निर्माण कर उन्हें प्रयोग करने का सुझाव प्रस्तुत किया।

### 5. ब्रिटिश उपागम (British Approach)

इसमें भी पाठ्यवस्तु तथा विद्यार्थियों को महत्व दिया जाता है। इस उपागम में पाठ-योजना बनाते समय शिक्षक की क्रियाओं तथा विद्यार्थियों के निष्पत्ति परीक्षण द्वारा मूल्यांकन पर विशेष बल दिया जाता है।

### 6. भारतीय उपागम (Indian Approach)

पाठ-योजना के निर्माण में भारतीय उपागम पर इंग्लैंड तथा अमेरिका दोनों देशों का प्रभाव है। यही कारण है कि पाठ-योजना बनाते समय हम शिक्षण उद्देश्यों, शिक्षक की क्रियाओं तथा विद्यार्थियों के मूल्यांकन को विशेष महत्व देते हैं। प्रारम्भ में हरबार्ट की पंचपद प्रणाली के आधार पर पाठ-योजनाएँ बनाई जाती थीं परन्तु 1960 के पश्चात् राष्ट्रीय शैक्षिक अनुसंधान एवं प्रशिक्षण परिषद तथा उच्च शिक्षा संस्थान, बड़ौदा एवं क्षेत्रीय प्रशिक्षण कालेजों (Regional Colleges of Education) में इकाई पद्धति तथा मूल्यांकन पद्धति पर प्रयोग किए गए जिसके फलस्वरूप पाठ-योजना का अपना निजी प्रारूप तैयार किया गया है। इसके अन्तर्गत, उद्देश्यों तथा सीखने के अनुभवों को प्रमुख स्थान दिया जाता है।

पाठ-योजना को लिखने के लिए विभिन्न प्रारूपों का प्रयोग किया जाता है जिसमें से मुख्य रूप से तीन प्रारूप अधिक प्रचलित हैं—

1. हरबार्ट पाठ-योजना प्रारूप (Herbartian Paradigm)
2. ब्लूम या मूल्यांकन पाठ-योजना प्रारूप (Bloom's or Evaluation Paradigm)
3. राष्ट्रीय शैक्षिक अनुसंधान एवं प्रशिक्षण परिषद का प्रारूप (NCERT Paradigm)

### 1. हरबार्ट पाठ-योजना का प्रारूप (Herbartian Paradigm)

यह पाठ-योजना की सर्वाधिक प्राचीन प्रणाली है। अधिकांश प्रशिक्षण संस्थाओं में हरबार्ट की पाठ-योजना ही प्रयुक्त की जाती है। यह पाठ्यवस्तु केन्द्रित होती है।

यह पाठ-योजना परम्परागत मानव व्यवस्था सिद्धान्त की देन है। इसमें प्रस्तुतीकरण पर अधिक बल दिया जाता है। इसमें स्मृति स्तर के शिक्षण को विशेष महत्व दिया जाता है।

इसमें इस सिद्धान्त की धारणा है कि ज्ञान बाहर से दिया जाता है और वह संचित होता रहता है। यदि नवीन ज्ञान को पूर्व संचित ज्ञान से सम्बन्धित करके शिक्षण किया जाय तो अधिगम प्रभावशाली तथा स्थायी होता है। इसके अतिरिक्त नवीन पाठ्यवस्तु के शिक्षण की व्यवस्था एक क्रम में होनी चाहिए जिससे उसका संचित ज्ञान से सम्बन्ध स्थापित हो सके। हरबार्ट की पंचपद प्रणाली में निम्न सोपानों का अनुसरण किया जाता है—

1. प्रस्तावना (Preparation or Introduction)—शिक्षक पाठ्यवस्तु के तत्वों को पूर्वज्ञान से सम्बन्धित करता है तथा उनकी व्यवस्था क्रमबद्ध रूप में कर देता है।

2. प्रस्तुतीकरण (Presentation)—शिक्षक नवीन तथ्यों को छात्रों के पूर्वज्ञान से सम्बन्ध स्थापित करते हुए प्रस्तुत करता है। विकासात्मक तथा बोध प्रश्नों की सहायता से प्रस्तुतीकरण किया जाता है।

3. तुलना (Comparison)—छात्रों के नवीन तथ्यों का पूर्व तथ्यों से सम्बन्ध स्थापित कराया जाता है।

4. सामान्यीकरण (Generalization)—छात्र दो या दो से अधिक तथ्यों में सम्मिलित तत्वों के आधार पर नियम निकाल सकता है।

5. प्रयोग (Application)—इस सोपान में शिक्षक ऐसी परिस्थितियाँ प्रस्तुत करता है जिनमें छात्र अपने सीखे हुए ज्ञान का प्रयोग कर सकते हैं।

### पाठ-योजना की रूपरेखा (Outline of Lesson-Plan)

उपर्युक्त पाँच सोपानों के आधार पर पाठ-योजना की रूपरेखा प्रस्तुत की जाती है। इसके प्रमुख पक्ष इस प्रकार हैं—

1. विषय, कक्षा तथा प्रकरण आदि (Subject, Class and Topic etc )—सर्वप्रथम कक्षा स्तर के आधार पर प्रकरण का चयन किया जाता है। शिक्षण की दिनांक, कक्षा तथा विभाग निर्धारित कर लिए जाते हैं। जिस विद्यालय में शिक्षण करना है उसका भी उल्लेख किया जाता है।

2 सामान्य उद्देश्य (General Objectives)—कक्षा एवं स्तर के आधार पर सामान्य उद्देश्यों का निर्धारण किया जाता है। एक ही विषय के एक ही प्रकरण को विभिन्न स्तरों पर प्रस्तुत किया जा सकता है। किन्तु प्रत्येक विषय के शिक्षण के सामान्य उद्देश्य अन्य विषयों के समान उद्देश्यों से भिन्न होते हैं। विज्ञान-शिक्षण के कुछ सामान्य उद्देश्य निम्न हैं—

(i) छात्रों को विज्ञान के तथ्यों, प्रत्ययों एवं सिद्धान्तों से परिचित कराना।
(ii) छात्रों में वैज्ञानिक ढंग से विचार करने की क्षमता का विकास करना।
(iii) वैज्ञानिक दृष्टिकोण एवं अभिरुचियों का विकास करना।
(iv) वैज्ञानिक कार्यकुशलता का विकास करना।
(v) प्रकृति के विषय में वैज्ञानिक अध्ययन करना।

3. विशिष्ट उद्देश्य (Specefic Objectives)—विशिष्ट उद्देश्य पाठ से सम्बन्धित होते हैं। एक पाठ-योजना की सहायता से कुछ विशिष्ट उद्देश्यों की प्राप्ति की जा सकती है जिनका सम्बन्ध सामान्य उद्देश्यों से होता है। विषय के प्रकरण के आधार पर विशिष्ट उद्देश्य निर्धारित कर लिए जाते हैं।

4. सहायक सामग्री (Material aid)—पाठ को पढ़ाने के लिए शिक्षक जिस सहायक सामग्री का प्रयोग करता है उसे यहाँ पर लिखा जाता है। जैसे—चार्ट, चित्र, मॉडल आदि। सहायक सामग्री को जिस क्रम में तथा जिस स्थान पर प्रयुक्त करना है उसी क्रम में लिखा जाता है।

5. पूर्व ज्ञान (Previous Knowledge)—प्रत्येक पाठ-योजना में छात्रों

के पूर्व ज्ञान का उल्लेख करना आवश्यक होता है। इसके अन्तर्गत छात्रों द्वारा प्रकरण से सम्बन्धित पहले पढ़ी हुई विषयवस्तु तथा उसके उन सब अनुभवों का समावेश होता है जो उसको पाठ विशेष के सम्बन्ध में प्राप्त हैं।

6. प्रस्तावना (Introduction)—हरबार्ट के अनुसार नए ज्ञान का अनुभव प्रदान करने के लिए छात्र के पूर्व ज्ञान या अनुभव को चेतना केन्द्र में लाना आवश्यक है जो उसे नए ज्ञान की ओर आकर्षित कर सकता है। इसी को हरबार्ट ने पुर्वानुवर्ती ज्ञान (Apperception Mass) की संज्ञा दी है। पाठ की प्रस्तावना का यही मुख्य उद्देश्य है। दूसरे शब्दों में प्रस्तावना के प्रयोजनों को इस प्रकार दिया जा सकता है—

(i) पूर्व ज्ञान की जाँच करना।
(ii) पूर्व ज्ञान का वर्तमान कार्य से सम्बन्ध स्थापित्र करना।
(iii) नवीन पाठ के लिए प्रभावोत्पादक वातावरण उत्पन्न करना।
(iv) छात्रों को नवीन विषयवस्तु को ग्रहण करने के लिए तैयार करना।

7. उद्देश्य कथन (Statement of Aim)—छात्रों के समक्ष पाठ का उद्देश्य इस प्रकार प्रस्तुत किया जाता है जिससे उसका महत्व छात्रों के सामने स्पष्ट हो जाय। तभी छात्र व्यवस्थित रूप से चिन्तन तथा कार्य करते हुए उद्देश्य की प्राप्ति का प्रयास करेंगे। नवीन पाठ प्रारम्भ करने से पूर्व अध्यापक द्वारा स्पष्ट रूप से प्रकरण कथन के रूप में कक्षा के सम्मुख प्रस्तुत किया जाता है।

8. प्रस्तुतीकरण (Presentation)—उद्देश्य कथन के बाद शिक्षक पाठ प्रारम्भ करता है। पाठ का प्रस्तुतीकरण जिन प्रश्नों द्वारा किया जाता है उन्हें विकासात्मक प्रश्न कहते हैं। विकासात्मक प्रश्नों का उत्तर जब छात्र स्पष्ट रूप में नहीं दे पाते, उस समय शिक्षक अपने कथन द्वारा स्पष्टीकरण करता है।

9. श्यामपट्ट सार (Black-board Summary)—अध्यापक विषय पाठ से सम्बन्धित विषयवस्तु को श्यामपट्ट पर लिखता है। श्यामपट्ट कार्य संक्षिप्त व स्पष्ट होना आवश्यक है। श्यामपट्ट कार्य पाठ के विकास के साथ लिखा जाता है। यह छात्रों से पूछे गए प्रश्नों के उत्तरों से तैयार किया जाता है।

10. पुनरावृत्ति प्रश्न (Recapitulatory Questions)—प्रकरण को दोहराने तथा अभ्यास कराने के लिए शिक्षक इन प्रश्नों को पूछता है। इन प्रश्नों की सहायता से ज्ञान को स्थाई तथा विचारों को सुव्यवस्थित रूप दिया जाता है। इसके द्वारा यह बोध होता है कि छात्रों ने कितना सीखा है।

11. गृहकार्य (Home-Work)—शिक्षक पढ़ाए गए प्रकरण के आधार पर छात्रों को गृहकार्य देता है। इसका उद्देश्य अभ्यास तथा दोहराना है। गृहकार्य का निर्धारण छात्र की रुचि, योग्यता एवं व्यक्तिगत भिन्नता के आधार पर किया जाना चाहिए।

**हरबार्ट के अनुसार पाठ-योजना (Herbartian Lesson-Plan)—(1)**

दिनांक कक्षा-8 कालांश विषय-विज्ञान

**प्रकरण**—सूर्य और चन्द्रग्रहण

**सामान्य उद्देश्य**—1. छात्रों में वैज्ञानिक ढंग से विचार करने की क्षमता का विकास करना।

2. वैज्ञानिक दृष्टिकोण एवं वैज्ञानिक अभिरुचियों का विकास करना।

3. छात्रों को विज्ञान से सम्बन्धित तथ्यों, प्रत्ययों एवं सिद्धांतों से परिचित कराना।

4. वैज्ञानिक ज्ञान की दैनिक उपयोगिता से परिचित कराना।

**विशिष्ट उद्देश्य**—छात्रों को सूर्य और चन्द्रग्रहण पड़ने के कारण एवं उसके प्रभाव का ज्ञान कराना।

**सहायक सामग्री**—पृथ्वी, सूर्य तथा चन्द्रमा का मॉडल, चार्ट।

**पूर्व ज्ञान**—छात्र सूर्य, पृथ्वी एवं चन्द्रग्रहण से परिचित हैं।

**प्रस्तावना**—1. कभी-कभी बादलों रहित आकाश में सूर्य और चन्द्रमा कुछ समय के लिए नहीं दिखाई पड़ते हैं, क्यों—ग्रहण पड़ने के कारण।

2. ग्रहण क्यों पड़ता है—अस्पष्ट उत्तर।

**उद्देश्य कथन**—आज हम सूर्यग्रहण एवं चन्द्रग्रहण होने के कारण और प्रभाव का अध्ययन करेंगे।

**प्रस्तुतीकरण**—प्रश्न—चन्द्रमा किसके चारों ओर घूमता है ?

उत्तर—चन्द्रमा पृथ्वी के चारों ओर घूमता है।

प्रश्न—पृथ्वी किसके चारों ओर घूमती है ? (प्रतिमान को दिखाकर)

उत्तर—पृथ्वी सूर्य के चारों ओर घूमती है।

प्रश्न—इन गतियों का सूर्य, पृथ्वी और चन्द्रमा की स्थितियों पर क्या प्रभाव पड़ता है ? (प्रतिमान को दिखाकर)

उत्तर—कभी पृथ्वी, सूर्य और चन्द्रमा के मध्य में आती है और कभी चन्द्रमा, पृथ्वी और सूर्य के बीच में आ जाता है।

प्रश्न—चन्द्रमा को प्रकाश कहाँ से प्राप्त होता है ?

उत्तर—चन्द्रमा को प्रकाश सूर्य से प्राप्त होता है।

प्रश्न—पृथ्वी पर पूर्ण चन्द्रमा किस तिथि को दिखाई देता है ?

उत्तर—चन्द्रमा पूर्णिमा को पूरा दिखाई देता है।

प्रश्न—कभी-कभी पूर्णिमा को चन्द्रमा पूरा नहीं दिखाई पड़ता है, क्यों ?

उत्तर—अस्पष्ट उत्तर अथवा विभिन्न उत्तर।

अध्यापक-कथन अथवा स्पष्टीकरण—कभी-कभी पूर्णिमा को पृथ्वी, सूर्य तथा चन्द्रमा एक सीध में आ जाते हैं जिससे पृथ्वी की छाया चन्द्रमा पर पड़ती है। इससे सूर्य की किरणें चन्द्रमा तक नहीं पहुँच पाती हैं।

प्रश्न—जब सूर्य की किरणें चन्द्रमा तक नहीं पहुँच पाती हैं तब इसे क्या कहते हैं ?

उत्तर—चन्द्रग्रहण कहते हैं।

प्रश्न—चन्द्रग्रहण क्यों पड़ता है ?

उत्तर—पृथ्वी की छाया चन्द्रमा पर पड़ने से चन्द्रग्रहण पड़ता है।

प्रश्न—सूर्यग्रहण क्यों पड़ता है ?

उत्तर—अस्पष्ट उत्तर अथवा विभिन्न उत्तर।

अध्यापक-कथन—कभी-कभी अमावस्या को चन्द्रमा, पृथ्वी और सूर्य एक सीधी रेखा में आ जाते हैं और चन्द्रमा, पृथ्वी और सूर्य के मध्य होता है (प्रतिमान की सहायता से स्पष्टीकरण किया जायेगा)। चन्द्रमा की छाया पृथ्वी पर पड़ती है और कुछ समय को सूर्य पूर्ण अथवा आंशिक रूप में छिप जाता है। तब उसे क्या कहते हैं ?

उत्तर—सूर्यग्रहण कहते हैं।

प्रश्न—सूर्यग्रहण क्यों पड़ता है ?

उत्तर—चन्द्रमा की छाया पृथ्वी पर पड़ती है और सूर्य पूर्ण अथवा आंशिक रूप में छिप जाता है, तब सूर्यग्रहण होता है।

प्रश्न—सूर्यग्रहण कब पड़ता है ?

उत्तर—माह की अमावस्या को पड़ता है।

प्रश्न—प्रत्येक माह की अमावस्या को सूर्यग्रहण क्यों नहीं पड़ता है ?

उत्तर—अस्पष्ट उत्तर।

अध्यापक-कथन—प्रत्येक माह की अमावस्या को सूर्य, पृथ्वी और चन्द्रमा एक सीधी रेखा में नहीं होते हैं क्योंकि पृथ्वी अपनी कीली पर $23\frac{1}{2}$ अंश झुकी हुई है और पूरे 30 दिनों में चन्द्रमा पृथ्वी का एक चक्कर पूरा नहीं करता है।

श्यामपट्ट कार्य—1. चन्द्रग्रहण—जब पृथ्वी, सूर्य तथा चन्द्रमा एक सीध में आ जाते हैं जिससे पृथ्वी की छाया चन्द्रमा पर पड़ती है। चन्द्रग्रहण पूर्णिमा के दिन पड़ता है।

2. सूर्यग्रहण—जब चन्द्रमा, पृथ्वी और सूर्य के मध्य होता है जिससे चन्द्रमा की छाया पृथ्वी पर पड़ती है और कुछ समय के लिए सूर्य पूर्ण अथवा आंशिक रूप में छिप जाता है। सूर्यग्रहण अमावस्या के दिन पड़ता है।

पुनरावृत्ति प्रश्न—1. चन्द्रग्रहण कब पड़ता है ?

2. चन्द्रग्रहण क्यों पड़ता है ?

3. सूर्यग्रहण कब पड़ता है ?

4. सूर्यग्रहण क्यों पड़ता है ?

5. प्रत्येक माह की पूर्णिमा को चन्द्रग्रहण क्यों नहीं पड़ता है ?

6. प्रत्येक माह की अमावस्या को सूर्यग्रहण क्यों नहीं पड़ता है ?

ग्रहकार्य—सूर्य और चन्द्रग्रहण के पड़ने के कारणों को चित्र की सहायता से स्पष्ट कीजिए।

## पाठ योजना—(2)

दिनांक कक्षा कालांश विषय—जीव विज्ञान

उपविषय—तने के वायवीय रूपान्तर।

सामान्य उद्देश्य—1. छात्रों में विज्ञान के प्रति रुचि उत्पन्न करना।

2. छात्रों में वैज्ञानिक दृष्टिकोण का विकास करना।

3. छात्रों को वैज्ञानिक शब्दावली का ज्ञान देना।

4. छात्रों की तार्किक शक्ति का विकास करना।

5. छात्रों में निरीक्षण शक्ति का विकास करना।

विशिष्ट उद्देश्य—छात्र वायवीय तने एवं उनके रूपान्तर के विषय में जान सकेंगे, साथ ही वे विभिन्न रूपान्तरित तनों से पौधे को होने वाले लाभ को जानेंगे।

सहायक सामग्री—लौकी का तना, बौगेनविलिया का तना, नागफनी, चार्ट।

पूर्वज्ञान—1. छात्र साधारण तने के विषय में पढ़ चुके हैं।

2. छात्र तने के कार्य जानते हैं।

प्रस्तावना—

| प्रश्न | उत्तर |
|---|---|
| 1. पेड़ के मुख्य कितने भाग होते हैं ? | पेड़ के दो भाग होते हैं—जड़ तथा प्रदरोह। |
| 2. प्रदरोह तन्त्र का सबसे मजबूत भाग कौन सा हैं ? | प्रदरोह तन्त्र का मजबूत भाग तना होता है। |
| 3. तने की क्या पहचान है ? | तने में गाँठ, शाखाएँ, पत्तियाँ, फूल और फल पाए जाते हैं। |
| 4. तने के वायवीय रूपान्तर कौन-कौन से है ? | अस्पष्ट उत्तर। |

उद्देश्य कथन—आज हम तने के वायवीय रूपान्तर के विषय में अध्ययन करेंगे।

प्रस्तुतीकरण—प्रश्न—(लौकी के तने को छात्रों को दिखाकर) मेरे हाथ में किसका तना है ?

उत्तर—लौकी का तना है ?

प्रश्न—इसमें कौन सी रचनाएँ दिखाई दे रही हैं ?

उत्तर—कुण्डलित रचनाएँ दिखाई दे रही हैं ?

प्रश्न—इन कुण्डलित रचनाओं को क्या कहते हैं ?

उत्तर—इनको तन्तु कहते हैं।

प्रश्न—यह तन्तु कहाँ से निकल रहा है ?

उत्तर—यह तन्तु तने से निकल रहा है।

प्रश्न—यह तन्तु किसका रूपान्तर है ?

उत्तर—यह तने का रूपान्तर है।

प्रश्न—यह तने का रूपान्तर क्यों है ?

उत्तर—यह तने का रूपान्तर इसलिए है क्योंकि यह पत्ती के कक्ष से निकल रहा है।

प्रश्न—ऐसे रूपान्तर को क्या कहते हैं ?

उत्तर—अस्पष्ट उत्तर।

अध्यापक-कथन—जिन वायवीय तनों में पत्ती की कक्षीय कलिका तन्तु का रूप धारण कर लेती है उसे तने का स्तम्भ तन्तु रूपान्तरण कहते हैं।

प्रश्न—इस पौधे में तने ने तन्तु का रूप क्यों धारण किया ?

उत्तर—पौधे की सहायता करने के लिए।

प्रश्न—तन्तु पौधे के लिए क्या कार्य करता है ?

उत्तर—पौधे के आगे बढ़ने (आरोहण) में सहायता करता है।

प्रश्न—इन पौधों को आरोहण की आवश्यकता क्यों पड़ती है ?

उत्तर—अस्पष्ट।

अध्यापक-कथन—ये कमजोर तने वाले पौधे होते हैं इसलिए ये तन्तु की सहायता से किसी सहारे पर लिपटकर आरोहण करते हैं तथा सूर्य का प्रकाश प्राप्त करते हैं।

प्रश्न—(बौगेनविलिया के तने को दिखाकर) मेरे हाथ में किस पौधे का तना है ?

उत्तर—यह बौगेनविलिया का तना है।

प्रश्न—इसमें आपको कौन-सी रचनाएँ दिखाई दे रही हैं ?

उत्तर—इसमें काँटे दिखाई दे रहे हैं।

प्रश्न—ये काँटे तने के किस भाग से निकल रहे हैं ?

उत्तर—ये काँटे तने के कक्ष से निकले हैं।

प्रश्न—ये काँटे किस भाग का रूपान्तरण हैं ?

उत्तर—तने का रूपान्तरण हैं।

प्रश्न—इस प्रकार के रूपान्तरित तने को क्या कहते हैं ?

उत्तर—अस्पष्ट।

अध्यापक-कथन—ऐसे तने जिनमें कक्षस्थ कलिका काँटे का रूप धारण कर लेती हैं स्तम्भ कण्टक कहलाते हैं।

प्रश्न—पौधे को तने के इस रूपान्तरण से क्या लाभ है ?

उत्तर—अस्पष्ट।

अध्यापक-कथन—पौधे कंटक रूपान्तरण से अपनी रक्षा करते हैं।

प्रश्न—(नागफनी का पौधा दिखाते हुए) यह कौन-सा पौधा है ?

उत्तर—यह नागफनी का पौधा है।

प्रश्न—इस पौधे में कितने भाग दिखाई दे रहे हैं ?

उत्तर—दो भाग।

प्रश्न—पौधे के हरे रंग वाले भाग की रचना कैसी है ?

उत्तर—अनियमित आकार की।

प्रश्न—यह पौधे का कौन-सा भाग है ?

उत्तर—यह तना है।

प्रश्न—यह साधारण तने से किस बात में भिन्न है ?

उत्तर—यह तना हरा तथा मांसल है तथा इसका आकार पत्ती के समान है।

प्रश्न—इस तने पर लगी संरचनाएँ क्या हैं ?

उत्तर—काँटे हैं।

प्रश्न—ये काँटे किसका रूपान्तरण हैं ?

उत्तर—अस्पष्ट।

अध्यापक-कथन—इस प्रकार के पौधे में तना पत्ती का तथा पत्ती काँटे का रूप धारण कर लेती हैं।

प्रश्न—पत्तियो ने काँटे का रूप क्यों धारण किया ?

उत्तर—अस्पष्ट।

अध्यापक-कथन—उत्सवेदन द्वारा पानी की कमी को रोकने के लिए पत्तियाँ काँटों का रूप धारण कर लेती हैं।

प्रश्न—ऐसे पौधे किन स्थानों पर पाए जाते हैं ?

उत्तर—ऐसे पौधे उन स्थानों पर पाए जाते हैं जहाँ पर पानी की कमी होती है।

प्रश्न—पत्तियों का मुख्य कार्य क्या है ?

उत्तर—पौधे के लिए भोजन तैयार करना।

प्रश्न—इस पौधे में भोजन बनाने का कार्य कौन करता है ?

उत्तर—तना भोजन बनाता है।

प्रश्न—तना भोजन क्यों बनाता है ?

उत्तर—तना पत्ती का कार्य करता है।

प्रश्न—ऐसे पौधे को क्या कहते हैं ?

उत्तर—अस्पष्ट।

अध्यापक-कथन—ऐसे पौधे जिनमें तना पत्ती का कार्य करता है पर्णकार्य स्तम्भ कहलाते हैं।

प्रश्न—(चार्ट पर बने चित्र की ओर संकेत करते हुए) इस चित्र में आपको क्या दिखाई दे रहा है ?

उत्तर—तना एवं उसमें लगी पत्तियाँ।

प्रश्न—इस तने में पत्ती के कक्ष में कैसी रचना है ?

उत्तर—गेंद के समान रचना है।

प्रश्न—इस गेंद के समान रचना को क्या कहते हैं ?

उत्तर—अस्पष्ट।

अध्यापक-कथन—इस प्रकार के तने में कक्षस्थ कलिका एक बहुकोशिकीय कली का रूप धारण कर लेती है जिसे पत्रकन्द कहते हैं।

प्रश्न—ये पत्रकन्द क्या कार्य करते हैं ?

उत्तर—अस्पष्ट।

अध्यापक-कथन—ये पत्रकन्द प्रजनन का कार्य करते हैं।

श्यामपट्ट सारांश—1. स्तम्भ तन्तु—इस तने में पत्ती की कक्षस्थ कलिका तन्तु का रूप धारण कर लेती है जो पौधे को आरोहण में सहायता देता है।

2. स्तम्भ कण्टक—इस प्रकार के तने में पत्तियाँ कक्षस्थ कलिका या काँटे का रूप धारण कर लेती हैं। ये काँटे रक्षा का कार्य करते हैं।

3. पर्णकार्य स्तम्भ—इस प्रकार के तने में पत्तियाँ काँटों का रूप धारण कर लेती हैं तथा तना हरा तथा मांसल होकर भोजन बनाने का कार्य करता है।

4. पत्रकन्द—इसमें पत्ती की कक्ष में बहुकोशिकीय कलिका बनती हैं जो प्रजनन का कार्य करती हैं।

पुनरावृत्ति प्रश्न—1. तने का क्या कार्य है ?

2. लौकी के तने में किस प्रकार का रूपान्तरण पाया जाता है ?

3. पर्णकार्य स्तम्भ में भोजन पौधे का कौन-सा भाग बनाता है ?

4. पर्णकार्य स्तम्भ में पत्तियाँ काँटों का रूप क्यों धारण कर लेती हैं ?

5. पत्रकन्द क्या कार्य करते हैं ?

गृहकार्य—1. तने के वायवीय रूपान्तरण से क्या समझते हो ? किसी एक का वर्णन करें।

2. पर्णकार्य स्तम्भ का नामांकित चित्र बनाओ।

## पाठ-योजना—3

दिनांक कक्षा-9 वाद समय विषय—जीव विज्ञान

उपविषय—मेंढक की मुखगुहा।

सामान्य उद्देश्य—1. छात्रों में विज्ञान के प्रति रुचि उत्पन्न करना।

2. छात्रों में वैज्ञानिक दृष्टिकोण का विकास करना।
3. छात्रों की निरीक्षण शक्ति का विकास करना।
4. छात्रों में चित्र बनाने की कुशलता का विकास करना।
5. बालकों की अन्वेषण तथा तार्किक शक्ति का विकास करना।

विशिष्ट उद्देश्य—(1) छात्र मेंढक की मुखगुहा का ज्ञान प्राप्त करेंगे।
(2) मुखगुहा के विभिन्न अंगों एवं उनके कार्यों से परिचित होंगे।
(3) मेंढक के मुखगुहा का निरीक्षण कर चित्र बनाएंगे।

सहायक सामग्री—मुखगुहा का चित्र, जीभ का चित्र, अन्य कक्षोपयोगी उपकरण।

पूर्व ज्ञान—छात्र मेंढक की बाह्य आकृति व रहन-सहन से परिचित हैं।

प्रस्तावना—

| | प्रश्न | उत्तर |
|---|---|---|
| 1. | मेंढक कहाँ पाया जाता है ? | तालाबों, पोखरों आदि के आस-पास पाया जाता है। |
| 2. | मेंढक का भोजन क्या है ? | छोटे-छोटे कीड़े-मकोड़े आदि मेंढक का भोजन है। |
| 3. | मेंढक अपना भोजन किस अंग की सहायता से ग्रहण करता है ? | मेंढक अपना भोजन जीभ से ग्रहण करता है। |
| 4. | मेंढक के मुँह में कौन-कौन से अंग होते हैं ? | जीभ, दाँत आदि। |
| 5. | मेंढक की मुखगुहा के विषय में तुम क्या जानते हो ? | अस्पष्ट उत्तर। |

उद्देश्य कथन—आज हम मेंढक की मुखगुहा का अध्ययन करेंगे।

प्रस्तुतीकरण—प्रथम सोपान—

प्रश्न—मेंढक के सम्पूर्ण शरीर को कितने भागों में विभाजित करते हैं ?

उत्तर—दो भागों में, सिर और धड़।

प्रश्न—मेंढक के सिर का आकार किस प्रकार का होता है ?

उत्तर—मेंढक का सिर तिकोनाकार होता है।

प्रश्न—मेंढक में गर्दन या ग्रीवा कहाँ पर होती है ?

उत्तर—मेंढक में ग्रीवा नहीं पाई जाती।

प्रश्न—ग्रीवा न होने से मेंढक को क्या लाभ होता है ?

उत्तर—अस्पष्ट।

अध्यापक-कथन—मेंढक का सिर त्रिभुजाकार तथा आगे नुकीला होता है। मेंढक के गर्दन नहीं होती जिससे उसे कूदने-तैरने में सुगमता रहती है।

प्रश्न—मेंढक का मुख कहाँ स्थित रहता है ?

उत्तर—मुखगुहा में स्थित रहता है।

प्रश्न—कौन-सा भाग गुहा कहलाता है ?

उत्तर—अस्पष्ट।

अध्यापक-कथन—दोनों जबड़ों के बीच के कटान को मुख तथा इसके भीतर स्थित खाली स्थान को गुहा कहते हैं (यंत्र द्वारा समझायेगा)।

प्रश्न—आप अपने भोजन को किस प्रकार चबाते हैं ?

उत्तर—दाँतों के द्वारा हम भोजन चबाते हैं।

प्रश्न—मेंढक भोजन किस प्रकार चबाता है ?

उत्तर—अस्पष्ट।

प्रश्न—मेंढक के दांत कहाँ स्थित रहते हैं ?

उत्तर—अस्पष्ट।

अध्यापक-कथन—मेंढक के ऊपरी जबड़े में छोटे-छोटे मैक्सिलरी दांत होते हैं। नासिका छिद्र के पास दो मैक्सिलरी दांत होते हैं। नासिका छिद्र के पास दो वोमेराइन दांत होते हैं। ये दांत शिकार को बाहर निकलने से रोकते हैं तथा उसे घायल कर देते हैं। मेंढक के दाँत भोजन को चबाने का कार्य नहीं करते।

प्रश्न—मेंढक देखने का कार्य किस प्रकार करता है ?

उत्तर—आँख द्वारा करता है।

प्रश्न—मेंढक की आँखें कहाँ स्थित होती है ?

उत्तर—मेंढक की आँखें सिर में स्थित होती हैं।

प्रश्न—मेंढक की आँखें किस प्रकार की होती हैं ?

उत्तर—अस्पष्ट।

अध्यापक-कथन—मेंढक की आँखें बाहर की ओर उभरी होती हैं परन्तु मुखगुहा में भी भीतर की तरफ उभरी रहती हैं। बाहर से दबाने पर भीतर उभार बढ़ जाता है। आँख, भीतर मुखगुहा का $\frac{1}{3}$ भाग घेरती है।

श्यामपट्ट कार्य—1. मेंढक के सिर का आकार त्रिभुजाकार तथा आगे नुकीला होता है।

2. मुख के भीतर के खाली भाग को मुखगुहा कहते हैं।
3. मेंढक के दाँत केवल ऊपर के जबड़े में होते हैं।
4. मेंढक के दाँत भोजन को बाहर नहीं निकलने देते।
5. मेंढक की आँखें सिर के ऊपर स्थित रहती हैं।
6. मुखगुहा के भीतर ऊपर के जबड़े में आँख का उभार दिखाई पड़ता है।

### द्वितीय सोपान

प्रश्न—मेंढक की जीभ की बनावट किस प्रकार की होती है ?

उत्तर—मेंढक की जीभ आगे से जुड़ी होती है।

प्रश्न—मेंढक की जीभ क्या कार्य करती है ?

उत्तर—अस्पष्ट।

अध्यापक-कथन—मेंढक की जीभ आगे से जुड़ी तथा पीछे से स्वतन्त्र होती है। मेंढक भोजन प्राप्त करने के लिए जीभ आगे की ओर फेंकता है। जीभ से एक लसलसा पदार्थ निकलता है जिससे भोजन जीभ से चिपक जाता है। भोजन कीड़े-मकोड़े के रूप में होता है। जीभ भीतर करने पर शिकार मुँह में बन्द होकर आमाशय में पहुँच जाता है।

प्रश्न—मेंढक टर्र-टर्र की आवाज क्यों करता है ?

उत्तर—अस्पष्ट।

प्रश्न—यह ध्वनि किस प्रकार उत्पन्न होती है ?

उत्तर—अस्पष्ट।

अध्यापक-कथन—मेंढक के नीचे के जबड़े में दो छोटे-छोटे छिद्र होते हैं। इन छिद्रों के द्वार मुखगुहा के स्वर कोष्ठों में खुलते हैं। ये कोष्ठ केवल भारी मेंढक में होते हैं और फूल जाने पर ध्वनि उत्पन्न करते हैं।

प्रश्न—सुनने का कार्य कौन-सा अंग करता है ?

उत्तर—कान द्वारा हम सुनते हैं।

प्रश्न—मेंढक में सुनने का कार्य किस प्रकार होता है ?

उत्तर—अस्पष्ट।

अध्यापक-कथन—मेंढक में आँखों के उभारों के पीछे जबड़ों के जोड़ के समीप दोनों ओर एक तिकोनाकार छेद होता है। उसे कण्ठ कर्णनली कहते हैं। इसी के द्वारा मेंढक सुनता है।

प्रश्न—तुम श्वास किस अंग द्वारा लेते हो ?

उत्तर—नाक द्वारा श्वास लेते हैं।

प्रश्न—मेंढक मुँह बन्द होने पर श्वास किस प्रकार लेता है ?

उत्तर—अस्पष्ट।

अध्यापक-कथन—मुखगुहा के ऊपरी भाग में वोमेराइन दाँतों के पास दोनों ओर एक छोटा छिद्र पाया जाता है। इन छिद्रों का सम्बन्ध बाह्य नासिका छिद्र से होता है। मुखगुहा के भीतर और बाहर हवा इन्हीं छिद्रों से आती-जाती है।

प्रश्न—तुम भोजन किस अंग द्वारा निगलते हो ?

उत्तर—निगल द्वार द्वारा।

प्रश्न—श्वास नासिका से फेफड़ों में कहाँ होकर जाती है ?

उत्तर—कण्ठ द्वार द्वारा।

प्रश्न—मेंढक में भोजन निगलने की क्रिया किस प्रकार होती है ?

उत्तर—अस्पष्ट।

अध्यापक-कथन—(चित्र द्वारा) मेंढक की मुखगुहा भीतर की ओर सँकरी

हो जाती है। यह भाग ग्रसनी कहलाता है। जीभ के पीछे परन्तु ग्रसनी के पूर्व एक लम्बा तथा पतला छिद्र होता है जिसे कण्ठ द्वार कहते हैं।

श्यामपट्ट कार्य—1. मेंढक की जीभ लम्बी, पीछे की ओर कटी तथा स्वतन्त्र होती है।

2. मेंढक की जीभ शिकार को पकड़ने का काम करती है।

3. मेंढक के नीचे के जबड़े में दो छिद्र होते हैं जो मुखगुहा में खुलते हैं, स्वर यंत्र कहलाते हैं।

4. वोमेराइन दाँत के पास दो नासिका छिद्र होते हैं।

5. मुखगुहा के भीतर सँकरा भाग निगल द्वार कहलाता है। जीभ के पीछे निगल द्वार के पूर्व कण्ठ द्वार होता है।

पुनरावृत्ति प्रश्न—1. मुखगुहा किसे कहते हैं ?

2. मेंढक की जीभ की बनावट किस प्रकार की होती है ?

3. मेंढक की गर्दन न होने से क्या लाभ है ?

गृहकार्य—मुखगुहा का चित्र बनाकर विभिन्न अंगों का नामांकन कीजिए।

हरबार्ट की पाठ-योजना की सीमाएँ (Limitations of Herbartian Lesson-Plan)—1. इसमें शिक्षण स्मृति स्तर तक ही सीमित रहता है।

2. प्रस्तुतीकरण को अधिक महत्व दिया जाता है।

3. शिक्षण उद्देश्यों और अधिगम परिस्थितियों को ध्यान में नहीं रखा जाता है।

4. छात्रों की रुचियों और अभिवृत्तियों के आधार पर प्रस्तुतीकरण नहीं किया जाता है।

5. पाठ-योजना में अधिगम उद्देश्यों का विशिष्टीकरण नहीं किया जाता है।

6. शिक्षण क्रियाओं तथा अधिगम स्वरूपों में समन्वय स्थापित नहीं किया जाता है।

## 2. मूल्यांकन उपागम की पाठ-योजना (Evaluation Approach of Lesson Plan)

ब्लूम ने शिक्षा में एक नवीन प्रत्यय का विकास किया जिसे मूल्यांकन उपागम कहते हैं। इसके अनुसार शिक्षण को एक सोद्देश्य प्रक्रिया माना गया है। शिक्षा की सभी प्रक्रियाएँ उद्देश्य केन्द्रित होती है। परीक्षण, शिक्षण पर आधारित होता है। ब्लूम ने शिक्षा की प्रक्रिया के तीन पद बताए हैं जिन्हें मूल्यांकन उपागम के सोपान कहते हैं। ये निम्न हैं—

(1) शिक्षण उद्देश्यों का निर्धारण करना।

(2) अधिगम के अनुभव प्रदान करना।

(3) व्यवहार परिवर्तन का मूल्यांकन करना।

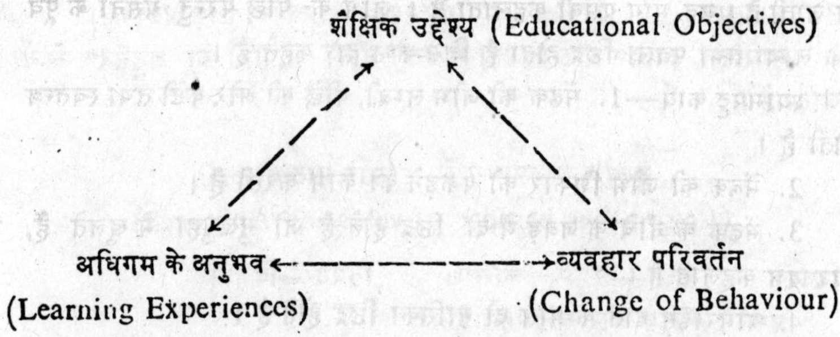


1. **शिक्षण उद्देश्यों का निर्धारण** (Formulation of Educational Objectives)—शैक्षिक उद्देश्यों का अर्थ ज्ञानात्मक, भावात्मक तथा क्रियात्मक पक्षों में परिवर्तन लाना है। उद्देश्यों के निर्धारण में विषयवस्तु की प्रकृति, समाज की आवश्यकताएँ, छात्रों का स्तर एवं छात्रों की आवश्यकताओं तथा क्षमताओं का ध्यान रखा जाता है। उद्देश्यों के निर्धारण के बाद उनको व्यावहारिक रूप में लिखा जाता है।

2. **अधिगम के अनुभव** (Learning Experiences)—शिक्षण तथा अधिगम के अनुभव वे साधन हैं जिनकी सहायता से शिक्षण उद्देश्यों की प्राप्ति की जाती है। कक्षा में शिक्षक उद्देश्यों की प्राप्ति के लिए विभिन्न युक्तियों का प्रयोग करता है। शिक्षण की क्रियाओं की व्यवस्था इस प्रकार की जाती है जिससे छात्रों को समुचित सीखने के अनुभव प्राप्त हो सकें।

3. **व्यवहार परिवर्तन का मूल्यांकन** (Evaluation of Change of Behaviour)—अधिगम के अनुभवों की सहायता से छात्रों में अपेक्षित परिवर्तन लाया जाता है। व्यवहार परिवर्तन के मूल्यांकन से उद्देश्यों की प्राप्ति के सम्बन्ध में निष्कर्ष निकाला जाता है। व्यवहार परिवर्तन 3 प्रकार का होता है—(1) ज्ञानात्मक (Cognitive); (2) भावात्मक (Affective); (3) क्रियात्मक (Psycho-motor)। इन तीनों प्रकार के व्यवहार परिवर्तनों के मापन की व्यवस्था की जाती है। व्यवहार के इन तीनों पक्षों में परस्पर समन्वय एवं सामन्जस्य होता है।

### व्यवहार परिवर्तन के मूल्यांकन की विधियाँ

| उद्देश्य | मूल्यांकन की विधियाँ |
|---|---|
| 1. ज्ञानात्मक | मौखिक, निरीक्षण तथा लिखित, वस्तुनिष्ठ, निबन्धात्मक परीक्षाएँ तथा साक्षात्कार। |
| 2. भावात्मक | निरीक्षण, अभिरुचि, सूची, अभिवृत्ति स्केल, निबन्धात्मक परीक्षाएँ—परिस्थिति परीक्षण। |

3. क्रियात्मक निरीक्षण, प्रयोगात्मक, साक्षात्कार, छात्र-प्रदर्शन।

मूल्यांकन उपागम पाठ-योजना में इन्हीं तीनों सोपानों का अनुसरण किया जाता है।

## मूल्यांकन उपागम के अनुसार पाठ-योजना
## (Lesson-Plan based on Evaluation Approach)

दिनांक, कक्षा—8 कालांश, विषय—विज्ञान

प्रकरण—सूर्य और चन्द्रग्रहण।

शिक्षण उद्देश्य—(1) छात्रों को पृथ्वी और चन्द्रमा की गतियों का बोध कराना।

(2) शुक्ल पक्ष, कृष्ण पक्ष, अमावस्या तथा पूर्णिमा से अवगत कराना।

(3) चन्द्रग्रहण एवं सूर्यग्रहण के प्रत्यय का बोध कराना।

(4) चन्द्रग्रहण और सूर्यग्रहण पड़ने की तिथियों से अवगत कराना।

| उद्देश्य | सीखने के अनुभव | | शिक्षण विधि तथा प्रविधि |
|---|---|---|---|
| | शिक्षक-क्रियाएं | छात्र-क्रियाएं | |
| ज्ञान | 1. बिना बादलों के भी सूर्य और चन्द्रमा कभी-कभी क्यों छिप जाते हैं ? | ग्रहण पड़ने से छिप जाते हैं। | प्रश्नोत्तर |
| | 2. ग्रहण क्यों पड़ते हैं ? | विभिन्न उत्तर। | |
| | 3. चन्द्रमा किसके चारों ओर घूमता है ? | चन्द्रमा पृथ्वी के चारों ओर घूमता है। | प्रश्नोत्तर |
| | 4. पृथ्वी किसके चारों ओर घूमती है। | पृथ्वी सूर्य के चारों ओर घूमती है। | प्रदर्शन |
| | 5. इन प्रक्रियाओं का सूर्य, पृथ्वी और चन्द्रमा की स्थितियों पर क्या प्रभाव पड़ता है ? | इन गतियों से कभी चन्द्रमा पृथ्वी, और सूर्य के मध्य और कभी पृथ्वी, सूर्य और चन्द्रमा के मध्य आ जाती है। | प्रश्नोत्तर प्रदर्शन |
| ज्ञान तथा अभिवृत्ति | 6. चन्द्रमा को प्रकाश कहाँ से प्राप्त होता है ? | चन्द्रमा को प्रकाश सूर्य से प्राप्त होता है। | प्रश्नोत्तर |
| | अध्यापक-कथन—पृथ्वी और चन्द्रमा को प्रकाश सूर्य से प्राप्त होता है ? | | |
| ज्ञान | जब चन्द्रमा, सूर्य और पृथ्वी के बीच आता है तब कौन-सी तिथि होती है ? | अमावस्या होती है। | प्रश्नोत्तर |
| ज्ञान | अमावस्या को सूर्य, पृथ्वी और चन्द्रमा किस स्थिति में होते हैं ? | चन्द्रमा, सूर्य तथा पृथ्वी के मध्य होता है। | प्रश्नोत्तर |
| | चन्द्रमा किस तिथि को पूरा दिखाई देता है? | पूर्णिमा को पूरा दिखाई देता है। | |

| | | | |
|---|---|---|---|
| | पूर्णिमा को सूर्य, पृथ्वी तथा चन्द्रमा किस स्थिति में होते हैं ? | पृथ्वी, सूर्य तथा चन्द्रमा के मध्य होती है। | प्रश्नोत्तर |
| ज्ञान | माह के आरम्भ के दिनों में चन्द्रमा नहीं दिखाई देता, उन दिनों को क्या कहते हैं ? | कृष्ण पक्ष कहते हैं। | प्रदर्शन |
| ज्ञान | माह के अंतिम दिनों में चन्द्रमा दिखाई देता है, उन दिनों को क्या कहते हैं ? | शुक्ल पक्ष कहते हैं। | प्रदर्शन |
| | स्पष्टीकरण—कभी-कभी पूर्णिमा को पृथ्वी की स्थिति सूर्य और चन्द्रमा के मध्य होने पर सभी एक सीध में आ जाते हैं जिससे पृथ्वी की छाया चन्द्रमा पर पड़ती है। | मॉडल के प्रदर्शन द्वारा छात्र चन्द्रग्रहण के प्रत्यय को समझेंगे। | प्रदर्शन |
| अभिवृत्ति | तब उसे क्या कहते हैं ? | चन्द्रग्रहण कहते हैं। | प्रदर्शन |
| | चन्द्रग्रहण क्यों पड़ता है ? | पृथ्वी की छाया चन्द्रमा पर पड़ने से चन्द्रग्रहण पड़ता है। | |
| | सूर्यग्रहण क्यों पड़ता है ? | अस्पष्ट उत्तर। | |
| बोध | स्पष्टीकरण—कभी-कभी अमावस्या को पृथ्वी, सूर्य और चन्द्रमा एक सीधी रेखा में आ जाते हैं जिससे चन्द्रमा की छाया पृथ्वी पर पड़ती है जिससे सूर्य पूर्ण अथवा आंशिक रूप से ढक जाता है। | छात्र प्रदर्शन द्वारा सूर्यग्रहण के प्रत्यय को समझेंगे। | प्रदर्शन |
| | तब उसे क्या कहते हैं ? | सूर्यग्रहण कहते हैं। | |

| ज्ञान | सूर्यग्रहण क्यों पड़ता है ? | चन्द्रमा की छाया पृथ्वी पर पड़ती है जिससे पृथ्वी से सूर्य पूर्ण या आंशिक रूप से नहीं दिखाई देता है । | प्रश्नोत्तर |
|---|---|---|---|
| ज्ञान | सूर्यग्रहण कब पड़ता है ? | सूर्यग्रहण माह की अमावस्या को पड़ता है । | प्रश्नोत्तर |
| बोध | माह की प्रत्येक अमावस्या को सूर्यग्रहण क्यों नहीं पड़ता है ? | विभिन्न उत्तर । | |
| | स्पष्टीकरण—प्रत्येक अमावस्या को सूर्य, पृथ्वी और चन्द्रमा एक सीधी रेखा में नहीं होते हैं । इसलिए चन्द्रमा की छाया पृथ्वी पर नहीं पड़ती है क्योंकि पृथ्वी $23\frac{1}{3}$ अंश झुकी हुई है । | छात्र ध्यानपूर्वक सुनेंगे तथा प्रत्यय को समझेंगे । | कथन |

मूल्यांकन—1. चन्द्रग्रहण कब पड़ता है ?

2. माह की प्रत्येक पूर्णिमा को चन्दग्रहण क्यों नहीं पड़ता है ?
3. शुक्ल पक्ष तथा कृष्ण पक्ष किसे कहते हैं ?
4. चन्द्रग्रहण तथा सूर्यग्रहण क्यों पड़ते हैं ?

गृहकार्य—चन्द्रग्रहण तथा सूर्यग्रहण का सचित्र वर्णन कीजिए ।

### 3. राष्ट्रीय शैक्षिक अनुसन्धान एवं प्रशिक्षण परिषद की पाठ-योजना का प्रारूप (Layout of Lesson-Plan of NCERT)

इसमें शिक्षण अधिगम प्रक्रिया में उद्दीपन तथा अनुक्रिया की अपेक्षा मानसिक क्रियाओं (Mental Abilities) को महत्व दिया जाता है। उद्देश्यों के निर्धारण में ब्लूम के वर्गीकरण को प्रयुक्त किया जाता है। ज्ञानात्मक पक्ष के छः वर्गों के स्थान पर चार वर्गों का प्रयोग किया जाता है। इन चार उद्देश्यों के द्वारा 17 मानसिक क्षमताओं का विकास किया जाता है। इस पाठ-योजना का प्रारूप शैक्षिक अनुदेशन की रूपरेखा पर आधारित है। इसके तीन प्रमुख पक्ष हैं—

1. अदा (Input); 2. प्रक्रिया (Process); 3. प्रदा (Output)।

1. अदा (Input)—इसके अन्तर्गत अपेक्षित व्यवहार परिवर्तनों (Expected Behavioural Outcomes) को निर्धारित किया जाता है। शिक्षक अपेक्षित व्यवहारों को निर्धारित करता है और उनको व्यावहारिक रूप में लिखता है। पाठ-योजना में इनको क्रमबद्ध रूप में व्यवस्थित किया जाता है जिससे अनुदेशन का क्रम भी निश्चित हो जाता है।

2. प्रक्रिया (Process)—निर्धारित उद्देश्यों की प्राप्ति के लिए शिक्षण की प्रक्रियाओं की व्यवस्था की जाती है। शिक्षक समुचित व्यूह-रचना, युक्तियों तथा शिक्षण सहायक सामग्री की व्यवस्था करता है। प्रविधियों तथा दृश्य-श्रव्य सामग्री का चयन करता है जिससे उपयुक्त अधिगम परिस्थितियाँ उत्पन्न की जाती हैं। अभिप्रेरणा की प्रविधियों का प्रयोग किया जाता है। इस सोपान में शिक्षक तथा छात्र दोनों की क्रियाएँ सम्मिलित होती हैं।

3. प्रदा (Output)—इसके अन्तर्गत छात्रों के वास्तविक व्यवहार परिवर्तन (Real Learning Outcomes) निहित होते हैं। इसके लिए शिक्षक विभिन्न प्रकार की मापन की प्रविधियों का प्रयोग करता है। मापन की प्रविधियाँ अपेक्षित व्यवहार परिवर्तन पर आधारित होती हैं। साधारणतः मौखिक तथा लिखित परीक्षाओं का प्रयोग किया जाता है।

**योजना के निर्माण का सैद्धान्तिक आधार**

**(The Theoretical Rationale for Lesson-Plan)**

| अदा (Input) अनुदेशन (Instruction) अपेक्षित व्यवहार परिवर्तन (EBO's) | प्रक्रिया (Process) शिक्षण सम्प्रेषण विधि (Communicating Strategy) अधिगम के अनुभव (Learning Experiences) — शिक्षक की क्रियाएँ | छात्र की क्रियाएँ | प्रदा (Output) मूल्यांकन (Evaluation) वास्तविक व्यवहार परिवर्तन (RLO's) |
|---|---|---|---|
| 1. ज्ञान उद्देश्य | व्याख्यान, चार्ट प्रदर्शन स्पष्टीकरण। | सोचना, निरीक्षण लिखना, अन्तः-प्रक्रिया। | पुनरावृत्ति प्रश्न, परिभाषा देना, व्याख्या करना। |
| 2. बोध उद्देश्य | वाद-विवाद, समस्या समाधान, प्रदर्शन सहित वाद-विवाद। | तथ्य अधिनियमों को पहचानना, सम्बन्ध देखना, समानता तथा भिन्नता देखना। | प्रश्न, व्याख्यात्मक प्रश्न, समस्या का समाधान करना। |
| 3. प्रयोग उद्देश्य | समस्या समाधान, प्रयोगशाला कार्य। | प्रयोग करने का अवसर, सीखे हुए ज्ञान का प्रयोग करना। | प्रयोगशाला परीक्षा दी जाती है। परिस्थितियाँ उत्पन्न की जाती हैं। |
| 4. सर्जनात्मक उद्देश्य | नई समस्या का समाधान, व्यक्तिगत कार्य को महत्व। | तत्वों का विश्लेषण करना, सम्बन्ध स्थापित करना, निर्णय लेना। | आलोचनात्मक प्रश्न पूछना, नई समस्या उत्पन्न करना, उसका समाधान निकालना। |

क्षेत्रीय शिक्षा महाविद्यालय मैसूर (Regional College of Education, Mysore) में इस पाठ-योजना के प्रारूप पर अधिक कार्य हुआ है। इसके अनुसार पाठ-योजना का प्रारूप यहां दिया जा रहा है—

पाठ-योजना

कक्षा—6 विषय—विज्ञान प्रकरण—मेंढक

सामान्य उद्देश्य—1. विज्ञान के अध्ययन के प्रति रुचि उत्पन्न करना।

2. विज्ञान के तथ्यों, प्रत्ययों, सिद्धान्तों और प्रक्रियाओं का ज्ञान प्रदान करना।

3. वैज्ञानिक अभिवृत्ति तथा वैज्ञानिक दृष्टिकोण का विकास करना।

4. विभिन्न प्रायोगिक कौशलों का विकास करना।

5. विज्ञान के ज्ञान को नई परिस्थिति में प्रयोग की क्षमता का विकास करना।

6. समस्याओं की पहचान तथा उनके निराकरण की क्षमता प्राप्त करना।

7. लिखने, बोलने तथा कार्य करने में शुद्धता पर पूर्ण ध्यान देना।

8. प्रकृति का वैज्ञानिक अध्ययन करने में रुचि उत्पन्न करना तथा अन्धविश्वास दूर करना।

विशिष्ट उद्देश्य—1. छात्रों को मेंढक की बाह्य संरचना का ज्ञान प्रदान करना।

2. मेंढक के निवास स्थान की जानकारी देते हुए उसके विभिन्न बाह्य अंगों के कार्यों का ज्ञान प्रदान करना।

सहायक सामग्री—मेंढक, मेंढक का चित्र तथा अन्य कक्षोपयोगी उपकरण।

पूर्व ज्ञान—1. छात्र आस-पास पाए जानेवाले विभिन्न जन्तुओं से परिचित हैं।

2. वे जल में पाए जानेवाले जीव-जन्तुओं के विषय में सामान्य जानकारी रखते हैं।

प्रस्तावना—

| शिक्षक-क्रिया | छात्र-क्रिया |
|---|---|
| 1. कुछ जीव-जन्तुओं के नाम बताइए। | गाय, घोड़ा, मछली, साँप आदि। |
| 2. पानी में पाए जानेवाले जन्तुओं के नाम बताइए। | मछली, मेंढक, सीप, घेंघा आदि। |
| 3. वे जन्तु जो पानी और जमीन दोनों पर रहते हैं, उन्हें हम किस वर्ग में रखते हैं? | जल-स्थलचर वर्ग में। |
| 4. जल-स्थलचर वर्ग में आनेवाले किसी जन्तु का उदाहरण दीजिए। | मेंढक। |
| 5. मेंढक की बाह्य संरचना के विषय में आप क्या जानते हैं? | अस्पष्ट उत्तर। |

उद्देश्य कथन—आज हम मेंढक की बाह्य संरचना का अध्ययन करेंगे ।

| शिक्षण बिन्दु | अपेक्षित व्यवहार परिवर्तन | अपेक्षित अधिगम परिस्थिति शिक्षक-क्रिया | छात्र-क्रिया | शिक्षण विधि/ प्रविधि | वास्तविक अधिगम उपलब्धि |
|---|---|---|---|---|---|
| 1. निवास स्थान | छात्र मेंढक के निवास स्थान सम्बन्धी ज्ञान का प्रत्यास्मरण करेंगे । | 1.1. मेंढक कहाँ रहता है ? | मेंढक तालाबों, पोखरों, गड्ढों आदि में रहता है । | प्रश्नोत्तर | |
| | | 1.2. पानीवाले स्थानों के अतिरक्त मेंढक अन्यत्र कहाँ पाया जाता है ? | घास के मैदानों, बगीचों व खेतों में पाया जाता है । | | |
| | छात्र प्राप्त ज्ञान का सामान्यीकरण कर सकेंगे । | 1.3. इससे क्या स्पष्ट होता है ? | मेंढक जल व स्थल दोनों में रह सकता है । | प्रश्नोत्तर | |
| | | 1.4. मेंढक जल व स्थल में सामान्य रूप से कहाँ रहता है ? | मेंढक पानी में व जमीन में उगनेवाली घास में छिपा रहता है । | | |

| | | | | | |
|---|---|---|---|---|---|
| | छात्र तर्क करेंगे। | 1.5. वह घास में क्यों छिपा रहता है? | अस्पष्ट उत्तर। | | |
| | | शिक्षक-कथन—वह भयानकजानवरों से बचने तथा प्राण रक्षा की दृष्टि से घास में छिपा रहता है। | | कथन | |
| | | 1.6. मेंढक समुद्र में क्यों नहीं रहता है? | अस्पष्ट उत्तर। | | मेंढक कहाँ पाया जाता है। |
| | | शिक्षक-कथन—समुद्र का पानी गहरा व खारा होता है। | | | |
| 2. बाह्य संरचना | छात्र निरीक्षण द्वारा बाह्य संरचना का ज्ञान प्राप्त करेंगे। | 2.1. (मेंढक को दिखाकर) मेंढक की ऊपरी सतह किस रंग की है? | गहरे हरे रंग की व धब्बेदार है। | प्रदर्शन | मेंढक की ऊपरी त्वचा का रंग कैसा है। |
| | | 2.2. इसकी निचली सतह किस रंग की है? | हल्के पीले व सफेद रंग की है। | | |

| | | | | | |
|---|---|---|---|---|---|
| | | 2.3. त्वचा में रंगों की भिन्नता से उसे क्या लाभ है ? | अस्पष्ट उत्तर । | | मेंढक की निचली त्वचा का रंग कैसा है । |
| | | शिक्षक-कथन—रंगों की भिन्नता उसे शत्रुओं से बचाने में सहायक होती हैं । | | प्रदर्शन | मेंढक की त्वचा छूने में कैसी है । |
| अग्रभाग | मेंढक के अग्रभाग में पाये जानेवाले विभिन्न अंगों का निरीक्षण कर उनका ज्ञान प्राप्त करेंगे । | (मेंढक का चित्र दिखाकर प्रश्न पूछे जाएँगे) | | | |
| | | 3.1. मेंढक का शरीर कितने भागों में बँटा है ? | मेंढक का शरीर दो भागों में बँटा है ? | चित्र प्रदर्शन | मेंढक के शरीर के कितने भाग हैं । |
| | | 3.2. वे भाग कौन-कौन से हैं ? | सिर और धड़ । | | |
| | | 3.3. सिर के भाग में कौन-कौन से अंग दिखाई दे रहे हैं ? | मुंह, आँख, नासाछिद्र, कान की झिल्ली । | प्रदर्शन | |
| | | 3.4. मेंढक की आंखें कहाँ स्थित हैं ? | सिर पर स्थित हैं । | | |

| | | | | | |
|---|---|---|---|---|---|
| | | 3.5. मेंढक की आँखें सिर पर होने से क्या लाभ है ?<br>शिक्षक-कथन—मेंढक बिना घूमे चारों ओर देख सकता है । | अस्पष्ट उत्तर। | | मेंढक के शरीर के अग्रभाग में कौन-कौन से अंग हैं । |
| | | 3.6. नासाछिद्र का क्या कार्य है ? | मेंढक इसके द्वारा साँस लेता है । | प्रश्नोत्तर | |
| पश्चभाग | मेंढक के पश्चभाग के अंगों की संरचना व कार्यों का ज्ञान प्राप्त करेंगे । | 4.1. मेंढक के पश्चभाग में क्या दिखाई दे रहा है ? | मेंढक के पश्चभाग में दो जोड़े पैर हैं । | | |
| | | 4.2 पिछले पैरों में कितनी अँगुलियाँ हैं ? | पाँच अँगुलियाँ है । | प्रदर्शन | मेंढक के पश्च-भाग में क्या पाया जाता है । |
| | | 4.3. इन अँगुलियों के बीच में क्या दिखाई दे रहा है ? | अँगुलियों के बीच में झिल्ली है । | प्रदर्शन | मेंढक के पश्च-भाग में क्या पाया जाता है । |
| | | 4.4. मेंढक के अगले पैरों में कितनी अँगुलियाँ हैं ? | मेंढक के अगले पैरों में चार अँगुलियाँ हैं । | | |

| | | | |
|---|---|---|---|
| 4.5. मछली पानी में किसकी सहायता से तैरती है ? | पंखों की सहायता से मछली पानी में तैरती है। | प्रश्नोत्तर | |
| 4.6. मेंढक पानी में किस अंग की सहायता से तैरता है ? | मेंढक अपने पैरों से तैरता है। | प्रश्नोत्तर | |
| 4.7. मेंढक के पैर तैरने के अतिरिक्त अन्य किस काम में आते हैं ? | अस्पष्ट उत्तर। | | मेंढक पैरों से किस प्रकार क्या कार्य करता है। |
| शिक्षक-कथन—मेंढक के पैर तैरने के अतिरिक्त जमीन पर उछल-कूद करने के काम आते हैं। | | कथन | |

श्यामपट्ट कार्य—1. मेंढक की वाह्य संरचना—1. ऊपरी त्वचा का रंग—गहरा हरा रंग, धब्बेदार।

2. निचली त्वचा का हल्का रंग—पीला व सफेद।

3. छूने से त्वचा—मुलायम, चिकनी व गीली।

2. मेंढक के शरीर के भाग—1. अग्रभाग : सिर— 1. मुंह-दांत होते हैं।

2. आँखें सिर पर स्थित हैं।

3. नासाद्वार—सांस लेने के काम आता है।

2. पश्चभाग— पैर—दो जोड़ी, अँगुलियाँ, झिल्ली।

लिखित एवं निरीक्षण कार्य—अध्यापक छात्रों को श्यामपट्ट कार्य उतारने का आदेश देकर उनके लिखित कार्य का निरीक्षण करेगा।

गृह कार्य—1. निर्देश—रिक्त स्थानों की पूर्ति करें—

(1) मेंढक·········दोनों में रह सकता है।

(2) मेंढक समुद्र में·········रहता है।

(3) मेंढक के मुँह में···········होते हैं।

2. निर्देश—निम्नलिखित वाक्यों के अन्त में दिए गए कोष्ठक में शुद्ध कथन के लिए (√) तथा अशुद्ध कथन के लिए (×) चिह्न लगाओ—

(1) मेंढक के शरीर पर पंख होते हैं। ( )

(2) मेंढक के दाँत बाहर निकले होते हैं। ( )

(3) मेंढक के गर्दन न होने के कारण वह आसानी से तैर व कूद सकता है। ( )

(4) मेंढक की त्वचा में रंगों की भिन्नता उसे शत्रुओं से बचाने में सहायक होती है। ( )

3. मेंढक की बाह्य संरचना का नामांकित चित्र बनाइए।

## पाठ-योजना (2)

विषय—रसायन विज्ञान प्रकरण—पानी की पहचान तथा प्रकार।

विशिष्ट उद्देश्य—(1) छात्रों को हल्के तथा भारी पानी की पहचान कराना।

(2) पानी की कठोरता दूर करने की विधियों का ज्ञान प्रदान करना।

(3) भारी पानी के प्रकारों से परिचित कराना।

पूर्व ज्ञान—(1) छात्र पानी के विभिन्न स्रोतों से परिचित हैं।

(2) वे यह भी जानते हैं कि अलग-अलग स्थानों से प्राप्त पानी में अन्तर होता है।

प्रस्तावना—

| शिक्षक-क्रिया | छात्र-क्रिया |
|---|---|
| 1. कुंए से कितने प्रकार का पानी मिलता है? | कुंए से मीठा तथा खारा पानी मिलता है। |
| 2. पानी खारा क्यों होता है? | लवण की उपस्थिति के कारण पानी खारा होता है। |
| 3. जिस पानी में लवण मिले होते हैं उसे खारे पानी के अतिरिक्त क्या कहते हैं? | उसे भारी पानी कहते हैं। |
| 4. मीठे पानी को दूसरे किस नाम से पुकारते है? | हल्का पानी कहते हैं। |
| 5. भारी और हल्के पानी की पहचान कैसे करोगे? | अस्पष्ट उत्तर। |

उद्देश्य-कथन—आज हम यही अध्ययन करेंगे कि हल्के एवं भारी पानी की पहचान किस प्रकार की जा सकती है तथा भारी पानी कितने प्रकार का होता है।

| शिक्षण बिन्दु | अपेक्षित व्यवहार परिवर्तन | शिक्षण अधिगम परिस्थिति शिक्षक-क्रिया | छात्र-क्रिया | शिक्षण विधि/ प्रविधि | वास्तविक अधिगम उपलब्धि |
|---|---|---|---|---|---|
| 1. पानी की पहचान व प्रकार | छात्र प्रदर्शन द्वारा पानी की पहचान करना सीखेंगे। | (शिक्षक दो बीकरों में एक में नल का व दूसरे में कुएँ का पानी प्रदर्शित करते हुए प्रश्न पूछेगा) | | | |
| | | 1. इस बीकर में कैसा पानी है ? | नल का पानी है। | प्रयोग प्रदर्शन | |
| | | 2. (साबुन घोलते हुए) मैंने क्या किया ? | इस पानी में साबुन घोला। | | |
| | | 3. साबुन घोलने पर क्या हुआ ? | साबुन का झाग बन रहा है। | | |
| | छात्र प्रयोग के आधार पर निष्कर्ष निकालेंगे। | 4. दूसरे बीकर में कैसा पानी है ? | कुएँ का पानी है। | | |
| | | 5. इसमें साबुन घोलने पर क्या हुआ ? | इसमें झाग कम बना। | | |

| | | | | | |
|---|---|---|---|---|---|
| | | 6. इससे क्या निष्कर्ष निकला ? | नल के पानी से अधिक झाग बनता है जबकि कुएँ के पानी से झाग कम बनता है। | प्रश्नोत्तर | |
| | छात्र मृदु एवं कठोर जल की परिभाषा समझेंगे। | 7. जिस पानी में साबुन का झाग अधिक व सरलता से बनता है उसे कैसा पानी कहेंगे ? | अस्पष्ट उत्तर। | | |
| | | शिक्षक-कथन—जिस पानी में साबुन का झाग सरलता से व अधिक बनता है उसे हल्का पानी या मृदु जल तथा जिसमें कम व कठिनाई से बनता है उसे कठोर जल कहते हैं। | | कथन | पानी कितने प्रकार का होता है। मृदु व कठोर जल किसे कहते हैं। |
| 2. भारी पानी या कठोर जल के प्रकार | छात्र पानी की कठोरता के कारणों का ज्ञान प्राप्त करेंगे। | 1. पानी भारी क्यों होता है ? | लवण मिले होने के कारण पानी भारी होता होता है। | प्रश्नोत्तर | |

| | | | |
|---|---|---|---|
| 2. ये लवण पानी में कहाँ से मिलते हैं ? | पानी में ये लवण पृथ्वी के अन्दर से मिल जाते हैं। | | |
| 3. भारी पानी में कौन-कौन से लवण होते हैं ? | अस्पष्ट उत्तर। | | |
| शिक्षक-कथन—भारी पानी में अधिकतर कैलशियम तथा मैगनीशियम के लवण मिले होते हैं, जैसे—मैगनीशियम बाईकार्बोनेट, कैलशियम बाईकार्बोनेट, मैगनीशियम सल्फेट, कैलशियम सल्फेट। | छात्र ध्यानपूर्वक सुनेंगे। | कथन | भारी पानी में कौन-कौन से लवण पाए जाते हैं। |
| 4. पानी में लवण क्यों नहीं दिखाई देते ? | लवण पानी में घुली दशा में रहते हैं। | प्रश्नोत्तर | |
| 5. पानी से लवण कैसे अलग कर सकते हैं ? | अस्पष्ट उत्तर। | | |

| | | | | |
|---|---|---|---|---|
| | | शिक्षक-कथन—पानी से लवण निकालने के लिए उसे बिना घुली दशा में ले आना चाहिए। | | |
| | | 6. कैलशियम बाईकार्बोनेट अथवा मैगनीशियम बाईकार्बोनेट को गर्म करने पर क्या होता है ? | कैलशियम बाईकार्बोनेट, कैलशियम कार्बोनेट में तथा मैगनीशियम बाईकार्बोनेट, मैगनीशियम कार्बोनेट में बदल जाता है। | |
| 3. अस्थायी कठोर पानी | छात्र कठोरता दूर करने की विधियों का ज्ञान प्राप्त करेंगे। | 1. भारी या कठोर पानी के लवण हटाने के लिए क्या करना चाहिए ? | पानी को उबाल लेना चाहिए। | प्रश्नोत्तर |
| | | 2. पानी को उबालने से क्या होगा ? | लवण अनघुली दशा में आ जायेंगे। | |
| | | 3. इन लवणों को पानी से किस प्रकार अलग करेंगे ? | इन्हें पानी से छानकर अलग कर लेंगे। | |
| | | 4. ऐसे पानी को जिसे उबालने से उसकी कठोरता या भारीपन दूर हो जाता है, क्या कहते हैं ? | अस्पष्ट उत्तर। | |

| | | | | | |
|---|---|---|---|---|---|
| | | शिक्षक-कथन—जिस पानी को उबालकर उसका भारीपन दूर किया जा सकता है उसे अस्थायी कठोर पानी तथा उसकी कठोरता को अस्थायी कठोरता कहते हैं । | | कथन | अस्थायी कठोर पानी किसे कहते हैं ।<br>अस्थायी कठोरता कैसे दूर की जा सकती है । |
| 4. स्थायी कठोर पानी | छात्र स्थायी कठोर पानी एवं स्थायी कठोरता के कारण व उसे दूर करने की विधियों को समझेंगे । | 1. अस्थायी कठोर पानी में कौन-कौन से लवण घुले रहते हैं ? | कैलशियम तथा मैगनीशियम के बाईकार्बोनेट घुले रहते हैं । | प्रश्नोत्तर | |
| | | 2. जिस भारी पानी में कैलशियम तथा मैगनीशियम सल्फेट मिले होते हैं उसे गर्म करने पर क्या होता है ? | अस्पष्ट उत्तर । | | |
| | | शिक्षक-कथन—जिस भारी पानी में कैल- | | कथन | स्थायी कठोर पानी किसे कहते हैं । |

| | | |
|---|---|---|
| शियम व मैंगनीशियम सल्फेट मिले होते हैं उसे उबालने से कोई लाभ नहीं होता है। उसे स्थायी भारी पानी कहते हैं। | | |
| 3. स्थायी भारी पानी में कौन-कौन से लवण घुले रहते हैं ? | स्थायी भारी पानी में कैलशियम तथा मैगनीशियम सल्फेट घुले रहते हैं। | |
| 4. स्थायी भारी पानी की कठोरता किस प्रकार दूर कर सकते हैं ? | अस्पष्ट उत्तर। | |
| शिक्षक-कथन—<br>स्थायी कठोरता दूर करने के लिए उसमें सोडियम कार्बोनेट मिला देते हैं। इससे वे कार्बोनेट लवण में बदल जाते हैं। | | स्थायी कठोरता कैसे दूर की जाती है। |

**श्यामपट्ट कार्य**—पानी के प्रकार—1 हल्का पानी या मृदु जल। 2. भारी पानी या कठोर जल।

हल्का पानी—साबुन के साथ सरलता से झाग देता है। अस्थायी कठोर पानी में कैलशियम और मैगनीशियम कार्बोनेट व बाईकार्बोनेट घुले होते हैं। उबालकर कठोरता दूर की जा सकती है।

स्थायी कठोर पानी—1. इसमें कैलशियम और मैगनीशियम के सल्फेट घुले रहते हैं।

2. इसे उबालकर हल्का नहीं बनाया जा सकता है।

3. सोडियम कार्बोनेट मिलाने से कार्बोनेट लवण में बदल जाते हैं जिन्हें छानकर अलग कर लिया जाता है।

**कक्षा निरीक्षण व कक्षा कार्य**—श्यामपट्ट कार्य ही अभीष्ट कक्षा कार्य होगा।

**गृहकार्य**—1. पानी कितने प्रकार का होता है ?

2. पानी की कठोरता दूर करने की विधि बताइए।

3. रिक्त स्थान की पूर्ति कीजिए—

(1) हल्का पानी साबुन के साथ········देता है।

(2) जिस पानी में कैलशियम एवं मैगनीशियम कार्बोनेट घुले होते हैं उसे ········कहते हैं।

(3) स्थायी कठोरता···········के कारण होती है।

(4) पानी की कठोरता···········दूर की जा सकती है।

## पाठ-योजना

दिनांक········ कक्षा—8 वादन समय विषय—विज्ञान

**उपविषय**—प्रकाश

**शिक्षण उद्देश्य**—1. छात्रों को दीप्त एवं अदीप्त वस्तुओं का बोध कराना।

2. छात्रों को प्रकाश के सरल रेखीय संचरण एवं किरण पुंज से अवगत कराना।

3. छात्रों को दीप्त एवं अदीप्त वस्तुओं की व्याख्या व उनमें अन्तर बताना।

4. छात्रों को दैनिक जीवन में प्रकाश सम्बन्धी ज्ञान का उपयोग करना बताना।

5. छात्रों को, प्रकाश सीधी रेखा में चलता है, का प्रयोग द्वारा सत्यापन कराना।

**सहायक सामग्री**—चित्र, मोमबत्ती, टार्च एवं कक्षोपयोगी उपकरण।

**पूर्वज्ञान**—छात्र प्रकाश के विभिन्न स्रोतों से परिचित हैं तथा वे यह जानते हैं कि प्रकाश सीधी रेखा में चलता है।

| शिक्षण बिन्दु | सीखने के अनुभव<br>अध्यापक-क्रिया | छात्र-क्रिया | मूल्यांकन |
|---|---|---|---|
| प्रकाश | 1. अंधेरे में रखी वस्तु को देखने के लिए किसका प्रयोग करते हैं ? | लैम्प, बल्ब, ट्यूब लाइट टार्च। | |
| | 2. वस्तुएँ हमें किसकी उपस्थिति में दिखाई देती हैं ? | प्रकाश की उपस्थिति में। | |
| | 3. प्रकाश के स्रोत क्या हैं ? | टार्च, बल्ब, मोमबत्ती सूर्य। | |
| दीप्त वस्तुएँ | 4. जो वस्तुएँ हमें प्रकाश देती हैं उन्हें क्या कहते हैं ? | अस्पष्ट उत्तर। | |
| | अध्यापक-कथन—जो वस्तु हमें प्रकाश देती हैं उन्हें दीप्त वस्तुएँ कहते हैं। | | दीप्त वस्तुएँ किसे कहते हैं। |
| | 5. अंधेरे में रखी वस्तु को देखने के लिए प्रकाश किस पर डाला जाता है ? | दीप्त वस्तु पर। | दीप्त वस्तुएँ कौन-कौन-सी हैं ? |
| | 6. वस्तु से प्रकाश लौटकर कहाँ जाता है ? | प्रकाश लौटकर आँख की ओर जाता है। | |
| अदीप्त वस्तुएँ | 7. तब हमें क्या महसूस होता है ? | वस्तु इस स्थान पर रखी है। | |
| | 8. वे वस्तुएँ जो प्रकाश पड़ने पर दिखाई देती हैं उन्हें क्या कहते हैं ? | अस्पष्ट उत्तर। | |
| | अध्यापक-कथन—वे वस्तुएँ जो स्वयं प्रकाश नहीं देती परन्तु जब उन पर प्रकाश पड़ता है तब दिखाई देती हैं, अदीप्त वस्तुएँ कहलाती हैं। | | अदीप्त वस्तुएँ किसे कहते हैं। |
| | 9. अदीप्त वस्तुएँ कौन-कौन-सी हैं ? | मेज कुर्सी किताब आदि अदीप्त वस्तुएँ हैं ? | |

| | | | |
|---|---|---|---|
| | 10. चन्द्रमा और दर्पण कैसी वस्तुएँ हैं ? | अस्पष्ट उत्तर। | |
| | अध्यापक-कथन—चन्द्रमा और दर्पण भी अदीप्त वस्तुएँ हैं इस प्रकार प्रकाश की अनुपस्थिति में कोई वस्तु नहीं दिखाई देती। अतः प्रकाश एक प्रकार की ऊर्जा है। | | चन्द्रमा अदीप्त वस्तु क्यों है ?<br>प्रकाश क्या है ?<br>प्रदर्शन |
| प्रकाश का गमन | 11. गत्तों का आकार कैसा है ? | गत्ते आयताकार हैं। | |
| | 12. इन गत्तों में कितने छिद्र हैं ? | इन गत्तों में एक-एक छिद्र है। | |
| | 13. (गत्तों को व्यवस्थित करते हुए) इन गत्तों को किस प्रकार व्यवस्थित करते हैं ? | तीनों गत्तों के छिद्र एक सीध में हैं। | |
| | अध्यापक-कथन—इस प्रकार समान ऊँचाई पर छिद्रवाले गत्ते के सामने मोमबत्ती जलाकर रख देते हैं। | | |
| | 14. पीछे क्या दिखाई दे रहा है ? | प्रकाश दिखाई दे रहा है। | |
| | 15. प्रकाश किस स्थिति में दिखाई दे रहा है ? | जब तीनों गत्तों के छिद्र एक सीध में हैं। | |
| | 16. (बीचवाले गत्ते को खिसकाते हुए) गत्ते को खिसकाने से क्या हुआ ? | प्रकाश नहीं दिखाई दे रहा है। | |
| | 17. प्रकाश क्यों नहीं दिखाई दे रहा है ? | गत्तों के छिद्र एक सीध में न होने के कारण प्रकाश नहीं दिखाई दे रहा है। | |

| | | | |
|---|---|---|---|
| | 18. इस प्रयोग से क्या निष्कर्ष निकलता है ? | प्रकाश सीधी रेखा में चलता है। | कैसे सिद्ध करेंगे कि प्रकाश सीधी रेखा में चलता है। |
| किरण पुंज | 19. यदि किसी बन्द कमरे की दीवार में ऊपरी सिरे पर एक छिद्र हो तो कमरे में सूर्य का प्रकाश कैसे गमन करता है ? | सूर्य का प्रकाश सीधी रेखा में गमन करता है। | |
| | 20. यदि कमरे में धुआँ कर दें और छिद्र से प्रकाश आने दें तो धुआँ कितनी जगह में दिखाई देता है ? | जितनी जगह में सूर्य का प्रकाश आ रहा है। | |
| | 21. धुएँ की स्थिति कैसी है ? | सरल रेखा में है। | |
| | 22. दीप्त वस्तु से कितनी किरणें प्राप्त कर सकते हैं ? | अनेक किरणें प्राप्त कर सकते हैं। | |
| | 23. इन किरणों के समूह को क्या कहते हैं ? | अस्पष्ट उत्तर। | |
| | अध्यापक-कथन—इन अनेक किरणों के समूह को किरण पुंज कहते हैं। | | किरण पुंज किसे कहते हैं ? |
| | 24. किरण पुंज कितने प्रकार की होती है ? | अस्पष्ट उत्तर। | |
| | अध्यापक-कथन—ये किरण पुंज तीन प्रकार की होती है। | | किरण पुंज कितने प्रकार की होती है ? |
| | 25. (श्यामपट्ट पर बने किरण पुंजों के चित्रको दिखाते हुए) चित्र नं (1) में किरणों के बीच की दूरी कैसी है ? | समान है। | |
| रूपांतरण किरण पुंज | 26. इस प्रकार की किरण पुंज को क्या कहते हैं ? | अस्पष्ट उत्तर। | |

| | | | |
|---|---|---|---|
| | अध्यापक-कथन—इस प्रकार जो किरणें मार्ग में समान दूरी पर चलती हैं उन्हें समांतर किरण पुंज कहते हैं । | | समांतर किरण पुंज किसे कहते हैं ? |
| | 27. चित्र (2) में किरणें कैसी हैं ? | इन किरणों के बीच की दूरी अधिक हो रही है | |
| अपसारी किरण पुंज | 28. इस प्रकार के किरण पुंज को क्या कहते हैं ? | अस्पष्ट उत्तर । | |
| | अध्यापक-कथन—इस प्रकार के किरण पुंज को अपसारी किरण पुंज कहते हैं जिनके बीच की दूरी क्रमानुसार अधिक होती जाती है । | | अपसारी किरण पुंज किसे कहते हैं ? |
| अभिसारी किरण पुंज | 29. चित्र (3) में प्रदर्शित किरण पुंज को क्या कहते हैं ? | अस्पष्ट उत्तर । | |
| | अध्यापक कथन—इन्हें अभिसारी किरण पुंज कहते हैं जिनमें किरणों के बीच की दूरी क्रमानुसार कम होती जाती है । | | अभिसारी किरण पुंज किसे कहते हैं ? |

श्यामपट्ट कार्य—1. जो वस्तुएं हमें प्रकाश देती हैं उन्हें दीप्त वस्तुएं कहते हैं जैसे—टार्च, बल्ब, मोमबत्ती, सूर्य ।
2. जो वस्तुएं स्वयं प्रकाश नहीं देतीं परन्तु दूसरे के प्रकाश से प्रकाशित होती हैं, अदीप्त वस्तुएं कहलाती हैं जैसे—दर्पण, मेज, कुर्सी आदि ।
3. प्रकाश एक प्रकार की ऊर्जा है ।
4. किरणों के समूह को किरण पुंज कहते हैं ।
5. किरण पुंज तीन प्रकार के होते हैं—
   (i) समांतर किरण पुंज ।
   (ii) अपसारी किरण पुंज ।
   (iii) अभिसारी किरण पुंज ।

## पाठ-योजना

दिनांक　　कक्षा　　विषय—वनस्पति विज्ञान　　उप विषय—संयुक्त पत्ती

शिक्षण उद्देश्य—1. छात्रों को सरल एवं संयुक्त पत्ती का ज्ञान कराना।
2. सरल तथा संयुक्त पत्ती में अन्तर बताना।
3. विभिन्न प्रकार की पत्तियों के निरीक्षण द्वारा चित्र बनाने के कौशल का विकास करना।

सहायक सामग्री—विभिन्न प्रकार की पत्तियाँ, चार्ट पर बने पत्तियों के चित्र।

पूर्व ज्ञान—छात्रों को पूर्व ज्ञान है।

### सीखने के अनुभव

| शिक्षण बिन्दु | अध्यापक-क्रिया | छात्र-क्रिया | मूल्यांकन |
|---|---|---|---|
| साधारण पत्ती | अध्यापक पीपल तथा मूली की पत्तियाँ छात्रों में वितरित करेगा। | | |
| | 1. दोनों प्रकार की पत्तियों में पत्र दल कितने हैं ? | एक पत्र दल है। | |
| | 2. पीपल तथा मूली की पत्तियाँ किस प्रकार की हैं ? | पीपल तथा मूली की पत्तियाँ साधारण पत्ती हैं। | |
| | 3. साधारण या सरल पत्ती किसे कहते हैं ? | अस्पष्ट उत्तर | |
| | अध्यापक-कथन—जिन पत्तियों में एक फलक होता है उन्हें सरल पत्ती कहते हैं। | | सरल पत्ती किसे कहते हैं ? |
| | 4. मूली की पत्ती का किनारा किस प्रकार का है ? | मूली की पत्ती का किनारा कटा हुआ है। | |
| | 5. मूली की पत्ती की कटान किस तरफ है ? | अन्दर की तरफ है। | |
| | 6. यदि पत्ती की कटानें मध्य शिरा से मिल जाती हैं तो पत्ती की रचना किस प्रकार की होती है ? | अस्पष्ट उत्तर। | |

| | | | |
|---|---|---|---|
| संयुक्त पत्ती | अध्यापक-कथन—जब पत्ती के फलक की कटानें मध्य शिरा तक पहुँचती हैं तो फलक कई भागों में बँट जाता है। प्रत्येक भाग को पर्णक कहते हैं और पत्ती को संयुक्त पत्ती कहते हैं। | | संयुक्त पत्ती किसे कहते हैं ? |
| गुलाब की पत्ती | 7. (गुलाब की पत्ती बाँटकर) यह किस प्रकार की पत्ती है ? | यह संयुक्त पत्ती है। | |
| | 8. यह संयुक्त पत्ती क्यों है ? | क्योंकि इसमें कई छोटी-छोटी पत्तियाँ लगी हैं। | |
| | 9. गुलाब की पत्ती में पर्णक कैसे लगे हैं ? | अस्पष्ट उत्तर। | |
| | अध्यापक-कथन—गुलाब की पत्ती संयुक्त पत्ती है क्योंकि पर्णक मध्य नाड़ी से जुड़े हैं जिसे प्राक्ष कहते हैं। | | संयुक्त पत्ती में पर्णक कहाँ लगे रहते हैं ? |
| | 10. गुलाब की पत्ती में पर्णक कैसे लगे हैं ? | पर्णक दोनों ओर लगे हैं। | |
| एक पक्षवत् पत्ती | 11. जब पर्णक दोनों ओर लगे हों तो ऐसी पत्ती को क्या कहते हैं ? | अस्पष्ट उत्तर। | |
| | अध्यापक-कथन—जब पर्णक प्राक्ष पर दोनों ओर लगे हों तो ऐसी पत्ती को एक पक्षवत् संयुक्त पत्ती कहते हैं। | | एक पक्षवत् संयुक्त पत्ती किसे कहते हैं ? |
| विषम पक्षवत् पत्ती | 17. गुलाब की पत्ती में पर्णकों की संख्या कितनी है ? | गुलाव की पत्ती में पर्णकों की संख्या 4 है। | |
| | 13. अमलतास की पत्ती में पर्णकों की संख्या कितनी है ? | अमलतास की पत्ती में पर्णकों की संख्या 5 है। | |
| | 14. पर्णकों की संख्या के आधार पर पत्तियों में क्या अन्तर ह ? | गुलाब की पत्ती में पर्णकों की संख्या सम व अमलतास में विषम है। | |

| | | | |
|---|---|---|---|
| | 15. इरा प्रकार की पत्तियों को क्या कहते हैं ?<br>अध्यापक-कथन—ऐसी पत्तियाँ जिनमें पर्णकों की संख्या विषम होती है विषमपक्षवत् और जिनमें सम होती है, समपक्षवत् पत्ती कहलाती हैं। | अस्पष्ट उत्तर। | विषम पक्षवत् पत्ती किसे कहते हैं ?<br>समपक्षवत् पत्ती किसे कहते हैं ? |
| द्विपक्षवत् संयुक्त पत्ती | 16. (अध्यापक बबूल की पत्तियाँ बाँटेगा) बबूल की पत्ती में पर्णकों की स्थिति किस प्रकार है ? | मध्य शिरा से दोनों ओर निकले अक्ष पर पर्णक लगे हैं। | |
| | 17. इस प्रकार की पत्ती को क्या कहते हैं ?<br>अध्यापक-कथन—इन पत्तियों में पर्णक भी पक्षवत् विभाजित हो जाते हैं अर्थात् मध्य शिरा में दूसरे क्रम में अक्ष पैदा हो जाते हैं जिन पर पर्णक लगे होते हैं। इस प्रकार की पत्ती को द्विपक्षवत् पत्ती कहते हैं। | अस्पष्ट उत्तर। | द्विपक्षवत् संयुक्त पत्ती किसे कहते हैं? |
| | 18. समपक्षवत् संयुक्त पत्ती में फलक का विभाजन कितनी बार होता है ? | एक बार होता है। | |
| | 19. द्विपक्षवत् संयुक्त पत्ती में फलक का विभाजन कितनी बार होता है ?<br>अध्यापक-कथन—द्विपक्षवत् संयुवत पत्ती में फलक का विभाजन दो बार होता है। | अस्पष्ट उत्तर। | द्विपक्षवत् संयुक्त पत्ती तथा समपक्षवत संयुक्त पत्ती में क्या अन्तर है ? |

श्यामपट्ट कार्य—1. जिन पत्तियों में एक फलक होता है उन्हें सरल पत्ती कहते हैं।

2. जब पत्ती का फलक कई भागों में बँट जाता है, प्रत्येक भाग को पर्णक कहते हैं तथा पत्ती को संयुक्त पत्ती कहते हैं।

3. संयुक्त पत्ती में पर्णक मध्य नाड़ी से जुड़े रहते हैं जिसे रेकिस कहते हैं।

4. जिस पत्ती में पर्णक प्राक्ष के दोनों और लगे रहते हैं उसे एक पक्षवत् संयुक्त पत्ती कहते हैं।

5. जब पर्णकों की संख्या समान होती है तो उसे समपक्षवत् पत्ती कहते हैं।

6. जब पर्णकों की संख्या विषम होती है तो उसे विषमपक्षवत् पत्ती कहते हैं।

7. जिन पत्तियों में फलक दो बार विभाजित होता है उन्हें द्विपक्षपवत् संयुक्त पत्ती कहते हैं।

## सारांश (Summary)

प्रभावशाली शिक्षण के लिए पाठ-योजना का निर्माण महत्वपूर्ण है। इसके अन्तर्गत पाठ के उद्देश्य को प्राप्त करने के लिए कक्षा में उपयुक्त वातावरण निर्मित करने की विधियों तथा शिक्षण के पदों का स्पष्ट विवरण होता है।

पाठ-योजना का विकास—गेस्टाल्ट अधिगम मनोविज्ञान के सिद्धान्तों के फलस्वरूप इकाई पाठ-योजना के प्रत्यय का विकास हुआ।

पाठ-योजना के लाभ

पाठ-योजना के विविध उपागम—1. हरबार्ट की पचपद प्रणाली—रुचि, पुर्वानुवर्ती ज्ञान, सामान्य विधि, एवं समन्वय को महत्व दिया।

2. डीवी तथा किलैप्ट्रिक उपागम—योजना को महत्व दिया जाता है।

3. मौरीसन उपागम—अन्वेषण, प्रस्तुतीकरण, परिपाक, व्याख्या तथा वर्णन, इन पदों का अनुसरण किया जाता है।

4. अमरीकन उपागम—उद्देश्य, व्यवहार को महत्व दिया जाता है।

5. ब्रिटिश उपागम—शिक्षक की क्रियाओं तथा विद्यार्थियों के निष्पत्ति परीक्षण द्वारा मूल्यांकन पर विशेष बल दिया जाता है।

6. भारतीय उपागम—उद्देश्यों एवं सीखने के अनुभवों को प्रमुख स्थान दिया जाता है।

पाठ-योजनाओं का लिखना—1. हरबार्ट पाठ-योजना प्रारूप—मुख्य सोपान—प्रस्तावना, प्रस्तुतीकरण, तुलना, सामान्यीकरण, प्रयोग। पाठ-योजना।

2. मूल्यांकन उपागम की पाठ-योजना का प्रारूप—मुख्य सोपान—(1)

शिक्षण उद्देश्यों का निर्धारण करना; (2) अधिगम के अनुभव प्रदान करना; (3) व्यवहार परिवर्तन का मूल्यांकन करना, पाठ-योजना का प्रारूप—प्रमुख पक्ष—(1) अदा; (2) प्रक्रिया; (3) प्रदा। पाठ-योजना।

## प्रश्न (Study Questions)

1. विज्ञान-शिक्षण में पाठ-योजना की क्या उपयोगिता है ? विज्ञान के किसी भी प्रकरण पर एक संक्षिप्त पाठ-योजना तैयार कीजिए।

2. पाठ-योजना निर्माण के विविध उपागम क्या हैं ? मूल्यांकन उपागम के आधार पर विज्ञान के किसी प्रकरण पर पाठ-योजना तैयार कीजिए।

3. विज्ञान की पाठ-योजना बनाते समय आप किन बातों को ध्यान में रखेंगे ? विज्ञान के किसी एक उपविषय पर उस कक्षा के लिए एक पाठ-योजना बनाइए जिसको आपने अपने शिक्षण अभ्यास में पढ़ाया है।

(गढ़वाल वि० वि० 1987, मेरठ वि० वि० 1988, 1991)

4. पाठ-योजना बनाते समय आप क्या सावधानियाँ रखेंगे ? स्वेच्छा से किसी भी कक्षा के लिए किसी भी उपविषय पर एक पाठ-योजना तैयार कीजिए।

(गढ़वाल वि० वि० 1988)

5. कक्षा 8 के लिए विज्ञान के किसी एक पाठ की योजना, पाठ के अन्तर्गत निहित विशिष्ट उद्देश्यों को ध्यान में रखते हुए बनाएँ।

(गढ़वाल वि० वि० 1990)

6. नवीं कक्षा के लिए विज्ञान के किसी शीर्षक पर, 35 मिनट की अवधि के लिए एक पाठ-योजना तैयार कीजिए। (मेरठ वि० वि० 1989, गढ़वाल वि०वि० 1991, कुमायूँ वि० वि० 1989, रुहेलखण्ड वि० वि० 1988)

7. कक्षा छः में विज्ञान-शिक्षण के लिए किसी प्रकरण पर, एक पाठ-योजना तैयार कीजिए। (कुमायूँ वि० वि० 1988)

8. कक्षा आठ को सामान्य विज्ञान पढ़ाने हेतु एक पाठ-योजना बनाइए।

(कुमायूँ वि० वि० 1991)

9. विज्ञान विषय में दैनिक पाठ-योजना या इकाई पाठ-योजना में सामान्य एवं विशिष्ट उद्देश्यों के महत्व की विवेचना कीजिए।

(लखनऊ वि० वि० 1990)

10. विशिष्टीकारण सहित शैक्षिक उद्देश्यों, शिक्षण बिन्दुओं, शिक्षण विधियों, शिक्षण कार्य हेतु सहायक सामग्री तथा मूल्यांकन प्रक्रिया का स्पष्ट उल्लेख करते हुए, प्रयोगशाला में किसी गैस के बनाने के प्रकरण पर कक्षा 8 के लिए एक पाठ-योजना तैयार कीजिए। (रुहेलखण्ड वि० वि० 1986)

11. निम्नलिखित में से किसी एक प्रकरण पर जूनियर हाई स्कूल के छात्रों के शिक्षण हेतु एक पूर्ण पाठ-योजना का निर्माण कीजिए—

(अ) पौधों में निषेचन क्रिया। (क) तंत्रिका तंत्र।

(रुहेलखण्ड वि० वि० 1990)

12. अधिगम अनुभवों के चयन हेतु प्रयोग में लाए जानेवाले सिद्धान्तों को समझाइए। भौतिक विज्ञान में से कक्षा 8 को पढ़ाने के लिए एक शीर्षक चुनिए और इस कार्य के लिए अधिगम अनुभवों का निर्माण कीजिए। यह भी बताइए कि इसमें से प्रत्येक अधिगम अनुभव के निर्माण के लिए आपने किस सिद्धान्त का उपयोग किया है। (मेरठ वि० वि० 1986)

13. भौतिकी से कोई भी इकाई लेकर 'कार्य से भागों की ओर' (Functions to parts approach) तकनीक का प्रयोग करते हुए एक पाठ-योजना प्रस्तुत कीजिए। (मेरठ वि० वि० 1987, 1990)

14. जीव विज्ञान पढ़ाने के लिए कक्षा 9 या 10 के लिए किसी भी एक उपविषय पर पाठ-योजना बनाइये। इस उपविषय से सम्बन्धित विशिष्ट उद्देश्यों को व्यवहारगत प्रतिफल के रूप में लिखिए और इन उद्देश्यों की प्राप्ति के लिए किस प्रकार की विषय-वस्तु दी जाए, उसको भी संक्षेप में दीजिए।

(मेरठ वि० वि० 1991)

# परिशिष्ट : विश्वप्रसिद्ध वैज्ञानिक जीवन-परिचय

वैज्ञानिकों का जीवन चरित्र विज्ञान के जिज्ञासुओं के लिए केवल रोचक ही नहीं अत्यन्त प्रोत्साहक भी होता है। पाठक देखाता है कि किस प्रकार इन वैज्ञानिकों ने विपरीत परिस्थितियों में उन तत्वों का आविष्कार किया, जिन्हें वह आज प्रसिद्ध नियमों के रूप में पढ़ता है। यह भी ज्ञात होता है कि उन वैज्ञानिकों ने किस प्रकार कठिन परिश्रम ही अपनी दिनचर्या वना ली होती है और समय को वे कितना ज्यादा महत्व देते हैं। सादगी और बाल स्वभाव उनका गुण होता है और घमंड और दिखावे से कैसे कोसों दूर रह कर वे विज्ञान साधना-रत रहते हैं और मानवता की भलाई के लिए नए-नए आविष्कार और सिद्धान्त खोजते हैं। उनकी जीवन कथा से मुग्ध होकर अनायास ही विद्यार्थी में ख्याति प्राप्त करने की प्रेरणा, कठिन परिश्रम की प्रवृत्ति और विपरीत परिस्थितियों में भी समाज और विज्ञान की समृद्धि हेतु कुछ कर दिखाने की इच्छा बलवती होती है। इसी प्रत्याशा एवं उद्देश्य से विज्ञान-शिक्षण की इस पुस्तक के परिशिष्ट में कुछ भारतीय और विदेशी वैज्ञानिकों का संक्षिप्त जीवन परिचय दिया जा रहा है। विज्ञान के विद्यार्थियों के लिए यह परिशिष्ट रोचक और प्रेरणाप्रद होगा, ऐसा हमारा दृढ़ विश्वास है।

### भारतीय विज्ञान परिषद के संस्थापक

### डॉ० महेन्द्रलाल सरकार (1833-1891)

स्वर्गीय डॉ० महेन्द्रलाल सरकार उन इनेगिने भारतीयों में से थे जिन्होंने अपने असीम उत्साह, उद्योग और परिश्रम के बल से न केवल अपनी कीर्ति को ही सदैव के लिए अक्षुण्ण रखा है वरन् भारतीय नवयुवकों के लिए स्वावलम्बन और पुरुषार्थ का अपूर्व आदर्श उपस्थित किया है। इनका जन्म बंगाल प्रान्त के हावड़ा नगर के समीप पाइपाड़ा नामक एक छोटे से गाँव में 2 नवम्बर, 1833 ई० को एक साधारण परिवार में हुआ था। बाल्यकाल में ही माता-पिता की मृत्यु हो गई परन्तु माता-पिता के स्नेह से वंचित हो जाने पर भी विद्याध्यन से निरन्तर अनुराग बनाये रखा। 16 वर्ष की अवस्था में स्कूल की शिक्षा की अन्तिम परीक्षा

पास करके महेन्द्रलाल ने कालेज जीवन में पदार्पण किया।

हिन्दू कालेज में रहकर महेन्द्रलाल को कई सुप्रसिद्ध विज्ञानों के संसर्ग में आने तथा शिक्षा प्राप्त करने का अवसर प्राप्त हुआ। विज्ञान सम्बन्धी ज्ञान प्राप्त करने की अभिलाषा बहुत ही बलवती हो गई। 1855 ई० में उन्होंने प्रेसीडेंसी कालेज छोड़कर मेडिकल कालेज में प्रवेश ले लिया। 1863 ई० में उन्होंने चिकित्सा विज्ञान की सर्वोच्च परीक्षा एम० डी० प्रथम श्रेणी में उत्तीर्ण की।

डॉ० साहब का विश्वास था कि विज्ञान का मुख्य उद्देश्य रहस्यमय एवं गूढ़ तत्वों की तह में पहुँचकर सत्य की खोज करना है। उनका विज्ञान प्रेम वास्तव में सत्य के अनुसंधान की अभिलाषा थी। 1869 ई० में डॉ० सरकार ने कलकत्ते से चिकित्सा विज्ञान विषयक एक पत्रिका निकाली। उस पत्रिका द्वारा उन्होंने भारत में विज्ञान की शिक्षा की आवश्यकता की ओर जनसाधारण का ध्यान खींचा। विज्ञान के सिद्धान्तों का अध्ययन कर उन्होंने स्वयं विज्ञान की विभिन्न शाखाओं पर छोटे-छोटे भाषण देना भी आरम्भ कर दिया। इस विज्ञान व्याख्यान माला की सफलता को देखकर आपने राष्ट्रीय विज्ञान परिषद की स्थापना का विचार किया। छः वर्ष के अनवरत परिश्रम के बाद 15 जनवरी, 1876 को बंगाल के छोटे लाट द्वारा विज्ञान परिषद (Indian Science Association) की स्थापना हुई।

डॉ० सरकार का विचार था कि आधुनिक सभ्यता और उसके विकास की कुंजी विज्ञान ही है। वह भारत में विज्ञान का समुचित का प्रचार करना चाहते थे। उनका विश्वास था कि विज्ञान का प्रचार हो जाने पर भारतीय वैज्ञानिक पाश्चात्य वैज्ञानिकों के आविष्कारों और अनुसंधानों का लाभ उठाने के साथ ही उनमें अपने आविष्कार और अनुसंधान जोड़कर विज्ञान के इतिहास में भारतवर्ष के नाम को भी चिरस्थायी बना देंगे और अपने देश को गौरवान्वित करेंगे। उनके यह विचार आज अक्षरशः सत्य सिद्ध हो रहे हैं। डाक्टर सरकार अपने भाषणों द्वारा जनता को बराबर वैज्ञानिक विषयों में अभिरुचि लेने को उत्साहित करते रहते थे। अन्य देशों के उदाहरणों एवं अपने देश के प्राचीन गौरव के दृष्टांत को देकर वह अपने भाषणों को रोचक व उत्साहवर्धक बना देते थे। गूढ़ से गूढ़ वैज्ञानिक विषयों को अत्यन्त सरलतापूर्वक समझा देना उनका स्वाभाविक गुण था। वह अपने भाषणों को व्यावहारिक प्रयोग दिखाकर अधिक रोचक बना देते थे।

विज्ञान परिषद की स्थापना आधुनिक भारत के इतिहास में एक महत्वपूर्ण घटना थी। इस संस्था का मुख्य उद्देश्य भारत में विज्ञान का प्रचार करना और वैज्ञानिक अनुसंधान द्वारा ज्ञान प्रसार करना था। डा० सरकार की यह उत्कट अभिलाषा थी कि यह संस्था भी पश्चिम की वैज्ञानिक संस्थाओं ही के सदृश सम्मान प्राप्त करे। भारतीय युवकों में विज्ञान के प्रति प्रेम उत्पन्न करने के लिए

उन्होंने यथासम्भव सभी प्रयत्न किये। 1907 ई० में रामन् महोदय के सहयोग से संस्था में अनुसंधान सम्बन्धी कार्य आरम्भ हो गया। आपकी खोजों के द्वारा यह समिति विदेशों मे भी काफी प्रसिद्ध हो गई और इसकी गणना संसार की प्रतिष्ठित वैज्ञानिक संस्थाओं में की जाने लगी।

1919 ई० में प्रो० रामन् महोदय ने इस संस्था के अवैतनिक मंत्री का पद ग्रहण कर लिया। उस समय से भारत के कोने-कोने से विद्यार्थी और शिक्षक इस संस्था में आकर वैज्ञानिक अनुसंधान कार्य में जुटने लगे और अनुसंधान कार्य सुचारु रूप से चलने लगा। संस्था का कार्य विवरण अब बुलेटिनों में प्रकाशित न होकर एक स्वतन्त्र पत्रिका के रूप में प्रकाशित होने लगा। बाद में यही पत्रिका Indian Journal cf Physics के नाम से प्रसिद्ध हुई। रामन् महोदय की रामन् प्रभाव सम्बन्धी खोजें जिस पर बाद में उन्हें संसार प्रसिद्ध नोबल पुरस्कार प्रदान किया गया, का सविस्तार विवरण सर्वप्रथम इसी पत्रिका में प्रकाशित हुआ था।

यह संस्था केवल वैज्ञानिक शिक्षा एवं अनुशीलन आदि ही के लिए थी, इसकी देखादेखी कलकत्ते में शीघ्र ही कुछ ऐसी संस्थाएँ भी स्थापित हो गईं जहाँ विद्यार्थियों को शिलपकला और इंजीनियरी आदि की भी शिक्षा दी जाने लगी। अब तो देश में अनेक महत्वपूर्ण अन्वेषण शालाएँ काम कर रही हैं।

डॉक्टर सरकार अपनी निस्वार्थ सेवाओं से जनता और सरकार दोनों ही के प्रियपात्र हो गये थे। तत्कालीन वायसराय लार्ड कर्जन ने उनकी योग्यता पर प्रसन्न होकर उनको डाक्टर आफ लॉ की उपाधि से विभूषित किया। कुछ समय बाद वह आनरेरी मजिस्ट्रेट भी बनाये गए। भारत सरकार ने भी उन्हें सी० आई० ई० की उपाधि प्रधान की। वे कलकत्ता विश्वविद्यालय के सिंडीकेट के सदस्य भी बनाए गए। तत्कालीन प्रायः सभी प्रमुख सभा सोसायइटियों के वे सम्मानित सदस्य थे। वे स्वभाव से बहुत नम्र थे। जब कभी वह किसी महत्वपूर्ण विषय का पक्ष ग्रहण करते, इस बात के लिए बराबर चिन्तित रहते थे कि उनका बड़प्पन उनके उद्देश्य के महत्व को छिपा न दे। वे सदैव अपने उद्देश्य को सम्मुख रखकर काम करते थे। वह उद्देश्य सिद्धि को प्रमुख स्थान देते थे और अपने यश एवं भलाई को गौण। विज्ञान के प्रचार और हित के लिए वे बिलकुल निःस्वार्थ भाव से कार्य करते थे। विजयानगर प्रयोगशाला की स्थापना के अवसर पर आपने जो भाषण दियां, वह आपकी नम्रता को प्रदर्शित करता है—"मैं विद्वान नहीं हूँ। मुझे ज्ञानोपार्जन की पिपासा अवश्य है। अध्ययन करने में मुझे विचित्र आनन्द प्राप्त होता है और उत्साह का अनुभव होता है। इस आनन्द और उत्साह का वर्णन शब्दों द्वारा नहीं हो सकता। हाँ यह इच्छा अवश्य होती है कि मेरे दूसरे साथी भी इस आनन्द का अनुभव करें।"

1891 ई० में वह इन्फुलुन्जा से पीड़ित हो गए परन्तु रुग्णावस्था में भी वे

अपना काम करते रहे। उनका अधिकांश समय लेख लिखवाने में ही व्यतीत होता था। 1964 में उनकी मृत्यु हो गई। मृत्युशैया पर पड़े-पड़े आपने अपने मित्रों और सम्बन्धियों को बुलाकर केवल इतना ही कहा, "ईश्वर और धर्म में विश्वास रखना।"

## वनस्पति-जगत और प्राणि-जगत में साम्य दर्शानेवाला वैज्ञानिक

### डॉ० सर जगदीशचन्द्र बोस (1858-1938)

सर जगदीशचन्द्र बोस अपनी वैज्ञानिक सफलताओं से अन्तर्राष्ट्रीय ख्याति प्राप्त करनेवाले प्रथम भारतीय थे। इन्होंने जीवन के रहस्य का उद्घाटन करके प्राचीन भारतीय ऋषि-मुनियों के सिद्धांतों को आधुनिक वैज्ञानिक रीति से प्रत्यक्ष सिद्ध कर विज्ञान जगत में एक नवीन क्रान्ति उत्पन्न कर दी थी। बोस ने अपने आविष्कारों और महत्वपूर्ण वैज्ञानिक कार्यों द्वारा भारत की आध्यात्मिकता और पश्चिम की भौतिकता का समन्वय किया था और अपने वैज्ञानिक अनुसंधानों द्वारा भारत की सहस्त्रों वर्ष पुरानी संस्कृति को पुनः पल्लवित किया था।

सर जगदीशचन्द्र बोस का जन्म 30 नवम्बर, 1858 को बंगाल में ढाका जिले के विक्रमपुर कस्बे के निकट राढीखाल नामक गाँव में मध्यम श्रेणी के एक प्रतिष्ठित बंगाली परिवार में हुआ था। इनके पिता भगवानचन्द्र बोस फरीदपुर जिले के डिप्टी कलेक्टर थे। उन्हें उद्योग-धन्धों और कला-कौशल से बहुत प्रेम था। उन्होंने कई औद्योगिक स्कूल खोले जिनकी स्थापना से उनके पुत्र की वैज्ञानिक प्रवृत्ति को और अधिक प्रेरणा मिली। अतः बाल्यकाल से ही जगदीशचन्द्र बोस की प्रवृत्ति विज्ञान और आविष्कार की ओर हो गई। इनकी प्रारम्भिक शिक्षा ग्रामीण पाठशाला में हुई जिसका मुख्य उद्देश्य उन्हें मातृभाषा की शिक्षा देना तथा उसके प्रति प्रेम उत्पन्न कराना था। उच्च शिक्षा के लिए उन्हें कलकत्ते के सेन्ट जेवियर स्कूल में भेजा गया जहाँ उन्हें सुप्रसिद्ध शिक्षाविद् और वैज्ञानिक फादर लेफान्ट के सम्पर्क में रहने का सुअवसर प्राप्त हुआ। इससे बसु महोदय को भौतिक विज्ञान में विशेष अभिरुचि हो गई। कलकत्ता विश्वविद्यालय में भौतिकी का अध्ययन करने के बाद वे कैम्ब्रिज विश्वविद्यालय चले गए। 1884 ई० में वहाँ से स्नातक की डिग्री लेने के बाद वे भारत वापस आ गए। इंग्लैण्ड में रहकर उन्होंने केवल परीक्षा पास करना ही अपना उद्देश्य नहीं बनाया था। वहाँ रहकर उन्होंने उस समय के प्रसिद्ध वैज्ञानिकों के अधिक-से-अधिक सम्पर्क में आने की कोशिश की और उनके साथ रहकर उनकी कार्यप्रणाली का भी सूक्ष्म निरीक्षण किया। इंग्लैंड के प्रसिद्ध वैज्ञानिक लार्ड रैले की अध्यक्षता में काम करके आपने बहुत कुछ सीखा। भारत आने के कुछ ही दिनों बाद 1885 ई० में आप प्रेसीडेंसी कॉलेज में भौतिक विज्ञान के प्रोफेसर नियुक्त कर दिए गए। वे अत्यंत स्वाभिमानी व्यक्ति थे। उस समय शिक्षा विभाग ने यह नियम बना रखा था कि

भारतीय प्रोफेसर को अंग्रेज़ प्रोफेसर के वेतन का दो तिहाई भाग दिया जाय। उन्होंने इस अनुचित और असमान व्यवहार के प्रति विरोध प्रकट करते हुए तीन वर्ष तक कोई वेतन नहीं लिया। अन्त में उन्हें पूरे तीन वर्ष का वेतन दिया गया।

जगदीशचन्द्र बोस ने 1893 ई० में विद्युत चुम्बकीय तरंगों पर अनुसंधान किया तथा इसके परिणामों को "विद्युत तरंगों के गुण" (Properties of Electric waves) शीर्षक लेख माला के रूप में लिखना प्रारम्भ किया। सुप्रसिद्ध वैज्ञानिक और खोज सम्बन्धी पत्र-पत्रिकाओं में इन लेखों के प्रकाशित होने पर विज्ञान संसार में तहलका मच गया। आपका पहला लेख, "विद्युत किरण का मणिभ द्वारा ध्रुबन" (Polarisation of an Electric Ray by crystal) बंगाल की एशियाटिक सोसाइटी के जर्नल में मई, 1895 में प्रकाशित हुआ। इसके बाद उसी वर्ष विद्युत से सम्बंध रखनेवाले दो और लेख इलेक्ट्रोशियन नामक सुप्रसिद्ध पत्र में प्रकाशित हुए। आपके वैद्युतवर्तनांकों का निर्धारण (Determination of the Indices of Electric Refraction) शीर्षक निबन्ध को विदेशों में भी प्रसिद्धि मिली। लंदन की सुप्रसिद्धि विज्ञान संस्था रायल सोसायटी ने इस निबंध को अपने मुख्यपत्र में प्रकाशित किया तथा इस अन्वेषण के लिए पुरस्कृत भी किया। रायल सोसाइटी द्वारा पुरस्कृत किए जाने से भारतीय शिक्षा अधिकारियों का ध्यान भी इस ओर आकर्षित हुआ तथा उन्हें अपना अन्वेषण कार्य जारी रखने के लिए सुविधाएँ प्रदान की गई। विद्युत तरंगों के क्षेत्र में कार्य करते समय उन्होंने विद्युत चुम्बकीय तरंगें उत्पन्न करनेवाला एक नवीन प्रकार का उत्पादक यंत्र तैयार किया। इसके अतिरिक्त उन्होंने इन तरंगों को ग्रहण करने तथा उनकी उपस्थिति का हाल मालूम करनेवाले अत्यन्त सूक्ष्मग्राही यंत्र भी तैयार किए। 1895 ई० में उन्होंने इंग्लैण्ड जाकर वहाँ के वैज्ञानिकों के सामने अपने प्रयोगों का प्रदर्शन किया। लार्ड केलविन रैले, टामसन, लिपमेंन तथा अन्य विज्ञान विशारद बसु महोदय के स्वनिर्मित नवीन यंत्रों और उपकरणों एवं उनके द्वारा किए जानेवाले प्रयोगों के प्रदर्शन को देखकर आश्चर्यचकित हो गए थे।

बोस ने दो प्रसिद्ध पुस्तकें लिखी—रिस्पांस इन द लिविंग एण्ड नान लिविंग (Response in the Living and Non-living) तथा द नर्वस मैकेनिज्म ऑफ प्लान्ट्स (The Nervous Mechanism of Plants)। विभिन्न प्रयोगों के आधार पर उन्होंने यह सिद्ध किया कि पेड़-पौधे भी दूसरे जीवधारियों की भाँति संवेदनशील होते हैं। उन्हें भी सुख-दुःख, सर्दी-गर्मी, प्रकाश-शोर तथा दूसरी उत्तेजनाओं का हमारी भाँति अनुभव होता है। बाहरी कारकों के प्रति पौधों की संवेदनशीलता को रिकार्ड करने के लिए उन्होंने क्रेस्कोग्राफ (Crescograph) नामक यंत्र बनाया जो पेड़-पौधों की अत्यन्त सूक्ष्म से सूक्ष्म गतिविधियों को भी दस हज़ार गुना आवर्धित करके प्रदर्शित करता था। इस यंत्र के द्वारा वे पेड़-पौधों

और दूसरे जीव-जतुओं में अनेक समानताएँ प्रदर्शित करने में सफल हुए। इसके कुछ समय बाद उन्होंने मैगनेटिक क्रेस्कोग्राफ (Magnetic Crescograph) नामक एक महत्वपूर्ण यंत्र तैयार किया, जिसकी सहायता से दस लाख गुना अभिवर्द्धन सम्भव हो गया। इसके बाद 1922 ई० में आपने फोटो सिंथेटिक रिकार्डर (Photosynthetic Recorder) नामक एक और यंत्र तैयार किया। इसकी सहायता से वृक्षों में पानी पीने और भोजन ग्रहण करने के बारे में बहुत-सी नवीन महत्वपूर्ण बातें मालूम हुईं। 1927 में आपने एक यंत्र "डाइमीट्रिक कन्ट्रेक्शन अपरेट्स" (Diametric Contraction Apparatus) बनाया जिससे पौधों के भीतर के कोषों और काष्ठरन्ध्रों में होनेवाली आन्तरिक एवं अदृश्य क्रियाओं की पूरी जानकारी प्राप्त करना सम्भव हो गया।

वास्तव में आचार्य जगदीशचन्द्र आजीवन विज्ञान साधना में लगे रहे। विज्ञान की शिक्षा समाप्त करने के बाद जब से वह प्रेसीडेंसी कॉलेज में प्रोफेसर हुए तब से मृत्युपर्यन्त उनका अधिकांश समय विज्ञान साधना में ही बीता। उन्होंने विज्ञान के लिए ही अपना सारा जीवन उत्सर्ग कर दिया। उनकी प्रतिभा केवल विज्ञान तक ही सीमित न थी। उन्होंने जिस क्षेत्र में भी कार्य किया उसमें असाधारण सफलता प्राप्त की। विज्ञान के ही समान कला और साहित्य के भी वह मर्मज्ञ थे। वह एक सच्चे भारतीय ऋषि थे। जो कोई उनके संसर्ग में आता था वह उनके महान व्यक्तित्व, ऋषितुल्य त्याग और तपस्यामय जीवन से प्रभावित हुए बिना नहीं रहता था। 23 नवम्बर, 1937 को इस महान वैज्ञानिक का देहान्त हो गया। अपनी मृत्यु से पहले उन्होंने कलकत्ता में बोस इन्सटीट्यूट की स्थापना की। उस समय इस संस्थान में मुख्य रूप से वनस्पितियों से सम्बन्धित अनुसंसान कार्य होता था। लेकिन आज इस संस्थान में दूसरे अनेक विषयों पर भी अनुसंसान कार्य किया जा रहा है। विज्ञानाचार्य जगदीशचन्द्र ने अपना सारा का सारा जीवन जिन महत्वपूर्ण कार्यों के लिए उत्सर्ग किया उनसे वह आज भी अमर हैं। उनका नाम, यश, कीर्ति उनके इस संसार में न होने पर भी चिरकाल तक बनी रहेगी।

### प्रख्यात रसायनविद् एवं रासायनिक उद्योगों के प्रणेता

### डा० सर प्रफुल्लचन्द्र राय (1861)

आचार्य प्रफुल्लचन्द्र राय का जन्म 2 अगस्त, 1861 ई० को बंगाल के खुलना जिले के ररूली कतिपरा नामक गाँव में हुआ था। आपके पिता श्री हरीशचन्द्र राय अपने समय के फारसी के अच्छे विद्वानों में गिने जाते थे। उन्होंने अपने गाँव में मॉडल स्कूल स्थापित किया था। प्रफुलचन्द्र राय की शिक्षा उनके पिता के इसी स्कूल में शुरू हुई। गाँव के स्कूल की पढ़ाई समाप्त करने के बाद आपने कलकत्ता में शिक्षा प्राप्त की।

1979 ई० में इन्ट्रेस की परीक्षा पास करने के बाद प्रफुलचन्द राय कलकत्ते की मैट्रोपोलिटन इन्सटीट्यूट में दाखिल हुए और 1882 ई० तक इस संस्था में अध्ययन करते रहे। उन दिनों मैट्रोपोलिटन इन्सटीट्यूट में विज्ञान की शिक्षा का कोई प्रबन्ध नहीं था अतः आप विज्ञान का अध्ययन करने के लिए प्रेसीडेंसी कालेज जाते थे। वहाँ इन्हें भौतिक और रसायन के सुप्रसिद्ध विद्वानों सर जान इलियट और सर एलेक्जेन्डर पेडलर के साथ रहने का सुयोग प्राप्त हुआ। 1882 ई० में गिलक्राइस्ट छात्रवृत्ति प्राप्त कर आपने एडिनवरा विश्वविद्यालय में प्रवेश लिया। वहाँ से आपने बी० एस-सी० और डी० एस-सी० की परीक्षा सम्मान सहित उत्तीर्ण की। अपना अध्ययन समाप्त करने के पूर्व ही आप वहाँ को यूनीवर्सिटी केमिकल सोसायटी में उपसभापति भी बनाये जा चुके थे।

डी० एस-सी० परीक्षा पास करने के कुछ समय बाद प्रफुल्लचन्द्र कलकत्ता वापस आ गए। यहाँ आपको प्रान्तीय शिक्षा विभाग में नौकरी के लिए पूरे एक वर्ष का इन्तजार करना पड़ता। यह समय आपने प्रो० जगदीशचन्द्र बसु के यहाँ रसायन सम्बन्धी पत्र-पत्रिकाओं के अध्ययन में विताया। 1989 ई० में आपको प्रेसीडेंसी कालेज कलकत्ता में 250 रु० मासिक पर असिस्टेंट प्रोफेसर की नियुक्ति मिल गई। आपने यहाँ रहकर अध्यापन के साथ अन्वेषण कार्य भी प्रारम्भ कर दिया।

प्रेसीडेंसी कालेज में आपने स्वयं और अपने शिष्यों से जो अनुसंधान कार्य कराया, उसका विवरण प्रेसीडेंसी कालेज में रासायनिक अनुशीलन कार्य के नाम से एक स्वतन्त्र पुस्तिका के रूप में प्रकाशित कराया। डा० राय की सर्वप्रथम खोज पारे और उसके मिश्रण से बने हुए पदार्थों के सम्बन्ध में हुई। पारद नाइट्राइट (Mercurous Nitrite) पासक पारद योगिक संसार में सबसे पहले आपने ही तैयार किया। आपकी अन्तर्राष्ट्रीय प्रसिद्धि का सूत्रपात इसी अन्वेषण से हुआ। बाद में इस योगिक की सहायता से आपने अपने शिष्यों के साथ लगभग 80 नए योगिक और तैयार किए और कई महत्वपूर्ण और जटिल समस्याओं पर प्रकाश डाला। अमाइन नाइट्राइट्स (Amine Nitrites) को उनके विशुद्ध रूप में तैयार करके भौतिक और रासायनिक गुणों का पूरा विवरण तैयार किया। बाद के वर्षों में आपने आर्गेनोमेटेलिक (Organometallic) यौगिकों, विशेषकर प्लेप्निम, गन्धक और पारद आदि के संयोग से बननेवाले यौगिकों का विशेष रूप से अध्ययन किया और उनके वारे में कई रोचक एवं उपयोगी तथ्यों का पता लगाया। पारद-गन्धक और आयोडीन के संयोग से एक नवीन यौगिक तैयार किया और बतलाया कि प्रकाश में रखने पर इसके रंगों का रंग बदल जाता है।

पारद नाइट्राइट के अन्वेषण से आपकी यूरोप में यथेष्ट ख्याति हो जाने के वाद 1904 ई० में बंगाल सरकार ने आपको सरकारी खर्चे से यूरोप की विभिन्न

रसायनशालाओं के निरीक्षण के लिए भेजा। वहाँ की प्रतिष्ठित वैज्ञानिक संस्थाओं ने आपको अभिनन्दन पत्र समर्पित किए। लन्दन की कैमिकल सोसाइटी और फ्रांस की ऐकेडमी आफ साइन्स ने आपके सम्मान में विशेष उत्सवों का आयोजन किया।

आचार्य ने 10-12 वर्षों तक अध्ययन करने के बाद हिन्दू रसायन का इतिहास (History of Hindu Chemistry) नामक ग्रंथ तैयार किया। इसका प्रथम भाग 1902 ई० में प्रकाशित हुआ। इस महत्वपूर्ण ग्रंथ द्वारा आपने प्राचीन संस्कृत ग्रंथों की सहायता से प्राचीन भारतीयों के रसायन ज्ञान की उत्कृष्टता को सिद्ध किया और अकाट्य प्रमाण देकर बतलाया कि प्राचीन भारत में रसायन की प्रगति आधुनिक प्रगति की टक्कर की थी। इस पुस्तक ने भारत को रसायन के इतिहास में समुचित स्थान प्रदान किया। विज्ञान के इतिहास के एक अज्ञात किन्तु अत्यन्त महत्वपूर्ण अध्याय को विज्ञान संसार के सम्मुख रखने के लिए पाश्चात्य विद्वानों ने आपकी भूरि-भूरि प्रशंसा की। यूरोप की कई भाषाओं में इसके अनुवाद प्रकाशित किए गए। डरहम विश्वविद्यालय ने 1921 ई० में इस पुस्तक के उपलक्ष्य में आपको डी० एस-सी० की सम्मानित उपाधि प्रदान की। अपनी लिखी आत्मकथा "बंगाली कैमिस्ट की जीवनी और अनुभव" तथा "गदर से पूर्व और बाद का भारत" नामक पुस्तकों से आपकी विज्ञान के अतिरिक्त साहित्य और इतिहास में रुचि का भी पता लगता है।

28 वर्ष तक प्रेसीडेंसी कालेज में प्रोफेसर का काम करने के बाद 1916 ई० में आपने सरकारी नौकरी से अवकाश ग्रहण कर लिया। नौकरी से अवकाश ग्रहण करने के बाद आप सर आशुतोष मुकर्जी द्वारा स्थापित यूनिवर्सिटी साइंस कालेज की रसायनशाला के डाइरेक्टर नियुक्त किए गए। इस पद पर आप 1936 ई० तक काम करते रहे। वहाँ आपने 20 वर्ष तक काम किया तथा 15 वर्षों तक का अपना पूरा वेतन रसायन शास्त्र की सुविधाओं को जुटाने के लिए विश्वविद्यालय को ही दान देते रहे। 1936 में आपने विश्वविद्यालय की सक्रिय सेवा से अवकाश ग्रहण कर लिया। विश्वविद्यालय ने आपको अवकाश ग्रहण करने के बाद अपना सम्मानीय अवकाश प्राप्त आचार्य नियुक्त किया।

आचार्य राय ने अपना सारा जीवन ही भारत में रसायन विज्ञान की शिक्षा एवं अन्वेषण को पुनर्जीवित करने तथा उसे उन्नति पथ पर अग्रसर करने में उत्सर्ग कर दिया। 1920 ई० में अपनी सफल विज्ञान साधना और विज्ञान के लिए की गई महत्वपूर्ण सेवाओं के उपलक्ष में आप भारतीय विज्ञान कांग्रेस के सभापति निर्वाचित किए गए। 1924 में अपने प्रयत्नों के फलस्वरूप आप इंडियन कैमिकल सोसाइटी की स्थापना कराने में सफल रहे।

## प्रसिद्ध विचारक और वैज्ञानिक

### डा० सर शाह मुहम्मद सुलेमान

डा० सुलेमान का जन्म 1886 ई० में जौनपुर के एक प्रतिष्ठित परिवार में हुआ था। प्रारम्भिक शिक्षा के साथ उनके लिए अरबी और फारसी की शिक्षा प्रदान करने की उपयुक्त व्यवस्था की गई थी। इन्होंने मिडिल एवं इन्टर परीक्षा प्रथम श्रेणी में पास की। विद्यालयी जीवन से ही विज्ञान एवं गणित में इनकी विशेष रुचि थी। विद्यार्थी जीवन में सुलेमान एकाग्रचित होकर नियमित अध्ययन करते थे और यही उनके विद्यार्थी जीवन की सफलता की कुंजी थी। कालेज में गणित के आचार्य डॉ० गणेश प्रसाद के संसर्ग में आकर गणित में इनकी विशेष रुचि उत्पन्न हो गई। सरकारी छात्रवृत्ति पाकर 1906 ई० में इंगलैन्ड गये तथा वहाँ पर कैम्ब्रिज विश्वविद्यालय में प्रवेश लेकर इन्होंने गणित का अध्ययन जारी रखा।

इंगलैण्ड में सर जे० जे० टॉमसन के सम्पर्क में इन्हें गणित और विज्ञान का अध्ययन करने का अवसर प्राप्त हुआ। वहाँ से गणित की सर्वोच्च परीक्षा सम्मान पूर्वक उत्तीर्ण करके वे भारतीय सिविल सर्विस परीक्षा में सम्मिलित हुए परन्तु उसमें सफल न हो सके। इसके पश्चात सन् 1910 ई० में डबलिन विश्वविद्यालय से कानून की उच्च परीक्षा उत्तीर्ण कर कानून के क्षेत्र में पदार्पण किया तथा वहाँ पर अपने परिश्रम और साधना के बल पर हाईकोर्ट के चीफ़ जस्टिस (प्रधान न्यायाधीश) पद तक पहुँचे। अपने अवकाश के समय का उपयोग वह वैज्ञानिक साहित्य के अध्ययन में लगाते रहे। अपने व्यवसाय में सफलता के उच्च शिखर पर पहुँचने के बाद मौलिक विचारधाराओं का अध्ययन आरम्भ किया। इसमें उन्हें डॉ० मेघनाथ साहा, डॉ० डी० एस० कोण्डी, एवं रामनिवास राय का सहयोग प्राप्त हुआ। डॉ० सुलेमान ने आयन्सटीन के सापेक्षवाद के सिद्धान्त की पुनर्व्याख्या की। इसके अतिरिक्त इन्होंने सूर्य के वर्णपट के विषय में भी मौलिक गवेषणायें कीं। यह सभी गवेषणायें विशुद्ध गणित के आधार पर की गई थीं। अपनी सफलताओं से प्रोत्साहित होकर उन्होंने प्रकाश की प्रकृति के विषय में भी कार्य किया, जिसका पूर्ण विवरण दिल्ली में नेशनल एकेडमी ऑफ साइन्स के वार्षिकोत्सव के अवसर पर डॉ० सुलेमान द्वारा प्रस्तुत किया गया। डॉ० सुलेमान विभिन्न विश्वविद्यालयों के कोर्ट तथा एक्जीक्यूटिव कौन्सिल के भी सदस्य थे। इसके अतिरिक्त वे विभिन्न वैज्ञानिक पत्रिकाओं के सम्पादकीय बोर्ड के सदस्य भी थे। अलीगढ़ विश्वविद्यालय की उन्नति का सर्वाधिक श्रेय उन्हीं को जाता है।

कानून के क्षेत्र में भारतीयों में सर्वश्रेष्ठ प्रशंसा और सम्मान पाने के साथ ही उन्होंने विज्ञान के क्षेत्र में भी अनेक महत्वपूर्ण गवेषणाएँ कीं। उन्होंने अपनी

स्वतंत्र मौलिक गवेषणाओं द्वारा भारतीय वैज्ञानिकों में ही नहीं वरन् संसार के कतिपय श्रेष्ठ वैज्ञानिकों में अपने लिए प्रमुख स्थान प्राप्त कर लिया था और इस प्रकार भी अपने देश के लिए यथेष्ट कीर्ति उपार्जित करने में सफलता प्राप्त की थी। वास्तव में शाह सुलेमान ही अकेले ऐसे भारतीय थे जिन्होंने कानून के साथ ही शिक्षा एवं विज्ञान के क्षेत्रों में भी असाधारण सफलता प्राप्त की थी।

सर शाह इतने महान पुरुष होते हुए भी स्वभाव के बहुत ही नम्र थे। उनकी नम्रता के समान ही उनकी मिलनसारी भी बहुत बढ़ी-चढ़ी थी। घमण्ड तो उन्हें रत्ती भर भी न छू गया था। उनकी अपने धर्म में अगाध श्रद्धा थी। उनका रहन-सहन बहुत ही सादा था।

अत्यन्त उच्च पद (प्रधान न्यायाधीश) पर काम करते हुए भी वे कठिन परिश्रम के आदी थे। सरकारी कामों से जो कुछ भी समय मिलता था वह अपनी विज्ञान साधना और सार्वजनिक कार्यों में लगाते थे। अपने बहूमूल्य समय का क्षणमात्र भी व्यर्थ नष्ट करना तो वे जानते ही न थे। किसी हद तक यह कहना भी असंगत न होगा कि उन्होंने अत्यधिक परिश्रम करके अपने आपको ज्ञान-विज्ञान की बेदी पर न्यौछावर कर दिया।

## रामन प्रभाव के आविष्कारक
## डा० सर चन्द्रशेखर वेंकटरमन (1888-1970)

नोबल पुरस्कार विजेता, ह्यूजेज और फ्रेंकलिन पदकों से पुरस्कृत महान प्रतिभाशाली विज्ञानवेत्ता डा० सर चन्द्रशेखर वेंकटरमन का जन्म 17 नवम्बर, 1888 को दक्षिण भारत के त्रिचनापल्ली नामक नगर में हुआ था। इनके पिता श्री चन्द्रशेखर अय्यर भौतिक विज्ञान के अध्यापक थे। रमन बचपन से ही पढ़ने-लिखने में बहुत प्रवीण थे। 12 वर्ष की आयु में ही इन्होंने मैट्रिक परीक्षा सम्मान सहित प्रथम श्रेणी में उत्तीर्ण की। बी० ए० और एम० ए० की परीक्षा इन्होंने प्रेसीडेन्सी कालेज, मद्रास से प्रथम श्रेणी में उत्तीर्ण की। एम०ए० की परीक्षा उत्तीर्ण करने से पहले ही इनके लेख लन्दन से प्रकाशित होनेवाली प्रतिष्ठित वैज्ञानिक पत्रिकाओं में प्रकाशित हो चुके थे।

सन् 1907 ई० में सिविल सर्विस की परीक्षा उत्तीर्ण करने के बाद वे कलकत्ता में डिप्टी एकाउन्टेन्ट जनरल नियुक्त हुए। पद की व्यस्तता के बावजूद भी वह अपना बचा हुआ समय इन्डियन एसोसिएशन फार कल्टीवेशन ऑफ साइन्स की प्रयोगशाला में बिताते थे। श्रीयुत रमन के सहयोग से एसोसिएशन शीघ्र ही संसार की प्रतिष्ठित वैज्ञानिक संस्थाओं में गिनी जाने लगी। रमन के अनुसंधान कार्य के विवरण बुलन्दी के रूप में प्रकाशित किए जाने लगे। इससे एसोसिएशन की ख्याति धीरे-धीरे भारत में ही नहीं विदेशों में भी होने लगी और उसकी प्रतिष्ठा एवं सम्मान में यथेष्ट वृद्धि हुई। एसोसिएशन के सम्पर्क में आने के बाद

आप तीन वर्ष तक कलकत्ता में रहे। कलकत्ता विश्वविद्यालय के तत्कालीन वाइस चांसलर सर आशुतोष मुकर्जी आपके मौलिक अन्वेषणों से विशेष रूप से प्रभावित हुए तथा आपके कार्यों में दिलचस्पी लेने लगे। सन् 1914 ई० में सर आशुतोष मुकर्जी ने कलकत्ता में साइंस कालेज की स्थापना की तथा रमन को विज्ञान कालेज में आचार्य नियुक्त किया। सन् 1917 ई० में श्रीयुत रमन ने कलकत्ता विश्वविद्यालय में कार्य आरम्भ किया। वहाँ पर वह विद्यार्थियों को पढ़ाने में काफी समय देते थे और मौलिक कार्य करने के लिए पर्याप्त समय निकाल लेते थे। आगामी वर्षों में श्रीयुत रमन ने अपने महत्वपूर्ण वैज्ञानिक कार्यों से अपने और अपने देश के लिए जो यश और कीर्ति उपार्जित की तथा जो अन्तर्राष्ट्रीय प्रसिद्धि प्राप्त की उसका बहुत कुछ श्रेय उन्हें मिलने वाली इन सुविधाजनक परिस्थितियों को दिया जा सकता है। आपकी विज्ञान साधना के फलस्वरूप कलकत्ता विश्वविद्यालय का भौतिक विज्ञान विभाग तथा साइन्स एसोसिएशन विश्व भर में प्रसिद्ध हो गया। दूर-दूर से विद्यार्थी अध्ययन करने तथा अनुसंधान कार्य के लिए इन संस्थाओं में आने लगे। आचार्य रमन ने स्वयं उच्चकोटि के वैज्ञानिक अनुसंधान करने के साथ ही सैकड़ों युवकों को विज्ञान साधना के लिए अनुप्राणित किया। विश्वविख्यात वैज्ञानिक लार्ड रदरफोर्ड के शब्दों में, आचार्य रमन ने केवल महत्वपूर्ण वैज्ञानिक अन्वेषण ही नहीं किये हैं वरन् अपने प्रयत्न से कलकत्ता विश्वविद्यालय में भौतिक विज्ञान के अन्वेषण के लिए एक उन्नतशील, कर्मण्य और उद्योगी संस्था की स्थापना और विकास भी किया।

डॉ० रमन का सर्वश्रेष्ठ वैज्ञानिक कार्य "रामन प्रभाव" की खोज है। इसकी गणना संसार के उत्कृष्ट वैज्ञानिक अनुसंधानों में की जाती है। रामन प्रभाव सम्बन्धी अनुसंधान 1921 ई० में आरम्भ हो गए थे। इनका सूत्रपात आपकी प्रथम विदेश यात्रा के अवसर पर हुआ था। गहरे समुद्र के सुन्दर नीले जल ने आपका ध्यान अपनी ओर आकर्षित किया और सर्वथा नवीन क्षेत्र में अनुसंधान का सूत्रपात करने के लिए प्रेरित किया। कलकत्ता वापस आने पर आपने पानी, हवा, बरफ आदि पारदर्शक माध्यमों के अणुओं द्वारा परिलक्षित होने वाले आकाश का अध्ययन शुरू किया और आगे चल कर रामन प्रभाव जैसा महत्वपूर्ण अन्वेषण करने में सफल हुए।

उन्होंने एक मर्करी आर्क से एक रंगीन प्रकाश की किरण को कुछ पारदर्शी पदार्थों से गुजारकर एक साधारण स्पेक्ट्रोग्राफ पर डालकर उसका स्पेक्ट्रम लिया। कई पदार्थों से प्रकाश किरणों को गुजारने पर उन्हें स्पेक्ट्रम में कुछ नई रेखायें प्राप्त हुईं जिन्हें बाद में रामन लाइनों का नाम दिया गया। चार महीने तक रात-दिन कार्य करके 16 मार्च, 1928 को सर सी०वी० रामन ने बंगलौर में एक वैज्ञानिक संगोष्ठी में रामन प्रभाव की घोषणा की। इसी रमन प्रभाव पर सन् 1930 में उन्हें नोबल पुरस्कार प्रदान किया गया।

रामन प्रभाव पर विश्व में अनेक प्रयोग किए गए हैं। इस अन्वेषण में वैज्ञानिकों ने कितनी अधिक अभिरुचि प्रकट की, इसका अनुमान केवल इस बात से लगाया जा सकता है कि अन्वेषण सम्बन्धी साहित्य के प्रकाशित होने के दस वर्षों के अन्दर इसके बारे में विभिन्न देशों में प्रतिष्ठित वैज्ञानिकों ने अपने स्वतन्त्र अनुसंधानों के विवरण 1700 से अधिक खोज निबन्धों के रूप में प्रकाशित कराए। यह प्रभाव पदार्थ के अणुओं की संरचना समझने में महत्वपूर्ण सिद्ध हुआ है। इस खोज के बाद दस वर्षों की अवधि में 2000 से भी अधिक पदार्थों की संरचना ज्ञात की गई। 1924 ई० में सर सी०वी० रमन लन्दन की रॉयल सोसाइटी के सदस्य नियुक्त हुए। रमन महोदय ने चुम्बकत्व सम्बन्धी और संगीत वाद्य यंत्रों के क्षेत्र में भी अनेक अनुसंधान किए। नवम्बर, 1930 में लन्दन की रॉयल सोसाइटी ने आपके वैज्ञानिक कार्यों पर आपको ह्यूजेज स्वर्णपदक प्रदान किया। यह पदक प्रदान किए जाने के एक सप्ताह बाद ही स्टाकहोम से आपको रामन प्रभाव के आविष्कार के उपलक्ष्य में भौतिक विज्ञान के नोबल पुरस्कार दिए जाने की घोषणा प्रकाशित हुई। मार्च, 1941 में आपको अमेरिका का सर्वश्रेष्ठ वैज्ञानिक पुरस्कार फ्रेंकलिन पदक देने की घोषणा की गई। सन् 1943 में इन्होंने बंगलौर के पास रामन रिसर्च इन्सटीट्यूट की स्थापना की, इसके बाद वे इसी संस्थान में अनुसंधान कार्य करते रहे। उन्होंने स्वयं असाधारण महत्व के अनुसंधान और अन्वेषण करने के साथ ही जिस अद्वितीय योग्यता के साथ अनुसंधान का कार्य संचालन और संगठन किया तथा देश के नवयुवकों को वैज्ञानिक अनुसंधान कार्य के लिए जो प्रेरणा प्रदान की वह आपकी मौलिक प्रतिभा एवं जन्मजात वैज्ञानिक होने के प्रबल प्रमाण हैं। विज्ञान के अतिरिक्त आपको इतिहास, राजनीति, अर्थशास्त्र एवं समाजशास्त्र में भी विशेष रुचि थी। भारत की कई भाषाओं के साथ ही आपको यूरोप की कई भाषाओं का अच्छा ज्ञान था। सन् 1970 में बंगलौर में इस महान वैज्ञानिक का देहान्त हो गया। युवा वैज्ञानिकों के लिए उनका संदेश था कि अनुसंधान कार्यों में उपकरणों से कहीं अधिक महत्वपूर्ण स्वतंत्र विचार और कठिन परिश्रम है।

सर वेंकटरमन वास्तव में जन्मजात वैज्ञानिक थे। आचार्य रमन ने कभी किसी विदेशी प्रयोगशाला में वैज्ञानिक अनुसंधान करने की शिक्षा नहीं पाई और न विज्ञान के किसी महान आचार्य के पास बैठकर वैज्ञानिक अनुसधान करने की प्रेरणा प्राप्त की। उन्होंने असाधारण महत्व के अनुसंधान और अन्वेषण अपने व्यक्तिगत परिश्रम, अध्यवसाय, उत्साह और प्रतिभा के द्वारा करते हुए विभिन्न अनुसंधान कार्यों का संचालन और संगठन किया है तथा देश के नवयुवकों को वैज्ञानिक अनुसंधान कार्य के लिए जो प्रेरणा और स्फूर्ति प्रदान की वह आपकी मौलिक प्रतिभा एवं जन्मजात वैज्ञानिक होने के प्रत्यक्ष प्रमाण हैं। उन्हें किसी भी उच्च पद के प्रति कभी कोई लगाव नहीं रहा और न ही उच्च पद प्राप्त

करने की उन्होंने, कभी इच्छा की। इसके विपरीत उनकी रुचि सदा विज्ञान में ही रही और विज्ञान की उपासना में ही वह जीवन भर लगे रहे।

### भारतीय भौतिकी के प्रणेता

### डॉ० मेघनाथ साहा (1893)

मेघनाथ साहा का जन्म 1893 में ढाका जिले के सिओराताली नामक गाँव में हुआ था। इनके पिता श्रीयुत जगन्नाथ साहा साधारण व्यापारी थे। आधुनिक विज्ञान तो दूर उनका अंग्रेजी शिक्षा से भी कोई घनिष्ठ सम्पर्क नहीं था। बालक मेघनाथ की प्रारम्भिक शिक्षा देहात की पाठशाला में हुई। वहाँ इन्होंने अपनी प्रतिभा से समस्त शिक्षकों को चकित कर दिया और मिडिल की परीक्षा में ढाका जिले में सर्वोच्च स्थान प्राप्त किया। 1911 ई० में अपने ढाका कालेज से विज्ञान की इंटरमीडिएट परीक्षा ससम्मान प्राप्त की। इंटरमीडिएट की परीक्षा पास करने के बाद ये कलकत्ता के सुप्रसिद्ध प्रेसीडेंसी ,कालेज में भर्ती हुए। इस कालेज में इनको आचार्य प्रफुलचन्द्र राय और सर जगदीशचन्द्र बसु सरीखे महापुरुषों के पास शिक्षा ग्रहण करने का सौभाग्य प्राप्त हुआ जिससे इनमें वैज्ञानिक अभिरुचि के विकास के साथ स्वयं अनुसंधान कार्य करने की प्रेरणा मिली। इन्होंने 1913 ई० में गणित में बी०एस-सी० ऑनर्स तथा 1915 ई० में एम०एस-सी० परीक्षा सम्मानपूर्वक प्रथम श्रेणी में पास की। इसके बाद श्री साहा विज्ञान कालेज में प्रवक्ता नियुक्त किए गए। इस पद पर काम करते हुए आपको चन्द्रशेखर वेंकटरमन के साथ कार्य करने का सुअवसर प्राप्त हुआ। आपकी पहली स्वतन्त्र खोज "फेब्रीपेरा के व्यतिकरण मापक यंत्र की व्यतिकरण सीमा" के सम्बन्ध में थी।

1919 ई० में श्री साहा को सुप्रसिद्ध प्रेमचन्द्र रायचन्द्र छात्रवृत्ति प्रदान की गई। उसी वर्ष आप विश्वविद्यालय की डी० एस-सी० परीक्षा में सम्मिलित हुए। डी० एस-सी० की उपाधि को प्राप्त करने के बाद आपने ज्योतिर्भौतिक विज्ञान (Astrophysics) का विशेष अध्ययन प्रारम्भ किया तथा कई मौलिक अन्वेषण किए। सूर्य रश्मि चित्रों से सम्बन्ध रखने वाली कुछ अत्यन्त जटिल और महत्व-पूर्ण समस्याओं ने आपका ध्यान आकर्षित किया तथा उन्हें सुलझाने में सफलता प्राप्त की। इस सर्वथा मौलिक सिद्धान्त की महता को स्वीकार करते हुए कलकत्ता विश्वविद्यालय ने आपको उसी वर्ष यूरोप यात्रा के लिए विशेष ट्रेवलिंग फैलोशिप प्रदान की। इससे आपको यूरोप जाकर पाश्चात्य देशों के अग्रगण्य वैज्ञानिकों के सम्पर्क में आने का सुयोग प्राप्त हुआ। उसी वर्ष आपको ग्रिफिथ स्मारक पुरस्कार भी प्रदान किया गया।

19 सितम्बर, 1920 को आपने इंग्लैण्ड के लिए प्रस्थान किया। वहाँ आप जनवरी, 1921 तक लन्दन के सुप्रसिद्ध इम्पीरियल कालेज ऑफ साइंस में प्रख्यात

वैज्ञानिक प्रो० फाउलर की प्रयोगशाला में कार्य करते रहे। वहाँ रहकर आपने प्रो० फाउलर तथा दूसरे वैज्ञानिकों द्वारा नक्षत्रों के रश्मि चित्रों सम्बन्धी कार्यों की अपने सिद्धान्त की दृष्टि से व्याख्या की और अपने स्वतन्त्र अन्वेषण के आधार पर "नक्षत्रों के रश्मि चित्र का भौतिक सिद्धान्त" नाम से एक नवीन सिद्धान्त प्रकाशित किया। 1927 ई० में मेघनाथ साहा रॉयल सोसाइटी के फैलो चुन लिए गए। उन्हें यह सम्मान 34 वर्ष की आयु में मिला। इलाहाबाद में रहकर उन्होंने उत्तर प्रदेश विज्ञान अकादमी की स्थापना की। 1934 ई० में इसका नाम राष्ट्रीय विज्ञान अकादमी रख दिया गया। जब वे 1934 ई० में बम्बई में भारतीय विज्ञान कांग्रेस के अध्यक्ष बने तो उसमें उन्होंने भारतीय विज्ञान अकादमी के गठन का सुझाव दिया। उनके प्रयासों से 1935 ई० में भारतीय राष्ट्रीय विज्ञान संस्थान की स्थापना हुई। वे 1937-38 में उसके अध्यक्ष रहे। आज वही संस्थान राष्ट्रीय विज्ञान अकादमी बन चुका है।

डॉ० साहा ने वैज्ञानिक तथ्यों के केवल सैद्धांतिक अन्वेषण ही नहीं किए वरन् आपने प्राचीन एवं अर्वाचीन इतिहास एवं विज्ञान का अध्ययन करके देश के व्यवसाय और व्यापार को अधिक सुचारु तथा सुसंगठित रूप से चलाने और अधिक उपयोगी बनाने के लिए कई व्यावहारिक योजनाएँ भी तैयार कीं। वे देश के औद्योगिक एवं वैज्ञानिक विकास के पक्षधर थे। उनके अथक प्रयासों से कलकत्ता में 21 अप्रैल, 1948 को नाभिकीय भौतिक संस्थान की स्थापना हुई। वे जीवन भर इस संस्थान के अवैतनिक निदेशक रहे। साहा ने इस संस्थान में नाभिकीय भौतिकी, न्यूट्रॉन भौतिकी, नाभिकीय रसायन, कण-त्वरित्र आदि क्षेत्रों में गहन अनुसंधान प्रारम्भ कराने के साथ-साथ स्नातकोत्तर अध्ययन-अध्यापन भी शुरू किया। वे 1948 ई० में डॉ० सर्वपल्ली राधाकृष्णन् की अध्यक्षता में गठित शिक्षा आयोग के सदस्य रहे और 1952 ई० में भारतीय विज्ञान संवर्धन परिषद् के पूर्ण-कालिक निदेशक बने।

उन्होंने पंचांगों और प्राचीन सभ्यताओं की काल गणना पद्धति का अध्ययन किया और पाया कि हमारे पंचांगों में बहुत अन्तर है। 1952 ई० में वैज्ञानिक एवं औद्योगिक अनुसंधान परिषद के कलैण्डर सुधार समिति का गठन किया गया जिसके वे अध्यक्ष बनाए गए।

साहा ने बचपन में अपने गाँव की नदी के तेवर देखे थे। नदियों की शक्ति का उन्हें अहसास था। उनके विचारों एवं प्रयासों से नदी घाटी परियोजनाएँ शुरू हुईं और हीराकुंड, भाखड़ानंगल, रिहन्द आदि बाँधों के रूप में यह सपना साकार हुआ। साहा सरल, सहृदय और साहसी वैज्ञानिक थे। वे निर्धन छात्रों व आत्मनिर्भर बनने के इच्छुक अनजान लोगों की सदैव सहायता करते रहे। साहा कहते थे, "मेहनत से काम करते रहो, एक दिन मान्यता जरूर मिलेगी।"

## बोस—आइन्स्टीन सांख्यिकी के जन्मदाता

### सत्येन्द्रनाथ बोस (1894-1974)

इनका जन्म 1 जनवरी, 1894 को कलकत्ता में हुआ था। सन् 1915 में एम० एस-सी० किया जिसमें इन्होंने पूरे विश्वविद्यालय में प्रथम स्थान प्राप्त किया। 1916 ई० में ढाका विश्वविद्यालय में भौतिकी के प्राध्यापक हो गए।

गणित और भौतिकी की उच्च कक्षाओं में पढ़ाए जाने वाले "बोस-आइंस्टीन सांख्यिकी" का विकास इन्हीं ने किया था। उन्हीं के नाम पर इस सांख्यिकी में प्रयुक्त होने वाले कणों का नाम बोसोन रखा गया।

उन्हें अपने विद्यार्थियों से बेहद लगाव था। वे अनेक बार अपने विद्यार्थियों को आर्थिक सहायता भी देते थे। कक्षाएँ समाप्त होने के बाद विद्यार्थियों के साथ विज्ञान विषयों पर विचार-विमर्श करते रहते थे।

1956 ई० में ये विश्वभारती विश्वविद्यालय के उपकुलपति नियुक्त हुए। 1958 में लन्दन की फैलो ऑफ रॉयल सोसाइटी का सम्मान दिया गया और इसी वर्ष पद्म भूषण से सम्मानित किया गया। वृद्धावस्था में भी वे साधुओं जैसी वेशभूषा में देश के विभिन्न वैज्ञानिक संस्थानों का दौरा करते रहे और अपने विचारों से वैज्ञानिकों को प्रोत्साहित और प्रेरित करते रहे। 4 फरवरी, 1974 को आपका कलकत्ता में ही निधन हो गया।

## औद्योगिक अनुसन्धान के प्रणेता

### डॉ० शान्तिस्वरूप भटनागर (1894-1955)

सर शान्तिस्वरूप भटनागर का जन्म 21 फरवरी, 1894 ई० को शाहपुर जिले के भेड़ा गाँव में हुआ था। उनके पिता श्री परमेश्वरी सहाय पंजाब विश्वविद्यालय के स्नातक थे। जब वे केवल 8 माह के थे, उनके पिता का देहान्त हो गया। पिता की मृत्यु के पश्चात् उनका लालन-पालन उनके नाना मुंशी प्यारेलाल की देखरेख में सिकन्दराबाद में हुआ। उनकी प्रारम्भिक शिक्षा सन् 1901 में एक प्राईवेट मदरसे से आरम्भ हुई। बाद में इनके पिता के अनन्य मित्र ला० रघुनाथ सहाय ने इनकी शिक्षा का भार अपने ऊपर ले लिया और पढ़ाई के लिए इन्हें लाहौर बुला लिया। लाहौर में उन्होंने छात्रवृत्ति की परीक्षा उत्तीर्ण की। विज्ञान से इन्हें बचपन से ही प्रेम था तथा स्कूल के दिनों में ही विज्ञान सामग्री के निर्माण में रुचि लेते थे। सन् 1911 में पंजाब विश्वविद्यालय की इंट्रेंस परीक्षा प्रथम श्रेणी में उत्तीर्ण की तथा लाहौर के दयालसिंह कालेज में प्रवेश लिया। पढ़ाई के साथ-साथ भटनागर अन्य कार्यकलापों में भी आगे रहते। इस बीच उन्होंने उर्दू में 'करामाती' नामक एकांकी नाटक लिखा जिसका अंग्रेजी में अनुवाद तो हुआ ही, उन्हें नाट्य संस्था 'सरस्वती स्टेज सोसाइटी' द्वारा वर्ष 1912 में

सर्वश्रेष्ठ नाटक के लिए पुरस्कार एवं पदक से सम्मानित किया गया। इस बीच उन्होंने 'फर्मन्टेशन ऑफ प्रोमग्रेनेट जूस' पर एक शोधपत्र भी लिखा जो 'रोशनी' में प्रकाशित हुआ।

सन् 1913 में पंजाब विश्वविद्यालय से प्रथम श्रेणी में इंटरमीडिएट परीक्षा उत्तीर्ण करने के बाद बी० एस-सी० करने के लिए उन्होंने फोर्मन क्रिश्चियन कालेज में प्रवेश लिया। यहाँ उन्होंने अध्ययन के लिए भौतिकी, रसायन और अंग्रेजी विषय चुने और भौतिकी में ऑनर्स किया। एम० एस-सी० की परीक्षा उत्तीर्ण करने के बाद ये कुछ समय तक मिशन कालेज और दयालसिंह कालेज में डिमोंस्ट्रेटर का काम करते रहे। विश्वविद्यालय में शांतिस्वरूप अपने सभी शिक्षकों के प्रिय थे। उनकी प्रतिभा को पहचानते हुए दयालसिंह कालेज के प्रधानाचार्य मि० वेलिकर ने कहा था कि "शांतिस्वरूप भटनागर 100 विद्यार्थियों की इस बड़ी कक्षा के मेधावी छात्रों में से एक है पर मेरे विचार में अपनी चहुँदिश योग्यता के कारण वह सर्वश्रेष्ठ छात्र है। यदि उसे अवसर दिया जाए तो अपनी इस असाधारण प्रतिभा के बल पर वह यूरोपीय अथवा अमेरिकी वैज्ञानिक शोध केन्द्रों में कुछ विशिष्ट वैज्ञानिक कार्य कर दिखाएगा और अपने देश में किसी सर्वोच्च पद पर आसीन होगा।' उनकी यह भविष्यवाणी कालान्तर में सत्य सिद्ध हुई। उनके शिक्षक प्रो० रुचिराम साहनी (प्रसिद्ध वनस्पतिविद् बीरबल साहनी के पिता) ने दयालसिंह कालेज ट्रस्ट से उन्हें छात्रवृत्ति दिलवाकर शोध कार्य हेतु विदेश भेजने में भी काफी मदद की।

1919 ई० में आपने अमेरिका जाने के इरादे से भारत से प्रस्थान किया परन्तु इंग्लैण्ड पहुँचकर वहीं रुक गए और वहाँ लन्दन यूनिवर्सिटी के साइंस कालेज में भर्ती हो गए और सर विलियम रेमज इंस्टीट्यूट में प्रो० एफ० जी० डोनन के निर्देशन में अनुसंधान कार्य शुरू किया। लन्दन के शिक्षक भी आपकी प्रतिभा पर मुग्ध हो गये। लन्दन में अध्ययन और अनुसंधान करने के साथ ही आपने अपने अवकाश के समय का भी पूर्ण सदुपयोग किया। 1921 ई० में आपने लन्दन विश्वविद्यालय से डी० एस-सी० की उपाधि प्राप्त की। भारत लौटने पर उन्हें बनारस हिन्दू विश्वविद्यालय में रसायन विज्ञान विभाग में प्रोफेसर नियुक्त किया गया जहाँ आपने अपने छात्रों एवं सहयोगियों के बीच काफी लोकप्रियता प्राप्त की। लाहौर विश्वविद्यालय की रासायनिक प्रयोगशाला के निदेशक चुने गए। 16 वर्ष तक पंजाब विश्वविद्यालय में प्रोफेसर के पद पर रहते हुए पर्याप्त मात्रा में अनुसंधान कार्य किया। उनके अध्ययन के प्रमुख कार्य क्षेत्र कोलॉइड रसायन और चुम्बक रसायन थे, पर उन्होंने रुचि के अनुसार अनुपयुक्त या एप्लाइड और औद्योगिक रसायन पर पर्याप्त मात्रा में शोध कार्य किया। औद्योगिक रसायन के क्षेत्र में उनका जो शोध कार्यसराहा गया वह उन्होंने लन्दन की एक फर्म मैसर्स स्टील ब्रदर्स के लिए किया था। आपने औद्योगिक महत्व के भी

अनेक उपयोगी एवं व्यावहारिक अनुसंधान किए हैं। रासायनिक उद्योग धंधों की उन्नति के लिए बहुत-सी नई और सुधरी हुई रीतियाँ मालूम की हैं। डॉ० भटनागर ने छात्रावस्था से ही स्वेच्छा से अनुपयुक्त रसायन और औद्योगिक रसायन में पर्याप्त शोध कार्य किया। डा० भटनागर की प्रतिभा और असा धारण विद्वता से आकर्षित होकर दूर-दूर के विद्यार्थी आपके पास शिक्षा ग्रहण करने और अनुसंधान कार्य के लिए लाहौर जाते थे। आपने स्वयं तन, मन, धन से विज्ञान की सेवा की। सेवा करने के साथ ही अपने कई शिष्यों को उच्चकोटि के अनुसंधान कार्य में प्रवृत्त करने में भी सफलता प्राप्त की है। आपके शिष्यों में बम्बई रॉयल इंसटीट्यूट के डॉ० माता प्रसाद काशी विश्वविद्यालय के डॉ० एस०एस० जोशी तथा डॉ० के०एन० माथुर, डॉ० बलवन्त सिंह, डॉ० एस०एल० भाटिया, डॉ० दीनानाथ गोयल, प्रभृति के नाम विशेष उल्लेखनीय हैं।

वर्ष 1940 ई० से डॉ० भटनागर के जीवन और कार्य में अभूतपूर्व परिवर्तन आया और दयालसिंह कालेज के प्रिंसिपल मि० बेलिकर की भविष्यवाणी सत्य सिद्ध हुई। द्वितीय विश्वयुद्ध की समाप्ति पर डॉ० वायसराय, लार्ड लिनथिनगो, लाहौर में डॉ० भटनागर की प्रयोगशालाओं को देखने आए और वहाँ पर उन प्रयोगशालाओं में हो रहे शोध कार्य से बहुत प्रभावित हुए। तभी भारत सरकार ने वैज्ञानिक एवं औद्योगिक अनुसंधान बोर्ड की स्थापना की। डॉ० भटनागर के औद्योगिक क्षेत्रों में किए गए सफल अनुसंधानों के औद्योगिक उपयोगों और उनकी कार्य क्षमता और रुचि को ध्यान में रखते हुए बोर्ड का निदेशक बनाने के लिए अन्य कई वैज्ञानिकों की तुलना में डॉ० भटनागर अति उपयुक्त सिद्ध हुए और इस प्रकार डॉ० भटनागर भारत के औद्योगिक अनुसंधान के संस्थापक निदेशक बन गए। इस बोर्ड की प्रयोगशालाएँ पहले कलकत्ता के गवर्नमेंट हाउस में स्थित थीं पर बाद में उन्हें दिल्ली विश्वविद्यालय में स्थानांतरित कर दिया गया और बोर्ड का नाम बदलकर कौंसिल ऑफ साइंटिफिक एण्ड इंडस्ट्रियल रिसर्च (C.S.I.R.) या वैज्ञानिक एवं औद्योगिक परिषद रख दिया गया। अत्यधिक प्रशासनिक कार्यों के बावजूद भी डॉ० भटनागर ने अनुसंधान कार्यों की ओर पूरा-पूरा समय दिया और कई पेटेंट कराए। इनमें मुख्य थे—एंटी गैस क्लाथ, वार्निश, एअर एण्ड ग्लास सब्सिट्यूट्स, डिहाइड्रेटेड केस्टर ऑयल, प्लास्टिक फ्रोम इण्डियन वेस्ट्स आदि।

भारत में विज्ञान एवं प्रौद्योगिकी के समुचित विकास के लिए प्रधानमंत्री पं० नेहरू के सहयोग से राष्ट्रीय प्रयोगशालाओं की स्थापना हुई। पूणे में राष्ट्रीय रासायनिक प्रयोगशाला खोली गई। उसके बाद दिल्ली में राष्ट्रीय भौतिक प्रयोगशाला, जमशेदपुर में राष्ट्रीय धात्विक प्रयोगशाला आदि की स्थापना हुई तथा 1955 ई० में उनकी मृत्यु तक विभिन्न स्थानों पर लगातार 15 प्रयोगशालाओं की स्थापना हो चुकी थी। ये सभी प्रयोगशालाएँ किसी-न-किसी उद्योग से जुड़ी

थीं। इसके अतिरिक्त उन्होंने कई आई०एस०आई० और इंसडॉक जैसे वैज्ञानिक संगठनों की स्थापना की। उन्होंने ग्रामीण क्षेत्र में विज्ञान के प्रचार के लिए पहला विज्ञान मन्दिर दिल्ली-नजफगढ़ रोड पर पं० नेहरू के कर कमलों द्वारा अपने फार्म में स्थापित किया। दूसरा उत्तर प्रदेश और तीसरा तमिलनाडू में खोला। डॉ० भटनागर स्वयं ही सभी संगठनों की देखभाल करते थे। वे कई वैज्ञानिक संगठनों से सम्बद्ध थे। 1955 ई० में वेरॉयल सोसाइटी, लंदन के फैलो चुने गए। परमाणु ऊर्जा आयोग के सदस्य-सचिव एवं विश्वविद्यालय अनुदान आयोग के अध्यक्ष भी रहे। उन्हें ऑक्सफोर्ड, पंजाब, दिल्ली, बनारस, लखनऊ, इलाहाबाद, पटना, आगरा और सागर जैसे अनेक विश्वविद्यालयों ने कई उपाधियों से विभूषित किया। उन्हें भारत के राष्ट्रपति ने पद्म विभूषण से सम्मानित किया। सन् 1957 में उनके नाम पर भटनागर पुरस्कार की स्थापना की गई। जनवरी, 1955 में भारत में औद्योगिक अनुसंधान की नींव रखने वाले इस महान वैज्ञानिक का देहावसान हो गया।

## परिन्दों का मसीहा

### सालिम अली (1896-1987)

पक्षी विज्ञान में जन्मजात रुचि रखनेवाले इस बालक का जन्म खेतवाड़ी, बम्बई में 12 नवम्बर, 1896 को हुआ था। यद्यपि उन्होंने कालेज में शिक्षा प्राप्त की लेकिन उनके पास विश्वविद्यालय की कोई भी डिग्री न थी। क्योंकि गणित में रुचि न होने के कारण वे अपना अध्ययन जारी नहीं रख सके। इन्हीं दिनों वे अपने भाई की बालफ्रेम माइनिंग के व्यापार में सहायता करने के लिए बर्मा चले गए, लेकिन वहाँ पर भी वे परिन्दों को ही देखा करते थे। सन् 1920 के लगभग वे असफल होकर पुनः बम्बई वापस आ गये।

बम्बई लौटकर उन्होंने जन्तु विज्ञान में एक कोर्स किया, जिसके बाद बम्बई नेचुरल हिस्ट्री सोसाइटी के संग्रहालय में उनकी गाइड के रूप में नियुक्ति हुई। इन दिनों उनकी उम्र 20 वर्ष थी। गाइड के रूप में वे मरे हुए सुरक्षित पक्षियों को दर्शकों को दिखाते और उनके विषय में उनको बताते। इस कार्य को करते हुए उन्होंने अनुभव किया कि पक्षियों के विषय में पूरी जानकारी तभी प्राप्त की जा सकती है जबकि उनके रहन-सहन को नजदीक से देखा जाय। इस उद्देश्य की पूर्ति के लिए वे जर्मनी गये और विश्वविख्यात पक्षी विज्ञानी डाक्टर इर्विन स्ट्रासमैन के सम्पर्क में आए। एक वर्ष पश्चात जब वे जर्मनी से भारत आए तो उनकी गैर-हाजिरी में उनकी नौकरी समाप्त हो चुकी थी।

उनके घर के अहाते में एक पेड़ था जिस पर बया ने एक घोंसला बनाया था। सारे दिन वे पेड़ के नीचे बैठे रहते और बया के कार्यकलापों को एक नोट-बुक में लिखाते रहते थे। बया के कार्यकलापों और व्यवहार को उन्होंने एक

शोध निबन्ध के रूप में प्रकाशित करवाया। सन् 1930 में छपा यह निबन्ध पक्षी विज्ञान में उनकी प्रसिद्धि के लिए अत्यन्त महत्वपूर्ण सिद्ध हुआ। इसके पश्चात वे जगह-जगह जाकर पक्षियों के विषय में जानकारी प्राप्त करने लगे। इन जानकारियों के आधार पर उन्होंने "द बुक आफ इण्डियन बर्ड्स" लिखी जो सन् 1941 ई० में प्रकाशित हुई। इस पुस्तक में पक्षियों के विषय में अनेक नई जानकारियाँ प्रस्तुत की गई थीं।

सन् 1949 में उन्होंने विश्वप्रसिद्ध पक्षी विज्ञानी डिलोन रिप्ले के साथ एक प्रोजेक्ट आरम्भ किया, जिसमें दस भागों में भारत और पाकिस्तानी पक्षियों के विषय में जानकारी लिखनी थी। इस पुस्तक का नाम "हैण्ड बुक ऑफ द बर्ड्स ऑफ इण्डिया एण्ड पाकिस्तान" है। इसमें उनके बीस वर्ष के अध्ययनों का निचोड़ प्रस्तुत किया गया है। इसमें सभी प्रकार के पक्षियों से सम्बन्धित अनेक बातों की जानकारी दी गई है। इसके अलावा पक्षियों के ऊपर उन्होंने और भी पुस्तकें लिखी हैं। "द पॉल ए स्पेरो" में उन्होंने अपने जीवन में घटी अनेक घटनाओं को प्रस्तुत किया है।

सालिम अली ने पक्षियों के सर्वेक्षण के लिए 65 वर्ष से भी अधिक समय तक समस्त भारत देश का भ्रमण किया। उन्होंने अपने जीवन के लगभग 60 वर्ष भारतीय पक्षियों के साथ बिताये। पक्षियों के विषय में उनका ज्ञान इतना अधिक था कि लोग उन्हें पक्षियों का चलता-फिरता विश्वकोष कहने लगे थे। उन्होंने पक्षियों का अध्ययन ही नहीं किया वरन् प्रकृति संरक्षण की दिशा में भी बहुत काम किया। उन्हें पाँच लाख रुपये का अन्तरराष्ट्रीय पुरस्कार मिला था जिसे उन्होंने बम्बई नेचुरल हिस्ट्री सोसाइटी को प्रदान कर दिया। सन् 1983 में उन्हें पद्म विभूषण से अलंकृत किया गया। 20 जून, 1987 को सालिम अली की मृत्यु हो गई।

## पादप भ्रूण विज्ञान के जनक

### पंचानन माहेश्वरी (1904-1966)

पंचानन माहेश्वरी ने 1950 ई० के लगभग प्रायोगिक पादप भ्रूण विज्ञान की नई शाखा को जन्म दिया, जिसके द्वारा हम जुड़वाँ केले, बीज रहित अंगूर, सेब, नासपाती, टमाटर आदि की उन्नत प्रजातियां, रोगमुक्त, स्वस्थ फलफूल व पौधों को उत्पन्न कर सकते हैं। इसके साथ ही दो प्रकार के फलों के पेड़ से किसी तीसरे उन्नतशील फल की उत्पत्ति की जा सकती है।

पंचानन माहेश्वरी का जन्म 2 नवम्बर, 1904 को जयपुर, राजस्थान में हुआ था। 1927 ई० में प्रथम श्रेणी में स्नातकोत्तर की उपाधि प्राप्त कर डा० विनफील्ड के निशा निर्देशन में शोध कार्य करने के उपरान्त 1931 ई० में डी०एस-सी० की उपाधि प्राप्त की तथा आगरा कालेज, आगरा में वनस्पतिविज्ञना

के प्रवक्ता नियुक्त हुए । 1936 में यूरोप यात्रा में वे प्रो० के० स्नार्फ के सम्पर्क में आए जो उस समय भ्रूण विज्ञान के प्रसिद्ध विद्वानों में से एक थे। वहाँ से लौट कर इलाहाबाद, लखनऊ विश्वविद्यालय में शिक्षण कार्य करने के बाद 1949 में दिल्ली विश्वविद्यालय में वनस्पति विज्ञान में प्रोफेसर नियुक्त हुए ।

प्रो० माहेश्वरी के दिशा निर्देशन में 550 पौधों को 120 कुलों में स्थान दिया गया तथा उनसे सम्बन्धित जानकारी का वर्णन किया गया। उन्होंने शैवाल, जिनोस्पर्म व आवृत बीजियों के आकृति विज्ञान तथा आणुविक जीव विज्ञान तक सभी विषयों पर कार्य किया। उन्होंने भारत तथा विश्व की खाद्य समस्या पर पादप विज्ञान के अन्तर्गत सरल व सरस भाषा में पुस्तक लिखी हैं। उन्होंने एन्जियोस्पर्म (फूल वाले पौधे) के आकार की संरचना और भ्रूण विज्ञान का अध्ययन किया। उनको आधुनिक भ्रूण विज्ञान का प्रवर्तक माना जाता है। उन्होंने एन्जियोस्पर्म की अनेक जातियों में पादप वृद्धि का अध्ययन किया। वृद्धि के आधार पर पाई जाने वाली विभिन्नता का अध्ययन करके उसके आधार पर पौधों का वर्गीकरण किया ।

पंचानन माहेश्वरी ने "एन इन्ट्रोडक्शन टू दि एम्ब्रियोलॉजी आफ एन्जियोस्पर्म" और "ए रीसेन्ट एडवांसेज इन एंब्रियोलॉजी आफ एन्जियोस्पर्मस" नामक पुस्तकें लिखीं। इसके अतिरिक्त उन्होंने विद्यार्थियों के लिए पाठ्य पुस्तकें भी लिखी हैं। उन्होंने "फाईटोमाफोलॉजी नामक पत्रिका का सम्पादन भी किया है।

राष्ट्रीय एवं अन्तरराष्ट्रीय स्तर पर उन्हें विभिन्न सम्मान प्राप्त हुए। उन्होंने अनेक बार अन्तरराष्ट्रीय पादप सोसाइटी में भारत का प्रतिनिधित्व किया। 1957 ई० में उनको अमेरिका द्वारा "अमेरिकन कला' तथा विज्ञान अकादमी का आनरेरी सदस्य नियुक्त किया गया। 1959 ई० में भारतीय वनस्पति सोसाइटी द्वारा 'बीरबल साहनी' पुरस्कार प्रदान किया गया। 1965 ई० में ब्रिटेन की रॉयल सोसाइटी का फैलो चुना गया। वनस्पति विज्ञान के क्षेत्र में महत्वपूर्ण सेवायें करते हुए 18 मई, 1966 को उनका निधन हो गया।

प्रो. पंचानन माहेश्वरी ने 1949 ई० से 1966 ई० तक 62 शोधकर्ताओं को "डाक्टर ऑफ फिलासफी" दिलायी और लगभग 300 मौलिक शोध लेख प्रकाशित किए। दिल्ली विश्वविद्यालय में कार्यरत प्रो. बी. एम. जौहरी उनके निकटस्थ सहयोगी रहे। प्रो. जौहरी के शब्दों में "भारत का प्रत्येक भ्रूण वैज्ञानिक प्रो. माहेश्वरी के सान्निध्य में रहा।" विद्यार्थी जीवन में डॉ. माहेश्वरी को डॉ. डूजियन से प्रबल सहयोग, प्रेरणा और मार्ग-दर्शन मिला। उनसे जब डॉ. माहेश्वरी ने कहा कि "आपने मुझे इतना प्रोत्साहित किया है, मैं आपके लिए क्या कर सकता हूँ," डा० डूजियन का उत्तर था "जो मैंने तुम्हारे लिए किया है, वही सब कुछ तुम अपने विद्यार्थियों के लिए करना।" डॉ० माहेश्वरी ने इस गुरु आदेश को जीवन पर्यन्त निभाया ।

## डॉ० होमी जहाँगीर भाभा (1909-1966)

डा० होमी जहाँगीर भाभा का जन्म 30 अक्टूबर, 1909 ई० को बम्बई में एक सुप्रसिद्ध, शिष्ट और धनी पारसी परिवार में हुआ था। आपके पितामह कई वर्ष तक मैसूर राज्य के शिक्षा विभाग में डायरेक्टर रह चुके थे और अपनी उदार शिक्षा नीति के लिए विशेष प्रसिद्ध थे। आपके पिता श्री जे०एच० भाभा बम्बई के प्रसिद्ध बैरिस्टरों में थे। बालक भाभा की प्राथमिक शिक्षा बम्बई में हुई। 15 वर्ष की आयु में इन्होंने कैथेड्रल हाईस्कूल से सीनियर कैम्ब्रिज की परीक्षा सम्मानपूर्वक पास की। रॉयल इन्सटीट्यूट ऑफ साइन्स में अध्ययन करके आपने वहाँ से स्नातक परीक्षा प्रथम श्रेणी में उत्तीर्ण की। 15 वर्ष की आयु में इन्होंने आइन्सटीन के सुप्रसिद्ध सापेक्षवाद के सिद्धान्त का अध्ययन कर लिया था और संगीत के स्वर संवाद के विषय में एक श्रेष्ठ निबन्ध भी लिखा था।

स्नातक परीक्षा उत्तीर्ण करने के बाद वे उच्च अध्ययन के लिए कैम्ब्रिज चले गए। 1930 ई० में उन्होंने इंजीनियरिंग की डिग्री प्राप्त की तथा 1934 में वहीं से पी-एच०डी०, की उपाधि प्राप्त की। अध्ययन के दौरान उन्होंने अनेक छात्रवृत्तियाँ और पदक प्राप्त किए। 1932 ई० में भाभा को उच्च गणित का अध्ययन करने के लिए ट्रिनिटी कालेज से एक और छात्रवृत्ति प्राप्त हुई जिससे आपको यूरोप की यात्रा करने का अवसर प्राप्त हुआ। 1935 ई. से 1939 ई. तक भाभा कैम्ब्रिज में विद्युत और चुम्बक विज्ञान में साधारण पाठ पढ़ाने के अतिरिक्त भौतिक विज्ञान के नवीन अंगों पर, विशेषकर कास्मिक किरण प्रसरण, न्यूक्लियर फिजिक्स तथा सापेक्षवाद सम्बन्धी गहन समस्याओं पर व्याख्यान देते रहे। अक्टूबर 1931 ई० में सुप्रसिद्ध वैज्ञानिक प्रोफेसर मैक्सबार्न द्वारा आमंत्रित किए जाने पर इन्होंने एडिनबरा में कास्मिक किरण प्रसरण पर कई व्याख्यान दिए आपके कास्मिक किरण सम्बन्धी कार्यों से प्रभावित होकर 1939 ई० में रॉयल सोसाइटी ने अपने फंड से आपको मैनचेस्टर स्थित प्रो० ब्लेकैट कास्मिक किरण अनुसंधानशाला में सैद्धान्तिक भौतिक शास्त्रज्ञ के पद पर काम करने तथा मैनचेस्टर और कैम्ब्रिज में अपने स्वतन्त्र मौलिक अन्वेषण जारी रखने के लिए विशेष आर्थिक सहायता प्रदान की। सन् 1939 ई० में ब्रूसेल्स में कास्मिक किरण सम्बन्धी मौलिक कार्य करने वाले वैज्ञानिकों की एक विशेष कॉफ्रेंस का आयोजन किया गया, इसमें सम्मिलित होने के लिए डा० भाभा को भी आमंत्रित किया गया परन्तु महायुद्ध छिड़ जाने के कारण यह अनिश्चित काल के लिए स्थगित कर दी गई।

सन् 1940 में भाभा भारत लौट आए। यहाँ पर वे भारतीय विज्ञान संस्थान, बंगलौर में भौतिकी के रीडर तथा बाद में प्रोफेसर नियुक्त किए गए। इस संस्थान में अंतरिक्ष किरणों पर उन्होंने काफी काम किया। सन् 1945 में उन्होंने टाटा इन्सटीट्यूट ऑफ फन्डामेन्टल रिसर्च की स्थापना की तथा उसके

निदेशक बने। परमाणु ऊर्जा के क्षेत्र में उन्होंने बहुत काम किया।

सन् 1948 में परमाणु ऊर्जा आयोग बनने के बाद भारत के कुशल वैज्ञानिकों ने भाभा की देखरेख में परमाणु ऊर्जा के विज्ञान पर कार्य करना प्रारम्भ किया तथा सन् 1956 में देश की प्रथम परमाणु भट्टी अप्सरा ट्राम्बे (बम्बई) में चालू की गई। भाभा की ही देखरेख में सायरस औरजरलीना नामक दो न्यूक्लियर रियेक्टर लगाये गये।

परमाणु ऊर्जा के शान्तिपूर्ण उपयोगों के लिए संयुक्त राष्ट्र के प्रथम सम्मेलन में डॉ० भाभा अध्यक्ष के रूप में उपस्थित हुए। वे पहले व्यक्ति थे, जिन्होंने परमाणु ऊर्जा के प्रसार पर रोक लगाने तथा सभी देशों द्वारा परमाणु बमों को गैरकानूनी घोषित करने की वकालत की। देश का पहला परमाणु ऊर्जा से चालित विद्युत उत्पादन केन्द्र तारापुर में चालू हुआ। इसके दो वर्ष बाद एक प्लूटोनियम प्लान्ट बनाया गया। परमाणु ऊर्जा के क्षेत्र में हमारे देश की महान उपलब्धि थी पोखरन में शान्तिमय कार्यों के लिए भूमिगत परमाणु बम का विस्फोट। इसे 18 मई, 1974 को किया गया।

डॉ० भाभा परमाणु शक्ति के शांतिमय प्रयोगों के प्रथम अन्तरराष्ट्रीय प्रधान चुने गए। 24 जनवरी, 1966 को भी वे ऐसे ही एक अन्तरराष्ट्रीय सम्मेलन में सम्मिलित होने के लिए जा रहे थे कि उनका विमान दुर्घटनाग्रस्त हो गया और मात्र 57 वर्ष की उम्र में इस महान वैज्ञानिक का निधन हो गया। डा. भाभा ने इलेक्ट्रानिकी, अन्तरिक्ष विज्ञान, खगोल विज्ञान, सूक्ष्म विज्ञान में भी प्रयोगों को नई दिशा दी। ऊटी में लगा रेडियो टेलिस्कोप डॉ. भाभा की ही देन है।

उनके सम्मान में 1967 ई० में परमाणु ऊर्जा संस्थान ट्राम्बे का नाम बदलकर भाभा परमाणु अनुसंधान केन्द्र तथा टाटा इन्सटीट्यूट आफ फन्डामेन्टल रिसर्च का नाम भाभा इन्सटीट्यूट आफ फन्डामेन्टल रिसर्च रखा गया।

डॉ. भाभा की संगीत और चित्रकला में विशेष रुचि थी। कैम्ब्रिज में विज्ञान के अध्ययन में व्यस्त रहते हुए भी भाभा संगीत का गम्भीर अध्ययन करने के लिए बराबर कुछ न कुछ समय अवश्य निकाल लेते थे और संगीत रचना का अध्ययन विशेष रूप से करते थे। संगीत के साथ ही भाभा में चित्रकला का व्यसन भी बचपन से ही उत्पन्न हुआ। घर के पुस्तकालय के चित्र संग्रह को देखकर इन्हें स्वयं भी चित्र तैयार करने का शौक पैदा हुआ। उन्हें कुछ समय सुप्रसिद्ध चित्रकार लाल काका के पास चित्रकला सम्बन्धी शिक्षा प्राप्त करने के लिए भेजा गया। डॉ. भाभा का जीवन बहुत सरल था। अत्यधिक व्यस्तताओं के बावजूद भी वे कभी परेशान नहीं होते थे। वे बहुत उच्च कोटि के वक्ता थे। लोग उनके भाषणों से मन्त्रमुग्ध हो जाते थे। उनका स्वर बहुत मधुर था। विज्ञान के क्षेत्र में डॉ. भाभा के योगदानों के लिए भारत सदैव उनका ऋणी रहेगा।

डॉ० देवीदत्त पन्त (1919)

नोबल पुरस्कार विजेता महान वैज्ञानिक सर सी. बी. रमन के इस प्रियतम एवं प्रखरतम, सरल स्वभाव, विचारक वैज्ञानिक का जन्म 14 अगस्त, 1919 को देवराड़ीपन्त, पट्टी अढीगाँव (तत्कालीन अल्मोड़ा जिला) पिथौरागढ़, उत्तर प्रदेश के सुदूर पर्वतीय क्षेत्र में हुआ। आपके पिता श्री लक्ष्मीदत्त पन्त ग्रामीण क्षेत्र में वैद्य का कार्य करते थे। आपकी प्रारम्भिक शिक्षा देवराड़ीपन्त प्राइमरी स्कूल और मिडिल शिक्षा मिडिल स्कूल, काण्डा में हुई। हाईस्कूल और इन्टरमीडिएट परीक्षाएँ जी. थाई. सी., अल्मोड़ा से उत्तीर्ण कीं। बी. एस-सी. एवं एम. एस-सी. बनारस हिन्दू विश्वविद्यालय से प्रथम श्रेणी में उत्तीर्ण की। बंगलौर में सर सी. बी. रमन के निर्देशन एवं देखरेख में विश्वस्तरीय शोध कार्य किया और 1949 ई० में बनारस विश्वविद्यालय से डी. एस-सी. डिग्री मिली। डा. डी. डी. पन्त की प्रखरता, लगन और अध्यवसाय को देखकर सर सी. वी. रमन ने इन्हें "ए ग्लोइंग स्टार ऑफ नार्दन इण्डिया" कहकर अभिभूपित किया था। आपने आगरा कालेज, आगरा और बलवन्त कालेज, आगरा में अध्यापन एवं शोध कार्य से अपनी विज्ञान साधना प्रारम्भ की। तत्पश्चात नैनीताल में डिग्री कालेज खुलने पर वहाँ फिजिक्स के प्रोफेसर नियुक्त हुए, जहाँ पर वह लगातार भौतिक विज्ञान विभाग में शिक्षण एवं शोधकार्य द्वारा छात्रों का मार्गदर्शन करते रहे। आप कुछ समय तक उत्तर प्रदेश के शिक्षा निदेशक भी रहे। इस पद से आपने कुछ समय बाद ही त्यागपत्र दे दिया। कुमायूँ विश्वविद्यालय खुलने पर 1974 ई० में आप इसके प्रथम उपकुलपति नियुक्त किए गए। बाद में आप रुड़की विश्वविद्यालय में यू. जी. सी. की विशेष योजना के अन्तर्गत शोध कार्य करते और और करवाते रहे। वर्तमान में भी आप इसी योजना के अन्तर्गत नैनीताल में भौतिकी विभाग में शोध कार्यरत हैं और शोध छात्रों को निर्देशन दे रहे हैं। आपकी इस अनवरत लगन और अध्यवसाय का ही परिणाम है कि आज देश के लगभग समस्त उच्च शोधकेन्द्रों में आपके अनगिनत छात्र महत्वपूर्ण पदों पर आसीन हैं और समाज, देश तथा मानवता के लिए उपयोगी खोज करने में संलग्न हैं।

प्रयोगशाला में कृत्रिम जीन बनानेवाले

डॉ० हरगोबिन्द खुराना (1922)

डॉ० हरगोबिन्द खुराना का जन्म 2 जनवरी, 1922 को राजपुर, पंजाब में हुआ था। इनके पिता राजपुर में ग्रामीण टैक्स कलेक्टर थे। इनकी शिक्षा गाँव के स्कूल से प्रारम्भ हुई, जहाँ एक पेड़ के नीचे इनके अध्यापक इनको पढ़ाया करते थे। आरम्भ से ही ये पढ़ने-लिखने में बहुत प्रखर थे। पंजाब विश्व-

विद्यालय, लाहौर से बी.एस-सी और एम.एस-सी पास करके 1945 ई. में उच्च शिक्षा प्राप्त करने के लिए मैनचेस्टर विश्वविद्यालय, लिवनपुल इंगलैण्ड चले गए। वहाँ इन्होंने प्रो० रावर्टसन की देखरेख में सन् 1948 में पी-एच.डी की उपाधि प्राप्त की। सन् 1948 में ये भारत वापस आ गए। काफी प्रयास करने पर भी वे कोई उचित नौकरी प्राप्त नहीं कर सके। निराश होकर वे पुन: इंगलैन्ड चले गए। वहाँ कैम्ब्रिज विश्वविद्यालय में इन्होंने नोबल पुरस्कार विजेता सर अलेक्जेन्डर टाड के साथ काम करना आरम्भ कर दिया।

सन् 1953 में डॉ० खुराना ऑरगेनिक कैमिस्ट्री ग्रुप ऑफ कॉमनवेल्थ ऑरगनाइजेशन के अध्यक्ष चुने गए। सन् 1960 तक वे इसी पद पर रहे। सन् 1959 में इन्होंने एक एन्जाइम का निर्माण किया जो शारीरिक क्रियाओं के लिए बहुत ही महत्वपूर्ण सिद्ध हुआ। इसके बाद सन् 1960 में वे अमेरिका चले गए। वहाँ इन्होंने कृत्रिम जीवन की सम्भावना पर विस्कान्सिन विश्वविद्यालय के एन्जाइम रिसर्च इंस्टीट्यूट के निरेनबर्ग के साथ काम करना आरंभ किया। इस संस्था में इन्होंने डी.एन.ए. और आर.एन.ए. को बनाने की विधि का आविष्कार किया। इसी खोज के आधार पर आज बहुत-सी पैतृक बीमारियों का इलाज सम्भव हो पाया है। इसी आविष्कार के लिए इन्हें सन् 1968 में 46 साल की उम्र में नोबल पुरस्कार से सम्मानित किया गया। सन् 1970 में डॉ० खुराना मेसाचुट्स इन्स्टीट्यूट ऑफ टैक्नॉलोजी में जीव-विज्ञान और रसायन शास्त्र के अल्फ्रेड स्लोन प्रोफेसर नियुक्त किए गए। जैनेटिक कोड पर इनके द्वारा किये कार्य विश्व भर में प्रसिद्ध हैं।

नोबल पुरस्कार के अतिरिक्त डॉ० खुराना को अनेक सम्मान प्राप्त हो चुके हैं। सन् 1958 में इन्हें कनाडा का मर्क मेडल, 1960 ई० में कनाडियन पब्लिक सर्विस का स्वर्णपदक, 1967 में डैनीहैनमन पुरस्का मिल चुके हैं। अब तक इनके 300 से अधिक शोध पत्र प्रकाशित हो चुके हैं। सन् 1969 में डॉ० खुराना भारत आये। भारत सरकार ने इन्हें पद्म भूषण की उपाधि से अलंकृत किया। पंजाब विश्वविद्यालय, चंडीगढ़ ने इन्हें डॉ० ऑफ साइन्स की ऑनरेरी डिग्री प्रदान की। डा. खुराना के अध्ययनों से जेनेटिक विकारों के कारण और उनको दूर करने के उपाय सोचे जा सकते हैं। कृत्रिम जीन का निर्माण करने से यह जानना सम्भव है कि ये जीन जैविक क्रियाओं को किस प्रकार प्रभावित करते हैं।

### इलेक्ट्रिक मोटर तथा इलेक्ट्रिक जनरेटर के जनक

### माइक फैराडे (1791-1867)

माइकल फैराडे का जन्म लन्दन के एक कस्बे में 22 सितम्बर, 1791 को हुआ था। पिता एक लुहार और बड़ा ही गरीब था। तेहरवें साल ही की उम्र से एक

अखबार बाँटने की नौकरी करने लगा और फिर जिल्दसाजी में मालिक की मदद करने लगा और 21 साल की उम्र तक वही काम करते हुए आत्म शिक्षण भी करता रहा। 1813 ई० में सर हम्फ्रीडेवी की सिफारिश पर फैराडे की रॉयल इंस्टीट्यूट में लैब्रोटरी असिस्टेंट नियुक्त किया गया।

1813 ई० से अपने मृत्यु दिवस 26 अगस्त, 1867 ई० तक वह निरंतर वैज्ञानिक अन्वेषणों में ही लगा रहा। इन व्यतिरिक्त अध्ययनों में एक भी उसकी वैज्ञानिक प्रतिभा को प्रमाणित करने के लिए पर्याप्त है। एक उदाहरण पर्याप्त होगा। उसने ध्रुवित प्रकाश को एक चुम्बक द्वारा पथ-विचलित करके दिखा दिया कि प्रकाश प्रकृत्या विद्युत चुम्बकीय होता है।

माइकल फैराडे इलेक्ट्रिक मोटर तथा इलेक्ट्रिक जनरेटर का जनक था। वह विज्ञान का एक स्वार्थहीन पुजारी था। विद्यत सम्बन्धी विश्व की सम्पूर्ण उद्योग श्रृंखला इस एक दिग्गज के कंधों पर टिकी हुई है। विद्युत विज्ञन की परिगणनाओं में एक महत्वपूर्ण इकाई का नाम उसके अपने नाम पर "फैरड" रखते हुए विज्ञान ने उसके प्रति अपनी कृतज्ञता ज्ञपित कर दी है।

## नोबल पुरस्कारों के संस्थापक और विस्फोटक-विज्ञान के जन्मदाता

### अल्फ्रैड बर्नहार्ड नोबल (1833-1896)

नोबल का जन्म 21 अक्टूबर, 1833 को स्टॉकहोम (स्वीडन) में हुआ था। इनके पिता एक गरीब किसान परिवार के व्यक्ति थे। वे सेना में इंजीनियर थे। अपने पिता से उन्होंने इंजीनियरी के मूल सिद्धांतों को समझा। इनकी आरंभिक शिक्षा घर पर ही हुई। 16 वर्ष की उम्र में ही अंग्रेजी, फ्रेंच, जर्मन, रूसी और स्वीडिश भाषाएँ बड़े अच्छे प्रकार से बोल लेते थे। इसके बाद उन्होंने पेरिस में रसायन शास्त्र का अध्ययन किया। फिर चार वर्ष तक अमेरिका में जॉन इरिक्शन की देखरेख में अध्ययन किया। 1859 ई० के बाद पिता के साथ स्वीडन लौट गए और विस्फोटकों पर प्रयोग आरम्भ किया। इस क्षेत्र में प्रारम्भ में इन्हें बहुत परेशानियाँ और असफलताओं का सामना करना पड़ा। लेकिन अन्ततः 1866 ई० में इन्हें डायनामाइट का विकास करने में सफलता मिल गई।

इसके बाद नोबल ने अनेक कारखाने विकसित किए। नाइट्रोग्लिसरीन के निर्माण और बिक्री से बहुत पैसा कमाया। 1887 ई० में उन्होंने बैलिस्टाइट (Ballistite) नामक विस्फोटक पदार्थ खोजा। यह धुआँ रहित नाइट्रोग्लिसरीन का पाउडर था। इस पाउडर को अनेक देशों ने बारूद के रूप में प्रयोग करना प्रारम्भ कर दिया। नोबल ने सौ से भी अधिक विस्फोटक पेटेंट करवाए थे। इन विस्फोटकों से उन्होंने अपार पैसा कमाया था।

1896 ई० में इनका देहांत हो गया। इनके द्वारा अर्जित 90 लाख डालर की धनराशि के ब्याज से ही हर वर्ष नोबल पुरस्कार दिया जाता है। ये पुरस्कार

भौतिकी, रसायन विज्ञान, साहित्य, चिकित्सा शास्त्र, अर्थशास्त्र और शांति के क्षेत्रों में अत्यन्त महत्वपूर्ण योगदान देनेवाले व्यक्तियों को प्रदान किया जाता है।

नोबल एकांतप्रिय व्यक्ति थे। वे जीवन भर अविवाहित रहे। जीवन में अधिकतर वर्षों में रोगग्रस्त रहे। 102वें तत्व का नाम इन्हीं के नाम पर नोबेलियम रखा गया है।

## एक्स-किरणों के आविष्कारक

### विलियम कॉनराड रोंटजन (1845-1923)

विलियम रोंटजन का जन्म जर्मनी के लेनेप नामक स्थान पर 22 मार्च, 1845 को हुआ था। इनके पिता एक कृषक थे और माँ डच महिला थीं। इनकी आरंभिक शिक्षा हालैण्ड में हुई तथा उच्च शिक्षा स्विटजरलैण्ड के ज्यूरिख विश्वविद्यालय में हुई। वहीं से उन्होंने 20 वर्ष की आयु में पी-एच० डी० की उपाधि प्राप्त की। उन्होंने कई विश्वविद्यालयों में अध्यापन कार्य किया। सन् 1885 ई० में वे बुर्जवर्ग विश्वविद्यालय में भौतिकी के प्रोफेसर पद पर नियुक्त किए गए। यहीं उन्होंने एक्स-किरणों का आविष्कार किया। रोंटजन के नाम पर इन्हें रोंटजन रेज (Roentgen Rays) भी कहते हैं।

एक्स-किरणों का उपयोग केवल शरीर की हड्डियों को ही चित्रित करने में नहीं किया जाता है बल्कि इनके द्वारा कैंसर जैसे भयानक रोग का इलाज भी किया जाता है। इनके द्वारा शरीर में घुसी गोली, गुर्दों की पथरी, फेफड़ों का विकार तथा अन्य बीमारियों का पता लग सकता है। वास्तविक और कृत्रिम हीरे में अन्तर किया जा सकता है। लोहे की वस्तुओं, रबर के टायरों आदि का दोष भी पता लगाया जाता है। कैटेन्स्कैनर नामक मशीन द्वारा शरीर की आंतरिक बीमारियों का पता पल भर में लग जाता है। यह मशीन इन्हीं किरणों को प्रयोग में लाकर विकसित की गई है।

एक्स-किरणों के अतिरिक्त अन्य कई अनुसंधान रोंटजन ने किए। 10 फरवरी, 1923 को म्यूनिख, जर्मनी में उनका देहांत हो गया।

## मानव इतिहास के सबसे बड़े आविष्कारक

### थामस अल्वा एडिसन (1847-1931)

एडिसन का जन्म 11 फरवरी, 1847 को मिलन ओहियो (अमेरिका) में हुआ। इस महान वैज्ञानिक ने 1093 आविष्कारों को पेटेंट करवाया। इन्होंने स्कूली शिक्षा केवल तीन माह प्राप्त की। घर में ही पढ़ा और प्रयोगशाला बनाई। इन्होंने अखबार और मूँगफली बेचकर प्रारम्भ में कार्य और प्रयोग शुरू किया। फिर तार बाबू बने और 1868 में वोटों की गिनती करनेवाली मशीन को पेटेंट करवाया। आर्थिक स्थिति अच्छी होने पर 1871 में चौबीस साल की उम्र में

मेरी स्टिलवेल से विवाह किया। 1876 ई० में अपनी प्रयोगशाला और वर्कशॉप न्यूयार्क से 40 कि० मी० दूर "मेनलो पार्क" में स्थापित की। तब से वर्षों तक यही उनकी कर्मभूमि रही। टाइपरायटर, टेलीफोन में सुधार, फोनोग्राफ, बिजली का बल्ब, चलचित्र या कायनेटोस्कोप, प्लुओटोस्कोप आदि का आविष्कारक एडिसन ही था। 18 अक्टूबर, 1931 को इस महान आविष्कारक का निधन हो गया। अपने जीवन के अंतिम क्षण तक वह मेहनत करता रहा, पढ़ता रहा। लोगों द्वारा उन्हें जीनियस कहने पर विनम्रता से वह कहते थे, "मेरे अंदर एक प्रतिशत विद्वता का उत्साह रहा लेकिन 99 प्रतिशत कठिन परिश्रम का।" उनके निधन के दिन राष्ट्रपति की विशेष आज्ञा से सारे अमेरिका में एक मिनट तक बिजली की बत्तियाँ बुझा दी गईं। इतनी बड़ी प्रतीकात्मक श्रद्धांजलि इतिहास में केवल थामस अल्वा एडिसन को मिली थी।

## टेलीफोन के आविष्कारक

**अलैक्जेन्डर ग्राह्म बेल** (1847-1922)

इनका जन्म एडिनबरा (स्कॉटलेंड) में 3 मार्च, 1847 को हुआ था। उनका पालन-पोषण बोस्टन में हुआ, जहाँ पर उन्होंने 25 वर्ष की उम्र में गूंगों-बहरों के लिए स्कूल खोला। वे अपने खाली समय का उपयोग गूंगे-बहरे बच्चों की मदद करने के उद्देश्य से ऐसे यंत्र खोजने में करने लगे जो बहरे बच्चों को सुनने में मदद कर सके। इस कार्य में तो उन्हें सफलता नहीं मिली लेकिन इन्हीं प्रयोगों के आधार पर वे टेलीफोन बनाने में सफल हुए।

2 जून, 1875 को अपने सहायक इंजीनियर थॉमस वाटसन के सहयोग से टेलीफोन बनाने में सफलता मिली। यह सफलता उन्हें अनेक प्रकार के प्रयोग के उपरान्त मिली। बाद में थॉमस अल्वा एडिसन ने इसमें अनेक सुधार किए।

नवम्बर, 1877 में पहली स्थाई टेलीफोन लाइन बर्लिन में लगाई गई। सन् 1915 तक टेलीफोन व्यवस्थाओं में इतना सुधार हो गया कि 3400 मील लम्बी समुद्रतटीय लाइन बनाई जा चुकी थी, जिसका उद्घाटन ग्राह्म बेल द्वारा ही करवाया गया था जिसके दूसरे सिरे पर उनके सहयोगी थॉमस वाटसन ही थे।

बेल एक बहुत ही नम्र व्यक्ति थे। उन्हें अपने इस महान आविष्कार का कभी अभिमान नहीं हुआ। 2 अगस्त, 1922 को ग्राह्म की मृत्यु पर समस्त अमेरिका में उनके सम्मान में एक मिनट तक टेलीफोन बन्द रहे।

## रेडियम की खोज करनेवाली महिला

**मैडम क्यूरी** (1867-1934)

मैडम क्यूरी का जन्म 7 नवम्बर, 1867 को वारसा (पोलैण्ड) में हुआ। उन दिनों पश्चिमी देशों में भी स्त्रियों को उच्च शिक्षा ग्रहण करने का अधिकार न

था। इस महिला ने भगीरथ प्रयास करके पुरुषों के समान उच्च शिक्षा ग्रहण की। मैडम क्यूरी के माता-पिता अध्यापक थे। साखान विश्वविद्यालय से विज्ञान में स्नातकोत्तर परीक्षा में प्रथम स्थान प्राप्त किया। इसी विश्वविद्यालय में मैरी क्यूरी ने रेडियोधर्मिता के आविष्कारक प्रोफेसर बैकरैल की सहायिका के रूप में कार्य आरम्भ किया। कुछ समय पश्चात यूरेनियम से निकलनेवाली किरणों के स्रोत को खोज निकालने का दृढ़ निश्चय करके मैरी ने अपने पद से त्यागपत्र दे दिया। उन्होंने बोहिमिया सरकार से यूरेनियम का एक खनिज पिचब्लैंड प्रचुर मात्रा में प्राप्त कर लिया। उन्होंने वैज्ञानिक पियरे क्यूरी से शादी कर ली।

अपनी प्रयोगशाला पें महीनों तक वे दोनों पति-पत्नी बड़ी बाल्टियों में पिचब्लैंड डालकर उसमें पानी मिलाकर बड़े-बड़े बाँसों से चलाते रहने का कठिन परिश्रम करते रहे। प्रयोगशाला पर पक्की छत न थी और उसमें से बरसात में पानी टपकता था। इन सब कठिनाइयों में इन दोनों ने अपना कार्य जारी रखा।

नवम्बर, 1898 में एक रात को पिचब्लैंड से प्राप्त पदार्थ परखनली में रखा था। रात को प्रयोगशाला का दरवाजा खोलने पर उन्होंने परखनली से हल्का नीला रहस्यमय प्रकाश निकलते पाया। मोमबत्ती जलाने पर प्रकाश की वह चमक लुप्त हो गई। उन्होंने इस तत्व का नाम रेडियम रखा। इस कार्य के लिए दोनों पति-पत्नी और बैकरैल को सन् 1903 में नोबल पुरस्कार प्रदान किया गया।

सन् 1911 में मैरी क्यूरी को पुनः रेडियम और पोलोनियम प्राप्त करने तथा तत्वों के अध्ययन के लिए रसायन विज्ञान का दूसरा नोबल पुरस्कार प्रदान किया गया।

सन् 1935 में इनकी पुत्री आइरेन क्यूरी और इनका दामाद जूलियट क्यूरी को कृत्रिम रेडियोधर्मी तत्व बनाने के आविष्कार के लिए रसायन विज्ञान का नोबल पुरस्कार प्रदान किया गया।

सन् 1906 में सड़क दुर्घटना में पति पियरे क्यूरी की मृत्यु से इन्हें बहुत आघात पहुँचा। मैडम क्यूरी ने पेरिस में "क्यूरी इन्सटीट्यूट ऑफ़ रेडियम" की स्थापना की। इन्हीं के नाम पर रेडियोधर्मिता की इकाई का नाम क्यूरी रखा गया। क्यूरी को सम्मान प्रदान करने के लिए एक तत्व का नाम क्यूरियम रखा गया।

दयालु हृदय मैरी ने प्रथम विश्वयुद्ध में घायलों की सेवा की जिसके लिए अमेरिका सरकार ने उन्हें कई सम्मान प्रदान किए। जीवन पर्यन्त रडियोधर्मी पदार्थों के सम्पर्क से उनकी आँखें खराब हो गयीं और रक्त कैंसर हो गया। विज्ञान की इस अद्वितीय साधिका का 4 जुलाई, 1934 को निधन हो गया।

## आधुनिक भौतिक विज्ञान के जन्मदाता

### एलवर्ट आइन्सटीन (1879-1955)

आधुनिक भौतिक विज्ञान के जन्मदाता इस महान वैज्ञानिक का जन्म 14 मार्च, 1879 को जर्मनी में हुआ था। प्रारम्भ से ही गणित और विज्ञान में बड़ी रुचि थी। 1900 ई० में शिक्षा समाप्त की और 1905 में ज्यूरिख विश्वविद्यालय से पी-एच. डी. की उपाधि मिली। इन्होंने विश्वविख्यात सापेक्षता का सिद्धान्त प्रतिपादित किया और ब्राउनियन गति पर कार्य किया। 1933 ई० में अमेरिका रुक गए और उन्हें प्रिन्सटन विश्वविद्यालय में अच्छा पद मिल गया। एटम बम के मूल में जो सिद्धान्त कार्य करता है वह आइन्सटीन ने 1905 में ही आविष्कृत कर लिया था कि किसी भी द्रव्य को शक्ति में तथा शक्ति को द्रव्य में परिवर्तित किया जा सकता है। आइन्सटीन को नोबल पुरस्कार मिला था। फौरन्ज तथा क्वाण्टम सिद्धान्त विषयक उनके विशिष्ठ अनुसंधानों के लिए। 1950 में उनका 'अविभाजित क्षेत्र' (यूनीफाइड फील्ड) विषयक नया सिद्धान्त प्रकाशित हुआ, जिसके गणित सम्बंधी सूत्रों में 24 पृष्ठों में गुरुत्वाकर्षण तथा विद्युत चुम्बक के क्षेत्रों को एक ही सूत्र माला में समन्वित कर दिखाया।

एटम बम के आविष्कार पर आइन्सटीन को पश्चाताप था। उनका स्वप्न यह था कि एटम का प्रयोग मानव जाति की सेवा में किया जायेगा।

18 अप्रैल, 1955 को जब आइन्स्टीन की मृत्यु हुई, तब भी वह सृष्टि को चालित करने वाले अन्तर्यामी नियमों को गणित की सरलता में सूत्रित करने में निरत थे। "सृष्टि के मूल में बैठी महाशक्ति कोई जुआरिन नहीं है" उनका कहना था।

## टेलीविजन के जन्मदाता

### जॉन लॉगी बेयर्ड (1888-1946)

जॉन लॉगी बेयर्ड का जन्म 13 अगस्त, 1888 को ग्लैसगो के पास हैलन्सबर्ग में हुआ था। इनके पिता एक गरीब पादरी थे। प्रारम्भिक शिक्षा पास के एक स्कूल में हुई। स्कूल छोड़ने के बाद इन्होंने ग्लैसगो में स्थित रॉयल टेक्निकल कालिज में विज्ञान का अध्ययन किया और पांच साल बाद सहायक इन्जीनियर बन गए। इन्होंने सबसे पहले मौजे बनाने आरम्भ किए। इसके बाद जेम और चटनी बनाने का कारखाना खोला। काम ठीक न चलने पर त्रिनीदाद चले गए।

सन् 1922 में वापस लन्दन पहुँचे और इनके मन में टेलीविजन का आविष्कार करने का विचार आया। तब तक इस क्षेत्र में अन्य लोग भी काफी कार्य कर चुके थे।

वर्षों की लगातार मेहनत के बाद 3 अक्टूबर, 1925 को बेयर्ड के जीवन की

सबसे रोमांचकारी घटना घटी, जब उन्हे अपने उपकरण में मानव चेहरे का प्रसारण करने में सफलता मिली। सन् 1936 में बी.बी.सी. ने टेलीविज़न सेवा, बेयर्ड द्वारा विकसित उपकरण से प्रारम्भ कर दी थी।

बेयर्ड जीवन भर पैसे के अभाव और खराब स्वास्थ्य होने पर भी टेलीविजन से सम्बन्धित अनुसंधान करते रहे। 1946 में उनका देहान्त हो गया। मरने के बाद यद्यपि उन्हें तरह-तरह से श्रद्धांजलियाँ समर्पित की गईं, लेकिन यह भाग्य का दुर्बल व्यक्ति जीवन भर संघर्ष ही करता रहा और अपने जीवनकाल में कोई सम्मान प्राप्त नहीं कर सका।

# सन्दर्भ पुस्तकों की सूची


| लेखक | पुस्तक | प्रकाशक |
|---|---|---|
| 1. ब्लूम, बी.एस. | टैक्सोनामी ऑफ एजुकेशनल आब्जेक्टिब्स : काग्निटिव डोमेन | न्यूयार्क डेविड मेके, 1956 |
| 2. (ए) भटनागर आर. पी. एवं सुरेश | शिक्षा की तकनीकी | लायल बुक डिपो मेरठ, 1992 |
| (बी) क्रान्सटन डब्लू. ई. | साइन्स इन एलीमेंट्री स्कूल्स | मैक्ग्राहिल बुक कं., 1947 |
| (सी) चन्द्रहासन 'ए' | विश्व के महान वैज्ञानिक | हिन्दी प्रिंटिंग प्रेस दिल्ली, 1966 |
| 3. दास, आर.सी. | साइन्स टीचिंग इन स्कूल्स | स्टर्लिंग पब्लिशर्स नई दिल्ली, 1990 |
| 4. गर्ग, एम.एल. | जीव विज्ञान शिक्षण | मध्यप्रदेश हिन्दी ग्रंथ अकादमी भोपाल, इलाहाबाद, प्रेस 1973 |
| 5. गोयल, के.सी. एवं स्वामी. पी. | रिसर्च आइडियाज फोर साइंस प्रोजेक्टस, रीजनल कालेज ऑफ एजुकेशन, अजमेर | . |
| 6. हन्टर, जी.डब्लू. | साइंस टीचिंग | अमेरिकन बुक कं., 1934 |
| 7. (ए) कोहली, वी.के. | हाऊ टु टीच साइन्स | विवेक पब्लिशर्स, अम्बाला, 1992 |
| (बी) कालरा, आर. एम. | इन्नोवेशन्स इन साइन्स टीचिंग | आक्सफोर्ड एण्ड आई. बी.एच. पब्लिशिंग कं. नई दिल्ली, 1976 |
| (सी) कपूर, एस. एन. | भारतीय वैज्ञानिक | साहित्य निकेतन कानपुर, 1942 |

| क्रम | लेखक | पुस्तक | प्रकाशक |
|---|---|---|---|
| 8. | नागपाल, टी.सी. | दि टीचिंग आफ साइन्स | सिटी बुक डिपो हाल बाजार अमृतसर, 1960 |
| 9. | नायर, सी.पी.एस. | टीचिंग साइन्स इन अवर स्कूल्स | एस. चन्द एण्ड कं., नई दिल्ली |
| 10. | पाण्डे, आर.एस. | नई शिक्षा नीति | विनोद पुस्तक मन्दिर आगरा |
| 11. | रावत, एम.एस. एवं लाल, एम.बी. | विज्ञान शिक्षण | विनोद पुस्तक मंदिर आगरा, 1989 |
| 12. | रावत, डी.एस. | विज्ञान शिक्षण | विनोद पुस्तक मंदिर आगरा, 1989 |
| 13. | शर्मा, आर.सी. | मार्डन साइंस टीचिंग | धनपतराय एण्ड संस, 1991 |
| 14. | श्रीमाली एन.के. एवं आनन्द भूषण | विज्ञान शिक्षण | राजस्थान हिन्दी ग्रन्थ अकादमी, विद्यालय मार्ग तिलकनगर-जयपुर, 1983 |
| 15. | शैलेन्द्र भूषण | जीव विज्ञान शिक्षण | विनोद पुस्तक मंदिर आगरा, 1989 |
| 16. | सक्सेना, ए.बी. | विज्ञान शिक्षण का आयोजन | भार्गव बुक हाउस, आगरा, 1988 |
| 17. | सक्सेना एवं ओबराय | शिक्षण की तकनीकी | इन्टरनेशनल पब्लिशिंग हाउस, मेरठ |
| 18. | शर्मा, आर.ए. | टैक्नोलोजी आफ एजूकेशन | लायल बुक डिपो मेरठ, 1991 |
| 19. | (ए) वैद्य, एन. | दि इम्पैक्ट आफ साइंस टीचिंग | ऑक्सफोर्ड एण्ड आई. बी.एच. पब्लिशिंग कं. नई दिल्ली, 1976 |
| | (बी) वेस्टवे, एफ. डब्लू. | साइंस टीचिंग | ब्लैकी एण्ड सन्स-लिमिटेड लन्दन, 1947 |
| 20. | गवर्नमेंट आफ इण्डिया | दि सेकेन्ड्री एजुकेशन कमीशन रिपोर्ट | मिनीस्ट्री आफ एजुकेशन पब्लिकेशन डिवीजन, 1953 |
| 21. | गवर्नमेंट आफ इण्डिया | एजुकेशन कमीशन रिपोर्ट | मिनीस्ट्री आफ एजुकेशन पब्लिकेशन डिवीजन, 1966 |

| | | |
|---|---|---|
| 22. गवर्नमेंट आफ इण्डिया | रिपोर्ट आफ साइंस लैबोरेटरीज एण्ड इक्विपमेंट इन हाई/हायर सेकेन्ड्री स्कूलस | कमेटी ऑन प्लान प्रोजेक्टस, नई दिल्ली प्लानिंग कमीशन, 1962 |
| 23. गवर्नमेंट आफ इण्डिया | 'साइंस एजुकेशन इन स्कूलस' रिपोर्ट आफ दि इण्डियन पार्लियामेन्ट्री एण्ड साइंटिफिक कमेटी, नई दिल्ली | मिनीस्ट्री ऑफ इनफारमेशन ब्रोडकास्टिंग, 1964 |
| 24. गवर्नमेंट आफ इण्डिया | 'रिपोर्ट आफ साइंस एजुकेशन इन सेकेन्ड्री स्कूलस' नई दिल्ली, 1964 | |
| 25. गवर्नमेंट आफ इण्डिया | 'रिपोर्ट आफ दि रिव्यू कमेटी, ऑन दि कैरीकूलम फार द टेन इयर स्कूल | मिनीस्ट्री आफ एजुकेशनल एण्ड सोशल वेलफेयर, 1977 |
| 26. एन.सी.ई.आर.टी. | नेशनल साइंस टेलेन्ट सर्च स्कीम नई दिल्ली, 1974 | |
| 27. एन.सी.ई.आर.टी. | इम्प्रूव्ड साइंस टीचिंग, 1963 | |
| 28. एन.सी.ई.आर.टी. | कैरीकूलम एण्ड टीचिंग इन सेकेण्ड्री स्कूल्स, 1970 | |
| 29. एन.सी.ई.आर.टी. | साइंस एण्ड मैथेमेटिक्स एजुकेशन इन इण्डिया रिपोर्ट ऑफ यूनेस्को प्लानिंग मिशन ऑफ एक्सपर्टस, 1964 | |
| 30. एन.सी.ई.आर.टी. | प्रिपरेशन एण्ड इवेलुएशन आफ टैक्स्ट बुक इन बायोलोजी, 1972 | |
| 31. एन.सी.ई.आर.टी. | आर्गनाईजिग साइंस क्लब्स, नई दिल्ली, डिपार्टमेंट आफ साइंस एजुकेशन, 1965-66 | |

32. एन.सी.ई.आर.टी. प्रिपरेशन एण्ड इवेलुएशन आफ टैक्स्ट बुक्स आफ जनरल साइंस, नई दिल्ली, 1973

33. एन.सी.ई.आर.टी. इन्नोवेशन्स इन एजुकेशन इन इण्डिया पार्ट-1 एन-इनवेन्ट्री नई दिल्ली, 1977

34. यूनेस्को सोर्स बुक फोर साइंस टीचिंग, पेरिस, 1956

35. विज्ञान शिक्षक आल इण्डिया साइंस टीचर एसोसिएशन, नई दिल्ली, 1965

# Journals and Magazines

1. School Science—Department of Science Education, NCERT, New Delhi, India.
2. Vigyan Shikshak (Quarterly)
   All India Science Teacher's Association
   Sardar Patel Vidyalaya
   Lodi Estate, New Delhi.
3. Science Education
   John Wiley and Sons, 605 Third Arose
   New York.
4. The American Biology Teacher
   National Association of Biology Teachers
   1420 N. Street, N.W.
   Washington, D.C. 20005.
5. The Science Teacher
   National Science Teacher's Association
   1201 Sixteenth Street, N.W.
   Washington, D.C.
6. Journal of Research in Science Teaching
   National Association for Research in Science Teaching,
   John Wiley and Sons
   605, Third Avenue
   New York, 10016.
7. Science Education in Asia Newsletter,
   UNESCO Regional Office for Education in Asia,
   Bangkok, Thailand.

8. Science Club Reporter—The Science Foundation of the Philippines, P.O. Box 1412, Lunarosa Building Taft Avenue, Malate Manila Philippines.
9. Science Review—National Science Development Board, P.O. Box 3596, Manila, Philippines.
10. Science Teacher, M. The National Science Teachers Association, 1742 Connecticut Avence, N.W., Washington D.C.
11. Out-of-School Science Education, Quarterly Magazine, Science Education Foundation of the Phillipines, PTRI Building, Bicutan, Taging, Metro Manila, Philippines.
12. Science World, W. Scholastic Magazines, Inc. 50, West 44th Street, N.Y., N.Y. 10036, U.S.A.
13. The School Science Review, John Murray Publishers Ltd. Subscription Department, 65 Clerkenwell Road, London ECIR 5 B.O.
14. The Junior Scientist, Association for the Promotion of Science Education, 3, 1 Trust Link Street Mandavelipakkam, Madras-600028.
15. Vigyan Pragati Publication and Information Division (C.S.I.R.) Dr. K.S. Krishnan Marg, New Delhi-110012.

## ADDRESSES OF SOME FIRMS FOR SCIENCE EQUIPMENT AND AUDIO. VISUAL AIDS

1. Hindustan Scientific Instrumentation, H-111, New Motinagar, New Delhi-15.

2. Empire Scientific and Chemical Works, Naya Bazar, Delhi-6.
3. Scientific Equipment Works, 1/777, Nicholson Road, Delhi-6.
4. Chemicals de Universe Pvt. Ltd. Chemical House, 2133, Tilak Bazar, Delhi-6.
5. Central Film Library, Department of Teaching Aids, 10, B.I.P. Estate Ring Road, New Delhi-110002.
6. British High Commission, Film Section, Chanakya Puri, New Delhi.
7. U.S.I.S., 24, Kasturba Gandhi Marg, New Delhi.
8. Cultural Department of the U.S.S.R. Embassy, 24 Feroz Shah Road, New Delhi.
9. Central Scientific Instrument Corporation, 5-A, Mahatma Gandhi Road, Agra.
10. Biological Museum, Dayalbagh, Agra.
11. Bharat Scientific Co., 6-H.M.A. Road, Agra.
12. Oriental Science Apparatus Workshop, Ambala Cantt.
13. Hargolal and Sons, Ambala Cantt.
14. Jainsons (India) Ltd., P.O. Box 37, Ambala Cantt.
15. National Instrument Scientific Co., Ambala Cantt.
16. Instrument and Chemicals Pvt. Ltd., Model Town, Ambala Cantt.
17. Scientific Corporation, 10, Bhopal House, Lucknow.
18. Central India Scientific Co., Rampurwala Building, M.G. Road, Indore City.
19. Mendwell Agencies, 130 Jail Road, Indore-3.
20. Apen Scientific House, Mathura Prasad Building, Gali No. 1, Kazipura, Bhopal.
21. Instrument Research Laboratory Ltd., 22, Prince Anwar Shah Road, Calcutta.
22. Andhra Scientific Co. Ltd., P.O. Box No. 26, Machhalipatnam (South India).

23. B.D.H. (India) Chemicals Division, Pvt. Ltd. Bombay.
24. Raman Sales Corporation Shakti Nagar, Delhi.
25. Toshniwal Bros., 198, Jamshedji Tata Road, Bombay.
26. Allied Co., Devkaran Mansion No. 1. 79 Princess Street, P.O. Box 2331, Bombay-2. □